정치와 비전

Politics and Vision : Continuity and Innovation in Western Political Thought
by Sheldon Wolin

정치와 비전 2
서구 정치사상사에서의 지속과 혁신

1판 1쇄 | 2009년 7월 27일
1판 3쇄 | 2022년 2월 10일

지은이 | 셸던 월린
옮긴이 | 강정인·이지윤

펴낸이 | 정민용
편집장 | 안중철
책임편집 | 최미정
편집 | 강소영, 윤상훈, 이진실

펴낸 곳 | 후마니타스(주)
등록 | 2002년 2월 19일 제2002-000481호
주소 | 서울 마포구 신촌로14안길 17 (2층)
전화 | 편집_02.739.9929/9930 영업_02.722.9960 팩스_0505.333.9960

블로그 | blog.naver.com/humabook
트위터, 페이스북, 인스타그램 | humanitasbook
이메일 | humanitasbooks@gmail.com

인쇄 | 천일_031.955.8083 제본 | 일진_031.908.1407

값 20,000원

ISBN 978-89-90106-89-6 04100
        978-89-90106-90-2 (세트)

정치와 비전 2

서구 정치사상사에서의 지속과 혁신

셸던 월린 지음 강정인·이지윤 옮김

Politics and Vision

Continuity and Innovation in Western Political Thought

후마니타스

제7장

마키아벨리
정치 그리고 폭력의 경제학

어떤 진정한 도덕적 상황에서든 궁극적으로 마주치는 질문은 바로 이것이다.

행위자는 어떤 존재가 될 것인가? 그는 어떤 종류의 성격을 취할 것인가?

_듀이John Dewey

1. 정치 이론의 자율성

종교개혁이 서유럽 국가들에 미친 충격은 종교개혁을 주장하던 집단들과 민족의 독립을 추구하려던 집단들의 의미심장한 동맹 — 비록 항상 의식적으로 추진된 것은 아니었지만 — 을 초래했다. 이런 경향은 16세기 후반에 정치 이론과 정치 문제에 관한 종교적 저술가들의 관심이 증대함에 따라 더욱 촉진되었다. 칼뱅Jean Calvin은 정치 질서와 종교 질서의 재통합이 낳은 필연적인 결과의 일환으로 정치적 범주들을 교회 이론에 재도입하는 작업을 떠맡았다. 영국에서는 후커Richard Hooker가 정치적 요소와 종교적 요소의 결합을 찬양하고 교회 문제에 관한 국왕의 최고성을 수용하는 철학을 영국 국교에 제공했다. 후커는 '두 개의 왕국'이라는 청교도들의 개념이 정치적 삶과 종교적 삶의 통

13

일성을 파괴한다고 꼬집었는데, 아이러니컬하게도 청교도들 역시 자신들의 그 구별에 관해 갈수록 의심을 품게 되었다. 다음 세기에 청교도들은 '은총의 왕국'에 관한 주장을 확대하는 데 놀라운 재능을 발휘함으로써 급기야 정치적 질서는 일시적이나마 성자들의 지배 아래 놓이게 되었다.

'정치적' 용어의 부활은 또한 프로테스탄트 옹호자들이 국민적 일체감[national identification]을 점점 더 크게 느끼게 되었다는 점과도 결부되어 있었다. 특히 '교회 이론'의 용어는 보편적 조직의 해체와 종교적 삶의 개별 국가화라는 현실에 적용하기 위해서 재조정되어야 했다. 이런 두 가지 상황의 전개, 즉 정치적 개념이 종교적 사유에 재도입된 것과 민족적 특수성에 대한 각성을 16세기 말에 후커는 다음과 같이 요약했다.

> …… 바다의 본체가 하나이지만 다양한 구역에 따라 다양한 이름으로 불리는 것처럼, 가톨릭교회도 비슷한 방식으로 많은 독특한 사회로 구분되어 각각 그 자체가 교회라고 불린다. …… 하나의 교회는 …… 곧 일정한 장소와 경계를 가진, 기독교적 교제로 뭉친 많은 사람들이 속한 하나의 사회다. …… 교회와 코먼웰스[*]는 실제로 상이한 사물을 지칭

---

* [옮긴이] 코먼웰스(commonwealth)는 사전적으로 '국가', '공화국', '연방' 등으로 옮겨진다. 상이한 역어로 옮겨지더라도 이 말은 공통의 이해와 목적이 결부된 공공의 복지(common wealth/common well-being)를 구현하는 정치적 공동체라는 의미를 담고 있다. 오늘날 우리는 통상 이런 공공의 복지를 구현하는 일반적인 정치 질서를 국가로 생각하기 때문에, 코먼웰스를 맥락에 따라 국가 혹은 국가적인 질서를 지칭하는 다른 역어로 옮기는 경우가 많다. 하지만 일반적인 통설에 따라 근대적인 국가 체계의 성립 시기를 1648년 베스트팔렌조약 이후로 볼 경우, 그 이전의 정치체를 언급하는 코먼웰스를 '국가'로 옮기는 것은 오해의 여지를 남길 가능성이 많다. 따라서 역자들은 코먼웰스가 시기적으로 근대적인 국가 체계 성립 이전의 정치체를 언급할 경우나, 국가 체계를 직접 지칭하기보다는 국가의 존재 이유를 가리키는 경우 코먼웰스의 의미를 살리기 위해서 "공영체"라는 역어를 사용했다.

그런데 코먼웰스는, 이런 일반적인 의미에서 벗어나는 것은 아니지만, 영국사의 정치체제를 가리키는 고유명사로 사용될 경우도 있다. 영국사에서 코먼웰스는 1649년 청교도 혁명으로 크롬웰 (Oliver Cromwell)의 공화정이 성립된 이후 1660년 찰스 2세가 즉위하여 왕정이 복고될 때까지의

하는 두 개의 명칭이다. 그러나 이런 구별은 우연한 속성의 차이에 지나지 않으며, 그처럼 우연한 속성이기에 교회와 코먼웰스는 하나의 실체 내에서 평화롭게 공존할 수 있으며, 또 그리해야 마땅하다. 이것이 바로 진리다. 따라서 두 개의 명칭들이 실제로 차이가 있는 우연한 속성들을 가리킨다고 하더라도, 그렇다고 해서 각각의 우연한 속성 속에 항상 상이한 실체가 존재한다는 것을 입증하는 것은 아니다.[1]

정치사상의 범주들과 종교 사상의 범주들 사이의 점증하는 융합은 국민 교회에 대한 정치적 통제의 확산이라는 역사적 사실을 지적으로 반영하는 것이었다. 바야흐로 이런 경향들이 점증하는 국민국가적 군주들의 힘 및 서서히 형성되고 있던 국민 의식national consciousness과 합류하게 되었을 때, 이로 인한 상승효과는 서구에서 거의 지난 천 년 동안 진지하게 생각된 적이 없는 새로운 가능성을 제기했다. 곧 어떤 우월자도 인정하지 않는 그리고 기독교적 규범의 보편적 타당성은 수용하지만 그 해석은 일국적 문제라고 완강하게 주장하는 자율적인 정치 질서의 등장이 바로 그것이었다. 그러나 종교개혁 아래에서 유럽은 자율적인 정치 질서를 이루기 위한 실천을 수용하면서도 일차적으로 누가 그 질서를 통제해야 하는가에 관해서는 의견이 분분했다. 그리고 자율적인 정치 이론의 관념을 탐구하는 데는 더욱 커다란 거부감이 있었다. 정치 이론

영국 국가를 부르는 말로 사용되었다. 크롬웰은 1649년 5월 19일 영국을 "코먼웰스이며 자유로운 국가"(Commonwealth and Free State)라고 선언했던 것이다. 영국사에서 실현된 체제로서 이 코먼웰스는 공화국이라는 의미를 내포한 것이었지만, 이런 정치적 경험을 배경으로 영국의 사상가들은 코먼웰스를 각기 나름의 입장에서 규정했다. 예컨대 청교도에 대항하여 성공회의 입장에서 왕권을 옹호하려 했던 후커, 만인의 만인에 대한 투쟁을 신의계약에 의한 주권자의 옹립으로 해결하려 했던 홉스, 시민사회와 사유재산을 자연권과 사회계약으로 방어하려 했던 로크가 모두 동일한 코먼웰스를 사용하지만 그 의미는 각기 달랐으며, 공화국 내지 국가로 옮길 경우 그 의미를 제대로 전달할 수 없다. 따라서 역자들은 16~17세기 '공공의 복지를 구현하는 정치적 공동체'가 어떠해야 하는가를 두고 각기 다른 입장을 전개한 영국의 사상가들에 대해서는 부득이 "코먼웰스"라고 그대로 옮길 것이다.

이 도덕적인 요소를 완고하게 담지하고 있는 한, 그리고 사람들이 궁극적인 지상 명제를 기독교적 가르침과 동일시하는 한, 정치사상은 종교적 표현과 종교적 가치를 제거하려는 시도에 대해 저항할 것이었다. 비록 사람들이 정치에 있어서 윤리의 핵심적 지위에 관해 의문을 품게 되었다고 하더라도, 예컨대 설령 16세기의 스미스 경Sir Thomas Smith처럼 사람들이 트라시마코스Thrasymachus 의 주장이 "(냉정하게 이해해 보면) 플라톤Plato이 논박했던 것처럼 그렇게 터무니없는 것인지"에 대해 의문을 품게 되었다고 하더라도, 정치 이론이 종교적 사유의 영향을 벗어날 수 있었겠는가는 여전히 의문시된다.[2] 다른 형태의 담론처럼 정치 이론도 그것이 지적으로 이해될 수 있을 때에만 적실성이 있다. 한 이론가의 사상에 대한 이해 가능성은 그가 당대의 암묵적인 관행을 얼마나 존중하는가에 따라 좌우된다. 그것은 심지어 그 이론가가 당대 관행을 벗어난 영역을 탐구할 때조차 마찬가지다.[3]

16세기 서유럽에서 그런 설득의 조건은 종교에 헌신적인 독자층에 의해서 규정되었다. 이 점은 경제적 또는 민족적 충동이 종교개혁을 얼마나 뒷받침했든 간에, 중세에 대한 가장 지속적인 공격이 주로 종교적 언어로 감행되었다는 사실에 의해서 더욱 확인된다. 정치 이론가는 종교를 무시할 수 없었으며 다만 종교에 대해 상이한 태도를 취할 수 있었을 뿐이었다.

정치적 담론을 통제하는 이런 관행이 바뀌기 위해서는, 먼저 신도들 간의 강렬한 종교적 신념이 회의주의, 무관심 그리고 무엇보다도 우선 수십 년간에 걸쳐 격렬하고 막대한 희생을 요구한 종교전쟁에 의해서 침식되고 붕괴되어야 했다. 비슷하게 정치사상의 실천적 적실성은 종교와 밀접하게 결부되어 있었는데, 이는 무엇보다도 종교적인 소요가 정치적 안정에 주된 위협이 되었기 때문이다. 유럽의 신흥국가들이 종교적인 제도의 통제로부터 독립적이라는 실천적인 의미에서 정치적 자율성을 가졌다고 할 수 있겠지만, 그렇다고 해서 종교 문제에 관해 무관심할 수는 없었다. 더욱이 여태껏 오랫동안 서구의 정치사회는 그 내용과 금제禁制 사항들에 있어서 기독교에 의해 제공된 문명화된 습성에 의존했던 것이다. 18세기에 이르러서 볼테르François-Marie Arouet Voltire와 같이 신념에 찬 에라스투스*주의자들도 기독교적 윤리가 아무런 통제력을 발휘하지 못하는 사회를 통치하는 문제에 관해 지극히 염려스러워했다.4 민족주의와 애국심은 아직까지 그 자체만으로 종교로부터 독립된 시민적 행위 규범을 제공할 수 있는 위치에 다다르지 못했다. 이런 모든 이유로 정치 이론의 용어와 개념은, 그것이 종교개혁기에 발전함에 따라, 종교 사상과 종교 문제에 의해 규정된 가능성의 범주를 완전히 벗어날 수는 없었다.

자율적인 정치 이론의 출현이 종교개혁이 설정한 지적인 틀 안에서 실현될 수 없었다면, 자율적 정치 이론의 진전은 종교적인 격변에 의해서 동요되지 않던 배경, 곧 중세에 형성된 담론의 관행이 신학적인 사고방식 이외의 다른 사고방식에 의해 도전받던 배경에서 추구되어야 했다. 그런 상황이 바로 16세기 이탈리아에 존재했다. 여기서 이탈리아 지식인들의 에너지는 끝없는 종교적 논쟁에 휘말려 소모되는 대신 점점 더 새로운 탐구 영역의 탐색에 바쳐졌다. 지식인들의 지배적인 세계관이 더 이상 종교적인 영향력에 의해 조형되지 않았으며, 동시에 종교적인 제도의 힘도 퇴조하기 시작했다. 좀 더 정확하게 말해, 교회의 권력은 영적인 사명의 확장 때문이 아니라 이탈리아 반도의 대내적인 정치에서 차지하는 역할 때문에 중요했다. 이런 여러 요인들의 결합으로 말미암아 정치 현상이 더욱 예리하고 분명하게 부각되는 기회가 창출되었다.

당시 이탈리아에서는 국민국가적 통일의 결여, 도시국가들 내의 정치적 삶

---

* [옮긴이] 에라스투스(Thomas Erastus, 1524~1583)는 스위스의 의사이자 신학자로서 종교는 국가에 종속되어야 한다고 주장했다.

의 불안정 그리고 정치적 모험가들을 유혹하는 지위와 권력에 대한 접근의 용이성이 상호 작용하여 정치적 삶의 차원이 확산되고 강화되었다. 철두철미하게 정치적인 차원으로 나아가는 것은 종교적인 세계관이 정치를 엄격하게 봉인하던 이전의 시대로부터 물려받은 사고방식을 청산할 것을 필수적으로 요구했다. 『군주론』*The Prince*이 쓰이기 거의 1세기 전에 생동력 있는 전통으로서 '현실주의'가 이탈리아 정치사상에서 이미 발전하고 있었던 것이다. 15세기 초기의 현실주의적인 저술가들은 주로 군주제와 공화제의 상대적인 장점을 비교하고 인문주의적 성현들이 설파하던 관조적인 삶*vita contemplativa*에 비추어 활동적인 삶the life of action을 평가하는 데 몰두했다.5 이 시기 논쟁의 가장 중요한 측면은 종교적 논쟁의 부재였으며, 이로 말미암아 이론가들은 '질서'나 '권력'의 문제를 매우 엄밀하게 정치적인 관점에서 조명할 수 있었다.

마키아벨리Niccolò Machiavelli의 정치사상은 이런 잠재적인 가능성들을 포착했고, 이를 기반으로 '순수한' 정치 이론에 관한 최초의 위대한 실험을 전개했다. '새로운 학문'을 위해 그가 작성한 선언문은 정치 현상이 유의미하게 분석되기 위해서 먼저 정치 현상이 과거의 정치사상에 의해 형성된 폐쇄적인 환상에서 해방되어야 한다는 믿음을 피력하고 있었다.

> 많은 논자들이 [군주에 대한] 이 주제에 관해 저술한 바가 있다는 점을 알기 때문에, 내가 쓰려고 하는 바가 건방지다고 생각되지나 않을까 하는 두려운 마음이 앞서기도 한다. 왜냐하면 논의를 전개함에 있어 나는 이전의 논자들이 제안한 원칙들로부터 철저하게 벗어나 있기 때문이다. 하지만 나의 목적은 주의 깊은 독자에게 도움이 될 무언가 유용한 것을 쓰는 것이기 때문에, 나는 이 주제에 관해 나의 공허한 상상에 의존하기보다는 실제적인 진실에 관심을 기울이는 것이 더욱 효과적이라고 생각한다.6

과거의 위대한 정치철학에 대한 마키아벨리의 비난은 그의 입장에서 어떤 공식적인 철학적 반론에 근거해 추동된 것이 아니었다. 대신에 그의 비난은 정치사상이 물려받은 개념이 진정한 정치적 현상을 더 이상 다루지 못하기 때문에 그 의미를 상실했다는 믿음에 근거했다. 중세의 정치사상이 교회 제도를 그 주요 주제로 삼아 전개되었고 결과적으로 그 개념들이 종교적인 이미지와 관념에 물들어 있었던 데 반해, 마키아벨리는 교회 정부가 새로운 학문의 적절한 관심사로서의 의미를 상실했다고 주장했다. 마르실리우스Marsilius나 루터Martin Luther와 같은 교황에 대한 비판자들은 교회 정부가 지나치게 정치적이라고 비난한 바 있었다. 그렇지만 마키아벨리의 비난은 교회 정부가 정치 이론의 주목을 받을 만큼 충분히 정치적이지 않다는 것이었다. 그의 신랄한 표현에 따르면, 그런 통치 양식들에서 군주들은 "그들이 행동하고 살아가는 방식"과 상관없이 권좌를 유지한다는 것이다.

> 이들은 국가를 소유하고 있으나 방위하지 않아도 되고, 신민을 거느리고 있으나 다스리지 않아도 되는 유일한 군주들이다. 하지만 국가를 방위하지 않는다고 해서 군주들이 국가를 빼앗기는 법은 없으며, 신민들은 적절히 다스려지지 않더라도 거기에 별로 신경을 쓰지 않는다. 신민들은 교회와 손을 끊는 것을 감히 상상도 못하며 또한 그럴 수도 없다. 그렇다면 이런 군주국들은 그 자체로 안전하고 행복하다. 하지만 그 국가들은 인간의 마음이 도달할 수 없는 높은 섭리에 의해 보호되기 때문에, 나는 그런 국가들을 논하는 일을 생략하겠다. 왜냐하면 이 국가들은 신에 의해서 수립되고 유지되기에, 그것들을 검토하는 것은 오만하고 경솔한 인간의 처사가 될 것이기 때문이다.[7]

마키아벨리가 교황 정부는 정치 이론이 다룰 수 있는 범위 너머에 있다고 정말로 믿었는지, 아니면 정치 이론의 적절한 고려 대상에도 미치지 못한다고 생각했는지를 논의하는 일은 흥미로운 주제일 것이다. 하지만 중요한 점은, 그의 반감은 어떤 사안들이 정치 이론에 적합한 것인가에 관한 고도로 의도적인 판단의 결과였다는 것이다.[8] 교황 제도에 정치적 중요성을 부여하기를 거부했다면, 중세의 정치적 신학의 용어들도 새로운 학문의 요구를 감당하지 못하는 불필요한 것으로 치부될 것이었다. 이 점에서 정치 이론은 르네상스 시대의 근본적인 경향들 가운데 하나에 기여할 것이었다. 곧 정치 이론은 독립적인 탐구 영역의 확산과 함께 각 영역이 자신의 자율성을 확보하고자 하며, 특정한 일련의 현상을 설명하는 데 적합한 용어를 발전시키고, 교회에 아무런 특권을 부여하지 않으면서 그 작업을 진척시키려고 했던 경향에 이바지할 것이었다. 장기적으로 이런 사태의 진전은 반기독교적인 잡다한 움직임보다도 중세의 통합된 세계관을 훨씬 더 심각하게 위협했다.

중세적 사고방식과의 결별이 현대의 평자들 대부분으로 하여금 마키아벨리를 최초의 진정한 근대적인 정치사상가로 환호하게 만드는 유일한 이유는 아니다. 그 외에도 그들은 마키아벨리가 자연법과 같은 전통적인 규범을 거부한 것 그리고 거의 전적으로 권력의 문제만 집중적으로 분석한 실용적인 방법을 모색했다는 점을 포함시키는데, 이는 정당하다. 이에 덧붙여 우리는 마키아벨리의 근대성이 또한 엄밀하게 정치적으로 나타나지 않는 것은 무엇이든지 정치 이론으로부터 배제하고자 한 시도에 있다는 점을 지적했다. 종교가 이런 배제 원칙에 따른 가장 중요한 희생물이었지만, 이에 못지않게 중요하면서 상이한 유형의 다른 것들도 있었다. 이와 관련해 세습적 통치자에 대한 마키아벨리의 반감과 귀족계급에 대한 그의 뿌리 깊은 경멸은 검토할 만한 가치가 있다. 이런 논의의 중요성은 새로운 학문의 용어와 개념에 관계된 것이 아니며 오히려 그런 논의에 담긴 정치적·사회적 편향성과 관련이 있다. 새로운 학문이 세습적인 군주와 귀족제에 적대적이었다면, 그 학문이 단순히 이런 특정한 계급들의 이익을 합리화할 목적으로 고안된 이데올로기에 불과했다는 식으로 비난받을 수는 없다. 다른 한편 만약 새로운 학문이 스스로 이런 두 계층과의 관계를 끊고자 했다면, 개혁의 임무를 수행하기 위한 동맹을 어떤 영역에서 발견할 수 있었겠는가? 귀족과 세습적인 통치 원리에 대한 마키아벨리의 태도를 검토함으로써 우리는 아마도 이런 사안들을 조명할 수 있을 것이다.

세습적인 군주에 대한 반감은 권위 및 정통성의 관념을 둘러싸고 전개되고 있던 위기에 대한 마키아벨리의 인식과 결부되어 있었다. 그는 제도적인 형태, 사회구조 및 리더십의 유형에 있어서 당대에 진행되던 급속한 변화가 정통성에 대한 기존의 관념을 낡아 빠진 것으로 만들었다고 적절히 인식했다. 세습적인 원리와 대부분의 전통적인 형식이 점차 그 영향력을 잃어 가는 정치적인 세계가 그 모습을 드러냈다. 프랑스와 같은 곳에서 세습 체제가 지속적으로 존속하고 있었지만, 마키아벨리는 그것이 정치 이론이 다루기에 적합하지 않은 체제라고 주장했다. "신생 군주 정부는 어려움에 직면하지만, 군주 가문의 통치에 익숙한 세습 군주국은 신생 국가보다 더 적은 어려움을 겪으면서도 유지될 수 있다"고 그는 기술했다.[9] 따라서 세습적인 체제는 그 정의상 이미 신민들의 충성과 기대가 상당히 항구적으로 정착된 상황을 전제하기 때문에 특별한 기술이나 지식을 요청하지 않으며 따라서 정치학에 진정한 도전을 제기하지 않았다.[10] 반면에 새로이 획득된 통치체는 순전히 통치자의 기량에 따라 유지되기도 하고 상실되기도 했다. 따라서 후자는 우연적인 요소의 역할이 미미한 좀 더 순수한 형태의 정치를 표상했다.[*][11]

또한 이런 차이는 비르투*virtù*에 대한 상대적인 가능성에도 반영되어 있었다. 세습적인 군주에게는 위대함을 성취할 수 있는 기회가 적었는데, 왜냐하면 영광을 성취하는 것은 권력을 물려받는 것보다 권력을 획득할 때 더욱 가능한 일이기 때문이었다. 세습적인 군주는 만약 "군주로 태어났지만, 그가 신

* [옮긴이] 마키아벨리는 『군주론』, 6 (2)에서 신생 군주국을 다스리는 군주가 역량이 있거나 행운을 누리고 있다면, 그 새로이 획득된 통치체에 닥친 어려움을 어느 정도 용이하게 헤쳐 나갈 수 있다고 말한다. 그러나 마키아벨리는 "그가 행운에 의존하는 정도가 더 낮다면, 자신의 지위를 더욱 잘 유지할 수 있을 것이다"라고 덧붙인다. 즉, 신생 군주국의 군주가 지닌 역량이 새로운 학문 — 정세에 대한 정확한 판단에 근거하여 조치를 취하는 — 에 기초하는 한, 그것은 행운과 같은 우연적인 요소에 정세의 변화를 맡겨버리는 것과 대비되는 것이었다.

중하지 못해서 영토를 잃게 된다"면 "이중의 수모"를 겪게 마련이었다. 더욱이 장기간 군림하다가 갑자기 영락해 버린 군주는 심지어 그의 몰락을 운명*Fortuna*의 탓으로 돌리는 위안조차 구할 수 없었다. 안전하다는 생각에 도취된 나머지, 그는 모든 정부 형태를 괴롭히는 정치적인 돌발 사태에 대한 적절한 대비책을 마련하지 못한 것이 분명하기 때문이었다.[12] 이에 비해 신생 군주는 "이중의 영광"을 누릴 기회를 가졌다. 왜냐하면 그는 새로운 통치체를 건국하고 나아가서 거기에 자신의 고유한 인격을 각인시킨다는 심미적 쾌감까지 경험할 수 있기 때문이었다. 이런 영광은 기존의 제도적 배치를 존중하는 데 자신의 권력이 좌우되는 세습적인 통치자는 맛볼 수 없는 것이었다.[13]

세습적인 원리를 경멸하면서, 마키아벨리는 국가 통치술에 관한 새로운 학문을 예전의 정통성의 원리에 대한 대안으로서 제시했으며, 이를 통해 "새로운 군주를 오래된 군주처럼 보이게" 하고 "군주가 그저 점차 나이가 들어가면서 [세습적으로 물려받은 지위를 공고화하는 때 – 옮긴이]보다 왕국 내에서 그의 지위를 즉각적으로 더욱 안전하고 더욱 견고하게 만들겠다"고 대담하게 약속했다.[14] 이 점에 있어서 새로운 학문은 극단적인 사회적 유동성의 시대, 곧 부르크하르트Jacob Burckhardt가 언급했던 것처럼 '부랑아의 시대'an age of the bastards를 반영했다. 권력, 지위 및 영광을 둘러싸고 투쟁하던 새로운 인간들에게, 새로운 학문은 위대한 균형자a great equalizer의 역할을 함으로써 능력을 앞세워 세습적 권리에 대항한 자들의 상대적 지위를 상승시키는 데 기여했다.[15] 부수적으로 이 점은 마키아벨리가 군사적 기예에 커다란 비중을 부여한 이유를 부분적으로 설명한다. 즉, 그는 전쟁에 관한 지식이 군주의 신분으로 태어난 자들에게 도움이 될 뿐만 아니라 "사람들로 하여금 미천한 지위에서 그와 같은 [대등한 지위에 오르게 한다"고 기술했던 것이다.[16]

정치적인 야심가라는 새로운 인간을 통해서 마키아벨리는 근대 정치를 사로잡게 될 인상적인 인물상을 그려 냈다. 그 새로운 인간은 끊임없는 야망의 시대의 산물이며 급격한 제도의 변화와 엘리트 집단 사이에서 벌어지는 권력의 무상한 부침浮沈의 소산이었다. 간단히 말해서 그는 정치가 지닌 변전무상變轉無常, 비영구성 및 끝없는 진행형의 속성을 상징했다. 이와 대조적으로 세습적인 통치자는 고정된 상황과 정착된 제도가 정치의 본질을 이루는 시대착오적인 원리를 상징했다. 따라서 '새로운 군주'에 우호적이고 세습적인 군주에게 적대적인 새로운 학문의 편향은, 근본적으로 전자가 정치의 본질에 관한 진정한 이미지라는 믿음에 기반하고 있었다. 그렇지만 신생 군주가 새로운 학문을 적용하는 데 더 믿을 만한 담당자인가란 질문은 귀족에 대한 마키아벨리의 주장을 검토할 것을 필요로 한다.

"인간의 욕망은 만족할 줄 모른다. 왜냐하면 본성에 의해 우리는 모든 것을 갈구하도록 창조되었지만, 운명에 의해 우리는 이 모든 것 가운데 단지 일부만 얻을 수 있는 상황에 처해 있기 때문이다. 그 결과 인간의 마음은 항상 불만족 상태에 놓여 있다"라고 마키아벨리는 기술했다.[17] 마키아벨리는 이런 형태의 불만이 특히 귀족들 사이에서 현저히 나타나는 악덕이라고 믿었다. 즉, 완전한 지배에 못 미치면 그 어떤 것도 귀족들을 만족시킬 수 없었다.[18] 하지만 이것은 더 이상 가능하지 않았는데, 왜냐하면 시민적 자유를 오랫동안 누린 결과 보통 시민들이 그들 자신의 욕망 역시 다른 사람들의 욕망과 마찬가지로 동등하게 취급되는 것이 옳다고 믿도록 고무되었기 때문이었다. 전자는 특혜를, 후자는 평등을 요구했기 때문에 양 집단의 이해와 야심은 원만하게 조화될 수 없었다. 이는 논리적인 모순이라기보다는 정치적인 모순이었다. 정치적 행위는 그 본성상 제한된 '장場', 곧 이익과 야심의 대상물이 공급 부족 상태에 있는 상황에서 수행되기 때문이다. 다른 행위의 장과 달리 정치란 제한된 재화와 무제한적인 야심의 딜레마에 봉착하게 마련이었다.[19]

또한 희소성과 야심의 문제는 불평등이라는 쟁점을 제기하는데, 다음 세기에 홉스Thomas Hobbes는 이를 정치 이론의 중심 문제로 삼았다. 다시 한 번 여기서 우리는 마키아벨리가 근대 정치 이론에서 특징적으로 나타나는 태도를 정교하게 다루는 것을 발견할 수 있다. 즉, 새로운 학문은 근본적으로 사회적 구분, 특히 귀족제적 원리에 적대적이었던 것이다. 마키아벨리의 견해에 따르면 부패한 사회의 특징적인 징후 가운데 하나는 광범한 사회적·경제적 불평등이며, 특히 자신들의 사회적 의무를 거부하고, 인접 지역에 대한 빈번한 무력 약탈에 탐닉하며, 평화를 파괴하고 교란하는 기생적인 특권 계급의 존재였다. 특권 계급^{gentiluomini}과 귀족^{grandi}에 대한 이런 반감은 부분적으로 심각한 불평등이 공화정에 유해하다는 마키아벨리의 신념에서 비롯되었다. 그러나 다른 한편 그런 입장은 독일 국가들과 같이 평등이 지배하는 단순한 사회가 새로운 학문을 적용하는 데 적합한 재목材木이라는 견해 때문에 선호되었다.[20] 귀족계급에 대한 편견은 후일 홉스가 더욱 완벽하게 발전시킨 또 다른 함의도 지니고 있었다. 즉, 귀족 사회에 고유한 질적인 종류의 구별은 새로운 학문에 부적합하며, 오히려 비슷한 능력과 가치관을 지닌 실체로서 인간을 분석할 수 있는 사회가 새로운 학문에 좀 더 적합하다는 것이다. 우리가 주목할 것처럼 마키아벨리의 위대한 발견은 [귀족 사회처럼 - 옮긴이] 차등화된 사회체보다도 획일적인 대중이 이론적으로 쉽게 분석될 수 있으며 실천적으로도 쉽게 조작될 수 있다는 점이었다.[21]

나중에 대중에 대한 마키아벨리의 입장을 좀 더 상세하게 검토할 것인데, 그때 우리는 그 입장이 새로운 학문의 목표 달성을 위한 수단으로서의 신생 군주에 관한 환멸의 증대를 수반하는 것이었다는 점을 밝히려고 시도할 것이다. 하지만 여기서 주목할 것은 이런 이론 전개가 정치 이론의 '민주화'라는 공식을 인민의 이익을 진작시키고자 특별히 고안된 지식의 체계에 써넣으려 한 것은 결코 아니었다는 점이다. 그 대신 새로운 학문의 핵심적인 특징은 그것이 특정한 당파의 이해관계로부터 분리될 수 있다는 점이었다. 마키아벨리는 이 점을 『군주론』에 대한 "헌정사"에서 명백히 밝혔다. 그가 다룬 주제의 참신성

*varietá*과 중요성*gravità*이 군주에게 지침을 제공하는 자신의 건방짐을 용서할 것이라고 옹호한 뒤에 마키아벨리는 정치적 저술가를 풍경화가에 비유했다. 풍경화가는 골짜기에서 바라보아야 우뚝 솟은 산을 충실하게 묘사해 화폭에 최선의 그림을 담을 수 있으며, 반대로 정상에서 내려다보아야 골짜기를 가장 잘 그릴 수 있다는 것이었다. 그 비유에서 골짜기는 인민을, 산은 군주를 상징했다. 화가로서 정치 이론가는 이들 양자에 대해 우월한 지위에 있는데, 왜냐하면 그는 어떤 입장으로든 손쉽게 움직이면서 어느 한쪽을 위해 처방을 내릴 수 있기 때문이었다.

동일한 논점이 『피렌체사』*History of Florence*에서 약간 다른 방식으로 표현되었다. 마키아벨리의 기법은 상충하는 계급적 이해가 얽힌 일정한 상황을 설정한 다음에 각 당파를 대변하는 자의 입을 통해서 각 이해 집단을 위한 최선의 주장을 전개하는 것이었다.[22] 무산자이든 귀족이든 당파를 불문하고, 새로운 학문은 어떤 특정 당파의 입장이든 풍부한 상상력을 통해 융통성 있게 고려해, 그 관점에서 문제를 분석하며, 당사자의 이해관계를 만족시킬 수 있는 행위 방안을 지적할 수 있었다.

새로운 학문이 특정한 입장과 '지나치게 동일시되는 것'을 피할 수 있는 능력을 가지고 있었다는 점에 대한 가장 극적인 증거는 아마도 마키아벨리가 국제정치상의 다양한 문제를 분석한 데서 찾을 수 있을 것 같다. 여기서도 새로운 학문은 심지어 이탈리아에 대한 최대의 적을 포함해 어떤 입장이든 취하며, 그 적의 입장에서 사태를 진단하고 대안을 제시하며, 좀 더 나은 조치를 처방할 수 있다는 점을 보여 주었다.[23] 이로부터 많은 비판자들이 마키아벨리가 국제정치를 단순히 체스 게임과 같다고 잘못 전제했으며 그런 조건으로 환원될 수 없는 측면들을 무시했다고 주장하게 된 이유를 이해할 수 있다. 하지만 혹자는 또한 새로운 학문의 다각적인 융통성과 초연한 성격을 전제로 할 때 이 점이 불가피했다고도 지적할 법하다. 왜냐하면 체스에 대한 지식의 본질은 판의 양쪽 누구에게나 적용할 수 있는 것이기 때문이다. 이 점은 정치 이론을 위해 추구한 마키아벨리의 시각이 이데올로기적인 정향보다는 문제 해결 위주의 정향에 의해서 고취되었기 때문이라고 달리 표현할 수도 있겠다. 일정한 이데올로기는 하나의 중심적인 초점을 갖지만, 하나의 문제는 여러 측면을 갖기 마련이기 때문이다.

마키아벨리의 관념에 따르면 정치 이론은 어떤 집단에게든 유용한 일련의 기법을 제공할 수 있지만, 우리가 살펴본 것처럼, 모든 집단이 새로운 학문에 동등하게 유용한 것은 아니었다고 이상의 논의를 요약할 수 있다. 이 두 가지의 고려는 일정한 유형의 헌신을 수반하는데, 이런 헌신 및 그들 상호 간의 관계에 관해서 고찰하기로 하자.

2. 정치 이론가의 헌신Commitments

마키아벨리는 명료한 눈을 가진 현실주의자로서 정치사상으로부터 흐릿한 이상理想들을 제거하는 데 전념했으며, 객관적인 방법에 몰두하는 과학자에게서 발견되는 것 이상의 도덕적인 열정을 가지지 않는 인물이라는 일관된 이미지를 누려 왔다.[24] 마키아벨리가 이런 초상에 관해 충분한 증거를 제공한다는 점은 부인할 여지가 없다. 정치 분석에 있어서 "주제의 실제적인 진실verità effectuale에 이르게" 하는 "새로운 길"을 개척할 것이라는 그의 도전적인 선언은 그의 사상 체계의 진수로서 받아들여졌다.[25] 그렇다고 하더라도 이런 평가에 대한 일정한 의문이 『군주론』의 마지막 장에 나타나는 돌연한 문체 변화로 인해 제기된다. 거기에 나타나는 언어는 더 이상 현실주의적인 평가와 초연한 조언의 언어가 아니라 이탈리아를 통일시키기 위해 일종의 십자군을 호소하는 데서 그 절정에 달하는 열렬한 민족주의자의 언어였다. 진지한 연구자들은 마지막 장이 저술의 본론에 나중에 추가된 것이라고 주장해 왔지만, 그렇다고 해서 마키아벨리가 그 장을 집필했으며, 그가 그것을 자신의 선구적인 저술에 포함한 것에 관해서 일말의 당혹감도 표현한 적이 없다는 사실을 제대로 해명하지는 못한다.[26] 마지막 장은 정치 이론에서 현실주의와 열정이 결합하는 것이 기이하다고 전제할 때만 불필요한 것으로 간주될 수 있다. 하지만 만약 그런 전제를 벗어 던지면, 객관적인 현실주의와 열정적인 민족주의는 마키아벨리의 입장에서 두 종류의 상이한 헌신을 표출하는 것이었다고 보는 것이 가능하다. 그렇다면 그런 헌신들의 본질뿐만 아니라 각각에 적합한 언어의 종류를 탐색하는 작업이 필요할 것이다.

이미 이전에 지적한 것처럼 마키아벨리가 이탈리아의 정치적 질병에 대해 기술하고자 했을 때, 그는 도덕적인 열정으로 가득 찬 언어를 사용했다. 이탈리아의 상황은 "헤브라이인들보다 더 노예화되고, 페르시아인들보다 더 억압받고 있으며, 아테네인들보다 더 지리멸렬"하며, "우두머리도 없이, 질서도 없이, 짓밟히고, 약탈당하고, 갈기갈기 찢기고 유린당한" 상태라고 그는 기술했다.[27] 그 주제는 마키아벨리가 함축적이고 또 명백한 의도를 드러내지 않은 채, 종교적 언어를 채택함에 따라 강렬한 어조를 띠게 된다. 즉, 이탈리아는 그리스도의 몸*corpus Christi*처럼 그것이 상징하는 자들이 지은 과거의 죄를 대속代贖하기 위해서 해체되는 고통을 겪게 되었다는 것이다. 고대의 민족들[이스라엘 민족 - 옮긴이]처럼 이탈리아가 구원받기 전에 약탈과 예속을 겪게 되는 것은 '필연적'이었다. 고통을 겪는 정치체의 이미지를 불러일으킨 다음에 마키아벨리는 장차 이탈리아를 구원할 희망인 정치적 구세주에게 일종의 장황한 탄원을 늘어놓는다.

그리고 이전에도 신이 이탈리아를 구원하기 위해 선택한 인물이 아닌가 하고 생각할 수 있을 법한 조짐을 보여 주는 인물들이 출현한 적이 있었습니다. 하지만 나중에 그들의 행위가 절정에 오르는 순간 운명이 그들을 내팽개치는 것이 목격되었습니다. 그리하여 거의 활기를 잃은 이탈리아는, 누구든지, 자신의 상처를 치유하고 …… 오랫동안 당한 고통을 치료해 줄 수 있는 사람을 애타게 기다리고 있습니다. 이탈리아는 잔인하고 야만적인 수모로부터 자신을 구원해 줄 누군가를 보내 달라고 신에게 간절히 기도하는 것처럼 보입니다. [그리고 나서 구원자는 일찍이 자신이 주장한 방도를 따르는 것으로 족하다고 촉구한 후에 마키아벨리는 구약성서의 예언에 대한 자기 나름의 해석을 제시한다.] 바야흐로 우리의 눈앞에 신이 마련한 비범하고 유례없는 징조들이 나타나고 있습니다. 바다가 갈라지고, 구름이 전하의 길을 알려 주었습니다. 바위에서 물이 솟아 나오고, 하늘에서 만나Manna*가 떨어졌습니다. 이 모든 것이 한데 어우러져 전하의 위업을 예시豫示하고 있습니다. 나머지는 전하가 해야 할 몫입니다.[28]

그 비전은 구원자-군주redentore를 기다리는 기쁨에 찬 환영의 약속, 게세마니Gethsemane** 없는 권력과 영광의 약속에서 그 절정에 이른다.

저는 [이 모든 감정을 – 옮긴이] 이루 말로 형언할 수 없습니다. 이들 이방인들의 범람으로 고난을 겪던 방방곡곡에서 사람들이 얼마나 많은 흠모의 정을 가지고, 얼마나 많은 복수의 열망을 가지고, 얼마나 강고한 믿음을 가지고, 그리고 얼마나 많은 충성심과 기쁨의 눈물을 가지고 그분을 맞이하겠습니까! 그때 어떤 닫힌 문이 그분의 앞을 가로막겠습니까? 어떤 백성들이 그분에게 복종하기를 거부하겠습니까? 어떤 시기심이 그분을 막아서 겠습니까? 어떤 이탈리아인이 그분을 따르는 것을 거절하겠습니까?[29]

---

* [옮긴이] 옛날 모세가 이스라엘 민족을 이끌고 광야를 헤매면서 굶어 죽기 직전의 상태에 빠졌을 때 신이 내려준 음식을 말한다(『출애굽기』 XVI: 14-36).
** [옮긴이] 게세마니는 예수가 십자가에 못 박히기 전날 밤에 피땀을 흘리며 최후의 기도를 하고, 유다의 배신으로 붙잡힌 곳이다. 마키아벨리가 희구하는 정치적 구세주의 앞길에는 이런 장애물조차 없다는 의미다.

위의 구절로부터 예전의 종교적인 감정과 언어의 형태들이 새로운 '민족'의 이미지에 옮겨져 승화되었다는 점이 명백히 드러난다. 그리고 『군주론』의 이전 장들에서 기술적技術的인 조언들이 제시된 다음에 위의 인용문들이 나오기 때문에, 새로운 정치 이론이 자기 충족적인 것이 아니라 그 추동력을 민족주의적인 영감에서 끌어왔다는 결론이 제시된다. 곧 마키아벨리는 이런 추동력을 오직 예전의 종교적 감정과 사고의 언어를 통해서 전달할 수밖에 없었던 것이다. 새로운 정치 이론에 수반된 종교적인 요소는 마키아벨리의 민족주의에만 국한되지 않았으며, 정치사회에 고유한 생동적인 원리라는 관념으로도 재출현했다. 마키아벨리는 정치사회를 일정한 갱신의 의례를 반복함으로써만 해체를 피할 수 있는 여러 유형의 하나로 분류했다.[30] 혼합된 또는 복합적인 체제의 경우에 ― 그리고 의미심장하게도 마키아벨리는 여기서 공화국과 조직화된 종교 집단을 한데 묶었다 ― 갱신은 최초의 원리로 되돌아감으로써만 성취될 수 있었다. 이 일은 내부적인 조치나 모종의 외부적인 힘이 가한 충격에 의해서 수행될 수 있었다. 그러나 시간이 지남에 따라 이런 정치체의 부패는 아르케arché, 곧 근본적인 원리로 되돌아감으로써만 억제될 수 있었다. 충격을 주어서 정치체의 시원적인 기반에 대한 구성원들의 인식을 회생시키는 일이 공화정에는 필수적이고, 이 일을 10년이 넘도록 지체해서는 안 되며, 그렇지 않으면 부패가 너무나 깊숙이 침투해 정치체가 회생 불능의 상태에 빠진다고 마키아벨리는 경고했다.[31]

이런 회생 원리의 관념은 성체성사 의식을 상기시켰다.* 그런 관념은 부분

---

* [옮긴이] 가톨릭교회의 교리에 의하면, 그리스도가 최후의 만찬 때 의식을 펼쳤던 것처럼, 성사의 집행을 통해 빵과 포도주라는 성체가 축성되어 그리스도의 살과 피가 실체로 변화하여 그 성체 안에 현존하게 되며, 신자들은 이 성체를 배령(拜領)함으로써 그리스도와 일치하는 은총을 받게 된다고 한다. 여기에 대해서는 『정치와 비전』 제1권 4장 7절인 "종교의 언어와 정치의 언어: 중세 기독

적으로 마키아벨리의 영향에 의해 후일의 정치 이론에, 특히 입헌주의자들에게 전해졌다. 마키아벨리를 "고전 시대 이후의 유일한 정치가"라고 일컬었던 해링턴James Harrington은 자신의 기본적인 법률을 고수하는 공화정은 불멸성을 보장받을 수 있다고 주장했다.[32] 근본법의 관념은 17세기의 영국에서 벌어진 정치적이고 헌정적인 논쟁에서 막중한 역할을 수행했으며, 후일 성문헌법의 관념에 지대한 영향력을 미쳤다. 여기에는 근본법을 준수함으로써 정치체의 지속적인 활력을 보장한다는 생명력life-giving force의 관념이 보존되어 있었다.[33]

마키아벨리의 사상에는 종교적인 감정과 이미지로 형성된 중요한 기층이 존재하며 이것은 민족의 부흥이라는 주제를 다룰 때 가장 극명하게 드러난다는 점을 우리는 지적했다. 그러나 그의 저술 가운데 주로 분석적인 부분 및 조언과 관련된 부분에서 종교적인 언어는 배제되었다. 따라서 민족의 부흥이라는 명분은 이를 실현하기 위한 수단을 처방하는 기본적인 목표였지만, 그것이 그의 저술의 모든 측면을 채색하고 다듬어 형상을 부여하는 목적으로 기능하지는 않았다. 마키아벨리는 그 각각이 자신에 적합한 용어와 개념을 가진 분석적인 정치적 탐구의 문체와 기본적인 목표를 제시하는 문체 사이의 유의미한 분리 가능성을 개척했다. 하지만 마키아벨리가 가까스로 열어 놓았던 그 가능성이 오늘날에는 대부분의 사회과학에서 공식적인 신조가 되었다. 즉, 도덕적인 열정의 언어는 '주관적'이거나 '감정적'이라는 딱지가 붙게 되었고 따라서 정밀한 연구에는 덜 매력적인 주제가 되었다. 이 점은 마키아벨리와 마찬가지로 현대의 정치 과학자들이 도덕적인 감수성이나 일정한 가치에 대한 헌신을 결여하고 있다는 것을 의미하지 않는다. 오히려 중요한 것은, 현대 정치 이론가의 다음의 진술이 보여 주듯이, 정치적 가치의 지위다.

교 사상에 대한 보충 설명"을 참고하라.

우리 자신의 가치는 자유를 열망하는 사회의 시민이 가진 가치와 동일하다. 따라서 우리는 자유로운 사회의 수립과 지속에 유리한 조건에 대한 공식화에 각별한 주의를 기울여 왔다. …… 그러나 우리는 민주적 가치의 정당화, 곧 모종의 형이상학적인 또는 도덕적인 기반으로부터 그런 가치를 끌어내는 데에는 관심이 없다. 그것은 정치 과학political science이 아니라 정치적 교의political doctrine의 영역에 속한다.[34]

그러나 믿음beliefs이 검토되지 않는 선호preferences의 지위로 강등당하는 동시에 가장 존중받는 입증 방법에 입각해 증명 불가능한 것으로 선언될 때, 믿음은 틀에 박힌 도그마가 되는 경향이 있다. 마키아벨리가 검토되지 않은 믿음 — 민족국가, 무정부적인 국제 상태, 일종의 임금기금설적인 권력 이론* — 을 가지고 있었듯이, 현대의 정치 과학자들 역시 그 자신의 믿음 — 민주주의, 자유주의적 권리 이론, 부분적으로 자유롭고 부분적으로 통제되는 시장경제 이론 — 을 가지고 있다. 문제는 이런 믿음들이 나쁘거나 오류가 있다는 것이 아니라 엄밀한 의미에서 검토될 수 없는 것으로 간주되고, 그 결과 경험적이거나 분석적인 탐구에 그런 믿음이 미치는 영향력이 항상 인식되지 않는다는 점이다.

분석적인 방법에 대한 몰입이 일정 정도 마키아벨리에서 비롯된 것으로 보인다면, 이런 방법에 대한 헌신의 이면에 어떤 종류의 신념이나 열정이 있

---

* [옮긴이] 임금기금설은 일정한 사회 상태에서 임금으로 지급될 수 있는 총기금이 일정하며, 노동자 개인이 받는 임금액은 이 기금총액을 노동자 총수로 나눈 것이라고 주장한다. 따라서 이런 관점에서 보면, 일부 노동자의 임금 인상은 다른 노동자들의 임금 하락을 초래하게 된다. 이처럼 정치권력의 분포에 따라 한 쪽의 권력이 강해질 경우, 다른 쪽의 권력이 약화되는 결과를 초래할 수 있는데, 마키아벨리는 군주와 귀족의 관계를 이렇게 보았으며, 윌린은 이를 임금기금설적인 권력 이론으로 파악한 것 같다. 다른 한편 다음과 같이 생각해 볼 수도 있다. 마키아벨리의 경우, 세계에 존재하는 악의 양이 일정하며 동시에 선과 악이 긴밀히 결부되어 있다고 파악한다. 따라서 정치적인 결과로서 악을 줄이려는 정치적 행위는 그 특성상 권력의 획득과 유지를 위해 사악한 행위를 요구한다. 이것이 바로 정치가 제기하는 도덕적 딜레마라고 할 수 있다.

는가를 발견하는 것은 중요한 문제가 된다. 이 문제는 어떤 의미에서 역설 위에 서있다. 왜냐하면 마키아벨리가 탐구의 논리로부터 기본적인 가치를 배제했다고 제시한 다음에 이제 우리는 '그의 탐구 방법이 일정한 열정적인 신념에 의해 지지되는 것은 아닌가'라고 묻고 있기 때문이다. 그의 사례에서 우리가 발견하는 것은 정치 이론가로서의 소명에 대한 열정적인 헌신인데, 이는 그가 쓴 편지의 한 구절에 극명하게 제시되어 있었다.

> 운명은 내가 비단을 만드는 일이나 양모 제조 또는 이윤이나 손실을 논할 수 없기 때문에, 나에게 국사를 논해야 한다고 명령을 내렸다. 나는 침묵의 맹세를 하거나 아니면 그 주제에 관해서 이야기해야 한다.[35]

정치 이론가로서의 소명에 대한 깊은 헌신감을 입증하는 많은 다른 표현들이 있었다. 『군주론』 자체에도 이 책이 "내가 여러 해 동안 많은 불편과 위험을 무릅쓰고 배운 모든 것"을 대표한다는 진술이 "서문"에 나와 있다. 이런 헌신감은 정치적으로 부패한 시대에 살고 있는 인간에 대한 관심에서 비롯된 근본적으로 도덕적인 반응이었다.

> [사람들은] 오로지 끔찍한 불행, 불명예 및 경멸만 마주칠 수 있을 뿐이다. 왜냐하면 종교, 법률, 군사적인 전통의 존중이란 찾아볼 수 없고, 모든 것이 온갖 종류의 쓰레기로 가득 차 더럽혀졌기 때문이다. 게다가 이런 악덕들이 멋대로 자리를 차지하여 판결을 내리고 사람들을 호령하며 또 아첨을 기대하는 자들 [사이에] 만연되어 있는데, 그럴수록 더욱 혐오스러울 뿐이다.[36]

이런 항의에는 그 시대가 매우 정치화된 시대로서 정치가 인간의 미래를 결정하는 주된 결정 인자가 되었다는 인식이 내재되어 있었다. 그리고 "지난 15년간 생각 없이 또는 흥청거리며 허송세월을 보낸 것이 아니라 …… 오로지 국가 통치술을 탐구하는 데 매진했던" 치열한 사상가의 반응, 곧 그의 가슴에서 우러나오는 절규*cri de coeur*는 "나는 나의 영혼보다 나의 조국을 더 사랑한다"는 것이었다.37

하지만 새로운 학문의 밑바탕에 놓인 도덕적인 정서는 단순히 애국적인 동기에 의해서만 고무된 것이 아니라, 정치적 상황 자체에 고유한 고뇌스러운 요소들에 대한 마키아벨리의 감수성과도 연결되어 있었다. 우리는 냉소적이고 은밀한 조언자로서 마키아벨리의 초상에 너무나 익숙해진 나머지 그의 저술에 담긴 비애감*pathos*을 간과해 왔다. 피렌체의 곤팔로니에레*gonfaonlie*였던 소데리니*Piero Soderini*에 대한 그의 묘사는 훌륭한 예다. 여기서 정치적 상황은 점잖고 선의를 지닌 인간에게, 객관적인 필요에 따라 그의 적을 파멸시킬 것인가 아니면 적법성을 준수함으로써 결과적으로 적이 그를 파멸시키도록 허용할 것인가 사이에서 선택을 강요했다. 선량한 사람으로서 소데리니는 후자의 대안을 선택했고, 그 결과 그의 나라와 그 자신에게 중대한 해악을 초래하고 말았다. 물론 그런 선택을 불가피하게 하는 상황 역시 그 고통의 일부에 대한 책임이 있다. 또 다른 에로는, 성공적인 군주는 부분적으로 사자의 역할과 동시에 부분적으로 여우의 역할을 떠맡아야, 곧 용맹스러우면서도 동시에 기만에 능해야 한다는 마키아벨리의 유명한 격언도 들 수 있다. 비록 이 격언이 통상 마키아벨리의 부도덕성을 보여 주는 전형적인 사례로서 받아들여져 왔지만, 사실 그것은 도덕주의자의 주장이었다. 그의 논의는 부패한 시대에 위

---

* [옮긴이] 곤팔로니에레는 기수를 의미하는데, 중세 유럽에서 기를 수호하는 권한은 최고의 영예를 부여받은 사람이거나, 최대의 실권을 가진 사람에게 있었다. 당시 피렌체 시민 정부의 공식 대표의 명칭도 정의의 기수(*Gonfaloniere di Giustizia*)였다. 그리고 소데리니는 1502년 피렌체 공화국의 안정적인 운영을 위해서 종신 곤팔로니에레 직위를 새로 만들어 취임했는데, 이는 사실상 국가의 수장에 해당했다.

대함은 부도덕한 수단에 의해서만 성취될 수 있다는 진술로 시작되었다. 그런 시대에는 분명히 구분할 수 있는 두 가지 투쟁 방법이 있었다. 그 하나는 법률에 의한 것으로서 문명화된 사람들의 방법이고, 다른 하나는 힘에 의한 것으로서 야수의 방법이었다. 두 방법 모두 전투의 형태를 의미했는데, 왜냐하면 둘 다 정치란 갈등의 상황이라는 사실에 대한 반응이기 때문이었다. 인간에게 부과된 도전이란 인간이 동물로서 행동해야 하는 영역을 축소하는 것이었다. 시대가 부패한 상태로 남아 있는 한, 법적인 수단만으로는 부적절하며 따라서 정치적 인간은 그가 최선의 의도를 가지고 있다 할지라도 부분적으로는 야수의 역할을 겸비해야 생존할 수 있었다.[38] 정치적 행위자는 그 자신의 말을 어길 수도 있어야 한다는 마키아벨리의 조언은 도덕적인 분별력의 유지 가능성에 관한 회의론의 산물이 아니라 정치의 불가피성이 그 밖의 다른 대안을 거부한다는 신념의 소산이었다. 루터와 마찬가지로, 마키아벨리의 행위자는 그 밖에 달리 행동할 수 없었다. 그리고 도덕적인 비애pathos는 목적이 수단을 정당화하는 상황이 아니라 목적이 전적으로 선한 사람과 전적으로 악한 사람을 똑같이 무력하게 만드는 그런 유형의 수단을 강요하는 상황 때문에 발생했다.

> 그런데 국가에서 정치적 삶을 재구축하는 것은 고결한 인물을 전제로 하는 데 반해, 폭력을 휘둘러 공화정의 지배자가 되기 위해서는 사악한 인물일 필요가 있다. 하지만 고결한 인물은 비록 그의 목적이 좋다고 할지라도 좀처럼 사악한 방법을 통해 지배자가 되려고 하지 않을 것이다. 다른 한편 사악한 인간은 그가 마침내 지배자가 되었을 때, 올바른 일을 하고자 하지 않을 것이며, 그가 사악한 방법으로 획득한 권한을 올바르게 사용하려는 생각은 결코 그의 마음에 떠오르지 않을 것이다.[39]

정치를 이런 관점에서 조망했기에, 마키아벨리는 귀차르디니Francesco Guicciardini 에게 쓴 편지의 말미에 다음과 같이 서명했던 것이다. "역사적이고, 희극적이며, 비극적인 니콜로 마키아벨리."[40]

정치가 제기하는 도덕적 딜레마에 대한 이런 인식은 마키아벨리의 폭력 이론 및 그의 정치적 윤리관과 직접적인 연관을 맺고 있는데, 이 두 주제는 이하에서 곧 다루게 될 것이다. 그러나 여기서는 일단 도덕적인 고뇌도 마키아벨리가 정치에 적합한 지식의 종류를 재규정하는 데 영향을 끼쳤다는 점을 지적하고자 한다. 고전 시대와 중세의 전통은 정치적 지식을 정치사회에서 악을 점진적으로 제거하고자 하는 일련의 처방적인 치유책이라고 본 데 반해, 새로운 학문은 세계에 존재하는 악의 양이 상당히 일정하며 정치적 행위는 그 특이성 때문에 사악한 결과로부터 절연될 수 없다 — 인간의 조건이 그것을 용납하지 않는다*le condizioni umane che non lo concentono* — 는 전제에 서있었다.[41]

> 그 결과 이것도 선과 악이 아주 밀접하게 결부된 채 서로 뒤얽혀 있는 경우여서, 어느 하나를 얻을 것이라고 생각한 자가 다른 하나를 얻는 경우가 쉽게 생긴다.[42]

이런 맥락에서 마키아벨리는 귀차르디니에게 한번은 "나는 천국에 이르는 길을 이해하는 진정한 방법은 지옥에 이르는 길에 관해서 — 이를 피하기 위해서 — 아는 것이라고 믿는다"라고 쓴 적이 있었다.[43] 따라서 새로운 학문이 특별한 종류의 선 및 나아가 정치적 상황에 적합한 특별한 종류의 악에 관한 지식이어야 한다는 점은 필연적이었다.

이전의 어느 누구도 통치자에게 악의 수법에 관해 가르치는 것이 정치적 지식의 기능이라고 주장한 적은 없었다. 왜냐하면 어느 누구도 그릇된 일을 저지르는 것이 생존을 위해 지불해야 하는 대가라고 믿지 않았기 때문이었다.[44] 그리고 예전의 논자들이 권력의 행사가 권력자에게 심어 주는 도덕적인 부패의 효과에 관해서 경고했던 반면에, 아우구스티누스^Augustine^를 제외하고는 어느 누구도 이런 악이 정치적 행위의 고유한 본성이라고 주장한 적은 없었다. 따라서 새로운 정치적 지식의 특징은 빛과 그림자의 양면성을 가지고 있었다. 곧 창조적인 정치적 행위의 가능성에 대해 한껏 부풀어 오른 밝은 기대와 동시에 정치적 창의성의 본성 그 자체가 악에 연루되어 있다는 냉정한 인식이 드리우는 그림자라는 명암이 교차하고 있었던 것이다.

3. 정치의 본성과 새로운 학문의 범주

대부분의 해석자들은 이 피렌체인[마키아벨리 – 옮긴이]의 사상이 지닌 근대성을 밝혀내려고 노력하는 과정에서 그의 분석 방법, 특히 사건을 초래하는 인과적인 변수들을 다루는 방법을 주로 고찰했다.[45] 그 문제의 중요성을 부정하지는 않겠지만, 여기서는 이런 접근법들이 '새로운 길'의 실증적인 측면에만 집중함으로써 마키아벨리의 사상에서 모종의 참신한 요소를 간과했다는 점을 지적하고자 한다. 그의 경우 참신성은 단순히 그의 이론에 있는 일정한 실증적이고 적극적인 요소의 기능일 뿐만 아니라 생략의 산물이라는 점 역시 그에 못지않게 중요했다. 이런 요소들을 종합해 보면, 마키아벨리 사상의 정체성과 참신성을 밝힐 수 있는 새로운 상징체계의 구성 원리a new notational principle를 읽어 낼 수 있다. 어떤 상징체계의 구성 원리를 다른 원리로 대체하는 것은 상징, 의미, 감정의 전 체계가 전적으로 또는 부분적으로 대체된다는 것을 알리는 표지가 된다. 로물루스Romulus의 전설을 아우구스티누스와 마키아벨리가 대조적인 방식으로 해석하는 것과 같은 그런 하나의 사례를 통해서도 한 시대와 다른 시대 사이의 거리를 가늠할 수 있다. 아우구스티누스에게 있어서 로물루스가 로마 건국을 위해서 저지른 참혹한 행위는 [구약성서에 나오는 – 옮긴이] 원죄의 이야기를 정치적으로 각색한 것이었다. 따라서 로마제국의 위대함을 담은 모든 기록에는 처음부터 끝까지 폭력의 낙인이 찍혀 있었다. 마키아벨리도 이런 비난을 모르지는 않았지만, 국가의 위업이라는 목적이 로물루스의 행위를 정당화한다고 주장했다. 즉, 정치적 행위자가 저지른 범죄는 도덕적 판단이 아니라 역사의 심판에 귀속된다는 것이었다.[46]

이런 거대한 변화는 예전의 통합적인 원리들을 통해서는 정치 현상을 더는 이해할 수 없으며, 또한 이를 토대로 정치적 행위를 할 수 없게 되었다는 사실을 의미하는 하나의 징후였다. 그것은 또한 '정치적 자연'political nature을 포섭하는 개념적 구조가 해체되고 새로운 형태의 의미가 탐색되는 것을 의미했다. 이 점은 중세 정치 이론의 잘 정리되고 질서 정연한 체계와 마키아벨리와 동시대인인 귀차르디니가 사용한 언어를 비교해 보는 것으로도 충분히 드러난다. 귀차르디니는 거칠고 폭력적인 성격을 가진 비유를 통해서 정치적 상황을 묘사할 필요성을 강렬하게 느꼈다.

> 프랑스인들의 침략이 초래한 결과는 마치 들불처럼 또는 페스트처럼 이탈리아 전역에 파급되어서 단순히 통치 권력을 전복했을 뿐만 아니라 통치의 방법과 전쟁의 방법마저 변경시켰다. …… 마치 갑작스러운 폭풍이 휩쓴 것처럼 모든 것이 전복되었다. 이탈리아의 통치자들을 단합시키던 유대는 파괴되었고, 일반적인 복지에 대한 그들의 관심은 소멸되었다. 도시, 공국, 왕국 들이 어떻게 산산조각이 났는지를 둘러보고 나서, 각 국가들은 두려움에 질려 자신의 안위만을 생각하기 시작했다. 그들은 이웃집의 화재가 쉽게 번져서 자신에게도 파멸을 가져올 수 있다는 점을 깨닫지 못했다. 이제 전쟁은 신속하고 격렬하게 되었고, 왕국은 이전의 작은 촌락보다도 훨씬 더 급속하게 황폐화되고 정복되었다. 도시는 짧은 포위 공격으로도 무너졌는데, 여러 달 걸려서가 아니라 며칠 혹은 몇 시간 안에 끝장이 났다. 전쟁은 격렬하고 잔혹하게 되었다. 미묘한 협상과 외교관의 교묘한 수완이 아니라 군사적인 전투와 군대의 화력이 국가의 운명을 결정했다.[47]

전체적으로 창조를 지배하던 질서와 동일한 구조적 원리를 담지하고 있는 소우주로서의 정치적 자연에 관한 예전의 견해는 붕괴되었고 정치적 자연은 이제 무질서하고 거의 무정부적인 상황에 직면하게 되었다. [정치적 질서의 - 옮긴이]

재구축이라는 임무는 과거의 정치사상가들 역시 직면했던 과업이었는데, 플라톤이나 아우구스티누스와 같은 사상가들의 창의성은 거대한 무질서를 포섭하는 형태를 취했다. [어떤 질서가 더 나은가를 둘러싼 - 옮긴이] 질서에 대한 동일한 실험을 16세기 이탈리아의 저술가들인 마키아벨리와 귀차르디니 같은 사람들이 수행했는바, 그들이 수행한 작업의 중요성은 그 작업이 지난 여러 세기 동안 사용되었던 전통적인 이정표의 도움 없이 수행되었다는 데 있다. 이 점은 수많은 해석자들에 의해서 우리에게 친숙하게 되었는데, 이들은 그 작업의 합리주의적 성격, 곧 그 작업이 정치 현상을 사실에 기초해서 설명하는 통합적인 법칙에 대한 탐구라는 점을 강조한 바 있다. 하지만 그에 못지않게 중요한 것은 정치적 무질서에 대한 마키아벨리와 귀차르디니의 반응이 상당할 정도로 비합리적 요소를 포함하고 있었다는 점이다. 그들의 저술에 나타나는 묘사는 신비스러운 징조와 전조로 가득 찬 정치적 자연을 드러내고 있었는데, 그것은 점술에 의해서만 해독할 수 있을 뿐인 예측할 수 없는 운명에 시달리는 모습을 띠고 있었다.[48] 요컨대 그것은 그 중심에 마법이 자리 잡고 있는 정치적 우주였다.

> 내가 믿건대, 이런 사태의 원인은 자연적·초자연적 사물에 정통한 누군가가 논의하고 설명할 성질의 것이다. 하지만 우리는 이런 경지에 이르지 못했다.[49]

합리적인 설명이 그 결함을 인정하고 마법으로 도피할 때, 그것은 과거를 부활시키는 격세유전이 아니라 탈기독교적인 현상의 징후라 할 수 있다. 사유는 예전의 우주론으로부터 해방되었지만, 정치 현상을 탈기독교화된 세계와 통합시키는 데 있어서는 거의 절망감을 느끼고 있었다.

정치적 자연이 그 응집성을 잃었다는 느낌을 실질적으로 뒷받침하기 위해서 이탈리아 정치의 혼란상을 상세히 설명할 필요는 없을 것이다. 이것은 시인, 역사가 및 정치적 저술가들의 지속적인 주제였기 때문이다. 정치 이론의 관점에서 절박하게 필요로 했던 것은 오히려 [이런 현실을 - 옮긴이] 지적으로 이해할 수 있는 새로운 범주들이었다. 이 작업은 정치에 관한 새로운 언어의 정식화와 분석의 범주들을 상호 연관시키는 새로운 상징체계의 구성 원리를 통해서만 이루어질 수 있었다. 이 두 작업 모두 새로운 정치 형이상학을 전제로 했다.

마키아벨리의 정치 형이상학이 지닌 중요한 특징 가운데 하나는 그것이 체계적인 철학과 연결되어 있지 않다는 점이었다. 따라서 후세의 논평자들이 그의 사상을 체계적인 철학과 결부시키려고 했던 모든 노력은 필연적으로 그의 사상을 인위적으로 왜곡해 제시하는 것으로 귀결되게 마련이었다.[50] 우리는 철학에 기초하지 않은 정치 형이상학을 가지고 있다는 사실을 [형이상학이 그 자체로 철학을 함축한다고 생각해서 - 옮긴이] 역설적이라고 느끼거나 [정치학이 철학에 기대지 않는 것을 당연시해서 - 옮긴이] 아예 사소한 문제로 치부할지 모른다. 하지만 이런 반응은 주로 우리가 근대 또는 현대의 정치사상과 친숙해진 결과다. 근현대의 정치사상은 체계적인 철학적 뒷받침을 수반하지 않는 정치적인 주장을 기대하도록 만들고, 그리하여 철학과 연관된 정치적 주장을 관용하지 못하도록 만들기 때문이다. 이 점에서 우리는 마키아벨리의 후손들이다. 왜냐하면 정치적 지식에 대한 마키아벨리의 '새로운 길'에는 철학을 구축하거나 전제하지 않고서도 정치에 관해 무언가 의미 있는 것을 말하는 것이 가능하다는 주장이 내재되어 있었기 때문이다. 하지만 철학을 팽개침으로써 그는 자유롭게 무언가 새로운 것을 창조하게 되었다. 즉, 전적으로 정치적 사안에만 집중하고 정치에 적합한 현상의 범위만 탐구하는 데 몰두하는 진정으로 '정치적인' 철학이 바로 그것이었다.

정치철학의 일환으로서 정치 형이상학의 발전은 이론가들이 다음과 같은 질문을 던지면서 정치 현상과 대결하는 것으로부터 비롯된다. 정치 현상의 본

성은 무엇인가? 그것은 어떻게 이해되어야 하는가? 그것에 대한 이해 및 인간
적 통제의 한계는 무엇인가? 이 문제에 대한 마키아벨리의 접근, 곧 정치적 자
연에 대한 그의 관념은 플라톤이 제기했던 다음과 같은 질문을 통해서 가장
잘 이해될 수 있다. 인간의 조건이 동굴 속에서 영원히 거주하는 것이라면 정
치사상과 정치적 행위는 어떤 결과에 처하게 되는가? 인간 존재 전체가 덧없
는 감각적 인상과 유동적인 현상의 세계, 곧 지식에 대한 견고한 토대에 이르
게 하는 소중한 것을 아무것도 가지고 있지 않는 세계에 의해서 규정된다면
그 함의는 무엇일까? 마키아벨리가 목격한 것처럼, 정치적 행위자가 활동하고
정치 이론가가 처방하는 세계는 "모든 인간사가 끊임없이 변전 유동하기 때문
에 부침을 거듭하는" 그런 세계였다.⁵¹ 정치적 행위는 행위의 영속적인 기반
이 없는 세계, 곧 현실의 저변에 인간의 마음을 편안하게 하는 규범이 존재하
지 않는 세계에서 일어나고 있었다. 따라서 사람들은 그런 규범에 맞추어 조
정을 하거나 그 규범으로부터 견고한 행위 규범을 도출할 수도 없었다. 이에
따른 결과는 플라톤이 이미 예견했던 바로서, 덧없는 현상으로 충만한 세계에
서 정치적 행위자는 환상에 휩싸여 길을 잃고 만다는 것이었다. 하지만 플라
톤이 본질의 명료한 세계로 '도망치려고' 했던 데 반해, 새로운 학문은 정치적
환상의 본성을 좀 더 정밀하게 분석하기 위해서 '남는' 방법을 택했다. 마키아
벨리의 환상에 대한 분석은 정치 이론의 새로운 특징을 극명하게 드러내기 때
문에 다소 장황하더라도 충분히 검토할 가치가 있다.

　　마키아벨리는 인간이 생성의 세계a world of becoming를 받아들이기 어려우며
불변적인 것들을 갈망한다는 점을 주목했다. 이로 인해 인간은 환상의 세계를
창조하고 그 세계를 마치 행위의 진정한 토대인 양 취급한다.⁵² 인간 행위의
관점에서 이것은 종종 일정한 습관이 사건의 흐름에 따라 오래전에 무용지물
이 되었음에도 불구하고 거기에 집착하는 형태로 나타났다. 인간은 다시 적응
하는 고통스러운 작업을 새롭게 수행해야 하는 '실재' 세계의 불안보다는 친숙

한 거짓 세계의 안전을 선호했다. 습관이 전제하는 보수적인 세계의 반대쪽 극단에는 지나친 야심, 희망 또는 공포로 인해 세계를 왜곡시켜 예측하는 인간의 경향으로부터 비롯되는 환상의 형태들이 있었다. 그리고 인간은, 마치 열정이 자신을 속이는 것만으로는 충분하지 않은 것처럼, 자신의 지적인 재능을 경험적으로 검증된 적이 전혀 없는 유토피아적인 이상을 펼치는 데 사용했다. 인간은 진정으로 '거짓된 의견을 제작하는 동물'*homo faber opinionum falsarum*, 곧 사건의 진상을 은폐하면서 공상과 환상을 엮어 내는 존재였다. 심지어 인간은 좀 더 '현실주의적'이고자 하면서 자신이 실제로 보는 것 이외에 다른 근거에 입각해 행동하는 것을 거부할 때조차, 자신들이 지나치게 단순화한 현실관이 만든 함정에 빠지고 만다. 왜냐하면 마카아벨리의 의미심장한 논평처럼 "모든 사람이 볼 수는 있지만, 그것을 제대로 이해할 수 있는 사람은 매우 드물기" 때문이다.[53] 그것이 권력, 평판, 커다란 부, 대규모의 군대든 또는 구두상의 약속이든 간에, 정치에서 단순한 외양처럼 기만적인 것은 없다. 다른 환상의 원천들을 회피하려고 필사적으로 노력하면서 엄격히 결과만을 고려하여 자신의 판단을 내리려는 자들도 실패할 수 있다. 결과 역시 다른 현상들처럼 기만적이고 오해를 촉발할 수 있기 때문이다.[54]

　　무장된 요새는 인간이 엮어 낸 환상의 상징이었다. 외양상의 그 모든 견고함에도 불구하고 요새는 불안한 세계에서 고정점, 즉 정치·군사적 안보에 있어서 불변의 기반이 존재할 수 있다는 그릇된 희망을 극적으로 표현했다. 그러나 요새라는 상징은 그 이상의 교훈을 담고 있었다. 자신의 요새가 지닌 인상적인 외양에 현혹된 나머지, 통치자는 그 누구도 자신을 침범할 수 없다고 믿게 되어 잔혹하고 극단적인 행동을 저지르고 싶은 유혹에 빠진다. 이처럼 자신이 안전하다는 환상이 야망과 지배욕이라는 심리적인 욕구를 불러일으키는 것이다.[55] 이런 예는 새로운 학문의 원칙들 가운데 하나를 명료하게 보여 준다. 즉, 정치적 의미에서 악덕은 종종 환상의 함수이며, 덕은 명료한 안목

의 산물이라는 것이다.[56]

환상이 이처럼 팽배해 있다고 해서 마키아벨리가 이런 환상을 추방하려는 학문의 십자군을 자원하고 나서지는 않았다. 대신에 그가 내세운 새로운 학문의 목표는 정치적 행위의 적절한 목적을 방해하는 환상의 정체를 폭로하고 동시에 정치적 행위자에게 정치적 목적의 수행에 도움이 되는 환상을 어떻게 창조하고 이용할 것인가를 가르치는 것이었다. 환상을 폭로하는 데 있어서 정치적 지식의 역할이란 특정 상황을 정확히 판단하는 것을 방해하는 여러 가지 왜곡된 인식들, 가령 편견, 헛된 희망, 탐욕, 야망 및 전투에서 돈의 힘이나 병력 수의 역할에 대한 통상적인 착각에 의해 유발되는 왜곡된 인식들을 타파하는 것이었다.[57] 다른 한편 정치적 지식의 또 다른 역할은 환상을 창조하는 세련된 기예를 가르치는 것으로서 적들이 잘못된 평가나 계산에 근거해 중대한 실수를 범하도록 유도하는 것을 그 목표로 했다. 다양한 수법 — 아첨, 강점이나 약점에 대한 오해를 유발하는 과시, 허위 정보, 거짓 꾸밈 등 — 을 사용함으로써, 거짓된 세계를 창조해 적으로 하여금 그것을 실재적인 것으로 받아들이게 하는 것이었다. 그러나 이런 기예는 나름대로의 난점을 가지고 있었다. 모든 정치적 행위자들이 허위의 세계를 창조하고자 몰두할 때, 성공은 단순히 거짓된 세계와 진정한 세계를 구별하는 능력뿐만 아니라 자기가 만든 기만의 함정을 피하는 능력에 의해서도 좌우되었다.[58]

환상에 대한 마키아벨리의 분석으로부터 우리는 새로운 학문이 유동적인 세계를 동결시키기보다는 오히려 그 세계에 적응하도록 형성된 지식 체계로서의 성격을 띠고 있다는 점을 알 수 있다. 더욱이 사건의 끊임없는 전개의 원천은 부분적으로 인간 자신의 결함에서 비롯되는 것으로서, 그 가운데 일부는 지식에 의해서 치유될 수 있겠지만, 다른 원인은 근절될 수는 없고 다만 완화될 수 있을 뿐이었다. 첫째, 변덕스러운 운명은 정치적 기예에 입각한 최상의 계산을 부단히 위협했다. 둘째, 인간 야망들의 교차로부터 비롯되는 불안정이 존재했다. 도시국가의 차원에서는 경쟁적인 이득을 둘러싼 투쟁이 파벌 경쟁의 형태를 띠고 있었으며, 전 이탈리아 반도의 차원에서는 군주, 교황 및 외국 통치자들 간에 지배권 장악을 둘러싼 투쟁이 벌어지고 있었고, 나아가 국제적인 차원에서는 경쟁적인 통치자들이 끊임없이 상호 간의 세력을 탐색하고 일말의 약점이라도 노출되면 이를 이용하려고 했다.[59]

무작위로 운동하는 세계에 적합한 정치 이론을 창조하는 일은 그 이전에는 결코 진지하게 수행된 적이 없는 과업으로서 일정한 종류의 탐구를 포기하는 것을 의미했다. 왜냐하면 그런 탐구는 더 이상 의미 있는 문제를 제기하지 않기 때문이었다. 즉, 변화로 뒤엉킨 세계에서 고정불변의 정치체제를 수립하려는 예전의 시도를 아직도 계속한다는 것은 무의미했던 것이다.[60] 이와 마찬가지로, 새로운 정치 이론을 창조하는 작업은 안정된 정치 세계를 상징하는 정당한 권위에 대한 문제로부터 벗어나 권력의 문제 또는 운동하는 여러 세력들로 구성된 불안정한 복합체를 통제함으로써 지배력을 획득하는 능력의 문제로 관심을 현격히 전환하는 것을 포함했다. 비슷하게 새로운 학문은 예전에 소중히 여기던 가치들 — 즉 평화*pax*, 질서*ordo*, 합의*concordia* — 을 목적이 아니라 일종의 아이러니로 취급했다. 즉, 정치적 상황은 그 본성상 종종 선이 악을, 질서가 무질서를, 그리고 문명이 무정부 상태를 낳는 그런 성격을 지니고 있었다.[61] 게다가 사건 자체의 변덕스러운 성격 때문에 분명히 구분하는 것도 어려운 일이었다. 세계가 강요하는 것들은 종종 논리적이기보다는 필연적이었으며, 그리하여 "필연성은 당신으로 하여금 이성이 권하지 않은 많은 일을 저지르게 한다."[62]

그런데 만약 정치사회가 폭발하기 쉬운 힘의 복합체로 개념화되어야 하는 것이라면, 유기체적인 정치체라는 전통적인 고대, 중세적 관념은 어떻게 되는가? 우리는 마키아벨리가 자신의 사고 성향과 어울리지 않는 이런 전통적인 개념과 결별하는 대신, 예전의 용어를 통해 자신의 사상을 표현하려고 애쓰는 것을 발견하게 된다. 그 결과 마키아벨리의 사상은 명확히 그려진 그림과 같은 것이 아니라, 전에 쓰인 글자를 지우고 그 위에 다시 글자를 써서 과거의 흔적을 담고 있는 양피지와 같은 양상이 되고 말았다. 때때로 그는 예전의 고전적인 방법을 답습해 정치사회를 유기체에, 정치적 지식을 인간 신체의 질병을 제거하기 위해 정기적인 정화제淨化劑를 처방하는 의학에 비유했다.[63] 또한 마키아벨리는 중세적인 논법을 사용해 정치사회가 유기체와 유사하며, 따라서 그 구성원들의 움직임을 조정하기 위해 지휘하는 우두머리를 필요로 한다고 주장하기도 했다.[64] 그러나 다른 경우에는 물리학 용어로 쉽게 옮길 수 있는 정치체의 관념이 나타나기도 했다. 즉, 정치사회란 팽창하는 질량과 고정된 양의 에너지를 가진 물체라는 것이다. 그리고 그런 정치사회는 일정한 기간 동안 존속하지만, 부여된 존속 기간을 다 채운다는 분명한 보장은 없다는 것이다. 그 이유는 정치사회란 부단히 운동하면서 끊임없이 상호 충돌하는 비슷한 물체들로 구성된 정치 세계 내에 존재하기 때문이었다. 이로 인해 발생하는 마찰 때문에 어떤 물체들은 운동의 활력을 상실해 자체의 독특한 정체성을 잃어버리게 된다. 그런 것들은 곧 다른 물체의 궤도에 흡수되어 버린다.[65]

이와 같이 복잡한 정치 세계를 전제로 할 때, 첫 번째 문제는 역동적인 사건의 움직임을 충실히 묘사하면서도 일정한 행동 지침을 제공할 수 있는 설명의 언어를 개발하는 일이었다. 마키아벨리는 역사에서 그런 설명의 형식을 발견했는데, 왜냐하면 역사적 언어는 운동과 변화를 서술하는 한편 영원히 작용하는 일정한 항구적 요인들을 전제로 한다는 장점을 지니고 있기 때문이었다. 바꿔 말해서 역사란 유동적인 사건의 흐름을 포착하는 동시에 지적으로 인식할 수 있는 한계를 설정하는 것이었다. 그렇다고 해서 역사에서 항구성이 변화보다 더 '실재적'인 것은 아니었다. 실제로 마키아벨리가 이룩한 위대한 혁신은 운동과 변화의 실재성을 주장하고, 이를 이론의 기본적인 통합 원리로 채택한 데 있었다.

제국을 지배하는 흥망성쇠 때문에 제국은 질서에서 혼란으로 빠지게 되고, 연후에 다시 한 번 더 질서를 회복하게 된다. 세상사의 속성은 제국이 계속해서 평탄한 행로만 밟는 것을 용납하지 않는다. 즉, 제국이 최고의 완성 상태에 이르게 되었을 때, 곧 쇠퇴가 시작 되는 법이다. 마찬가지로 무질서가 엄습하고, 더는 떨어질 수 없는 최악의 사태에 봉착하 게 되면, 제국은 필연적으로 다시 상승하기 마련이다. 이처럼 제국은 선으로부터 점차 악 으로 빠져들고, 악으로부터 다시 선으로 회복된다.[66]

이처럼 타락과 갱생의 부단한 과정이란 의미를 지니는 마키아벨리의 시간 관은 신의 섭리에 따라 최상의 완성을 향해 한 단계씩 나아가는 기독교적 시 간관과는 분명히 결별한 것이었다. 역사의 흥망성쇠는 고정된 양의 선과 악에 의존하며, 이 선악의 배분에 따라 좌우되었다. 고대에는 비르투가 로마에 집 중되어 있었다. 그러나 로마가 붕괴된 후 비르투는 여러 민족 사이에 다양한 비율로 분산되었다.[67] 역사에 질적으로 우월한 시기가 있었다는 이런 믿음으 로부터 마키아벨리는 공화정 시대의 로마가 정치적 행위와 제도의 기초가 되는 영구적인 모델을 후세에 제공했다는 결론을 이끌어 냈다. 초시대적인 요소는 사태를 장악할 수 있는 로마인의 입증된 능력에서 발견되며, 또한 이런 뛰어 난 능력은 시대를 불문하고 모든 위대한 행위를 포함하도록 확대될 수 있었다.

만약 역사가 사건의 변화무쌍함을 넘어서는 안정된 지식 체계를 제공할 수 있다면, 정치 상황의 불확실성을 감소시킬 수 있다는 희망을 가질 수 있게 된다. 이는 결국 그리스 철학자들과 기독교 신학자들을 자극했던 동일한 문제 의식에 대한 상이한 답변을 의미했다. "전인미답의 새로운 길"은 영원한 이성 과 영원한 신앙 대신에 역사 속에 보존된 위대함의 영원한 모델에서 그 확실 성을 발견했다. 『로마사 논고』*The Discourses*의 제1권 "서문"에서 마키아벨리는 한편으로 당시 예술, 의학, 법학의 [발전된 – 옮긴이] 상태와 다른 한편으로 정치 적 지식의 빈곤한 상태를 장황하게 비교함으로써 이 논지를 전개했다. 전자의 분야들은 과거의 여과된 경험들을 체계화하는 데 성공을 거두었지만, 정치학 분야에서는 "고대의 모범을 참조하는 군주나 공화국이 없다는 사실이 발견된다." 그러나 사람들이 고대 역사가 실천적인 교훈을 담지하고 있다는 사실을 깨닫게 되면, 정치적 지식과 다른 분야의 지식 간의 이런 간극은 극복될 수 있을 것이었다. 이런 고대의 실천적인 교훈을 본받을 수 없다거나 위대한 과거의 모델이 현시대에는 부적절하다고 가정하는 것은, 모든 시대의 모든 상황은 유일무이한 것이라고 주장하는 셈이었다. 그것은 "하늘, 태양, 원소 및 인간들이 그 운동, 질서 및 능력에서 과거와는 크게 달라졌다"고 주장하는 것과 마찬가지였다.[68] 이런 마키아벨리의 주장은 정치적 행위가 과거를 맹목적으로 모방해야 한다거나 상황에 비추어 고대의 원리를 수정하는 것을 거부해야 한다는 것을 의미하지 않았다. 그 대신에 이 주장은 영구적인 모델의 체계, 즉 경험에 의해서라기보다는 역사적으로 입증된 결과에 의해서 검증된 일련의 모델이 존재한다는 것을 의미했다.

역사의 모범적인 사례에서 정치적으로 적합한 지식을 얻을 수 있다는 믿음은 또한 정치적 행위자들에게 중요한 함의를 가지고 있었다. 마키아벨리는 정치적 행위가 단순히 고대의 모범적 사례들을 답습하는 것으로 환원될 수 있다고 믿지는 않았다. 그렇다고 하더라도 그의 모방 이론은 정치를 담당하는 자들이 철학적 지혜를 가져야 한다는 기존 관념과의 근본적인 단절을 함축하고 있었다. 여기에는 정치적 지혜란 정치적 행위자의 외부에 있는 지식의 체계로서 그에게 적절한 상황에서 무엇을 할 것인가를 가르칠 수 있는 그 무엇이라는 점이 함축되어 있었다. 하지만 그 지식은 플라톤의 철학자가 현실을 알았던 방식으로 정치적 행위자가 알게 되는 그런 형태의 지식은 아니었다. 그것은 단지 그가 습득하게 된 일련의 원리였다.[69]

정치적 지식의 외부적 성격은 마키아벨리의 정치관과 관련되어 있었다. 운명이 새로운 체제를 건설하는 진정으로 창조적인 과업에 적합한 기회와 '질료'를 제공하는 흔치 않은 예외적인 경우를 제외한다면, 정치적 행위란 어떤 정해진 시간 동안 안정된 형태로 머물러 있을 수 없는 가변적인 구성 요소들로 이루어진 덩어리를 다루는 것을 의미했다. 정치의 세계란 "하나의 폐단을 제거하면 반드시 다른 폐단이 등장하며, …… 명료하고 의문의 여지가 없는 쟁점을 결코 발견할 수 없는" 애매모호한 세계였다.[70] 그러므로 정치적 행위는 본질적으로 조작적인 것이지 지식 체계론적architectonic[논리적으로 질서가 부여된 구조적 - 옮긴이]인 것이 아니었다. 그 목표는 정치적 지배political mastery이지 정치적 조각political sculpture이 아니었다. 정치적 행위는 행위자의 인격을 질료와 융합하는 것일 수 없었으며, 정치적 현상은 지배되고 통제되어야 했다.

지배mastery는 또한 잘 훈련된 군대와 같이 믿을 만한 행위의 도구를 창조하고 동시에 다른 정치 행위자들로 하여금 자신의 의지에 의존하도록 만드는 이중의 전략을 따름으로써 사태를 '장악'하는 것을 의미했다. 성공적일 때 이 전략은 정치권력에 대한 마키아벨리의 정의定義와 부합했다. 즉, 권력을 가지는 것은 다른 사람의 행위를 통제하고 조작할 수 있는 능력, 그리하여 사건의 전개를 자신의 소망에 부합하게 만들 수 있는 능력을 의미했다. 그러나 마키아벨리가 사용한 지배라는 용어는, 일부 평자들의 해석과 달리, 단순히 기술적인 효율성을 의미하지는 않았다.[71] 새로운 학문은 새로운 정치 윤리의 기반으로서 의도되었다. 따라서 사건의 형세를 아는 것은 신중함이나 선견지명을 발휘할 수 있는 입장을 확보하는 것이었다. 주어진 상황에 적합한 유형의 행위를 선택한다는 것은, 풍부한 상상력을 통해 가능한 결과를 예측하는 솜씨는 물론 여러 요인들을 동시에 저울질할 수 있는 섬세하고 분별력 있는 지성을 가진다는 것을 의미했다. 정치적 조건은 종종 극단적이고 폭력적인 행위를 필요로 하기 때문에 대단한 결단력과 단호함을 요구했다.[72] 또한 운명이 가져오는 예상치 못한 재앙에 대처할 수 있는 용기도 필요했다.[73] 무엇보다 정치적 행위자는 확실한 보장이 없어도 행위를 감당할 수 있는 기질을 필요로 했다.

어떤 국가도 확실히 성공할 수 있는 정책을 수립하는 것이 언제나 가능하다고 믿어서는 안 된다. 오히려 그런 정책을 모호하고 미심적은 것으로 바라보아야 한다. 무릇 인간사의 전개는 사람이 하나의 곤경을 피하려고 하면 으레 또 다른 곤경에 직면하기 마련이라고 가르쳐 주기 때문이다. 따라서 신중함이란 곤경의 본성을 인식하고 따라야 할 올바른 대안으로 가장 해악이 작은 대안을 택하는 능력이다.[74]

마키아벨리의 정치적 행위자에게 필요한 도덕적 자질의 중요한 특징은 그 자질이 근본적으로 공적이거나 외부적이라는 점이다. 그 자질은 행위자가 공적인 인물로서 역할을 수행할 때 써야 하는 가면을 표상했다. 도덕적인 자질은 아무런 본질적인 가치도 지니고 있지 않았다. 따라서 한편으로 새로운 학문은 정치적 이론가의 도덕적 헌신의 산물이었지만 — "시대와 운명의 악의로 인해 당신이 실천할 수 없었던, 그러나 가치 있는 그런 일들을 다른 사람들에게 가르치는 것이 선량한 사람의 의무다."[75] — 다른 한편으로 그 원칙을 실천하는 사람들에게 그것은 순전히 정치적인 도덕이었다. 왜냐하면 정치 자체는 궁극적인 가치가 아닌 단지 필수적인 가치만을 수용하기 때문이었다. 덕의 외부화는 단지 정치 세계로부터 인간의 소외를 상징하는 것에 불과했다. 아이러니컬하게도 수세기에 걸쳐 스토아학파와 기독교가 정치에 가한 비판의 최종적인 산물이 이제는 현실주의의 언어로 출현한 셈이었다.

4. 정치적 공간과 정치적 행위

정치적 공간에 대한 마키아벨리의 관념은 예전의 통제 장치가 붕괴되고, 그 결과 방출된 에너지가 새로운 질서의 수립을 불가능하게 했던 시대의 흔적을 간직하고 있었다. 중세적 구조는 오래전에 해체되어서 안정된 행동 양식은 사라졌으며 정치적 공간은 인간 야망들의 각축장으로 변해 버렸다. 마키아벨리의 사상에 담겨진 그런 흔적들은 다음의 인용문에 잘 나타나 있다.

> 인간이란 통상 역경에서는 짜증을 내지만 번영에서도 권태를 느끼는데, 고대의 저술가들은 이 두 가지 정념이 어느 것이나 모두 동일한 결과를 낳는다는 견해를 가지고 있었다. 인간은 전혀 싸울 필요가 없을 때면, 야망 그 자체를 위해 싸우기 때문이다. 야망이란 인간의 가슴속에 있는 매우 강력한 충동이기 때문에 아무리 높은 지위에 오른 사람이라도 결코 야망을 포기하지 않는다. 그 원인은 자연이 인간으로 하여금 모든 것을 욕망의 대상으로 만들어 놓고도, 모든 것을 다 얻지는 못하도록 만들었기 때문이다. 그리하여 인간의 욕망은 그들이 얻을 수 있는 능력을 항상 초과하기 때문에, 인간은 자신이 얻은 것에 불만을 느끼며 현재의 상태에서 그들은 아주 작은 만족을 얻는 데 그친다. 그리하여 인간의 운명은 부침을 겪게 마련이다. 이는 어떤 사람은 더 많이 얻기를 원하고 다른 사람은 이미 얻은 것을 잃을까 두려워하면서, 사람들이 서로 불화와 전쟁에 빠지게 되기 때문이다. 이로 말미암아 어떤 지역은 멸망하고 경쟁하는 다른 지역은 번영하게 된다.[76]

휴식을 모르는 마음, 끝없는 야망, 만족할 줄 모르는 자만, 야망에 시달리지 않을 때조차 순전한 권태에 자극을 받는 좌불안석의 정치적 인간, 그의 이 모든 특성들이 결합해 정치적 공간을 위축시켰으며, 과밀하고 혼잡한 세계를 창출했다. 무제한적인 운동이 가능하도록 개방된 지역이 거의 없는 이런 형세에서 정치적인 야심을 가진 자들은 단 하나의 행로를 택할 수밖에 없었는데, 그것은 바로 이미 특정한 지역을 점유하고 있었던 자들을 몰아내는 것이었다.[77] 이 점은 마키아벨리의 새로운 학문이 새로운 인간 *novus homo*에게 권력을 재장악하는 것은 물론 새롭게 장악하는 기예를 가르치는 데 바친 관심에서 적절하게 표현되어 있었다.[78] 또한 그것은 세습적 정부에 대한 마키아벨리의 경멸에서 달리 표현되기도 했다. 그런 체제는 시대착오적인 것이었는데, 왜냐하면 거기에서 정치적 공간은 구래의 법, 관습 및 습관에 의해 너무나 잘 정비되어 있어서 무제한적인 에너지의 문제가 일어나지 않기 때문이었다. 마키아벨리가 언급한 것처럼, 세습적인 통치자는 신민들의 비위를 상하게 할 이유나 필요가 훨씬 적었다. 세습 통치자가 해야 할 일이란 기존의 기대를 존중하는 것일 뿐이었다. 다른 한편 새로운 체제를 창조하는 것보다 "계획하기가 어렵고, 성공하기 힘들며, 실행하기 위험한 일"[79]은 없었다. 새로운 통치자는 법률을 재정립하고, 구습을 뿌리 뽑으며, 정당하게 야망을 충족시킬 수 있는 통로를 재정비함으로써 정치 공간에 다시 질서를 부여해야 했다.[80] 부패가 깊이 침투하지 않은 정치체제도 비록 덜 영웅적인 규모지만 동일한 과제에 직면했다.

'정상적으로' 평온한 공화국의 사례는 인간의 에너지를 재배치하는 기법을 예시하는 연구 과제를 제공한다. 이런 상황에서 발생하는 딜레마란 평화로운 상태가 위대한 사람들의 야망과 재능을 좌절시키면서 다른 한편 평범한 사람들이 위대한 자들에게 덤벼드는 것을 조장한다는 것이다. 또한 위대한 자들은 말썽을 일으키려는 충동을 갖는데, 이는 그들이 위기가 평화시에는 묻혀 있던 자신들의 재능에 대한 필요를 창출할 것이라는 희망을 갖기 때문이다. 마키아벨리의 조언에 따르면, 적절한 정책은 일반 시민들을 가난하게 유지하고, 위대한 사람들의 봉사에 대한 지속적인 필요를 확보하기 위해 국가를 끊임없이 전시 체제로 편제하는 것이었다.[81]

인간이 지닌 악마적인 에너지가 가하는 위험을 줄일 수 있는 다른 방법들도 있었다. 즉, 그런 에너지는 경제적 이익 추구나 예술로 승화될 수 있으며 새로운 식민지를 건설함으로써 재분배될 수도 있다는 것이었다.[82] 하지만 새로운 학문이 과밀하고 혼잡한 세계에 대처하기 위해서 할 수 있는 작업에는 한계가 있었다. 다행스럽게도 정치 공간 내에 가해지는 압력이 지나치게 격렬해지면, 자연은 홍수, 질병 및 기근의 형태로 정화 작용을 했다.

…… 모든 지역이 거주자들로 가득 차서 사람들이 현재의 장소에서 더 이상 살 수 없게 되고, 모든 곳이 점유되어 꽉 차 있기 때문에 다른 곳으로 이주할 수도 없을 때, 게다가

인간의 교활함과 악의가 극한 상황에 이르렀을 때, 세계는 필연적으로 정화 작용을 거치게 된다. …… 자연이 부과한 역경을 거친 결과 상대적으로 수도 줄어들고 겸손해진 인간들은 좀 더 적절한 형태의 삶을 택하고 더욱 성장해 나갈 수 있게 된다.[83]

이런 공간 문제 때문에 마키아벨리는 그 문제와 팽창주의 및 확장주의와의 관계도 고찰하게 되었다. 국가 간의 행위도 똑같은 차원의 어려움을 제기했는데, 왜냐하면 동일한 비교 우위의 법칙이 지배하기 때문이었다. 어떤 한 국가의 힘의 증대는 국제 체제의 전반적인 힘의 재분배를 의미할 뿐만 아니라 다른 국가에는 손해를 의미했다. 하지만 국제적인 불안정이 단순히 국내 정치를 교란시키던 압력이 확대된 결과라면, 국내적인 파벌 간의 갈등과 마찬가지로 국가 간의 갈등과 침략 역시 유익한 결과를 가져올 수 있다는 점 또한 사실일 것이다. 무엇보다 심지어 평화적인 공화국에서조차 선택은 팽창하느냐 현상 유지를 추구하느냐가 아니라 얼마나 팽창할 것인가라는 문제에 있었다.[84] 삶의 공간*Lebensraum*을 확보할 필요성은 먼저 국내 정치를 괴롭히는 격렬한 에너지를 다른 곳으로 돌릴 필요성에 의해서, 다음으로 공격적인 경쟁국으로부터 국가를 보호하기 위해서, 마지막으로 일반 시민들의 시민적 비르투를 유지하기 위해서 요청되었다.[85] 부단히 운동하는 국가들로 이루어진 세계에서 어떤 공화국이든 팽창하지 않고서는 생존이 불가능했다. 비록 이런 긴급한 상황이 기적적으로 사라진다고 하더라도 그 공화국은 외국과의 전쟁에 의해 소진되지 않은, 불만을 품은 에너지로 인해 어려움을 겪게 마련이었다.

이런 모든 요소들이 종합적으로 새로운 학문의 초점을 형성했다. 즉, 새로운 학문은 과밀한 상황에서 일어나는 정치적 행위에 관심을 집중했다. 플라톤과 달리 마키아벨리는 새로운 식민지를 위한 입법이라는 탈출구를 자신에게 허용하지 않았다. 그리고 새로운 학문은 스스로 매우 손상된 서판 위에 글을 써야 하는 작업을 떠맡았기 때문에, 고전적인 정치 이론이 갖고 있던 미학적인 충동을 일정 한도에서만 따를 수 있었다. 오로지 철저히 부패된 정치적 상황만이 정치적 기예가가 절대적인 권력을 가지고 사회를 마음대로 빚을 수 있는 진흙처럼 취급하는 것을 정당화했다. 그러나 이런 상황에 채 이르지 않은 사회에서 미적 충동은 정치적 변수들을 계산해 조작하는 데 만족해야 했다. 왜냐하면 새로운 학문은 고전 및 중세 이론이 가정하는 정태적인 유기체*a corpus immobile*를 다루는 것이 아니라, 그 대신 폭발적으로 운동하는 체제, 즉 자신의 경쟁자들을 삼켜 버리는 탐욕스러운 체제*corpus vorans*를 다루기 때문이었다.[86]

5. 폭력의 경제학

"인간의 안전은 권력에 의해 뒷받침되지 않으면 불가능하다"라는 정도의 명제는 마키아벨리 이전에도 기본적인 명제로 인정되었기 때문에, 여기에 이의를 제기할 법한 정치사상가들은 드물었다. 그렇다 하더라도 국가의 지배적 특징은 권력이라고까지 선언할 수 있었던 사상가들은 더욱 드물었다.[87] 사실상 서구 정치 이론가들의 지속적인 관심사는 완곡어법의 교묘한 장막을 쳐서 폭력이라는 추악한 현실을 감추는 것이었다. 그들은 때때로 '권위', '정의' 그리고 '법률'에 대해서 너무나 당당하게 소리 높여 이야기했다. 마치 이런 명예로운 표현 자체만으로도 강제를 ('제약'과의 대구를 위해서) 단순한 제약으로 변형시킬 수 있는 것처럼 말이다. [그들의 이야기처럼 – 옮긴이] 만약에 권력이라는 것을 객관적인 선善의 집행자로서 나타나게 할 수 있다면, 권력의 행사가 가져오는 심리적인 충격이 순화되고 탈인격화될 수 있을 것이라는 점은 사실이다. 또한 극단적인 폭력보다는 약간 완화된 다양한 형태의 미묘한 강제력이 존재한다는 점 역시 사실이긴 하다.

폭력의 사용을 비정상적인 것으로 보는 태도는 서구 정치 전통이 이룩한 중요한 성과다. 하지만 이런 견해를 너무 무심코 받아들인다면 권력의 본질적인 핵심이 폭력이며 권력의 행사는 종종 누군가의 신체나 재산에 폭력을 가하는 것이라는 원초적인 사실을 무시하게 되는 결과를 초래할 것이다. 권력의 이런 측면을 등한시했다고 마키아벨리 이전의 저술가들을 비난할 수는 없다. 고대 및 중세의 이론가들은 바로 권력이 권력을 행사하도록 부름을 받은 자들을 야만화시키고 부패시킨다고 누누이 설득력 있게 이야기해 왔다. 그러나 그들은 지속적인 강제력의 사용과 빈번한 폭력의 행사가 사회에 미치는 누적적인 효과의 문제에 관해 진지하게 숙고한 적이 거의 없었다. 이런 기피 현상은 주로 권력에 대한 관심이 기본적으로 정치 체계의 창설이나 개혁과 연관하여 제기되었기 때문에 초래된 것이었다. 일단 사태가 수습되어 지정된 경로를 따라 움직이기 시작하면, 곧 적절한 교육, 지식이나 신앙의 보급, 사회적 도덕의 개선 그리고 올바르게 질서 잡힌 환경으로부터 나오는 다른 모든 압력들이 작용하기 시작하면, 강제력의 체계적인 사용에 대한 필요성은 점차 감소될 것이라고 전제되었다. 근대의 정치 이론가들이 '정책 결정'이나 '정치과정'이라든가 "누가 무엇을, 언제, 어떻게 획득하는가"와 같은 핵심적인 개념들을 통해서 이 문제를 어떻게 조명해 왔는가를 파악하는 것도 쉬운 작업은 아니다. 다만 자신 있게 말할 수 있는 것은 실증주의에 의해서도 권력과 폭력에 대한 완곡어법이 사라지지는 않았다는 점이다.

마키아벨리에게서 이런 완곡어법적 표현들은 추방당했고, 국가는 직접적으로 힘power의 결집체로서 인식되었다. 폭력은 국가의 핵심적인 특징을 구성했다. 마키아벨리는 강제력force의 사용 또는 최소한 폭력의 위협 없이는 정치의 활력을 통제하고 지도할 수 없다고 믿었다. 한때 예이츠William Butler Yeats가 "인류의 세속적인 완성"* 이라고 부른 것에 관한 일정한 회의주의는 마키아벨리의 이런 결론을 부분적으로 지지하고 있었다. 그 결론은 또한 정치 세계는 본질적으로 불안정하며 사람들은 단호한 행위에 의해, 그것도 단지 부분적으로만, 이런 불안정에 대처할 수 있다는 확신의 결과이기도 했다. 하지만 권력과 폭력을 절박한 사안으로 만드는 데 있어서 이에 못지않게 중요한 것은 권력이 행사되는 상황의 속성이었다. 곧 꽉 들어찬 과밀한 정치적 공간이라는 조건이 중요했는데, 이런 상황은 권력을 사회문제들을 해결하기 위한 단순한 지도나 감독으로 바꾸어 해석하려는 순전히 언어적인 시도를 헛된 것으로 만들어 버렸다. 불가피하게도 정치 행위자의 역할이란 폭력을 행사하는 것이었다. 이 점은 권력을 장악한 후 "그 국가의 모든 것을 새롭게 조직하도록" 강요받는 통치자의 경우에 가장 극명하게 드러났다.[88] "다른 어떤 군주들보다도 특히 신생 군주는 잔인하다는 평판을 피할 수 없다."[89] 정치적 행위자가 정치체를 일종의 백지상태로 만들어 놓고 시작해야 할 임무**에 직면하지 않았을 때라도 누군가에게 해를 가하는 것을 피할 수는 없었다. 기득권과 기대, 특권과 권리, 야망과 희망, 이 모든 것이 희소한 재화에 대한 우선적인 접근을 요구하며, 정치적 행위자는 이런 것들에 의해 둘러싸인 상황에서 행동해야 했다.

---

* [옮긴이] 이 구절은 예이츠가 운명하기 직전에 남긴 "벌벤 산 아래에서"(Under Ben Bullben)에 나오는 시구다. 여기서 예이츠는 예술가의 길이란 인간의 영혼을 신의 경지에까지 끌어올리는 것이며, 이것이 곧 세속적인 완성으로 통한다고 말한다. 이 구절이 나오는 제4연의 일부는 다음과 같다. "미켈란젤로는 시스틴 성당의 천장 위에/한 증거를 남겼다./거기서 갓 깨어난 아담은/세상을 주유하는 마담의/창자가 뜨거워질 때까지 뒤흔들어 놓는다./그것은 한 목적이 세워져 있다는 증거/비밀스레 일하는 정신 앞에:/인류의 세속적인 완성(Micael Angelo left a proof/On the Sistine Chapter roof,/Where but half-awaken Adam/Can disturb globe-trotting Modam/Till her bowels are in heat,/Proof that there's a purpose set/Before the secret working mind:/Profane perfection of mankind).

** [옮긴이] 기존의 법, 관습 및 습관을 존중하기만 하면 정치체를 유지할 수 있는 세습 군주와 달리, 새로운 정치체를 창설하는 신생 군주는 기존 사회의 확립된 제도를 일소해 버리고 모든 것을 새롭게 조직해야 한다고 마키아벨리는 주장한다. 월린은 이를 일종의 백지상태(*tabula rasa*)의 창조라고 표현하고 있다.

54

만약 이것이 정치적 행위의 속성이라면, 이른바 마키아벨리가 보여 주는 권력에 대한 강박관념이란 그의 입장에서 다음과 같은 확신으로 이해하는 것이 더 적절할 것이다. 즉, 그 확신이란 '새로운 길'이 제시할 수 있는 최대의 기여가 폭력의 경제학, 곧 강제력의 통제된 사용에 관한 학문의 창조라는 것이다. 그와 같은 학문의 임무는 정치적 창조와 파괴 사이에 명확한 구분을 유지하는 것이었다. "왜냐하면 사태를 개선하기 위해서 폭력을 행사한 자가 아니라 망치려고 폭력을 행사한 자가 비난받아 마땅하기 때문이다."90 폭력의 통제는 새로운 학문이 특정한 상황에 적합한 정확한 폭력의 양을 처방할 수 있는 능력에 달려 있었다. 예를 들어 부패한 사회에서 폭력은 사회의 타락을 억제하는 유일한 수단, 즉 일반 시민들의 시민 의식을 회복하는 일시적이지만 강력한 충격 요법을 표상했다.91 다른 상황에서라면 극단적인 조치에 대한 필요성은 감소할 수 있었다. 즉, 두려움을 이용함으로써, 곧 실제적인 강제력의 사용보다는 그것을 사용하겠다고 위협함으로써 사람들을 다룰 수 있을 것이었다. 하지만 이 모든 적용은 분별력 있게 고려되어야 했는데, 왜냐하면 무차별적인 강제력의 행사와 끊임없는 공포의 조성은 어떤 정부에나 최대의 위험을, 곧 사람들을 절망으로 내모는 불안과 증오의 광범위한 확산을 초래할 수 있기 때문이었다.92 폭력이 적절히 사용되었는가에 대한 진정한 가늠자는 잔혹한 조치들이 시간적으로 증가되었는가 또는 감소되었는가에 있었다.

폭력의 경제학에 대한 이런 몰두는 전쟁, 제국주의 및 식민주의와 같은 대외적인 폭력의 형태에 관한 마키아벨리의 논의에서도 명백히 드러났다. 『전술론』*Art of War*의 기본적인 목표 가운데 하나는 정치적인 상황에서 군사적인 행위가 여전히 불가피한 사실로 남아 있을지라도, 거기에 따르는 높은 비용을 전략, 규율 및 조직을 적절히 활용함으로써 감소시킬 수 있다는 점을 증명하는 것이었다. 『군주론』과 『로마사 논고』도 다음과 같은 조언들에서 드러나듯이 동일한 주제로서 폭력의 경제학을 다루었다. '전쟁이란 충동적으로 시작할 수 있지만 쉽게 중지할 수는 없기 때문에, 군주는 주의 깊게 자신이 가진 자원을 고려해야 한다.' '신뢰할 수 없는 군대는 승리에 따른 아무런 보상도 가져오지 못하면서 파괴만 일삼기 때문에 비효율적인 폭력 수단일 뿐이다.' '불가피한 전쟁을 피하는 것은 손실이 크지만 그런 전쟁을 질질 끄는 것 역시 비용이 많이 든다.' '승리를 거두고도 군주의 지위가 오히려 약화되었다면, 그것은 군주가 자신이 지닌 권력 자원을 과대평가했기 때문이다.'[93]

제국주의의 경우에 마키아벨리가 로마의 사례를 든 것은 로마의 제국주의 정책이 복속된 인민들의 부와 그들 고유의 제도들을 보존함으로써 정복자나 피정복자 모두에게 파괴에 따르는 비용을 절약했다는 중요한 이유 때문이었다. 만약 제국주의를 효과적으로 수행한다면, 파괴적인 결과는 최소화되고 전체적인 정치과정은 단순히 권력자의 교체로 축소될 수 있었다.[94] 로마의 통제된 폭력의 사용과는 대조적으로 기아, 질병 또는 인구과잉과 같이 필연에 의해 강요된 전쟁은 파괴적이었다.[95] 필연은 계산된 폭력의 적이었다.

마키아벨리가 제시한 폭력의 경제학은 대내적 행위와 대외적 행위 모두를 포괄했지만, 그렇다고 해서 국제정치에서도 힘의 사용이 상당한 정도로 감소할 수 있다는 가능성을 결코 진지하게 검토하지 않았다. 폭력의 결과는 통제될 수 있었지만, 폭력에 대한 호소는 감소되지 않을 것이었다. 그는 국제정치의 장이 가령 법과 제도적 절차와 같은 중재 제도가 존재하지 않기 때문에 국내 정치보다 훨씬 더 이익의 갈등과 야심의 충돌로 시달린다는 점을 아주 명백히 인식하고 있었다.[96] 다른 한편 마키아벨리는 대내적인 정치가 극단적인 억압 조치에 대한 필요를 최소화하는 것을 목표로 하는 다양한 방법에 의해서 구조화될 수 있다고 믿었다. 법률, 정치적 제도, 시민적 습속은 인간의 행태를 규제함에 있어 강제력과 공포가 적용되어야 하는 사례의 빈도를 감축하는 데 기여하기 때문에 중요했다.

국내적인 권력정치의 문제에 대한 마키아벨리의 가장 중요한 통찰은 그가 구성원들의 적극적인 지지에 기반을 둔 정치체제가 지닌 함의에 관해서 탐색하기 시작할 때 나타났다. 그는 인민의 동의가 일종의 사회적인 권력을 표상하며, 적절히 이용하면 전체적으로 사회에 행사되는 폭력의 양을 감소시킬 수 있다는 사실을 숙지했다.[97] 공화정 체제가 우월한 이유 가운데 하나는 인민들에 '대한' 강제력의 행사가 아니라 인민들의 강제력에 '의해서' 유지된다는 것이었다. 강제력의 경제학은 인민들이 정치 질서에 공동으로 관여한다는 느낌을 갖는 데 그 기반을 두며, 인민들의 지지를 함양하는 것을 군주의 이익에 부합하도록 만들었다. 이를 결여할 경우 군주는 자신이 지닌 폭력의 자원에 의지해야 했으며, 그 궁극적인 결과는 "비정상적인 조치"인 탄압일 것이었다. "잔인한 수단을 많이 사용하면 할수록 그의 왕국은 더욱 허약해진다."[98] 인민의 승인은 군주의 재량을 제한하기는커녕 근본적인 개혁이 수반하는 폭력에 소요되는 커다란 비용을 절약하는 데 이용될 수 있었다. 공동의 동의*commune consenso*를 기반으로 한 혁명은 단지 소수의 사람들에게만 피해를 입히는 것으로 족했다.[99]

마키아벨리가 제시한 폭력의 경제학을 기술자들이 으레 갖는 효율적인 수단에 대한 숭배의 산물과 같다고 비판적으로 평가하기 쉽다. 전체주의 정권들이 테러와 강제력을 사용하면서 보여 준 유례없는 효율성을 목격한 20세기적 상황에서 우리가 이 주제에 관해 관용을 베풀기란 어렵다. 하지만 마키아벨리를 [나치즘의 일환인 - 옮긴이] 히믈러주의*Himmlerism* 철학자로 보는 것은 상당히 그릇된 태도일 것이다. 그 기본적인 이유는 마키아벨리가 폭력의 과학을 정치 상황에서 고통의 양을 감축하는 수단으로 보았을 뿐만 아니라, 도덕적으로 우둔한 사람에게 폭력의 사용을 맡길 경우 발생하는 위험을 명백히 인식하고 있었기 때문이다. 그가 자신의 폭력의 경제학을 통해 추구하고자 희망했던 것은 자만심, 야망, 또는 사소한 복수의 충동에 의해 오염되지 않는 "순수한" 힘의 사용이었다.[100]

마키아벨리와 좀 더 의미 있게 대조될 수 있는 인물은 근대의 위대한 폭력 이론가인 소렐Georges Sorel일 것이다. 우리는 남성적인 프롤레타리아 야만인들이 부패한 서구를 쇄신한다는 비전에 눈이 먼 무책임한 정치적 지식인의 진정한 사례를 여기에서 발견한다. 소렐은 영웅주의라는 낭만주의적 관념에 고무되어, 비합리적인 '신화'라는 애매한 범주 안에서 교묘하고 자랑스럽게 포장된 목적을 위해 폭력의 사용을 설교하고, 그에 수반하는 비용의 문제는 경멸적으로 도외시해 버린다.[101] 이와 대조적으로 마키아벨리가 기존 사회의 확립된 제도를 일소해 버리고 "어떤 것도 예전에 있던 그대로 놔두지 않는" 신생 군주의 야만적이고 잔인한 파괴에 대해 성찰했을 때, 거기에 어린애와 같은 기쁨의 흔적은 전혀 없었다. 단지 사람들을 파멸시키는 일과 연루된 경력을 쌓기보다는 사적인 시민의 삶이 더 낫다는 간결한 언급만이 있었을 뿐이다.[102] 이는 다음과 같은 점을 시사한다. 즉, 마키아벨리와 같이 강제력의 제한적인 효율성을 인식하고 스스로 폭력의 수법을 어떻게 하면 더 효율적으로 사용할 수 있는가를 보여 주는 데 전념한 이론가가 정치의 도덕적 딜레마에 훨씬 더 민감했다는 것이다. 또한 그런 이론가가 도덕적인 분노에 휩싸여 영웅적인 갱신을 갈망한 나머지 폭력이라는 성스러운 화염에 의한 정화를 설교하는 이론가들보다 인간의 보존에 훨씬 더 헌신적이었다는 것이다.

6. 윤리 : 정치적 윤리와 사적 윤리

대부분의 해석들에서 마키아벨리의 군주는 영웅적 자아의 화신으로서 정치적 투쟁이라는 도전을 환영하며, 도덕적인 양심의 가책에 의해 제지받지 않고, 자신의 사명이 영구적이지 못하다는 점에 관해서는 일말의 비애감도 갖지 않은 인물로 묘사된다. 앞에서 우리는 의도적으로 '군주'나 '통치자' 대신에 '정치적 행위자'라는 단어를 사용했다. 왜냐하면 군주를 다양한 역할을 담당하며 수많은 가면을 쓴 일종의 행위자로 간주할 경우, 우리는 마키아벨리가 권력에 굶주린 인물이라는 일차원적인 묘사 이상의 그 무엇을 우리에게 제시하고 있다고 좀 더 적절하게 해석할 수 있기 때문이다. 그가 우리에게 제시한 것은 매우 극적인 강렬함으로 채색된 근대적인 정치적 인간의 초상이었다. 즉, 그 속에 영웅주의가 있었다면, 또한 고뇌도 존재했다. 거기에 독창성이 있었다면, 또한 외로움과 불확실성도 존재했다.

이런 미묘한 부수적인 의미가 정치적 행위가 발생하는 새로운 배경의 일부분을 이루었다. 메를로-퐁티Maurice Merleau-Ponty의 표현을 빌자면, 마키아벨리의 행위자는 "뒤죽박죽된 세계의 표현"L'expression d'un monde disloqué이었다.[103] 그는 도덕적 침묵이 흐르는 적막한 세계에서 자신의 배역을 수행했다. 즉, 예정된 의미나 함축된 목적론도 없었으며 — "세상은 나약해지고 하늘은 수수방관하는 것처럼 보였다"[104] — 신성한 군주에 의해 통치된다거나 지상의 통치자에게 모방할 본을 제시하는 정치적 우주의 배경을 통해 위로받지도 못했다. 하지만 자신의 소명에 의해 정치적 인간은 배역을 수행하고 그의 존재를 철저하게 정치화된 피조물로서 확인해야 했다. 정치적 행위에 헌신한다는 것은 삶의 다양한 차원을 포기하고 오로지 정치의 장에만 전적으로 전념한다는 것을 의미했다.

정치적 인간은 그가 처한 상황의 본성에 따르는 연기자임에 틀림없다. 왜냐하면 그는 단일한 정치적 상황이 아니라 다양한 정치적 상황에서 자신을 연출해야 하기 때문이었다. 상황은 변하기 마련이고 그에 따라 정치적 요인들의 결합 양상도 유동적인 양식을 따르기 때문에 성공적인 정치적 행위자는 일관되고 한결같은 성격을 고수할 수 없다. 그는 변화하는 시대에 따라 맡겨진 배역 안에서 끊임없이 자신의 정체성을 재발견해야 한다.[105] 마키아벨리가 제시한 정치적 행위자의 변덕스런 성격은 고대 및 중세에 개념화된 고결한 통치자의 성격과 극명하게 대조된다. 이전의 사상가들은 정치적 지식이 사람들로 하여금 안정된 상황, 곧 고정점들을 확립할 수 있게 하고, 그 안에서 윤리적인 행동이 가능하다고 보았다. 이와 같은 목적을 위해 그들은 인간의 인격 수양이 지닌 중요성을 역설했다. 그 결과, 예컨대 덕은 선을 지향하는 습관적인 성향으로 생각되었다.[106] 바로 이런 이유로 고대나 중세의 저술가들은 "신중함"을 미심쩍어 하는 경향이 있었고, 그것을 좀처럼 최상의 덕의 부류 가운데 포함시키지 않았다.[107] 신중함은 변화하는 상황에 너무나 매끄럽게 반응하는 품성을 함축하고 있었기 때문이다.

전통적인 도덕 이론에 대한 마키아벨리의 비판은 종종 생각되어 온 것과 달리 냉소주의나 비도덕성에 기초를 두지 않았다. 그가 정치적 행위에 관한 규범을 사적인 관계를 규율하는 규범으로부터 분리시키려고 했다는 주장도 일리는 있지만 전적으로 올바른 것은 아니다. 대신에 그의 관심은 첫째로 사적인 행동에 일반적으로 적용되는 기준에 정치적 행위가 부합되어야 하는 상황을 지적하는 것이었다. 따라서 정부가 안정적이고 안전한 상황에서 운영되었을 때, 정부는 연민, 신뢰, 정직, 인간다움 및 신앙심과 같은 용인된 미덕을 따라야 했다. 이와 같은 상황에서는 공적인 윤리와 사적인 윤리가 일치했다.[108] 그러나 마키아벨리의 두 번째 관심은 대부분의 정치적 상황이 불안정하고 유동적이기 때문에 "공영체와 인민은 사적인 개인과는 다른 방식으로 통치된다"는 점을 지적하는 것이었다.[109] 기존의 용인된 도덕률을 채택하는 것은 자신의 행위를 일련의 일관된 습관으로 구속하는 것이었다. 하지만 일관성을 결여한 변덕스러운 세상에서 행동의 경직성은 적합한 행위 양식일 수 없었다. 더구나 일률적으로 행동하는 것은 주어진 상황에서 있을 법한 반응에 대한 예비적 지식으로 적을 무장시켜 주는 것이나 다름없었다.[110] 더욱이 다른 행위자들은 동일한 규칙을 따르지 않는 세계에서 자신은 그렇게 행동해야 한다는 추가적인 어려움도 부담해야 했다.[111] 물론 동일한 도덕적인 관행을 다른 사람들이 존중하지 않을 때, 비슷한 문제가 사적인 관계에서도 발생하지만 책임의 문제가 상이하기 때문에 사적인 영역과 공적인 영역에서 사태는 다르게 전개되었다. 즉, 사적인 영역에서 개인은 부도덕한 사회에서 살아가는 도덕적 인간으로서 고통을 겪는 반면, 공적인 영역에서는 사회 전체가 통치자의 도덕적인 양심 때문에 피해를 입을 수 있었다.[112]

하지만 정치가 통상적인 도덕이 부적절하게 되는 사태에 대한 문제를 제기한다고 해서 정치적 행위와 전통적인 도덕적 계율 간에 아무런 관련이 없다는 결론이 나오는 것은 아니었다. 첫째로 통치자의 모든 행위가 사회에서 존중된 도덕적 관례를 위반한다면 사회를 통치하고 지지를 획득하는 것은 어려워지기 마련이었다. 정치적 행위자로서 통치자는 "능숙한 기만자이며 동시에 위장자僞裝者"이어야 한다. 그는 독실한 신앙심, 자비, 인간애 및 경건함과 같은 미덕을 지니고 있는 것으로 "보여야" 한다. 이것이 통치자가 환상의 기교에 정통해야 하는 이유의 일부를 이룬다. "인간은 매우 단순하고 목전의 필요에 쉽게 굴복하기 때문에, 이런 식으로 기만하려는 자는 쉽게 속아 넘어가는 자들을 항상 발견할 수 있을 것이다."[113]

하지만 기본적인 문제는 마키아벨리가 도덕이 정치적 조작에서 단지 유용한 요소에 불과하다고 믿었는가라는 점이다. 곧 도덕은 일련의 절제를 구성하는가 아니면 단순히 성공적인 행위를 위해 고려해야 할 주어진 여건에 불과한가? 마키아벨리 자신의 표현이 너무나 중요하기 때문에 길지만 인용할 가치가 있다.

심지어 나는 [덕이란] 군주가 그런 성품을 갖추고 늘 실천에 옮기는 것은 해로운 반면에 갖춘 것처럼 보이는 것은 유용하다고까지 장담할 것이다. 예컨대 군주는 자비롭고, 신의가 있으며, 인간적이고, 정직하며, 경건한 것처럼 보여야 할 뿐만 아니라 실제로 그러해야 한다. 하지만 이런 덕목들과 다르게 행동하는 것이 필요하다면, 당신은 능숙하게 정반대로 행동할 수 있도록 자신의 마음을 잘 단련시켜야 한다. 군주, 특히 신생 군주는 선하다고 생각되는 덕들을 좇아 처신할 수 없다는 점을 분명히 명심해야 한다. 왜냐하면 자신의 통치를 유지하기 위해서 그는 종종 신의 없이, 무자비하게, 비인도적으로 행동하고, 종교의 계율을 무시하도록 강요당하기 때문이다. 따라서 그는 운명의 풍향과 변모하는 상황이 요구하는 어떤 방향으로든 그것에 맞추어 자신의 마음을 자유자재로 바꿀 수 있어야 한다. …… 또한 준수할 수 있다면 가급적 도덕적으로 올바른 행동으로부터 벗어나지 말아야 하겠지만, 어쩔 수 없을 때에는 악행을 저지르는 방법을 알고 있어야 한다.[114]

이 구절은, 사적인 윤리의 한계를 지적하고자 했다고 마키아벨리를 비판하는 대신에 정치적 행위자에게 부여된 이중적인 역할에 우리의 관심을 돌려야 한다는 점을 시사한다. 정상적인 환경에서는 기존의 용인된 도덕적 가치가 정치적 행위자의 행동을 제약한다. 그러나 필연적인 상황에서 정치적 행위자는 새로운 지식이 수반하는 독자적인 정치적 윤리가 작용하는 긴장된 분위기에서 자신의 역할을 수행해야 한다. 각각의 윤리 그 자체만으로는 불충분하다. 곧 한편으로 정치적 윤리에 의해 [예외적으로 – 옮긴이] 정당화된 통상적으로 나쁜 행위는, 일반적인 도덕의 금지적 압력에 의해 제지되지 않으면, 무한한 야망과 그 야망이 초래하는 모든 파괴적인 결과를 조장할 것이다. 다른 한편으로 일반적인 도덕은 그것이 예견하지 않았던 상황까지 확대되어 적용될 경우, 결과적으로 사적인 도덕을 가능케 했던 질서와 권력을 파괴하게 될 것이었다. 어떤 형태의 윤리에 따라 행동해야 하는가를 스스로 결정해야 한다는 것은 정치적 행위자에게 분명 고통스러운 상황이었다. 새로운 학문이 그의 선택을 용이하게 해줄 수는 있었겠지만, 그가 통상 선이라고 간주된 영역의 외부에 일정 부분 머물러야 한다는 사실을 보상해 줄 수는 없었다. 이는 사실상 마키아벨리가 고전적인 정치 이론과 결별했다는 것을 의미한다. 고전적인 정치 이론은 정치적 행위의 문제를 어떻게 인간이 정치적 공직에 헌신하는 삶을 통해서 자신의 도덕적인 잠재력을 개발할 수 있는가라는 관점에서 접근했기 때문이다. 그러나 마키아벨리에게 있어서 문제는 더욱 심각해졌다. 왜냐하면 논점은 더 이상 정치가가 도덕적 완성을 추구하고 그 도덕성을 통해 공동체를 이롭게 하는 문제가 아니라, 반대로 사회를 보존하기 위해서 도덕적 법칙을 파기할 것을 강요받는 정치적 행위자의 문제를 내포하게 되었기 때문이었다.

정치가 도덕적인 완성을 지향하는 인간의 열망을 충족시킬 수 없는 또 다른 이유가 있었다. 전통적인 윤리의 관념은 윤리적 행위의 결과가 바람직한 또는 더욱 바람직한 사태를 창조할 것이라는 가정 위에 서있었다. 즉, 예를 들어 정직하게 또는 신의 있게 행동하는 것은 정직과 신뢰로 특징지어지는 상황을 만들 것이라는 가정 말이다. 하지만 마키아벨리는 윤리적 행위가 곧바로 윤리적 상황을 창출한다는 이런 직접적인 전환의 가정을 거부하고, 그것을 정치적 상황이 가진 아이러니컬한 성격에 대한 관념으로 대체했다. "일견 미덕으로 보이는 일을 하는 것이 자신의 파멸을 초래하는 반면 …… 일견 악덕으로 보이는 다른 일을 하는 것이 결과적으로 자신의 안전을 확보하고 번영을 가져온다."115

그리하여 정치적 상황에는 선한 것이 악으로, 악한 것이 선으로 변형되는 일종의 연금술이 작용했다.116 가령 절제된 방식으로[수혜자의 자존심을 상하지 않게 하고, 또 공적으로 드러나지 않고 은밀하게 - 옮긴이] 관대한 행위를 행할 것을 요구하던 고전적인 관후함liberality의 덕을 예로 들어 보자. 마키아벨리의 정치적 행위자에게 그와 같은 충고는 무의미했다. 왜냐하면 그는 사적인 기부자가 아니라 공적인 인물로서 그의 행위가 중요성을 획득하기 위해서는 화려한 선전을, 심지어 속된 과시마저 필요로 했기 때문이다. 하지만 이렇게 수정한다고 해도 관후함이 과연 정치적 덕으로서의 자격을 구비할 수 있는지는 의심스러웠다. 정치적 행위자는 통상 자신의 사적인 재원이 아니라 공적인 수입으로 지출했다. 정치적 상황에서 관후함은 세금으로 전환되고 세금은 또한 인민의 분노를 야기할 것이 확실했다. 따라서 인색함niggardliness이라는 악덕이 정치적 덕목이 되었다. 왜냐하면 사실상 인색함은 신민들에게 더 많은 몫의 재산을 남겨 놓음으로써, 오히려 관후함으로 변모하기 때문이었다.117 대부분의 사람들이 사악하고 언제라도 남을 속이려고 한다는 것을 믿지 않는 신의 있는 통치자의 경우를 다시 예로 들어 보자. 만약 이 같은 유형의 지배자가 자비clemency라는 덕목에 따라서 통치한다면, 그는 권력을 유지하기 위해 갈수록 엄격하고 잔인한 조치를 취해야 하는 상황에 봉착하게 될 것이었다. 다른 한편 정치의 모순은 잔인한 조치를 적절한 시기에 합리적으로 취하는 통치자가 진실로 더욱 인간적이 되게 하는 그런 상황을 연출했다. 잔인함이란 절약해서 사용하면 자비스러움보다 훨씬 더 관대한 것이었다. 전자의 경우에는 단지 소수의 사람만이 직접적인 위해를 입고 나머지는 두려움에 의해서 제지를 당하는 반면, 후자는 무질서를 양산하여 공동체 전체una universalità intera에 해를 입히기 때문이었다. 하지만 잔인한 조치를 이런 식으로 정당화한다고 해서, 권력을 유지하는 방법이면 무엇이든지 그 밖의 다른 방법과 도덕적인 가치에 있어서 등가적이라는 것을 의미하지는 않았다. 잔인함은 안전과 같은 일정한 목적을 달성하는 데 유용할 수 있겠지만 진정한 영광을 가져올 수는 없었다.118

마키아벨리에게 전통적 윤리의 결함에 대한 관심과 적절한 정치 윤리에 대한 탐구는 인간 존재의 단절성에 대한 그의 깊은 신념에서 비롯된다. 이것은 그의 역사관에 표현되어 있다. 역사는 평탄하게 흐르는 연속체가 아니었다. 역사는 파괴적인 광란이 난입하여 과거의 성과와 기억을 지워 버림으로써 이를 복구하기 위한 끊임없는 노동에 매달리도록 인간을 저주하는 일종의 과정으로서 인식되었다.119 이와 마찬가지로 중요한 것은 특정 시기에 인간 존재의 다양한 형태들 간에 존재하는 단절이었다. 종교, 예술, 경제적 활동, 사적인 생활 및 공적인 생활은 나름대로의 특유한 논리에 따라서 영위될 뿐이고, 이들을 아우르는 외부의 어떤 타율적인 원리에 의해서 연결되어 있지는 않은 것처럼 보였다.[120] 따라서 인간은 파편화된 세계에서 살고 있었으며 그의 특별한 고뇌는 동시에 몇 개의 낯선 세계에서 살아야 하는 운명을 타고났다는 데서 유래했다. 만약 정치적인 존재가 그 고유의 세계에서 삶을 영위해야 한다면, 그 삶에 질서를 부여하는 적절한 기준이 의당 있어야 했다. 마키아벨리는 적실성을 그 기준이 적절하게 적용되는 상황, 즉 정치라는 특정 세계의 관점에서 개념화했다. 이는 그가 정치적 상황을 기술하면서 곧잘 '필연성'*necessità*이라는 단어를 쓴 데 나타나 있었다. 마키아벨리는 필연성이라는 말로 결정론의 한 형태를 의미하지 않았다. 오히려 필연성은 인간의 정치적 창조성에 도전하는 일련의 요인들로서, 인간이 다른 모든 요인을 그의 관심의 범위에서 배제하고 오직 엄격하게 정치적으로 다룰 때만 처리할 수 있는 요인들을 의미했다.[121]

윤리의 차원에서 이 점은 정치가 윤리적 기준과 무관하게 행해져야 한다는 것이 아니라 그 기준이 [정치 영역의 - 옮긴이] '외부로부터' 수입될 수 없다는 것을 의미했다. 마키아벨리의 많은 비평가들은 이 점을 명확히 인식하지 못했기 때문에 근거 없는 딜레마에 빠졌다. 현대의 한 저술가가 말했던 바와 달리, 정치는 사적인 삶과 다른 윤리를 요구하기 때문에 "도덕적인 명제가 절대적인 가치를 가지지 않는다"는 결론이 당연히 나오는 것은 아니다.[122] 이것은 논점을 잘못 제기하는 것이다. 왜냐하면 진정한 질문은 '어떤 도덕을 요구하는가?', '"절대적"이란 무엇을 의미하는가?'이기 때문이다. 마키아벨리가 제기한 주장의 전체적인 관점은 바로 정치의 불가피한 자율적 속성으로 인해 행위의 기준을 정립하고 그것을 수행하기 위해 적절한 수단을 강구하는 것이 더욱 절박하다고 촉구하는 것이었다. 간단히 말해서 윤리적 가치의 절대성을 부인한다고 해서 윤리적 기준의 불가능성이 도출되지 않는 것처럼 [정치의 - 옮긴이] 타율성을 부인한다고 해서 정치의 도덕성을 부인하는 결론이 나올 필요는 없다.

7. 대중의 발견

정치적 행위자에 대한 관념은 일차적으로 『군주론』에서 전개되었는데, 왜냐하면 이 저작에서 마키아벨리는 어떻게 출중한 재능을 가진 한 개인에 의해서 국민적인 쇄신이 달성될 수 있는가를 기술하는 데 몰두하고 있기 때문이었다. 이 책은 전반적으로 개인적 정치personal politics에 대한 관념에 의해 지배되고 있었으며, 이로 인해 군주의 영웅적인 모습이 너무 두드러져 비인격적인 제도를 통해 정치가 수행될 수 있다는 그 어떤 제안도 빛을 잃게 되는 결과를 초래했다. 『로마사 논고』에서 마키아벨리가 공화주의의 신봉자로서의 입장을 전개했다는 사실은 잘 알려져 있다. 또한 정치적 행위에 대한 동일한 개념과 동일한 종류의 조언이 양 저작에서 일관되게 유지되고 있다는 점도 일반적으로 합의되고 있다. 이 두 저작의 차이점을 평가함에 있어서 연구자들 대부분은 『군주론』에서 제안된 절대적 군주론은 단지 심하게 부패된 정치 상황에 대해 어쩔 수 없이 제안된 처방이라는 입장을 취해 왔다.[123]

이런 해석을 뒷받침하기 위해서도 분명히 많은 논점을 언급할 수 있겠지만, 다소 다른 접근을 통해 훨씬 더 많은 것을 파악할 수 있다고 나는 믿는다. 『로마사 논고』에서 정치적 영웅이 대체로 사라졌다면, 유독 군주만이 성취할 수 있는 유형의 행위들이 이제는 불필요해졌거나 아니면 인민들에게 맡겨질 수 있다고 마키아벨리가 생각한 것이 분명하다. 유사하게 『군주론』에서 마키아벨리가 개인적인 영광과 비르투에 대한 군주 자신의 욕망이 정치적 행위의 동력을 제공해 주는 것이라고 생각했다면, 이후 그는 인민 정부하에서 그 같은 예기銳氣가 더 이상 필요치 않거나 일정한 대체물을 양성할 수 있다고 믿었음에 틀림없다. 이 두 개의 제안이 지니는 함의를 발견하기 위해서 먼저 우리는 공통의 지칭물인 '인민'을 검토할 필요가 있다. 이를 통해 우리는 『군주론』과 『로마사 논고』의 중요한 차이가 대중의 정치적 역량의 진가를 좀 더 크게 인정하게 되고 이에 상응하여 정치적 영웅의 효용에 관해 점점 더 회의를 품게 되는 마키아벨리의 태도에 있다는 점을 입증하고자 한다. 또한 이 과정에서 마키아벨리가 19세기 이전의 다른 어떤 사상가보다도 정치적 대중의 본성에 대한 커다란 통찰력을 보여 주었다는 점을 지적할 것이다.

『군주론』에서 마키아벨리가 대중의 점증하는 중요성을 감지하기 시작했다는 점은 분명하다. "투르크와 이집트의 술탄을 제외한 오늘날의 모든 군주는 이제 군인보다 인민이 더 강력하기 때문에 군인보다는 인민을 만족시킬 필요가 있다."[124] 이런 언급은 정치의 기반이 확충되고 있으며, 미래를 판단할 때 인민이라는 요인을 고려해야 한다는 것을 마키아벨리가 파악했다는 점에 대한 중요한 증거다. 하지만 『군주론』을 지배하는 관념은 영웅적인 예술가의 손이 어떤 모양으로 빚어내든 응할 준비가 되어 있는 유순한 질료로서의 대중이었다. "그리고 이탈리아에는 어떤 형상으로든 빚어낼 수 있는 좋은 질료가 결코 부족하지 않습니다*ed in Italia non manca materia da introdurvi ogni forma*."[125] 더욱이 다중*la moltitudine*의 잘 속는 속성은 정치적 행위자가 실행하는 환상의 기예에 필수적인 전제 조건이었다. "대중은 항상 외양과 사건의 결과에 사로잡힌다. 그리고 이 세상의 사람들은 대다수가 대중일 뿐이다. 다수가 자리를 다 차지하고 나면 소수를 위한 자리는 없기 마련이다."[126]

군주는 인민의 욕망을 '충족시켜야 한다는 마키아벨리의 조언을 상기한다면, 대중의 유순함에 대한 그의 통찰은 별도의 중요성을 띠게 된다. 『군주론』의 중심 주제인 정치적 영웅과 인민의 병렬적인 배치는 근본적으로 양립할 수 있는 욕망이나 정념들의 병렬적인 배치를 표상했다. 영웅은 질서를 창조하고 부패를 척결하는 절대적인 지배의 행사를 통해 안전에 대한 대중의 욕망을 충족시키며, 동시에 영광을 성취하고 자신의 비르투를 실현할 수 있었다.[127] 대중이 군주의 정치적 기예에 유순할 뿐만 아니라 적합한 질료라고 마키아벨리가 믿었던 이유를 이해하기 위해서 우리는 동의에 기반을 둔 군주제의 문제를 다루는 『군주론』 제9장을 살펴보아야 한다. 모든 형태의 군주제 가운데 마키아벨리는 이것을 가장 선호했는데, 그 주된 이유는 "사악한 방법이나 용납할 수 없는 폭력"에 의존하지 않고도 정치적 모험가가 그토록 필요로 하는 권력이 유지될 수 있기 때문이었다.[128] 마키아벨리는 이런 종류의 체제가 인민이나 귀족, 두 개의 토대 가운데 어느 하나를 기반으로 성장하는데, 그 둘 상호 간의 적대감 때문에 두 집단 모두에게서 지지를 받을 수는 없다는 점을 지적했다.[129] 군주에 대한 마키아벨리의 조언은 인민의 환심을 사서 시민적 군주정principato civile을 세우라는 것이었다. 이런 선택은 인민이 유덕하다는 의미에서가 아니라 통치하기 쉽다는 의미에서 좀 더 적합한 질료라는 믿음을 따르고 있었다. 귀족들을 지배하는 정념은 다른 집단 위에 군림하고자 하는 만족할 줄 모르는 야망이며, 따라서 어떤 제도도 그들을 오랫동안 억제할 수 없었다. 반면에 인민은 "단지 억압받지 않는 것 이상을" 원하지 않기 때문에 "쉽게" 통치될 수 있었다.[130] 인민은 본래 자신들의 부인과 재산에 대한 안전을 일차적으로 원하기 때문에 정치적 공간의 문제는 오히려 쉽게 해결될 수 있었다. 하지만 귀족들의 좀 더 영웅적인 야망은 정치적 공간을 교란하지 않고서는, 즉 마키아벨리의 표현대로 "다른 사람에게 해를 입히지 않고는" 충족될 수 없었다.[131] 따라서 최적의 정치적 질료는 더 많은 것을 얻고자 하는 자들이 아니라 그저 재산을 소유하고 그것을 유지하려고 하는 사람들에게서 발견되었다.[132] 마키아벨리가 대중을 권력의 가장 믿을 만한 기초로 생각했던 이유는 대중의 요구가 지배자의 권력을 위태롭게 하지 않고서도 충족될 수 있는 최소한의 것이며 또한 그들은 '유산자들'로서 공포와 불안에 시달리고 있기 때문에 조작하기가 쉽다는 점에 있었다. 그들은 새로운 학문의 처방, 곧 적절히 통제된 공포와 폭력의 투약 그리고 사랑과 희망을 번갈아 가며 그들을 보듬어 주는 정책에 가장 잘 순응하기 때문에 야만적인 행동이나 잔인한 조치를 불필요하게 만들었다.[133]

새로운 학문과 대중의 정치적 자질 간의 양립 가능성은 매우 중대한 의미를 지니고 있었다. 왜냐하면 그것은 마키아벨리가 정치적 영웅에 대해 품고 있던 일정한 불만을 드러내는 징후였기 때문이다. 『군주론』과 『로마사 논고』에서 마키아벨리는 심하게 부패된 사회에서는 일인의 통치자가 쇄신을 위한 선택된 도구로서 "인민이라는 질료가 선량해질 때까지 복종을 강제"해야 한다는 입장을 일관되게 견지하고 있었다.[134] 그러나 위에서 언급한 '시민적 군주국'은 부패된 상황을 전제한 것이 아니며 따라서 부패된 상황에서 요구되던 영웅적 재능을 가진 자에 의한 질서의 확립은 요청되지 않는다는 논리적 결론에 도달하는 것처럼 보였다. 마키아벨리의 표현대로 시민적 군주국의 통치자는 "순수한 비르투나 순수한 행운"*o tutta virtù o tutta fortuna*을 지닐 필요가 없으며 단지 "행운을 잘 이용하는 영리함"*un 'astuzia fortunata*을 지니는 것으로 충분하다.[135] "영리함"에 대한 이런 강조는 마키아벨리가 영웅의 악마적 에너지가 창조적일 수도 있지만 동시에 정치적으로 파괴적일 수도 있다는 점을 인식하고 있었다는 증거다. 만약 이 점이 사실이라면, 영웅은 새로운 학문의 미심쩍은 도구일 뿐 인민만큼 신뢰할 만한 존재가 아닐 것이었다.

『로마사 논고』에서 마키아벨리가 인민과 같은 불안정한 토대 위에서는 어떤 지속적인 정치체제도 건립할 수 없다는 상투적인 주장에 직면했을 때, 정치적 영웅과 대중 간의 선택의 문제가 정면으로 제기되었다.[136] 마키아벨리의 반론은 흥미로운 회피로 시작되었다. 즉, 만약에 양자를 법의 외부라는 조선에서 고려한다면, 우리는 군주와 인민이 가진 상대적인 장점들 사이에서 어느 쪽이 우월한지를 결정할 수 없다는 것이다. 물론 『군주론』에서는 초법적인*legi-bus solutus* 군주라는 관념이 주된 희망이었다. 하지만 『로마사 논고』에서 마키아벨리는 군주의 허무주의적 충동에 깊은 충격을 받았고, 따라서 그는 억제되지 않는 군주와 법적으로 통제되지 않는 인민 사이에는 선택의 여지가 없다고 주장했다. 왜냐하면 양자 모두 파괴적이기 때문이었다. 그러므로 진정한 시험은 양자 모두 '법 아래에' 있을 때를 비교하는 것이었다. 판정은 인민을 지지하는 것으로 나왔는데, 그 논거가 의미심장했다. 법의 지배하에서 사는 것에 익숙해진 인민들은 그들에게 심어진 정치적 덕을 곧 발휘하게 된다는 것이었다. 즉, 그들은 안정되고, 신중해지며, 감사할 줄 알고, 법의 권위를 존중하는 태도를 취하게 된다는 것이었다. 그러나 이처럼 인민들의 덕은 법에 복종하는 데서 나오는 반면, 군주의 비르투는 필연적으로 법과 제도를 창조적으로 파괴하는 형태를 띠고 있었다. 그러므로 공화제적 체제가 실현 가능한 단계에서 영웅적인 비르투는 시대착오적인 것이었다.[137]

새로운 유형의 비르투로의 전환은 군주의 비르투에 대한 재정의를 포함하고 있었다. 곧 참된 군주는 자신의 비르투를 실현하는 행위를 통해 그 자신을 없어도 무방한 존재로 만드는 자라는 것이었다. 그의 행위를 판단하는 기준은 다음과 같았다. 즉, 국가가 건국자의 죽음을 이겨내고 스스로의 활력을 생성해 낼 수 있었는가? 마키아벨리가 기술했듯이 "따라서 공화국이나 왕국의 안전을 확보하는 것은 살아 있는 동안 신중하게 잘 다스리는 군주를 갖는 것이 아니라 죽은 후에도 잘 유지되도록 제도를 정비하는 군주를 갖는 것에 달려 있다."[138] 이런 마키아벨리의 생각은 피렌체 정부의 개혁에 대해 교황 레오 10세Leo X에게 조언한 다음과 같은 말 속에 더욱 간결하게 표현되어 있었다. 곧 정부는 "스스로 운영될 수 있도록" 잘 조직되어야 한다.[139]

군주의 비르투가 대체되려면, 이제 필요한 것은 제도들을 창조하기보다는 지탱하는 형태의 비르투였다. 그리고 영웅에 의한 정치를 대중 지향적인 정치로 대체하려고 할 때, 문제는 인민들의 물질적 필요를 충족시키고, 그들의 소유물을 보호해 주며, 사회적으로 위험한 불평등을 제거함으로써, 대중들로 하여금 정치 질서를 지지하도록 유도하는 것이었다. 그러나 어떻게 이것이 가능할 수 있겠는가? 재화의 희소성, 무제한적인 야망 그리고 과밀한 정치 공간이라는 동일한 딜레마가 다시 등장해 이익의 충족이라는 기반 위에 세워진 정치

체제를 괴롭히는 것은 아닐까?

이런 문제를 풀기 위해, 마키아벨리는 이익 정치interest politics의 성격과 동력에 대해서 이전의 다른 어떤 사상가보다도 더 치밀하게 검토했으며, 아리스토텔레스Aristotle 이래 다른 어떤 저술가보다도 갈등 해결의 정치the politics of resolution가 강압의 정치the politics of imposition보다 우월하다는 주장을 펼쳤다.* 마키아벨리의 접근 방식에서 진정으로 참신한 요소는 이익의 문제를 정치 이론의 핵심적 문제로 설정했을 뿐만 아니라 나아가 사회적·경제적 갈등의 유용한 효과와 그 갈등을 해결할 수 있는 방안을 제시했다는 점이었다. 이런 방향으로 나아감으로써 마키아벨리는 정치적 결사에 대한 재정의를 시도하게 되었다. 그런데 이 재정의는 이익의 갈등에 정당성을 부여하는 것으로 시작해서 정치적 결사가 갈등을 다루면서 최종적인 해결책을 구할 수 있는가에 대해 의문을 제기하는 것으로 끝났다. 마키아벨리가 지적했듯이, 공화국은 분열을 전제하고 있었기 때문에, 목표의 완벽한 통일성을 유지할 수 없었다.[140]

현대의 정치학도들에게 마키아벨리의 분석 가운데 가장 흥미로운 측면의 하나는 이익의 복잡성에 대한 인식이었다. 기본적인 갈등은 인민과 귀족 사이에서 생겨나고,[141] 하층계급의 존재가 별도의 어려움을 제기한 데 반해, 이 세 계급은 또한 자체 내의 분열을 내포하고 있었다. 신흥 귀족과 구舊귀족 사이에도 균열이 존재했다. 장인들과 상인들도 별도의 이익집단을 구성했으며, 이것은 조직화된 길드와 조합으로 다시 분화되었다.[142] 이런 다양한 이익집단들은

---

* [옮긴이] 옮긴이들의 짧은 소견으로는, 여기서 '갈등 해결의 정치'로 옮긴 'the politics of resolution'은 『정치와 비전』 제1권에서 월린이 플라톤의 정치관을 논하면서 '강압의 정치'와 대비하여 언급한 'the politics of conciliation'과 의미가 일치·일관된다고 생각한다. 옮긴이들은 'the politics of conciliation'를 '조정의 정치'로 옮겼다(제1권 88쪽). 하지만 이 대목에서는 원문의 표현을 중시하여, '조정의 정치'(the politics of resolution)로 옮기지 않고, '갈등 해결의 정치'로 옮긴다.

일단 힘을 모아 정당이나 파벌을 형성하게 되면 특별한 정치적 중요성을 띠게 되었다. 조직화된 이익집단이나 이익의 연합체들이 특혜적인 대우를 추구하는 것은 사회의 자연 발생적이고 불가피한 분열과 구별되었다. "파벌이나 정당으로의 결집을 수반하는 [분열은] 유해하지만, 그렇지 않은 분열은 공화국의 번영에 이바지한다."[143]

그럼에도 불구하고 마키아벨리는 파벌들이 제거되어서는 안 되며 단지 규제되어야 한다고 주장했다. 파벌 간의 투쟁에 의해 발생하는 마찰은 체제에 활력이 남아 있다는 증거였다. 건전한 마찰을 보여 주는 훌륭한 예는 귀족과 평민 간의 경쟁이 더 훌륭한 법과 더 위대한 자유를 가져왔던 로마의 헌정 체제에서 찾아볼 수 있었다. 달리 말하면, 비교적 제한되지 않는 정치적인 여러 세력의 움직임이 좀 더 훌륭한 제도를 가져왔던 것이다. 왜냐하면 그 제도는 사회의 기본적인 이해관계를 더욱 포괄적으로 포용하기 때문이었다.[144] 더구나 로마의 사례는 파벌 간의 분쟁에 따른 간헐적인 불안정이 반드시 그 체제의 권력을 파괴하지는 않는다는 점을 보여 주었다. 왜냐하면 로마가 외부로부터 위협을 당할 때면 대립하는 이익집단들은 자신들의 사사로운 분쟁을 제쳐 놓고 즉각 조국*patria*의 방위를 위해 한데 힘을 합쳤기 때문이었다.[145]

마키아벨리의 주장은 최종적으로 이익이 추동하는 힘의 역학 관계로 정치 사회의 모습을 새롭게 제시한 것에 부합하게 정치적 통일성의 관념을 재규정한 것이었다. 정치사회의 본질에 비추어 볼 때 정치적 통일성이란 이익집단들의 충돌이 야기하는 결과를 배제한다기보다 오히려 전제하고 있었다. 그리고 이 경우, 그 통일성은 상충하는 이익들이 충족된 결과라는 것이었다. 그러나 여기에 이르면 모순적인 두 개의 원칙이 공존하는 것으로부터 또 다른 딜레마가 발생했다. 왜냐하면 마키아벨리는 정치 질서가 구성원들에게 평등한 대우를 보장해야 한다고 믿었지만, 동시에 정치체제가 지배적인 이익집단을 만족시키지 못하면 지속될 수 없다고 주장했기 때문이다. 그러나 재화의 희소성과 상대성으로 특징지어지는 정치적 상황에서 강력한 집단의 이익을 충족시키는 것은 명백히 평등의 원리에 위배된다. 이 딜레마는 이익 정치 이론의 틀 안에서는 결코 해결된 적이 없었다. 왜냐하면 정치적 결정을 위임받은 사람들의 자연스러운 반응은 경쟁하는 세력들의 상대적인 권력과 영향력에 따라서 우선순위의 목록을 만드는 것이기 때문이다. 하지만 우선순위를 정하는 것은 불평등을 의미한다.

정치체제는 단지 감성적 충성심이라는 대체물을 모색함으로써만 평등의 관념을 이익집단의 자유로운 활동 및 이득의 경쟁적인 추구로부터 비롯되는 권력과 영향력의 불평등한 축적과 화해시킬 수 있다. 평등을 공언하는 체제는 [대중들에게 - 옮긴이] 얼버무릴 수 있는 '신화'를, 곧 경제적·사회적·정치적 평등이 기껏해야 매우 제한된 실제적인 의미를 가진다는 사실을 은폐할 수 있는 봉합적인 충성심을 절실히 필요로 한다. 마키아벨리는, 비록 이 문제를 체계적으로 다루지는 못했지만, 민족적 감정^{national feeling}이라는 대체물을 언급했으며, 이것은 아마도 평등에 대한 가장 효과적인 대체물이 되었다고 할 수 있다. 조작의 정치라는 관점에서 볼 때, 민족적 정서의 효용은 그것이 불러일으키는 격렬한 감정뿐만 아니라 표면상 평등의 원리와 유사하다는 점에도 존재한다. 즉, 모든 인간은 부, 지위 및 가문을 불문하고 독특한 민족적 정체성이라는 공통된 특징을 공유하는데, 누구도 자기가 다른 사람들보다도 그것을 더 많이 가지고 있다고 주장하거나 입증할 수 없다는 것이다. 민족적 정체성은 소진될 수 없는 재화의 범주를 표상한다. 이상의 논의는 다음과 같이 요약될 수 있다. 즉, 통일성이 이익 간의 갈등을 전제로 한다면, 갈등의 인정은 또한 공통의 민족적 충성심을 요구하는데, 이 충성심은 분쟁에 한계를 설정하거나 공인된 우선순위의 목록에서 불리한 위치에 있는 사람들에게 희생을 부담시키기 위해서 동원될 수 있었다. 최초의 근대적인 정치 이론이 이익 정치라는 '현실주의'와 민족주의라는 '이상주의'를 결합시키고자 했다는 사실은 역설적일는지 모르지만 우발적인 것은 아니었다.

　그러나 갈등이 가진 활력에는 훨씬 더 불길한 함의가 담겨 있었다. 앞에서 우리는 대외적인 팽창이 정치체의 존속에 필수적이라는 마키아벨리의 주장에 주목한 바 있다. 절대군주제에서 팽창을 위해 필요한 추진력을 공급하는 것은 영광을 성취하고 자신의 권력을 유지하려는 군주의 욕망에 달려 있었다. 공화제에서 제국주의의 동학은 계급적 야망과 욕망으로부터 발생하는 이익 투쟁과 긴밀하게 결부되어 있었다. 이제 제국주의에 대한 추동력은 대내적인 권력 투쟁의 확장으로부터 나오게 될 것이었다. 다시 한 번 로마가 좋은 모델을 제공했다.

> …… 만약 로마의 통치가 더 큰 평온을 유지했더라면 다음과 같은 난관에 봉착했을 것이다. 즉, 로마가 위대함에 도달할 수 있는 원천즉, 파벌 간의 갈등이 차단됨으로써 로마는 훨씬 약화되었을 것이다. 그러므로 만약 로마가 분란의 원인을 제거하기로 계획했더라면, 그것은 동시에 팽창의 원인도 제거하는 일이었을 것이다.[146]

군주적 제국주의보다 인민적 제국주의가 우월하다는 것을 입증하기 위해 남겨진 과제란 인민적 정부가 지닌 제국주의적 역동성을 이익 정치와 결부시키는 일이었다. 입증되어야 할 것은 인민적 정부가 정복에 따른 이득을 많은 사람의 이익을 위해서 사용하기 때문에 군주제보다 훨씬 더 큰 힘power을 창출할 수 있다는 점이었다.

> …… 경험이 말해 주듯이 독립을 보존하지 못한 도시들이 영토나 부의 증대를 이룩한 적은 결코 없었다. …… [아테네와 로마가 그들의 왕을 추방한 이후부터 위대함을 성취한 이유는 이해하기 쉬운데, 도시를 위대하게 만든 것은 개인들의 번영이 아니라 공동체의 번영이기 때문이다. …… 또 오직 공화국에서만 공동선이 적절히 보살펴지며 …… 그리고 비록 일부 사사로운 시민에게 커다란 피해를 끼친다고 할지라도, 공동선으로 인해 이

익을 향유하는 사람이 워낙 많기 때문에, 그 정책 수행으로 인해 결과적으로 손해를 입는 소수가 있다 할지라도 공동선은 실현될 수 있게 된다.

한 사람의 군주가 군림하는 곳에서는 정반대의 현상이 나타난다. 군주에게 이로운 일은 대개 도시에 해를 끼치고, 도시에 이로운 일은 군주에게 해를 가져오기 때문이다. 그런 이유 때문에 참주정이 자치 정부를 대신하여 들어서자마자, 그 도시가 겪게 되는 해악은 가장 작을 때조차도 …… 도시가 더 이상 발전하지 않고 도시의 힘power이나 부 역시 더는 증대하지 않는다는 것이다. 오히려 대부분의 경우, 아니 실제로 항상 그 도시는 쇠퇴한다. 설혹 운명에 의해 유능한 참주가 출현하여 전쟁에서 정력적이고 탁월한 능력을 발휘해 자신의 영토를 확장한다고 하더라도, 공영체에는 어떤 이득도 되지 않을 것이다.[147]

이 인용문을 통해서 마키아벨리가 고대 및 중세의 사상으로부터 얼마나 멀리 이탈했는지를 명백히 알 수 있다. 예를 들어 아퀴나스Thomas Aquinas는 공동선이 본성상 개인의 선과는 질적으로 다르다고 주장한 데 반해, 마키아벨리는 공동선의 관념을 공동체 내에 존재하는 여러 이익과 세력 가운데 우월한 것을 표상하는 것으로 받아들였다.[148] 또한 아리스토텔레스가 제국을 이루는 것이 공동체의 공동선을 무너뜨린다고 경고한 데 반해,[149] 마키아벨리는 제국주의를 공동선의 자연스러운 확장으로 전화시켰다. 무엇보다도 그는 대중이 단순히 순응적인 질료일 뿐만 아니라 역동적인 에너지이며, 그 에너지는 이익에 의해 이끌릴 때 다른 어떤 체제에서보다도 강력한 힘power으로 전환될 수 있다는 점을 보여 주고자 했다. 이것은 다음 세기에 영국 공화주의자들이 열렬히 받아들인 원칙이 되었다. 해링턴은 오세아나 공화국에 대해 열변을 토하면서 다음과 같이 경고했다. "오세아나는 샤론의 장미와 은방울꽃처럼 향기롭다. …… 또한 게달의 장막처럼 아름답고, 깃발을 치켜든 군대처럼 무시무시하다."[150]

8. 정치와 영혼

마키아벨리는 파벌들 간의 지나친 갈등을 완화하기 위해 두 가지 고안 장치에 의존했다. 그 첫째는 제도적 장치로 구성된 것인데, 여기서 파벌의 활동은 본성상 물리학에서의 힘의 작용과 유사하다는 마키아벨리의 가정을 징후적으로 보여 주었다. 그러나 사회의 "변덕스러운 기질"을 발산시킬 뿐만 아니라 다양한 야망과 이익의 표현을 허용하는 한편, 또한 이를 견제할 만한 세력들을 창조하는 제도적 장치를 확립하는 일은 세심한 주의가 필요한 작업이었다.[151] 예컨대 야망이라는 힘force은 만약 정치적 배치가 권력의 추구를 위한 확립된 통로를 확보하고 있다면 공화국에 이익이 될 수도 있었다. 왜냐하면 야망의 표출을 공개적으로 허용하는 것은 은밀한 음모를 불필요하게 할 뿐만 아니라, 야심가들로 하여금 대중의 호의를 구하도록 권장함으로써 정치적 행위가 사적인 목적보다는 공적인 목적을 지향하도록 촉진하는 미묘한 힘force을 조성하기 때문이었다. 요컨대 그것은 구성원의 영향력을 제도화할 것이었다.[152] 마키아벨리는 위대한 재능을 유인하되 이를 사회에 맞도록 순응시키는 대중적 제도의 가능성에 심취한 나머지, 자유선거제도가 새로운 능력들의 지속적인 공급을 확보함으로써 개인적인 위대함의 사멸성死滅性을 극복할 수 있다고 믿게 되었다. 그리하면 덕은 무한대로 연장될 수 있을 것이었다.[153]

군주에 대한 제도적 대체물을 발견함으로써 마키아벨리는 이익의 충족에 부여했던 중요성을 논리적으로 보완하게 되었다. 바로 이 점 때문에 마키아벨리는 이익 정치의 위대한 전통의 선구자이며 창시자가 되었다. 이익 정치의 전통은 해링턴, 로크John Locke, 흄David Hume, 벤담Jeremy Bentham으로 이어지며, 『연방주의자 논고』 The Federalist Papers에서 매디슨James Madison이 집필한 "제10서한"에서 그 고전적인 표현에 도달했다. 그러나 우리가 앞에서 언급했듯이 정치 이론에 있어서 강조점들의 의미심장한 재배치는 무언가가 생략되었음을 암시한다. 이익에 관한 이론에서 배제된 것은 무엇인가? 이 점을 명백히 하기 위해 우리는 권력의 행사에 대한 고전적이고 중세적인 태도를 상징하는 플라톤의 『국가』*Republic*의 한 구절을 상기할 수 있다. 다음의 구절은 아데이만토스 *Adeimantus*가 정의에 관한 이론이라면 반드시 충족시켜야 할 고려 사항들을 제시한 것이다.

> 선생님께서는 정의가 부정의보다 우월하다는 주장을 증명하는 것만으로 만족해서는 안 됩니다. 선생님은 반드시 이들 각각이 그걸 지니고 있는 당사자에게 어떤 이로움과 해로움을 주는지를 분명히 밝혀 주셔야 합니다. …… 그러므로 저는 선생님께서 정의를 찬양할 때, 오로지 어떻게 정의가 그 자체로 그것을 지니고 있는 자에게 이익이 되고, 또 어떻게 부정의는 그 자체로 그것을 지니고 있는 자에게 해를 입히는지에 관해서 말씀해 주시길 바랍니다. 하지만 보상이나 평판은 설명에서 제외하시길 바랍니다. 저는 다른 사람들이 이런 외부적인 결과를 고려하는 것에 관해서는 참을 수 있겠지만 …… 선생님에 대해서는 [그럴 수 없습니다.] …… 그러므로 선생님께서는 단순히 정의가 부정의보다 우월하다는 주장을 증명하는 것으로 만족해서는 안 되고, 신이나 다른 사람들이 보든 안 보든, 어떻게 해서 전자가 선이며 후자가 악인지를 각각 그것을 지니고 있는 당사자에게 미치는 본래적인 효과라는 면에서 설명해야 합니다.[154]

이 구절은 한편으로 "보상이나 평판" 그리고 "외부적인 결과"라는 측면과 다른 한편으로 "본래적인 효과"라는 측면을 대조시키는 접근 방식을 통해서 정치적 행위를 설명한다는 점에서 중요하다. 이런 구별을 마키아벨리의 사상에 적용하면, 정치가 그 참가자들에게 '외부적인 것'이 되었다는 점이 분명하다. 이는 물질적 이익의 보호에 대한 그의 강조와도 잘 부합한다. 정치는 외부적인 것과 관련된 것이며 인간의 내면적인 삶의 향상은 정치의 영역에 속하는 것이 아니라는 믿음은 루터의 '기독교적 자유'의 교의나 '양심'에 대한 일반적인 프로테스탄트적 관념과 흥미로운 유사성을 보여 주고 있다. 이 두 관념은 공히 정치가 인간의 내면적인 상태와 하등의 관련이 없다는 믿음을 지지했던 것이다.

인간의 선한 내면bona interiora과 정치적 행위가 추구하는 선善 사이의 증대하는 소외는 파벌의 효과를 통제하기 위한 마키아벨리의 두 번째 제안을 살펴보아도 감지할 수 있다. 이는 대중의 욕망과 야망을 기율하고 억제하는 역할을 하는 시민적 덕을 창조하고자 하는 시도를 그 핵심으로 했다. 이를 위한 수단으로는 법, 제도, 교육 및 종교 체제가 제시되었다. 이런 맥락에서 마키아벨리는 군대 조직을 가장 강조했는데, 이것은 플라톤의 체제에서 교육이 담당하는 역할과 유사한 역할을 떠맡았다. "모든 국가의 안전은 훌륭한 군사 기율에 근거하며, 그것이 없는 곳에서는 훌륭한 법이나 다른 어떤 훌륭한 것도 존재할 수 없다."[155] 로마 사람들이 그랬던 것처럼, 모든 시민들이 엄격한 군대 생활을 겪고 그리하여 그들의 덕을 시험받게 되면, "그들은 어떤 상황에서도 항상 일관된 기백과 존엄을 유지할 것이다."[156] 군대 경험의 가치는 시민사회에서 지위와 이권을 놓고 벌어지는 정당화된 투쟁과 대비되었다. 그 최선의 상태에서 군대란 성원들 간에 따뜻한 친밀감을 조성함으로써 성원들이 단일체로서 행동하고 그렇지 않은 경우라면 무의미했을 법한 자기희생도 받아들이게 하는 단단히 결속된 공동체와 유사했다.[157] 따라서 군대 제도는 플라톤의 교육 제도와 유사한 면이 있기는 했지만, 근본적으로 상이한 목적을 가지고 있었다. 그 목적은 영혼을 계몽하는 것이 아니라 능숙한 정치적 행위자가 전제하고 또한 직책상 권장해야 하는 바로 그런 정념들을 기율하는 것이었다.

이런 방법들이 다양하다고 하더라도, 거기에는 하나의 공통된 특성이 있었다. 즉, 각각의 방법은 오직 시민의 외적인 행동에만 영향을 미치려고 한다는 점이었다. 이것은 마키아벨리가 종교를 다루고 있는 데서 가장 명백하게 나타났다. 후일의 홉스처럼 마키아벨리는 원래의 기독교는 시민 종교로서 전적으로 수용할 만하다고 주장했다. 그러나 당대의 기독교는 잘못된 덕목인, 자기부정, 겸손 및 내세 지향성을 가르쳤다. 요컨대 기독교는 영혼의 내면적인 고결

78

함과 관련된 덕목을 가르쳤던 것이다. 진정한 시민 종교는 적절한 두려움과 권위에 대한 존경을 고무시키고 군사적 용맹을 주입하는 데 도움이 되어야 했다.[158]

마키아벨리의 시민적 덕목에 대한 개념은 근대 정치의 사상 및 실천의 전개에 있어서 중요한 단계를 그었다. 왜냐하면 그의 사상은 국가 통치술statecraft과 영혼 통치술soul-craft 간에 형성되어 온 오래된 동맹 관계에 종지부를 찍는 것을 상징했기 때문이었다. 이후 영혼이나 인격의 수양이 인간의 적절한 목표일 수도 있지만 그것이 정치적 행위의 구심점을 제공하지는 않는다는 생각이 갈수록 당연한 것으로 받아들여지게 되었다. 새로운 학문은 인간의 완성 가능성을 위한 수단으로 인식되지 않았다고 말함으로써 이 점을 더욱 강력하게 진술할 수 있을 것이다. 새로운 지식이 악에 정통해야 하고 그 주된 관심이 지옥을 피하는 것이라는 깨달음으로부터 비롯된 이런 비관적인 어조는 그 지식이 고전적인 모델에 의해서 직접적으로 고무된 것이 아니라 탈기독교적인 학문이라는 점을 확인시켜 준다. "모든 인간은 사악하고, 따라서 자유로운 기회가 주어지면 언제나 자신들의 사악한 정신에 따라 행동하려 한다"는 주장은, 그리스 정치학은 결코 염두에 둔 적이 없었지만, 기독교 교의는 결코 의심한 적이 없었던 주장이다.[159] 마키아벨리의 악evil 또는 죄악sin — 사람에 따라 이 용어를 좀 더 선호할 수도 있을 것이다 — 에 대한 관념이 그를 그리스인들로부터 분리시켰다면, 그 관념은 또한 그가 18세기 말과 19세기 사회과학의 자유주의 학파 및 집산주의 학파와 전혀 관련이 없음을 말해 준다. 마키아벨리에 의해서 시작된 전통은 홉스, 로크, 흄에 의해 계속 이어졌다. 그것은 인간의 정치적 조건에 대해 전혀 환상을 갖지 않는 독특한 전통이었다. 정치 이론에 인간의 결백함innocence의 관념을 부여하는 일은 루소Jean-Jacques Rousseau, 생시몽Saint-Simon, 콩트Auguste Comte와 같은 인물들에게 남겨졌다.

제8장

홉스
규칙의 체계로서 정치사회

철학은 천사의 양 날개를 묶어 버리고,
자^{R}와 줄$^#$로 모든 신비를 벗겨 내며,
대기에 떠도는 유령을 쫓아낼 것이다.
_키이츠John Keats

중국인들은 ……. '크라이시스'crisis, 危機라는 단어를 두 글자로 표현한다고 하는데,
그 한 글자는 '위험'을 의미하고, 다른 한 글자는 '기회'를 의미한다고 한다.
_위드Louis Wirth

1. 정치적 창의성의 부활

마키아벨리의 정치 이론은 중세의 억제된 체제 속에서 분출된 인간의 에
너지와 생명력으로 인해 생겨난 일련의 문제들에 그 관심을 쏟았다. 그는 일
정한 공간 내에서 이득을 얻기 위해 서로 경쟁하는 개인들, 집단들 및 국가들
의 실상을 좀 더 잘 파악하기 위해서 정치 이론의 개념들을 새롭게 다듬고자
노력했다. 정치 이론을 마키아벨리가 재공식화한 결과 가운데 하나는 억제되

지 않는 이익 추구라는 역동적인 요소에 주의를 불러일으키고, '이익' 개념을 그 이후 이론적 작업 대부분의 출발점으로서 정립한 것이었다. 그러나 마키아 벨리가 정치적 삶의 이처럼 새로운 차원을 드러내는 데는 — 이때의 '새로움' 이란 발견의 차원에서가 아니라 강조의 방식을 가리킨다 — 성공했을지 모르 지만, 그는 이익 정치에 필요한 전제 조건들을 적절히 분석해 제공하는 데에 는 실패했다. 사회적·정치적 배치에서 이익의 추구는 어떤 형태를 취할 것인 가? 어떤 규칙들이 서로 경쟁하는 집단과 개인들 사이에서 발생하는 불가피한 투쟁을 통제할 것인가?

마키아벨리가 그런 것처럼, 정치적 문제란 이익들을 충족시키는 것이라든 지, 이익들이 충족될 수 없는 곳에서는 당사자들이 타협을 받아들여야 한다든 지, 또 그 타협이 효력이 없는 것으로 판명되었을 때는 강제가 도입되어야 한 다고 주장하는 것만으로는 충분하지 않았다. 유감스럽게도 마키아벨리가 제 시한 지침에는 하나의 중대한 요소가 결여되어 있었는데, 그 요소란 모종의 포괄적인 원리, 곧 새로운 정치가 가지고 있었던 이익 지향적인 속성을 다루 는 데 있어서 통합력을 행사할 수 있는 합의에 대한 모종의 관념을 가리킨다. 왜냐하면 만약에 이익이 개인이나 집단에 특유한 것을 표현한다면, 상이한 이 익들의 추구에는 갈등상태, 궁극적으로는 무정부 상태로 발전할 가능성이 잠 복해 있기 때문이었다. 더욱이 만약 개인들, 집단들 및 계급의 정체성이 그들 의 상이한 이익들로부터 유래한다면, 일련의 억제 체계를 확립하여 각자가 그 체계를 준수하는 것이 스스로에게도 이익이 되는 어떤 상태를 만들어 내는 것 이 어떻게 가능할 수 있겠는가? 달리 말하자면, 이익의 추구는 특수자들로 구 성된 사회에서 가장 성취하기 어려운 그 무엇, 즉 공동생활의 관념을 전제하 고 있지 않은가?

마키아벨리의 정치 이론에서 가장 명백하게 빠져 있는 부분은 바로 이와 같은 공동생활의 관념이었다. 마키아벨리의 정치적 행위자들은 결정을 내리고, 집단과 집단은 격한 갈등을 빚으며, 군주들은 서로 공격과 반격을 감행하지만, 거기에는 동일한 사회적 집단을 이루는 사람들 간에 형성되는 질서 정연한 일련의 관계에 대한 성찰이 전혀 없고, 공유된 충성심의 관념이나 시간의 축을 따라 뻗어 나가는 인간 집단의 지속성에 대한 관념도 전혀 없다. 갈등에 대한 그의 탁월한 통찰력에도 불구하고 마키아벨리는 어떻게 시민적 비르투가 그 자체만으로 파벌 정치에 내재된 무질서와 파괴적 성격을 지탱하기에 충분한 공동체 의식을 발전시킬 수 있는가에 대해 결코 납득할 만한 설명을 내놓지 못했다.

공동체의 위기는 분열된 이탈리아의 정치 상황에만 특유한 것이 결코 아니었으며, 16세기 말과 17세기 초에 제시된 종교 이론들 속에서도 발견될 수 있다. 루터, 츠빙글리^{Ulrich Zwingli} 그리고 칼빈이 직면했던 절박한 문제는 일단 프로테스탄트의 개인주의를 고무한 후 그들에게 공동체 의식을 다시 불어넣어야 한다는 것이었다. 이런 어려움을 보여 주는 가장 생생한 표현은 17세기 영국의 혁명적 진통기 동안에 쏟아져 나온 다양한 종파들에게서 발견될 것이었다. 브라운파, 구도파, 침례파, 그리고 분리파*와 같은 종파들은 교회가 자발적인 결사로서의 본성을 지니고 있다는 믿음을 고수했다. 이런 생각은 교회의 권위가 개별 신도들의 자유로운 동의에 근거한다는 계약 사상 속에 대중적으로 표현되어 있었다. 종교적 결사를 개인주의의 토대 위에 위치지움으로써 각 종파인들은 교회조차도 상이한 종류의 이익들을 화해시켜야 하는 문제에

---

* [옮긴이] 브라운파(Brownists)는 영국의 청교도 로버트 브라운(Robert Brown, 1550~1633)이 제창한 회중주의 종파이며, 구도파(Seekers)는 하느님의 참된 교회를 계시해 줄 새로운 예언자들을 찾고 기다리던 17세기 영국의 소규모 청교도 종파다. 그리고 영국의 침례파(Baptists)는 신자가 되는 의식으로 성인 세례를 중시하고 만인구원설이 아니라 오직 선택된 자들만이 구원을 받는다고 주장하면서 회중주의 교회로부터 분리된 종파며, 분리파(Seperatists)는 영국 성공회에서 분리해 나와 그리스도교 신자로만 구성된 독립 지역 교회를 형성하고자 했던 종파다.

그들 스스로가 봉착해 있음을 발견하게 되었다. 한 영향력 있는 저술가는 이 것을 다음과 같이 표현했다.

> 그리스도가 그의 교회들을 다스리는 데 채택했을 법한 정체政體나 정부에서 권력의 올바른 배치는 …… 오로지 어느 한 사람에게 전적으로 신탁되는 것이 아니다. 오히려 그것은 교회 내에서 각각의 직분을 맡은 자들이 가지는 여러 관심과 이익에 따라 다양한 사람들에게 적절하고도 비례적으로 할당하고 분산시키는 데 (비록 같은 크기와 정도는 아니더라도) 있을 것이다.[1]

상이한 이익에 대한 용인은 필연적으로 교회를 가능한 한 가장 조밀하게 구성된 유기체적인 협동적 집단corporate group으로 생각하던 좀 더 오래된 관념을 해체해 버렸다.

> 비록 우리가 다양한 생각을 품고 있다고 하더라도 우리는 그리스도 안에서 하나이며, 비록 피를 나눈 형제는 아니지만 친구라는 것을 명심하라. 그러므로 하나의 통일체unity는 아니더라도 통합체union를 이루도록 하자.[2]

이 마지막 표현이 지적하는 것처럼, 제기된 근본적인 쟁점은 '만약 교회가 더 이상 굳게 결속된 통일체가 아니라면 종교란 어떤 조건으로 지속될 수 있을 것인가?'라는 질문이었다. 이를 정치적인 용어로 바꾼다면 그 논쟁은 다음과 같다. 즉, 만약 사회가 더 이상 하나의 공동체가 아니라면 통치는 무엇을 기초로 수행될 수 있겠는가? 밀턴John Milton이 주장한 대로 정치사회는 "냉담하고, 중립적이며, 내면적으로 분열된 사람들을 강제로 결합시킨 표면상의 연합체"[3]로 만족해야 하는가? 이것이 핵심적인 의문으로 떠올랐다는 것은 정치적인 탐구의 자연스러운 출발점에 관한 홉스의 논증 속에 함축되어 있었다. 그는 과학이란 어느 점에서나 출발이 가능한 원과는 다르다고 언급했다. 정치학의 연구 주제는 정의正義의 개념이 먼저 검토될 경우 '가장 명료하게 조명'될 수 있을 것이었다. 그러나 정의에 대한 탐구는 사회의 구성원들을 통합시키는 어떤 일반적인 윤리적 원리들을 발견하려는 것이 아니라 오히려 사적인 이익이나 특수성의 합리적인 근거 — 즉, 왜 '어떤 인간이 어떤 것을 다른 사람의 것이 아닌 자신의 소유물이라고 부를 수 있는가' — 에 대한 탐구였다. 교회 조직이 민감한 양심을 지닌 사람들[프로테스탄트 - 옮긴이]이 표출하는 개인주의를 해결하도록 강요된 것과 같은 방식으로, 정치사회는 "막 태어나면서부터, 천성적으로 그들이 탐내는 모든 것을 서로 빼앗으려 다투고, 가능하다면 자신을 두려워하게 하고 자신에게 복종시키기 위해 온 세상을 차지하려고 하는"⁴ 인간들을 다스리기 위한 결사의 형태를 이제 창조해야 했다.

이런 성격의 질문들이 정치사상과 종교 사상에서 제기되었다는 바로 그 사실은, 사람들이 더는 공동체가 자연적인 통일체를 표상한다고 느끼지 않았다는 강력한 증거를 제공해 준다. 이것은 또한 17~18세기의 정치사상이 몰입하게 될 위대한 도전을 촉발시켰다. 곧 만약 공동체가 자연의 산물이 아니라면, 그것은 인간의 기예를 통해 만들어질 수 있는 것인가? "저 위대한 리바이어던Leviathan은 기예에 의해 창조된다"라는 홉스의 주장은 다른 사람들이 거의 1세기 동안 말하고 행동해 온 것을 단지 간결하게 요약한 것에 불과했다. 고대 그리스, 로마 시대 이후, 거의 동면 상태에 있던 정치적 창의성이라는 관념은 16세기의 정치적·종교적 격변에 따른 교회 설립 및 국가 건설의 사상이 결합하여 불러일으킨 자극에 고무되어 신선한 활기를 띠게 되었다. 17세기 영국을 무정부 상태로 몰아넣은 내전과 혁명은 홉스로 하여금 '기회'의 의미를 깨우치게 했는데, 그것은 16세기의 사람들이 당대의 혼란스러운 변화를 지켜보면서 느낀 것과 유사했다.

100년을 넘는 세월 동안 거대한 압력이 영국 사회 내부에 축적되어 오고 있었으며, 튜더 왕조가 절묘한 통치술을 통해 간신히 그 뚜껑을 닫고 있을 뿐이었다. 불안했던 제임스 1세$^{James\ I}$의 치세 이후, 정치적·사회적·종교적·경제적 변화를 위한 요구가 결집되어 구질서를 통째로 흔들어 버렸다. 왕, 의회 및 군대가 최고 권력을 쟁취하기 위해 투쟁함에 따라, 17세기의 영국은 정치적 실험을 위한 일종의 실험실이 되었다. 그것은 대담한 구상과 놀라운 비전의 시대였다. 대혼란이 오기 전에, 로드$^{William\ Laud}$는 기존의 교회를 좀 더 강한 신앙의 기관으로 그리고 왕권의 좀 더 확실한 버팀목으로 개혁하기 위해서 투쟁했다. 스트라포드$^{Thomas\ Wentworth,\ Lord\ Strafford}$는 과거의 폐습들을 일소하고 군주제를 효율적인 통치 기구로 변혁하기 위해 지칠 줄 모르고 노력했다. 1640년대 전반에 걸쳐 분리파 신도들의 억눌렸던 활력이 분출됨에 따라 그 비전은 더욱 대담해지고 더욱 종말론적으로 되었다. "세계의 현 상태는 불타고 있는 양피지와 같이 달아오르고 있으며 점차 소진되어 가고 있다."[5] 어떤 지역에서는 사람들이 영국과 세계가 '재생'의 문턱에 서있다는 믿음에 사로잡혀 있었다. "국가들은 그리스도의 국가들이 될 것이고 정부는 성자들의 수중에 놓이게 될 것이다." 침묵을 지키던 다른 사람들에게도 그리스도의 재림은 사람들이 "의롭게 일하며 이 세계를 모든 사람들을 위한 공동의 보배로 만들기 위해 기초를 놓는" 시대로 인도할 것이라 여겨졌다.[6]

홉스에게서 그 시대의 흥분은 과학과 수학의 용어로 포장되어 있었지만, 그러나 이런 사실이 그가 16세기 저술가들의 비전을 뛰어넘는, 인간의 가능한 상태에 관한 비전을 표현하는 것을 막지는 못했다. 인간의 진보를 괴롭히는 변덕스러운 운명^{fortuna}도 존재하지 않았으며, 인간에게 자신이 그 스스로 창조하지도 않은 세계에서 혜택을 받고 있는 이방인이라는 것을 상기시키는 불가사의한 신도 존재하지 않았다. 이것이 정치적·종교적 혁명의 시대일 뿐만 아니라 지적 혁명의 시대에서 정치철학의 특징이 될 것이었다. 마키아벨리의 사상은 다가오는 과학적인 사고 양식에 대해 단지 몇몇 인상적인 전조^{前兆}만을 담고 있었으며, 그렇기 때문에 근대성을 고대에 대한 숭배와 결합시킬 수 있었다. 루터와 칼빈은 아우구스티누스의 지혜와 사도 시대의 가르침이 가지고 있었던 단순 소박함을 재포착하기 위해 중세 초로 돌아갔다. 이와 달리 홉스는 현재와 과거의 지속성을 단절시키는 듯이 보이는 과학혁명의 와중에 그의 저술을 집필하면서 고대인들의 지혜를 손쉬운 풍자 대상으로 삼았다. 우주의 신비스러운 현상을 수학적인 방법으로 접근하고 파악할 수 있다는 과학의 주장은 홉스와 같은 심성을 지닌 사람에게는 더할 나위 없이 명백해 보였기 때문에, 대담하게도 그는 정치적 세계에 대해서도 똑같은 가정을 적용하려 했다. 만약 이런 개념들이 올바른 방법에 토대를 둔다면, 정치적 현상과 인간 정신의 개념들 사이에는 어떤 조화가 가능할 것이었다. 올바른 방법을 갖추고, 나아가 기회까지 주어진다면, 인간은 유클리드의 정리만큼 영구적인 정치적 질서를 구축할 수 있을 것이었다.

그러므로 마키아벨리, 루터, 칼빈은 각각 서로 다른 신에게 기도했을 법하나, 홉스는 어떤 신에게도 기도하지 않았을 것이다. 그러나 혼돈에 대한 네 사람 모두의 대답은 하나였다. 즉, 혼돈은 창조성을 낳는 질료이지 체념의 이유는 아니라는 것이었다. 그들은 모두 인간 제도의 유연성과 인간 의지의 효능에 대한 가정에 있어서 플라톤주의자들이었고, 각자가 가지고 있던 인간성에 관한 어두운 견해에도 불구하고 (또는 아마도 그 때문에) 이런 가정을 견지했다. 인간의 결백함에 대한 가정을 바탕으로 창조성을 발휘하는 작업은 공상적 사회주의자들 및 콩트와 더불어 페인^{Thomas Paine}에게 남겨졌다.

마키아벨리, 루터, 칼빈 및 홉스에게서 매우 현저한 행동주의는 또한 전통적인 지식 형태들과 그 각각의 분야에서 통용되던 관행에 대한 일정한 거부감을 수반했다. 위기의 시대는 아리스토텔레스와 같은 좀 더 온건한 지혜, 점진적인 생성이나 적당한 임시변통의 애호, 통상적인 관행과 상식적인 의견을 존중하는 태도 등에 대해 적대적인 것으로 악명이 높다. 중세의 몰락이 모어^{Sir Thomas More}와 같은 인물들을 슬픔에 잠기게 하고 몽테뉴^{Michel Eyquem de Montaigne}

와 같은 사람들을 아이러니컬한 초연함으로 몰고 갔는지 모르지만, 마키아벨리, 프로테스탄트 개혁자 및 홉스에게 중세의 쇠락은 인간의 조건이 사람들에게 주인이 될 것을 요구하는 잠재적이지만 동시에 흥미진진한 가능성을 제시했다. 무질서는 그것이 정치적인 형태를 취했든 종교적인 형태를 취했든 간에 사회를 건설하려는 충동을 불러일으켰던 것이다.

그러나 창조성이라는 꿈에는 공포라는 또 다른 측면이 있었다. 공포는 16세기적 상황에 대한 자연스러운 반응이었다. 종교적인 동요는 국가적인 중앙집권화에 따르는 진통과 결합하여 무질서를 항구적인 가능성으로, 안정을 보잘것없는 성취로 만들었다. 사회는 '정치적 자연'으로의 회귀 가능성에 의해 끊임없이 위협받았다. 루터와 보댕Jean Bodin만큼 현저하게 다른 사람들이, 오직 강력하고 강제적인 권위만이 무정부 상태와 질서 간의 차이를 가져온다는 것을 똑같이 경고했다는 점은 전혀 놀랄 만한 일이 아니었다. 정치사상의 존재론적 관점에서 볼 때, 질서는 존재에 해당했으며, 무정부 상태는 비존재non-being와 정치적 동의어였다. 홉스 시대의 영국은 너무나 강력한 정치적 혁명과 종교적 갈등을 겪은 결과, 사회 전체는 무無에 가까운 상태에 빠져들었다. 영국을 내전과 혁명으로 몰아넣은 돌발성이 너무나 극적이었기 때문에, 그리고 그 참상이 너무나 어마어마했기 때문에, 또 그로 인해 발생한 적대감이 너무나 격렬했기 때문에, 영국의 정치는 이후 300여 년 동안 역사는 결코 반복되어서는 안 된다는 암묵적인 전제에서 전개되었다.

정치적 진공 상태의 경험은 17~18세기 정치적 사유에 있어 가장 중요한 개념들 가운데 하나를 잉태했는데, 그것은 바로 '자연 상태', 즉 정치적 무無의 상태였다. 이후의 비판자들은 이 개념에서 홉스나 로크와 같은 사상가들에 대해 손쉬운 철학적 승리를 얻을 수 있는 편리한 방법을 얻을 수 있었다. 하지만 당시 17세기의 사람들에게 '자연 상태'는 전혀 허구적이지 않은 생생한 의미로 와닿았다. 자연 상태는 정치적 건설의 가능성에 대한 그들의 굳은 믿음과 극적인 대조를 이루고 있었다. 자연 상태는 그들의 희망을 어둡게 하고 그들이 굳게 믿던 교의를 의문시하게 하는 불안의 근원이었다.

2. 정치철학과 과학혁명

앞에서 우리는 '정치적 자연'의 개념이 거대한 변화와 대격변의 기간 동안에 가장 예리하게 묘사되었다고 지적했다. 정치 현상에 관해 지적으로 이해할 수 있는 의미의 체계를 정립할 필요성은, 전통적인 사회적·정치적 제도가 일종의 원초적 상태로 와해될 때, 더욱 절박해진다. 기원전 5세기 고대 그리스의 플라톤, 로마의 약탈과 고전적 사상의 위기를 배경으로 등장한 아우구스티누스, 종교개혁의 와중에서 활동한 루터 및 칼빈, 마지막으로 르네상스 시대 이탈리아의 정치적 혼란 속에서 출현한 마키아벨리 등이 바로 이런 경우였다. 이처럼 위기의 시대는 행위의 토대 그리고 사고 및 정서의 용인된 양식의 토대 차원에서 발생한 동요를 안정시켜 재정립하기 위한 많은 가능성으로 나타난다. 위기는 기회를 의미했는데, 그것은 정치사상이 정상적인 시대에 통용되던 선택적인 비판이나 전반적인 수용의 자세를 버리고, 대신에 전체적인 재구성의 형태를 처방하는 좀 더 대담한 입장을 취할 수 있는 호기였다. 인간 존재가 백지와 같은 상태로 환원될 때, 정치 이론의 질서 부여적 기능이 가장 완벽하게 실현된다는 믿음은 플라톤의 '새로운 식민지' 개념과 예민한 감수성을 지닌 젊은 전제군주에 대한 희구에 잘 암시되어 있었다. 이것은, 마키아벨리의 '신생 군주'나 '새로운 군주국'이 그랬던 것처럼, 단지 정치적 기회에 대한 비유적인 표현일 뿐이었다.

홉스적인 자연 상태의 개념은 위기와 기회에 대해 이와 동일한 형태를 보여 주었다. 그것은 튜더왕조의 헌정적·종교적 해결책이 무력해지고 사람들이 새로운 질서의 모습에 관해 격심하게 대립하던 정치적·종교적 혼란의 시대를 반영했다. 그 자신보다 앞선 시대의 플라톤, 아우구스티누스, 마키아벨리, 칼빈처럼 홉스 역시 정치 현상에 만연해 있는 파행성은 오직 지식에 의해 계몽된 행위를 통해서만 질서를 부여받을 수 있다고 믿었다. 사람들이 '평화와 진리를 갈구하던' 시대에, 홉스는 정치철학이 처음으로 진리와 평화 모두를 가져올 수 있는 진정한 위치에 서게 되었다고 믿었다. 과학의 혁명적인 진보로 인해, 이제 타당한 정치적 지식에 접근하여 그 혜택을 누릴 수 있게 되었다. 그러므로 '정치적 자연'은, 아리스토텔레스와 스콜라철학의 영향력을 일소하고 수학적·과학적 사고의 모델에 따라 새롭게 모양을 갖춘 정치철학에 의해 다시 질서를 회복하게 될 것이었다.

자신의 희망을 과학과 결부시킴으로써, 홉스는 마키아벨리가 처음으로 정치철학에 도입했고 그 이후 근대 정치학에 지속적으로 존재하게 된 '불안'을 확대시키는 데 일조했다. 그것은 정치철학의 '낙후된' 상태에 대한 관심에서 비롯된 불안이었다. "만약 도덕철학자들이 그들의 의무를 적절히 이행했더라면, 인간의 삶과 일치하는 그런 행복의 완성을 위해 인간이 부지런히 애를 써서 보탤 것이 별로 없었으리라고 생각한다."[7] 정치철학의 가치가 과학이나 수학에서의 성취와 견주어 측정될 수 있다는 믿음은 근대 정치사상에 특유한 부담이 되어 왔다. 이는 현대의 정치 과학자가 자신의 방법이 과학적인지, 그리고 과학자들이 자신을 과학자로서 받아들일 것인지에 관해 신경을 곤두세우는 태도를 통해 이해할 수 있다. 근대과학에 감탄한 자들이 취하는 당연한 반응은 과학의 극적인 발전에 대한 이유를 탐구하는 것이다. 홉스는 이 과정을 밟았고, 그것은 정치철학에 모종의 운명적인 결과를 가져왔다.

'과학' — 홉스의 포괄적인 용어를 사용하면 — 은 과학자들이 전통적인 사고방식 및 탐구 방식과 대담하게 결별했기 때문에 그처럼 급속하게 발전할 수 있었다. 그들은 과거 업적의 기반 위에서 점진적으로 건설해 나가는 방식이나, 주된 본체는 열성적으로 보존하면서 단지 필요한 부분만 수정하는 방식을 따르지 않았다. 홉스는 전례 없는 '과학'의 발전을 창조적인 파괴의 지적 드라마로 묘사했다. 사람들은 그들의 선입견을 벗어던지고, 그리스적 목적론과 기독교적 우주론의 잔재들을 그들의 범주로부터 제거하면서, 우주에 대해 근본적으로 새로운 시각을 취했다. 인간은 초인간적인 권위에 호소하거나 비합리적이고 비감각적인 능력에 의존하지 않고도, 오로지 지성에 의해서 신비로움이나 주술적 특성에 의존함이 없이 이성적으로 이해할 수 있는 우주를 창조했다.

이런 절차에 힘입어 인간은 자연 현상들 가운데서 지적으로 이해 가능한 것을 창조할 수 있었는데, 홉스는 그 절차의 극적인 잠재력에 깊은 감명을 받아 창조적 파괴를 철학적 방법의 출발점으로 삼기 위해 그것을 철학의 용도로 전환시켰다. 진정한 철학적 사색은 홉스가 '박탈'privation이라고 부른 행위, 즉 어떤 상상적인 파괴 행위, 또는 "세계가 파괴되었다고 가정하는 행위"8로부터 시작되었다. 상상의 차원에서 세계를 없앰으로써, 홉스적 인간은 기존의 의미들로부터 자신의 독립을 선언했고 의미를 재창조할 수 있는 자신의 권리를 선포했다. 자기 자신의 기억이라는 자원으로부터, 그리고 감각적인 경험이 쌓은 '환상'으로부터 그는 새로운 '실재'를 건설할 수 있었다.

이런 작업에서 깜짝 놀랄 만한 것은, 그것이 기반하고 있는 진리의 개념이 외적 '실재'를 충실히 전하고 있는 것이 아니라 인간 정신에 의한 '임의적인' 구성이었다는 점이다. 명칭들names의 합리적인 배열에 의해 세계는 이해할 수 있는 의미를 가지게 되었고, 인간은 그 자신의 합리성을 구축하는 제작자가 되었다. 즉, 2+3의 합과 같은 하나의 "진리"를 안다는 것은 "우리 스스로가 그 진리를 만들어 냈다는 점을 인정하는 것에 지나지 않는다"9는 것이다. 어떤 타당한 제안이나 논리적인 증명이 단어들의 일정한 배열로 이루어졌지만, 단어들에 부여된 의미는 그 자체에 고유한 것이 아니라 인간 의지에 따른 행위로부터 유래되었다.

> …… 최초의 진리들은, 가장 먼저 사물에 이름을 붙이거나 혹은 다른 사람이 붙인 이름을 수용한 자들에 의해서 임의적으로 만들어졌다. (예를 들어) 인간은 살아 있는 피조물이다라는 명제는 참이다. 하지만 그 이유는 사람들이 동일한 사물에 대해 좋을 대로 이름을 붙였기 때문이다.[10]

따라서 의미는 '임의적인' 의미부여 행위에 그 근원을 두고 있었고, 이성의 일견 객관적인 특성조차도 단어의 기원에 대한 의존성으로부터 탈피할 수 없었다. 추론이란 "우리의 사고를 표시marking하고 표명signifying하기 위해 합의된 일반명사들의 연결 관계를 더하고 빼서 계산하는 것"[11]이었다. 하지만 핵심적인 것은, 홉스에게 있어 '임의적인 것'과 창조적인 것이 동의어였다는 점이다. 홉스적 인간은 '위대한 조물주', 곧 과학, 수학 및 철학의 창조자요, 시간, 공간, 가치 및 진리 그 자체의 건설자로서 등장했다. 종교조차도 인간의 창의성에 달려 있었는데, 왜냐하면 신에게 부여한 "상징"이 의미 있는 거룩한 상징이 된 것은 사실 인간이 그렇게 생각하기 때문이었다. "진정한 상징은 인간의 동의에 의해 만들어진다."[12]

홉스는 논리적인 증명이나 명칭의 명확한 사용과 인간 지식의 향상에 대한 희망을 동일시했는데, 정치철학의 경우 더욱 강렬한 희망이 부여되었다. 진정한 정치철학에 의해 얻을 수 있는 지식은 기하학적 진리들의 확실성에 필적할 만했으며, 동시에 물리학의 우발적인 진리들보다는 우월한 것이었다.

> 그러므로 기하학은 우리가 추론에 사용하는 선과 도형이 우리 스스로 그리거나 묘사한 것이기 때문에 증명될 수 있다. 그리고 시민 철학은 우리 스스로 코먼웰스를 만들었기 때문에 논증될 수 있다. 하지만 자연적인 물체의 경우 우리는 그 구조를 모르며 단지 그것을 결과로부터 추론할 수 있을 뿐이기 때문에, 우리가 찾으려는 원인이 무엇인지 증명하

기란 불가능하고 다만 그럴 것이라는 추측만 할 수 있을 뿐이다.[13]

이 구절은 정치철학자가 직면한 '자연'과 물리학자의 '자연'이 중요한 점에서 다르다는 흥미로운 함의를 내포하고 있다. 즉, 과학에서 세계는 인간이 창조하지 않은 것이었다. 인간은 단지 세계에 대한 언어만을 만들었을 뿐이다. 세계는 언어, 사고는 물론 인간 그 자신보다도 선행할 뿐만 아니라, 인간이 바꿀 수도 없는 것처럼 보였다. 따라서 이 마지막 분석에 따르면, 물리학자가 사용하는 용어들은 현상에 의해 지배되는 것이지, 현상이 용어에 의해 지배되는 것이 아니었다. 홉스는 '물리학'에 대한 논의에서 다음과 같이 지적한다.

> 다음의 논의가 의존하는 원리들은 …… 우리 스스로 일반적인 용어로 만들어 내어 언명한 정의定義와 같은 것이 아니다. 그 원리들은 조물주가 빚어낸 사물들 자체 내에 내재하는 것으로서, 우리는 그것을 관찰할 수 있을 뿐이다.[14]

정치학의 경우는 이와는 매우 달랐는데, 왜냐하면 홉스가 반복해서 주장한 것처럼, 정치적 지식은 의식적으로 '정치적 자연'을 극복하는 것을 목표로 하며 자연에는 알려지지 않은 상황들을 창조하는 지식의 형태이기 때문이었다. 인간이 이전에는 서로 목을 비틀어 죽이려 하다가 이제는 평화적으로 행동하게 된 것처럼 말이다.

따라서 정치학의 '자연'nature은 이름을 붙이고 의미들을 부여하는 데 있어 좀 더 자유로운 재량을 허용하는 것이었다. 그리고 과학과 수학의 모델을 [정치학을 새롭게 발전시키고자 하는 정치사상가들을 유인하는 - 옮긴이] 흥미진진한 가능성으로 전환시켰던 것은 바로 17세기 영국의 격동하는 상황이었다. 그것은, 정치철학자들이 종종 바라지만 좀처럼 마주치지 못했던, 하늘이 내린 기회를 제공하는 것처럼 보였다. 철학이 상상 속의 어떤 '박탈' 행위에 한정되어 있었던 반면, 정치철학의 출발점이었던 파괴 행위는 내전과 혁명의 시대에 즈음하여, 현실 속에서 어떤 함축적인 토대를 가지고 있었다.

> 시계나 혹은 그와 같은 작은 기계에서 질료, 모양, 바퀴의 운동은, 그것을 따로따로 분해해서 부분으로 나누어 보지 않으면 잘 이해할 수 없다. 마찬가지로 국가의 권리와 신민의 의무에 관해 좀 더 흥미로운 연구를 하기 위해서는, 그것들이 마치 분해될 수 있는 것처럼 …… 고려할 필요가 있다(여기서 나는 그것들을 실제로 분해해야 한다고 말하는 것이 아니다. 다만 그렇게 될 수 있다고 가정하려는 것이다).[15]

정치적 지식의 잠재성은 "가장 위대한 인간 권력", 즉 "대부분의 인간들의 권력을 합성하여" 만들었으며 "그 모든 권력의 행사"가 단일의 주권적 의지에 좌우되는 방식으로 구성되는 인위적인 리바이어던의 건설이라는 형태로 전개될 것이었다. 여기서 홉스의 정치철학은 정치적 창조성의 고전적인 개념을 받아들였으며, 그것을 아우구스티누스적인 신의 세속화된 형태와 결합시켰다. 자연 상태의 폐지는 신과 같은 행위로서, "인간의 기지에 의한 무無로부터의 창조"가 될 것이었다.

> 이 정치 공동체의 각 부분을 처음 제작하고 한데 모아서 결합시키는 약정約定, pacts과 신의계약信義契約, covenants은 신이 천지를 창조할 때 '이제 사람을 만들자'고 선언한 명령과 같다고 할 수 있다.[16]

사회계약을 정치적 창조성의 최고의 표현이라고 이해할 때, 우리는 그것이 17~18세기 저술가들에 대해 가졌던 지대한 영향력을 좀 더 쉽게 이해할 수 있을 것이다. 너무도 자주 자발적인 동의의 요소가 신의계약이 내포하는 모든 의미인 양 받아들여져 왔다. 만약 우리가 신의계약이 그 예비적 행위로서 과거와 현재 모두를 폐지하는 상상적인 해방에 의해 비로소 가능할 수 있었다는 점을 상기한다면, 그때 우리는 그것이 야기했던 흥분을 더 잘 포착할 수 있을 것이다. 이런 관점에서 보면, 미국의 페인과 제퍼슨Thomas Jefferson, 그리고 프랑스의 혁명적인 저술가들은 모든 세대가 그들이 적절하다고 생각하는 대로 사회를 재창조할 수 있는 권리를 생득권으로 간주할 수 있다고 주장한 점에서 홉스의 충실한 모방자였다. 이것은 단지 인간이 정치적 세계를 위한 의미의 창조자가 될 수 있다는 홉스의 주장을 그대로 따르는 것이었다.

3. 정치철학의 약속

그의 선배인 베이컨Francis Bacon처럼, 홉스는 과학이나 철학을 그 자체로 정당화되는 것, 혹은 "어떤 어렵고 의심스러운 문제"를 통달함으로써 생기는 순전한 "정신의 내적인 영광과 승리"를 위한 것으로 간주하지 않았다. "지식의 목적은 힘power"이고 "모든 사색의 목표는 일정한 행동의 실행"이며, 그 행동은 "인간 생활의 편익"을 향상시키기 위한 것이었다.[17] 이런 판단 기준에서 볼 때, 철학은 인류에게 훌륭하게 봉사해 왔다고 할 수 있었다. 물론 이때의 철학이란 아리스토텔레스나 스콜라 철학자에 의해 실행된 철학이 아니라 수학과 과학을 포함하도록 재규정된 철학을 의미했다.

그러나 철학의 유용성, 특히 자연철학이나 기하학의 유용성은 인류가 이용할 수 있는 주요한 편익을 열거해 보면 잘 이해될 것이다. …… 이제, 인류의 가장 위대한 편익은 바로 기술이다. 즉, 물질과 운동을 측정하는 기술, 대단히 큰 물체를 움직이는 기술, 건축술, 항해술, 모든 유용한 도구를 제조하는 기술, 천체의 운동과 별들의 모양 및 시간을 계산하는 기술, 지리학의 기술 등이다.

이런 기술들이 세계의 다른 많은 지역에서는 아직 알려져 있지 않음을 지적한 후, 홉스는 다음과 같은 결론을 내렸다.

> 따라서 철학이 아니라면 도대체 무엇이 이런 차이를 나타나게 하겠는가? 그러므로 철학이 이 같은 모든 혜택의 원인이다.[18]

이와 유사하게, 홉스는 기초가 올바르게 확립된 정치철학은 여태껏 알려지지 않은 혜택들을 가져올 수 있다고 약속했던 것으로 보인다.

> 필멸의 존재인 인간이 만드는 것에 불멸의 것은 있을 수 없다. 그러나 인간이 스스로 가지고 있다고 자부하는 이성을 사용한다면, 적어도 그들의 코먼웰스가 내부의 질병으로 멸망하는 것은 막을 수 있을 것이다.[19]

이 구절은 정치 이론가에게 전체 사회를 새롭게 주조하는 '조형적' 힘esemplastic power과 영구성에 버금가는 시간성을 부여했던 철학적 사색의 초기 전통에 대한 진정한 울림을 머금고 있었다. 그러나 근본적인 문제는 홉스가 규정한 대로, 정치철학이 그 공약들을 이행할 수 있는가다. 정치철학은 통상 '정치적'이라고 간주되는 영역의 문제들을 해결하는 데 있어 정말로 인간들에게 도움을 줄 수 있을 것인가, 아니면 홉스가 정치철학에 부여한 구조는 단지 일정하게 한정된 문제들만을 해결할 수 있을 것인가? 앞으로 우리가 보여 주고자 하는 바는 홉스의 사상에 상당한 급락急落이 나타난다는 점이다. 예컨대 홉스는 '영원한' 헌정 질서 등과 같은 일정한 혜택들을 거창하게 약속했지만, 결국에 가서 그것은 약속에 훨씬 못 미치는 미흡한 모습을 드러냈던 것이다. 이 같은 약속과 실행 사이의 불일치는 홉스가 철학과 과학, 그리고 기하학과 과학에 관해 가졌던 모종의 혼동이 가져온 결과였다. 그 최종적인 결과는, 정치 이론의 지식 체계론적인 주장을 삭감하고, 정치 이론에 정치 질서의 기초적인 토대나 초기 전제들을 다루는 작업을 맡겨 버리는 것이었다.

그의 이론 체계의 두 가지 상호 연관된 측면인 철학의 정의定義와 경험의 분석은 이런 기이한 결과를 설명해 준다. 『철학의 제諸 요소』 *Elements of Philosophy*에서 홉스는 철학을 다음과 같이 정의했다.

> 먼저 그 원인이나 발생에 관해 가진 지식을 기반으로 하여 참된 이성적 추론을 펼침으로써 우리가 얻게 되는 결과나 현상에 대한 지식. 또는 먼저 그 결과를 알게 됨으로써 얻을 수 있는 그 원인이나 발생에 관한 지식.[20]

그러고 나서 그는, 비록 "사물에 대한 감각이나 기억"을 지식으로 간주할 수 있다 하더라도, 그것들은 "이성적인 추론에 의해 얻은 것이 아니기" 때문에 "철학이 아니다"라고 조심스럽게 덧붙였다. 즉, 철학은 "인간이 언어로 명칭들을 적절히 사용하는" 것과 관련된 경험을 제외한, 감각적 지각이나 경험과는 관련이 없다는 것이었다.[21] 철학이나 '과학'에 대한 이런 식의 정의는 『리바이어던』 *Leviathan*에 다음과 같은 말로 요약되어 있다.

> …… 담론이 말로 옮겨져 단어의 정의에서부터 시작하고, 그 정의들의 연결을 통해 일반적인 주장으로 나아가며, 이것들이 다시 결합하여 삼단논법으로 나아가게 될 때, 그 종결 또는 최후의 요약은 결론이라고 불린다. 그리고 이를 통해 나타나는 정신의 사고는 조건적 지식 혹은 말들의 연결 관계에 관한 지식이며, 이것은 보통 과학이라고 불린다.[22]

이처럼 홉스는 우리에게 언어학적인 '진실', 곧 논리적 명제의 지위에 관심을 갖는, 현대적인 철학의 개념을 인상적으로 제시한다. 가장 간단한 말로 표현하면, 이것은 철학이 우리에게 '실재'의 진정한 본질을 충실히 전하는 것이 아니라 명확한 사고에 필수적인 조건인 담론의 규칙에 집중적인 관심을 가진다는 것을 의미한다. 명백히 철학에 대한 이런 정의는 인류의 복지와 행복을 향상시키는 데 있어 좀 더 겸허한 가능성들을 수용하는 것이었다. 하지만 우리는 왜 홉스가 이런 점에 그토록 흥분했는지, 그리고 왜 그가 언어에 대한 집중적인 관심이 철학, 기하학, 과학에 공통된 것이라고 믿었는지에 관해 이해하도록 노력해야 한다.

이런 문제들을 명확하게 하기 위한 첫 번째 단계는 수학의 발전에 대한 홉스의 설명에 주목하는 것이다. 홉스는 "지금까지 신이 기쁜 마음으로 인류에게 내려준 유일한 과학인 기하학에서, 인간은 그 용어의 의미를 정하는 일에서부터 시작한다. 용어의 의미를 정하는 일을 정의定義라고 부르며, 정의가 있은 다음에야 기하학적 계산이 시작된다"라고 언명했다.[23] 홉스는 수학자나 과학자들의 성공을 설명하기 위해 정의와 언어적인 명료성을 거듭 반복하여 강조했는데, 그것은 그가 인류 일반에 대해 가진 희망의 확고한 기반이 되었다. 즉, "인간 정신의 빛은 명료한 말에서 나오지만, 그러나 우선 정의가 명확해야 모호함이 제거되어 더욱 밝게 빛날 수 있다. 추론은 그 발걸음이며, 과학의 증진은 그 길이고, 인류의 복지가 그 목적이다."[24] 그러나 이것은 합리적인 논증과 명확한 정의에 기초를 둔 철학이 접근할 수 있는 '진리'의 본성에 관한 문제를 제기했다. 홉스는 철학을 감각적인 인상이나 경험의 체계적인 배열과 동일시하는 것을 조심스럽게 회피했다. 대신에 그는 철학이 추구하는 '진리'의 유형이 언어에 관한 진리에 있다고 결론지었다. "참과 거짓은 사물의 속성이 아니라 언어의 속성이다."[25] 따라서 진리는 언어적인 실체에 부여된 속성으로 간주되었다. 홉스의 간명한 진술에 따르면, "진리와 진리적 명제는 완전히 동일한 것이다."[26] 따라서 철학적 추론의 임무는 진정한 "사물의 본성"을 드러내는 것이 아니라 우리들에게 "사물의 명칭에 관한" 결론을 제공하는 것이었다.[27]

홉스의 논변을 대하는 현대 독자들의 첫 번째 반응은, 홉스의 주장이 과학의 방법론과 수학의 방법론에 대한 심각한 혼동에 기초하고 있다는 점을 지적하는 것이리라. 우리는 과학적 방법을, 유클리드의 정리와 달리, 최우선적으로 논리나 정의定義의 문제라고 간주하지 않는다. 모든 체계적인 연구에서 명확한 사고가 기본적인 중요성을 가진다는 점을 제외하면, 과학은 일차적으로 가설들에 대한 경험적인 검증을 구하는 실험적 방법과 관련되어 있다. 홉스가 모델로 삼은 기하학은 드러난 경험적 사실에 의해 명제를 검증하는 것이기보다는 오히려 확립된 정의定義들의 일관된 사용에 비추어 명제를 검증한다. 그러므로 아무리 많은 경험적 관찰도 기하학에서의 명제를 증명하거나 반증할 수 없다.

기하학과 과학 간의 이런 구분, 곧 담론의 논리와 발견의 논리 간의 이런 구분은 철학이 방법론적으로 과학보다 기하학에 훨씬 더 가까워졌기 때문에 중요하다. 한 현대 철학자의 표현에 따르면, 철학자는 "사변적인 진리를 공식화하거나, 제1의 원리를 구하거나 또는 우리의 경험적인 믿음의 타당성에 관해 선험적 판단을 내리려고 시도해서는 안 된다. 사실 그는 자신의 임무를 명료화 및 분석의 작업에 국한해야 한다."[28] 이 인용문은 다소 극단적인 입장을 대변한 것이고, 홉스는 분명히 이 인용문의 첫 번째 문장의 상당 부분을 부정했을 것이다. 그러나 홉스의 입장이 철학의 관심사는 경험적인 진리보다는 언어적인 진리에 있다는 관념을 수용하는 데 훨씬 가까웠다는 점은 의문의 여지가 없다. 그런데 그는 주로 기하학의 방법과 과학의 방법이 동류의 것이라는 잘못된 생각에 입각해서 이런 입장에 도달했다. 어떤 구절들에서 홉스가 경험에 기반을 둔 지식에 상당한 지면을 할애했으며, 심지어 과학적 방법론과 철학적 논리학의 방법론 사이의 중요한 차이점을 추론했던 것은 사실이다.[29] 홉스는 "모든 지식은 경험에서부터 시작되는 것인 만큼 새로운 경험은 또한 새로운 지식의 시작이며 경험의 증가를 통해 지식의 증대가 시작된다"[30]라고 언명하기도 했다. 그러나 그는 결코 이런 종류의 지식을 인간의 조건을 향상시키는 확실한 기반을 제공하는 것으로 간주하지 않았다.

그의 정치철학에 대한 개념 속에서 우리는 기하학이 그 모델이 되고 있음을 다시 한 번 발견할 수 있다.

> 코먼웰스를 창설하고 유지하는 기술은 산술이나 기하학과 같이 확실한 법칙을 따르는
> 것이지, 테니스 경기처럼 단지 실제 경험에만 기댈 일이 아니다. 지금까지 가난한 사람들
> 은 여가를 갖지 못해서 이 법칙을 알지 못했고, 여가를 가진 사람들은 지적 호기심이 없
> 어서 혹은 방법을 몰라서 이 법칙을 알아내지 못했다.[31]

이런 주장은 정치적 기예를 오류가 없는 일정한 법칙으로 환원할 수 있을 뿐
만 아니라 또한 그렇게 하는 것이 바람직하다는 가정에 근거한 것이었다. 이
런 주장을 위해서 홉스는 정치적 지식에 관한 다른 경쟁적인 주장들을 꺾어야
했다. 특히 그는 마키아벨리로 대표되는 견해, 즉 경험으로부터 적절한 일반
화를 구성할 수 있으며 고대 영웅들의 방법을 모방하기만 하면 정치적 행위가
좀 더 확실한 성공을 거둘 수 있다는 견해와 싸워야 했다. 마키아벨리는 정치
학이란 사실상 전혀 이론적인 연구가 아니며 오히려 경험과 결부된, 그리고
역사적 교훈에 정통한 상식의 주제라고 말하는 편에 위험스러울 정도로 가까
웠다.

　이에 대한 홉스의 반론은, 그가 정치의 본성이 신중함보다는 오히려 정확
한 지식을 요구한다는 것을 증명하기 위해 아무런 시도도 하지 않았다는 점에
서 의미심장했다. 대신에 그는 정치에서 신중함이 갖는 결함을 증명하기 위해
과학적 문제들에 있어서 경험의 한계를 지적하는 데 의존했다. 과학에서 경험
은 "외부로부터 우리에게 작용하는 사물들의 결과"와 관련된 지식을 제공해
줄 수는 있지만, 그런 지식은 분석적으로 참된 명제에 기반을 둔 논증적인 지
식의 확실성을 결여하고 있다고 그는 설명했다. 그 본성상 "경험은 어떤 것도
보편적으로 결론짓지 못한다"는 것이다. 이와 동일한 논리적인 한계가 정치적
인 신중함에도 적용되었다. 왜냐하면 신중함이란 "단지 경험으로부터 추측한
것에 지나지 않기 때문"이었다. 신중함으로부터 나오는 결론이란 과거의 사건

들에 기반을 두고 "무엇이 일어날 것 같은가, 혹은 무엇이 이미 일어난 것 같은가"를 추측한 것일 뿐이었다. 따라서 신중함이란 일종의 추정적인 지식에 불과한 영역을 결코 초월할 수 없었다.[32] 마치 "논증"이 과학적 지식의 최고 형태인 것과 마찬가지로, 정치철학에서는 "슬기나 지혜"가 지식의 가장 확실한 형태를 대표했다. 지혜는 경험으로부터 유래하는 것이 아니라 "노력하여 얻은 능력"industry, 곧 현상에 이름을 붙이며 "훌륭하고 질서 정연한 방법"을 사용하는 능숙함으로부터 생기는 것이었다. 지혜는 사실에 대한 지식이 아니라 사실의 결과에 대한 지식이었는데, 달리 표현하면 그것은 사람들에게 바람직한 결과를 재생산할 수 있는 힘을 부여하는 원인에 대한 지식을 의미했다. 이는 또한 그 필연적인 결과로 정치철학과 역사학 간의 첨예한 구별을 수반했다. 역사학은 인간에게 신중함을 제공할 수 있는 "사실에 대한 지식의 기록"으로 이루어져 있었지만, 정치철학은 "올바른 추론에 의해서 오직 일반적이고, 영원하며, 불변적인 진리만을 산출하는" 이성의 산물이었다.[33]

그러나 신중함이라는 추정적인 지식과 정치철학이라는 "불변적인" 진리를 구별하고 정치철학이 인간에게 "영구적인 평화"와 "영원한" 헌정 질서의 비결을 가르쳐 줄 수 있다고 약속했지만, 이 모든 주장은 결국 크게 울려 펴지지 못하고 미약한 웅얼거림으로 끝나 버린 것처럼 보인다. 정치철학의 위대한 목적은 명백히 일정한 소극적인 혜택을 가져다주는 것으로 국한되었다.

····· 도덕철학 및 시민 철학의 유용성은 우리가 그런 학문들을 앎으로써 얻는 편익에 의해서가 아니라 오히려 그것들을 알지 못함으로써 당하는 재난에 의해 평가되어야 한다.[34]

즉, 정치철학이 사람들에게 '최상의 편익'을 제공해 줄 수는 없었다. 정치철학의 가치는 문명이 가진 그 밖의 좀 더 위대한 모든 측면을 유지시키는 질서의 기본적인 원리들에 관한 가르침을 제공하는 데 있었다. "여가는 철학의 어머니다. 그리고 코먼웰스는 평화와 여가의 어머니다."[35]

후세의 비평가들은 홉스의 정치철학에 존재하는 급락急落을 이유로 그에 대해 신랄한 비판을 가했다. 이들은 정치철학의 시야를 인간의 최고선에 대한 관심으로부터 단순한 생존이라는 가치에 천박하게 몰두하는 것으로 전락시켰다는 이유로, 또 내전과 무정부 상태라는 "극단적인 경우에 대한 관찰에 근거하여 모든 도덕적·정치적 교의를 세웠다"는 이유로 홉스를 비난해 왔다.[36] 그러나 우리는 정치사상의 제한적인 역할이 철학에 대한 홉스의 개념 속에 내재하는 고유한 한계의 결과였다는 점을 제시할 것이다. 철학적 지식은 언어적인 진리와 동일시되었으며, 또한 그것은 정의定義와 의미의 명료함을 통해 추구되는 것이었다. 그 정치적인 변형에서, 철학은 과학적 진보보다는 평화를 목표로 삼았다. 평화는 사람들이 규칙들을 따르는 조건으로 간주되었다. 규칙이란 행위에 대한 명료하고, 모호하지 않으며, 권위적인 정의定義였다. 수학자가 수학자로서 행한 모든 활동이 수학에서 받아들인 그 용례에 의해 지배되는 것과 마찬가지로 시민이 시민으로서 행하는 활동은 시민들의 삶을 지배하는 규칙에 종속되었다. 그러므로 정치철학의 연구 주제는 정치적 규칙들과 그것에 적합한 언어 및 개념 정의였다. 언어와 규칙의 중요성은, 자연 상태의 개념, 신의계약의 형식, 주권자와 신민의 지위, 법과 도덕의 위상 및 정치에서의 이성의 역할을 채색하면서, 홉스 정치철학의 실체 자체에 각인되었다.

정치철학의 형태가 어떻게 언어적 진리에 대한 철학의 관심에 의해 형성되었는가를 발견하기 위한 출발점으로서 홉스의 저작 가운데 두 개의 핵심적인 구절들을 살펴보도록 하자.

> …… 지식이란 사물의 이름이나 명칭에 대한 기억이다. 그리고 모든 이름과 명칭이 일상적인 대화에서 어떻게 불리는가는 사람들이 그것을 어떻게 서로 이해할 것인가와 관련하여 그들 서로 간에 맺은 약정 및 신의계약에 대한 기억에 좌우된다. …… 그러나 어떤

사람들이 일반적인 동의에 의해 사물들에 어떻게 이름을 붙였는가를 기억하지 못하고, 착각하여 사물들의 틀린 이름을 부르거나 정확하게 부른다고 하더라도 우연히 그런 것에 불과하면, 우리는 그 사람들이 과학이 아니라 의견을 가진 것에 불과하다고 말할 수밖에 없다.[37]

내전의 원인은 …… 사람들이 전쟁이나 평화의 원인에 대해 알지 못하는 데 있다. 세상에는 사람들을 평화롭게 살도록 하고 그들을 결합시키는 그런 의무를 배운 사람이, 즉 다시 말하면, 시민적 생활의 규칙을 충분히 배운 사람이 흔치 않은 것이다. …… 우리는 시민적 의무에 대한 무지, 곧 도덕과학의 결여로 인해 내전과 인류 최대의 재난이 발발하는 것을 목도하고 있다. 그러므로 우리가 그 학문이 이와 반대되는 편익을 산출할 것이라고 기대하는 것은 당연하다.[38]

정치철학은 사람들로 하여금 끊임없이 변화하는 세계에서 발생하는 문제들에 대처하도록 돕는 것을 목적으로 하는 어떤 누적적인 지식의 체계로서 구상된 것이 아니었다. 또한 정치철학의 논리는 언제나 새로운 원리와 포괄적인 일반화를 탐색하는 발견의 논리도 아니었다. 대신에 정치철학은 정치적 담론의 논리를 다루었다. 즉, 그것은 정치적 용어로 사회를 규정했던 일련의 합의로부터 발생하는 언어의 문제를 다루었던 것이다. 사회는 공통된 의미의 체계를 전제했다. 그러나 의미의 가변성과 자신의 이익에 따라 의미를 해석하는 인간의 성향은 확실한 정의定義들이 전체 사회를 위해 규정될 것을 필연적으로 요구했다. 기하학자들의 용례를 지배하는 기본적인 규칙과 관행이 있는 것처럼, 정치적 삶에도 그것에 특유하고 그 존속을 위해 필요한 규칙이나 명제들이 있었다. 만약 각각의 그리고 모든 기하학자들이 '선'線을 동일한 방식으로 정의하지 않는다면, 기하학자들 사이에서 담론의 세계가 형성되기란 불가능할 것이고, 따라서 기하학이란 학문조차 존재할 수 없을 것이었다. 마찬가지로, 예컨대 만약 정치적인 '권리'가 개별 시민들에게 동일한 의미로 전달되지 않는다면, 또는 적어도 각 시민이 동일한 정의定義를 따르고 있는 것처럼 행동하지 않는다면, 같은 사회 내의 구성원들 사이에 어떤 의사소통이나 합당한 기대도 있을 수 없고, 그렇게 되면 순식간에 사회는 붕괴될 것이었다. 그리고 기하학이 선과 도형으로 이루어진 일관되고 자족적인 닫힌 체계를 만들기 위해 직선, 원, 삼각형의 특성에 관한 일정한 허구나 '가정'을 사용하는 것처럼, 정치 체계 역시 어떤 인위적인 구조, 곧 순전히 논리적인 일련의 허구적인 '가정'의 체계를 표상했다. "정치체란 허구적인 체계이기 때문에 그것의 능력이나 의지도 또한 허구적이다."[39]

만약 정치철학에서 개념 정의의 역할이 사회를 지탱하는 근본적인 규칙들을 제공하는 것이라면, 이런 개념 정의는 기하학에서의 진리만큼이나 확실하고 불변적인 지식의 형태에 근거하고 있어야 했다. "잘못된 기초 위에 건축을 하면, 더 많이 쌓아 올릴수록, 파멸도 더 커지게 마련이다."[40] 그런 지식에서 경험은 배제되었는데, 그 이유는 경험이 지닌 잠정적인 성격 때문만이 아니라, 좀 더 중요하게, 경험은 궁극적으로 개인적인 차원의 문제이고 따라서 너무 주관적이어서 사회에 관한 근본적인 가정을 제공해 줄 수 없기 때문이었다. 오직 이성만이 이런 사안에 필요한 무오류성을 정립할 수 있었다. 이 지점에서 홉스는 문제의 핵심에 접근했다. 곧 그렇다면 정치에서는 누구의 이성을 사용해야 하는가? 홉스에게 이 점이 기본적인 물음이어야 했다는 사실이야말로 바로 이성의 지위를 둘러싸고 제기되는 골치 아픈 불확실성을 가리킨다. 아리스토텔레스나 아퀴나스는 결코 그런 질문을 제기할 꿈도 꾸지 않았다. 왜냐하면 그들에게 문제는 한 사람의 이성에 대항하는 다른 사람의 이성에 관련된 것이 아니라 비이성non-reason에 대항하는 이성에 관련된 것이었기 때문이다. 이와 반대로 탁월한 유명론자唯名論者였던 홉스는, 그가 실체화된 경험을 거부한 것과 동일한 근거에서 실체화된 이성을 거부했다. 다시 말해 그에게는 단지 개별적인 이성과 개별적인 경험만이 존재할 뿐이었다. 그리고 마지막 순간까지 일관되게, 홉스는 개인적인 경험을 불신했던 것처럼 개인적인 이성 역시 불신했다.

일부에서 이야기하듯이, 공통의 척도는 올바른 이성이다. 만약 사물의 본성$^{retum\ natura}$에서 발견되거나 알려지는 그런 이성이 존재한다면, 나 역시 그것에 동의해야만 할 것이다. 그러나 통상 사람들이 올바른 이성이 필요하다고 말할 때 …… 그것은 그들 자신의 이성을 의미한다. …… 하지만 어떤 개인의 이성뿐만 아니라 아무리 많은 수의 사람들이 가진 이성일지라도 확실성을 갖지는 못한다. 대다수의 사람들이 만장일치로 어떤 설명을 승인했다고 해서 그 설명이 흠잡을 데 없이 잘된 것은 아니듯이 말이다.[41]

이 구절은 홉스 정치사상의 많은 측면에서 중요한 의미를 지니고 있는 일종의 역설을 보여 준다. 기하학자의 추론은 무오류의 진리를 산출해 냈지만, 사적인 개인들의 추론은 단지 불일치로 끝날 뿐이었던 것이다. 홉스는 왜 이성은 전자의 경우에 좀 더 '객관적'인가라는 질문을 던졌다. 만약 단어들에 부과된 의미가 인간 행위의 결과라면, 홉스가 되풀이해서 지적하고 있는 것처럼, 단어들은 의식적으로든 부주의에 의해서든 필연적으로 변화하게 될 것이고, 따라서 의미는 왜곡되고 말 것이었다.

이 점은 두 가지 구별된, 그러나 서로 연관된 의문을 제기했다. 첫째, 만약 누군가가 정치적 언어는 무의미한 또는 잘못 정의된 단어들로 가득 차 있는 흠집투성이라는 홉스의 비판을 받아들인다면, 그는 정치적 언어에 대한 바람직한 표준이 존재하며, 그렇지 않으면 왜곡이라는 관념 자체가 무의미하다는 홉스의 비판에 함축된 가정 또한 받아들여야 한다. 그렇다면 과연 어디에서 그런 순수한 표준을 이끌어 낼 수 있으며, 또 일단 그 표준이 확립된다면 어떻게 그것을 보존할 수 있을 것인가? 두 번째 질문은 용례의 애매모호함이나 불명료함의 함정을 피해 가는 데 있어서 과학과 수학이 이룩했던 성공과 관련이 있다. 홉스는 역사로부터 끌어낸 논변에 따라 수학적 언어가 가진 좀 더 커다란 엄밀성을 설명하려고 했다. 정치철학자들과는 달리, 고대의 기하학자들이 정립한 '완벽한 논리의 전형'과 후대의 코페르니쿠스Nicolaus Copernicus, 갈릴레이 Galileo Galilei 및 하비William Harvey가 거둔 승리는 그들이 '본질'essence과 '정신'spirits 에 관한 어의적인 난센스에 몰두했던 '아리스토텔레스적 철학'과 중세 스콜라 철학의 유해한 영향력을 어떻게 해서든 피해 갔기 때문에 가능했다. 그러나 홉스가 인정한 대로, 이런 지적은 기껏해야 부분적인 설명에 지나지 않았다. 왜냐하면 그런 지적은 일찍이 수학 및 그 관련 학문들이 성공적인 방법론을 제시했음에도 왜 정치철학은 고집스럽게 그것을 따르기를 거부했는가라는 사실을 제대로 설명해 주지 못하기 때문이었다.

　홉스가 인식했던 첫 번째 어려움은 정치적 담론이 좀 더 폭넓은 참여층을 가진다는 사실로부터 발생했다. 주목할 만한 푸트니Putney에서의 논쟁*과 선전 책자들의 범람에서 증명되었던 것처럼, 정치적 언어는 좀 더 광범위하게 사용되었는데, 왜냐하면 정치는 가령 기하학보다 훨씬 더 널리 퍼져 있는 활동이기 때문이었다.[42] 정치의 시장 바닥market-place과 같은 성격은 그 의미가 좀 더 덜 확정적이고 동시에 덜 엄밀한 언어를 양산해 냈다. 사람들은 "그것이 진실인지 거짓인지를 가리지 않고 이미 통속화된 견해들을 원칙으로서 받아들인다." 정치적 언어는 "통상적인 대화"와 비슷하며 그 의미를 "통속적인 용례" 로부터 취했다.[43] 이와 대조적으로 과학이나 수학의 언어는 훨씬 작은 규모의

---

* [옮긴이] 푸트니 논쟁이란 청교도 혁명 와중에 신형군이 런던을 장악한 이후 1647년 11월에 푸트니 지방에서 독립파의 지도자인 크롬웰의 사회로 열린 장교 측(독립파)과 병사 대표들(수평파) 간의 토론을 말한다. 이 논쟁에서 수평파는 보통 선거권을 포함하는 권리의 평등을 주장했고, 인구 비례에 의한 선거구의 설치, 의회의 격년 선거, 신앙의 자유 등을 내용으로 하는 이른바 "인민협정"(Agreement of the People)을 선언했으며, 이에 대해 독립파는 보통 선거권을 사유재산에 대한 위협으로 간주하고 강력하게 반대했다. 1648년 말에서 이듬해 초에 걸쳐 재차 토의가 이루어져 독립파가 주장하는 선에서 수정한 뒤 의회에 제출되었으나 입법 단계에 이르지는 못했다. 수평파의 입장을 대변하는 레인버러(Thomas Rainborough) 대령의 주장은 『정치와 비전』 제1권 313쪽을 보라.

참여자 집단에 국한된 것이었다. 따라서 잘못된 용어 사용은 훨씬 적게 일어났고, 그런 경우에도 좀 더 쉽게 발견될 수 있었다. 이런 두 영역의 담론 사이에 존재하는 좀 더 심각한 차이점은 그릇된 용어 사용이 빚어내는 결과였다. 수학의 경우 그것은 발전의 지체에 불과했지만, 정치적 용어 사용의 혼란이 만들어 내는 결과는 훨씬 더 심각했다.

> 모든 사람이 자신의 삶을 영위하기 위해 매우 신중하게 궁리해야 하는 그런 사안의 경우, 실수나 심지어 무지는 필연적으로 범죄나 싸움, 나아가 살인까지 일으키게 마련이다.[44]

정치적 용어의 왜곡 가능성은 정치적 담론의 또 다른 특유한 속성으로 인해 더 커졌다. 정치적 단어들은 인간의 이익과 정념으로 채색되는 경향이 있었다. 현대 철학자들이 말할 법한 것처럼, 단어들은 '정감적'emotive* 이 되고 사실적인 진술이 아니라 개인적 선호를 표명하는 데 사용된다.[45] 이런 문제는 수학이나 과학에서는 나타나지 않았다. 왜냐하면 이익이란 기술적技術的인 논쟁들에는 개입하지 않기 때문이었다.

> …… 옳고 그름의 문제에 대해서는 붓과 칼에 의한 논쟁이 그치지 않는다. 그러나 선線과 도형에 관한 문제는 그렇지 않다. 이 경우에는 사람들이 진리가 무엇이든 신경을 쓰지 않기 때문이다. 또한 어느 누구의 야심도, 이익도, 쾌락도 방해받지 않기 때문이다.[46]

이런 측면은 또 다른 형태, 곧 그릇된 용어 사용의 지속성에서도 나타났는데, 그 이유는 일정한 제도가 그 권력을 강화하는 데 그것이 유용하기 때문이었다.

---

* [옮긴이] 분석철학과 논리실증주의의 영향 아래에 형성된 현대의 정감주의(emotivism)는 도덕적 가치란 그 자체로 무의미하기 때문에 윤리적 진술은 개인의 윤리적 선호를 나타낼 뿐이라고 주장한다.

여기서 홉스가 즐겨 드는 예는 가톨릭교회였다. 교회는 의도적인 정책을 통해 사람들의 의심을 누그러뜨리고 그 신비를 수호하는 자들에게 복종하도록 고안된 단어와 개념 체계의 사용을 강제함으로써 자신을 보존하려고 했다. 홉스는 이 모든 것들이 주는 교훈을 놓치지 않았다. 그 교훈이란 단어들은 심지어 잘못 사용되었을 때조차도 그 의미가 권위에 의해 강제되었을 때는 권력의 도구가 될 수 있다는 것이었다.[47]

이런 고찰에 비추어 볼 때, 정치적 언어에 대한 어떤 함의를 끌어낼 수 있을까? 만약 "명칭들의 구성적인 질서가 사물의 종류로부터 나오는 것이 아니라 인간의 의지와 동의로부터 나온다면,"[48] 그때의 정치적 질문은 결국 '누구의 동의?' 그리고 '어떤 사람들?'이라는 문제로 귀착된다. 과학에서는 그 대답이 쉽게 준비되어 있는 반면, 지금까지 우리가 고찰한 대로, 정치학에서는 단어들이 그것을 왜곡시키는 다양한 변수들의 영향 아래에 있고, 어의語義적 질서를 바로잡는 데 몰두하는 전문적 집단의 내적인 점검이 결여되어 있었다. 도덕과 정치철학에서 "모든 인간은 이 주제에 관해 다른 사람들만큼 많이 알고 있다고 생각한다"는 것이었다. 그렇다면 객관적인 이성에 상응하는 정치적 등가물, 즉 공적 진리의 정식화를 담당하는 기관을 설립하는 것이 과연 가능할 것인가?

홉스가 이런 질문들에 관해 어떻게 답하고자 했는가를 발견하기 위해서 우리는 자연 상태에 관한 그의 유명한 개념으로 되돌아가야 한다. 대부분의 해석자들은 이 개념을 주권의 기원이라는 차원에서 다루어 왔다. 그러나 자연 상태의 개념은 정치적 지식의 문제에 대한 홉스의 접근법을 조명하는 데 있어서도 똑같이 중요한 역할을 한다. 자연 상태는 단순히 사람들로 하여금 저항할 수 없는 권력의 창조에 동의하게 하는 인간관계의 극단적인 무질서뿐만이 아니라, 의미의 무질서로 인해 혼란에 빠진 상태 역시 상징하는 것이었다. 자연 상태에서 각 개인은 그 자신의 목적을 추구하기 위해 자신의 이성을 자유롭게 사용할 수 있었고, 무엇이 합리적인지를 결정하는 최종적인 판단자였다. 자연 상태에서 제기된 문제는 인간의 허영이나 명예에 대한 욕망으로부터 발생하는 도덕적인 문제들 이상의 것을 포함했다. 사실 그것은 지식의 지위와 관련된 철학적인 문제였다. 허영과 자기중심주의가 도덕적인 용어에서 지식에 적합한 용어로 전환될 때, 그것들은 주관성이라는 한 단어로 요약된다. 즉, 그것들은 올바른 행위의 문제뿐만 아니라 올바른 믿음의 문제를 제기하는 것이다. 자연 상태는 주관주의의 고전적인 사례를 구성했는데, 그에 따르는 문제를 해결하려고 노력하는 과정에서 홉스는 일련의 새롭고 중요한 주제를 탐구하게 되었다. 그 주제는 정치적 언어의 기능, 정치적 맥락에서 진리와 객관성의 의미, 그리고 과학과 수학의 모델이 주도해 온 지적 세계 내에서 정치철학이 차지하는 위상을 포함했다.

4. 정치적 언어 : 참여자의 범위 문제

······ 선과 악은 그 용어를 사용하는 사람들의 호감이나 혐오를 나타내기 위해 사물들에 붙여진 이름이다. 그러나 사람들의 호감은 각각의 서로 다른 기질, 습관 및 의견에 따라 다양하다. 호감은 우리가 감각에 의해 인지하는 사물에 관해서도 다양할 뿐만 아니라 ······ 삶의 공통된 행위와 관련된 영역에서는 더욱 다양하다. 여기에서는 어떤 사람이 높이 평가하는 것을 다른 사람은 과소평가하는 일이 왕왕 생기는 것이다. 이로 인해 불화와 다툼이 필연적으로 생기게 마련이다. 그러므로 사람들이 현재 가진 욕망의 다양성으로 인해 다양한 척도에 따라 선과 악을 측정하는 한, 그들은 전쟁 상태에 있게 된다.[49]

자연 상태를 단순한 주권의 부재로서보다 주관성의 상태로서 묘사하는 것은, 주권의 해체가 사회적 붕괴의 원인이라기보다는 그 결과라는 홉스의 믿음을 시사하는 것이다. 자연 상태는 공통적이고 근본적인 의미들에 관한 불일치의 점진적인 증가가 그 절정을 이루는 것이었으며, 따라서 그것은 홉스에게 있어서 자연 상태와 시민사회의 구별이 얼마나 유동적인지, 그리고 그의 사상 속에 당대의 상황들이 얼마나 깊게 각인되어 있었는지를 우리에게 보여 준다. 장로교파의 근엄함에서부터 천년왕국파의 황홀경에 이르기까지, 그 시대에 형성되어 상쟁하던 많은 종파들은 모두 사적인 판단, 사적인 양심 및 모든 신도들이 사제라는 종교개혁의 교리에 바탕을 두고 성장했다. 전全 영국이 내면의 빛으로 활활 타오르고 있는 것처럼 보였다. 그러나 홉스에게 이처럼 다양한 의견들은 정치적 평화를 위해 절실히 필요한 신앙의 외적인 통일을 산산이 깨뜨리는 것이었다. 분쟁과 광신을 조장함으로써 종파들은 결과적으로 종교적인 사안에 있어서 자연 상태를 야기했는데, 그것은 전체 사회에 만연될 총체적인 자연 상태의 예비 단계에 불과했다. 이와 동일한 경향이 수평파, 개간파 및 제5왕국파* 등과 같은 집단들 내에서 일정한 정치적 색채를 띠고 나타났다. 그들의 내부적인 경쟁 양상이 어떻든 간에, 홉스에게는 그들이 단지 "정부가 완전히 붕괴되지 않고는 승인될 수 없는, 선과 악에 대한 사적인 지식"[50]

---

* [옮긴이] 수평파(Levellers)는 영국의 청교도 혁명 당시 소상인, 장인, 도제, 소생산자, 농민 등 소부르주아지의 이익을 주장했던 급진적 의회파다. 푸트니 논쟁에서 의회주권, 기본적인 인권의 옹호를 주요 내용으로 하는 민주주의석인 헌법 초안인 인민협정(Agreement of the People)을 발표하여 의회군 간부와 대립하고 탄압을 받기도 했다. 개간파(開墾派, Diggers)는 청교도 혁명 당시 가장 급진적인 사회경제적 주장을 하던 집단으로서 이 명칭은 세인트조지힐 등에서 황무지 개간 운동을 벌이는 것으로 이 종파가 처음 시작되었던 것에서 유래한다. 토지의 공동 소유, 공동 관리 및 공동 생산을 주장했다. 제5왕국파(Fifth Monarchy men)는 인간이 다스린 아시리아, 페르시아, 그리스, 로마에 이어 그리스도가 재림하여 직접 다스리는 제5왕국에 재림하는 시기가 임박했다는 혁명적 천년왕국주의를 내세웠다. 이들은 그 준비 단계로서 지상의 부패와 타락을 일소하기 위해 쿠데타를 모의했으며, 이 와중에 크롬웰과 손을 잡았다. 크롬웰이 호국경 제도를 창설하자 그리스도의 규범을 빠른 속도로 확립하려던 희망이 좌절되었다고 판단하고 무장봉기를 일으켰으나 진압당했다.

에 불과한 것을 진리로 선언하는 악덕을 공유하고 있는 것으로 보였다.

좀 더 엄격한 의미에서 주관성의 정치적인 형태는 주권자의 행위에 대한 의회주의자들의 비판에 의해, 혹은 전례 없는 과세를 징수하는 국왕의 권한을 정당화할 수 있는 어떤 국가적 비상사태도 존재하지 않는다고 주장했던 햄덴 Hampden 마을의 항의*에 의해 전형적으로 표출되었다. 그런 각각의 주장들은 사적인 이성과 경험을 사회의 대표자가 내린 판단보다 우위에 놓았다. 홉스에게 이런 모든 경향은 그들의 정치적·종교적 표현에서 다음과 같은 문제로 귀착하는 것이었다. 이성이 확립된 제도와 신념을 공격하기 위한 파괴적인 도구로서 사용되고 있는 세계에서, 어떻게 이성의 명료하고 명확한 의미를 확정하는 것이 가능할 수 있겠는가? 당시 이성에 관해 그처럼 난무하고 있던 경쟁적인 모든 주장들은, 홉스의 관점에서 볼 때, 단지 '사적인 이성', 즉 '자신에게 좋은 것'을 추구하는 개별 인간의 욕망에 따라 좌우되는 이성에 호소하는 것에 지나지 않았다. 그러므로 사적인 이성은 관용되어질 수 없었는데, 이는 그것이 소통의 공동체로서의 정치체를 파괴하는 의미의 혼란을 낳기 때문이었다.

사적인 판단에 대한 이 같은 공격은 홉스의 가장 독창적이지만 정치 이론에 대한 그 기여가 가장 적게 주목을 받아 온 인식에 의해 촉발되었다. 이것은 정치 질서가 권력, 권위, 법 그리고 제도 이상의 것을 포함하고 있다는 인식, 즉 정치 질서가 일반적으로 통용되는 의미를 지니고 있는 언어적인 기호나 행동 그리고 몸짓 등으로 구성된 체계에 의존하고 있는 민감한 의사소통의 체계였다는 인식이었다. 따라서 정치사회의 정체성을 확립하고 유지하는 데 있어 가장 중요한 요인 가운데 하나는 공통된 정치적 언어였다. 그러나 그 모든 중

---

* [옮긴이] 찰스 1세는 1634년부터 의회의 동의 없이 해군의 유지를 위해 선박세를 부과했는데, 햄덴 마을은 1636년 최초로 선박세의 납부를 거부했다. 선박세 납부 거부 운동은 인근 지역으로 확산되었으며, 이런 갈등은 결국 영국 내전의 한 원인이 되었다.

요성에도 불구하고, 정치적 언어는 이 점에서 불확실한 결과를 성취한 데 불과했다. 다른 모든 단어들처럼, 정치 용어로 사용되는 단어들 역시 어떤 내재적인 의미를 갖고 있지 않았다. '권리', '정의', '자유', '재산' 등은 그들 각각에 부여된 의미를 전달하는 데 불과했다. 그것은 결국 인간의 창조물이었던 것이다. 모든 단어가 이런 특성을 가지고 있었지만, 정치적 언어는 그 의미의 공통성이 그것을 강제할 수 있는 — 예를 들어, 어떤 권리의 정확한 의미를 선언하고 이를 받아들이기를 거절하는 사람들을 처벌할 수 있는 — 지배적 권력에 따라 좌우된다는 결정적인 측면에서 여타 용어들과 달랐다. [정치적 언어의 특유성이라는 관점에서 보면 – 옮긴이] 이런 지배적 권위에 의한 강제적 개념 정의가 방해받을 때, 사회는 각 구성원들이 스스로 선택한 의미를 마음대로 단어들에 부과하는 상황에 봉착하게 된다.

이런 맥락에서, 각 개인이 자신의 자연권을 주권자에게 양도하는 계약 행위는 단순히 평화를 확립하기 위한 방법 이상의 것을 의미했다. 그것은 명료한 의미의 정치적 세계를 창조하기 위한 요인이었던 것이다. 자연 상태에서 시민사회로의 전환은, "각자의 독특하고 진실된 추론"이 "최고 통치자의 이성"으로 대체되는 변화를 그 특징으로 했다.[51] 동시에 단어들은 세상 사람들의 합의*consensus mundi*에 의해 의미를 갖게 된다는 관습론자들*conventionalist*의 논변이 시민사회를 건설하고 그들의 자연적 힘*power*을 주권자에게 양도하고자 하는 개인들의 의도를 나타내는 신의계약 속에서 재등장했다.

> 사람들의 동의에 의해 기호*sign*가 되는 것이 진정한 기호다. …… 사람들의 동의에 의해, 말하자면, 도시의 명령에 의해 명예의 기호가 되는 것이 명예로운 것이다.[52]

그러나 의미의 형성 과정에 있어서 대중적인 동의의 요소는 그 정치적 변형 과정에서 모종의 기관으로 하여금 인민을 대표하여 행동할 권한을 부여하는 것으로 국한되었다. 신의계약에 동의하면서 상이한 개인들은 그들이 다른 모든 사안들에 대해 주권자에게 그들의 동의를 대표하는 것을 허락하는 데 합의했던 것과 정확하게 똑같은 방식으로 주권자가 내린 공적인 개념 정의를 받아들이는 데 합의했다. 따라서 의미는 개념 정의나 규칙들을 공표하는 권한을 부여받은 정치적 기관의 대표제적이고 합의적인 기반에 의해 "공적"인 것이 되었다. 이런 기능 때문에, 주권자는 사람들의 다양한 "천성, 기질 및 이익"으로부터 생겨난, 단어들의 "끊임없는 의미의 변화"를 종결짓도록 위촉된 공적 기관으로서의 위상을 차지했다.[53] 복종의 행위를 통해 인간은 자연법의 불확실성을 "모든 사람들에 공통되는 일련의 규칙"과 맞바꾸었다. 주권자에게 절대적인 입법권을 부여함으로써 사람들은 위대한 개념 규정자[a Great Definer], 공통된 의미의 주권적 분배자, "공적 이성"을 확립했다. 시민법에서 규정된 규칙들의 매개를 통하여, 주권자는 권리와 의무의 의미, '내 것'과 '네 것'사이의 구별을 정착시켰다. 요컨대 주권자는 정치에서 '객관적인' 도덕 세계를 확립했던 것이다.

> 모든 폭력은 내 것[meum]과 네 것[tuum], 옳음과 그름, 좋음과 나쁨 등 그밖에 사람들이 각자 그들 자신의 판단에 따라 측정하기 위해 사용하는 개념들에 관련된 …… 논쟁으로부터 비롯된다. [그러므로] 모든 사람들로 하여금 무엇이 그의 것이고 무엇이 다른 사람의 것인지, 무엇이 선한 것이고 무엇이 악한 것인지, 그리고 무엇을 해야 하고 무엇을 해서는 안 되는지를 …… 알 수 있도록 하는 공통의 척도를 만들고 공표하는 것은 또한 동일한 주권적 권력의 판단에 속하는 것이다.[54]

이제 사적인 기준의 절망적인 혼동 대신에 모든 행위들은 "코먼웰스에 대해 갖는 대의와 유용성에 따라 선 또는 악으로 평가될" 수 있게 되었다.[55] 이것이 정치에서 합리성의 기준이 무엇인가라는 질문에 대한 홉스의 답변이었다. 즉, 합리적인 것, 객관적인 것은 일반적이고, 공통적이며, [공적으로 인정된 권위로부터 발해졌기 때문에 – 옮긴이 강제될 수 있는 것이었다. 정치적 진리는 [정치 그 자체에 – 옮긴이] 내재하는 속성이 아니라 평화와 질서를 위해 필요한 것들의 함수에 불과했다.

앞의 논의에 비추어 볼 때, 정치적 이성에 대한 재정의가 어떻게 해서 이성을 진리나 내재적인 타당성이 아니라 확실성과 연관시키게 되었는가를 이해하기란 쉬운 일이다. 주권자의 판단이 변덕스럽지 않거나, 잘못된 조언에 기대지 않거나, 잘못된 정보에 근거하지 않는다는 것을 보장할 수 없기 때문에, 이것은 이성이 지닌 모든 전통적인 특징을 희생시키고 그 대신 명확성과 강제성이라는 판단 기준을 삽입하는 것을 의미했다. 이런 관점에서 볼 때, 정치적 자연을 정복하는 데 있어서 인간이 성취한 것은 결국 정치적 의미의 영역으로 나타났으며, 그 영역에서 유일하게 일관성을 보장하는 것은 권력의 활동이었다. 따라서 홉스적 사회의 기저에는 심각한 비합리주의가 만연해 있었다. 왜냐하면 주권자는 그가 원하는 것이면 무엇이든 그것에 공적인 의미를 부과할 수 있었기 때문이다.

이 점이 언어에 대한 홉스의 관심사 가운데 마지막 측면으로 우리를 이끈다. 주권의 창조가 정치 세계에서 의미의 확실성을 보장하고, 주권자는 확정된 일정한 용례에 대한 사람들의 동의를 상징하지만, 그렇다고 해서 그것이 곧 주권자가 정치철학의 방법에 합치하는 언어와 일련의 정의定義들을 제정한다는 것은 아니었다. 이것은 사실상 두 종류의 정치적 언어, 곧 한편으로 현실에서 실제로 통용되는 차선의 유형의 언어와, 다른 한편으로 체계적인 정치철학의 언어가 있음을 의미했는가? 쟁점은, 한편으로는 언어의 순수성과 다른 한편으로는 사회적 응집이라는 목적에 이바지하는 의사소통의 형태로서의 언어 간의 문제였다. 후일 로크가 주목한 것처럼, '시민적인' 의사소통과 '철학적인' 혹은 과학적인 의사소통 사이에 존재하는 중요한 차이점은 준수되어야 했다. 광범위한 청중을 전제하는 시민적인 의사소통은 [시민적 언어의 – 옮긴이] 공통된 수용이라는 이익을 위해 엄밀성과 일관성에 있어서 일정한 희생을 감수해야 했다. '시민적' 언어의 목적은 이해의 촉진은 물론 사회적 통일까지도 포함했다. 언어란 "사회의 위대한 도구요 공통의 유대이기 때문"이었다.[56]

부분적으로 홉스가 직면한 이런 딜레마는 '과학적' 정치학의 다른 주창자들도 아직 이해하지 못했던 그 무엇 때문이었다. 즉, 과학이 탁월한 진보를 이룩했던 기본적인 이유 가운데 하나는 정치적 담론과 달리 과학적 담론이 일상생활의 공통된 용어들을 거부할 뿐만 아니라 일상적인 이해에 친숙한 사고방식마저 거부한다는 점을 홉스는 인식하지 못했던 것이다. 따라서 핵심적인 쟁점은, 정치학을 과학의 지위로 끌어올리기 위해서는 정치철학 역시 통상적인 이해를 뛰어넘어야 하며 일상적인 용어 대부분을 폐기해야 하는 것은 아닌가라는 질문이었다. 홉스가 주목한 것처럼, "가정을 잘 다스리는 것과 왕국을 잘 다스린다는 것은 신중함의 정도가 다른 것이 아니라 일의 종류가 다른 것이다. 그것은 그림을 실물보다 작게 그린다고 해서 같게 혹은 더 크게 그리는 것에 비해 예술의 정도에 차이가 있다고 말할 수 없는 것과 같다."[57] 그가 남긴 최후의 중요한 정치적 저작에서 정치적 지식과 일상적 경험 사이의 이런 구별은 더욱 뚜렷해졌다. 내전에 관하여 회고조로 쓰면서, 그는 사유재산을 관리하는데에는 "근면과 타고난 기지"로 충분하지만, 정치에 있어서는 "무오류의 규칙들과 형평 및 정의의 진정한 과학"에 기초해 행동해야 한다는 것을 의회가 취한 행동이 증명했다고 결론지었다.[58] 그러나 만약 공통된 경험이 충분하지 않다면, 더구나 기하학과 비교해서 "정치학이 더 어려운 학문"이라면, 새로운 과학의 요구에 부합하는 주권자를 기대할 수 있는 어떤 근거가 있을 수 있겠는가? 홉스 자신도 이를 다음과 같이 시인하고 있다.

대부분의 세계에서 실제로 행해지는 것이 이런 나의 이론과 얼마나 큰 차이가 있는지를 생각할 때, …… 또한 주권을 맡은 사람들에게 심원한 도덕철학이 요구된다는 점을 생각

114

할 때, 이 저작에 기울인 나의 노력이 플라톤의 이상 국가^{commonwealth}만큼이나 쓸모없는 것은 아닐까 하는 생각이 들기도 한다.[59]

정치학을 과학화하려고 하는 시도에 내재된 충만한 비애감^{pathos}은 홉스의 절망을 반영하고 있었다. 즉, 그 시도는 정치적 인간의 절망적인 상황이 오직 지식을 통해서만 개선될 수 있다는 믿음에 의해 점화되었지만, 그것은 지식이 좀 더 엄밀하게 과학적인 형태를 취할수록 보통 사람의 일상적인 세계에서 쉽게 수용될 수 있으리라는 희망을 포기해야 한다는 것을 깨달으면서 난관에 부딪히게 된 것이다. 지식이 과학화되는 정도에 비례하여 그것은 또한 더욱 비밀스런 것이 되었다. 따라서 정치적 지식이 공유된 공적 철학으로 전환될 수 있는 유일한 길은 그 지식을 권위에 의해 부과하고, 또 시민이 그것을 묵인하는 것이었다. 비록 홉스 자신은 정치의 원칙들을 쉽사리 이해할 수 있을 만큼 명료화했다는 믿음을 완강히 고수했다고 하더라도, 이처럼 완고한 결정론자 내지 운명에 대한 확고한 반대자의 마지막 희망은 사태의 전개가 일종의 정치적 기적, 모종의 새로운 디오니시오스^{Dionysius}*를 등장하게 하는 것이었다.

> 나의 이 저술이, 언젠가 어느 주권자의 손에 들어가, 사심으로 가득 차 있거나 혹은 질투심이 많은 해석자에게 현혹되지 않고, 그가 스스로 생각하며(이 저작은 짧고, 내 생각에는 명료하기 때문이다), 또한 그가 온전한 주권을 행사하여 이것이 공적으로 교육될 수 있도록 보호한다면, 이 사변적인 진리는 실천적인 이익으로 바뀔 것이다. 나는 그런 일말의 희망을 품어 본다.[60]

---

* [옮긴이] 디오니시오스 2세(Dionisious II)는 플라톤이 교육시켜 철인왕의 사상을 펼치고자 했던 시라쿠사의 왕이다.

5. 정치적 엔트로피 : 자연 상태

자연 상태라는 개념은 전제정치를 지지하기 위한 홉스의 전략적 주장으로 오랫동안 인식되어 왔다. 즉, 절대적 주권은 폭동으로 점철된 무정부 상태에 대한 논리적 보완물이었던 것이다. 하지만 우리는 익히 아는 영역을 다시 살펴보기보다는 이 개념의 다소 무시된 측면에 주의를 기울일 것이다. 그 출발점으로서, 자연 상태에 대한 홉스의 묘사는 아이러니와 모순으로 채색되어 있고, 이런 아이러니와 모순은 자신이 고안해 낸 미로 속에 갇혀 있는 인간이라는 동물의 광적인 움직임을 꾸준히 기록하고 있는 냉정한 과학자의 기질보다는 냉소적인 도덕주의자의 기질을 보여 준다는 점을 지적할 수 있다.

자연 상태에는 이중의 모순이 있었다. 곧 논리적인 모순과 도덕적인 모순이 그것이다. 자연 상태는 권리가 절대적으로 극대화된 상태, 즉 완벽한 자유의 상태였다. 인간은 그들이 원하는 것을 말하고 행할 권리를 갖고 있다. 이런 의미에서, 자연 상태는 17세기 영국에서 역설되고 있던 종교적·정치적 자유를 옹호하던 주장의 극단적인 '이상화'를 표상했다. 또한 자연 상태는 당대에 대립하고 있는 경제적 사상들을 결합시킨 것이었다. 즉, 자연 상태에서는 어떤 사람도 사유재산에 대한 합법적인 권리를 갖지 않는다는 의미에서 모든 재산은 공동 소유였다. 이는 개간파開墾派처럼 원시적인 공산제를 옹호한 주장이었다. 동시에 소유하고자 하는 충동은 어떤 법적인 제한에 의해서도 제약받지 않았다. 그러나 이런 상황의 아이러니컬한 결과는 무제한적인 권리를 가진 상태에 있는 사람들이 그 어떤 것도 향유할 수 없다는 것이었다. 향유는 안전을 전제로 했으나, 안전은 절대적인 자유와 양립할 수 없었다. 이런 상황이 지닌 모순은 이중적이었다. 모든 사물에 대한 만인의 권리가 어떤 사물에 대한 누구의 권리와도 모순되기 때문에 이것은 논리적으로 부조리했다. 즉, 절대적인 권리는 그 자체와 전쟁 중이었던 것이다.[61] 이 상황은 또한 도덕적으로도 부조리했다. 완전한 자유 아래에서 자유를 사랑하는 동물인 인간이 인간에 대해 늑대*homini lupus*가 되기 때문이었다. 심지어 거기에는 일종의 '생물학적' 부조리까지 있었는데, 왜냐하면 힘이 권리를 만드는 상황에서는 가장 나약한 사람도 자신의 교활함을 이용하여 가장 강한 사람을 죽일 수 있는 가능성이 상존하기 때문이었다.

주권에 의해 자연 상태를 폐지하는 해결책도 나름대로의 아이러니와 모순을 가지고 있었다. 혼란의 근원이었던 모든 사물에 대한 절대적인 권리는 인간 본성의 일부이기도 했지만, 다른 한편 인간 존재의 전멸이라는 위협을 제기하는 것이기도 했다. 따라서 시민사회의 건설은 인간의 권리, 즉 인간의 본성과는 모순되었지만, 동시에 그것은 인간의 생존과 모순되지 않는 유일한 조건이었다. 비슷하게 가공스러운 리바이어던의 창조에도 아이러니가 있었다. 절대 주권은 견딜 수 없는 자연 상태를 종식시킬 수 있었지만, 절대적 안전, 완벽한 평화, 만인을 위한 풍요를 보장하지는 않았다. 홉스가 강조한 바와 같이, 평화의 대가는 개인들을 억압하고, 그들 노동의 성과를 요구하며, 그들의 생명까지도 희생할 것을 요구할 수 있는 권력을 건설하는 것이었다. 인류가 성취한 것 가운데 가장 위대한 것도 인간 조건의 도덕적 모호성을 초월할 수는 없었다.[62]

최종적이자 근절할 수 없는 아이러니는 인간 그 자체였다. 모든 동물 가운데 인간만이 언어를 가졌고, 학문을 할 능력을 지녔으나, 또한 오직 인간만이 언어를 기만의 수단으로, 사상을 선동의 수단으로, 학문을 신비화의 수단으로 뒤바꿀 수 있었다. 인간을 그 자신의 본성으로부터 소외시킨 것은 바로 이런 아이러니였다. 학문과 언어를 갖지 않아서 기만적인 술책을 모르는 동물들은 친근하게 모여 함께 살아가는 반면에, 비할 데 없는 학문, 언어, 사상의 창조자인 인간은 오히려 그 본성상 비정치적인 존재였다.[63] 인간은 인간만이 그 자신의 성취를 무위로 돌릴 수 있다는 죄의식을 품은 채, 사회를 건설하고 문명의 외관을 갖추기 위해 노력해야 했다. 정치 질서는 그 위대함에도 불구하고, 고전이 가르쳤던 것처럼 질서 정연한 사회에서의 삶을 지향하는 인간 본연의 충동이 완성된 것이 아니라, 인간 자신에 대한 인간의 계산된 승리를 의미하는 데 지나지 않았다.

> 천성적으로 자유를 사랑하고 타인을 지배하기를 좋아하는 인간이 코먼웰스 속에서의 구속을 스스로 부과하는 궁극적인 원인과 목적과 의도는 자기보존과 그에 따른 좀 더 만족스러운 삶에 대한 통찰에 있다. 다시 말하면, 비참한 전쟁 상태로부터 벗어나고 싶기 때문이다. 전쟁 상태는 인간이 지닌 본래의 정념들로부터 …… 필연적으로 발생하는 것이다.[64]

이처럼 아이러니컬한 어조는 자연 상태를 먼 과거에 속하는 것으로, 혹은 절대 주권의 논리적 필연성을 입증하기 위해 고안된 엄격히 논리적인 고안물로서 해석하는 것을 배제한다. 대신에 자연 상태는 주기적으로 일어나는 인간적 가능성의 상상적인 재구성을 의미하는데, 그 재구성은 인간사의 의미를 조명하고 인간 행위의 바람직한 경로를 적시하기 위해 의도된 것이었다. 자연 상태는 정치적 붕괴의 원인과 결과 위에 구축된 영구적인 모델로서 기능했다. 자연 상태의 의미는 영원히 당대적이며 절박한 것으로 남아 있었다. 자연 상태의 모순은 인간이 그 교훈을 명심하지 못하는 데 있는 반면, 그 아이러니는 자연 상태를 이해하기 위해서 사람들이 우선 시민사회를 이해해야 한다는 역설로부터 설득력을 얻는다. 다시 말해, 전쟁 상태로 돌아가게 하는, 통제할 수 없는 자만심과 정념을 사람들이 인식하기 위해서 그들은 평화롭게 살 수 있었던 적이 있음을 우선 깨달아야 한다. 요컨대 정치 질서는 전례 없는 상황이 아니라, 한때 누렸으나 그 후 상실되었고, 이제 다시 성취해야 하는 이전의 상황을 의미했다. 홉스는 자연 상태가 경험의 정수, 곧 "두려워할 공통의 권력이 없는 곳에 존재하는 삶의 방식"을 묘사하기 위한 개념상의 약어略語라는 점을 분명히 했다. 자연 상태의 내용은 "평화로운 정부 아래에서 삶을 영위하다가

내란에 빠져들곤 했던 생활 방식"을 참조함으로써 채워질 수 있었다.[65]

정치 질서가 '폭력의 혼돈'으로 해체된 것을 상징하는 자연 상태는 역사적 시간의 차원과 모호한 관계를 가졌다. 어떤 의미에서 그것은 효과적인 주권의 부재를 특징으로 하는 모든 정치적 상황을 상징하는 기능에 의해서 역사와 관련되어 있었다. 이런 의미에서 자연 상태의 개념은 전적으로 과거에만 속하지 않았으며, 심지어 현재에도 속하지 않았다. 자연 상태는 조직화된 정치사회라면 어디에나 내재하는 항구적인 가능성으로 존재했으며, 일종의 죽음의 그림자처럼 사회의 모든 단계에서 도처에 도사리고 있는 위협이었다. 자연 상태는 매일 밤 사람들이 두려움 때문에 집에 들어앉아 문을 걸어 잠글 때 현존하는 것이었다. 현명한 정책으로 한 코먼웰스 내부의 삶이 보장될 때조차 국제정치상의 자연 상태가 남아 있었고, 그것은 끊임없이 사회를 압박하며 철학이 약속한 영구적인 평화를 위협했다.[66] 그러므로 자연 상태란 정치사회의 실제적인 기원을 형성하기는커녕, 시대의 역전, 즉 역행을 의미했다. 자연 상태는 일종의 정치적 창세기로서 거기에 신성한 분위기나 원죄는 없었지만, 그렇다고 하더라도 그것은 인류가 성취한 최고 수준인 문명사회에서의 삶으로부터의 타락을 상징했다.

그런데 또 다른 의미에서 자연 상태는 역사의 바깥에 존재하며, 바로 이런 비역사성 때문에 홉스는 역사의식을 결여하고 있다는 비난을 빈번히 받아 왔다. 그렇지만 이 논변은 문제를 잘못 이해하고 있기 때문에 성립되지 않는다. 문제는 홉스가 지속성에 대한 감각을 결여했다는 데 있는 것이 아니라, 묘사된 상태가 본질적으로 비역사적이라는 데 있었다. 이것이 자연 상태가 역사적으로 작동하는 원인들과 무관하다는 것을 의미하지는 않았다. 왜냐하면 우리가 언급한 것처럼, 자연 상태는 내전 및 주권적 제도의 파괴와 동의어였기 때문이다. 그러나 바로 그 파괴적 성격으로 인해 자연 상태는 역사로부터 단절되었다. 내전은 사회적 존재에 있어서 '단절'의 성격을 띠고 있었으며, 일종의 유보된 순간으로서 시간의 역전逆轉이 개시될 것이라 위협했다. 과거, 현재, 미래를 이어 주는 매듭은 끊어졌으며, 인간은 과거가 침묵하고 미래가 손짓하지 않는 소름끼치는 정적 속에 홀로 내던져졌던 것이다.

> 이런 상태에서는 성과가 불확실하기 때문에 근로의 여지가 없다. 토지의 경작이나, 해상 무역을 통한 물자의 이용, 안락한 건물, 운송 수단, …… 지표地表에 관한 지식, 시간의 계산도 없고, 예술이나 학문도 없으며, 사회도 없다.[67]

이런 상황과 대조되었을 때, 정치사회는 자연에 대한 인류의 승리를 상징했으며, 자연은 인간적 의미에서 역사를 갖지 않기 때문에, 사회 역시 인간의 역사 창조, 더 정확히 말하면, 인간의 역사 회복을 의미했다. 질서의 재확립은 시간에 대한 인간의 관계를 변화시켰다. [자연 상태에서는 - 옮긴이] 인간이라는 동물만이 덧없는 순간의 연속 속에서 살고 있음을 의식했으며, 자연 상태에서의 삶이 야기하는 공포와 불안 때문에 인간은 시간에 시달리는 피조물, 곧 "다가올 시간에 대해 항구적인 불안을 느끼며" 미래를 바라보는 피조물이 되었다.[68] 이와 반대로, "안락한" 삶과 문명의 모든 기예를 가능케 하는 정치 질서의 건설은 인간이 "항구적인 불안"을 느끼지 않고 미래를 직면할 수 있음을 의미했다. 후일의 마르크스Karl Marx와 마찬가지로, 홉스에게도 '미래'란 그 본성상 본질적으로 정치적인 행위를 수단으로 하여 의미를 획득했던 것이다.

6. 주권적 규정자

그런 공통의 권력을 확립하는 유일한 길은 …… [사람들이] 그들이 지닌 모든 권력과 힘을 한 인간one Man 또는 하나의 회의체one Assembly에 양도하는 것이며, 그 인간이나 회의체

가 다수결에 의해 그들 모두의 의지를 하나의 의지로 집약하는 것이다.[69]

홉스의 주권 이론에 대한 비판자들의 이미지가 『리바이어던』의 1651년판을 장식했던 유명한 표지 삽화에 예시豫示되어 있었다는 것은 서구 정치사상에 있어 매우 특이한 일 가운데 하나다. 이 그림은 주권자를 한 손에는 무기인 칼을, 다른 손에는 정의의 홀笏을 휘두르면서, 제왕처럼 당당한 거인 걸리버와 같이 주변 배경 위로 높이 치솟은 거대한 인물로 보여 준다. 자그마하고 번영하는 도시가 아래의 계곡에 평온하게 자리 잡고 있으며, 기하학적으로 정돈된 배치는 배경에서 솟아오른 거인이 가능케 한 평화와 질서를 명백히 상징하고 있다. 그러므로 이 그림은 홉스 사상의 완벽한 요약처럼 보인다. 즉, 평화의 축복은 사회가 절대적인 권위에 전적으로 복종할 때에만 보장된다는 것이다. 주권자의 가공스러운 권력에 대한 강한 인상은 홉스가 그의 리바이어던을 묘사한 생생한 언어에 의해 한층 더 확증되는 듯하다. 곧 "필멸의 신", "인간의 권력 가운데 가장 막강한 것", "단지 도시 그 자체의 힘과 능력에 의해서만 제한될 뿐, 이 세상 그 무엇에 의해서도 제한받지 않는 …… 허용될 수 있는 최대의 지배권"과 같은 표현들 말이다.

하지만 주목해야 할 가치가 있는 표지 삽화의 또 다른 특징이 있다. 이 주권자의 막강한 육신은 이른바 그 자신의 것이 아니다. 그 윤곽은 축소된 신민들의 모습으로 완전히 가득 채워져 있다. 달리 말하면, 주권자는 그들을 통해서만 존재한다. 똑같이 중요한 점은, 각 신민들이 주권자의 육신에서 명백히 식별 가능한 존재로 남아 있다는 것이다. 시민들은 익명의 대중 속으로 삼겨지지 않았으며, 그렇다고 성사聖事를 통해 신비스러운 몸으로 흡수된 것도 아니다. 각자는 개별적인 개인으로 남아 있고 절대적으로 그의 정체성을 보유한다. 여기서 암시되는 바는 주권자에게 부여된 권력의 실질이 그것을 둘러싸고 있는 수사보다는 덜 인상적이라는 점이다. 이것은 홉스가 의식적으로 독자들을 오도하려 했다고 말하려는 것이 아니다. 왜냐하면 어떤 특정한 점에서는 그의 섬뜩한 표현이 전적으로 정당화되기 때문이다. 정치철학이 비경험적인 구조, 곧 논리적으로 일관된 명제의 체계를 다룬다는 홉스의 관점에 국한해서 보면, 홉스의 주권자는 진정 가공스러운 위치를 차지하고 있다. 그는 정치적 평화에 근본적인 토대를 이루는 규칙이나 규정적 정의定義의 체계에서 도전할 수 없는 지배자로 군림한다. 규칙의 중요성 그리고 규칙을 통해 발현된 결사체로서의 정치사회에 수반되는 이미지는 홉스적 질서에 법치국가*Rechtsstaat*의 외양을 부여하는 경향이 있다.

> 또한 인민의 안전을 위해 주권을 가진 개인이나 집단은 모든 계층의 인민들이 평등한 재판을 받을 수 있도록 해야 한다. 부유하고 권세 있는 사람들이나 가난하고 미천한 사람들이나 모두 공정한 재판을 받음으로써 침해당한 권리를 회복할 수 있어야 한다. 즉, 폭력이나 불명예 기타 권리침해 행위는 상층민이든 하층민이든 똑같이 처벌해야 한다. 상층민이 하층민에게 가할 경우, 하층민이 상층민에게 가한 경우와 마찬가지로 무시할 것을 기대하게 해서는 안 된다. 이것이 바로 형평衡平, equity이기 때문이다. 형평은 자연법의 계율로서 주권자로부터 최하층의 백성에 이르기까지 똑같이 적용된다.[70]

그러나 참으로 새로운 요소는 정치사회를 규칙에 의해 지배되는 일종의 결사체로서 이해하려는 시도에 있었다. 법률과 합의는 수학자나 게임 참가자의 활동을 다스리는 기준과 똑같은 방식으로 정치사회에 작동했다.

> 시민법이란 모든 신민들이 옳고 그름의 구별, 즉 무엇이 규칙에 위배되고 무엇이 규칙에 위배되지 않는가를 구별하는 데 사용할 수 있도록 말, 문서 또는 그 밖에 의지를 나타내기에 충분한 표지를 통해 코먼웰스가 명령한 규칙들이다.[71]

이런 유추들을 추적하면, 외관상 이질적으로 보이는 홉스 철학의 많은 요소들이 이해 가능한 유형으로 다가온다. 만약 규칙이 사회의 핵심적인 특징이라면, 그때 언어적 명료함의 문제는 홉스가 거기에 바쳤던 다방면의 노고를 받을 만한 가치를 지니게 된다. 또한 모든 규칙 체계는 그것이 주식 거래자들의 행동을 규제하든 테니스 선수의 행동을 규제하든, 그 규칙을 해석하고, 새로운 규칙을 제정하며, 위반 행위를 처벌하기 위한 기관을 필요로 한다. 규칙의 위대한 지배자이며, 정의定義의 궁극적인 공급자로서 홉스적 주권자의 위치는 증권거래위원회 혹은 전미잔디테니스협회the United States Lawn Tennis Association의 지위와 유사하다. 더욱이 홉스 철학에서 아주 강력하게 강조되었던 명칭과 의미의 배열에서의 논리적 일관성은 분명히 본질적인 것이다. 하나의 규칙은 또 다른 규칙과 모순되어서는 안 되기 때문이다. 어떤 규칙 체계에서 합리성이란 '올바른 이성'의 초월적인 특성이라고는 아무것도 가지고 있지 않았다. 대신에 합리성은 일관성이나 비모순성과 같은 것이었다.

홉스적인 자연법은 규칙 준수자의 역할을 하는 구성원들을 지도하기 위해서 도입되었다. 곧 자연법은 계약 체계의 구성원인 사람들에게 적합한 행동의 규칙이나 '공리'에 대한 일종의 개요를 구성했다. 평화가 규칙 체계의 목적이기 때문에, 제1의 그리고 '근본적인' 자연법은 사람들에게 평화를 추구할 것을 명했다. 그 밖의 다른 자연법은 평화적인 행동을 촉진하는 '시민적 행위 양식'civil manners의 유형을 규정했다. 예를 들어 사람들은 규칙을 준수한다는 자신들의 약속을 이행해야 할 뿐만 아니라, 각자는 "나머지 사람들에게 그 자신을 적응시키려고 노력해야 하며" 복수를 하거나 다른 사람들로 하여금 규칙을 위반하도록 도발할지도 모르는 행동을 해서는 안 되었다.[72] 시민성의 규약the code of civility은 그에 따르는 형평, 정의, 절제, 신중함의 덕과 더불어, 때로 주장되어 왔던 것과는 달리 본질적으로 부르주아적인 것이거나 심지어 반귀족주의적인 것이 아니었다. 그것은 제한된 정치적 의미에서 덕의 규약 체계였다. 그것의 목적은 통치 가능한 인간을 만드는 것이었으며, 인간의 선함은 그것이 규칙 준수자로서 그들의 역할에 영향을 미치는 경우에만 정치적으로 유관한 것이었다. 홉스가 인정한 바와 같이, 규칙의 체계가 새로운 인간을 만드는 것은 아니다. 선수는 규칙이 그를 고결한 인간이나 심지어 훌륭한 선수로 만들어 줄 것이라는 기대에서 규칙에 복종하는 것이 아니다. 그러므로 규칙의 준수는 행동에 있어서 일종의 동어반복을 이룬다. 예를 들어 테니스 칠 것을 원한다는 것은 테니스의 규칙에 규정된 일종의 행동 방식에 참여하기를 원한다는 것을 의미한다. 이것은 홉스적인 사회의 구성원이 되는 것에 비유될 수 있는데, 왜냐하면 두 경우 공히 사람들은 규칙 체계를 준수하는 데 동의한 것이기 때문이다.[73] 그러나 규칙들은 동어반복적인 정치적 의미를 제외하고는, 어떤 의미에서든지 홉스적인 인간을 도덕적으로 만들기 위해 고안된 것은 아니었다. 이 점에서 규칙의 본성은 진리를 언어적인 속성으로 파악하는 홉스의 이론과 현저한 유사성을 띠고 있었다. 또한 규칙은 '사물의 본질'이나 도덕의 실체를 드러내고자 의도된 것이 아니라, 단지 인간이 규칙 체계 내에서 어떻게 행동해야 하는가를 규정하고자 한 것이었다. 그 체계의 제한된 목적과 일치하는 규칙의 집행은 전인적인 인간이 아니라 단지 인간의 한 단면만을 교육하는 것을 목적으로 삼았다. 처벌은 구성원들에게 단지 규칙에 대한 의식을 좀 더 강력하게 주입시키려는 것이었다. 즉, 금지된 행동 유형이 반복되지 않고, 장래에 그 위반자가 공식적인 규제를 더욱 잘 따르는 성향을 갖도록 보장하는 것을 목적으로 했다.[74]

홉스가 인정한 것처럼, 규칙의 체계는 자기 충족적이었다. 예컨대 위반 여부는 다른 유형의 활동으로부터 끌어낸 기준에 의해 판단되어서는 안 된다. 이것이 '좋음'과 '나쁨'을 법적인 규칙이 내린 정의定義와 동일시했을 때에 홉스가 의미했던 것이다. 분명히 이것은 약간의 혼란과 많은 경각심을 유발했는데, 그가 지속적으로 '준수'는 곧 복종 그리고 '비준수'는 곧 불복종이라는 용어법을 일관되게 사용했더라면, 그는 좀 더 안전한 입장을 견지할 수 있었을 것이다. 왜냐하면 규칙의 준수는 규칙이 규정한 좋음에 따라서가 아니라 오히려 참여자의 지위에 따라 결정되는 것이 분명하기 때문이다.

규칙의 체계는 일종의 닫힌 체계를 표상했으며, 동시에 그것의 범위는 가능한 인간 활동의 전체 범위와 동일하지 않았다. 카드 게임의 규칙은 이 게임을 하기로 선택한 사람들에게만 효력이 있다. 그리고 게임을 하지 않을 때에 사람들은 더는 그 규칙에 의해 구속받지 않는다. 마찬가지로 홉스적 사회의 법률과 합의는 일정하게 선택된 활동의 범위만을 대상으로 하며, 상당한 영역을 개인의 자유재량에 맡겨 두었다는 것을 의미했다. "법률이 불문에 붙인 모든 종류의 행위에 대하여 인간은 자신의 이성이 가장 유리하다고 시사하는 것을 행할 자유를 갖는다."[75] 이 구절에서 19세기 초 자유로운 사회에 관한 자유주의 이론의 강한 징후를 탐지하는 것은 어렵지 않다. 홉스와 초기 자유주의자들과의 관계는 그가 자유주의의 두 가지 주요 원리, 즉 이익에 추동되는 개인과 평등의 이념을 조화시키기 위해 규칙의 체계라는 관념을 사용하고자 했던 방법을 검토함으로써 밝혀질 수 있다. 만약 '모든 사람이 본성상 자신의 이익과 지위 상승을 추구한다면' 그리고 동시에 '그들 스스로를 대등하다고 생각하는 사람들이 오직 평등한 조건에서만 평화의 상태로 들어가려 한다면', 일견 상충하는 이 두 가지 요구들을 조정하는 것이 어떻게 가능할 수 있겠는가?

홉스의 해결책은 그 함의에 있어서 독창적이며 심원했다. 앞에서 지적했듯이, 각 개인이 규칙 체계의 구성원이 되기로 동의했을 때, 그는 다른 모든 구성원과 더불어 기본적인 평등을 보장받았다. 이런 관념은 각자가 "자신이 타인에게 허락한 만큼의 자유를 타인에 대해 갖는 것으로 만족해야 한다"라고 규정한 홉스의 제2의 자연법에서 구체화되었다.[76] 이는 한 사람이 다른 사람들보다 더 많은 권리를 가질 수 없음을 의미했고, 또한 각자가 평등하게 복종하는 규칙의 체계에 의해 평등하게 대우받아야 한다는 것을 의미했다. 이것은 게임의 규칙과 유사했다. 즉, 게임에서 한 선수가 다른 선수와는 상이한 역할을 수행할 수도 있지만, 규칙에 관해서는 각 선수가 똑같은 권리를 갖는다. 이런 맥락에서 홉스는 법을 시행하고 세금을 부과하는 것과 같은 문제에 있어서는 반드시 평등한 대우가 있어야 한다고 주권자에게 경고했다. 다음과 같은 현상을 목격할 때 사람들은 정의正義란 "공허한 단어일 뿐"이라고 믿게 될 것이다.

언제 어디에서나 힘을 가진 자, 승리한 자는 아무리 부정한 행위를 저질러도 정당화된다. 또한 유력한 사람들은 유유히 자기 나라의 법망을 빠져 나가는 데 반해, 약자나 그런 책략에[예를 들어 법을 어기고 법망을 빠져나가는 데 – 옮긴이] 실패한 사람들만 범죄자로 취급된다 …….77

그러나 평등한 대우가 평등이 지닌 문제의 복잡성을 다 해결하는 것은 아닌데, 왜냐하면 평등한 대우는 상대적으로 방해받지 않은 이익 추구에 의해 형성된 불평등의 문제와 조화를 이루어야 하기 때문이었다. 홉스는 부, 사회적 지위, 교육 등의 불평등이 종종 사회적 부정의에 대한 항의로 발전했었다는 점을 인식하고 있었다. 달리 말하면, 종래 사회적 불평등은 평등이 아닌 정의의 이름으로 비난받아 왔던 것이다. 홉스는 평등의 개념으로 정의의 개념을 흡수함으로써 이런 가능성[정의의 이름으로 불평등을 비난할 가능성 – 옮긴이]을 제거하려고 했다. "…… 정의는 오직 평등 안에서만 존재하기 때문에 사실상 일종의 평등이다. 우리 모두가 본성상 평등하기 때문에, 사람들은 계약에 의해 공평하게 획득하지 않는 한, 다른 사람에게 허용한 것보다 더 많은 권리를 자신을 위해 가로채서는 안 된다."78 정의를 권리의 평등과 연계시키는 것 이외에도, 이 두 가지 관념은 또 다른 의미에서 융합되었다. 정의는 또한 자신의 약속, 특히 원초적인 신의계약에 포함된 약속을 지키는 것을 의미했다.79 홉스의 해석에 따르면, 자신의 약속을 이행하는 것을 의식적으로 회피하는 사람은 스스로 합의에 구속된다고 생각하는 사람들보다 더 많은 이득을 얻기를 원하기 때문에, 그렇게 행동한 것이었다. 즉, 그는 불평등한 지위를 추구한 셈이었다.80

그러므로 규칙 체계 내에서 작동하는 원칙으로서의 정의는 권리의 평등과 대우의 평등을 의미했다. 다시 말해서, 정의는 '공평'公平, fairness과 동등한 것으로 여겨졌다. 그러나 이것은 자기중심적인 사람들이 어떻게 서로에 대하여 공평하게 행동할 것을 기대할 수 있는가라는 문제를 제기했다. "네가 너 자신에게 하지 않았을 일을 남에게 행하지 말라"는 주요한 원칙을 구성원들이 준수해야 한다는 것이 바로 홉스의 답변이었다. 따라서 공평이란 개인들에게 자기중심주의를 버릴 것을 요구하는 것이 아니라, 상상력을 동원하여 자신을 다른 사람으로 대체할 것을 요구할 뿐이었다. 더욱 어려운 문제는 분쟁을 중재하는 공식적인 권한을 가진 사람들의 행동과 관련해서 제기되었다. 예컨대 재판관이 사인들에게 구속력이 있는 공평의 원칙을 고수하려고 해도 그 재판관은 필연적으로 한 당사자를 다른 당사자에 비해 선호하게 될 것이었다. 즉, [홉스가 제시한 원칙을 따를 경우 - 옮긴이] 그는 자신을 대하듯이 한 당사자를 취급하게 될 것이었다. 홉스는 이런 어려움을 인식했으며, 중립성의 기준을 세움으로써 이를 극복하고자 했다. 재판관의 개인적인 이해관계는 어떤 방식으로든 그 결정에 개입해서는 안 되었다. 그리고 그는 어느 당사자에 대해서도 편애나 적의를 품어서는 안 되었다. 정의롭거나 공평한 결정이란 이성이나 정의의 어떤 객관적인 기준에 따라서 판단될 수 없으며, 다만 편견이 개입되지 않은 결정일 뿐이었다.[81]

이런 기준이 뾰족한 해결책이 못 되는 것은 명백하다. 왜냐하면 그 기준이 충족된다고 가정할 때조차 재판관이나 그에 상응하는 지위에 있는 공직자가 일정한 이익을 다른 이익에 비해 선호하는 결정을 내리는 결과를 피할 수 없다는 사실은 여전히 남아 있기 때문이다. 홉스의 난점은 판결을 일정한 규칙의 위반이나 소유권에 관련된 문제로 지나치게 단순화하여 보는 것에서 비롯되었다. 실제로 가장 어려운 사례는 심판관이 공공 정책을 해석할 책임을 가지고 있을 때 발생했다. '공평한' 철도 요금의 문제는 계약 위반이나 절도의 문제와 동일한 종류의 문제가 아니다. 그렇다 하더라도, 심판 기구를 관련된 여러 이익의 대표들로 구성하는 현대적 해결책이 과연 우월한 제도라고 단정하기도 쉽지 않다. 노동조합, 사용자 및 이른바 '공공적'이라 불리는 단체의 대표들로 구성된 심판 기구는 홉스가 제시한 중립성의 기준을 포기하고, 그것을 관련된 이해 당사자들이 합의한 결정이 공평한 결정이라는 관념으로 대체한 것이다. 특히 이런 해결책에 따르는 난관은, 그 해결책이 관련된 이해 당사자들의 실제적인 힘power을 단순히 기록한 데 불과한 결정이나, 사회적 관용의 한계, 곧 한 이해 당사자가 적대적인 반응을 불러일으키지 않고 얼마나 많은 이익을 얻을 수 있는가를 보여 주는 결정을 산출하기 쉽다는 것이다.

정의가 공평함 그리고 평등과 동일하다는 관념은 자유주의 이데올로기의 일부가 되었고, 우리는 이런 사고가 '평등한 기회', '공평한 거래', '공평한 재판'과 같은 구절에 반영되어 있음을 알고 있다. 이런 구절이 담고 있는 실질적인 내용은 자유란 "다른 신민들과 함께 호의의 평등이라는 명예를 누리는 것에 다름 아니다"라는 홉스의 언급에 요약되어 있었다.[82] 그러므로 홉스가 정립했고 자유주의가 받아들인 것은 엄격하게 정치적인 관점에서 내린 평등에 대한 정의였다. 그리고 경제적인 재화의 '공평한 몫'을 요구한 것은 의미심장하게도 바로 사회주의 정당이었다. 홉스적 시민의 평등은 구성원으로서의 지위, 곧 공적인 규칙 체계와의 관계에만 관련된 것이었다. 이것은 이 규칙들과는 별개의 원천으로부터 발생하는 불평등의 범주는 구성원의 '정치적' 지위와 무관하다는 것을 의미했다. 그리고 홉스가 인간의 많은 활동 유형들이 정치적으로 무관하다고 믿었다는 사실을 감안할 때, 그를 전체주의의 선구자로서 묘사하기란 어렵다.

그렇지만 공평함이 상이한 개인들을 동일한 방식으로 다루는 데 있다는 생각은 상당히 심원한 정치적 함의를 지녔다. 그런 생각은 평등의 관념으로부터 까다로운 요소를 제거하여 평등을 행정의 필요에 적합한 것으로 환영받게 만들었다. 획일적인 규칙에 의해 통치하는 것은 언제나 훨씬 간단한 일이기 때문이다. 정치사회를 일종의 규칙의 체계로 조망하면서 홉스는 콜베르Jean-Baptiste Colbert가 조만간 행정의 지도적 원리로 전환하고, 후일 토크빌Alexis de Tocqueville이 혁명 이전 프랑스에 관한 그의 연구에서 제시한 것으로 유명해진 논점을 제기하게 되었다. 그것은 개별적인 다양성을 고려하기보다 획일적으로 처리할 수 있다면, 중앙집권화된 관료제적 국가의 업무는 용이해질 것이라는 논점이었다. 왜냐하면 사람들이 획일적인 공평함으로 취급될 때 무엇이 부정의한 행동인가의 문제는 감탄할 정도로 단순해지기 때문이다. 다시 말해, 부정의한 행동이란 '다중의 분노'를 촉발시키는 차별적인 행동이다.[83]

동시에 평등한 권리와 평등한 대우의 논리적인 귀결은 평등한 복종과 의존이었다. "특정한 개인들이 자신들을 보호할 권리를 박탈당한 모든 국가에는 절대 주권이 존재한다."[84] 그러므로 시민은 신민과 동의어였고, 이것이 부자와 귀족에 대한 적의와 결합되었을 때 우리는 계급 없는 정치사회의 관념에 관한 최초의 명료한 표현을 볼 수 있게 된다.[85] 이것은 『리바이어던』 제18장의 내용을 요약하는 구절에 다음과 같이 간결하게 표현되어 있다. "주권자의 면전에서 신민의 권력과 명예는 사라진다."[86]

'공손'恭遜, complaisance, 곧 "모든 사람이 자기 이외의 다른 사람들에게 그 자신을 적응시키려고 노력하는 것"에 대한 강조는 홉스적 사회를 과장되게 원자화된 사회로 해석하는 사람들에게 재고를 촉구한다. 사회가 분리된 개인의 느슨한 집합체로서 각자가 공적으로 평등한 지위를 향유할 때, 그 최종적인 결과는 극단적인 개인주의가 아니라 순응이다. 사람들은 "상호 간에 자행되는 혼란한 약탈과 도륙에 지쳐, 진심으로 하나의 견고하고 영속적인 건축물을 지어 거기에 기꺼이 순응할 것을 바라게 된다." 일단 "현재 그들에게 볼록 솟아 있는 거칠고 거추장스러운 옹이들이 제거되고 나면," 사회적 획일성이라는 공약수는 즉시 이용할 수 있는 태세가 갖춰지게 된다.[87]

...... 우리는 사회에 대한 인간의 적성에는 사람들이 품고 있는 제각각의 감정에서 생기는 다양한 천성이 존재한다는 점을 고려해야 한다. 사람이 모여 사회를 이루는 것은 돌멩이를 모아 집을 짓는 것과 다를 바가 없다. 어떤 돌멩이는 모양이 울퉁불퉁하여 다른 돌멩이가 놓여야 할 자리까지 튀어나오고, 단단해서 알맞게 다듬어지지도 않아 집을 짓는 데 전혀 도움이 되지 않기 때문에, 건축가는 무용하고 거추장스러운 그 돌멩이를 결국 버릴 수밖에 없다. 마찬가지로, 천성이 모난 사람은 자기에겐 별것 아니라고 하더라도 다른 사람들에게겐 중요한 것즉, 공손 - 옮긴이을 갖추도록 노력해야 한다. 그 완고한 정념 때문에 교정이 불가능한 사람은 결국 거추장스러운 존재로서 사회로부터 고립되거나 추방될 수밖에 없다.[88]

우리는 홉스적 사회의 거울에서 토크빌이 묘사한 아메리카의 희미한 윤곽을 볼 수 있을 것이다.

7. 공동체(성)를 결여한 권력

그 모든 성과에도 불구하고, 규칙의 체계로서 정치사회를 개념화한 것은 부적절한 것이었다. 이런 개념화는 정치의 본질적인 문제가 규칙의 해석, 위반에 대한 판정, 심판의 최종성과 관련된 문제로 환원될 수 있다고 믿는 오류에 기반하고 있었다. 우리가 앞에서 지적했던 것처럼, 정치적 결정은 상충하고 있는 정당한 주장들을 취급해야 한다는 어려움을 안고 있다. 나아가 이 어려움은 분배되어야 하는 재화의 희소성과 그 재화가 지닌 상대적인 가치로 인해 더욱 복잡해진다. 정치의 본성을 고려할 때, 정치적인 행위는 홉스가 용인했던 것보다 훨씬 미묘한 과정이다. 주권자에 대해 '지상에서 그에 필적할 만큼 강력한 권력을 가진 자는 없다'*non est potestas super terram quae comparetur ei*고 말해도 무방하지만, 그 가공스러운 주권자의 권력이 인위적인 그리고 언어적으로 결정된 기호와 정의定義의 체계라는 영역으로 제한된 것인가의 문제는 검토되어야 한다. 만약 정치의 본성을 규칙의 체계로서 개념화하는 것이 충분치 않다는 점을 시인한다면, 적절한 질문은 주권자의 권력이 규칙의 논리가 해결할 수 없는 종류의 사안을 다루는 데 과연 효과적인가라는 문제다. 주권자는 자신이 규정하는 논리의 영역 내에서는 의심할 여지없이 지배자로 군림하지만, 그 외부에서, 곧 일관성과 비모순성의 원칙이 적절하지 않은 곳에서 주권자의 권력은 과연 무엇인가?

홉스는 그의 이론 전체가 담지하고 있는 일정한 기본적인 가정 때문에 주권자의 권력을 '논리'라는 협소한 토대 위에 전개하게 되었으며, 바로 그 가정 때문에 논리적인 권력과 구별되는 주권자의 정치적인 권력을 도려내 버렸다. 그 첫 번째 가정은 인간을 "본성에 의해서가 아니라 교육에 의해서 사회에 적합하게 만들어진" 비정치적인 존재로 보는 홉스의 개념화와 관련되어 있다.[89] 비록 인간이 기초적인 시민성에 관해 지속적인 교육을 받더라도, 이것이 결코 그를 사회적인 동물로 변형시키지는 않았다. 심지어 사회의 구성원으로서도, 그는 자신의 개별적인 특수성을 보유했다. 왜냐하면 사회 자체가 오로지 각자가 동일한 선택을 했다는 점에서만 공통성을 갖는 개인들 간의 명시적인 합의의 산물이기 때문이었다. 그러나 단절적으로 발생한 한 번의 합의만으로 사람들에게 공통의 정체성이나 집단적 일체성을 불어 넣을 수는 없었다. 왜냐하면 사회에서도 정치적 소외가 지속되기 때문이었다. 자연 상태에서의 인간관계에 만연했고 어떤 우애감마저도 파괴해 버렸던 "상호 간의 공통된 공포"는 유지되고 있었다. 다만 이제 공포의 대상이 주권자로 제도화되었을 뿐이었다.[90] 사회는 공포의 소멸을 나타내는 것이 아니라, 일반적으로 만연되었던 공포가 확정된 하나의 대상에 대한 공포로 대체된 것에 불과했다.

사회적 배치의 전체적인 특징은 인간의 질적 변형에서 가능한 최소한을 요구한다는 것이었다. 홉스가 주장한 바처럼, "잘못은 질료로서의 인간에게 있는 것이 아니라" 코먼웰스의 "제작자이며 질서 부여자로서의 인간에게 있다."[91] 기독교적 전통은 "질료"가 애초부터 결함이 있기 때문에 "제작자"가 불완전하다고 주장한 데 반해, 홉스는 인간의 본성을 받아들였으며, "완전무결한" 정치적 지식이 질료로서의 인간을 개조하지는 못한다 해도, 제작자로서의 인간을 개선할 수는 있다고 주장했다. 정치 질서는 이 모든 강력한 필연성에도 불구하고, 낯선 존재로 남아서 인간의 '외부'에 작용하는 것으로 제한되었다. 왜냐하면 인간은 그 자신이 운동하는 물질의 '공적인' 부분으로서 그 존재의 '내부'는 '외부의' 세계와 다를 바가 없기 때문이었다. 정치권력은 인간이 전적으로 외연적인 성질을 갖고 있기 때문에, 외부에서 인간에게 작동했다.

우리가 이미 지적했던 것처럼, 마키아벨리에서 '정치적인 것'은 인간의 외부적이고 '공적인' 측면과 연관을 맺게 되었다. 여기에 다시 홉스는 사상에서의 혁명을 심화시켰다. 이것은 종교에 대한 홉스의 주장에서 확인된다. 마키아벨리는, 그의 회의주의와 반성직주의反聖職主義적인 성향에도 불구하고, 초기 기독교의 근본적인 활력을 회복할 수 있으며, 그것을 정치적 힘의 근원으로 전환시킬 수 있다고 여전히 믿고 있었다. 그러나 종파들 간의 분쟁이 야기한 쓰라린 경험을 목격했던 홉스는 종교를 오히려 정치적 분열의 근본적인 원천, 곧 잘 활용하기보다는 단지 통제해야 하는 영역으로 보았다. 표면상 홉스의 주권자에게 부여된 종교적 역할은 극도로 전제적인 것처럼 보였다. 홉스의 주권자는 교리, 의식 그리고 성직자들의 임명에 대해 전권을 가진 '최상의 정신적인 목자'이며 '최고의 예언자'였다. 게다가 그의 신민은 사적인 판단과 사적인 양심에 대한 자신들의 주장을 포기했으며, 그렇기 때문에 주권자는 '공적인 양심'의 구현자가 되었다.[92] 그러나 이 역할에 내재하는 정치적 잠재력은 활용되지 않았다. 이전의 논자들은 종교가 인간의 사고와 행위의 기본적인 결정인자로서 내면화될 수만 있다면 정치적 통합에 이바지하게 되리라고 거의 모두 동의했다. 하지만 홉스는 정치적인 차원 외의 다른 차원에서 발휘되는 종교의 진가를 인식할 수 없었기 때문에 그런 측면을 간과했다. "코먼웰스는 단일의 인격을 가지고 있으므로, 신에 대한 숭배도 단일의 형태로 나타나야 한다."[93] 그 결과, 종교는 인간 삶의 가장 깊숙한 내면을 관장하는 실질적인 원리로부터, 정신의 내적인 영역에는 전혀 침투하지 않고 단지 공적인 행동에만 영향을 미치며 외부적 순응성을 확보하는 데 불과한 형식적 원리로 전환하게 되었다.

> ……[종교적 문제에서] 우리의 이해를 [주권자에게 – 옮긴이] 맡긴다는 것은 어떤 다른 사람의 의견에 지적 능력을 복종시키는 것이 아니라, 마땅히 복종해야 할 곳에 의지를 복종하도록 만들어야 한다는 것을 의미한다. 왜냐하면 감각, 기억, 오성, 이성 및 의견은 우리의 힘으로 바꿀 수 있는 것이 아니기 때문이다.[94]

주권자는 인간을 두렵게 하여 복종시킬 수는 있다. 그러나 "믿는 것과 믿지 않는 것은 결코 인간의 명령에 따르는 것이 아니다."[95] 그리하여 홉스는 강제가 내면의 믿음에 영향을 미칠 수 없다는 루터의 '기독교인의 자유' 대한 관념과 유사한 입장에 도달했다. 그러나 이것은 정치 질서를 지탱하는 강력한 지지대를 포기하는 대가로 얻어진 것이었다. 그의 정치학의 다른 측면과 마찬가지로 종교에 있어서도 홉스의 지도적 가정은 정치 질서란 '시민적 행위 양식'의 외부적 틀을 요구하는 것에 불과하다는 것이었다. 즉, 정치 질서가 영혼의 순응을 강요하지는 않았다.

이 모든 고찰은 홉스적인 정치 질서가 갱생적이지 않다는 사실을 시사한다. 그 정치 질서는 '새로운 인간'을 만들어 내려고 하지 않았으며, 사람들에게 그들의 낡은 본성을 정화할 것을 요구하지도 않았다. 그 대신에 있는 그대로의 인간을 이용하되, 인간이 자신의 욕망에 부과된 일정한 한계를 받아들인다고 동의하면, 그 욕망의 확실한 충족을 약속하고자 했다. 홉스적인 사회는 개별성을 극복하는 것이 아니라 그것을 보장하는 임무를 부여받았던 것이다. 개인의 자연적인 욕망은 기독교인들이 믿었던 것처럼 악이 아니며, 고전적인 논자들의 주장과 달리, 이성의 기율을 필요로 하지도 않았다. 자연적인 욕망에 수반되는 문제점은 "많은 사람들이 동시에 똑같은 물건을 갈망하기" 때문에 자연적인 욕망이 자기 파괴적인 결과를 낳는다는 것이었다.[96] 타인들의 현존, 그것이 곧 지옥이다*l'enfer cest d'autrui*. 정치 질서의 기능은 각자의 취득물을 보호해 줌으로써 각자의 특수한 주장들을 만족시키는 것이었다. 이것은 이미 각 개인과 그의 동료들을 분리시켜 버린 행복에 대한 정의를 체계 내에 공식화함으로써 소외를 더욱 심화시키는 데 불과했다. "우리는 이 경주가 다른 어떤 목표나 영예가 아니라 오직 최고가 되는 것을 추구한다고 상정해야 한다."[97]

심지어 사회에서도 계산적이고, 자기중심적이며, 홀로 외로운 홉스적 인간은 역동적인 권력을 창출하기에는 빈약한 정치적 질료였다. 홉스적 인간은 플라톤으로부터 마키아벨리에 이르기까지 많은 논자들이 결코 등한시한 적이 없으며 이후 루소가 재발견하게 될 기본적인 요소를 결여했다. 즉, 홉스는 권력의 재료가 수동적으로 묵묵히 따르는 유순한 신민이 아니라, '활동적인' 시민, 곧 공적인 관여에 대한 능력과 적극적인 지지를 통하여 통치자와 자신을 동일시할 수 있는 능력을 지닌 시민에서 발견된다는 인식을 결여하고 있었다.

정치사상의 관점에서 볼 때, 홉스의 주권 이론에서 놀라운 측면은 고립된 개별자들로 구성된 사회로부터 효과적인 정치권력이 발생할 수 있다는 믿음이었다. 이 가정은 권력을, 사람들이 주권자에 의해 수행된 보호를 조건으로 자기보존의 권리를 포기하는 데 동의함으로써 확립된 의존 체계의 산물로 보는 견해에서 비롯했다. "정치체 혹은 시민사회는 …… 공동의 평화, 방위 및 이익을 위해 다수의 인간이 공통된 권력에 의해 하나의 인격으로 통일된 것으로 정의된다."[98] 그러므로 이제 권력이 여러 개의 중심들 사이에서 분산되는 대신에 집중됨으로써 정치적인 '통일체'unity는 성취되었다. '통일체'를 [주권자에 대한 – 옮긴이] 고립된 개인의 의존 및 단일의 확정된 의지의 존재와 동일시함으로써, 홉스는 자신이 매우 강력한 권력을 창출했고, 그런 권력이 없는 상태에서 사회란 존재할 수 없다고 확신했다. "주권은 코먼웰스의 영혼이다. 영혼이 일단 육체에서 분리되고 나면, 육체의 각 부분은 더 이상 영혼으로부터 운동을 받을 수가 없다."[99] 이런 어투는 생명력, 곧 정치체를 존속시키는 활력*élan vital*으로서 통치자를 개념화하던 고대 및 중세의 사상을 강하게 상기시키지만, 거기에는 하나의 결정적인 차이점이 있었다. 즉, 홉스의 주권자는 사회의 바깥에 서있는 존재로서 공포가 제공하는 것을 제외하면 그 어떤 실제적인 지렛대도 가지지 않은 아르키메데스*Archimedes*와 같은 존재였다. 사회 그 자체가 고립된 개인의 느슨한 집합체에 불과했기 때문에, 그의 권력은 사회의 지속적인 지지를 결여했다.

홉스가 교황권을 옹호하던 저술가인 벨라르미노*St. Robert Bellarmine* 주교에 대항해 방어하고자 했던 것은 바로 공동체로서의 속성을 결여한 사회를 지배하는 이런 고립된 주권자의 모습이었다. 벨라르미노의 오류는 "자연적인 신체의 각 부분처럼, 모든 코먼웰스의 구성원들이 서로 의존한다고 그가 말한 데 있다"라고 홉스는 주장했다. 홉스는 중세적인 유비의 함의를 분명히 감지했다. 유기체는 구성원 간의 긴밀한 상호 의존, 곧 상이하지만 연관된 힘들powers의 통합된 구조를 의미했다. 따라서 그런 관념에 따르면 독자적인 지휘권이 통치자에게 부여된 반면, 통치자의 유효성은 그의 권력을 지지하는 다른 형태의 힘들powers을 동원할 수 있는 능력에 달려 있었다. 홉스는 용수철이나 톱니바퀴와 같은 부품들이 당혹스러울 정도로 투명하게 보이는 순수한 기계적인 고안물로 정치체를 묘사한 그 자신의 비유를 내세워 중세적 관념과 대결했다.[100] 기계적 고안물로서 사회의 본성은 그 구성원들 사이의 어떤 자연스러운 의존도 배제했다. 정치적인 기계는, 그 정의상, 부분들을 하나의 유기적인 전체로 혼합시키는 필요와 감정의 정교한 결합조직을 결여하고 있었다. 홉스는 벨라르미노에 반대하면서 다음과 같이 결론을 짓는다. 사람들이 "함께 응집하는 것은 사실이다. 하지만 인간은 코먼웰스의 영혼인 주권자에게만 의존하고, 그것이 실패할 경우, 코먼웰스는 해체되어 내란에 빠진다. 하나의 알려진 주권자에 대한 공통된 의존이 상실되면, 누구도 다른 사람과 긴밀하게 결속하지 않기 때문이다. 마치 자연적인 육체의 각 부분들이 그것들을 결속시키는 영혼을 잃게 되면 분해되어 땅에 흡수되는 것처럼 말이다."101

이런 접근법으로 인해 무엇이 상실되었는가는, 이를 헨리 8세Henry VIII의 법령집으로부터 발췌한 다음의 인용문에 예시된 권력에 대한 관념과 비교함으로써 어느 정도 이해할 수 있다. 이 인용문에는 절대주의에 대한 주장이 홉스적 주권자의 주장만큼 포괄적으로 나타나고 있지만, 그것은 유기체적 연대corporate solidarity를 의미하는 언어로 표현되어 있었다.

> 다양하고, 잡다하며, 오래된 믿을 만한 역사서와 연대기에는 다음과 같은 사실이 명백히 선언되고 표현되어 있다. 잉글랜드의 이 영역은 하나의 제국으로서 …… 단일의 최고 우두머리인 왕에 의해서 다스려지며, 왕은 제국의 황제와 같은 위엄과 지위를 누린다. 정치체는 여러 가지 조건과 영적이고 세속적인 지위에 따라 구분되는 모든 계급과 계층의 인민들의 긴밀한 집합체로서 신 다음으로는 왕에게 자연스럽고 겸허한 복종을 바쳐야 한다. 또한 왕은 옹립되어 …… 일체의 권력, 탁월성, 권위, 대권 및 재판권을 절대적이고 전체적으로 부여받아, 그의 영역 내에 있는 모든 인민, 주민 또는 신민들에게 일체의 명분, 사안, 논쟁 및 주장에 관한 …… 정의를 집행하고 실현한다.102

주권과 공동체의 관계에 대한 홉스적인 개념과 튜더 왕조의 개념 사이의 차이점은, 콜리지Samuel Taylor Coleridge가 내린 바 있는 단순한 결합을 꾀하는 상상과 진실로 융합시키는 상상의 구별에 비유될 수 있다. 즉, 그 차이란 한편으로 삼각형의 트라이앵글 랙* 안에 놓인 당구공들 사이에 형성된 통일체에 불과한

---

* [옮긴이] 당구의 포켓볼에서 초구 모양으로 공을 만드는 행위를 랙(Rack)이라 하며, 이를 위해 사용하는 삼각형의 틀을 트라이앵글 랙(Triangle Rack)이라 부른다.

사회를 통치하는 주권자와 다른 한편으로 지속적인 응집력이 매우 깊이 스며든 사회를 통치하는 지배자 사이의 차이다. 후자는 "그때 우리는 조상들 속에서 살아 있었고, 조상들은 그 후손 속에서 계속 살아 있다"라는 후커의 표현이 함축하는 것과 같다.[103]

획일적인 공동체가 권력을 지탱하기에는 연약한 버팀목이라는 점을 홉스가 깨닫고 있었다는 약간의 징후가 존재했으며, 신민과 주권자를 더욱 긴밀하게 결속시키려는 그의 필사적인 시도가 기이하게 경건한 어조로 채색된 일부 구절에 나타나기도 했다. 그리하여 그는 주권자의 의지를 "특히 개별 인간의 모든 의지를 내포하고 연결시키는" 것이며, 주권자의 의지는 모든 시민의 의지를 "포함하기" 때문에 그의 권력은 "모든 시민의 힘이 다같이" 합쳐진 것이라고 말했다. 다른 곳에서는 정치사회의 창조를 사람들이 "하나의 시민적 인격체a civil person로 함께 성장해 가는" 과정으로서 기술하기도 했다.[104] 그러나 이런 구절들이 기이할 정도로 비유명론적非唯名論的인 용례를 보여 주고는 있지만, 이것만으로는 자신들이 가지고 있는 특수성의 견고한 핵을 포기할 수 없는 개인들 사이에 맺어진 계약이라는 인위적인 성격을 극복할 수 없었다. 계약 역시 일정한 관계를 설정하는 것일 수 있으나, 그것은 통일성의 원천도 아니며 공통성의 표현도 아니었다. 바로 이 점이 홉스적인 주권자가 행동하기 위해서 "권한을 위임받아야" 하는 이유였다. 그 사회에는 공포와 불안이라는 가장 초보적인 차원을 제외하고는 대표할 그 어떤 것도 존재하지 않기 때문에, 홉스적인 주권자는 진정으로 공동체를 '대표'할 수 없었다. 그리고 홉스적인 공동체는 진정한 통일성을 포기했기 때문에, 이제 통일성은 주권자의 통일된 의지에 위치지어 질 수밖에 없었다. 이 점에서 서구 정치사상은 루소를 기다려야 했으며, 그는 홉스가 조심스럽게 분리했던 것을 결합하는 작업을 수행했다. 곧 루소는 집단적 우애로서의 공동체라는 예전의 관념을 부활시켜서 홉스적인 주권자에 결부되어 있던 의지의 통일성을 다시 공동체에 부여함으로써 공동체와 공공의 의지를 하나로 만들었다.

8. 이익과 대표

주권자의 권력이 지닌 성격에 결정적인 영향을 미친 두 번째 포괄적인 원칙은 '이익'의 개념이었다. 홉스는 어떤 인간 결사체든 그 구성원을 통일시키는 것은 바로 이 요소라고 믿었다.[105] 정치적 결사체의 중심에 이익을 위치지음으로써 홉스는 일찍이 마키아벨리에 의해서 시작되었던 주제를 계속해서 다루게 되었다. 이익을 부각시킨다는 것은 본질적으로 사적이고 또 공적인 차원에서 가장 대표되기 어려운 요소를 추려 낸다는 것이었다. 그리고 개별적인 이익의 '합리성'을 주장하는 것은 곧 이성을 재규정하여 거기에서 공적이고 일반적인 특성을 박탈하는 것이었다. 그리하여 이성은 다음의 구절에서 보듯이 개인적 주관주의personal subjectivism의 대행자로 쉽게 변형되었다. "사고의 욕망에 대한 관계는 척후나 간첩이 사방을 정탐하여 원하는 대상에 도달할 수 있는 길을 찾는 것과 같기 때문이다."[106]

그러나 기본적으로 문제가 되는 것은, 이익이 단순히 합리적인 성격을 가지고 있을 뿐만 아니라 근본적인 차원에서 개인적이고, 끊임없이 운동하며, 근본적으로 공유될 수 없는 속성을 가지고 있기 때문이었다. 이익의 이런 속성들은 홉스적 인간의 심리 상태에 뿌리를 두고 있었다. 정념과 사고의 본성이 모든 인간에게 동일한 반면, 정념과 사고가 목표로 하는 대상은 각 개인의 '기질'과 교육의 다양성에 따라 상이했다. 사람들의 선호가 상이한 대상에 대한 정념이나 동일한 대상에 대한 상이한 가치 평가에 의해 결정되기 때문에, 그 결과는 사람들 간의 광범위한 의견의 불일치로 귀결되었다. 그러므로 '좋음'

과 '나쁨'은 어떤 보편적인 지위를 결여했으며, 단순히 특정한 대상에 관한 개인의 욕망을 형용사적으로 표현한 것에 불과하게 되었다.[107] 동시에 이익은 [비교라는 – 옮긴이] 본질적으로 경쟁적인 요소를 도입했다. 이익은 "비교에 바탕을 두고 있다. 만약 모든 것이 모든 사람들에게 동등한 것이라며, 어떤 것도 소중히 여겨지지 않을 것이기 때문이다."[108] 이익의 교리가 상정하는 상대적 희소성의 상태는 지속적인 운동을 창출하며 — "삶 자체는 단지 운동일 뿐이다" — 그 운동은 "오직 죽음에서만 멈추게 되는 권력에 대한 영속적이고 쉴 새 없는 욕망"의 형태를 띤다.[109] 이 모든 고찰은 이익의 시대에 있어서 행복의 정의定義에 해당하는 홉스의 '복됨'至福, felicity의 교리에서 그 절정에 달했다.

> …… 현세에서의 삶의 복됨은 결코 만족된 정신의 휴식 상태에 있지 않다. 왜냐하면 …… 궁극 목적Finis ultimus이나 …… 최고선summum bonum 따위는 존재하지 않기 때문이다. 복됨이란 욕망이 하나의 대상에서 또 다른 대상으로 계속 이행하는 것이며, 전자의 획득은 단지 후자로 가는 길에 불과하다. 왜냐하면 인간의 욕망은 그 목적이 단 일회의, 혹은 단 한순간의 향락에 있는 것이 아니라 장래의 욕망의 길을 영구히 확보하는 데 있기 때문이다. …… 인간은 잘 살기 위해 더 많은 힘과 수단을 지속적으로 획득하지 않으면, 현재 가지고 있는 힘이나 수단조차 확보할 수 없다.[110]

그렇다면 권력의 공식은 인간이 사회로부터 소외된 시대, 그 본성상 만족할 줄 모르고, 영원히 달성될 수 없으며, 분열적인 선善의 관점에 따라 인간의 열망이 규정되는 시대에 적절히 적용되어야 했다. 이제 권력은 선의 공유 가능성이 부정된 사회, 다른 말로 하면, 사랑, 감정, 지식에 의해 생성된 '융합된' 공동체라는 예전의 관념이 더는 통용되지 않는 사회에서 행사되어야 했다. 권력은 예전에 그 정당화의 근거를 제공해 주던 공동선이라는 관념을 벗어 던지게 되었다. 왜냐하면 고립된 개별자로 구성된 정치적 세계에서 '공동선'이란 더는 아무런 의미도 지니지 않게 되었기 때문이다. 또한 홉스는 권위를 이성의 구현체로 상정하던 전통적인 관념에도 의존할 수 없었다. 우리가 살펴본 것처럼, 이성은 더 이상 개별자들을 통합하고 조화를 이루게 할 수 있는 포괄적인 원칙을 의미하지 않게 되었고, 대신에 그 자체가 특수성의 굴레에 묶이게 되었다. 결국 홉스가 최종적으로 발전시킨 정통성에 관한 공식은 '주권적 대표자'라는 관념에 구현되었다.[111]

근대의 민주주의 이론들에서 '대표'representation는 다양한 의미를 갖는다. 때때로 그것은 결정 내릴 수 있는 권한을 부여받은 집단의 속성을 지칭하며, 그렇기 때문에 우리는 '대표 위원회' 혹은 입법부라는 말을 쓴다. 또 아주 느슨한 의미에서, 대표는 공직자를 선출하는 방법과 연관되어 있다. 그러므로 우리는 "투표에서 아주 다양한 의견이 대표되었다"라는 말을 한다. 마지막으로 대표의 요소를 결정 과정이 아니라 결정 그 자체의 내용에서 찾기도 하는데, 이 경우 대표는 결정에 둘 이상의 관점이나 이익이 반영되어 있다는 것을 의미한다. 하지만 이 모든 정의定義에 공통된 요소는 정치제도가 사회에 현존하는 다양한 이익을 반영해야 한다는 관념이다. 홉스가 명시적으로 거부한 것은 바로 이런 대표의 관념이었는데, 그는 다양한 이익은 오직 다양한 형태의 의지로만 대표될 수 있다는 근거에서 이를 거부했다. 상이하고 종종 상충하는 목표를 추구하는 다양한 의지들은 정치적인 행위로 결집될 수 없는데, 왜냐하면 공적인 행위의 본질은 그 단일하고 명백한 성격에 있기 때문이었다.[112]

다수의 사람들은 한 사람 또는 하나의 인격에 의해서 대표될 때, 그것이 다수를 이루는 개개인 모두의 동의에 의해 그렇게 된 경우에, 비로소 하나의 인격이 된다. 왜냐하면 하나의 인격을 만드는 것은 대표자의 통일성이지, 대표되는 자들의 통일성이 아니기 때문이다.[113]

이 정의에서 대표의 본질은 홉스의 이론에서 이익에 관한 근본적인 교의를 반영하는 권한 위임authorization의 절차였다. 신의계약은 '공통된' 권위에 복종한다는 '모든 각인의 각인에 대한' 합의를 의미했다. 그러나 합의 당사자들의 이익들을 대표하는 매개자를 주권자라고 지칭하지는 않았다. 이는 평화를 제외한 모든 이익의 분열적인 속성 때문에 명백히 불가능했다. 대신에 주권자의 대표성은 전적으로 허구로 이루어져 있었다. 그가 사회의 이름으로 행동할 권한을 가지게 된 것은 각자가 주권자의 모든 결정을 "인정하고, 그 결정의 장본인^{author}으로 간주되는 데" 합의했기 때문이었다. 그러나 그것은 홉스적 인간의 구체적 속성에 적합하도록 뜯어 맞춘 허구에 불과했다. 자기중심적인 사람들로 구성된 사회에서 권위를 정당화할 수 있는 유일한 방법은 각각의 시민이 주권자의 명령을 '마치' 자신들의 것인 '양' 받아들이는 것이었다. "모든 개별적 인간은 주권자가 행한 모든 일의 장본인이다." 주권자를 "그들 공동의 대표자"로 만든 것은 바로 이 점이었다.¹¹⁴

그렇지만 주권자가 진정한 대표자로서 신민의 이익을 추구할 것이라는 어떤 보장이 있었는가? 몇몇 구절에서 홉스는 주권자가 구성원의 이득을 증진시킬 '책무'^{duty}를 갖는다고 주장했지만, 이는 단지 그렇게 하는 것이 주권자에게 이익이 된다는 것을 의미할 뿐이었다. 홉스의 이론은 그 밖의 다른 의미로 '책무'를 규정하는 것을 배제했다.¹¹⁵ 홉스는 주권자와 신민의 이익 사이에 진정한 갈등은 있을 수 없다는 결론에 도달하게 되는데, 왜냐하면 번영하고, 만족하며, "활력에 찬" 시민을 갖는 것은 주권자에게도 이익이 되기 때문이었다.¹¹⁶ 그의 신민들처럼 주권자 또한 그 자신의 선^善을 추구했다. 그의 행동 역시 본질적으로 특수한 목표를 추구하는 사적인 행위였지만, 그의 지위가 빚어내는 연금술은 그의 행동을 신민의 행복을 증진시키며, 바로 그 사실로 인해 자신에게도 기여하는 공적이며 일반적인 행위로 둔갑시켰다. 이것은 초기 공리주의자들이 채택했던 대표 이론과 똑같은 것이었는데, 단지 주권자를 중간계급으로 대체한 것이 유일한 차이일 뿐이었다.¹¹⁷ 홉스와 공리주의자들은 공히, 자기중심적인 사람들로 구성된 사회에서 공적인 목적과 사적인 목적 간의 갈등을 제거하기 위해서는 단지 공적이며 제도화된 자아를 창조하는 것으로 충분하다는 순진한 가정을 공유했다.

권위를 일종의 공적 자아로 변형시킨 것, 그리고 평등한 권리를 누리고, 자신들의 소유물을 보장받으며, 자신들의 특수한 이익을 추구하도록 공적으로 고무되는 개인들의 느슨한 집합으로 사회를 변형시킨 것은 정치에 대한 관념에 있어서 혁명적인 변화를 나타내는 것이었다. 그 혁명적 변화는 단순히 정치를 이익의 달성에 수단이 되는 활동으로 개념화한 데서 비롯된 것만은 아니었다. 이런 관념은 서구 정치사상에서 언제나 중요한 요소였기 때문이다. 결정적인 변화는 오히려 정치가 사람들의 이익을 침해하는 한에 있어서만 중요성을 갖는다는 견해에 있었다. 정치가 이익에 결정적으로 결부되어 있는 것으로 나타나지 않는 한, 정치는 어떤 강력한 매력도 가지지 않았다. 군주정하에서 시민들의 대부분에게 "공공의 업무에 관여하는 것"이 부정된다고 해서 우리는 도대체 어떤 불만을 갖게 될 것인가라고 홉스는 통명스럽게 질문했다.

> 내가 당신에게 말하건대, 우리가 경멸하는 자의 의견이 우리 의견보다 선호되는 것을 보는 것, 우리의 지혜가 면전에서 평가절하 되는 것, 사소하고 헛된 영광을 이루려는 불확실한 시도를 하다가 가장 확실한 적의敵意를 경험하게 되는 것 …… 미워하고 미움을 받는 것 …… 아무런 목적이나 이득 없이 우리의 은밀한 충고와 조언을 모두에게 공개하는 것, 우리 가족의 일을 소홀히 하는 것, [공공의 업무에 관여하지 못하는 것이 아니라 – 옮긴이] 이런 것들이 우리의 불만 사항이다.[118]

홉스의 정치에 대한 혐오와 정치 참여에 대한 무관심에는 팔라다Hans Fallada 의 『작은 인간』kleiner Mann의 심리 상태와 무언가 유사한 것이 있었다. 그 작은 사람은 오만하고 세도 있는 자들의 콧대가 꺾였을 때 기뻐했고, 부유한 자들의 세력이 위축될 때 환호했으며, 비용이 적게 든다는 이유로 다른 정부에 대한 군주제의 우월성을 진지하게 주장했다. 또한 그는 신민과 주권자의 거리가 멀어지는 것을 불평 없이 지켜보지만, 주권자가 시민들 간의 평등을 유지하는 데 실패할 때는 분개했다. 그는 다음과 같은 생각으로 자신의 정치적인 무력감을 달랬다.

> 그러므로 군주정하에서 한적한 삶을 영위하는 사람은 누가 지배자가 되든지 위험에서 벗어나 있다. 왜냐하면 야심에 찬 자들만이 고통을 겪기 때문이다. 그 외 다른 사람들은 권세 있는 사람들의 침해로부터 보호를 받는다.[119]

이 인용문이 암시하는 것은 정치 참여와 전면적으로 경쟁하기 시작하는 경제적인 이익의 대두였다. 이익이 일단 최상의 위치를 차지하자마자 정치는 쇠퇴의 길로 들어서게 되었다. 한편으로 이익은 강력하게 직접적이며 친밀한 특성, 곧 자아의 실체적인 투영 — '그 자신이 가진 어떤 것' — 을 제시했고, 이는 나중에 로크의 소유권 이론에서 그 고전적인 표현을 발견할 것이었다. 다른 한편으로 정치는 동떨어지고 추상적인 활동으로서 개인적인 관여의 느낌을 불러일으킬 수 없는 것처럼 보였다. 스미스Adam Smith는 그의 독자들에게 "우리는 종종 가만히 앉아서 아무것도 하지 않으면서도 모든 정의의 규칙을 충족시킬 수 있다"고 안심시켰다.[120] 이런 식의 논변이 가져온 결과는 '정치적인 것'을 이익과 융합시킴으로써 '정치적인 것'의 독특한 정체성을 파괴하는 것이었다.

정치를 이익으로 환원하는 것은 근대 정치에 짙은 그림자를 드리웠다. 이를 이해하기 위해서는 신문을 집어 들고 '이해관계의 상충' 때문에 특정한 논쟁에 관여하기를 거부하는 이러저러한 정치가, 행정가 또는 재판관에 관한 기사를 읽는 것으로 충분하다. 이런 종류의 사고에 가장 완벽하고 아마도 가장 노골적인 표현을 부여하는 작업은 근대 자유주의가 떠맡았다. "공적인 제도를 구성하는 데 의거해야 하는 원칙"은 공직자가 공직을 자신의 개인적인 이득보다 하위에 둘 수 있다는 점을 예상하는 것이라고 벤담은 언명했다. 그러나 이것은 경각심을 일깨울 아무런 이유도 되지 않는다. 적어도 결백한 사람에게는 말이다. 왜냐하면 이 원칙이 "모든 사람에게 보편적으로 적용될" 때 "그것은 어느 누구에게도 해가 되지 않기" 때문이다. 중요한 것은 정치적인 공직 그 자체도 그 밖의 다른 종류의 이익과 같은 차원의 '이익'이라는 암묵적인 가정이다. "공적인 신뢰가 사적인 신뢰와 다른 점은 단지 그 규모가 거대하다는 것일 뿐이다."[121] 공직에 특유한 존엄성이나 지위가 있어서 이것이 공직자에게 개인적인 이익을 초월하는 의무를 부과한다는 생각은 분명히 더는 심각하게 받아들여지지 않게 되었다. 벤담은 다음과 같은 구절을 정치적인 것의 존엄성에 대한 묘비명으로 제시했다.

> 어떤 공직이든 보수뿐만 아니라 공직에 습관적으로 부여되는 존경도 가급적 줄이는 것이 공중의 이익에 부합된다.[122]

정치적인 것의 중요성의 감소는 중간계급이 보여 주는 정치적 무관심의 원인에 관한 단서를 내포하고 있다. 그것은 19세기 프랑스 자유주의자인 콩스탕 Benjamin Constant에 의해 요약되었다. 『근대의 자유와 비교한 고대의 자유에 관하여』De la liberté des anciens comparée à celle des modernes라는 저작에서 그는 고대 폴리스의 시민들과 달리, 근대의 시민들은 "집단적 권력에의 적극적이고 지속적인 참여"에서 더 이상 아무런 즐거움도 발견할 수 없다고 주장했다. 고대의 도시에서 "각자의 의지는 실제적인 영향력을 가지고 있었고," 이는 정치적 참여에 "생생하고 지속적인 즐거움"을 부여했다. 하지만 근대의 시민들에게 정치적 활동은 "추상적인 상상"의 성격을 띠게 되었다. "군중 속에 묻혀서, 개인은 그가 행사하는 영향력을 거의 느낄 수 없게 되고," 그리하여 "사적인 독립을 평화롭게 영위하는 것"으로 만족한다. 그는 다만 법적인 권리에 의해 육체적 침해로부터 보호받고, 그의 사생활이 존중되며, 그의 재산이 안전할 것을 요구할 뿐이다. 정치적 공동체에 대한 묘비명은 "정치적인 존재가 개인의 존재를 거의 구현하지 않는다"는 것이었다.[123]

9. 힘의 영역으로서의 정치

홉스는 기하학과 물리학의 범주로부터 영감을 받은 정치적 이미지의 형태로 공동체 관념의 추락을 표현했다. 이 이미지는 상세하게 검토할 만한 가치가 있는데, 그것은 단순히 그 이미지가 과학적 사고방식이 그의 정치철학에 얼마나 깊이 스며들었는가를 보여 주기 때문만이 아니다.[124] 더 중요한 것은 홉스 이후 두 세기 동안 자유주의가 사회에 대한 홉스적인 모델을 자신의 모델로 공공연히 채택했고, 버크Edmund Burke, 드 메스트르Joseph de Maistre* 및 헤겔Georg Wilhelm Friedrich Hegel과 같은 보수주의자들은 그것을 공격의 대상으로 삼았다는 점이다. 이 이미지는 인간을 잠재적인 에너지나 '힘'의 덩어리로서 묘사하는 것에 의해 영감을 받았다. 신체body로서 인간은 "섭생적 힘power nutritive, 동태적 힘power motive 및 생성적 힘power generative"이었다. 정신으로서 인간은 "사유적 힘"power conceptive과 "동기적 힘"power motive을 소유했다.[125] 이런 힘들은

---

* 드 메스트르(1753~1821)는 사보이(Savoy)의 유명한 가문에서 태어났다. 그는 프랑스혁명군이 사보이를 침략했을 때, 망명하여 사르디니아(Sardinia) 왕궁에 들어갔으며 러시아 대사(1803~1817)로 임명되었다. 그는 매우 교양 있고 지적인 인물로서 놀라울 정도로 학술적이고 독특한 철학을 제시하여 프랑스혁명을 반대하는 이들의 이론적 지주가 되었다. 이후 그는 여러 방향으로 영향을 미쳤는데, 예컨대 그의 영향력은 콩트, 생시몽, 뒤르켐에서 발견된다. 또한 그는 우리 시대에 이르기까지 높은 평가를 받아 왔는데, 예컨대 모라스(Charles Maurras)와 클로델(Paul Claudel)과 같은 보수주의적 저술가들이 그에게 찬사를 보낸 바 있다.

두 가지 형태의 "운동"motion을 통해 표출되었다. 하나는 "생명의 지탱을 위한"vital 운동으로서 생명을 유지하기 위한 육체의 비자발적이고 지속적인 운동을 지칭했고, 다른 하나는 "동물적"animal이거나 "자발적"voluntary인 운동으로서 "마음속에서 먼저 상상된" [연후 행동으로 옮겨진 – 옮긴이] 행동들을 지칭했다.126 홉스가 가장 크게 관심을 가진 것은 후자의 부류에 속하는 "동물적 운동"이었다. 그는 갈릴레이가 제시한 원칙에 의거하여 인간은 단지 어떤 외부적인 힘이나 추진력이 가해질 때만 운동을 개시한다고 주장했다.

> 아무것도 가해지지 않고 아무것도 빼앗기지 않은 사물은 이전과 마찬가지의 상태로 남아 있다. 다른 사물에 의해서 접촉되지 않은 사물은 아무것도 첨가되거나 빼앗기지 않는다.127

외부적 자극들에 대한 물체의 반응은 "유인"attraction이나 "반발"repulsion의 형태를, 인간에게 더 적절한 말로 표현하면, "욕구"appetite와 "혐오"aversion의 형태를 취한다. 욕구는 어떤 대상을 향한 운동을, 혐오는 어떤 대상으로부터 멀어지려는 운동을 나타낸다. 이 두 가지 기본적인 반응은 단순히 인간 행동에 대한 묘사일 뿐만 아니라 인간이 추구하는 가치의 원천이기도 했다. "어떤 인간이 욕구나 의욕을 갖는 것은 그 대상이 무엇이든지 그에게는 선善이며, 증오 또는 혐오의 대상이 되는 것은 악이다. 그리고 경시의 대상은 미천한 것이나 하찮은 것이다."128 욕망의 압력으로 인해 인간은 명예와 탁월함 그리고 '복됨'을 얻기 위해 노력하면서 항상 운동 상태에 있다. "우리가 살아 있는 동안, 우리는 욕망을 가지고, 욕망은 좀 더 나은 목표를 전제로 하며 …… 거기에는 전진만이 있을 뿐 만족이란 있을 수 없다."129

인간에 관한 이런 묘사에서 특이한 것은 욕망이 계급이나 사회적 지위와 같은 조건으로부터 거의 완벽하게 단절되어 있다는 점이었다. 그 결과, 각 개인은 비록 기질은 다소 다르지만 똑같은 일반적인 외양을 지닌 채 평탄한 사회적 차원을 가로질러 돌진하는 하나의 원자로 출현했다. 즉, 그런 풍경에서 운동의 노선을 미리 결정하거나 행로에 장애가 되는 사회적 차별의 가시적인 윤곽은 존재하지 않았다. 그러나 한 개인의 운동의 "힘"power, 말하자면 그 운동의 가속도는 분명히 다양한 유형의 사회적 구별 또는 부, 명성, 영향력 있는 친구, 지식 그리고 홉스가 아주 간단히 언급한 바 있는 귀족제적 특권과 같이 그가 "도구적" 힘이라고 부른 것들을 전제로 했다.[130] 운동 중인 힘forces의 '장' 場에서 개인들이 추구하는 행동 노선은 빈번히 충돌했다. "대립된 동등한 힘들은 서로를 파괴하는데, 그런 대립은 투쟁이라고 불린다." 하지만 이렇게 교차하는 운동은 또한 사회에 있어서 진정한 권력의 소재를 지시했다. "그리고 한 사람이 가진 힘power은 또 다른 사람이 가진 힘의 영향력을 저지하고 방해하기 때문에, 힘은 단지 다른 사람의 힘에 대한 한 사람의 힘의 초과분일 뿐이다."[131] 그렇다면 직시해야 하는 문제는 다음과 같다. 인간의 여러 운동이 사회의 영역을 난무하는 상황에서 홉스적인 주권자가 소유한 것은 어떤 종류의 힘이었는가? 주권자가 정치적 행위를 수행할 때 어떤 힘이 함축되어 있었는가?

다시 한 번 의심의 여지없이, 홉스는 그의 주권자가 놀랄 만큼 집중된 권력을 마음대로 처분할 수 있는 자이기를 의도했던 것처럼 보였다.

> 인간의 힘 가운데 가장 큰 것은 다수의 인간이 동의하여 단 한 사람의 인격으로 그 힘을 합성하여 결집하는 경우다. …… 그 하나의 인격은 자신의 의지에 따라 그들 모두의 힘을 사용한다.[132]

그러나 여기서 홉스가 '합성된 것'compounded이라는 말로 의미하고자 했던 것은 무엇인가? 엄격히 말해서 "어떤 사람이 실제로 그의 힘을 다른 사람에게 양도하거나, 다른 사람이 그것을 받는 것은 불가능하다"는 점을 그는 인정했다.[133] 주권자에게 맡겨진 개별적인 힘들의 작은 조각들로부터 권력이 형성된다는 견해를 거부하면서, 다시 한 번 홉스는 사회가 곧 힘의 '장'이라는 이미지에 의존했다. 정치권력은 공적인 운동의 한 형태로 해석되었고, 다른 모든 형태의 운동처럼, 그 효과성은 장애물의 부재에 의존했다. 권력의 행사는 정치적 공간에 창궐하는 사적인 운동 사이에 나있는 길을 깨끗이 치울 것을 요구하는 것에 다름 아니었다. 그러므로 신의계약의 목적은 구성원들에게 주권자의 통행권에 대한 인정을 요구하는 것이었다. 합의의 조건에 의해 개인들은 기꺼이 행동을 삼감으로써 하나의 '인공적인 인격'의 의지를 위해 길을 열어 주기로 동의했다. 신의계약의 용어에 따르면 구성원들은 자신들을 보호하는 절대적인 자연권을 주권자에게 "포기하거나 양도하며," 그렇게 하는 과정에서 자신들의 의지를 철회함으로써 행위의 '장'을 떠난다. 권력의 이처럼 지극히 부정적인 속성은 한 개인이 그의 권리를 "포기하는" 것이 무엇을 의미하는가에 관한 홉스의 규정에서 다음과 같이 강조되고 있다.

> [그것은] 다른 사람이 동일한 권리를 누리는 것을 방해할 자유를 스스로 포기하는 것이다. 어떤 사람이 자기의 권리를 포기하거나 양도했다고 해서 다른 사람에게 전에 없던 새 권리가 생기는 것은 아니다. 자연적으로 모든 사람이 모든 권리를 가지고 있기 때문에 새로 생길 권리는 없다. 그는 단지 자신의 길에서 비켜나 다른 사람이 방해를 받지 않고 …… 본래 자신이 가진 권리를 누리도록 하는 데 불과하다.[134]

따라서 리바이어던이 "인간의 권력 가운데 가장 막강한 것"이라는 자신만만한 자랑에도 불구하고, 주권이라는 것은 무에서 창조된 것이 아니라 단순히 예전의 상황을 향유하는 것을 의미한다는 점이 분명했다. 즉, 주권자는 자연 상태에서 모든 사람이 향유하던 원래의 권리를 보유했다. 다만 그의 신민들은 자연 상태를 벗어나기 위해서 서로에 대해서 가지고 있던 이 권리를 포기한 데 반하여 주권자는 그들과의 관계에서 예전의 상태에 머물러 있는 것에 불과했다. 그리하여 모든 사물에 대한 권리의 보편성은 지속되었지만, 이제 그것은 한 사람의 주권자나 하나의 집단적 주권체에 특정화되었다.

> 신민들은 주권자에게 그런 권리를 부여한 것이 아니었다. 다만 그들 자신의 권리를 포기
> 함으로써 주권자가 그들 모두의 보존을 위해 적당하다고 생각하는 바에 따라 주권자 자
> 신의 권리를 행사할 수 있도록 강화시켜 주었을 뿐이다. 그러므로 그 권리는 주권자에게
> 부여된 것이 아니라, 단순히 …… 완전한 자연 상태에서와 마찬가지로 …… 그에게 온
> 전한 형태로 남겨진 것이었다.[135]

이 정의에서 정치적 행위는 제지받지 않고 행동할 수 있는 능력이었으며,
그것의 성공은 행동하지 않는다곧 주권자의 행동을 가로막지 않는다 – 옮긴이는 신
민의 약속에 달려 있었다. 이것이 욕구와 혐오라는 말로 표현될 때, 정치적 공
간의 차원에서 일어나는 행위들은 일정한 리듬을 갖게 된다. 주권자는 어떤
대상을 향한 '공적인 욕구와 의지'의 운동을 대표했지만, 그의 욕구는 또한 신
민들 사이에 공포나 혐오를 야기하여 그들을 물러나게 했으며, 그 결과 그의
욕구는 효과적으로 달성될 것이었다. 그러나 대상을 향한 그리고 대상으로부
터 멀어지는 운동의 리듬이 정치적 공간 전체에 영향을 미치지는 않았다. 왜
냐하면, 우리가 고찰한 것처럼, 사람들에게 스스로의 자원들을 이용하도록 남
겨 두는 것이 최선의 결과를 가져온다고 홉스가 믿은 많은 영역들이 있었기
때문이다. 그러므로 리듬이 거듭 주장되는 곳은 단지 주권자가 선취하는 것이
필요하다고 느끼는 특정한 영역일 뿐이었다. 그리고 그 리듬은 주권자가 자기
보존의 예민한 신경을 건드려서 신민으로 하여금 자신을 보호하기 위하여 주
권자에게 반격하도록 강요하지 않는 한 지속될 것이었다.

이와 똑같은 공간과 운동의 범주들이 신민들 사이의 관계에서도 재현되었
다. 사적인 운동 노선 간의 항상적인 갈등 가능성은 주권자의 법률 제정권을
통해서 해결될 것이었다.

법은 공인된 규칙이기 때문에 그 용도는 인민의 모든 자발적인 행위를 구속하는 데 있는 것이 아니라, 그들이 충동적인 욕구나 성급함, 경솔함으로 인해 스스로 다치는 일이 생기지 않도록 그들의 행동을 지도하고 제한하는 데 있다. 이것은 마치 울타리가 보행자의 길을 가로막기 위해서가 아니라, 길을 따라 걷도록 하기 위해 세워져 있는 것과 같다.[136]

법적 규제의 기능은 정치적 공간에서 사적인 인간들이 선취할 수 있는 행동의 정당한 통로를 규정하는 것이었다. "모든 인간은 자신이 사용하는 공간의 많고 적음에 상응하는 자유를 가지고 있다."[137] 법적인 권리를 가진 신민의 경우 이것은 그에게 어떤 대상에 접근할 수 있는 권리를 부여하는 것이었다. 이것이 홉스가 "반대의 부재" 혹은 "운동에 대한 외적 장애물의 부재"로 규정한 자유를 구성했다. 동시에 한 신민의 권리는 자동적으로 똑같은 대상을 향한 또 다른 신민의 진로를 방해했다. 즉, 그의 운동이나 자유를 방해했다.[138] 그러므로 한 신민이 가진 욕구의 실현은 법의 제재가 다른 개인들에게 혐오나 퇴장을 불러일으키기 때문에 가능하다.

최종적인 분석에 따르면 정치권력에 대한 홉스의 개념화는 지나치게 단순화되어 있고 심지어 공허하기까지 한 것이었다. 행위하기 위해 권력은 시민들의 사적인 권력과 지지를 적극적으로 동원하기보다는 단순히 방해물의 제거를 요청할 뿐이었다. 시민들은 단지 옆으로 비켜서서 간섭하지 않는 것으로 충분했다. 만약 주권자의 권력이 시민들의 퇴장으로 인해 효과적이 된다면, 어떻게 주권자가 공동의 과업을 추구하면서 신민들의 의지를 그의 의지에 결합할 것을 바랄 수 있겠는가? 홉스는 신민이 주권자에게 그의 권리를 양도할 때, 동시에 신민은 그 권리와 함께 "자신의 힘power이 미치는 한, 양도된 권리를 향유할 수 있는 수단"도 양도한다고 주장함으로써 이런 반론에 대처하고자 했다.[139] 이것은 "평화의 유지와 공동의 방위를 위해서 특정 개인이 가진 모든 힘power과 재능을 사용하도록" 주권자에게 권력을 부여한 것이었다.[140] 그렇지만 '양도된 권리를 향유할 수 있는 수단의 양도'가 의미하는 것이 무엇인가에 대한 사례를 찾아보면, 우리는 단지 부정적인 사례만을 발견하게 된다. 먼저 토지의 소유권을 타인에게 양도한 자는 "그 토지에서 자라는 것은 무엇이든" 남겨 두어야 할 의무가 있었다. 물방앗간에 대한 권리를 팔아 치운 사람은 물레방아를 움직이는 시냇물의 흐름을 다른 방향으로 돌리려고 해서는 안 된다. 마지막으로 주택을 판 자는 그 주택에서 거주하는 것을 막아서는 안 된다.[141] 이런 사례들에 비추어 볼 때, 주권자가 "자신에게 부여된 그렇게 많은 힘power과 능력을 사용하며, 그것이 불러일으키는 공포를 통해, 모든 신민들의 의지를 형성할 수 있다"라는 주장은 거의 불합리한 추론처럼 보인다. 홉스적 주권자의 허약성을 가장 예리하게 감지하고 그 치명적인 모순을 지적한 사람은 바로 홉스와 동시대의 인물인 해링턴이었다. 한편으로 홉스는 재산이 권력의 한 형태를 구성하며, 따라서 사유재산의 집적이 사적인 권력의 강화를 가져온다는 점을 인정했다. 다른 한편으로 그는 "법률의 힘power과 효력을 구성하는 것은 말과 약속이 아니라 사람과 무력이다"라고 완강하게 주장했다.[142] 그러나 해링턴이 지적한 것처럼, 이것은 주권자의 효과적인 힘이 사적인 권력의 지지에 결정적으로 의존한다는 사실을 간과한 것이다. 따라서 권력이 사인私人들의 수중에 분산되어 있는 한, 그 신의계약은 "말과 숨"words and breath, 곧 "장난감"에 불과했다. 칼을 휘두르며 부유한 자들을 위압하려고 하는 주권자는 막강한 리바이어던의 위용을 떨친 것이 아니라 그저 "종이호랑이"mere spitfrog의 모습에 지나지 않았다.[143]

제9장

자유주의 그리고 정치철학의 쇠락

…… 이런 식으로 표현해도 된다면, 부자들은 자기 소유물들 하나하나에 대해 느낌을 갖고 있다…….

_루소Jean-Jacques Rousseau

만약 우리가 히스테리성 고통을 공통된 불행으로 전환시키는 데 성공한다면,

많은 것을 얻을 수 있을 것이다.

_프로이트Sigmund Freud

1. 정치적인 것과 사회적인 것

우리가 홉스와 시간적으로 똑같이 상당한 거리를 두고 있으면서도 홉스에 대한 지적知的으로 탁월한 두 명의 독자, 곧 [홉스 이전인 – 옮긴이] 15세기 중반을 대표하는 첫 번째 인물과 [홉스 이후인 – 옮긴이] 19세기 중반을 대표하는 두 번째 인물을 상상해 본다면, 우리는 이 가상적인 두 독자가 몇 가지 논점에 대해서는 근본적으로 상이한 비판을 가했으리라고 자연스럽게 기대할 것이다. 그러나 그 밖의 다른 논점에서 두 독자가 서로 동의를 할 것이라고는 미처 생각하지 못할 수도 있다. 우리가 상상한 15세기의 독자는 홉스가 종교를 냉소적으

로 다루는 모습이나 그가 정치철학에서 종교적인 사유나 감정의 모든 흔적들을 가차 없이 제거하는 태도에 충격을 받았을 것이다. 반면 19세기의 독자는 마르크스와 고전 경제학자들의 관점을 통해 홉스를 파악하면서, 홉스가 경제적 요인들이 정치에 미치는 영향력을 전혀 이해하지 못했다고 언명할 것이다.[1] 양자의 비판은 모두 홉스가 종교적인 요소들을 배제하면서도 경제학에는 무지한 상태에서 '순수한' 정치 이론을 성취했다는 결론에 도달할 것이다.

그렇다 하더라도 이런 식의 비판과 이해는 홉스가 성취했던 것의 중요성을 온전하게 포착하는 것이 아니며, 또한 우리가 언급한 가상의 두 독자들이 제기했을 법한 비판을 온전히 드러내는 것도 아니다. 수세기라는 시간적 격차와 상이한 표현 양식에도 불구하고, 그들은 홉스가 사회적 요인과 정치적 요인 사이의 상호 연관성을 파악하지 못했으며, 그 결과 일종의 독특한 정치적 질서에 대한 홉스의 가정이 신학적인 쟁점에 푹 빠진 그의 동시대인들이 꾸며낸 정치 질서에 대한 여하한 가정과 마찬가지로 유령과 같은 존재를 그리고 있다는 데 동의할 것이다. 토크빌, 콩트 및 스펜서Herbert Spencer가 그 시대[19세기 옮긴이]를 대표하는 한 편에서는 홉스가 정치적 실천이 사회적 관계에 의해 형성되는 정도를 간과했다고, 즉 그가 상부구조에 속하는 것을 토대로 혼동했다고 비판할 것이다. 그보다 이른 시대[15세기 옮긴이]의 대변자들은 상이한 용어를 구사하면서도 이와 유사한 비판을 토로할 것이다. 15세기의 비판자는 홉스가 스콜라 철학자들과의 논쟁에서 이기려는 충동을 억제할 수 있었더라면, 정부와 사회의 상호 관계에 관한 몇 가지 귀중한 통찰을 성취할 수 있었을 것이라고 말했을 법도 하다. 중세의 논자들이 사용한 유기체론의 비유는, 그것이 지닌 온갖 외견상의 불합리성에도 불구하고, 사회적인 상호 의존성 및 정치적 요인과 경제적 요인 사이의 기능적인 관계에 대한 예리한 인식이 담겨 있었다. 중세의 논자라면 소유권의 사회적 영향력에 주의를 기울이지 않고 소유권 제도를 신민과 군주 간의 단순한 일련의 사법적인 관계로 취급하는 홉스적인 오류에는 결코 빠지지 않았을 것이다.

이런 지적들은 일견 공정한 비판으로 보이는데, 그것은 홉스가 그 이전이나 그 이후의 논자들이 상정한 것과 동일한 의미의 진정한 사회 이론을 제시하지 않았기 때문이다. 하지만 이런 논점을 면밀히 고찰하는 대신에, 잠시 멈춰서 이 논점이 놓치고 있는 다음과 같은 질문을 던져 볼 수도 있을 것이다. 즉, 왜 이런 비판들이 명백할 뿐만 아니라 공정한 것처럼 보이는 것일까? 가능한 하나의 답변은 우리가 정치적인 문제들을 경제적인 원인, 계급 구조와 같은 사회적인 관계가 미치는 영향력 또는 문화적인 조건으로 환원시키는 데 너무 익숙해 있어서, 어떤 논자가 그런 형식을 따르지 않는 경우를 보면 쉽사리 혹평을 가한다는 것이다. 이런 유형의 반응에서 흥미로운 점은 그것이 사회과학 분야에서 현대적인 사유 방식을 지배하는 이론적인 관점과 연결되어 있다는 것이다. 전통적인 정치철학에 대한 사회과학의 우월성을 개진하기 위해 사용되는 통상적인 주장은 홉스를 비판하는 주장과 매우 흡사한 가정에 의존하고 있다. 즉, 정치 현상은 사회적인 요인의 결과물로서 가장 잘 설명되며, 따라서 정치제도와 정치적인 믿음은 그것들을 '넘어' 정치적인 것을 조형하는 '근본적인' 사회적 과정을 파악하는 방법을 통해서 가장 잘 이해할 수 있다는 것이다.

이런 식의 문제 제기에 따르면, 정치철학과 사회과학 사이의 논쟁이란 일견 방법론적 논쟁으로서, 오직 경험에 의해서만 판가름 나는 질문과 연관되어 있다는 것이다. 반면 유감스럽게도 많은 정치철학자들, 특히 정치와 윤리학이 긴밀한 관계를 맺고 있다고 주장하는 이들은 이런 식의 문제 제기를 거부할 터인데, 왜냐하면 이는 정치철학으로 하여금 도덕적인 관심을 포기하고 방법론에 몰두하게 만들 것이기 때문이다. 하지만 혹자는 사회과학의 지지자들과 윤리적인 관심을 가진 정치철학자가 모두 동일하게 중요한 논점을 소홀히 하고 있는 접근 방식을 옹호하고 있다고 지적할 수 있다. 쟁점은 성격상 오로지 방법론적인 것에 국한되지 않으며, 심지어 윤리적인 것이 일차적이지도 않다. 오히려 쟁점은 실체적인 것, 즉 정치와 정치적인 것의 위상에 관련된다. 근대 사회과학은 정치적 현상을 사회학적·심리학적 구성 요소나 경제적 구성 요소로 분해함으로써 설명할 수 있다고 주장한다. 즉, 특유하게 정치적인 현상이란 존재하지 않으며 따라서 독특하게 정치적인 문제 틀이란 것도 없다는 것이다. 표면적으로, 이런 주장은 순수하게 기술적記述的인 진술, 곧 어떤 평가를 내리지 않기 때문에 별 다른 의도가 없는 진술로 보인다. 하지만 실제로는 전혀 그렇지 않다. 이런 주장은 그 역사적 기원들이 제대로 이해되고 있지 않기 때문에 은폐된 채로 남아 있는 일정한 평가에 기초하고 있다. 만약 정치적인 것이 아무런 독특한 의미도, 어떤 특유한 기능도 갖지 않는다면, 그리고 말하자면 규모가 큰 조직이라는 차원을 넘어서는 어떤 고귀한 차원도 갖지 않는다면, 정치를 일종의 파생적인 활동의 형태, 곧 좀 더 '근본적인' 요인들에 준거해서 이해되는 활동으로 간주할 수 있게 된다.

　이것은 근대 사회과학이 일견 설득력이 있고 유용한 것으로 받아들여지게 되었다는 것, 그리고 동일한 이유로 근대 정치철학이 시대에 뒤진 것이며 무익한 것인 양 받아들여지게 되었다는 점을 시사한다. 곧 양자의 이와 같은 위상 변화는 정치적인 것의 의미가 상실된 상황을 보여 주는 징후인 것이다. 근대 사회과학은 번영을 구가하는 반면에, 근대 정치철학은 무엇이 그 연구 주제인지조차 불확실한 나락에 빠져 버렸다. 어쩌면 이런 사태의 전개는 설 곳을 잃은 일부 인문학자들의 [전공 전환과 같은 ─ 옮긴이] 재배치를 통해 해결될 수도 있는 사소한 문제로 치부될 수도 있다. 하지만 이런 사태가 철학자들이 진정으로 정치적인 것은 무엇인가에 대한 어떤 일관된 개념도 갖고 있지 못하다는 점, 그리고 서구 사회가 정치적인 활동의 중요성에 대한 믿음을 상실했다 ─ 희석되어 버린 종교적 관념에 시장이 요구하는 덕이 일정 정도 가미된 혼란스러운 혼합물에 호소하는 것을 제외하고는 ─ 는 점과 원인을 같이 한다고 추정해도 억지스러운 일이 아닐 것이다.

　이런 고찰은 홉스가 기여한 바를 좀 더 명료하게 포착할 수 있도록 도와준다. 홉스의 결점이 무엇이든 간에, 그는 우리가 정치적인 것의 의미를 상실했음을 보여 준다. 홉스에게 한 사회 내의 정치적인 것은 세 가지 요소로 구성된다. 즉, 전체를 감독하며 다른 형태의 활동을 직접 통제하는 것을 그 특유한 직분으로 하는 권위, 자신이 한 사회의 구성원이라는 것을 인정하는 사람들에 기초하는 의무 및 공적으로 중요한 행동을 다스리는 공통된 규칙의 체계가 바로 그것이다. 이와 유사하게 명쾌한 방식으로 홉스는 정치철학의 기본적인 과제에 대해서 언급했다. 그 과제란 진정으로 정치적인 것이 무엇인지를 확인하고 규정하는 것이었다. 이런 관점에서 이론의 기능은 권위의 특정한 유형과 그 활동 영역을 확인하는 데 기여하는 것이었다. 확인하는 것 그리고 규정하는 것이란 일정한 특징적인 역할과 활동을 추상화해 어떤 분류의 체계에 그것들을 포섭하는 것이다. 모든 분류는 우리로 하여금 어떤 한 주제와 다른 주제들을 구분하게 하는 경계를 수반하게 마련이다. 따라서 홉스는 어떤 것이 정치적인 것인지를 확인하면서, 그와 동시에 그 범위를 한정하고 있었던 것이다. 예컨대 이것은 정치적 행위란 정치적 수단을 통해 달성할 수 있는 그런 종류의 선善에 한정된다는 것, 다른 종류의 선이 존재할 수도 있으며 심지어 더 우월한 것일 수도 있지만, 만약 그것이 정치적인 방법을 통해 달성할 수 없는 것이라면, 또는 달성할 수 있다 해도 비용이 너무 많이 드는 것이거나 지나치게 사소한 것이라면 정치적 영역에서 배제된다는 것을 의미했다. 유사하게, 정치적 의무는 정치철학과 정치적 권위에서 중대한 관심사였지만, 그것은 결코 인간관계의 총체에 해당하지도 않았으며 인간의 가장 숭고한 역할로 간주되지도 않았다. 그러므로 인간 활동의 많은 다른 영역은 직접적인 정치적 관련성을 갖지 않은 것이었다. 그것들은 활동의 결과가 사회를 구성하는 안정된 관계들을 교란하는 위험을 가할 때에야 비로소 정치적 관심의 소재가 되었다.

하지만 홉스가 정치적인 것의 성격을 개괄하는 엄격한 방식 이면에는 그 전체 주장이 깨지기 쉬운 가정에 기초하고 있다는 사실이 가려져 있었다. 정치적인 것의 정체성은 대체로 믿음의 산물 내지는 거의 신념에 따른 행동이었다. 그것은 자기 인증self-authentication의 과정으로 존재했다. 왜냐하면 정치적인 것의 정체성이란 인간이 그것을 믿기 때문에 존재하고 그에 따라 인간의 행동을 지배하기 때문이었다. 이것이 홉스가 정치 질서의 "인공적인" 성격을 지적했을 때 의미했던 바이며, 유형에 관계없이 모든 정치 정치체제에서 인민이 실제로 통치한다고 주장했던 이유였다. 후일 흄이 말했던 것처럼, "정부가 기초하고 있는 것은 …… 오로지 의견opinion이다."2

정치적인 것의 복합체를 이루는 한 부분으로서 믿음이라는 요소에 주목할 것을 요청한다고 해서, 우리가 순진한 버클리적Berkeleian 관점, 곧 정치적인 것은 순전히 믿음의 산물로서 우리가 부여하기로 선택한 것 이상의 어떤 실재성도 갖지 않는다고 주장하려는 것은 아니다. 우리가 인정하든 그렇지 않든 관계없이, 가령 정치적 권력과 같은 사실은 실존한다. 우리가 정치적 구성원됨이라는 개념을 받아들이든 그렇지 않든 관계없이, 우리 가운데 누구도 공적인 권위와 일정한 관계를 맺는 것을 쉽사리 회피할 수 없으며, 정치적으로 조직된 사회에서 살아가면서 지게 되는 부담과 희생을 피할 수도 없다. 그렇다고 하더라도, 이런 사안들에 관한 우리의 관념이 유치한 것이든 세련된 것이든 간에, 우리의 믿음은 우리가 정치적 사건들을 인식하는 방식과 정치적인 환경에 어떻게 반응할지에 상당한 영향을 미치며, 그것은 다시 사건의 흐름에 영향을 미칠 수밖에 없다는 것도 여전히 사실이다. 사유(혹은 태도)와 사건 사이에 일정한 연관 관계가 존재한다면, 정치와 정치적인 것에 대한 관점에서 나타난 두드러지게 상이한 변화는 특정한 전통과 결부된 관행에 영향을 미치게 마련이다. 이런 변화의 방향을 파악하는 것이 우리가 현재 부닥친 난관을 이해하는 데 어느 정도 이바지할 수 있다. 오늘날 서구 사회의 구성원들 사이에 광범위한 정치적 의식이 거의 나타나지 않는다는 주장에 이의를 달 사람은 많지 않을 것이다. 또한 서구 사회의 구성원들이 정치적인 것들을 대개 악평한다는 점에 대해서 의심할 사람은 더욱 적을 것이다. 구체적으로, 정치적인 것의 지위의 쇠락이 미친 효과는 정치적인 충성이 상실될 위기에 처했다는 사실을 절절히 깨닫게 되었다는 데서 발견된다. 즉, 한 세대의 군인, 과학자, 공직자가 시민성에 대한 기초적인 교육도 받지 못하고 성장했으며, 유사한 상황에 처했더라면 우리 모두 똑같은 불충의 행위를 저지르고 말았을 것이라는 점을 너무나 쉽게 상상할 수 있다는 것이다.

이런 사태 전개는 한 세기 반 동안 점차 진행되었던 것이다. 정치적 사유에서 그 주요 경향은, 민족적 혹은 이데올로기적 편차에 관계없이, 특유하게 정치적인 것의 부식腐蝕이라는 동일한 목표를 향하고 있었다. 믿음이라는 유동적인 토대에 기초한 것은, 바로 그 때문에 믿음에 의해 전복될 수도 있다. 믿음의 전복은, 어떤 기성의 관념이 매우 다양한 견해에 공통적인 어떤 다른 관념에 의해 도전받을 때, 가장 효과적으로 이루어진다. 정치적인 것과 경합하는 기본적인 개념은 바로 '사회'였다. 그것은 자유주의, 보수주의, 사회주의, 반동주의reaction, 무정부주의, 관리주의managerialism와 같이 대조적인 여러 이데올로기에 공통적인 근본 개념이었다. 오늘날 사회과학, 특히 사회학과 인류학은 '사회'를 핵심적인 연구 대상으로 다룬다. 그리고 이런 사태의 전개는, '사회'가 정치적인 것을 대체하도록 귀결된 이전 시기 논쟁의 상속자로 사회과학을 지칭하는 것을 아마도 정당화하는 것 같다.

홉스 이후의 사상사에서 지배적인 관심사로 급속히 부각된 사회의 재발견은 어느 정도 상이한 두 가지의 경로를 밟아 왔다. 몽테스키외Charles-Louis de Secondat Montesquieu, 버크, 드 메스트르, 콩트, 및 토크빌을 포함하는 다소 기이하게 묶여진 일군의 사상가들이 첫 번째 경로를 따랐다. 그들은 많은 지점에서 뚜렷한 의견의 차이를 보였지만, 정치제도의 권위가 무수히 많은 사회적 권위체들에 기초하고 있으며 다양한 사적인 충성 관계들에 의해 함양된다는 관점을 공유했다. 이런 요소들은 사회를 결속시키는 데 필수적인 응집력을 제공했다. 구체제*ancien régime*가 종말을 향해 치달을 때처럼, 이 요소들이 약화된다면, 정치 질서는 그 자체의 무게를 견디지 못하고 쓰러질 것이었다. 따라서 탐구의 초점으로 삼아야 하는 것은 사회적 계층화의 체계, 인간을 복종시키고 복속시키는 비합리적인 '편견'의 복합체, 의식적으로 고안해 낼 수 있는 어떤 것보다 강력한 결사체의 그물망으로 한데 엮인 지역공동체, 교구 및 장원이 빚어내는 결속 관계들이었다.

이 장에서 논의될, 사회의 재발견으로 향하는 두 번째 경로를 따른 이들은 로크, 고전 경제학자들, 프랑스 자유주의자들과 영국 공리주의자들이었다. 우리는 사회라는 개념이 로크의 저작에서 어떻게 등장했는지를 보여 주려고 노력할 것이다. 그리고 어떻게 사회가 정치적 배치와 구분되는 실체이자 동시에 모든 가치 있는 인간의 노력을 집약하는 상징으로서 점차 인식되었는지, 또한 어떻게 이런 전개 과정이 정치적인 것의 영역을 대폭 축소하고 그것의 위신을 깎아내리게 되었는지를 보여 주려고 노력할 것이다. 정치적인 것은 '정부'라는 딱지가 붙은 제도의 협소한 집합체, 곧 질서 정연한 사회적 활동을 유지하는 데 필요한 강제를 표상하는 까칠한 상징과 동일시되었다. 바스티아*Frédéric Bastiat*가 언급했듯이, 선택은 "자유로운 사회와 단순한 정부"*société libre, gouvernement simple* 그리고 "구속받는 사회와 복잡한 정부"*société contrainte, gouvernement compliqué* 사이에 놓여 있었다.[3]

18세기의 고전 경제학자들은 이 주제를 하나의 세련되고 설득력 있는 체계로 엮어 냈다. 그들의 분석은 '경제적 인간'에 관한 몇 가지 단순한 명제들에 기초하고 있으며, 훌륭한 형이상학자들처럼 그들도 우호적으로 음모를 꾸미는 '보이지 않는 손'의 작용에 의지해 언제나 '현상을 그럴듯하게 설명해 낸다'는 것보다 이 저자들을 더 심하게 단순화시키는 왜곡은 없다. 사실 그들의 저술은 규제된 경제적 행동이 인간관계 내에서 질서를 창출하는 방식, 곧 시간적·공간적으로 그런 인간관계가 맺어지는 방식, 나아가 강제에 의존하지 않고도 그것들을 규칙적인 유형으로 통합하는 방식에 대해 지속적인 관심을 쏟아 왔다.

마지막에 서술한 이런 특징, 즉 경제적인 거래가 갖는 강제성의 상대적인 부재가 사회에 대한 경제학자들의 모델을 반反정치적인 색조로 물들이고, 궁극적으로 그 모델을 정치적인 지향을 가진 체계라는 좀 더 오래된 관념에 대한 대안으로 삼게 만들었다. 이것은 그들이 선호하는 개념인 노동 분업에서 잘 예시된다. 스미스는 이 원리가 "하나의 사물을 다른 사물과 교환하고, 거래하려는 인간의 자연적인 성향"에서 비롯한다고 설명했다. 강제가 아니라 유인誘因에 의해서, 일반적으로 감독하는 권위에 의지하고 않고서, 노동 분업은 사람들을 상호 의존적으로 뭉치게 하며, 각자가 사회적으로 가장 유익한 방식으로 자신의 재능을 발전시키는 것을 고무했다. 이 원리는 기능적으로 차별화된 일련의 역할들을 새겨 넣고, 서로의 활동을 조정하며, 일상적인 협력을 발전시키는 것으로 사회적인 지형을 묘사하도록 작동했다. 노동 분업 및 이와 유사한 개념들을 통해서 경제학자들은 사회 체계의 이론을 정교하게 다듬었다. 그것은 거의 연금술처럼 보이는 누적적인 효과를 발휘하는 일련의 기능들의 통합체였다. 즉, 인간 행동을 조직함으로써, 개인들의 미약한 힘power은 규제된 거대한 사회적 힘power으로 합성되었다. "사회적인 메커니즘은 매우 정교하고 강력하다. …… 개개인은 …… 그 자신이 오랜 시대에 걸쳐서 스스로 생산할 수 있었던 것보다 더 많은 향락을 단 하루에 누릴 수 있게 되었다."[4]

이런 종류의 이론화는 사회에 대한 비非정치적인 모델을 낳았다. 이 모델은 상호 작용하는 세력들이 폐쇄된 체계를 이루고 있어서, '외부의' 정치적 행위자가 도와주지 않아도 스스로 존속할 수 있는 것처럼 보였다. 스미스가 언급한 것처럼, 최고의 [또는 최초의 – 옮긴이] 작동자prime mover는 전혀 필요하지 않았는데, 왜냐하면 각 개인이 "그 자신의 운동 원리를 가지고 있기" 때문이었다. 스미스와 동시대인인 흄은 그런 사회 체계[상호 작용하는 세력들의 폐쇄된 체계 ─ 옮긴이]가 정치적인 것의 위상에 대해 갖는 온전한 함의를 다음과 같이 언급했다. 정부가 유용하고 심지어 필수적이기는 하지만, "그것이 어떤 상황에서도 필수적인 것은 아니며, 인간이 그런 발명품에 의지하지 않고서 일정한 시간 동안 사회를 보존하는 것이 불가능한 것도 아니다."[5]

정치적 범주들의 쇠락과 사회적인 것의 상승은 정치철학이 다른 형태의 지식에 압도되고 있는 현대적 상황을 특징짓는 표지다. 오늘날 우리는 사회적 병폐들에 대한 처방을 얻기 위해 자연스럽게 사회학자나 경제학자에게 의지한다. 정치 이론가가 아니라 그들이 적절한 종류의 지식을 가지고 있다고 우리는 가정한다. 콩트가 사회학에 학문의 여왕 ─ 그 단계에서 사회학은 하나의 주제이자 신민으로 성립되어 있지도 않았기 때문에 여왕이라는 칭호가 그럴듯해 보인다 ─ 이라는 칭호를 부여한 것이 조급했을 수도 있지만, 오늘날에 와서 이 칭호는 별로 논란거리가 되지 않는다.* 오늘날 우리는 사회질서에 관한 지식이 "무엇이 진보적이며, 무엇이 퇴행적인지, 즉 무엇이 바람직하고, 무엇이 실천 가능하며, 무엇이 유토피아주의적인지에 관한 우리의 판단에 거의 확실한 영향을 미칠 수 있다"는 19세기 사회학의 주장을 일종의 작업가설로 받아들인다.[6] 작고한 만하임Karl Mannheim이 새로운 지적 엘리트의 역할을 맡을 이들로 사회학자를 지명했을 때, 우리는 다소 불편함을 느꼈을 수도 있지만 놀라지는 않았다. 또는 정치학자 및 사회학자와 비교해서 인류학자는 오류

---

* [옮긴이] 여기서 저자는 영어 단어 'subject'의 이중적 의미를 가지고 풍자하고 있다. 'subject'는 '신민'이라는 의미와 동시에 학문의 '주제'라는 의미를 지니고 있다. 따라서 월린의 풍자를 좀 더 길게 설명해 보면 '당시 사회학은 학문의 주제로 아직 확립되어 있지도 않았기 때문에 콩트의 주장은 조급한 점이 있지만, 동시에 신민이 아니기 때문에 여왕(이나 왕)으로 분류될 법도 했다'는 의미다.

를 범한다고 하더라도 최소한 그들보다는 나은 오류를 범할 것이기 때문에 인류학자야말로 공공 정책 분야에서 결정적인 역할을 할 시대가 도래했다고 어떤 저명한 인류학자가 천명했을 때,[7] 우리는 그 논변의 유치한 형식에 대해서는 실소를 금치 못하겠지만, 그 논변에 담겨진 내용은 진지하게 받아들인다.

정치 이론이 이렇다 할 목표 없는 막연한 활동이 되고 그 전통적인 역할이 유사한 분과 학문에 흡수되어 버린 이런 상황은 여타 분과 학문이 정치 이론의 영역을 잠식한 것에 비난의 화살을 돌림으로써 설명될 수 있는 것이 아니다. 또한 그것은 확립된 방법론을 갖지 못했다는 것과 같은 정치 이론 자체에 내재한 문제를 비판함으로써 설명될 수 있는 것도 아니다. 정치 이론이 그 일부를 이루고 있는 좀 더 광범한 기획인 철학에서도 이처럼 피폐해진 상황이 공통적으로 나타나고 있다는 점을 인식한다면, 우리는 이 문제에 대해 좀 더 확실한 이해에 도달할 수 있다. 철학자들 또한 박탈을 겪어 왔는데, 다른 종류의 지식들이 일종의 무단 점유자의 권리를 내세우면서 철학과 경합을 벌였으며, 기존에 암묵적으로 철학의 영역이라고 인정되었던 영역을 무단으로 점유함으로써 이 영역에 대한 철학의 권리 주장을 차단해 버렸던 것이다. 이것은 한편으로 철학 및 정치 이론의 상황과 다른 한편으로 자유주의 전통의 특성 사이에 어떤 상호 관계가 있는 것은 아닌가라는 도전적인 질문을 제기한다. 해답의 단서는 로크라는 핵심적인 인물에 있다. 근대 철학이 경험주의와 언어의 분석으로 나아가는 한, 로크는 명백히 그 정초자 가운데 한 명이기 때문이다. 그리고 근대 자유주의가 어떤 한 저자에 의해 영감을 받았다고 말할 수 있다면, 로크는 의심할 나위 없이 그 주요한 후보자다. 우리는 이런 발상을 곧 다루게 될 것인데, 로크의 철학 및 자유주의가 정치 이론의 위상 및 연구 주제에 어떤 결정적인 영향력을 행사해 왔는지를 지적하려고 시도할 것이다.

초기 자유주의자들이 직접 저술했던 것을 검토하면서, 나는 최근의 논평들로부터 비롯된 선입관을 모두 버려야 한다는 점을 깨달았다. 최종적으로 나는 우리 시대가 다양한 이유로 인해서 자유주의가 원래 지녔던 정서 및 세계관을 잃어버렸고, 마르크스주의자들, 낭만적 보수주의자들, '현실주의자들' 및 신정통주의 신학자들이 제시한 자유주의에 대한 유치한 왜곡을 액면 그대로 기꺼이 수용하게 되었다고 결론을 내렸다.[8] 자유주의는 순진하고 어리석을 정도로 '낙관적'이라고 거듭해서 묘사되었다. 자유주의는 인간의 이성이 지식과 행위를 위한 유일한 권위로 정립되어야 한다는 오만한 신념을 펼쳤으며, 역사를 좀 더 나은 진보를 향해서 끝없이 상승하는 에스컬레이터로 파악하는 역사관에 사로잡혀 있었고, 인간과 사회를 전체적으로 개조할 수 있는 신과 같은 힘power을 불경스럽게도 인간의 정신과 의지에 부여하고 있다는 것이다.

자유주의자들의 저술을 살펴보면 이런 비판의 대부분이 거의 아무런 혹은 전혀 근거가 없다는 것을 알게 된다. 그 비판들이 그럴듯하게 보인다면, 그것은 단지 비판자들이 민주적 급진주의와 자유주의라는 정치사상의 두 가지 구별되는 전통을 한데 뭉뚱그려 버렸기 때문이다.[9] 민주적 급진주의는 로크로부터 그 영감을 받은 것이지만, 그 세계관은 대체로 18세기 합리주의와 프랑스 혁명의 경험을 통해 주조되었다. 다른 한편 자유주의는 프랑스 계몽주의 이전 시기에 그 뿌리를 두었다. 자유주의는 또한 로크의 정치적 원리들에 크게 기대고 있었다. 하지만 그 전개 과정에서 가장 중요한 것은 후기 단계에서 자유주의가 고전 경제학자들을 통해 그 내용이 걸러지고 흄과 스미스의 철학에 의해 세례를 받았다는 점이다. 이 두 명의 사상가들의 특징은 이성에는 한계가 있으며 비합리적 요소가 인간과 사회의 저변에 심대한 영향을 미친다는 점을 깊이 인식하고 있었다는 것이다. 이하에서 해결해야 할 우리의 과제는 우선 첫 번째 전통인 민주적 급진주의에서 두 번째 전통인 자유주의를 구별해 내는 것이며, 다음으로 자유주의가 차분함의 철학philosophy of sobriety이라는 점, 곧 두려움에서 태어나고, 환멸에 의해 숙성되며, 인간의 조건이란 고통과 불안의 연속이었으며 앞으로도 그럴 것이라고 믿는 성향을 지닌 철학이었다는 점을 보여 주는 것이다.

2. 자유주의 그리고 차분함의 철학

위기의 시기가 정치철학자들 사이에서 통달mastery을 향한 충동, 곧 정신이 변화의 동학을 통제하기 위한 정식을 제공할 수 있다는 믿음 및 이런 지식에 의해 인도되어 정치권력이 사회를 진리에 기반을 둔 공동체로 변화시킬 수 있다는 믿음을 일깨우는 경향이 있다는 점은 이미 언급했다. 그러나 위기는 소심함도 불러일으킬 수 있는데, 프랑스혁명이 발발하기 오래 전에 일어난 영국 자유주의의 전체적인 전개 과정을 물들였던 것이 바로 이런 반응이다. 우리는 자유주의를 특권의 장벽을 허물기 위해 쇄도할 준비가 되어 있는 투쟁적인 신조로 묘사하는 데 너무 익숙해져 버렸다. 그래서 로크의 자유주의가 전통주의에 대한 공격만큼이나 급진적 민주주의로부터 [자유주의의 – 옮긴이] 방어로 가득 차 있다는 가설을 받아들이는 데 어려움을 느낀다. 프랑스와 미국에서 자유주의는 혁명이 발발한 후 혁명에 대한 반동주의로 등장했다. "나는 위대한 파괴자다"*Je suis grand démolisseur*10라는 볼테르의 호언장담은 인민주권에 대한 루소의 이론만큼이나 19세기 프랑스 자유주의자의 정서에는 낯선 것이었다. 미국 건국 초기에도 자유주의 저술가들은 혁명전쟁이라는 관념과 사건들이 불러일으킨 애국주의적이고 정치적인 충동을 대체할 대상을 찾으려 고심했다. 미국 헌법은 자유주의자들의 목적에 부합했는데, 그들은 미국 헌법을 엄청난 전설과 상징으로 감싸는 데 성공했으며, 이로써 종국에는 1789년의 '신화'가 1776년의 '신화'를 압도했다.*11

로크 세대의 기억에서 코먼웰스 및 호국경護國卿, Protectorate 시대는 종교적·

사회적·정치적 급진주의의 일시적인 승리를 상징하게 되었다. 군주정, 기성 교회, 상원에서 그 전형을 보여 주는 권위의 전통적인 상징물들은 폐지되었다. 하원을 변화시키려는 노력이 반복적으로 시도되었으며, 비록 실패로 끝나고 말았지만, 잉글랜드를 성문헌법에 의해 통치하려는 짧은 실험이 추진되었다. 이런 광범위하고 급진적인 개혁 운동은 이 시기 정치 이론들에 영향을 미쳤던 '기회'의 관념이 실천적으로 옮겨진 것이었다.** 윈스턴리Gerrard Winstanley의 공산주의적 유토피아에서부터 해링턴의 공화주의적 구상에 이르기까지 사회의 전반적인 쇄신을 제시하는 처방들이 학식 있는 공중에게 물밀 듯이 밀려들었다.

로크의 일대기에는 계속적인 위기로 점철되고 자유분방한 정치적 상상력이 풍미한 이런 시대가 배경을 이루고 있었다.¹² 그의 아버지는 의회군에 가담하여 싸웠고, 그 자신은 좌절된 대의의 발상지the home of lost causes[옥스퍼드대학 – 옮긴이]***에 대한 청교도들의 의심이 고조되는 시기에 옥스퍼드대학에서 학업을 닦았다. 젊은 시절에 그는 잉글랜드를 신성한 코먼웰스로 변화시키려는 시도를 목격했다. 다른 사람들처럼 그는 1660년에 일어난 왕정복고를 환영했지만, 제임스 2세James II가 즉위하기 직전의 격동적인 몇 달 기간 중에 로크는 대학에서의 지위를 박탈당했고 이 나라를 떠나 망명하지 않을 수 없었다. 윌리엄 2세William II가 즉위했을 때, 그는 다른 정치적 망명자들과 함께 혁명적인 상

---

* [옮긴이] 여기서 1776년은 영국에 대해 독립을 선포하고 독립 전쟁을 시작한 해를 가리키며, 1789년은 1787년의 필라델피아 회의에서 채택된 미국 헌법을 토대로 미합중국이 탄생한 해를 가리킨다. 여기서 월린은 미국 연방헌법이 다수의 지배를 견제함으로써 급진 민주주의를 질식시키는 보수적 성격을 가지고 있음을 지적하고 있다.
** [옮긴이] 위기가 정치 공동체의 전체적인 재구성을 처방할 수 있는 정치적 기회를 의미한다는 것에 대해서는 이 책 88쪽을 보라.
*** [옮긴이] 영국의 시인인 아놀드(Matthew Arnold)의 말에서 유래한다. 옥스퍼드대학은 영국 정치에서 항상 보수와 반동의 근거지로서 정치적 투쟁에서 매번 패했다는 의미를 담고 있다.

황이 초래한 긴장된 분위기 속으로 돌아왔다.* 그는 생전에 잉글랜드가 종교적인 갈등으로 찢기고, 경제적인 변화로 혼란에 휩싸이는 것을 목도했다. 그리고 그는 샤프츠버리 백작3rd Earl of Shaftesbury의 측근으로서 후일 영국 정당정치의 시초로 기록될 시대적 상황의 한복판에 놓여 있었다.

로크는 "현기증이 날 정도의 사건의 소용돌이"에 대한 자신의 반응을 기묘하게도 플라톤의 『제7서한』Seventh Letter을 연상시키는 말로 다음과 같이 요약했다. "내가 세계 속에 있는 나 자신을 인식하자마자, 나는 내가 폭풍 속에 있었으며, 그 폭풍은 바로 지금까지도 몰아치고 있다는 것을 깨달았다."13 하지만 로크와 플라톤과의 유사성은 급작스럽게 시작한 것만큼이나 급작스럽게 끝나 버린다. 왜냐하면 로크의 저작에서 지식 체계론적인 충동, 곧 '기회'의 최초 조짐을 포착해서 혼란한 세계에 질서를 부여하기 위해 창조적 에너지를 방출하려는 시도라고는 그 희미한 흔적조차 발견할 수 없기 때문이다. 자신의 연구와 당시 저명한 지식인 및 지도적인 과학자 다수와의 교우 관계를 통해서 로크는 과학과 철학에서 일어나고 있던 역동적인 흐름을 잘 알고 있었다. 하지만 그의 상상력은 급격히 성장하고 있었던 과학적 지식을 철학이라는 분과 학문에 결합시키는 한편 이를 통해 혼란스럽고 방향을 잃은 정치사회가 제공하는 '기회'에 대처하려는 충동에 결코 사로잡히지 않았다.

---

* [옮긴이] 로크의 정치적 후원자인 샤프츠버리 백작은 왕정복고로 왕위에 오른 찰스 2세의 궁정에서 가장 강력한 정치적 인물이었다. 그러나 샤프츠버리 백작은 찰스 2세를 압박하는 정치적 반대파의 지도자로 활동하면서 국왕의 권한에 대한 헌법적 제한을 강화하고 선출된 하원의 권리를 옹호했다. 특히 그는 가톨릭교도인 요크공 제임스의 왕위 계승권을 박탈하는 왕위 계승 배제 법안(Exclusion Bill)을 추진하면서 찰스 2세와 대립각을 세우다가 대역죄로 몰렸다. 이후 그는 네덜란드로 망명을 갔다가 그 곳에서 1683년 1월 세상을 떠났다. 로크 역시 이런 탄압의 분위기 속에서 1683년 9월에 네덜란드로 망명을 떠나게 되며, 명예혁명이 진행되던 와중인 1689년 2월 메리 공주를 호송하는 배에 동승하여 귀국했다.

『인간오성론』 *Essay Concerning Human Understanding*의 서두에서 그는 과학과 철학의 가능성을 나란히 대비시켰다. 한편으로 과학자들은 보일 Robert Boyle이나 "필적할 수도 없이 훌륭한 뉴턴 Isaac Newton"과 같은 "탁월한 건설자들"로 대표되었다. 다른 한편으로 철학자들이 지닌 겸허한 포부는 "하층 노동자처럼 바닥의 티끌을 청소하고 지식에 이르는 길에 떨어져 있는 찌꺼기들을 치우는 데 헌신하는 것"이었다.[14] 그러나 이것은 당시의 시대적 상황과는 전혀 맞지 않는 어조였다. 당시에 정치철학자들은 무오류의 정치학에 의해 보장되는 불멸의 코먼웰스를 인간에게 약속하고 있었다. 또한 스피노자 Benedict de Spinoza는 "영원성의 일정한 형식으로 사물을 인식하는 것은 이성의 본성이다"라고 이미 천명한 바 있었다. 그리고 과학자들은 우주에 새로운 깊이와 질서를 부여하고 있었다. 그럼에도 불구하고 『인간오성론』을 묶고 있는 지속적인 주제는 철학의 한계와 관련된 것이었다. 그는 이 책이 "우리의 오성이 다루기에 적합한 대상은 무엇이고 적합하지 않은 대상은 무엇인가"라는 문제를 검토하기로 작정한 토론 집단에서 비롯되었다고 설명했다. 그리고 『인간오성론』이 집필되는 과정에서 그것은 인간 정신이 미칠 수 있는 최대한의 가능성에 대한 탐구가 아니라 "인간의 오성이라는 작은 세계"의 한계에 대한 탐구가 되었다.[15]

로크의 유명한 기술에 따르면, 인간은 "모든 특징들을 결여하고 어떤 관념들도 갖지 못한" 정신을 가지고 세계에 태어난다. 감각 작용과 반성을 통해서 관념들은 정신이라는 "백지" 위에 쓰이며, 한정된 세계를 형성하는 바, 그 세계로부터는 최소한 자연적 수단에 의해서는 어떤 탈출도 가능하지 않다. 인간은 감각에 의해서 얻어진 질료를 가지고 작업을 할 수밖에 없다.[16] 인간은 그 감각 질료로 새로운 조합물을 교묘하게 고안해 낼 수도 있고, 그것들을 이런 저런 각도에서 바라볼 수 있으며, 정신의 내적인 과정을 열심히 분석할 수도 있다. 하지만 인간은 "소리, 맛, 냄새, 가시적이고 만져질 수 있는 속성"으로 제한된 세계를 결코 벗어날 수 없다.

그러나 앞에서 언급했던 방식에 의해서 얻어지지 않은 하나의 새로운 단순한 관념을 정신 내에서 고안하거나 짜 맞추는 것은 여하한 사유의 신속함이나 다양성에 의해서 가장 고양된 지력이나 확장된 오성의 힘으로도 이루어지지 않는다. …… 그 자신의 오성이라는 작은 세계 내에서 가능한 인간의 지배력은 가시적인 사물로 이루어진 거대한 세계에서 그가 지닌 지배력에 불과하다. 그 거대한 세계에서 인간의 능력power은, 아무리 기예와 기술이 가미된다고 하더라도, 자신의 수중에 있는 질료들을 결합하고 분할하는 수준을 결코 넘어설 수 없다. 인간의 능력은 가장 작은 단위의 새로운 물질을 만들어 내는 것 또는 이미 존재하고 있는 것의 원자를 파괴시켜 없애 버리는 것 따위를 전혀 할 수 없다……[17]

그리고 거의 200년이 지난 후 실질적으로 이와 동일한 주장이 당대의 지도적인 자유주의자인 밀John Stuart Mill에 의해 다시 확인되었다.

이런 조작 및 여타 모든 인공적인 조작[즉, 자연에 대한 인간 기예의 적용]에서 인간이 해야 하는 일은 …… 매우 한정된 것이다. 그것은 사물을 특정한 위치로 이동시키는 것에 불과하다. 우리는 대상을 이동시키는데, 이렇게 함으로써 분리되어 있던 일정한 사물들을 접촉시키거나 접합되어 있던 다른 사물들을 갈라놓는다. 그리고 이런 단순한 위치 이동을 통해서, 이전에는 잠들어 있던 자연력이 활동을 개시하며, 원하는 효과를 산출한다. 심지어 계획을 세우는 의지, 고안해 내는 지성 및 이런 운동을 실행에 옮기는 신체적인 힘도 그 자체로는 자연력이다.[18]

자유주의자들이 철학에 비좁은 영역을 배정한 것은 인간의 조건에 대한 일반적인 평가를 구체적으로 적용한 것일 뿐이었는데, 인간의 조건에 대한 그런 평가는 로크에 의해 처음 서술되었고, 나중에는 주류 자유주의에 의해 수용되었다. 플라톤은 인간이 열망할 수 있는 목표를 "신에 대한 가능한 가장 완벽한 동화"로 설정했으며 아리스토텔레스 역시 사람들에게 "가능한 최대한으로 사멸성에서 벗어나라"고 훈계했지만,[19] 로크는 인간에게 중간 정도의 조건, 곧 전능하거나 완벽할 수 없는, "극단으로 치달을 수 없는 평범한 상태"라는 조건을 부여했다. 철학은 최선의 경우에도 인간의 제한된 가능성에 적합해야 하는 것이므로, 그것은 "회의에 가득 찬 절망"과 거만한 오만 사이에 있는 "개연성의 미광微光"에 전념해야 했다.[20] 이처럼 억제되고 차분한 정서는 로크와 그의 추종자들이 정치 이론과 정치적 실천의 문제를 파악하는 방식에 결정적인 영향을 미쳤다.

우선 정치적 행위의 문제, 곧 그 가능성의 범위와 정치적 행위가 전제하는 지식의 종류와 관련된 문제를 제기해 볼 때, 비록 지식에 대한 이론과 정치적 행위에 대한 이론 사이에 논리적으로 필연적인 어떤 관계가 존재하는 것은 아니지만, 또 어떤 저자가 절대적으로 유효한 진리에 도달할 가능성을 믿으면서도 매우 조심스러운 행위의 노선을 조언할 수 있겠지만, 그렇다 하더라도 사유와 행위를 연결하는 강력한 심리적인 결합 관계가 존재하는 경향이 있다고 우리는 말할 수 있다. 인간은 자신의 행위가 지적인 확실성에 기초하고 있음을 확신할 때, 훨씬 더 자신감을 느낀다. 인간은 자신이 진리를 생생하게 파악하고 있다고 확신할 때, 좀 더 적극적으로 전면적인 계획에 착수한다. 이런 의미에서 우리는 자유주의 전통과 급진적 민주주의의 전통 사이에 존재하는 차이의 근원이 현실을 통찰하고 그 결과를 실천적인 행위로 옮기는 인간 정신의 능력에 관한 신뢰에 대해 그들이 보여 주는 대조적인 태도에 있다고 말할 수 있다.

자유주의 전통은 "우리의 정신은 진리만큼 넓지 않으며 사물의 전체 범위에 필적하지 못한다"는 로크의 언급에서, 그리고 급진적 민주주의 전통은 진리를 "우리의 관념과 사물의 본성의 일치"로 규정하는 올바크Baron d'Holbach의 정의에서 상징적으로 나타났다.[21] 올바크의 자신에 찬 선언은 프랑스혁명 시기에 기획되었던 사회의 재건설이라는 거대한 계획의 바탕에 존재하는 철학적인 정서를 상징적으로 드러내고 있었다.[22] 반면 인간이 도달할 수 있는 진리와 가능한 진리의 총체를 혼동하는 것에 대한 로크의 경고는 영국 자유주의

사상의 주된 흐름으로 수용되었다. 영국 자유주의에서 로크의 경고는 정치철학이 극적인 발전을 위한 지식을 제공할 수 있다는 확신을 부식腐蝕시키는 역할을 수행했다. 이것은 참된 정치적 지식의 가능성을 노골적으로 부정하는 방식이나 정치적 행위의 효율성을 회의하는 방식으로 일어나지 않았다. 대신에 정치 이론 및 실천의 위상과 위신을 격하시킨 관점의 변화는 점진적이고 간접적으로 일어났다. 이런저런 측면에서 그것은 대략 동일한 시기에 칼빈주의에서 일어났던 사태와 놀라울 정도로 유사한 형태를 띠었다. 베버Max Weber와 토니Richard Henry Tawney는 17, 18세기에 칼빈주의 집단이 그 관점과 행동의 의미심장한 변화를 겪어서 결과적으로 규범의 재평가와 행위의 방향 전환에 이르게 되었다는 점을 보여 주었다. 그들의 행위는 구원에 몰두하는 대신에, 출세하고 성공하는 것을 목표로 삼게 되었다. 원래 종교적인 목적에 이바지하는 데 동원되었던 추동력은 이제 경제적·사회적 관심사로 이전되었다. 우리가 볼 것처럼, 이와 동일한 활동가적인 욕망은 로크적 자유주의가 상정한 인간의 상에서도 두드러진 특징이었다. 만약 우리가 로크와 그의 가장 영향력 있는 추종자들 대다수가 비국교도이거나 국교회에 대한 반대파들이었다는 점 — 스미스, 벤담, 밀만을 언급하는 것으로도 족하다 — 을 기억한다면, 그것은 베버가 분석한 프로테스탄티즘에서의 변화가 단순히 자유주의의 전개 과정과 유사함을 넘어선 무엇인가를 구성한다는 것을 시사한다. 즉, 그것은 자유주의가 프로테스탄티즘과 일정 정도 동일한 유형의 전개 과정을 보여 주었을 가능성을 제기한다.

따라서 로크는 철학 — 그는 철학이라는 용어를 사용할 때 분명히 기독교적인 가치에 의해 정향되고 특징지워진 '철학'을 의미했다 — 이 인간의 내면적인 상태와 궁극적인 운명에 관한 전통적인 관심을 포기해야 하며, 그 대신 인간이 자연계를 이용할 수 있게 하는 지식의 종류를 검토하는 데로 방향을 선회해야 한다고 주장했다.

우리는 천상에서가 아니라 이 세상에서 태어난다. 이곳에서 우리의 존재는 고기, 음료, 의복 및 다른 필수품으로 생명을 유지한다. 이것들은 우리가 태어날 때부터 가지고 있지 않은 것으로서 계획을 세우고, 주의를 기울이며, 노동을 해서 얻고 유지해야만 하는 것이다. 그러므로 우리는 헌신, 찬양, 찬미로 가득 차 있을 수 없으며, 또 초월적인 것에 대한 상상에 영구적으로 빠져 있을 수도 없다……[23]

그리고 동일한 논점이 후일 아담 스미스에 의해 훨씬 더 간결하게 제기되었는데, 그는 신의 지혜에 대한 "숭고한 관조"가 "우리 삶의 커다란 사업과 직업"이어서는 안 된다고 언급했다.[24] 로크의 지침에 따르면, 철학은 "인간 삶의 이득과 편의"를 증진시켜야 했다. 철학의 관심사는 일상적인 세계에 대한 것이어야 했으며, 철학의 포부는 그 세계에서 이룰 수 있는 겸허한 개선에 만족해야 했다. 부와 편의의 증진은 "이 세상에서 이루어지는 인간의 이용과 이득에 적절한 지식을 위한 넓은 장"을 제공했다. "우리가 여기서 할당받은 부분이라고는 단지 이 지상의 작은 한 점일 뿐이고 우리와 우리의 모든 관심사는 여기에 갇혀 있는데, 왜 우리는 우주의 특수한 부분들에 대한 지식이 부족하다는 점을 한탄해야 하는가?"[25] 실천 가능성과 행위야말로 철학의 표어가 되었으며, 그리하여 급기야 철학은 그 자신의 기획이 갖는 진지한 중요성을 의심하게 되는 지경에 이르렀다. "관조적인 철학자의 가장 고상한 사색은 가장 사소한 활동의 의무를 소홀히 하는 것조차 거의 보상할 수 없다"[26]

철학을 현세적인 방향으로 돌린 결과는 현존 사회를 주어진 것, 곧 소소한 변화의 여지는 있지만 언제나 현재의 상태가 제공하는 준거 틀 내에 있는 것으로서 받아들이는 것이었다. 그런데 이것은 정확성과 확실성이 필수적이지도 바람직하지도 않은 정치적 지식의 형태를 함축했다. 결과적으로 자유주의 저술가들은 수학에서처럼 추상적 개념들의 인위적인 조작에서 비롯되는 확실한 진리와 인간이 자유롭게 손댈 수 없는 사안에서 일어날 수 있는 고도로 잠정적인 개연성을 분명히 구분했다. 그리고 가장 중요한 점은 자유주의자들이 정치적 지식의 영역을 후자와 동일시한 데 반해, 급진주의자들은 전자와 동일 시했다는 것이다. 로크는 정치적 지식이 논증될 수 없다는 점에서 신중함과 유사하다고 지적했다. 그것은 "사물에 대한 어떤 확립된 관념"이 아니라 "다양하고 아직 알려지지 않은 인간의 이익, 기질, 역량"에 의존한다. 따라서 인간은 "사실의 역사, 개연적인 원인을 탐구하는 총명함 그리고 그 원인들의 작동과 결과에서 적절한 유추를 발견하는 것"에 의지해야만 한다.[27] 유사한 견해가 스미스의 저작에서 다시 나타났다. 『도덕감정론』 *The Theory of Moral Sentiments*에서 그는 "공적인 정신으로 고양된 인간"과 "체계를 중시하는 인간"을 선명하게 대비시켰다. 전자는 "개인들이 가진 기성의 권력과 특권도 존중하지만, 국가를 구성하는 고귀한 신분 및 사회체들의 권력과 특권을 한층 더 존중할 것이다." 그러나 체계를 중시하는 인간은 오만함과 미학적인 비전을 결합시키며, 자신이 세운 "이상적인 계획"의 총체적인 실현에 대한 어떤 일탈이나 반대도 억눌러 버린다.

> 그는 자신이 체스판 위의 말들을 손으로 배치하는 것만큼이나 쉽게 거대한 사회의 상이한 구성원들을 배치할 수 있다고 상상하는 듯하다. 체스판 위의 말들은 손이 그것들에게 부과하는 것 이외에는 어떤 다른 행동 원칙도 갖지 않는다는 사실을 그는 전혀 고려하지 않는다. 하지만 인간 사회라는 거대한 체스판에서 각각의 모든 말들은 입법부가 선택해서 부과하는 원칙과는 완전히 다른 그 자신의 행동 원칙을 갖고 있었다.[28]

3. 경제 이론의 정치적 주장

성숙한 형태의 자유주의는 정치 이론을 진지하게 취급하는 것에 관해서 보수주의와 동일한 불안을 표출했다. 심지어 이론가의 화신이라고 할 수 있는 벤담조차 "너무 지나치게 이론을 밀어붙이는 성향이 거의 보편적으로 만연해 있다"고 주장했다.[29] 그리하여 그는 고대의 정치적 비유로 가득 차 있는 어떤 구절에서 정치 이론은 미학적인 충동을 그것이 수반하는 형상-질료 관계의 함축과 함께 억제해야 한다고 지적했다. 법학이 "입법의 기예에 대해 맺는 관계는 해부학이 의술의 기예에 대해 맺는 관계와 같다. 단지 차이가 있다면, 법학과 입법의 경우에는 기예가가 대상과 함께^{with} 일을 해야 하지만, 해부학과 의술의 경우에는 기예가가 대상에^{upon} 시술을 행한다는 것이다."[30] 자유주의자들의 태도를 결정지은 것은 단순히 사회적인 상호 관계의 복잡성이 합리적이고 합목적적인 행위로는 극복하기 힘든 어려움을 제기한다는 믿음뿐만 아니라, 정치적 행위가 그 매력과 활력을 잃어버렸다는 느낌이었다.

아놀드$^{Mathew Arnold}$와 바스티아$^{Frédéric Bastiat}$*처럼 대조적인 기질을 가진 저자들도 다소간 타락한 활동으로서의 정치에 대해 동일한 미학적 반감을 표출했다. 아놀드는 "이런 모든 정치적 조작"을 우려하면서, 젊은 자유주의자들에게 "[조직화된] 기제를 중시하지 말고, 현재의 정치 영역에 좀 더 초연한 자세를 취하며, 오히려 내적인 활동을 …… 힘써 고양시키도록 노력"할 것을 조언했다. 바스티아는 정부의 활동이 절대적인 최소한을 넘어서 아주 조금만 확장되는 것조차 정치적인 것의 "과장된 우위"$^{une prépondérance exagerée}$에 이르게 될 것이라고 경고했다.[31] 하지만 아놀드의 내성적인 경향은 넓게 공유되지 않았으며, 자유주의자들은 대부분 인간이 경제적 활동을 통해 자신의 존재를 긍정한다는 견해를 따랐다. 중요하게 부각된 논점은 인간이 부를 창출하는 사업을

---

* 바스티아(1801~1850)는 매우 저명한 프랑스 정치평론가로서 자유주의의 정통적인 고전 경제학 교의를 전파시키는 데 혁혁한 공헌을 했다. 그의 주요 비판 대상은 사회주의와 경제적 보호주의였다. 그의 사상은 프랭클린(Benjamin Franklin), 스미스 및 19세기 미국 경제학자인 케리(Henry Charles Carey)에 의해 큰 영향을 받았다.

해나가는 방식이었다. 개인들이 관심을 갖는 것은 사회적 출세의 전략이었다. 따라서 자유주의자들에게 행위는 무엇보다도 먼저 경제적 행위를 의미했다.

경제적 현상을 사회적 현상과 동일하고 외연을 같이 하는^{coextensive} 것으로 취급하는 자유주의자들의 경향은 물론 경제적 행위의 최고성도 18세기 고전 경제학자들이 채택한 방법론과 가정에 의해 크게 고무되었다. 노동 분업, 계급 구조와 생산 및 분배의 조직화 사이의 관계, 부 및 인구라는 변수와 그것이 진보에 미치는 효과 사이의 인과적 관계와 같은 개념들의 끝없는 분기分岐를 추적하면서, 그리고 인간으로 하여금 어떤 경제적 행동 유형을 다른 경제적 행동 유형 대신 채택하도록 하는 동기를 설명하면서 경제학자들은 조직화된 사회적 삶 전반과 조응하는 지식 체계를 주조하고 있었다.

그 다음 단계는 자연스러웠으며 거의 불가피한 것이었다. 경제학이 사회에 대한 지식이 되었으므로, 경제학자들이 사회적 관계들과 각종 다양한 활동들, 간단히 말해서, 사회의 삶을 다양한 경제적 범주들을 통해 요약할 수 있다고 주장하는 것을 그 어떤 것도 — 혹시 예외적으로 그들이 겸손의 미덕을 발휘한다면 몰라도 — 막을 수 없었다. 예컨대 경제학자들은 '연간 생산'과 같은 개념을 공식화하고, 그것을 주어진 1년간 사회 구성원들의 활동을 집약하는 간략한 상징으로 내세울 수 있었다. 유사하게, 사회의 구성 요소가 무엇이냐고 질문을 받을 때, 경제학자들은 사회가 노동자, 지주, 기업가처럼 명확한 '부분들'로 나누어져 있으며, 이것들은, 존 스튜어트 밀이 표현했던 것처럼, '정치경제학에서는 전체 공동체를 구성하는 것으로 간주된다'고 대답했다. 다시 경제학자들은 어떤 종류의 심리적 동기가 인간을 움직이게 하고 인간의 사회적 행동을 대체로 결정하는가라는 질문에 대한 답변을 자신들의 연구가 보여 준다고 가정했다. 그 답변이란 자신의 사회적 위상을 향상시키려는 욕망, 곧 "우리가 어머니 배에서 나와 태어날 때부터 가지고 있었으며 무덤에 갈 때까지 결코 우리를 떠나지 않는" 욕망이며, 경제적 행위에서 그 자연적인 배출구를 찾

게 되는 욕망이었다.[32]

사회적 삶을 경제적 측면으로 축소시키면서, 경제학자들은 행위의 이론으로 방향을 전환했는데, 이것은 정치와 정치 이론에 엄청난 함의를 가졌다. 그들의 이론이 가진 독특한 측면은 목적의식적인 활동이 '자연'의 원리를 제외하고는 그것을 지지하거나 권위를 부여하는 어떤 원리를 참조하지 않고서도 성공적으로 수행될 수 있다는 주장에 있었다. 스미스는 "정치가들과 정치적 기획자들은 일반적으로 인간을 어떤 종류의 정치적 기제의 질료로 간주한다. 정치적 기획자들은 자연을 교란한다. …… 필요한 것은 단지 자연을 그냥 내버려 두는 것이다"라고 기술했다.[33] 교회, 계급 및 정치 질서의 전통적인 권위와 결부된 가르침들과 통제 기제들은 자연에 반하는 것으로 간주되었다. 따라서 자유주의에서 진정 급진적인 요소는, 권위의 원리라고는 전혀 알지 못하는 행위자들이 수행하는 활동의 네트워크로 사회를 개념화하는 데 있었다. 사회는 자생적이고 자기 조절적인 질서일 뿐만 아니라, 권위의 현존으로 인해 괴롭힘을 당하지 않는 상태를 표상했다.

이런 사회적 행위의 속성들 — 권위의 부재, 자생성 및 자기 조절의 경향 — 은 사회적 행위가 정치적 행위의 특징적인 요소, 곧 권력에 호소해야 할 필요성을 결여하고 있다는 것을 의미했다. 스펜서가 선언한 바에 따르면, 산업은 "자발적인 협력"의 원리에 기초해 움직이는 "자생적인" 활동의 형태였다. 인간은 "동의에 의해 함께 일한다."[34]

일정한 정의正義의 기준에 따라 재화를 분배하던 유서 깊은 기능은 이제 정치적 영역으로부터 이전되어 시장 기제라는 비인격적인 판단에 맡겨졌다.[35] 정의의 개념 가운데 그나마 잔존한 것은 공평성에 대한 홉스적인 원리, 또는 좀 더 평이하게 말해서, 정의와 안전의 동일시라는 홉스적인 원리 정도였다. 그리하여 19세기 중반에 이르러 자유주의자들이 정치적 정의의 존재 자체에 의문을 품게 된 것은 전혀 놀라운 일이 아니었다. 바스티아는 다음과 같이 단언했다. "엄격하게 말해서, 법률의 목적은 정의가 지배하게 하는 것이 아니라 불의가 군림하는 것을 막는 것이다. 사실, 실제로 존재하는 것은 정의가 아니라 불의다. 정의는 불의의 부재로부터 비롯한다."³⁶ 자유주의자들에게서 목적 의식적인 정치 가운데 그나마 잔존한 것은, 매우 흥미롭게도, 대체로 로크가 제시한 철학자의 기능과 동일시되었다. '찌꺼기의 제거'에 대한 정치적인 대응물은 물려받은 모든 정책과 법률의 폐지였다. 그런 정책과 법률은 정치가 일정 정도 창조적인 기획이라는 환상이 키워온 것들로서 사회적·경제적 행위를 가로막는 것일 따름이었다.

> …… 현재 상태로는, [해야 할 - 옮긴이] 거의 모든 일은 과거에 행해졌던 것을 원상태로 되돌리는 것, 그리고 급격하고 경솔한 방식으로 이런 되돌림의 과정을 수행하는 것으로부터 발생하는 폐단을 제거하는 것이다.³⁷

정치 이론을 지식의 구원적인 형태로 간주하며 정치 행위를 갱생의 수단으로 보는 좀 더 오래된 주제가 서구 전통에서 사라진 것은 아니었다. 자유주의가 탈락시켜 버린 것은 18세기 급진주의에 의해 수습되었고, 19세기 혁명적 사회주의에 의해 복원되었다. 마블리^{Gabriel Bonnot de Mably}는 다음과 같이 언급했다. "입법자에게 불가능한 것이란 없다. 말하자면 그는 우리의 마음과 정신을 수중에 넣었기 때문이다. 그는 새로운 인간을 주조할 수 있다." 그리고 마르크스주의의 핵심에는 역사 법칙에 대한 지식에 근거한 정치적 행위로 사회를 변형할 수 있다는 주장이 자리 잡고 있었다. 정치적 행위가 의미를 가지려면, 그것은 그 성격상 혁명적이어야만 했다. 왜냐하면 인간이 "궁극적으로는 이 동물적인 세계로부터 그 자신을 떼어 내어 …… 진정으로 인간적인 조건으로 진입하게 되는" 것은 오직 창조적 파괴의 행위를 통해서 이루어지기 때문이었다.³⁸

그러나 자유주의자들 사이에서는 정치적 행위에 대한 관심의 결여 및 경제학이 인류에 대한 진정한 연구이며 경제적 활동이야말로 진정한 목적이라는 확신이 널리 퍼져 있었고, 이것은 정치 이론의 쇠락을 가속화시켰다. 왜냐하면 이런 생각들은 정치사상에 경제적 범주를 부과해서 경제 이론이 정치 이론의 역할과 위상을 찬탈해 버리는 결과를 조장했기 때문이었다. 자유주의자들은 경제학이 개인이 자신의 행복을 추구하는 데 가장 유용한 지식의 형태일 뿐만 아니라, 사회의 공통 업무를 다루는 데 필수적인 처방도 제공해 준다고 주장하게 되었다. 이런 사태 전개의 지적인 원천을 발견하기 위해서 우리는 로크, 특히 정치 질서의 목적에 관련된 그의 언급으로 돌아가야 한다. 로크는 인간이 "시민사회 내에서 갖는 이익"을 "마련하고, 보존하며, 증진시키기 위해" 정부가 존재한다고 선언했다. 그런데 이런 이익들은 "생명, 자유, 건강 및 고통 없는 신체뿐만 아니라 외부 사물들의 소유"를 포함했다. 그러므로 정치적인 것은 인간으로 하여금 "그들이 좀 더 원하는 것을 취득하게" 놓아두는 보호 장치들의 총체에 있다고 말할 수 있었다.[39] 하지만, 명백하게도, 소유물의 보호를 다루는 지식의 종류는, 일단 그 지식이 어떤 실천적인 보장책으로 전환되기만 하면, 단지 자신의 울타리를 손질이 잘 되어 있는 상태로 유지하는 것에만 관심을 가진 자택 소유자가 울타리를 치는 사람의 지식을 당연시하는 것과 동일한 방식으로, 당연시되는 어떤 것이었다. 그렇지만 인간으로 하여금 그들이 원하는 것을 취득할 수 있게 해주는 지식의 형태는 즉각적이고 지속적인 관심의 대상이 되었다.

처음에 스미스와 같은 저술가들은 경제학이 정치학statesmanship의 보조적인 분과를 이루며, 일차적으로 사회가 그 생활 수단을 획득하고 공적인 업무를 수행하기 위한 충분한 세입을 축적하는 방식에 관련된다는 제한된 주장을 개진하는 데 만족했다.[40] 그러나 19세기 초에 이르러 경제학은 좀 더 넓은 영역을 주장하고 나서기 시작했다. 이는 새로운 학문이 원래 정치철학이 차지하고 있었던 영역을 접수하기를 열망했으며 또 그럴 수 있었음을 시사했다. 즉, 새로운 학문이 공동체 전체의 복지에 관련된 최고의 지식을 소유하고 있다는 것이었다. 매컬럭John Ramsay McCulloch*은 정치경제학이 사회의 최선의 이익에 관한 연구라고 선언했다. 정치경제학의 주제는 "가능한 최소한의 어려움을 겪으면서 가능한 최대한 많은 부를 획득하는" 방법에 관련된 것이었기 때문에, 그것은 정의상 모든 계급의 이익을 증진시키는 학문이었다.[41] 게다가 부와 문명 사이에는 직접적인 관계 — "가난한 인민은 결코 품위를 가질 수 없으며, 부유한 인민은 결코 야만스러워질 수 없다" — 가 존재하기 때문에, 부를 연구하는 학문은 최고의 학문으로서의 자격을 갖추었다. "공적인 경제 체계를 현명하게 수립하는 것은 다른 모든 결함을 보상할 수 있다." "부는 정부의 본성과는 독립적이다."[42]

그리하여 19세기 초에 이르자 경제 이론은 스스로 정치 이론이 걸쳤던 지위를 요구하고 사회 전체의 선善을 선언하는 부담을 떠맡기 시작했다. 이런 경향은 제임스 밀James Mill이 집필한 가상의 대화에서 생생하게 나타났다. 그것은 마치 정치 이론이 경제 이론으로 대체된 것을 좀 더 강조하기 위한 것처럼 최초의 위대한 정치철학자[플라톤 - 옮긴이]의 어조와 양식을 의도적으로 채용하고 있었다는 점에서 주목할 만하다.

> B. "우리는, 당신이 동의한다면, 다음의 명제를 일반적인 명제로 정할 수 있겠지요. 즉, 매우 많은 행위자와 작업들이 특정한 결과나 일련의 결과들을 산출하기 위해 결합되는 곳에서는 어디서나, 그런 결합이 가장 완벽한 방식으로 목적을 달성하기 위해서는 전체를 통괄해서 보는 것이 절대적으로 필수적이라는 명제 말입니다."

---

* 매컬럭(1789~1864)은 스코틀랜드 출신으로 다작을 남긴 저술가였다. 그는 몇몇 경제적·통계적 연구들에 더하여, 스미스의 『국부론』과 리카르도(David Ricardo)의 저작들을 편집했다. 그는 독창적인 사상가라기보다는 고전 경제학파의 관념들을 충실히 따라간 추종자였다.

A. "저는 동의합니다."

B. "하지만 전체 주체를 통괄해서 보는 것, 곧 그것을 구성하는 모든 부분들과 이 부분들의 연관 관계를 들여다보는 것이란 단지 그 주제에 대한 이론 또는 학문의 다른 이름이 아닐까요? 이론theoria은 문자 그대로 '본다는 것'VIEW이며 학문은 '지식'scientia, KNOWLEDGE입니다. '본다는 것'이나 '지식'이 의미하는 바는 단지 이런저런 부분을 보거나 아는 것이 아니라 군대를 지휘하는 장군처럼 전체를 보거나 아는 것입니다."

A. "…… 당신이 말하는 바는 정치경제론이나 정치경제학이 인간의 사용물을 생산하는 데 관련된 행위자나 활동의 거대한 결합을 통괄해서 보는 것이라는 말씀이네요. 여기서 인간의 사용물이란 사람이 향유하고 소비하는 사물 전체이며 …… 또한 부를 이루는 요소라고 명명하는 사물들, 곧 인간의 거의 모든 수고와 관심이 향하는 거대한 대상이란 말이지요."

B. "당신은 제가 할 말을 정확하게 예상하고 있었군요."

A. "더 나아가 당신은 저에게 이런 질문을 계속할 것 같군요. …… 예컨대 '셀 수 없이 많은 작업들이 한 가지 방식이 아니라 더 많은 방식으로 일어나는 것은 아닌지, 간단히 말해서 좀 더 나쁜 방식이나 좀 더 좋은 방식으로 일어나는 것은 아닌지? 그것이 최선의 방식으로 일어나야 한다는 것은 중요하지 않은 것인지? 그리고 최선의 방식과 최악의 방식 사이의 차이는 별로 크지 않을 것인지? …… 그리고 이 모든 질문들에 대해서 저는 '그렇다'라고 대답해야겠죠."[43]

최고의 지위를 행사하면서 경제학자들은 자신들의 특수한 개념들과 분석 기법들을 정치 현상으로까지 점차 확장시켰다. 다른 유형의 활동을 다루는 데 매우 효과적이라고 증명된 분석과 동일한 유형의 분석을 정부 제도에 적용한다면 그 결과도 당연히 유익할 것이라고 생각했기 때문에, 경제학자들은 다음과 같은 순진무구한 질문을 던지게 되었다. 모든 형태의 활동은 자연적으로 '생산적 활동'과 '비생산적 활동'이라는 두 부류 가운데 하나에 속하기 마련인데, 그렇다면 통치 활동은 어디에 속하는가? 통치 활동이 농업이나 제조업과 같은 의미에서 생산적이라고 할 수 없다고 하더라도, 또 통치 활동이 다른 집단의 생산적인 노동에 기생적으로 의존하여 존속할 수밖에 없다고 하더라도,

정부는 여타 비생산적 활동처럼 전적으로 쓸모없지는 않았다. 그러므로 통치 활동을 노동 분업의 원리 아래에 포섭하지 못할 이유는 무엇인가? 이런 해결책은 정부를, 그 자체로 생산적이지는 않더라도, 사회가 생산이라는 기본적인 과제에 매진할 수 있게 하는 조건들을 유지하는 데 기여하는 활동의 형태로 다루는 것을 허용했다. 결국 누군가는 도로를 잘 닦아 놓고 적절한 안보를 제공하기 위해 법과 질서를 보존하는 책임을 져야 했던 것이다.

이런 추론 또는 이와 유사한 추론의 결과로, 많은 전통적인 정치적 개념들이 덜 중요한 것으로 치부되거나 완전히 사라져 버렸다. 스펜서는 "사회가 안정되고 조직화되어 감에 따라, 사회의 부와 진보는 더욱더 어느 누구와도 관계없는 것이 되고 있다"고 언급했다. 사회적 조화는 정부의 권위가 책임지는 것이 아니라, 어느 누구의 기획에도 속하지 않게 되었다. 사회적 조화는 경제적 세력들이 자연 발생적으로 형성하는 균형 상태로부터 귀결되는 흐름이었다. 시민의 지위는 생산자의 지위로 흡수되었다. 그리고 정치 참여는, 자유주의 개혁가들이 참정권을 확장시키기 위한 영웅적인 노력을 기울였지만, 자아 실현적인 활동이라기보다는 방어적 수단의 성격을 훨씬 더 많이 가지게 되었다. 즉, "각자는 자신의 권리와 이익을 지키는 유일한 수호자"이며, 또 모든 개개인이 "공동체 내의 다른 어떤 개인과 똑같은" 중요성을 갖기 때문에 정의는 평등한 투표권을 요구했다. 투표할 수 있다는 것은 자신의 이익을 방어하는 데 있어 더 좋은 위치를 차지하는 것이었다.[44]

4. 정치적 권위의 실추 : 사회의 발견

이전 논의로부터 다음과 같은 논점은 명확하다. 그것은 자유주의적인 가정들과 명제들의 집합이 구체적인 모습을 갖춤에 따라 그 집합이 암묵적으로 품고 있던 반정치적인 속성이 명백하게 드러났다는 점이다. 이것은 자유주의 전통의 시조인 로크와 홉스 사이의 관계를 간략히 검토함으로써 훨씬 잘 이해될 수 있다. 홉스적인 체계의 두드러진 특징 가운데 하나는 정치적인 것의 독특함을 강력하게 주장한다는 점이었다. 이런 특징이 가장 생생하게 표현된 것은 홉스가 이끌어 낸 자연 상태와 정치 질서 사이의 대조, 곧 규제되지 않은 자연주의naturalism와 문명을 지탱하는 정치적 권위에 의해 부과된 인위적인 규제들 사이의 대조에서였다. 정치 질서, 사회, 문명은 일종의 삼위일체를 형성했다. 여기에서 사회와 문명은 정치 질서에 의존하고 있었으며, 이 세 가지 모두는 인위적이고 반反자연적인 성격을 공유하고 있었다. 동시에 홉스는 각고의 노력을 기울여 정치적인 것이 그 자체의 정체성을 갖는다고 주장했다. 예컨대 정치적 권위는 어떤 종교적 권위 혹은 사회적 권위와 혼동되거나 그것에 의해 찬탈되어서는 안 된다는 것이었다.

로크는 이런 대립들을 거부했을 뿐만 아니라 그것들을 혼동했다. 그는 자연 상태에 정치사회의 이상화된 특징들을 모두 가지고 있으면서 결점은 아무 것도 가지고 있지 않은 온화한 정치적 조건을 대입했던 것이다.

> 자연 상태에서 저질러질 수 있는 모든 범죄는 가급적 코먼웰스에서 처벌되는 것과 똑같은 정도로 자연 상태에서도 처벌되는 것이 마땅하다. …… [자연법은] 코먼웰스의 실정법처럼 합리적인 피조물이나 자연법을 연구하는 자에게는 이해하기 쉽고 명백하다. 아니 어쩌면 더 명백할 수도 있다. …… 사람들이 타인의 부당한 의지에 복종하지 않아도 무방한 자연 상태에 있는 편이 [절대군주정에서보다] 훨씬 나을 것이다.[45]

홉스가 선先정치적일 뿐만 아니라 반反정치적이라고 생각했던 것을 [로크가 - 옮긴이] 정치적인 것으로 취급한 결과는 정치적인 것의 정체성을 모호하게 하고 그 위상을 하락시키는 것이었다. 자연 상태는 "지상의 어떤 우월한 권력"이나

"인간의 입법권"에 의해서 손상되지 않은 "완벽한 자유"의 상태라고 주장되었다. 또한 그것은 완벽한 평등의 상태였다. "거기에서 모든 권력과 권한^{jurisdiction}은 호혜적이며 무릇 어느 누구도 다른 사람보다 그것을 더 많이 가지지 않는다." 그리고 거기에서 모든 사람은 자신의 소유물을 스스로 생각하기에 적합한 대로 자유롭게 처분하고 관리할 수 있었다. 사람들은 오직 자연법의 영원한 도덕적인 명령만을 따를 뿐이었다. 정치권력은 현존했지만 모든 구성원 사이에 분산된 채로 존재했다. 그리고 구성원 각자는 명확하고 제도화된 형태를 결여하고 있는 자연법이 집행되도록 다른 사람들을 도울 합리적인 의무를 가지고 있었다.[46] 마지막으로 자연 상태는 명백히 사회적인 상태였는데, 거기에서 사람들은 "자연이라는 하나의 공동체"에서 살고 있었다. 따라서 로크적 인간에게 정치 질서는 결코 어떤 고안물일 수 없었으며, 단지 자연적인 질서의 재발견일 뿐이었다. 정치 질서는 결코 공동체의 불가결한 전제 조건이 아니었으며, 단지 공동체의 상부구조일 따름이었다. 정치 질서와 자연을 대조하는 것을 부인함에 따라, 정치 질서는 그것이 극적인 성취라는 특성을 상실해 버렸다. 로크는 정치 질서를 자연 상태의 "불편함"에 대한 온건하고 상식적인 치유책으로 제시했다. 그것은 집 없는 자들이 필사적으로 세운 피난처라기보다는 이미 집을 가진 자들을 위해 세워진 더 나은 거처와 같은 어떤 것이었다.

이런 이상적인 자연 상태에 구현된 사회적이고 정치적인 규범들은 또 다른 상태의 모델, 곧 전쟁 상태와의 대조를 통해서 좀 더 선명하게 드러났다.[47] 여기서 전쟁 상태를 식별하는 특징들은 어떤 한 사람을 다른 사람의 "절대적인" 권력에 복속시키기를 목표로 하는 "공공연한 힘의 기도" 그리고 "구제를 호소할 수 있는 지상의 공통된 우월자"의 부재였다. 자연 상태가 순수하게 선^先문명적인 단계로 국한된 데 반해, 전쟁 상태는 이상적인 자연 상태와 시민사회 모두에 잠재적으로 존재하는 일종의 일탈을 표상했다. 여기서 일탈이란 전쟁 상태가 양자 모두에 공통적인 공동체라는 특유한 요소를 파괴한다는 의미였다. 다시 말해, 전쟁 상태는 공통의 법을 따르며 산다는 협정, 곧 자연 상태에서는 자연법을 따르며 시민사회에서는 실정법을 따른다는 협정을 파괴했다.

로크의 논변에서 다음 단계는 언제나 해석상 곤혹스러운 문제들을 제기했다. 로크는 정치사회를 자연 상태에서 유래한다고 생각했는가 아니면 전쟁 상태에서 비롯한다고 생각했는가? 첫 번째 설명을 채택하면, 정치사회로 진입하려는 개인의 결정은 설명할 수 없거나 불필요한 것으로 나타난다. 예컨대 정치사회가 자연 상태를 개선한 것이라면, 우리는 자연 상태에 대한 로크의 목가적 기술을 어떻게 이해할 수 있는가? 자연 상태가 전반적으로 조화롭고, 평화로우며, 합리적이라면, 왜 그 상태를 떠나야 하는가? 자연 상태가 단지 "불편함"이라는 결점만을 가진다면, 이것이 또 다른 삶의 방식을 선택해야 할 충분한 이유가 되는가? 다른 한편, 정치사회가 전쟁 상태로부터 비롯된다면, 정치사회가 무정부 상태와 그것이 반복될 가능성을 극복하기에 충분한 권력과 권위의 구조를 필연적으로 포함한다는 홉스의 논리와 결론을 뿌리치는 것이 어떻게 가능한가? 대부분의 해석자들은 로크가 자연 상태 또는 전쟁 상태에서 정치사회를 추론했다고 추정해 왔다. 그렇기 때문에 그들은 로크의 추론 자체는 부주의한 것이었지만, 그럼에도 불구하고 그의 자유주의적 국가가 성취되었다는 결론을 내렸다. 사실 이런 해석은 로크를 그의 탁월한 사유 방식보다는 훌륭한 결과를 가져온 업적이라는 면에서 철학자로 자리매김하는 셈이었다. 좀 더 최근에는 특히 로크의 정치사회의 기원을 전쟁 상태에서 찾는 이들 사이에서 로크가 사실상 자유주의적인 외피를 쓴 홉스라는 주장이 유행하기도 했다. 이것은 베이컨과 셰익스피어^{William Shakespeare}의 논쟁[*]을 정치적으로

---

* [옮긴이] 베이컨-셰익스피어 논쟁은 셰익스피어가 쓴 것으로 알려진 희곡을 사실은 베이컨이 썼다는 주장에 의해 촉발된 논쟁을 가리킨다.

옮겨 놓은 버전이라고 할 수 있을 것이다.[48]

　그러나 내가 보기에 이런 해석들은 오류를 범하고 있는데, 왜냐하면 이 해석들은 로크가 사용하는 언어를 충분히 세밀하게 분석하고 있지 못하기 때문이다. 실제로 로크가 했던 작업은 제3의 상태, 곧 그가 "완전한 자연 상태" 및 전쟁 상태라고 부른 것과 구분되는 어떤 상태를 끼워 넣는 것이었다. 명료하게 표현하기 위해서 우리는 그것을 타락한 자연 상태라고 칭할 것이다. 왜냐하면 그것은 은총으로부터 멀어져 타락하기 이전에 지배적이던 기독교적 개념의 자연법과 그 이후의 죄악에 찬 국가를 지배하는 "타락한" 자연법에 대한 트뢸치Ernst Troeltsch의 구분과 일정한 유사성이 있음을 시사하기 때문이다.

> …… 타락한 인간들의 부패와 사악함이 없었더라면, 그 밖의 어떤 다른 [사회를 필요로 하지 않았을 것이며, 사람들이 이처럼 위대하고 자연적인 공동체로부터 떨어져 나와서 실제적인 합의에 의해 좀 더 작고 분열된 사회들associations로 결합할 필요성도 없었을 것이다.[49]

로크는 타락한 자연 상태가 이상적인 자연 상태와는 다른 상황이긴 하지만 그렇다고 전쟁 상태와 혼동되어서도 안 되는 그런 상황이라는 인상을 전달하고자 했는데, 이 점은 사회계약을 위한 그럴듯한 맥락을 제시하기 위해 그가 채용한 부정적인 언어에서 드러난다. 그는 자연적인 상태가 "두려움과 지속적인 위험으로 가득 차 있다"고 언급하며, 거기에서 살아가는 사람들 "대다수"는, 우리가 상정했던 것처럼, 자연법에 대한 합리적인 해석자이기는커녕 "결코 형평과 정의의 엄격한 준수자가 아닌 존재들"로 묘사된다.[50] 사람들은 시민사회를 지향하도록 내몰리는데, 그것은 그들이 불안에 시달리며, 자신들의 권리에 "확신을 갖지 못하고," "두려움에 떨고 있기" 때문이다. 하지만 이때 그들은 타락한 자연 상태 — 정의상 이상적인 상태는 아무런 "불편함"이 없는 상태이므로 — 에서 벗어나고자 하기 때문에, 그들이 더 나은 배치를 추구하는 과정은 필연적으로 이상적인 상태에 대한 지식, 즉 그들에게 타락한 상태의 "결점들"을 인식하게 만드는 규범들에 의해 인도될 것이다. 요컨대 타락한 상태를 참아 낼 수 없게 만드는 "결점들"은 오직 이상적인 상태에 구현된 규범들에 비추어서만 인식될 수 있었다. 이 점은 타락한 상태에 대한 "치유책들"remedies(이것은 혁신이라기보다는 복원을 함축하는 의미심장한 용어다)을 언급하는 데서 명백하게 나타난다. 이 치유책들은 보통법common law의 확립, 공정한 판결을 위한 방법 및 집행권의 확보다. 그리고 이 세 가지 방안은 이상적인 상태에서 유효했던 배치로 되돌리는 것이다.[51]

로크가 제기한 논변의 결론은 시민사회의 정치적 성격을 흐리는 것이었다. 그 정치적 특질들은 무無로부터 출현하지 않았다. 그것들은 이상적인 자연 상태에 부여된 정치적 형태에 의해 이미 예견되었던 것이다. 시민사회에서 진정 새로운 정치적 요소라고 말할 수 있는 것들은 사람들이 공통된 규칙의 체계를 받아들이고 다수의 결정에 복종할 것을 약속한 명시적인 합의를 통해서 도입되었다. 하지만 좀 더 중요한 것은 정치 질서의 최소주의적 성격이었다. 이것은 정부의 권력과 관할권jurisdiction이 매우 제한되었다는 것을 의미하지 않는다. 왜냐하면 로크의 언어는 상당히 넓은 범위의 정부 활동을 용인하고 있었기 때문이다. 오히려 그 최소주의적 성격은 로크가 정치 질서보다는 오히려 사회가 지배적인 영향력을 발휘하는 사고방식을 창시했음을 의미한다. '사회가 유지되려면 어떤 유형의 정치 질서가 요구되는가'라는 전통적인 질문을 제기하는 대신, 로크는 그 질문을 다음과 같이 돌려서 제기했다. '어떤 사회적 배치가 통치의 지속성을 보장할 것인가?'

전통적인 사회 모델에서 질서 정연한 사회적 관계들과 제도들은 정치적 중심이 발하는 지도에 의해 유지되었는데, 로크는 이것을 공통의 의지를 산출할 수 있는 자기 활성적 통일체self-activating unity라는 사회의 개념으로 대체함으로써 전통적인 사회 모델에 대한 공격을 감행했다. 다음 세기에 루소는 사회가 의지를 가진 실체라는 이런 관념을 좀 더 체계적인 방식으로 서술할 것이었다. 하지만 우리는 이미 로크에게서 이런 관념의 흐릿한 윤곽, 즉 유일한 공적 의지로서 정치 질서의 독점적 성격을 파괴하는 것으로 귀결되는 사상운동의 출발점을 식별해 낼 수 있다. 우리는 로크가 근본적인 계약을 기술하기 위해 사용했던 언어를 세밀하게 살펴봄으로써 이런 경향을 일정 정도 확인할 수 있다.

합의의 체결은 "구성원 각자가 모두" 자신의 자연적인 권력을 "공동체의 수중에" 포기할 것을 요구했다. 이것은 시민사회가 만들어지기 이전에 "공동체"가 존재한다는 것을 함축했다. "…… 사람들은 모든 자연적인 권력을 그들이 들어가는 사회에 양도하며, 공동체는 그들이 생각하기에 이런 신뢰에 적절한 이들의 수중에 입법권을 위임한다……"[52] 사회의 집합적인 권력은 정부가 시민들을 상대로 전쟁 상태에 돌입했을 때 어떤 일이 일어나는가에 대한 로크의 기술에서 훨씬 더 명시적으로 인정받는다. 정부가 그 신뢰를 위반할 경우에, 권력은 "사회"로 되돌아갔다. 이 경우 사회는 "최고의 권력자로서 행동하며, 스스로 입법권을 계속 가지고 있을 것인가, …… 아니면 새로운 형태의 정부를 수립할 것인가, 아니면 예전의 형태를 유지하면서 입법권을 새로운 사람들의 수중에 맡길 것인가"를 결정하기에 충분한 의지의 통일성을 갖고 있었다.[53] 로크를 비판하는 이들은 그가 정부에 대해서 반란을 일으키는 것이 정당하다고 느껴질 때 시민들이 호소할 수 있는 절차를 규정하지 않았다고 종종 비판해 왔다. 이런 비판은 핵심을 놓치고 있는데, 왜냐하면 로크의 이론에서 중요한 것은 자의적인 정부가 혁명을 도발했을 때 직면하는 것이 조직화되지 않은 개인들로 구성된 대중이 아니라 하나의 "사회," 곧 응집력 있는 집단의 저항이기 때문이다.

로크가 혁명을 사회적 행위로 개념화한 것은 이전 전통으로부터의 의미심장한 이탈을 보여 주었다. 『참주들에 대한 저항』*Vindiciae contra tyrannos*과 같은 저술이나 에포로스*ephori** 의 역할에 관한 칼빈의 짧은 논평과 같은 16세기 저술, 그리고 거듭해서 알투시우스Johannes Althusius의 정치 이론에는 저항권의 행사를 교회, 지역 회의체assemblies, 또는 특정한 행정관과 같은 구체적인 제도에 부여함으로써, 저항권을 봉쇄하기 위한 의식적인 노력이 존재했다.[54] 그렇지만 로크는 저항권을 "사회", 좀 더 명확하게는 다수에게 부여했다.[55] 다수를 사회가 활동하는 수단으로 지정함으로써, 로크는 정치 질서의 독특한 역할에 대해 또 다른 일격을 가했다. 그는 다수가 정치적 절차 및 정치제도와는 독립적이라고 생각했다. 다수는 사회에 역동적인 방향을 제공하기는 하지만 정치적 절차와 제도의 외부에 기원을 두고 있는 어떤 힘이었다. "…… 한 단체body는 한 방향으로 나갈 수밖에 없으므로 가장 커다란 힘, 곧 다수의 동의가 그것을 이끄는 방향으로 움직이지 않을 수 없다." 하지만 로크는 다수의 역할을 단순히 그것이 지닌 우월한 힘power에 근거해서 주장하는 것에 만족하지 않았다. 권력은 권리라는 옷을 걸쳐야 했다. 즉, 다수는 권위를 부여받아야 했다. 이것은 기본적인 계약을 통해서 달성되었다. 곧 각자는 "다수의 결정에 승복하고 그것에 따라 결정을 내릴 의무를 그 사회의 모든 구성원에 대하여 부담하게 된다."[56] 이런 방식으로 최종적인 권위가 사회와 동일시되었다. 이것은 정치 질서의 위상에 대해 의미심장한 영향을 미쳤다. 왜냐하면 권위의 '사회화'는 정치제도에서 권위를 박탈하고 정치제도를 사회에 의존적인 것으로 만듦으로써 달성되었기 때문이다. 하나의 좋은 사례는 전통적으로 정치적 권위의 최고 구현체로 간주된 군주제를 로크가 어떻게 취급하고 있는가 하는 것이었다. 로

---

* [옮긴이] 에포로스(ephor 복수형은 ephori. 그리스어 발음의 표기는 ephoros 복수형은 ephoroi이며 '감독관'이란 뜻이다)는 스파르타의 최고 관리로서 기원전 5세기 말부터 매년 다섯 명씩 시민들에 의해 선출되었다. 왕을 견제하고 사법권을 행사하며 장군을 소환하고 외국과 조약을 맺는 등 막강한 권한을 행사했다.

크는 왕위를 독립적인 지위를 갖지 않는 단순한 행정직, 곧 단순한 사회의 대리인으로 변형시켰다. 그것의 역할은 "코먼웰스의 이미지, 환영, 또는 대표자로서, 법률에서 선언된 사회의 의지에 따라 행동하는 것이다. …… 그것은 법률의 의지나 권력이 아닌 어떤 의지나 권력도 갖지 않는다."[57]

5. 사회와 정부 : 자발성 대 강제

앞에서 로크가 사회를 지탱하는 정치 질서가 아니라 정치 질서를 지탱하는 사회를 수립하기 위해 전통적인 우선순위를 역전시켰다는 점을 간략히 제시했다. 이 논점은 로크의 사적 소유권 개념을 살펴봄으로써 좀 더 명확해질 수 있다. 소유권과 정치 질서를 지탱하는 사회의 역할 사이의 관계는 로크가 소유권을 정치 질서가 아니라 사회와 동일시한다는 점에 있다. 논평자들은 대부분 소유권의 사회적 성격 및 그것이 초래하는 중요성을 간과해 왔다. 그 대신 논평자들은 소유권에 관한 홉스와 로크의 관점 사이에 나타나는 뚜렷한 차이를 강조하면서 논리적으로 어떻게 한 편은 전제정으로, 다른 편은 제한 정부와 개인적 권리로 귀결되는지를 설명하는 데 몰두했다. 일반적으로 지적되는 논점에 따르면, 홉스는 엄격한 논리에 따라 시민사회 이전에는 소유권의 인정을 집행하기 위한 어떤 효과적인 권력도 존재하지 않기 때문에 시민사회보다 우선한 소유권은 존재하지 않는다는 입장을 견지했다. 따라서 홉스는 소유권을 주권자의 의지로부터 파생된 것으로 만듦으로써 리바이어던에 권력의 한 요소를 추가했다. 이와는 대조적으로, 로크는 사적 소유권이 시민사회의 건설 이전에 존재했다고 주장했으며, 대부분의 해석은 이것이 정부의 권력과 개인의 권리에 대한 그의 이론에 영향을 미쳤다고 지적한다. 또한 소유권이 일종의 선^先정치적 권리로서 인간이 그것을 가지고 시민사회에 들어오며 또 인간이 양도하지 않았던 권리라고 한다면, 정치권력은 위압적인 한계에 직면하게 된다고 해석된다. 그렇지만 이런 해석은 잘못된 지점을 강조하는 오류를 범하고 있다. 로크는, 정치적 통제를 받지 않는 소유권을 옹호하기는커녕, 정치사회에 가입하는 행위를 통해 사람들이 그들의 소유물들을 정치사회의 통제에 복속시킨다는 점을 여러 곳에서 매우 명확하게 밝히고 있었기 때문이다. 그가 생각한 바에 따르면, 소유물의 보장이란 정치적 규제의 부재가 아니라, 단지 그런 규제가 "자의적"이어서는 안 된다는 것을 의미했다. 즉, 공통의 이익에 대한 자의적인 규제가 옹호될 수 없는 것처럼 소유물의 보장에 대한 자의적인 규제도 방어될 수 없는 것이다.[58] 위에서 언급된 해석이 가진 좀 더 중요한 취약점은 로크가 소유권을 보존하려고 한 만큼이나 소유권을 정치 질서의 보루로 전환시키는 데 열중했다는 점을 보지 못하고 있다는 것이다.

이런 논점의 중요성을 깨닫기 위해서 우리는 소유권의 선^先정치적 기원으로 돌아가야 한다. 이제 소유권이 정부에 우선한다는 로크의 주장은 단지 로크가 그와 동시에 사회의 존재를 가정할 경우에만 의미를 갖는다. 전유 행위가 '사적' 소유로 되도록 허용하는 것은 결국 다른 사람들이 그 행위의 타당성을 인정하는 것이다. 달리 말하면, 전유는 성격상 개별적이지만, 그것을 유효한 권리로 전환시키는 인정은 사회적이다. 이런 의미에서 소유권은 사회적 제도이며, 정치 질서가 아니라 사회와 동일시되는 것이라고 말할 수 있다. 그 다음 단계는 정치 질서가 다분히 소유권이라는 사회적 제도에 의존한다는 것, 좀 더 정확하게 말하면, 정치적 명령에 복종한다는 구성원들의 약속이 '정치적' 계약을 통해서라기보다는 소유권이라는 사회적 제도를 통해서 등록된다는 점을 보여 주는 것이다. 이 점에서 우리가 제시하려는 것은 로크의 동의 이론에 대한 일반적인 해석을 수정하는 것이다.

로크의 동의 이론에 대한 통상적인 해석은 로크의 정치사회가 지니는 합의적 기초가 "명시적인" 계약에 담겨 있다는 것, 곧 로크가 언급한 것처럼, 그 계약에 따라 각각의 구성원은 기꺼이 복종하겠다는 자신의 의향을 표명했다는 것이다. 이런 관점이 올바르다고 가정한다면, 로크는 의무의 문제를 한순간에 발생하는 순수하게 '정치적' 행위의 측면에서 추론했다고 결론을 내릴 수 있다. 그리고 단지 구성원 각자가 자신의 말을 지키겠다는 단 하나의 약속에만 의지하더라도, 정부의 안정성과 지속성이 보장된다고 로크가 낙관적으로 믿었다고 결론지을 수 있다. 이런 관점에 반해서 우리는 어느 정도의 시간에 걸쳐 구성원들의 충성심을 유지하는 데 있어 명시적인 계약은 부차적인 역할을 담당할 뿐이라고 주장하고자 한다. 그리고 명시적인 계약의 중요성은 두 개의 독특한 사건, 곧 정치사회의 건설과 정부의 전복 — 최초의 합의에 호소하는 — 에 국한된다고 주장할 것이다. 또한 구성원들의 지속적인 동의를 확보하기 위한 주된 장치는 바로 사적 소유권 제도임을 밝힐 것이다.

이런 명제들을 입증하기 위해서는 "묵시적인" 동의에 대한 로크의 교의를 살펴보아야 한다. 로크가 이런 형태의 동의를 도입한 것은 원초적인 또는 명시적인 계약으로는 원초적인 합의에 관여하지 않았던 후일의 구성원들이 왜 정치적 권위의 명령을 받아들여야만 하는지를 설명할 수 없다는 반론에 대처하기 위해서였다. 따라서 질문은 자신의 입장에서 어떤 명시적인 약속도 표명하지 않았던 개인이 정부에 복종하기로 동의했다고 말할 수 있는가라는 것이었다. 로크의 답변은 동의의 요소란 소유권을 행사하는 것, 대로상을 여행하는 것, "단지 일주일 동안이라도" 머무르는 것과 같은 일견 전혀 공통점이 없어 보이는 행위에 의해 나타난다는 것이었다. 이 정도로 넓게 던져진 그물망에 어떤 단일의 명시적인 계약 행위보다 많은 개인들이 포섭될 것이라는 점은 명확하다. 무엇보다도 그것은 명시적인 계약으로는 가능하지 않았던 방식으로 후일의 세대들에게 적용될 수 있었다. 이 점은 로크의 논변이 전개됨에 따라 점점 명확해진다. 그는 짧은 기간의 체류나 도로의 사용이 정치적 의무의 진정한 표식을 구성한다는 극단적이고 모호한 주장을 탈락시키고 그 대신 소유권이 가지고 있는 합의적 의미에 논의를 집중했다. 소유권을 향유하는 사람은 누구나, 바로 그 사실에 의해 원초적인 계약의 당사자들과 동일한 입장에 서있는 것으로 간주되었다. 그의 소유권과 인신person은 정치사회의 관할권juris-diction에 종속되었으며, 그는 그 명령에 복종할 의무를 부담하게 되었다. 두 가지 형태의 동의 사이에 나타나는 유일한 차이는, 묵시적인 방법으로 사회에 진입했던 어떤 개인이 그의 소유권을 포기할 경우 그는 자유롭게 떠날 수 있었지만, 명시적인 동의를 했던 사람들은 사회에 대해 "불가피하게, 영구적으로 의무를 진다"는 점이었다.[59]

　　로크 논변의 마지막 특징은 각각의 세대가 자유롭게 정치사회를 재구성한다는 급진주의가 선호하는 관념을 차단하기 위해서 재산상속제도를 채택한다는 것이었다.[60] 로크에 따르면, 어떤 개인이 상속재산을 받아들였을 때, 그의 행위는 정치사회에 대한 "자발적인 복종"을 의미했다. 왜냐하면 그가 유산을 향유하는 것은 법이 제공하는 보호에 의존하기 때문이었다.[61] 이런 방식으로 소유권의 이전은 명시적인 계약을 반복적으로 긍정하는 것이었다. 정치사회의 연속성은 경제적 소유의 영속화와 연결됨으로써 확보되었다. 동시에 외견상으로 보이는 "세대"의 통일성은 상속 행위에 의해 해체되었다. 필연적으로 상속은 개인적으로 단절된 일련의 사례를 통해 발생하기 때문이었다.[62] 요약하면, 우리는 로크가 소유권을 사람들로 하여금 묵묵히 정치적으로 복종하도록 강제하는 교묘한 수단으로 전환시키는 데 성공했다고 말할 수 있다. 확실히 이런 강제는 사람들이 부의 상속을 거부할 수 있는 자유가 있다거나 재산을 포기하고 사회를 떠날 자유가 있다고 말하는 것과 다름없었다. 따라서 로크가 소유권에 의해 자식들에게 행사하도록 부여된 아버지의 권력에 대해 언급한 것은 소유권에 의해 구성원들에게 행사하도록 부여된 사회의 권력에 대해서도 적용되며, 양자는 똑같이 정의롭다고 말할 수 있다. "이것은" 그들의 복종을 확보하는 데 있어 "결코 작지 않은 구속이다."

　로크가 소유권의 강제적 요소를 숨김없이 인정한 것은 이제 막 형성되고 있는, 강제에 대한 자유주의적 태도를 드러내고 있다. 자유주의자들은 소유권 체계로부터 발생하는 강제를 개의치 않는 것으로 알려졌다. 왜냐하면 그들에게 그런 압력은 비인격적이며 신체적인 구속과는 거리가 먼 것으로 비쳐졌기 때문이다. 다른 한편 자유주의자들이 정치권력에 대해 흥분해서 떠들어 댄 이유는 정치권력이 인격적이자 신체적인 요소와 결합된 것이기 때문이었다. 로크는 정치권력을 "소유권을 규제하고 보존할 목적으로 사형 및 그 이하의 모든 처벌을 가할 수 있는 법률을 제정하는 권리이며, 또한 그런 법률을 집행하기 위해서 그리고 코먼웰스를 외적의 침입으로부터 방어하기 위해서 공동체의 무력을 사용하는 권리이며, 이 모든 것을 오직 공공선을 위해서만 행사하는 권리"라고 규정했다.[63] 권력에 대한 이런 현실적인 견해에서 흥미로운 점은 권력을 신체적인 강제와 동일시하는 방식 및 이것이 정부가 마음대로 쓸 수 있는 유일한 종류의 권력이라는 함의다. 정부와 강제의 동일시는 자유주의적 세계관의 일부가 되었으며, 19세기 프랑스 정치경제학자인 바스티아는 이것을 다음과 같이 간결하게 요약했다. "시민에 대한 강제를 통해 활동하는 것은 정부의 본질이다."[64]

　여러 측면에서 볼 때 로크 이후 2세기 동안의 정치사상은 지금 논의된 세 가지 주제, 곧 정부와 물리적 강제의 동일시, 스스로 존재하는 실체로서 사회의 등장 및 비인격적인 원천에서 비롯하는 강제의 자발적인 수용에 대한 하나의 긴 주석이었다. 우리가 나중에 살펴볼 것처럼, 자유주의는 욕망의 추구를 위해 조직화된 사회에서 어느 정도의 강제는 필수적이며 따라서 정부 역시 필수적이라는 점을 인정했다. 그러나 또한 자유주의자들은, 스펜서의 표현에 따르면, "사회는 아무런 행정적인 감독 없이 굴러 간다"라고도 주장했다.

　최근에 고전적인 사유 경향을 가진 자유주의자들이 '계획'이라는 대중적인 통념을 공격했을 때, 이와 동일한 일련의 관념들이 다시 나타났다. '사회의 자발적인 힘'과 정치적인 감독에 의해 사용된 '강제' 사이에 또다시 동일한 경멸적인 대조가 유포되었다. 다시 한 번, 명확하고 확인할 수 있는 권위에 의해 행사된 권력에 대한 동일한 의심이 '시장이라는 비인격적이며 익명적인 기제'에 대한 명백한 선호와 짝을 이루었다. 시장은 소비자들, 즉 '사회'의 반응에 대한 기록을 표상할 따름이었기 때문에, 그에 따르는 강제와 불평등은 비인격적이고 집합적인 판단일 뿐만 아니라 '민주적인' 판단이라는 이점을 누렸다.

> 통제되지 않는 시장경제 아래에서 각 개인의 노력에 대한 평가는 어떤 인격적인 고려와 분리되며, 따라서 그 평가는 편향이나 혐오 양자로부터 자유로울 수 있다. …… 봉급과 임금은 자의적인 결정에 의존하지 않는다. …… 자본주의에서 노동은 상품이며, 하나의 상품으로서 매매되는 것이다. [바로 이 점이] 임금 생활자를 여하한 인격적 의존으로부터도 자유롭게 만든다. …… 소비자들의 선택은 생산에 관련된 사람들과는 관계가 없다. 그들은 사람이 아니라 사물에 관심을 둔다.[65]

그렇다고 해서, 자유주의자들이 로크가 남긴 유산의 유일한 수혜자는 아니었다. 페인과 고드윈William Godwin과 같은 급진주의자들은 이론적인 추론과 결합된 강조점의 변화를 통해 로크가 옹호했던 것과는 뚜렷하게 다른 사회의 개념을 산출할 수 있다는 점을 보여 주었다. 그러나 이 역시 로크의 영향력에서 완전히 벗어나지는 못했다. 페인과 고드윈은 로크가 정치적인 것을 정부의 강제력과 동일시한 것을 받아들였다. 하지만 그들은 이런 주장이 사실에 입각한 것이라도 하더라도 그것이 정치 체계의 적절한 모델을 위한 기초를 제공할 수는 없다고 생각했다. 정치적인 것을 위한 새로운 형태는 다른 곳에서 발견되어야 했다. 이에 따라 그들은 정치 질서를 위한 모범으로서 자발적인 협력, 필요의 평화로운 충족, 중앙 집중화된 통제의 부재라는 특성들을 지닌 사회에 주목했다. 페인의 기술에 따르면, 정부는 "사회의 원칙에 기초해서 활동하는 국민적인 결사"여야 했다.[66] 고드윈은 무정부주의를 정당화하기 위해 동일한 논변을 더욱 확장시켰다. 페인과 좀 더 정통적인 자유주의자들이 마땅히 그래야 한다고 주장했던 것처럼, 정부가 단순히 사회의 행정적인 대리인으로 전환되었다면, 인간 진보의 다음 단계는 사회가 자력으로 활동할 수 있는 단계가 될 것이었다.[67]

사회를 정치 질서의 모델로 삼는 것, 곧 정치적인 배경 속에 사회의 자발성, 자연주의 및 평화로운 관계를 재창조한다는 것은 단지 비정치적인 상태를 갈망한다는 것을 함축했다. 정치에 대한 적개심은 19세기에 한층 더 큰 추동력을 얻었는데, 이런 적의를 공유하는 매우 다양한 이론들 각각에 그 영감을 제공한 것 역시 스스로 존재하는 실체로서의 사회에 대한 로크적 관념이었다. 이런 경향이 취했던 하나의 형태는 사회적 문제들을 다루는 핵심적인 방법으로서 정치를 행정으로 대체하려는 시도였다. 푸리에François-Marie-Charles Fourier와 오언Robert Owen과 같은 공상적 사회주의자들의 기묘한 이론, 생시몽이 묘사한 관리주의 사회 혹은 기술 관료주의 사회, 그리고 마지막으로 "국가의 사멸"이라는 마르크스-레닌주의의 개념에는 공통적으로 일치하는 부분이 있었다. 그것은 일정한 개혁을 거치면, 사회는 자연 발생적으로 스스로의 삶을 영위한다는 것이었다. 반면 정치와 정치 질서가 존재하는 이유는 단지 시대에 뒤진 경제적 조직의 형태에서 비롯되는 사회적 균열 때문이었다. 일단 그 균열이 제대로 시정되면, 갈등이 사라지고, 이와 더불어 정치 질서의 존재 이유 역시 사라질 것이었다. 수공예처럼 정치적 기예는 역사적인 호기심의 대상이 될 것이었다. 그것은 "사물의 관리"로 대체될 것이었다. 즉, 유능한 회계사가 가진 것 이상의 지식이나 능력을 필요로 하지 않을 정도로 매우 일상화된 일련의 운영 체계로 대체된다는 것이었다.

다음 장에서 좀 더 상세히 논의하게 될 근대적 다원주의는 동일한 전통의 또 다른 파생물이라고 할 수 있다. 무정부주의자와 공상적 사회주의자처럼,

다원주의자 역시 '사회'를 선호했지만, 그 이유는 좀 달랐다. 다원주의자에게 사회는 일차적인 사회적 실재를 구성하는 집단들과 결사체들의 집결지였다.[68] 정치 질서의 중요성을 강조하는 것은 사회가 최고의 혹은 주권적인 권위를 필요로 한다는 잘못된 믿음의 결과로 간주되었다. 사회적으로 필수적인 대부분의 기능들은 사실 자발적인 집단에 의해 실행되고 있었으며, 개인적인 자아실현은 정치적 시민권의 행사에서라기보다는 그런 집단생활 속에서 자연스럽게 이루어지는 것이었기 때문이다. 결국 다원주의자들은 관리주의자, 공산주의자 및 로크적 자유주의자와 매우 유사한 입장에 접근하게 되었다. 자율적인 집단으로 구성된 사회에서도 일정한 유형의 조정 권력이 필요하다는 이유에서 정치 질서의 흔적은 보존되었다. 이는 정치 질서가 본래 기획된 것이라기보다는 불가피한 것으로서 정당화된다고 말하는 셈이나 다름없었다. 하지만 근대 정치 이론가가 정치 질서에 일종의 회계 기능을 기꺼이 부여하려 하는가 혹은 그는 정치 질서의 과제를 "조정"으로 기술하는가라는 물음은 대체로 부적절하다. 왜냐하면 양자 모두는 정치적인 문제를 행정적인 문제로 전환시키려는 근대 정치사상의 경향을 보여 주는 징후이기 때문이다.[69] 그것은 플라톤의 철학자에서 후버^{Herbert Hoover}의 전문가 위원회에 이르는 먼 길을 거쳐 다다른 것이었다.

6. 자유주의와 불안

자유주의는 통상 활동가적 철학의 전형으로 간주되어 왔다. 곧 자유주의는 "자연적[천부적 – 옮긴이] 자유"를 요구하는 것 그리고 인간이 자신의 이익을 추구하고, 사상을 표현하며, 사회적 지위를 향상시키는 것을 가로막는 제약들을 제거할 것을 요구하는 것과 동일한 것으로 받아들여졌다. 우리가 고전적인 경제적 자유주의의 근대적 옹호자들이 쓴 다음과 같은 구절을 읽을 때, 우리는 그것이 부르주아의 이상을 충실하게 재생산하고 있다고 가정한다. "위대한 기업가"의 특징은 "지칠 줄 모르는 창의성과 혁신을 향한 갈망이다. …… 그는 자본주의에 내재한 끊임없는 역동성과 진보주의를 자신의 인격 속에서 구현한다." 또 그들은 성취의 역정에 들어서는 희망에 찬 젊은이에 관해 다음과 같이 말한다. "그는 나이를 먹어 가면서 자신의 계획 가운데 많은 것들이 좌절되었음을 깨닫게 되겠지만, 그렇다고 해서 그가 절망에 빠질 이유는 전혀 없다. 그의 자식들은 다시 그 경주를 시작할 것이다. …… 인생은 밝은 전망으로 가득 차 있기 때문에 살아갈 만한 가치가 있다."[70] 따라서 자유주의에 대한 반대자와 옹호자는 모두 자유주의가 인간의 창조적 능력에 대한 확고한 신뢰 및 소박한 확신 — 자연계는 매우 자비롭게 짜여 있어서 합리적으로 행위하고 "강건한 노력"을 기울이면 자동적으로 행복을 성취할 수 있다는 — 에서 그 힘을 끌어낸다는 점을 자명한 것으로 받아들였다. 우리가 탐구할 문제는 종종 당연하게 생각되는 것처럼 자유주의가 원래부터 매우 순진하고 자신만만한 것인지 또는 절망이라는 것을 아예 모르는 것인지를 알아보는 것이다. 이를 위해 다음과 같은 질문을 제기해 볼 필요가 있다. 고전적인 자유주의 이론가에 따르면, 무엇이 인간을 행위하게 만드는가? 그리고 일단 행위에 착수하면 무엇이 그로 하여금 지속적으로 활동하도록 끊임없이 자극하는가? [이런 질문을 진지하게 추구해 보면 - 옮긴이] 아주 상이한 특징, 불안에 의해 깊이 그늘지어진 특징이 드러난다.

이 점을 이해하기 위해서는 자유주의적 인간의 심리학을 위한 일종의 교과서에 해당하는 로크의 『인간오성론』으로 돌아갈 필요가 있다. 로크에 따르면, 인간 행위의 원천은 쾌락을 향유하고 고통을 회피하려는 어떤 단순한 욕망에서 발견되는 것이 아니며, 하물며 "좀 더 큰 선善"을 증진시키려는 고상한 동기에서 나타나는 것도 아니었다. "[행위를 이끌어 내는 - 옮긴이] 의지를 즉각적으로 결정하는 것은 불안감" 곧 "어떤 결여된 선善을 원하는 ……" 욕망에서 발생했다. "우리가 무엇에서 불안감을 느끼든지 간에, 그만큼 우리가 행복을 …… 결여하고 있다는 것은 확실하다."[71] 그것은, 단순한 좌절의 상태이기는 커녕, 자비로운 신이 인류의 생존을 보장하기 위해 깊은 통찰력을 가지고 고안해 낸 것이었다. "불안감은, 그것이 인간의 근면과 행위의 유일한 자극은 아니라고 할지라도, 가장 주된 자극이다."[72] 하지만 자연이 인간의 불안이라는 우회적인 경로를 통해서 행복을 증진시킨다는 관념은 자연에 대한 인간의 점증하는 소외감의 최초의 흔적을 담고 있었으며, 그 결과 인간의 활동은 [그 소외에서 벗어나기 위해 - 옮긴이] 필사적인 성격을 가지게 되었다. 스미스는 자연이 행하는 "기만은 인류의 근면을 끊임없이 일깨우고 추진되도록 한다"고 언급했다.[73]

인간과 자연 사이의 근본적인 적대라는 함의는, 자유주의자들이 사적 소유제 및 사유재산을 창출하는 노동 활동이라는 자유주의 철학의 두 가지 근본적인 원리가 모두 자연의 호의를 억지로 얻어 내기 위해서 자연을 거스르는 것임을 깨닫게 됨에 따라 더욱 확연해졌다. 노동과 사적 소유가 자연이 조성하는 불안의 소산임은 물론 자연에 대한 조직화된 공격의 일환이라는 견해는 사적 소유의 기원에 대한 로크의 기술에도 함축되어 있었다. 로크의 자연 상태에서 "[땅이] 자연적으로 생산하는 모든 과실과 땅이 먹여 살리는 짐승들은 자연의 자연 발생적인 작용에 의해 생산되는 것이기 때문에 인류에게 공동으로 속한다." 그러나 자연적인 산물은 그 자체로 인간의 진보를 떠받치기에 부족했다. 또는 로크가 『자연법에 관한 에세이』*Essays on the law of nature*에서 기술하고 있는 것처럼, 자연의 재화는 "인간이 필요로 하거나 갈망하는 것과 같은 비율로 증가하지" 않는다. 그러므로 생존하기 위해서 인간은 자연을 "정복"하고, 자연의 부를 착취하며 자연의 비밀을 밝혀내야 한다.[74]

생산자인 인간과 생산의 착취 가능한 원료인 자연 사이의 관계는 자유주의적 저술가에게 지속적인 불안의 원천으로 남아 있었다. 19세기가 지나면서 자유주의는 단지 자연에 대한 죄책감이라고 부를 수밖에 없는 콤플렉스를 점점 선명하게 드러냈다. 정치경제학의 핵심적인 명제에 따르면, 노동과 생산은 사회를 존속할 수 있게 하는 근본적인 과정이었다. 이를 매컬럭은 "자연은 상품의 원료를 자연 발생적으로 공급한다. 그러나 [생산과정에서 – 옮긴이] 원료를 전유하는 데, 또는 우리의 용도에 맞게 원료를 가공하는 데 노동이 지출되지 않는다면, 그 원료는 전적으로 가치를 결여한다"고 언급했다.[75] 이런 명제를 기초로 하여, 생산을 삶의 방식으로 확립한 그런 사회는 자연에 대한 조직화된 공격으로 서술되어도 온당하다는 결론이 나온다. 미국 경제학자인 케리^{Henry Charles Carey}* 의 표현에 따르면, "부는 자연이 언제나 무상으로 제공하는 서비스를 통제할 수 있는 힘에 존재한다. 그 힘은 인간의 두뇌에 의해서 또는 인간을 둘러싸고 있는 물질로서 인간이 작동시키는 것이 필요한 물질에 의해서 제공된다."[76] 그렇지만 19세기 중엽에 이르게 되자, 자연의 착취를 자연의 비밀을 풀어낸 사람들에게 자연이 굴복하는 일종의 재치를 겨루는 게임으로 더는 보지 않게 되었다. 자연을 향한 그 활동이, 계략과 책략이 정연한 박자로 진행되는 게임이 전혀 아니라 창조와 파괴의 불안정한 리듬으로 실행되며, 참여자들 사이에 깊은 죄의식을 남겨 놓는 광기에 찬 관행이라는 것을 깨닫게 됨에 따라, 술수를 부려서라도 그 게임에서 이기면 된다는 정신은 산산이 부서져 버렸다.

---

* 케리(1793~1879)는 영향력 있는 미국 경제학자로서, 그의 주저인 『사회과학의 원리』(*The Principle of Social Science*, 1858-1859)는 미국에서뿐만 아니라 유럽 대륙에서도 널리 읽혔다. 경제학을 연구하는 역사학자들은 대부분 케리를 '낙관주의자'로 분류해 왔다. 왜냐하면 그가 '수확체감의 법칙'이 시사하는 비관적인 함의를 수정하려고 시도했기 때문이다. 그는 원래 자유무역주의자였지만, 이후 보호주의의 옹호자가 되었다.

생산된 모든 것은 소멸하기 마련이며, 그것도 대부분은 매우 빨리 소멸한다. …… 자본이 시대를 넘어 존속할 수 있는 것은 보존에 의해서가 아니라, 영속적인 재생산을 통해서다. 즉, 자본을 구성하는 모든 부분은 일반적으로 생산되자마자 곧바로 사용되고 파괴되지만, 그와 동시에 자본을 [사용하고 파괴함으로써 - 옮긴이] 소비하는 사람들은 [자신의 활동을 통해 - 옮긴이] 더 많은 자본을 생산하는 데 채용된다.[77]

인간과 자연의 충돌이 갖는 마지막 논점은 맬서스Thomas Robert Malthus의 이론이 제공했다. 돌이켜 보면, 그의 이론은 일견 자연의 보복과 인간의 속죄를 똑같은 비중을 두고 설명하는 것처럼 보인다. 맬서스의 기술에 따르면, "자연의 법칙"은 사회가 장기간에 걸쳐 고의적으로 훼손한 것에 대해 가차 없이 보복하는 엄격한 명령이었다. 자연에 대한 공격은, 자연은 무한히 풍요롭다는 어리석은 믿음에 따라 수행되었다. 하지만 생계 수단의 부족이라는 임박한 위기는 인간의 오만함에 대한 자연의 응답이었다. 심지어 좀 더 교묘한 것은 자연이 고안해 낸 처벌 방식이었다. 자연의 법칙에 대한 순응은 인구 증가의 압력을 완화시키기 위한 수단 가운데 하나로 성적인 금욕을 요구했다. 그렇지만 이것은 인간이 자신의 본성[또는 자연 - 옮긴이]과 대결을 벌이는 상태에서만 인간의 조건이 완화될 수 있다는 것을 의미했다. 자연은 인간 속에 자식을 낳으려는 본능적인 욕망을 심어 놓았지만, 그 각각의 자식들은 단지 생필품의 제한된 공급에 압력을 가하는 인구수의 증가를 가져올 뿐이라는 자연의 경고에 의해 이 욕망은 좌절에 봉착한다. 그렇지만, 만약 인간이 자신의 자연적인 욕망을 억제하도록 노력한다면, 그는 악덕 속에서 욕망의 배출구를 찾도록 내몰린다. 따라서 자연은 인간 속에 성적 욕망을 심어 놓고는 그것을 궁핍한 생계 수단이라는 방식을 통해 좌절시킨다. 즉, 자연은 얼마간 착취를 당한 다음에는 자신을 괴롭힌 인간에게 덤벼든다는 것이다.[78] 다음의 구절에서 보듯이 존 스튜어트 밀이 자연에서 일종의 공포감을 느꼈다는 점은 놀라운 일이 아니다.

…… 자연의 힘은 종종 인간에게 적대자의 모습을 취한다. 인간은 그 적으로부터 자신이 사용할 수 있는 얼마 안 되는 것을 힘과 재간으로 억지로 비틀어 짜내야 한다. …… 자연은 인간을 말뚝으로 찌르고, 형거에 매달아 찢어 놓으며, 내던져서 야수에게 잡아먹히도록 하고, 불에 태워 죽인다. …… 뿐만 아니라 자연은 나비스^{Nabis}나 도미티아누스^{Domitian}의 교묘한 잔혹성으로도 결코 당해 내지 못할 수백 가지의 다른 끔찍한 죽음의 형벌을 보유하고 있다.[79]

19세기 동안 인간에 대한 자연의 적개심은 위협이 상존하는 환경 속에서 생물종이 생존을 위해 끝없는 투쟁을 벌인다는 다윈의 이론으로 더욱더 확인되었다. "사회적 다윈주의"에서 파생된 가장 영향력 있는 자유주의 학파들 가운데 하나인 작고한 듀이의 학파가 자연에 대한 인간의 승리가 아니라 인간이 자연에 다시 적응해야 할 필요성을 강조해야만 했다는 점은 의미심장하다.[80]

자연으로부터 점점 더 소외되는 것과 동시에 자유주의적 인간은 문명화된 사회가 요구하는 대가가 그 자신의 본성[자연 – 옮긴이]을 억압하는 것이라는 점을 고통스럽게 인식하게 되었다. 우리 시대에 와서 프로이트는 문명이란 일련의 필수적이고 억압적인 배치로서, 그것은 자연적인 본능을 충족시키려는 인간의 욕망을 통제하고, 억압하며, 전환시키는 방향으로 발전해 왔다고 주장했다. 진보의 아이러니는 그것이 오직 인간의 자연적인 욕망, 즉 인간의 행복을 희생시킴으로써만 달성될 수 있다는 사실에 있었다.[81] 존 스튜어트 밀은 반세기도 훨씬 전에 실질적으로 이와 동일한 분석을 제기했다. 그는 다음과 같이 언급했다. "문명은 그 모든 측면에 있어서 동물적인 본능에 대항하는 투쟁이다. …… 문명은 인간의 많은 가장 자연적인 성향이 아무런 흔적이나 한 조각의 기억조차 남지 않을 정도로 인류의 대부분을 인위적으로 개조해 왔다."[82] 하지만 밀은 문명화된 억압의 내구력에 대해 훨씬 더 낙관했다는 점에서뿐만 아니라, 무엇보다도, 본능에 대한 전면전을 촉구하고 있다는 점에서 프로이트와는 다른 입장을 취했다. "인간성을 이루는 거의 모든 존경할 만한 속성은 본능의 결과가 아니라 본능과 싸워 거둔 승리의 결과이기" 때문에, 교육의 목적은 "단순히 [바람직하지 않은 본능을 규제하는 데 그치지 않고, 나아가 그것을 근절하는 것, 더 정확히 말하면 …… 사용하지 않음으로써 사장死藏시켜 버리는 것"이어야 했다.[83] 밀과 자유주의자들이 벌인 억압의 캠페인이 어느 정도로 성공을 거두었는지는 아마도 정신의학의 경이적인 성공을 보면 알 수 있을 것이다. 즉, 정신분석학은 자유주의적인 에토스에 필수적인 학문이 되었다.

나아가 자유주의를 따라다니는 이런 '불안'은 자유주의 정치 이론과 고전 경제학 사이에 빠르게 결성된 동맹 관계를 통해 더욱더 강화되었다. 일찍이 로크는 "소유에 대한 욕망이나 필요가 인간들 사이에서 언제 증가되었든지 간에, 그때 이후 세계가 더 확장되지는 않았다. …… 누구든지 다른 누군가를 희생시키지 않고는 부를 증진시킬 수 없다"고 지적했다.[84] 그렇다 하더라도 경제학과의 동맹이 확고해지기까지는 희소성이 자유주의의 기본적인 전제를 구성하지 않았다. 하나의 지식 체계로서 경제학의 특성 가운데 하나는 재화와 부의 희소성이 일차적인 중요성을 갖는다는 주장이었다. 그 결과 초기의 경제학자들은 자연의 희소한 자원이 사회의 다양한 계급들 사이에 분배되는 과정 및 부와 생산성을 제한하는 다양한 요인들의 작용을 검토하는 것을 자신들의 주된 관심사로 삼았다. 초기 경제학의 분석에서 토지, 노동, 자본, 혹은 임금 기금과 같은 개념들은 고정적인 또는 비탄력적인 일정한 양을 한결같이 의미했다. 이런 관념의 결과는 우리가 철학의 역할에 대한 로크의 개념에서 이미 주목했던 함의를 강화하는 것이었다. 즉, 그 함의란 인간의 행위가 어느 정도 협소한 한계 내로 국한된다는 것 그리고 상당한 수의 고정된 조건이 존재한다는 사실이 진정으로 창조적인 대규모 행위를 수행할 수 있는 기회를 제거한다는 것이었다. 존 스튜어트 밀은 그 점을 다음과 같이 표현했다.

우리가 사물의 구조에 의해 정해진 한계 내에서 우리 자신을 위해 좀 더 넓은 공간을 마런하는 데 성공할 수 있다고 할지라도, 우리는 거기에도 틀림없이 한계가 있다는 사실을 알고 있다. …… 거기에는 우리가 정한 것도 아니고, 변경할 수도 없으며, 오직 순응할 수밖에 없는 최종적인 법칙이 존재한다.[85]

생산의 잠재력에 관한 영국 경제학자들의 냉정한 평가는 리비에르Mercier de la Rivière와 같은 프랑스 중농주의자들로 대표되는 낙관적인 정서와 날카롭게 대립했다. 리비에르는 인간은 "지상에서 향유할 수 있는 모든 행복을 반드시 산출하게 될" 조직을 창조할 수 있다고 천명했던 것이다.[86] 하지만 영국의 저술가들이 지적했던 것처럼, 그 주장에서 난점은 생산이란 투자에 의존한다는 것, 따라서 자본을 어디에 그리고 어떻게 투자해야 하는가에 대한 결정은 항상 이용 가능한 자본의 고정된 양에 따라 좌우된다는 것이었다. 벤담이 언급했던 것처럼, "[하나의] 방식으로 사용된 만큼의 자본은 다른 방식으로 사용되지 못한다." 이어서 벤담은 『정치경제학 편람』Manual of Political Economy에서 근본적인 원리 또는 "모든 것의 토대"는 "자본의 제한에 의한 산업의 제한"이라고 지적했다.[87] 모든 형태의 정부 개입에 대한 고전적인 비판을 추동한 것은 바로 이 명제였다. 보조금, 독점, 세제 혜택 등은 전적으로 정부의 규제에 의해 새로운 부가 산출될 수 있다는 오류에 기초하고 있다는 것이었다. 사실상 정치적 행위는 현존 자본을 그 행위가 개입하지 않았더라면 흐르지 않았을 경로로 방향을 전환시킬 수 있을 따름이었다. "그들이 이전시킨 것[자본을 – 옮긴이]을 그들은 자신들이 창조한 것이라고 생각했다." 게다가 스미스가 역설한 것처럼, "자본stock의 자연적인 분배를 교란시키는 모든 행위는 필연적으로 해로우며," 결국 부정의한 것이었다. 왜냐하면 그것은 어떤 집단이나 계급에게 이익을 주기 위해 다른 집단이나 계급을 희생시킨 것이기 때문이었다.[88] 이런 관념은 분배의 문제에까지 이르게 되었는데, 이는 노동계급의 상태를 다루어야 했을 때 경제학자들이 느낀 무력감을 일정 정도 설명해 준다. 새로운 경제학은 어떤 주어진 년도에 임금을 위해 고정된 기금이 존재한다고 가정했다. 따라서 노동자의 편에 서서 그들에게 좀 더 많은 몫을 주어야 한다고 아무리 선동하더라도 이처럼 엄혹한 사실을 완화시킬 수는 없었다.[89]

노동에 대한 자유주의적 개념은 이런 희소성이라는 맥락을 염두에 두고 볼 때에만 이해될 수 있다. 이후의 해석들은 노동이란 부르주아 계급이 즐거이 임하는 것이라고 강력하게 시사해 왔다. 즉, 그들은 끝없는 획득의 가능성으로 동기를 부여받아서 경제적 활동에 열성적으로 달려들고 고된 노동을 즐거운 헌신으로 변화시킨다는 것이었다. 노동이 일종의 종교적인 소명으로 동화되었음을 강조하는 베버와 토니의 해석이 진실에 훨씬 더 근접해 있다고 하더라도, 그것은 칼빈주의 신도를 따라다니는 불안감과 경제적 행위에 수반되는 불안 사이에 있는 유사성을 드러내지는 못하고 있다. 마찬가지로 그것은 구원에 대한 희구와 경제적 안정성의 추구 양자 모두에 공통적으로 즐거움과는 거리가 먼 태도가 존재한다는 것을 간과한다. 자유주의 저술가들이 지치지 않고 주장하는 것처럼, 노동은 자유로운 선택이 아니라 엄혹한 필연성의 소산이었다. 로크는 인간사가 시작된 이래 "인간을 지배하는 법"은 인간을 "[자연을 — 옮긴이] 전유하는" 동물로 만들었다고 단언했다. "신은 인간에게 노동을 명했고, [인간의] 궁핍으로 인해서 노동을 하지 않을 수 없었다."[90] 스미스는 노동의 본성을 좀 더 명확하게 표현했지만, 아이러니컬한 요소 또한 부가했다. 곧 노동은 경제적 가치의 일차적인 원천으로 승격되었지만, 또한 그것은 박탈의 행위이기도 했다. 노동한다는 것은 고통을 겪는 것이며, 편안함, 자유 및 행복을 박탈당하는 것을 의미했다. 스미스의 프랑스인 추종자 가운데 한 명은 "인간이 고통과 괴로움을 몹시 싫어할지라도, 그는 노동의 고통을 견뎌 내지 않는 한 괴로움과 박탈을 겪도록 본성상 운명지어져 있다"고 언급했다.[91] 매컬럭과 같은 고전 경제학자는 노동을 인격적인 충동의 자연 발생적인 표현이 아니라 구약성서에 나오는 신의 징벌로 묘사했다. "신의 섭리라는 영원한 법은 부富가

근면에 의해서만 얻어질 수 있다고 명했다. 곧 인간은 이마에 땀을 흘리며 생계를 유지할 수밖에 없다."[92]

이런 신의 명령은 존 스튜어트 밀이 "정치경제학의 가장 중요한 명제"로 간주했던 개념인 수확체감의 법칙이 전개되면서 통렬함을 더해 갔다. 시니어Nassau Senior*의 간결한 정식화를 따르면, "사용된 노동의 매 증가분과 더불어 [수확의 – 옮긴이] 총량은 증가한다. [그러나] 수확의 증가분은 노동의 증가분과 같은 비율로 늘어나지 않는다."[93] 에너지와 부의 지속적인 지출이 자멸적인 결과를 낳는다는 사실을 깨닫게 된 이후, 자유주의자들의 두려움이 거의 히스테리에까지 이르는 데는 맬서스의 명제가 추가되는 것으로 족했다. 맬서스가 주장한 것처럼, 식량 공급이 산술적인 비율로 그 증가가 지체되는 데 반해 인구가 꾸준히 기하급수적인 비율로 증가한다면, 더 이상 논점은 일정 수준으로 어지간히 남아 있는 양을 분배하는 것이 아니라 기본적인 생필품의 점증하는 희소성에 대처하는 것이어야 했다.

여기에는 자유주의의 전반적인 역사관의 위기가 함축되어 있었다. 하지만 다시 이것은 총체적으로 잘못된 해석들로 인해 흐려져 왔다. 콩도르세Marquis de Condorcet와 같은 급진주의자들은 "인간의 완성 가능성은 무한"하며 인간의 지력은 오류가 "거의 일어날 수 없는" 단계에 이르게 될 것이라고 주장하기도 했다. 그리고 프리스틀리Joseph Priestley와 같은 열정적인 인물들은 세계의 결말이 "우리가 현재 상상할 수 있는 것 이상으로 영광스럽고 낙원과도 같을 것"이라고 예언하기도 했다.[94] 하지만 스미스로부터 내려오는 자유주의 전통은 인간

----

* 시니어(1790~1864)는 한때 옥스퍼드대학의 정치경제학 교수였으며 몇몇 영국 왕실 위원회에 참여했다. 그는 1834년 구빈법의 기초가 된 보고서의 저자였다. 그는 고전 경제학의 기본적인 원리들을 적극 지지했으며 그것을 훨씬 더 명쾌하고 정밀한 수준으로 발전시켰다. 그의 가장 인상적인 저술들은 경제학의 범위와 한계를 엄격하게 규정하려고 시도한 것들이었다.

조건에 대해 좀 더 차분하게 평가하고 있었다는 점에서, 그리고 연구를 위해 일련의 상이한 질문들을 채택하고 있었다는 점에서 이들 양자와는 달랐다. 자유주의 전통은 무한한 진보에 대해 회의적인 의심을 가졌으며 미래학적인 상상에 대해서는 거의 관심을 두지 않았다. 스미스가 관심을 가졌던 것은 야만에서 문명으로의 점진적인 이행이었으며, 그의 호기심을 사로잡은 것은 비합리적인 요소의 역할과 행위의 의도하지 않은 결과였다. 진보는 의식적인 목적의 산물이 아니라 일정한 요인들의 연쇄가 빚어낸 결과였다. 그리고 그 요인들은 실제로 일어난 결과들과는 매우 상이한 목적을 위해 시도된 많은 행위들을 포함하고 있었다.[95]

자유주의 전통은 역사를 어떤 성취가 이룬 하나의 정점에서 또 다른 그리고 좀 더 높은 정점의 상태로 끊임없이 진보하는 과정으로 바라보지 않았다. 그 대신 자유주의 전통은 "정적인 사회" 또는 종종 지칭되는 것처럼 "정상상태"* 라는 망령에 사로잡혀 있었다. 사회 체계의 "정신"이라는 몽테스키외의 개념을 따라서, 스미스는 모든 사회에서 부의 잠재적인 한계는 법, 제도, 기후 및 자연 자원에 의해 복합적으로 결정되며, 이런 한계를 넘어서 나아갈 수는 없다고 주장했다. 사회가 그 경제적 에너지를 소진했을 때, 늘어나는 노동인구의 필요를 충족시키기에 충분한 임금 기금을 끌어 모을 수 없을 것이었다.[96] 맬서스가 그의 『인구론』 *Essay on Population*(1798)을 저술했을 무렵, 이런 경제적 팽창의 자연적 한계라는 개념은 핵심적인 관심 대상이 되었다. 이제 인간 진보의 고정된 경계란 존재하지 않는다는 고드윈과 콩도르세의 낙관적인 관점에 대해 직접적으로 도전할 수 있는 무대가 마련되었던 것이다. 맬서스는 식량 공

---

* [옮긴이] 정상상태(定常狀態, stationary state)는 일체의 시간적 요소가 고려되지 않는 정태(靜態, statics)와 달리 시간의 요소가 고려되지만 경제 전체의 산출량 수준에 변화가 없이 생산, 교환, 소비 등이 동일한 규모로 순환하고 있는 상태를 말한다.

급과 인구 증가 사이의 격차가 파괴될 수 없는 "자연법칙"으로 작동한다는 것을 보여 주기에 이르렀다. 곧 어떤 주어진 역사의 단계에서 진보의 한계가 미리 결정되어 있다는 것이었다. 불가피하게 진보를 향한 의기양양한 행진은 점점 늦추어질 것이며 점진적으로 후류後流[정지된 물과 같은 유체 속을 물체가 운동할 때 물체 뒤쪽에 나타나는 흐름 – 옮긴이]와 같은 하강조를 취하게 될 것이었다. 역사적인 시간의 전개란 진보와 동일한 것이라는 계몽주의적 관념 대신에, 이제 시간은 심지어 퇴보도 가능한, 불행의 운반자로 간주되었다.[97]

당대의 가장 영향력 있는 자유주의 논자인 밀은 『정치경제학의 원리』*Principles of Political Economy*(1848)를 출간하면서 "정상상태"를 불가피한 것으로 받아들였다. 밀은 생산성과 부가 정점에 도달했을 때, 인간은 더 이상 맹목적인 부의 추구에 사로잡히지 않을 것이며, 따라서 좀 더 풍요로운 정신세계와 예의 바른 윤리를 성취할 가능성이 열릴 것이라고 주장함으로써 "정상상태"를 그나마 최선인 상태로 활용하고자 시도했다.[98] 하지만 그 논변 자체는 역사에 관한 자유주의의 기본적인 가정을 전도시키고 있었다. 곧 도덕적이고 지적인 진보가 끊임없는 물질적 진보에 의존한다는 신념 대신에, 진정한 진보는 물질적 성장이 멈추는 단계와 동일시되었던 것이다.

지속적인 진보의 가능성에 대한 자유주의적 의심은 고뇌에 찬 사회관의 일부일 뿐이었다. 17세기에 자유주의는 사회의 수용 능력에 대해 확고한 믿음을 가지고 있었다. 프로테스탄티즘과 자본주의가 해방시킨 추동력을 수용할 수 있는 충분한 사회적 공간이 존재한다고 믿었던 것이다. 로크는 원초적인 소유권의 근거를 화폐의 발명 이전에는 모든 사람에게 충분한 토지가 존재했다는 사실에 두었다. 심지어 합의에 의하여 화폐가 도입되고 많은 사람들이 토지를 갖지 못하는 시대, 즉 많은 사람들이 자신의 소유라고 부를 수 있을 사회적으로 인정된 땅 한 조각도 갖지 못하는 시대에 들어섰을 때조차, 로크는 아직도 세계에 남아 있는 사용하지 않는 광활한 지역이 위기를 미연에 방지하기에 충분한 사회적 유동성을 제공한다고 강력하게 주장했다.[99] 18세기에 들어와 사회적 공간에 대한 자유주의적 개념은 고전 경제학자들에 의해 좀 더 엄밀한 형태를 갖추게 되었다. 그들은 중상주의적인 규제 조치들, 길드의 통제, 독점 및 담합을 공격하기 위해서 충분한 공간의 존재를 가정하는 로크의 전제를 이용했다. 이동을 가로막거나 일정한 집단에게 사회의 특정한 부문을 지배할 수 있는 독점권을 부여하는 모든 배치는 폐지되어야 했다.[100] 이처럼 인간의 행위를 자연적인 유인誘因의 명령과 시장의 법칙에 자유롭게 반응하도록 내버려 둔다면, 이런 행위의 노선들이 충돌할 위험은 거의 존재하지 않을 것이었다. 거기에는 모두를 위한 기회와 여유가 존재했다.

자유주의 정치 이론이 집단의 경쟁 또는 '파당'의 문제에 주목했을 때에도, 본질적으로 동일한 논변이 채택되었다. 매디슨은 『연방주의자 논고』에서 집단들 간의 갈등은 자유로운 사회에서도 근절될 수 없으며 따라서 유일한 희망은 집중된 갈등을 넓은 지역으로 분산시키는 데 있다는 논변을 탁월하게 개진했다. 해법은 연방공화국을 광대한 지리적 영역으로 확장시키는 것, 곧 '좀 더 넓은 국토'였다. 그리고 마음대로 사용할 수 있는 거의 무한한 공간의 존재라는 바로 그 이유로 인해, 좀 더 작은 공화국은 실패했지만 미국은 성공할 수 있다고 매디슨은 주장했다.

그러나 19세기 초에 이르자 인간이 임의로 사용할 수 있는 공간이 과연 충분한가에 대한 의심이 표출되기 시작했다. 프랑스에서 콩스탕은 정부의 과업이 단순히 장애물을 제거하는 데 있는 것인지(인간의 행위를 위해 충분한 공간의 여유가 있는 곳에서는 이것으로 충분할 것이었다), 아니면 정부가 나서서 "각 개인들이 이미 점유한 땅을 보존"해 주어서는 안 된다는 것인지(이것은 이미 만원이 되어 버린 상황에 좀 더 부합하는 정책일 것이었다) 의문을 표시했다.[101] 맬서스의 이론이 내포한 의미가 완전히 수용되었을 때, 이런 사회적 폐소공포증의 희미한 징후들이 도드라지게 출현하기 시작했다. 맬서스는 "인간은 필연적으로 제한된 공간에 가두어지게 된다"고 선언했다. 왜냐하면 자연은 늘어나는 인구를 부양하기에 필수적인 "공간과 양식에 있어서 상대적으로 부족"하기 때문이었다. 이처럼 과밀한 상황으로부터 엄청난 사회적 악이 비롯했다. 곧 악덕, 과밀하고 불결한 도시, 노동계급의 궁핍한 조건, 사회에 만연한 불안감, 조급하고 급진적인 방식으로라도 자신의 곤궁을 개선하려고 달려드는 대중들의 태도가 이런 상황에서 발생했던 것이다.[102] 존 스튜어트 밀은 "세계에 태어나서 자연의 모든 선물이 이미 선점되어 버렸고 신참자를 위한 공간이 전혀 남아 있지 않다는 것을 발견하는 일이야말로 …… 엄청난 고난이다"라고 지적했다. 만원이 되어 북적이는 산업화된 사회에서 인간을 "짓밟고 떠미는" 윤리에 질리고, 도시화된 문명의 추악함에 낙담하여, 밀은 고독, 자연과의 교감에서 위안을 추구했다.

> 인간이 언제나 반드시 다른 사람들과 함께 있어야 하는 것은 좋지 않다. 고독이 사라져 버린 세계란 매우 보잘것없는 이상이다. …… 자연의 자연 발생적인 활동이라고는 아무 것도 남아 있지 않는 세계에 대한 사색은 아무런 만족감도 주지 못한다. 모든 땅이 경작되고 …… 꽃이 흐드러지게 핀 모든 황무지나 자연적인 목초지가 갈아 젖혀진 세계, 인간이 자신의 이익을 위해 길들이지 않은 모든 네 발 짐승이나 새들을 식량에 대한 경쟁자라는 이유로 절멸시킨 세계에 대해서도 마찬가지다.[103]

지나다니는 길이 갈수록 혼잡해지는 사회와 같이 최근에 생겨난 사회의 경관을 고려할 때, 사회적 공간에 대한 낡은 모델은 유지될 수 없었다. 이 점은 개인과 집단이 부딪칠 정도로 서로 가까워질 수밖에 없는 상황에 희소성의 문제가 도입되자 더욱 명확해졌다. 달리 말하면, 밀집과 결핍의 최종 산물은 단순한 사회적 마찰이 아니라 계급 전쟁이라는 것이었다. 희소성의 경제학이 제기하는 문제에 직면하면서, 자유주의자들은 모든 정치 이론이 실제로 수행해야 했던 것, 즉 체계에 내재해 있는 불평등한 분배 원칙을 정당화해야 했다. 경제적인 측면에서 이것은 왜 사회가 연간 생산한 부를 다양한 계급 사이에 불평등하게 분배해야 하는지에 대한 설명을 요청했다. 그 결과 자유주의자들은 계급투쟁의 이론을 정식화하게 되었으며, 이것은 후일 사회주의의 기본 원리 가운데 하나를 예상한 셈이었다. 로크는 주요한 경제적 이익집단들 사이에서 벌어지는 "견제와 경쟁"에 주목할 것을 요청했으며, 후일 벤담은 역사 전반에 걸쳐 금력, 권력, 위신을 둘러싸고 벌어지는 지배 집단들 사이의 "보편적인 쟁탈전"에 주목했다.[104] 희소성과 갈등의 상황에서 끌어낼 수 있는 명백한 결론을 제임스 밀은 다음과 같이 언급했다.

> 자연이 모두를 위해 풍족할 정도로 욕망의 대상을 산출하지 않을 때, 결과는 극도로 달라진다. 그때는 무궁무진한 분쟁의 원천이 존재하게 된다. 그리고 모든 사람들은 자신이 소유할 수 있는 대상들의 양에 따라 그만큼 다른 사람에 대한 권위를 획득하는 수단을 가진다.[105]

케이크를 잘라서 나누었을 때 속았다고 느끼는 사람들 사이에서 자연스럽게 일어나는 과격한 불만을 합리적인 설명만으로 누그러뜨릴 수 있을 것이라고 믿을 정도로 자유주의자들이 순진하지는 않았다. 자유주의자들은 고통 받는 집단들이 조만간 자신들이 겪는 곤궁을 사유재산의 탓으로 돌릴 것이며, 급기야 그 체계에 대한 전면적인 공격을 감행할 수도 있다는 점을 인식했다. 국가는 재산을 보존하기 위해서뿐만 아니라 "게으르고 낭비가 심한 사람들이 근면하고 검약한 사람들의 수입을 항상 빼앗고 싶어 하는" 사회에서 일반적인 안전감을 제공하기 위해서도 존재했다.[106] 국가에 대한 자유주의적 개념은 획득욕이라기보다는 심리적인 불안에 뿌리를 두고 있었다.

> 다년간 또는 아마도 여러 세대에 걸쳐 노동을 지출하여 획득한 그 귀중한 재산의 소유자가 하룻밤이라도 안심하고 잠들 수 있는 것은, 오직 치안관의 보호 아래에서다. 그 소유자는 그가 결코 도발하지는 않았지만 결코 달랠 수는 없는 미지의 적들에 의해 항상 둘러

싸여 있다. 그리고 그가 그들이 저지르는 불의로부터 보호될 수 있는 것은 치안관이 그런 행위를 처벌하기 위해서 지속적으로 보유하고 있는 강력한 무력에 의해서다.[107]

이런 경제적 희소성, 계급투쟁, 과밀한 공간 및 개선 조치의 제한된 가능성을 배경으로 불안에 떠는 인간이 자유주의의 산물로서 등장한다. 19세기의 실존주의와 20세기의 신정통주의 신학은 자유주의가 사실로서 경험했던 것을 도덕적이고 철학적인 지위로 끌어올렸다. 자유주의적 인간을 쉼 없는 활동으로 몰아가는 것은 불안이었다. 곧 그것은 적대적인 자연에 직면해서 생계를 이어가기 위한 투쟁으로 생기는 불안, 대중들이 종종 절망적인 기아에 허덕이는 사회에서 발생하는 소유의 불확실한 상태에서 생기는 불안, 그리고 사회에 의해 서서히 주입된 욕망으로부터 생기는 이와 똑같이 강력한 불안이었다. 로크는 사회적으로 획득된 습관이 "명예, 권력, 부에 대한 갈망" 곧 "환상적인 불안"을 조성하는 열망으로 사람들을 감염시켰다고 언급했다.[108] 스미스는 "인간의 마음을 가장 괴롭히는 것은 두려움과 불안이다"라고 단언했다. 이런 세계관은 "인간은 행위하는 존재다"라는 그의 언명을 활기 넘친 교장 선생님의 자신만만한 조언이라기보다는 오히려 노이로제에 대해 의사가 처방한 진정제에 가깝게 만들었다. 자신의 책을 읽는 독자들에게 항상 "계획들" — 사람들에게 "미래"를 보장해 주는 것은 바로 이것들이었다 — 을 염두에 두고 있으라고 조언하면서 "분주한 삶에 수반되는 커다란 이득"을 지적하는 것은 벤담의 몫으로 남겨졌다. 삶의 방식으로서 분주함은 내면적인 삶에 대한 "고통스러운 탐사"보다 훨씬 더 추천할 만한 것이었다. 자신에 대한 지식self-knowledge은, 고전적인 논자들이 주장했던 것처럼 해방의 경험을 가져오는 수행이기는커녕, 대부분의 사람들에게 고통과 거부감을 느끼게 하는 것이었다. "자신에 대한 탐구"self-study란 사회적으로 이타적인 동기라는 "희미한 허울"마저 벗겨 내고, 자기 이익을 온통 그 원초적인 적나라함 속에서 드러내는 것을 의미했다.[109]

자유주의의 실천적 지혜phronesis를 내적인 자신감의 징후로, 혹은 상승 중에 있는 부산하고 획득 지향적인 계급의 이데올로기로 해석하는 것은 자유주의가 함양한 행위의 파토스가 점증하는 회의로부터의 도피라는 점을 놓치고 있다. 로크가 언급했으며, 이후 제퍼슨에 의해서 영원히 기억되게 된 어구인 자유주의적 인간의 "행복의 추구"에 어두운 뉘앙스를 더했던 것은 바로 이런 파토스다. 행복은 정확히 말해서 그것이 불안정하고 규정하기 어렵기 때문에 일종의 "추구"로 기술될 수 있었다.[110] 그리고 행복이 돈, 즉 상대적이고 고도로 불안정한 재화와 점점 더 동일시됨에 따라, 행복의 추구에 대한 자유주의적 인간의 헌신은 일종의 마조히즘의 형태를 취하는 것으로 보일 수 있으며, 사회가 이런 추구를 신성한 권리로 안치하는 것은 불안에 법적인 지위를 부여하는 것으로 보일 법했다.

이런 종류의 행복이 가치 있는 것인가에 대한 일체의 의심을 가라앉히기 위해서, 경제학자들은 인간으로 하여금 획득 지향적이 되기를 권하는 것이 필수적이라고 생각했다. 마치 지속적인 활동 속에서 의심은 잊힐 수 있는 것처럼 말이다. 자유주의적 경제학자들에게 획득욕은 비판자들이 생각했던 것처럼 자연적이고 자생적인 본능이 아니라, 획득되어야 할 또는 좀 더 정확하게는 주입되어야 할 유형의 동기였다. 정치경제학자들이 그랬던 것처럼 욕망의 자극을 고무하는 일반적인 교육 체계를 주장하면서, 정치경제학은 그 이론이 드러낸 불안정성과 무익함을 강화하는 처방을 내렸다. 따라서 매컬럭의 다음과 같은 언급은, 이제 근대 상업 광고를 통해 실행되는 끝없는 자극의 이론을 놀라울 정도로 예상케 하는 것이었다.

일차적이고 주요한 목표는 언제나 사치품에 대한 기호를 자극하는 것이어야 한다. 왜냐하면 이런 기호가 일단 자극되어 일어나면, 거기에 어떤 특정한 편향이나 방향을 부여하기가 쉬워지기 때문이다. 그리고 그런 기호가 일어나야 비로소 사회는 발전할 수 있다.[111]

19세기 중엽에 이르러 밀이 산업주의라는 "사람들을 완전히 휘어잡은 고통"에 대해 열렬히 저항하는 것은 물론 영국인들과 미국인들에게 "부의 추구에 바쳐진 그들의 열정을 완화할 것"을 조언하는 데까지 이르게 된 것은 그리 놀라운 일이 아니다.[112]

7. 쾌락 원칙을 넘어서 : 고통의 문제

자유주의적 인간을 불안에 떠는 인간으로 묘사하는 것은 보수주의 비판가들이 그려낸 자유주의의 통상적인 상(像)뿐만 아니라 자유주의자들 자신이 행복이나 쾌락의 추구가 일차적인 중요성을 갖는다고 말하고 있다는 것과도 부합하지 않는 것처럼 보일 수 있다. "모든 인간의 필수적인 충동은 행복의 경제학을 향한다"라는 벤담의 주장은 일반적으로 인간에 대한 자유주의의 전통적인 시각을 대표하는 것으로 받아들여진다. 곧 그 관점은 인간을 자연적으로 행복을 욕망하며 이 목적을 달성하는 행동 방침에 근거하여 행동하는 존재로 바라본다.[113] 하지만 벤담이 채택했던 "행복의 경제학"이라는 어구는 행복이란 정확하게 그것과 동일시되는 대상들의 희소성 때문에 빈틈없는 계산 아래에서 추구되어야 하며 체계적으로 차근차근 찾아내야 하는 것이라는 자유주의자들의 신념을 암시했다. 나아가 제임스 밀이 표현했던 것처럼 "행복의 희소한 재료"를 감안하고 고통 아니면 쾌락을 경험하는 조건으로 압축된 인간 조건을 고려한다면, 고통의 가능성이 쾌락의 기회를 넘어선다는 결론이 의당 나오는 것처럼 보인다.[114]

이것은 자유주의자가 지배적인 동기로서 쾌락 원칙의 최고성을 필사적으로 주장하는 것이 실은 그가 걱정하는 바의 진정한 원천, 곧 이 세계를 지배하는 고통을 보상하기 위한 것이었음을 시사한다. 밀이 그의 아버지[제임스 밀 — 옮긴이]에 관해 쓴 다음과 같은 구절은 자유주의 전통 전반으로 쉽사리 확장될 수 있었다. "그는 …… 쾌락을 거의 조금도 믿지 않았다. …… 그는, 적어도 현재의 사회 상태에서, 쾌락 가운데 매우 극소수만이 그것을 얻기 위해 대가를 치를 만한 가치가 있다고 생각했다."[115] 이런 표현이 함축하고 있는 점은 자유주의가 근대인의 말초신경이 어떻게 드러나게 되었는지, 곧 근대인의 고통에 대한 민감성이 어떻게 고양되었는지를 처음으로, 그리고 다른 어떤 정치 이론보다 훨씬 더 많이 보여 주었다는 것이다. 벤담은 다음과 같이 고백했다. "다른 어떤 피조물의 고통을 목격할 때면 언제나 나 자신의 신경계 내에서 일어나는 비슷한 성격의 감각 작용을 다소간이라도 경험하지 않을 수 없었다."[116]

간단히 말해서, 우리의 명제는 자유주의적 인간을 따라다니는 불안이 고통의 항상적인 가능성에 대한 그의 믿음에 뿌리를 두고 있다는 것이다. 또한 이런 믿음이 정부의 역할, 정치적 행위의 가능성, 정의의 본성 및 법과 형벌의 기능에 대한 그의 태도를 주요한 측면에서 조형했다는 것이다. "정부는 그 전체가 단지 일련의 연속적인 …… 희생에 불과하다"라고 벤담은 언급했다.[117]

이 문제를 탐구하면서 우리가 중대한 변화를 거친 개념을 다루고 있다는 점을 인식해야 한다. 달리 말해서 자유주의가 고통에 대한 민감성을 발전시켜 결국 맬서스가 인간 조건을 지배하는 "필연의 법칙"[118]으로서 "고통과 고통에 대한 두려움"을 말할 수 있었던 지점에까지 이르렀다는 점을 인식해야 한다. 우리가 다루고 있는 이 전통과 관련된 사상가로서 고통의 중요성을 강조한 첫 번째 주요한 논자는 홉스였다. 그는 "혐오"를 인간 운동의 기본적인 형태 가운데 하나로 추려 냈다. 혐오는 그것이 폭력적인 죽음에 대한 엄청난 공포로 변형되었을 때, 사람들로 하여금 코먼웰스를 형성하는 합리적인 결정을 내리게 하는 창조적인 힘이 되었다.[119] 하지만 공포에 대한 후일의 자유주의적 개념과 구분되는 홉스적 개념의 특징은 바로 공포가 갖는 이런 후자의 측면, 곧 긍정적인 목적을 위해서 조작된 창조적인 힘이라는 측면이었다. 홉스는 자연 상태의 본질이었던 사람들 사이의 공포를 사람들이 그들의 주권자에게 품게 되는 공포로 이전시켰다. 간단히 말해서 홉스적 사회는 공포의 제도화와 영속화로 지탱되었다.

로크는 자연적인 상태가 "두려움과 지속적인 위험으로 가득 차" 있었다는 것을 인정했지만, 시민사회의 수립이 두려움과 위험에 따르는 이런 해악과 고통을 감소시킬 것이라고 생각했다.[120] 전체적으로 볼 때, 로크는 고통에 쾌락과 동등한 위상을 부여했다. "자연은 …… 인간에게 행복에 대한 욕망과 고통에 대한 혐오를 심어 놓았으며," 이 두 가지 감각은 모두 신적인 배치의 표현이었다. 쾌락은 인간으로 하여금 활동하도록 자극하는 기능을 했으며, 그것이 없다면 "우리는 우리의 육체를 전혀 움직이지 않을 것이며 우리의 정신을 사용하지도 않을 것이다." 다른 한편 고통은 오직 인간으로 하여금 유해한 행동 방침에서 멀어지도록 경고하는 데 이바지했다.[121]

18세기 초에 로크적 요소를 새로운 조합으로 전환시키는 강조점의 변화가 나타나기 시작했다. 이제 고통은 신적인 배치에서 결정적인 요소로 서서히 부각되었다. 이런 변화를 가장 잘 표현한 것은 1725년 프랭클린Benjamin Franklin이 쓴 『자유와 필연, 쾌락과 고통에 관한 논문』A Dissertation on Liberty and Necessity, Pleasure and Pain이라는 제목의 짧은 논문이었다. 이 글에서 프랭클린은 첫째, 고통에 중심적인 위상을 부여함으로써, 둘째, 인간의 불안 또는 "걱정"을 덧없는 행복에 대한 추구가 아니라 고통을 피하려는 욕망과 동일시함으로써 로크 이론에 내재했던 상징체계의 구성 원리를 변화시켰다. "이런 고통이나 불안이 우주의 질서와 구조에 있어서 얼마나 필수적인 것이란 말인가, 그것이 적절하게 자리 잡고 있는 모습은 또 얼마나 아름다운가!" 프랭클린은 불안이 "모든 행위의 첫째가는 원동력이자 원인"이며, 인간의 행동은 불안으로부터의 해방이라는 근본적인 목적에 의해서 형성된다고 주장했다. 쾌락이 인간이 얻으려고 애쓰는 목표에서 배제된 것은 아니었지만, 그것은 근본적으로 재규정되었다. 그것은 더 이상 고통과 구별되는 대안으로 여겨지지 않았다. 고통의 회피가 곧 쾌락의 획득이라는 점에서 쾌락은 사실상 고통에 뿌리를 둔 것이었다. "쾌락은 전적으로 고통에서 비롯한다. …… 최상의 쾌락은 단지 가장 깊은 고통으로부터의 해방을 자각하는 데 있을 따름이다 ……"[122]

고전 경제학자들도 고통의 최고성을 받아들였다. "고통은 거의 모든 경우에 있어서 그와 대응하는 상반된 쾌락보다 훨씬 강렬한 감각"이라고 스미스는 단호히 언명했다.[123] 그러나 [고통의 최고성에 대한 – 옮긴이] 완전한 인정은 벤담을 통해서 이루어졌다. 동물이든지 인간이든지 간에 모든 살아 있는 존재와 관련된 "진정한 질문"은 "사유할 수 있는가?"나 "말할 수 있는가?"가 아니라 "고통을 겪을 수 있는가?"였다.[124]

자유주의적 인간에게 고통이 핵심적이라는 점을 고려한다면, 벤담이 왜 그렇게 형정刑政의 개혁에 몰두했는지 분명하게 이해할 수 있다. 가능한 한 정확하게 처벌을 규정하려는, 곧 죄의 크기와 처벌의 정도 사이에 명확한 비율을 확립하려는 그의 관심은 고통을 좀 더 객관화함으로써 가능한 한 엄밀하게 고통을 제한하려는 희망으로부터 나온 것이었다.[125]

고통의 편재성, 고통을 쾌락과 동등하거나 때때로 그보다 우월한 심리학적 위상으로 승격시킨 것은 경제적 행동에 관한 고전적 이론에서 핵심적인 위치를 차지했다. 예컨대 교환관계는 어떤 대상을 포기하는 고통과 균형을 이루는 거래로 획득된 쾌락이며, 그 대상도 이미 그 자체로 고통의 행위인 노동에 의해서 생산된 것이라는 관점에서 논의되었다. 비슷하게 생산 행위 역시 고통, 곧 노동자의 고된 노동과 환락의 탐닉을 거부하는 기업가의 절제 — 이런 절제가 기업가로 하여금 자본의 축적을 가능하게 했다 — 에 뿌리를 두고 있었다.[126]

자유주의의 체계 내에 고통이라는 실재가 존재한다는 것은 자유주의의 "경제적 인간"이 거의 전적으로 획득욕이라는 동기에 의해 지배된다는 널리 퍼진 생각을 재고할 필요를 제기한다. 사실 자유주의 이론의 경제적 인간*homo economicus*은 이익의 추구에 사로잡혀 있는 피조물이라기보다는 상존하는 손실 가능성에 겁을 먹고 있는 존재였다. "파산은 아마도 무고한 사람에게 들이닥칠 수 있는 가장 크고 굴욕적인 재난일 것이다." 이익을 놓고 벌이는 경쟁에서 손실을 본다는 것은 고도로 수익성 높은 거래에 수반되는 감각보다 훨씬 더 통렬한 감각을 경험하는 것이었다. 박탈의 고통이 획득의 쾌락보다 훨씬 더 컸다. 즉, "본성적으로 그리고 인간 구조의 구성에 의해서, 전체 대 전체로 비교할 경우, 이익으로부터 얻는 향락은 손실을 볼 때 겪는 고통과 결코 같지 않다."[127]

따라서 자유주의적 인간은 부나 지위의 손실로 야기되는 특정한 형태의 고통에 극도로 민감한 존재로 등장한다. 그러므로 자기 보존은 홉스보다 자유주의자들에게 더욱 힘겨운 과제가 된다. 홉스에 따르면 자기 보존의 욕망은 폭력적인 죽음의 위협에 대한 반응이라는 의미에서 기본적인 것이었다. 따라서 자기 보존은 인간 육체의 보전과 밀접하게 결부된 것이었지 그가 세속적으로 가진 재화나 지위와 관련된 것이 아니었다. 주지하다시피 홉스적 인간 역시 자신이 지닌 재화나 지위상의 손실을 기꺼이 받아들이지 않겠지만, 그 박탈이 그에게 큰 충격을 주지는 못했다. 그러나 자유주의적 인간의 인격은 부와 지위의 세계에 민감하게 동조하고 있었다. 자기 보존은 단순한 "삶"이 아니라 "삶의 수단", 곧 자유와 재산을 포함하는 것으로 확장되었다.[128] 로크가 보여 준 것처럼, 인간의 인격은 외적인 대상으로 확장되었으며, 그 대상들을 박탈당하면, 그에 따른 충격이 인간의 감수성에 심대한 영향을 끼칠 것이었다.

이것은 육체적인 위협에 더하여 이제 자아에 대한 몇몇 가능한 위협이 존재한다는 것을 의미했다. 나아가 이것은 부나 지위상의 손실로 인해서 겪는 고통의 강렬함이 육체적인 상처로 인해 받는 고통에 필적한다는 점을 의미했다. 이 점은 벤담이 이익에 대한 욕망에 자기 보존의 욕망과 동등한 위상을 부여했을 때, 그가 인정했던 바였다. 이런 추론을 통해서 벤담은 이익의 손실이

야기하는 두려움이 폭력적인 죽음이 주는 두려움과 똑같이 강렬하며, 따라서 경제적 손실에 따르는 고통은 육체적인 상해의 고통에 비견될 수 있다고 주장하기에 이르렀다.[129] 자유주의적 인간은 고통과 박탈이 사방에서 그를 위협하는 세계에 들어서게 되었다. 그의 두려움은 단일한 요구로 집약되었다. 그것은 사회적이고 정치적인 배치가 그의 불안을 경감시키기 위해 모든 위협 ― 경쟁적인 이익 추구 그 자체가 가져오는 위협을 제외한 ― 으로부터 재산과 지위의 안전을 보장해야 한다는 요구였다.[130] 고통에 대한 그의 혐오는 그 요구를 훨씬 더 세밀하게 규정하도록 했다. 즉, 안전이 보장된다는 것은 "체제에 의지"할 수 있다는 것, 곧 자신의 재산이 강탈당하지 않을 것이고, 계약이 불이행되지 않을 것이며, 채무의 지불이 준수될 것이라는 안심을 심어 주는 지식에 기초하여 행동할 수 있다는 것이었다. 모든 것은 안정적인 기대감을 확보하는 데 달려 있었다. 사적 소유라는 근본적인 제도는 그 자체로 "기대의 유일한 토대"였다.[131] 안정적인 기대감은 자유주의적인 인간에게 너무나 핵심적인 것이었기 때문에 급기야 기대의 만족이 정의와 동일시되기에 이르렀다. 벤담의 법 이론에서 정의는 "기대가 어긋나는 것을 막는 원리"disappointment-preventing principle로 규정되었으며, 시민법 체계 전반의 목적은 오로지 "기대가 어긋나는 것에 대한 배제"에 있었다.[132]

자유주의자들은 사람들에게 "행동의 일반적인 계획을 형성하는 것"을 허용한다는 이유에서뿐만 아니라 개인에게 역사적인 정체성을 부여한다는 이유에서 '기대'를 근본적인 것으로 간주했다. 약간 달리 표현한다면, 기대는 세대 간의 연속성이라는 보수주의적 원리에 대한 자유주의적 대응물이었다.

> …… [기대에 의해서] 삶의 지속성을 형성하는 연속적인 계기는 단절적이고 독립적인 부분과 같은 것이 아니라 지속적인 전체의 부분이 된다. 기대는 우리의 현재 존재와 미래의 존재를 결합시키는 사슬이며, 우리를 넘어서 뒤따르는 세대로 이어진다.[133]

손실이나 박탈과 관련해서 표현된 기대와 두려움에 관한 논변을 보면, 염려를 자아내는 것은 순수한 의미에서의 경제적 손실이 아니라 오히려 경제적 손실에 따르는 사회적 지위에서의 하락이라는 점이 명백해진다.[134] 스미스가 인정했던 것처럼, 일단 기본적인 필요가 충족되고 나면, 그 이상의 획득을 부추기는 주된 자극은 사회적인 위신과 인정에 대한 욕망에 놓여 있었다. "이런 존경을 받을 만한 적절한 대상이 되고자 하는 욕망, 곧 우리와 동등한 이들 가운데서 이런 신망과 지위를 가질 만한 자격을 갖추고 또 그것을 획득하고자 하는 욕망은, 아마도 우리가 지닌 모든 욕망 가운데 가장 강력한 것이다." 하지만 지위에 부여된 중요성은 지위상의 손실 가능성을 "죽음보다 더 나쁜 것"으로 나타나게 했다. 스미스는 "더 나쁜 상황에서 더 좋은 상황으로 호전될 때 누리는 즐거움보다, 더 좋은 상황에서 더 나쁜 상황으로 떨어질 때" 겪는 인간의 고통이 더욱 강렬하다고 단언했다.[135] 강렬한 경쟁의 세계에서 지위를 보존하는 것과 연관된 두려움과 불안은 사회가 빈자들에게 언도하는 형벌로 인해서 더욱 뚜렷해졌다. 빈자를 경악의 대상으로 만드는 것은 그의 경제적 궁핍이 아니라 지독한 사회적 고립이었다. 즉, 빈자의 가난은 "그를 인류의 시야 밖으로 내쳐 버리며," 다른 사람들은 "그가 겪고 있는 그 궁핍과 곤궁에 대해 거의 아무런 동료애도 갖지 않는다. …… 무시되고 있다는 것을 느끼는 것은 필연적으로 가장 유쾌한 희망을 꺾고 인간 본성의 가장 간절한 욕망을 좌절시킨다."[136]

사회적 지위의 불확실성에 대한 자유주의의 윤리적 반응은 신중함의 교의로 구체화되었다.[137] 로크에까지 소급해 보면, 신중함에는 구분되지만 연관된 두 가지 주목해야 할 측면이 존재했다. 첫째, 신중함은 우주에서 인간이 차지하는 중간적인 지위에 자연적으로 수반되는 것, 곧 인간이 영웅적인 능력에 대한 환상에서 벗어난 데서 비롯된 논리적 귀결로 등장했다. 둘째, 행동 양식으로서, 신중함은 대담성이라기보다는 소심함의 윤리를 직접적으로 표현하는 것이었다. 이런 두 가지 측면은 로크의 언급에서 다음과 같이 요약되었다.

> 내세에서의 행복 다음 가는 것은 현세를 평온하고 순탄하게 통과하는 것인데, 이는 사려 있는 행실과 삶의 여러 사건 속에서 우리 자신을 잘 관리할 것을 요구한다. 그렇다면 내가 보기에 신중함에 대한 연구는 우리의 사유와 연구에서 두 번째 위상을 차지하는 것이 합당한 것 같다.[138]

신중함이 중간 부류의 덕이며 소심함의 윤리의 일부를 이룬다는 이런 두 가지 주제는 스미스에 의해 지속되었다. 하지만 스미스는 거기에 의미심장한 내용을 추가했다. 그는 신중함의 "중간적인" 특질을 인간의 우주적인 지위뿐만 아니라 사회적 지위와도 동일시했다. 달리 말해서 신중함은 부르주아적 인간의 도덕적 양식을 표현한 것이었다. "열등한 그리고 중간적인 삶의 지위에 있는 사람들"의 성격은 두 가지 특수한 사회적인 명제에 의해 형성되었다. 첫째, 그 사람들은 정의의 규칙들을 무서워한다. 따라서 그들의 행실은 위법행위를 피하려는 욕망을 따른다. 둘째, 그들의 사회적 성공은 "거의 항상 그들의 이웃과 동류의 호의와 호평에 의존한다." 따라서 신중함은 "중간적인" 사회적 지위, 그 지위에 적절한 겸허하고 소박한 행실 및 일련의 중간 부류의 목표 — "그런 지위에 있는 인간으로서 합당하게 획득할 것으로 기대할 수 있는 …… 그런 부富" — 라는 세 가지 요소들의 적절한 수렴을 표상했다.[139] 이 교의의 고전적인 공식화는 스미스가 제시한 "신중한 인간"의 상像에서 발견된다. 여기서 신중함은 "진취적이라기보다는 조심스러운" 성격의 인물에 적합한 지식의 유형으로 인식되었다. 그것은 쉼 없이 부단히 활동하며, 돈을 벌기 위해서라면 어떤 짓도 마다하지 않는 공격적인 악덕 기업가 — 19세기 후반 미국의 "악덕 자본가"와 같은 유형의 — 가 아니라, "어떤 종류의 위험도" 회피함으로써 지위를 계속 유지하기를 원하는 이들에게 어울리는 덕이었다. 이런 불확실성은 19세기 미국 웅변가의 연설 속에서 다음과 같이 잘 표현되었다. "대담하라!

어디에서나, 대담하라! 그러나 너무 지나치게 대담하지는 마라!"[140] 스미스가 묘사한 특징에 따르면, 신중한 인간은 자신의 수입을 가지고 조심스럽게 생계를 꾸려 가며, "적은 양의 축적"에 만족하고, "새로운 사업과 모험을 찾아" 나서는 데 주저하며, 비정치적인 홉스적 인간처럼, "자기방어"를 넘어서는 정치적 활동에 관여하는 것을 달갑게 여기지 않는 사람이었다. 그가 지닌 검소와 절약의 덕은 자신의 경제력을 서서히 확장시키기 위해 자본을 축적하려는 신중하게 계산된 계획으로 실천되는 것이 아니었다. 오히려 그것은 자신의 손실을 줄이고 사회적 지위를 보존하려는 목적을 가진 "방어적인" 덕이었다.[141]

두려움과 불안의 자유주의적 심리학은 이처럼 지위 보존을 홉스적 구도에서 자기 보존이 차지하는 위치로 승격시킨 연후에, 안전을 인간 활동과 사회 정책의 주요한 목적으로 확립하는 것으로 나아갔다.[142] 벤담은 이 문제를 입법의 목적을 다루는 그의 논의와 연결시키면서 간명하고 솔직하게 공식화했다. 그는 입법가가 목표로 삼아야 할 네 가지 주된 목적을 생계유지, 경제적 풍요, 평등 및 안전으로 결정했다. 처음 두 가지 항목인 생계유지와 경제적 풍요는 정부가 아무 활동도 하지 않을 때 가장 잘 성취될 수 있었다. 즉, 최선의 경제적 기회를 자유롭게 추구할 수 있도록 개인들을 내버려 두어야 했다. 핵심적인 난점은 평등에서 제기되었다. 왜냐하면 부를 평등화하기 위해 의도적인 정책이 채택되면, 이로 인해 부유한 계급이 그들의 재산과 관련하여 품게 되는 공포가 창의성을 마비시킬 것이기 때문이었다. 사회적인 평준화에 수반되는 심리적인 불안감이 훨씬 더 통렬하게 느껴질 것이기 때문에, 즉 자기들의 몫이 다소간 개선될 사람들이 누리는 쾌락보다 더 큰 고통이 산출될 것이기 때문에, 평등은 소유물의 안전에 자리를 양보해야 한다는 결론이 나왔다.[143] 일찍이 스미스가 표현한 것처럼, "상당한 정도의 불평등도 매우 작은 불확실성만큼 커다란 악은 아니다."[144]

8. 자유주의와 도덕적 판단 : 양심에서 이익으로

후일의 정치적 저술가들의 생각 속에서 자유주의는 인간이 본질적으로 합리적인 존재이며 그 행실은 실제로 이성에 의해 지배된다는 견해와 동일시되었다. 그렇지만 다시 한 번 자유주의에 관해 널리 퍼진 이런 통념은 상당한 오류를 범하고 있다. 우리는 이하에서 자유주의 전통이 그 핵심적인 측면에서 인간 행동에 미치는 이성의 통제 기능에 관하여 매우 강한 유보 조건을 달고 있었다는 점을 보여 줄 것이다. 나아가 우리의 논의는 자유주의자들이 종종 합리적인 정책과 객관적인 공적 판단의 필요성을 선언했다고 하더라도, 사실 그들은 객관적인 사회적·정치적 판단을 불가능하게 만드는 이론을 산출하고 있었음을 지적할 것이다. 왜 자유주의자들이 이 점에서 실패했는가를 이해하기 위해서는 그들의 출발점을 명확히 파악하는 것이 반드시 필요하다. 이것은 프로테스탄트 개혁가들과 홉스가 해결하지 못한 상태로 남겨 둔 문제였다. 즉, 그것은 주관주의의 문제로서 개인적 판단의 최고성을 믿는 프로테스탄트 신앙과 인간의 판단은 불가피하게 개인적인 편향이나 이익에 의해 영향을 받는다는 홉스의 주장에 모두 함축되어 있었다. 그런데 개인적 판단의 권리라는 프로테스탄트의 유산을 받아들인 정치철학이자, 개인적인 편향이라는 사실을 일종의 규범으로 전환시킴으로써 홉스를 넘어선 정치철학으로서 자유주의는 감당하지 못할 부담을 떠안고 있었다.

논의의 출발점으로서, 이성적으로 사유하는 기계라는 자유주의적 인간의 통념화된 상像을 우리의 생각 속에서 지워 버리는 것이 필요하다. 오히려 로크에서 시작해서 스미스, 흄, 공리주의자들을 거치면서 확장된 자유주의 논자들은 반복해서 인간이 강한 정념을 지닌 피조물임을 강조했다. 로크 자신은 "제한을 받지 않는 인간의 무법적인 방종"에 대해 언급했으며 자연 상태에서 "정념"과 "이익"이 인간으로 하여금 자연법을 잘못 적용하게 한다고 강조했다. 이런 관점에 따르면 시민사회는 인간의 정념에 대한 치유책으로 형성된 것이었다.[145] 따라서 로크는 "인간 각자가 주어진 상황에 따라서 자신에게 이득이 된다고 판단하는 바를 행할 자유가 있다"는 점을 부정했다.[146]

하지만 자유주의가 고전 경제학과 조우한 이후, 이것은 바로 자유주의자들이 부정할 수 없는 것이 되었다. 그들은, 로크와 달리, 올바른 행동에 대한 판단이 합리적이거나 객관적이라고 더 이상 믿지 않았기 때문에 부정할 수 없었던 것이다. 정념과 욕망은, 당황스러울 정도로 다양한 개인적인 편차와 더불어, 도덕적 판단의 실체였다. 자유주의자들이 흄과 스미스에게서 배운 교훈은 이성이 도덕적 판단의 원천도 아니며 인간 행실의 주요 동기도 아니라는 점이었다. 도덕은 인간 감정의 산물이었다. 도덕은 욕망과 필요에서 연원하고 정념에 의해 승인된 것이었다. 이성은 감정이 제시한 목적을 달성하는 데 있어서 가장 효율적인 수단을 결정하는 역할을 위임받았다. 벤담은 "행위의 목적이 결정되는 것은 바로 희망과 두려움에 의해서다. 이성이 기껏 행하는 것이란 수단을 찾아내고 결정하는 것뿐이다"라고 언급했다.[147]

경제적 행동의 고전적 개념에서 정념은 그 지도적인 역할을 통해 왕좌를 차지했을 뿐만 아니라 도덕적 행동에서의 기능과 동일한 기능을 경제적 행동에서도 수행했다. 흄이 도덕적 행실에서 합리적인 요소란 정념이 지시하는 목적을 충족시키는 수단을 발견하는 데 국한된다고 주장했던 것과 마찬가지로, 경제학자들은 합리적인 계산을 욕망의 목적을 충족시키는 수단으로 간주했다.[148] 따라서 태생적으로 선견지명을 갖추었으며, 통찰력의 세례를 받았고, 계산을 통해 확신을 갖는 인간이라는 자유주의적 인간의 표준적인 상像은 심각하게 왜곡된 것이다. 즉, 획득욕은 욕망에 기초를 두고 있었던 것이다.

이 점이 이해된다면 이제 우리는 어떻게 자유주의가 이성에 의해 제시된 대상이라는 공공선에 대한 낡은 개념을 욕망에 근거한 공동선이라는 개념으로 변형시켰는지를 이해할 수 있는 입장에 서게 된다. 다시금 도덕 이론과 경제 이론은 정확히 상응하고 있었고, 이 점은 스미스의 저작들에서 가장 잘 예시되었다. 조력을 받지 않은 이성은 도덕적으로 바람직한 경로를 따르도록 행동을 지도하기에는 부적절한 수단이었기 때문에, "자연"은 자기 보존과 종의 증식이라는 목적을 위해 필수적인 정념이나 "욕구"를 사람들에게 부여함으로써 관대하게 그 결함을 보충한다. 나아가 자연은 인간에게 무엇을 승인해야 하고 무엇을 반대해야 하는지에 대한 "본능적인" 감각을 심어 주고 그것을 통해 사회의 도덕적 규범을 창출한다. 따라서 사회의 공동선으로 지정되는 것은 이성이 아니라 정념이나 욕구의 산물이다. 유사하게 사회의 경제적 복지는 인간이 자신의 이기적인 욕망을 충족시키려는 시도를 통해서 이루어진다. 매우 많은 논평자들이 스미스의 유명한 "보이지 않는 손"을 개인들이 구상한 합리적인 계획들이 전체 사회의 합리적인 선으로 수렴되는 것을 상징적으로 보여 준다고 해석해 왔지만, 기실 그것은 개인의 도덕적 행동에 대한 스미스의 이론과 정확하게 동일한 것이었다. 즉, 사회의 도덕적 선과 물질적 복지는 모두 그 기원을 본능, 욕망 및 정념에 두고 있었다. 그리고 그 어느 것도 전체 사회의 선을 증진시키려고 의도된 행위의 결과가 아니었다.[149]

18세기 후반과 19세기 초 자유주의자들이 마침내 정념을 이성의 좀 더 엄격한 통제 아래에 두어야 한다고 주장했을 때, 그것이 자유주의적 인간의 심리학적 조건에 미친 영향은 끔찍한 것이었다. 경제학자들의 가르침을 본받아, 자유주의 도덕 이론은 합리적인 행동의 본질이 미래의 쾌락을 위해 현재의 쾌락을 희생하는 것에 있다는 명제를 열렬히 주장하는 이론 체계가 되었다. 이 것은 단지 경제학자들의 자본축적 개념 아래에 깔려 있는 근본적인 심리학적 원리를 도덕 이론의 목적으로 전유한 것에 불과했다. 경제학자들에 따르면, 자본이 형성된 것은 개인들이 그들의 만족을 미래로 미루어 둘 수 있기 때문이었다. 시니어는 자본을 "금욕"으로 규정했다. 그리고 금욕은 자초한 고통으로 간주되었기 때문에, 자본주의사회는 자발적인 자해自害라는 점에서 규정될 수도 있었다.[150] 벤담의 유명한 논문인 『고리대금을 위한 변론』*Defense of Usury*에서 고리대금업자는 다음과 같이 자기 부정의 상징으로 등장한다. "미래를 위해 현재를 희생하기로 결정한 이들[고리대금업자 - 옮긴이]은 현재를 위해 미래를 희생시켜 왔던 사람들의 자연적인 질투의 대상이다."[151] 그렇지만 고리대금업자는 도덕적 행위자에 대한 자유주의의 정의와 동일시되며,[152] 따라서 자유주의적 도덕 이론을 억압에 대한 교리문답으로 묘사하는 것이 지나친 것은 아니다.

이 지점에서 그 논변을 다른 방향으로 확장시키기 위해서는 그것을 되돌아가 다시 살펴보는 것이 필요하다. 우리는 자유주의 이론이 도덕적 판단의 원천 - 옮긴이]을 정념에서 찾았다고 언급했다. 그렇지만 공평하게 말한다면, 이런 자유주의의 연구는 대개 사회가 전제하는 공통의 도덕적 신념이나 합의의 부류에 관한 것이라기보다는 개인의 도덕적 판단의 성격과 관련된 것이었다. 로크는 그의 거의 모든 주요 저작을 통해서 합의의 문제에 활발한 관심을 쏟았지만, 자신의 사유의 결과에 만족하지 못했다. 그가 생각한 바에 따르면, 난점은 도덕적 쟁점에 대해 충분히 광범위한 동의가 존재할 때에만 합의가 달성될 수 있다는 사실에서 제기되었다. 그런데 이것은 이해력에 있어서 큰 격차가 있는 개인들 사이에서 이루어지는 동의를 의미했다. 이는 자연히 어떤 종류의 지식이 합의를 유지하는 데 적합한 것인가라는 질문을 제기하게 했다. 그것은 철학으로부터 나올 것인가? 만약 철학이 그 원천이 아니라면, 그것은 종교로부터 나올 수 있는 것인가?

로크는 그의 초기 저작인 『자연법론』*Essay on the Law of Nature*에서 핵심적인 정치적 지식은 자연법의 명령에 담겨 있다는 입장을 취했다. 여기서 로크는 자연법을 전 우주와 인간 사회를 지탱하는 신성한 섭리로 간주했다. 자연법은 그것이 없다면 사회가 "붕괴되어 버릴 수도 있는" 도덕적 의무의 완벽한 목록을 담고 있었다.[153] "당신이 자연법을 파괴한다면, …… 당신은 인류로부터 추방될 것이며, 동시에 전체 정치체, 모든 권위, 질서 및 인간들 사이의 동료 관계로부터도 내쫓길 것이다."[154] 그렇지만 이 지점에서 자연법에 대한 로크의 개념이 공동체의 도덕적 기초에 관해 그가 부딪힌 난제에 대한 해결책이 아니라 어떤 난제에 봉착했는지를 가리키는 지표가 되어 버림으로써, 그는 곤경에 빠져들기 시작했다. 그는 신앙, 신뢰 및 계약의 이행이 문명화된 삶의 지속성에 필수적이라는 것을, 그리고 자연법이 이 주제들에 대해 합리적으로 발견할 수 있는 가르침을 담고 있음을 공언했다. 그렇게 되면 사회의 지속성이란 구성원들이 자연법의 의미를 파악할 수 있는 정도까지 보장된다는 결론이 당연히 나오는 것처럼 보인다. 하지만 거의 모든 저작을 통해 로크는 대다수의 사람들이 자연법을 이해할 수 있는 경지에 도달할 수 있는 능력을 가지고 있는가에 대해 점점 더 회의적인 입장을 취한다. 도덕적 의무에 대한 진정한 관념은 평균적인 인간 정신의 능력을 훨씬 넘어서는 방법에 의해서만 확인될 수 있었다. 왜냐하면 전통적인 또는 계승된 도덕성은 자연법과 동일시될 수 없었으며, 또 자연법이 각자의 양심에 새겨진 천부적인 가르침도 아닐 뿐만 아니라 하물며 시간, 공간 또는 문명화의 정도와 관계없이 모든 곳에서 사람들이 받아들인 가르침도 아니기 때문이었다.[155] 단순히 자연법에 관한 '믿음'이나 '의견'을 갖는 것이 아니라 진정한 의미의 자연법을 안다는 것은 소수의 인간만이 끝까지 해낼 수 있는 부류의 엄밀한 지적 탐구가 되었다.

이런 결론은 『통치론』*Two Treatises of Government*에서 로크가 정교하게 제시한 사회 이론과는 분명히 어울리지 않는 것이었다. 구성원 각자의 동의에 기반을 둔 사회라는 『통치론』의 주장은 각 구성원이 사회가 기초하고 있는 도덕적 원칙을 완전하게 이해할 수 있는 도덕적 행위자라는 점을 함축했기 때문이다. 하지만 이런 결론이 로크가 1681년에 이르기까지 유지하고 있던 "나는 수학뿐만 아니라 도덕도 논리적으로 증명할 수 있다고 생각하지 않을 수 없다"라는 생각과 어떻게 부합할 수 있겠는가?[156] 두 가지 입장 가운데 하나의 입장은 도덕적 판단에 대한 용이한 접근을 가정했지만, 다른 입장은 그런 판단이 오직 전문적으로 훈련을 받은 지식인에게만 열려 있다는 것이었다. 대부분의 로크 연구자들은 이 문제가 『통치론』에 나오는 로크의 자연법 개념으로 해결되었다고 생각해 왔지만, 사실 로크는 그 문제를 정확히 그의 이전 저작들에서 미해결 상태로 남겨 두었던 대로 놔두었던 것이다. 자연법은 이성이 발견할 수 있는 본질적인 정치적 진리의 체계로 간주되었지만, 대다수의 사람들에게 이성이 온전한 기능을 발휘하지 못한다는 난점은 여전히 남아 있었다.[157]

논평자들은 이 쟁점의 중요성을 온전히 이해하지 못했는데, 그 결과 그들은 로크가 『기독교의 합당성』 *The Reasonableness of Christianity*(1695)이라는 저작에서 이 문제를 해결하려고 시도했다는 점을 간과해 왔다. 여기에는 정치 공동체를 구성하는 보통 사람들의 평범한 그리고 종종 통속적인 이해에 적절한 도덕적 교훈 체계를 어디서 찾을 것인가라는 문제에 대한 그의 답변이 있었다. 자연법과 일종의 수학화된 도덕성이라고 할 수 있는 엄밀한 지식의 대체물은 기독교 윤리에서 발견될 것이었다. 기독교 윤리는 철학적 윤리 못지않게 합리적이었지만, 동시에 "통속적인 사람들"의 이해에 좀 더 적합하다는 점에서 엄청난 이점을 지니고 있었다. 로크에 따르면, 고전 세계에서 진정한 덕에 관한 지식은 소수에 국한되었다. "사제들"은 최소한의 시민적 도덕성을 보존하기 위해서 소수의 조야한 가르침들을 던져 주는 것을 제외하고는 대다수의 사람들을 무지한 채로 내버려 두었다.[158] 게다가 고대의 논자들은 일정한 윤리적 문제들을 미해결 상태로 남겨 놓았을 뿐만 아니라, 자신의 학설을 일관된 전체로 체계화하지도 못했다. 무엇보다도 그들은 사람들로 하여금 도덕적 가르침을 따르지 않을 수 없게 하기 위해 필요한 "권위"를 충분히 제공해야 한다는 점을 간과했다. 이런 결점들은 성서에 기록된 산상수훈山上垂訓의 가르침을 통해 극복되었다. 즉, 산상수훈은 보통 사람이 지닌 이해에 적합한 도덕을 제시했는데, 그 도덕은 엄청난 계시의 기적에 둘러싸여 있었으며, 도덕적인 명령을 준수케 하기 위해서 미래의 보상과 처벌을 내리는 '신'이라는 개념을 수반했다. 로크는 이에 대해 다음과 같이 언급했다. 이런 가르침을 사람들에게 내려 보내면서,

신은 여기에서 이 세상의 곤궁한 자들, 그리고 대부분의 인간들을 염두에 두고 있었던 것 같다. 이것들은 수고로운 자들과 무지한 자들도 이해할 수 있는 조목들이다. 이것은 통속적인 능력을 가진 자들에 적합한 종교다. …… 인류의 대부분은 학문과 논리, 그리고 최고로 우수한 학파들의 주장을 접할 여유를 갖지 못한다. 손에 쟁기와 삽을 들어야 하는 곳에서, 머리가 고상한 개념을 다루거나 신비스러운 추론에 몰두할 수 있도록 고양될 수가 없다. (여성에 대해서는 말할 것도 없지만) 그런 계층의 사람들이 간명한 계율들, 그리고 그들의 정신에 친숙한 것들이며 거의 그들의 일상적인 경험과 관련된 것들에 관한 간단한 추론을 이해할 수 있다면, 그것으로 족하다. 이것을 넘어서면, 당신은 인류의 대부분을 당혹감에 빠뜨릴 것이다. 곤궁한 일일 노동자들에게 각종 서적들과 종교적 논쟁을 가득 메우고 있는 개념과 언어로 이야기하는 것은 그들에게 아랍어로 말하는 것과 마찬가지일 것이다. 당신은 이 점을 이내 깨닫게 될 것이다. …… 신이 박식한 학자들, 논쟁자들, 또는 세상의 현자들 외에는 아무도 기독교인일 수 없으며 구원을 받을 수도 없다고 의도했다면, 종교는 그들을 위해 준비된 것, 곧 사색과 정밀한 논의, 모호한 용어와 추상적인 개념들로 가득 찬 것이어야 했을 것이다. …… 곤궁한 자들이 그들에게 설파된 복음을 갖는다면, 의심할 나위 없이, 그것은 곤궁한 자들이 이해할 수 있는 그런 복음일 것이다. 즉, 간명하고 알기 쉬운 복음일 것이다……159

또한 기독교에 대한 이런 언급은 왜 로크가 윤리를 일련의 수학적 명제들로 환원하는 기획에 관해 종종 언급을 하면서도, 왜 그 기획에 결코 착수하지 않았는지를 설명해 준다.160 확실히 그는 때때로 그런 기획의 실행 가능성에 대해 의문을 표현했지만, 그런 착상의 제한된 사회적 유용성 때문에 그가 단념했다는 것이 훨씬 더 큰 설득력을 갖는다. 인류의 대다수는 그 작업을 이해할 수도 없을 것이었다. 무엇보다도 그는 기독교가, 자연법의 가르침을 "민중화"democratizing함으로써, 그 계획 전체를 불필요한 것으로 만들었다는 점을 깨

달았다.

아직 우리가 직접 보지는 못했지만, [가령 철학이] 더욱 진전되어서, 부정할 수 없는 원리들에 근거하여 수학과 같이 모든 면에서 증명 가능한 윤리학을 우리에게 제공한다고 가정해 보자. 하지만 이 윤리학은 지금처럼 불완전한 상태에 있는 인간에게 그렇게 효과적이지 않을 것이며, 인간을 계도하는 데도 적합하지 않을 것이다. 인류의 대부분은 그런 증명을 위한 여가나 능력을 결여하고 있다. …… 그런데도 당신은 이런 방식을 통해 날품팔이와 상인, 실 잣는 여인과 목장에서 젖을 짜는 여인, 완벽한 수학자 모두를 윤리적으로 완벽하게 만들 수 있다는 희망을 품을 것인가? 간명한 명령을 들려주는 것이야말로 그들을 순종케 하고 실천케 하는 확실하고 유일한 방책이다. 대부분의 사람들은 [윤리를 – 옮긴이] 알 수 없다. 그러므로 그들은 믿어야 한다.161

대다수의 사람들이 이해할 수 있는 합리적인 윤리가 가망성이 없다는 점을 로크가 깨닫고 기독교에서 도피처를 발견했지만, 그것이 기독교를 일종의 '이데올로기'로 전환시키는 대가를 치름으로써만 가능했다는 점은 앞에서 제시된 논의로 볼 때 명백하다. 즉, 기독교는 통속적인 이해에 적합한 일련의 단순화된 신앙이 되었던 것이다. 이런 해석이 로크 역시 홉스와 같은 유치한 방식으로 종교를 복종을 끌어내는 데 편리한 보조 수단으로 바라보았다는 점을 함축하지는 않는다. 또한 이것이 로크가 기번Edward Gibbon이 로마의 종교들을 "인민들은 똑같이 진리라고, 철학자들은 똑같이 거짓이라고, 그리고 행정관들은 똑같이 유용한 것이라고 간주"했던 것이라고 묘사했을 때의 그 냉소적인 방식으로 종교를 파악했음을 의미하지도 않는다. 이와는 완전히 반대로, 로크는 설령 그가 다소간 비정통적인 기독교인이었다 할지라도 독실한 신자였으며, 좀 더 중요한 것은 그가 자신의 정치 이론과 도덕 이론을 서구 사회에서 기독교의 힘이 여전히 생명력이 있다는 전제에 기초를 두었다는 점이었다.

그러나 로크가, 자신은 비록 신자였지만, 부지불식간에 마키아벨리와 홉스에게 힘을 실어 주어 결과적으로 기독교적 유산의 정치적 중요성을 한층 더 부식腐蝕시켰다는 점은 더욱더 중요한 의미를 갖는다. 세속주의와 회의주의의 잠식에도 불구하고, 서구의 정치적 전통은 수세기 동안 "공통의 기독교적 양심"이라고 불릴 수 있는 것의 생명력을 당연한 것으로 간주했다. 이론과 실천 양면에서 그 전통은 사회 구성원들 사이에 존재하는 공통의 세계관 및 도덕적 반응의 지속성을 가정했다. 부가적으로 사람들이 양심이라는 공통의 요소를 공유한다는 것은 그들이 서로를 "알 수 있고", 이해할 수 있으며, 일반적으로 용인된 도덕적 기호를 통해 소통한다는 것을 의미했다. 양심을 공통의, 통합적인 힘으로 파악하는 이런 관념과는 대조적으로, 로크는 양심의 가치를 인정하면서도 그것을 분열적인 힘으로 묘사했다. 『인간오성론』에서 로크는 양심이 공통의 도덕적 규칙의 확실한 원천일 수 있다는 점을 명시적으로 배제했다. 양심은 "단지 우리 자신의 행위가 도덕적으로 올곧은지 아니면 타락한 것인지에 대한 우리 자신의 의견이나 판단에 불과할 뿐이었다."[162] 그 결과로 개인들의 양심 사이에서 나타나는 다양한 편차는 사회에 필수적인 동의의 척도를 창출하는 데 있어서 양심을 거의 무용지물로 만들어 버렸다.

결과적으로 로크는 정치적인 사안에서 양심의 유용성을 지지하는 어떤 가정도 부정하게 되었다. 이 점은 『통치론』에서 분명히 제시되었다. 거기에서 로크는 자연 상태에서 행사할 수 있는 "사적인 판단"은 "입법부"에 양도되며, 그 결과 각 개인은 입법부의 판단이 "그 자신의 판단"이기 때문에 그 판단을 적극적으로 지원할 의무를 부담한다는 점을 강조했다.[163] 또 다른 맥락에서 로크는 다음과 같이 단언했다.

…… 우리는 각자가 상황에 따라서 자신에게 무엇이 이득이 되는지 스스로 판단한 바를 자유롭게 행할 수 있다는 점을 완전히 부정한다. 모든 개별적인 인간이 그 자신의 사건에 대해 판단심리判理 – 옮긴이하는 것을 당신이 인정하지 않는 한, 당신은 각 개인의 이익이

공정함과 올바름의 기준이라는 견해를 견지할 어떤 이유도 분명히 갖지 못할 것이다…….[164]

그런데 이런 결론은 이른바 "혁명권"에 대한 로크의 논의에서도 크게 제약받지 않았다. 통치자가 신탁을 저버렸을 때 "모든 개개인은 스스로 재판관이 된다"는 점을 로크가 어떤 대목에서 인정하기는 했지만, 그는 그런 사례들에서 "적절한 심판관"은 "전체로서의 인민"이라고 언급함으로써 재빨리 자신의 주장을 수정했다.[165] 이런 형태의 진술에서 양심은 그 가장 두드러진 측면이었던 개인적인 특질을 포기하게 되었다. 대신에 양심은 일종의 사회적인 또는 집합적인 형태의 판단이 되었다.

로크의 논변이 보여 주는 것처럼, 양심에 대한 점증하는 불신이 새로운 종류의 양심에 대한 탐색을 자극했다. 그것은 개인적이라기보다는 사회적이며, 내면적인 신념의 외면화된 표현이라기보다는 외부적 규칙의 내면화된 표현일 것이었다. 나중에 우리는 사회적인 양심이라는 관념이 어떻게 발전했는지를 매우 상세하게 보여 주려고 시도할 것이다. 그렇지만 여기에서 우리의 관심은, 말하자면, 양심의 잔여 요소, 곧 개인적 양심의 집단화된 측면이 아니라 그 변형된 측면에 있다. 개인적 양심이라는 관념은 주로 종교적 비순응주의자들이 적대적인 공동체들과 조직화된 종파들 양자 모두와 투쟁하기 위해서 제창되었다. 따라서 개인적 양심은, 후일의 사회적 양심의 개념과 달리, 개인을 집단으로 순응시키기 위한 방법이라기보다는 집단에 대항하는 개인의 방어로 의도되었던 것이다. 그러나 종교적 감정의 쇠락 및 관용의 성장과 더불어, 양심의 관념에 중요한 변화가 발생했다. 더 이상 종교적 박해로부터 소수의 종교적 의견을 보호할 필요가 없어지면서, 양심과 그 속성은 내면적인 삶으로부터 분리될 수 있었으며, 점점 더 세속화되어 가는 사회가 가장 높이 평가하는 것, 즉 부와 지위, 또는 좀 더 간단히 말해서, '이익'을 보호하기 위해 이용될 수 있었다. 그 가장 거대한 변화는 자유주의의 후원 아래 이루어졌다. 곧 '개인적 이익'이 개인적인 양심을 대체했던 것이다. 이익은 양심이 종교에서 했던 역할과 동일한 역할을 정치적이고 사회적인 사유에서 점차 수행하게 되었다. 이익은 양심처럼 개인이 가장 높이 평가하는 것과 집단이나 사회에 대항하여 방어되어야 하는 것을 상징했기 때문에, 양심과 마찬가지로 상당수의 신성한 의무 및 의무의 면제가 부여되었다.

이런 사태 전개는 자유주의의 불안 콤플렉스를 해명하는 데 큰 도움을 준다. 이익이 양심의 자리를 빼앗았으며 양심의 많은 특성을 이어받았다 하더라도, 하나의 결정적인 차이는 지워질 수 없었으며 그것은 자유주의자들에게 상당한 불안의 원천이 되었다. 프로테스탄티즘은 항상 양심의 강점이 전적으로 그 내면적인 특성에 놓여 있으며, 따라서 외부 세계에서 무슨 일이 일어나든지 간에, 곧 물질적 재화의 손실이나 육체적인 상해를 입더라도 그것이 양심에 영향을 미칠 수는 없다고 주장해 왔다. 대조적으로 이익은 부와 지위, 즉 외부의 사건에 의존하는 부류의 대상과 밀접한 관련이 있었다. 따라서 유감스럽게도 자유주의자들이 깨닫게 된 사실은, 적대적인 환경 속에서 양심은 '민감해질' 수도 있지만, 이익은 불안하게 된다는 점이었다.

미리 말하건대, 이익이 자유주의 이론의 핵심적인 위치를 차지하게 되었다는 사실을 새삼 강조할 필요는 없다. 벤담은 행위의 모든 원리들 가운데 "개인적인personal 이익"이 "인류에게 있어서 가장 강력하고, 가장 일관되며, 가장 획일적이고, 가장 지속적이며, 가장 일반적"이라고 선언했다. 자유주의가 이해했듯이, 이익은 일신적인personal 속성을 강렬히 지니고 있다는 점에서 구분되었다. 벤담을 한 번 더 인용하면, 그는 "무엇이 당신에게 이익이 되는지를 당신 자신만큼 잘 아는 사람은 아무도 없다"고 언급했다.[166] 게다가 이익의 배타적인 성격은 누군가가 다른 사람의 이익을 실제로 추진하는 것을 불가능하게 만들었다. 즉, 각 개인이 일차적으로 자기 이익이라는 동기에 따라 행동할 뿐만 아니라 이익이란 이익을 지닌 개인의 가장 근접한 곳에 존재하기 때문에 그것은 불가능했다. 어떤 외부인도, 심지어 이타적인 동기에 이끌린 사람조차도 자비롭게 행동하기에 충분할 만큼 [타인의 이익에 대해 - 옮긴이] 알 수 없었다.[167] 개인이 자신의 "진정한" 이익이나 행복이 어디에 있는지에 대해서 오판할 수도 있다고 이의를 제기하는 것 역시 결정적인 반박은 아니었다. 중요한 것은 이익에 관해 상정된 여하한 "객관적인" 위상이 아니라 각 개인이 자신의 이익이라고 믿는 것이었기 때문이다. 후일 밀이 지적했던 것처럼, 무엇이 바람직한 것인지에 대한 기준은 실제로 사람들이 그것을 원하는가에 달려 있으며,[168] 따라서 "좀 더 진정한" 이익을, 그것을 진정한 이익으로 인정하기를 완강히 거부하는 사람에게 강요하는 것은 애초에 그 의도를 달성하지 못할 것이었다.

그런데 이익의 이런 속성들 — 이익의 개인주의적 성격, 이익에 대한 판단의 주관성 및 강제적 부과의 불가능성 — 은 로크의 고전적인 저작인 『관용에 관한 서한』*Letter Concerning Toleration*에서 양심에 배정되었던 속성들을 충실하게 재생산한 것이었다. 관용에 관한 로크의 옹호적 주장이 양심의 개념에 대한 결정적인 변화를 특징으로 하고 있다는 사실은 흔히 간과되고 있다. "청교도적 양심"을 옹호하는 사람들은 그것을 잘 규제된 판단의 양식, 곧 성서의 "객관적인" 기준에 따라 통제되며 종교적인 가르침을 충실히 따르는 판단 양식으로 인식했다. 17세기의 종파들이 관용을 옹호한 주된 이유 가운데 하나는 양심이 제기하는 이의가 실제로 무엇이 참인지를 증언할 수도 있다는 가능성이었다. 이와 대조적으로 로크의 논변에서 지배적인 것은 양심이 앎의 방식이라기보다는 신념의 형태를 표상한다는 것이었다. 따라서 양심은 개인이 가지고 있는 주관적인 믿음을 의미했다. 그리고 이 정의로부터 후일 이익에 부여된 것과 동일한 특성들이 파생되었다. 개인적인 이익처럼 "모든 인간 개개인의 영혼을 돌보는 문제는 그 자신에게 속하며, 그 자신에게 맡겨진다." 또한 유사하게 양심의 문제에서 각자는 "스스로 최고의 그리고 절대적인 판단의 권위"를 가진다. 왜냐하면 "그 밖의 다른 어느 누구도 거기에 관련되지 않기 때문이다."[169] 개인에게 진정한 이익을 명령하는 것이 이롭지 않은 만큼이나 참된 믿음을 강요하는 것도 유용하지 않았다. "내가 참되지 않다고 생각하는 어떤 종교도 나에게 참되거나 유익할 수 없다."[170]

이익과 양심이 유착했다는 점을 18세기의 사람들은 놓치지 않았다. 이익을 추구하는 자유는 적합하다고 생각한 바에 따라 예배하는 자유와 호환 가능한 것이었다. 모를레Andre Morellet는 새로운 시대가 "거래에서 양심의 자유가 발휘되는" 시대라고 썼다. 또는 셸번 경Lord Shelburne이 언급한 것처럼 그것은 "거래에서 프로테스탄티즘이 구현되는 시대"였다.[171] 돌이켜 보건대, 공리주의가 "사회학의 프로테스탄티즘"이라는 웹Sidney Webb의 조롱은 실질적인 근거가 있었다.[172]

양심에 대한 로크의 교의와 이익에 대한 후일의 자유주의적 개념 사이에 유사성이 존재한다는 점은 전혀 놀라운 일이 아니다. 로크 자신은, 적어도 부분적으로는, 경제적 활동의 사례에 근거하여 관용을 옹호함으로써 그 유사성을 이끌어냈다. 즉, 종교적인 비순응주의자들에게 적합한 정책은 "사적인 집안 일" 및 "소유지의 관리"에 대한 것과 동일한 것이어야 했다. "모든 개개인이 자신의 편의에 적합한 것을 고려하고, 자신이 가장 선호하는 노선을 추구하도록 해야 한다." 그리고 이웃이 재정적인 실책을 범할 때, "어느 누구도 불만을 품거나" 자신의 관심사라고는 전혀 생각하지 않는 것과 동일한 방식으로, 이웃이 종교적인 구원에 관해 기괴한 생각을 가지고 있더라도 신경 쓰지 않아야 한다. 이로부터 한 인간이 "부유해지도록 강제될 수 없는" 것과 마찬가지로, 개인이 참된 신자가 되도록 국가 행위에 의해 강제될 수 없다는 결론이 나온다.[173]

자유주의 이론에서 개인적 양심의 쇠락은 사람들이 더는 공통된 내면적인 삶에 기초해서 소통할 수 없기 때문에 이제 전적으로 외적인 것을 통해, 즉 사회적으로 습득된 반응과 가치에 기초해서 서로를 알아야 하는 처지에 몰리게 된 새로운 사회적 세계의 도래를 예고했다. 오직 "외적인 것"을 통해 사람들을 알게 된다는 것은 인간이 인간으로부터 소외되었다는 것을 의미했다. 이것은 '개인의 양심이 서로에게는 낯설다'는 인간 조건에 대한 로크의 간결한 기술과 정확히 조응한다. 즉, "어떤 특정한 사람도, 어떤 다른 것이 그에게 실제로 영향을 끼쳐서 그가 그것을 인지할 때를 제외하고는, 그것의 존재를 알 수 없다."[174] 인간은 오직 동료들과 충돌할 때에만 그들을 의식하게 된다. 따라서 갈등과 충돌은 인간이 인간을 의식하게 되는 원천이다. 이런 인식에 기초해 후일 벤담은 "알 수 없는 불가해한 동기의 영역에 들어가는 것"은 무익하다고 단언했다. 인간이 확실히 알 수 있는 것은 오직 개인적 행위의 결과인 것이지, 결코 그렇게 행동하는 동기가 아니었다.

이와 동일한 의심이 경제적 활동에 대한 정부의 개입에 반대하는 자유주의적 논변에 깔려 있었다. 각자가 자신의 이익에 대한 최선의 판단자이며 따라서 어떤 외부의 행위자도 그의 행복을 강제할 수 없다는 자유주의의 기본적인 주장은, 바로 어떤 개인도 타인을 진정으로 이해할 수 없다는 믿음에 근거하고 있었다.[175] 이로부터 어떤 통치 집단도 정당하게 사회 구성원의 최선의 이익을 대표할 수 없다는 결론이 뒤따랐다. 그런 집단의 판단은 어떤 확실한 근거도 가지지 못했기 때문이었다. 개인들이 각자 다르게 사물에 부여하는 개별적인 가치 평가를 연결시키는 공통의 연결 고리는 존재하지 않았다. 다른 사람이 어떤 것들을 소중히 여기는지 또는 그가 내심 어느 정도로 그것들에 강한 애착을 느끼는지 아무도 확실히 말할 수 없었다.

개인의 내면적인 삶은 깊은 신비로 남았다. 그것은 정확히 말해서 기독교의 공통적인 양심이 사라져 버렸고 오직 일련의 외적인 행동으로 드러난 인간만이 확실하게 이해될 수 있기 때문이었다.[176] 벤담이 양심을 "일종의 허구적인 존재"라고 말했을 때, 그는 평소의 직설적인 방식으로 양심의 비문稗文을 진술한 셈이었다. 또한 벤담은 사람들이 더 이상 내면적인 삶의 검토로 이끄는 자기 지식에 대한 어떤 실제적인 유인誘因도 갖지 않는다는 사실을 충분히 명료하게 밝혔다.

> 하지만 이익에 의해서 그는 동시에 자신의 행동이 결정되는 [그 밖의 다른 - 옮긴이] 원천에 대한 여하한 세밀한 검토로부터 관심을 돌리게 된다. 그런 지식으로부터 그는 일상적인 형태로는 얻을 만한 것이 없다. 그는 거기에서 향락의 어떤 원천도 발견하지 못한다.[177]

동시에 의지와 지성에서 비롯하는 모든 행위가 이익으로 환원될 수 있기 때문에, 내면적으로 검토해야 할 것은 아무것도 남아 있지 않았다. 즉, 인간의 영혼은 배제되어 버렸다.[178]

인간을 단순한 외적인 측면으로 환원하고 인간에게서 양심을 떼어내 버리게 되자, 자유주의 경제학자들이 인간을 물질적인 대상으로 취급하는 것은 이제 쉬운 일이 되었다. 이런 분석 양식은 후일 마르크스의 격렬한 비난을 불러일으켰다. 자유주의의 이런 전개 양상은 후일 소유권에 대한 로크의 관념이 변형되는 방식에서 가장 잘 예시된다. 로크는 자연 상태에서 개인들이 공유지를 개간했을 때를 소유권의 시초로 생각했다. 노동 행위는 외적인 대상의 물리적 변경일 뿐만 아니라 개인의 인격을 그 대상에 투사하는 것이기도 했다. 이런 방식으로 개인은 "특수한 권리", 곧 사적인 전유 행위를 통해 얻어진 특유한 정체성을 갖게 되었다.[179] 이후 자유주의 경제학자들은 개인과 그의 재산 사이에 정신적으로 긴밀한 관계가 존재한다는 로크의 가정을 계속 유지했지만, 그들은 그 재산을 노동자가 아니라 자본가의 재산과 동일시했다. 오직 자본가의 인격만이 자신의 재산이 위협을 받을 때 고통을 겪었다. 즉, 노동계급은 [재산 상실에 대한 불안감이 초래하는 - 옮긴이] 신경쇠약증의 특권을 누릴 수 없었다. 물론 이것은, 산업주의에 의해 조직화된 노동 행위를 통해 더 이상 노동자가 자신의 것이라고 주장할 수 있는 대상을 창출하지 못한다는 사실을 고려할 때, 거의 피할 수 없는 결과였다. 그 다음 단계는 노동자의 숙련 기술과 에너지를 "생산 요소", 곧 정신적인 색채가 제거된 비인격적인 요소로 흡수하는 것이었다.

> 노동자는 그 스스로 국민적인 자본의 일부다. 그리고 이런 종류의 모든 연구에서 노동자는 그것을 만들기 위해서는 일정한 노동량을 필요로 하는 일종의 기계나 다름없는 것으로 간주될 것이다.[180]

권리의 원천으로서 노동을 강조하는 것이 원래 로크의 주요 주제였다. 이런 강조점은 힘power의 원천으로서의 노동을 강조하는 것으로 점차 이동했다. 자본주의사회와 "자연이라는 하나의 공동체에서 모든 것을 공유하는" 로크의 위대한 자연적 사회great natural society 사이의 대비는 경제학자들이 대다수의 사람들을 착취 가능한 힘의 단위, 곧 마르크스가 "노동력"이라고 부른 것으로 환원시킨 방식에서 가장 선명하게 표현되었다. "노동의 통제"command of labour야말로 "생산을 위한 첫 번째 수단"이며, 이것을 통해 노동은 "무엇이든지 가장 필요로 하는 것을 창출하기 위해 마음대로 활용될 수 있다. …… 이른바 권력과 탁월성이라는 사람들이 가장 탐내는 부류와 견주어 평가해 보면, '노동의 통제'를 통해 얻을 수 있는 가치는 거의 불변적이라고 할 수 있다"고 시니어는 언급했다.[181] 벤담의 생생한 요약에서 이 새로운 힘에 대한 충동이 적나라하게 표현되었는데, 그는 노동 행위에 내재된 소외의 전모가 착취자와 피착취자 간의 충돌을 통해 드러난다고 지적했다. 즉, 인간은 너무나 소외되어서 오직 갈등 상황에서만 서로를 의식할 수 있었다.

불행하게도, 인간의 마음속에는 어떤 상황에서든 타인에 대해 반감을 가질 태세가 가장 풍부하고 적극적이다. 인간의 욕망은 무한하지만 그 대상은 극히 제한된 까닭에 …… 인간은 욕망의 대상을 공유할 수밖에 없는 이들을 불편한 경쟁자로 생각하는 것을 피할 수 없는데, 이는 그들이 자신이 누릴 수 있는 향락의 범위를 제한하기 때문이다. 게다가 인간은 가장 강력한 생산수단이며, 따라서 모든 사람은 자신의 안락을 증진시키기 위해서 동료들을 고용하기를 열망하게 된다. 그 결과 힘power에 대한 강렬하고 보편적인 갈망 그리고 종속에 대한 그 만큼 강렬한 혐오가 출현한다. 그러므로 각자는 자신의 의지에 맞서는 완강한 저항에 직면하고, 타인의 의지에 대해 똑같이 지속적으로 대립할 수밖에 없다. 이는 자신의 소망을 방해하고 그것에 반대하는 이들에 대한 반감을 자연스럽게 발생시킨다.[182]

9. 자유주의와 순응성 : 사회화된 양심

자유주의는 사회적인 유대와 관계에 배어 있는 연대를 해체하고, 그것을 구속받지 않고 독립적인 개인, 즉 지배받지 않는 인간masterless man으로 대체하려 한다는 비난을 항상 받아 왔다. 실상 그런 비난은 거의 근거가 없으며, 사회적 순응성에 대한 자유주의의 집착을 완전히 오해하고 있다. 물론 어떤 의미에서는 모든 정치사회가 그 구성원의 사회적 행동에 일정한 기본적인 규범을 규정하며, 무정부주의를 제외한 모든 형태의 정치 이론은 이를 인정해 왔다. 하지만 사회적 순응성의 개념은 사회 구성원이 공통의 행동 방식을 준수하지 않는다면 사회가 오랫동안 존속할 수 없다는 자명한 사실 이상의 좀 더 중대한 함의를 시사한다. 그것은 첫째, 개인은 자신의 취향, 행위, 삶의 양식을 사회적인 공통분모에 "적응시킨다"는 것을 함축한다. 사회적 순응성은 보들레르Charles Pierre Baudelaire가 "댄디즘"*이라고 부른 것, 곧 "인간적 자긍심 가운데 최고의 요소", "진부함과 투쟁하며 그것을 파괴하려는" 욕구와 대립한다.[183] 둘째, 사회적 순응성은 개인의 순응이 사회적 응집과 질서에 이바지할 뿐만 아니라 개인의 행복과 성공적인 삶은 오직 사회가 제시한 기준을 준수함으로써만 달성될 수 있다는 것을 가정한다. 여기서 기준이란 구성원 대다수가 받아들이는 욕구, 가치, 기대의 일반화된 표현을 지칭한다. 사회적 순응성의 가장 중요한 요소는 세 번째인데, 개인은 사회적 규범을 단순히 "수용"하는 것 이상을 하도록 요청된다. 즉, 사회적 규범이 개인의 내면적인 삶에 무젖어 들 수 있도록 그 외부적 특질이 극복되어야 한다는 것이다. 간단히 말해서 사회적 규범은 내면화되어야 하며, 개인의 양심으로 작동되어야 한다. 따라서 양심은 개인적이라기보다는 사회적이 된다.

개인적 양심에서 사회적 양심으로 이르는 길은 비법률적인, 사적으로 강제된 규범의 중요성에 대한 로크의 발견에서 시작된다. 로크는 사람들이 사회에 진입하면서 "그 나라의 법이 지시하는 것을 넘어서는 여하한" 강제력도 사용하지 않는 것에 동의했다고 하더라도, 그들은 여전히 법 외부에 존재하는 상당한 사회적 강제력을 계속 보유하고 있다는 점을 지적했다. 로크는 이것을 "여론 혹은 평판의 법"이라고 불렀다. 그는 이 법의 근거를 사람들이 "그들 주변에서 살아가는 이들의 행위에 대해 긍정적이거나 부정적으로 생각하는, 승인하거나 반대하는 힘power"을 발휘한다는 관찰에 두었다. 이런 평가는 "덕과

---

* [옮긴이] 19세기 초 낭만주의를 배경으로 영국 상류 귀족계급의 청년들 사이에 몸치장이나 생활 방식에서 남들과 구별되는 독특하고 사치스러운 스타일이 유행했는데, 이것이 댄디즘(dandyism)의 탄생을 가져왔다. 하지만 보들레르에게 댄디즘은 단순한 몸단장이나 독특한 생활 태도에 그치지 않고 미학적·윤리적·종교적 의의를 지닌 것이었다. 그는 댄디즘이 예술의 후원자 역할을 해준 귀족계급이 사라지고 사회가 아직 문화적 세련성을 갖추지 못한 현실에 절망한 젊은 예술가들이 택한 길이라는 점, 곧 부르주아의 저속한 물질주의에 대한 반발을 배경으로 귀족적인 정신주의에 경도되는 측면을 보인다는 점을 강조했다. 또한 주어진 현실과 타협하지 않고 자신만의 내밀한 그 무엇을 가꿔 나가기 위해 철저한 품위와 절제 및 세속적 가치에 구애받지 않는 초연함을 갖춰야 한다고 주장했다.

악덕의 공통적인 척도"가 되고, 또 많은 점에서 실정법보다 더욱 효과적으로 위반자를 처벌하는 경향을 갖게 된다. 로크는 어떤 사람도 자신이 참여하는 "모임"과 반목하고 있는 상태를 견딜 수 없고, 모두가 자신을 싫어한다는 것을 자각한 채로 그냥 살아갈 수는 없다는 점에 주목했다. "이것은 인간이 참아 내기에는 너무 무거운 짐이다."[184]

자신의 분석에서 제기될 수 있는 풍부한 시사점들을 철저하게 규명하지는 않았지만, 로크는 두 가지 기본적인 주제들을 간단히 언급했는데, 그것은 후일 자유주의 이론의 핵심이 되었다. 첫째, 그는 사회적 규범이 정치권력이나 법적인 권위와 구별되는 일종의 통제로 이해될 수 있다고 명확히 지적했다. 둘째, 로크는 개인적 양심에 윤리적 가치의 사회적 규정의 문제를 제기했다. 즉, 사회적 규범이 도덕적 선의 성격을 가지는 것이지 교통 법규와 같은 수준의 단순한 편의적인 규칙이 아니라고 사회가 주장한다면, 달리 표현해서, 개인이 사회적 규범을 어떤 형태의 윤리적 선택과 동등한 것으로 받아들이도록 강제된다면, 비순응성의 결과는 훨씬 더 심각할 것이었다. 왜냐하면 사회가 경제적·사회적·심리적으로 부과할 수 있는 무거운 제재는 사적인 유형의 여하한 행위보다 위반 행위[의 결과 - 옮긴이]를 개인에게 훨씬 더 중대한 것으로 만들었기 때문이다.

자유주의에 대한 근대의 해석자들이 우리들로 하여금 상정하게 했던 것과 반대로, 우리는 후일의 자유주의자들이 사회적 순응성의 필요성과 바람직함에 대한 정당화를 놀라울 정도로 강조했다는 점을 발견한다. 그것은 스미스의 『도덕감정론』에서 가장 완전하게 표현되었다. 그 저서는 기본적으로 인간이 자신과 동료에 대해서 내리는 도덕적 판단의 성격과 원천에 대한 연구였다.[185] 그 연구 자체의 긴급성은 자유주의자들이 인간에게 귀속시킨 성격에 의해 촉발되었다. 즉, 자유주의적 인간은 자기 이익에 의해 동기가 부여되고 정념에 의해 지배되어서, 비인격적이고 합리적인 일정한 기준에 따라서 선택할 수 있다는 확신을 고쳐시킬 수 없었던 것이다. 스미스의 논변에 따르면, 자연의 치유책은 인간의 마음에 "공정한 관찰자", 곧 도덕적 판단을 회부할 수 있는 편파적이지 않은 법정이 자리 잡게 하는 것이었다. 예컨대 내가 이제 막 어떤 행위를 착수하려고 하고, 그 행위의 올바름을 확신하고자 원한다면, 또는 내가 이미 행한 행위에 대해서 나의 선택이 추인되기를 바란다면, 나는 상상 속의 외부자imaginary outsider에게 의견을 물어보아야 한다. 이것은 내가 나 자신을 다른 사람의 입장에 놓고 그 사람의 동기와 정념을 추정한다면 달성될 수 있다. 즉, 판단의 공평성과 불편부당함은 일차적으로 "타인의 판단"을 통해서 이루어질 수 있다.186

그러나 관찰자에 의해 내려진 판단의 원천은 무엇인가? 스미스의 답변은 그것이 사회의 여론에서 나온다는 것이었다. 따라서 우리의 도덕적 판단은 반영된mirrored 성찰이라는 성격을 가지고 있었다. 그것은 사회적 가치를 개인의 양심에 연결시켰다. 사회적 인간이 고립된 인간과 구별되는 것은 전자가 사회적 영향력에 민감한 양심을 가지고 있다는 것이었다. 곧 그는 "그와 더불어 살아가는 이들의 표정과 행동을 비춰 주는 거울"을 마음속에 품고 있었다.

하지만 비록 공정한 관찰자가 일련의 내면화된 사회적 규범을 표상한다고 하더라도, 스미스는 개인이 어떤 행동을 판단할 때 그가 합리적인 행위에 관여하고 있다고 주장하지는 않았다. 개인이 그 관찰자에게 호소할 때, 그는 자신과 관찰자가 내리는 두 가지 합리적인 판단 사이의 일치를 구하고 있는 것이 아니라, "감정의 일치"를 구하고 있는 것이다. 행위자는 관찰자가 그 행위에 대해서 동일하게 강렬한 열정을 갖기를 "갈망한다." 스미스는 이것이 불가능하다고 단언했는데, 어떤 외부인도 그 행위의 당사자들과 동일한 감정적 몰입을 경험할 수 없기 때문이었다. 그러므로 관찰자가 공감할 수 있기 위해서는 행위자가 자신의 고조된 정념을 가라앉히는 것, 즉 정념을 순화시키는 것 이외의 방법이란 존재하지 않았다. 개인이 "본래 인류보다 자기 자신을 더 선호한다"고 하더라도, 사회의 관점에서 보면, "그는 자신이 어떤 점에서도 다른 사람보다 나을 것이 없는, 단지 다중 가운데 한 명일 뿐"이라고 느끼게 되도록 만들어져야 한다. 그러므로 각자는 "겸허하게 자신의 오만한 자기애를 낮추어서 그것을 다른 사람들이 공감할 수 있는 것으로 끌어내려야 한다."[187]

따라서 우리의 정념은 "일정한 평범함"으로 제한되어야 했다. 왜냐하면 결국 관찰자는 행위 자체를 판단하는 것이 아니라 관련된 행위자의 반응이나 정념을 판단하기 때문이었다.[188] 스미스는 계속해서 개인은 "무엇보다도" 순응하려는 "가장 큰 욕망"을 갖는다고 지적했다. 경험은 개인에게 사회적으로 규정된 규범을 무시하는 이들은 가혹한 복수를 당한다고 경고해 왔다. 즉, 거의 일체가 되어 사회 구성원들은 위반자에게 모욕을 가하고, 위반자가 해를 끼친 사람들을 지지하면서 위반자를 공격한다. 그가 행했던 일 때문에 죄책감에 시달리고 공포에 떨며, "전 인류의 애정으로부터 거부되고 버려져서," 위반자는 "모든 것이 적대적인 세계"에 고립되는 고통을 겪게 된다. 공포에 휩싸여서 그는 도망치려고 시도하지만, 단지 "고독이 사회보다 훨씬 더 끔찍하다"는 점을 발견할 뿐이다. 외로움의 "공포"는 그를 사회로 돌아와, "모욕에 부대끼고 두려움에 시달리면서", 속죄를 할 준비를 하도록 "추동한다." 사회적 규범이 인간 영혼에 매우 깊게 새겨졌기 때문에, 사회적 양심이 종교적 경험을 명백히 대체했음에도 불구하고, 스미스는 속죄를 종교적 경험의 용어로만 묘사할 수 있었다. 위반자는 그가 잘못을 범했던 신에게 필사적으로 용서를 구하는 참회자가 되었다.

> 인간은 …… 동포들의 행복을 존중할 것을, 부지불식간에라도 그들에게 해를 끼칠 수 있는 어떤 일을 하지 않을까 전전긍긍할 것을, 그리고 어느 순간에 그에게 폭발할지도 모른다고 느끼는 그들의 동물적인 분노를 두려워해야 한다는 것을 배우게 된다. …… 고대 이교異敎에서는 신에게 바쳐졌던 그 신성한 땅은 침입해서는 안 되고 …… 심지어 모르고 그곳을 침범한 인간은 바로 그 순간부터 …… 적절한 죄 값을 치를 때까지 속죄했다. 마

찬가지로 자연의 지혜에 의해서, 모든 결백한 인간의 행복은 그와 동일한 방식으로 거룩하게 되며, 정화되고, 보호받는다. …… 그것이 제멋대로 유린되지 않기 위해서는 …… 무심코 범한 위반의 크기에 비례하는 일정한 속죄, 일정한 죄 값이 요구되어야 한다.[189]

18세기 마지막 사반세기에 공리주의가 등장하면서 순응성의 원리는 더 넓은 의미를 갖게 되었다. 사회적 규범은 단지 수용되기만 하는 것이 아니라 이용되고 조작되는 것이었다. 벤담에 따르면, "사회"는 단지 개인들의 집합체에 대한 편리한 허구에 지나지 않기 때문에, 성공의 비결은 "다른 사람들"을 어떻게 다룰 것인지를 아는 데 있었다. "사람은 공론에 잘 맞춰 가야 한다." 『의무론』*Deontology*에서 벤담은 공리주의에서 카네기Dale Carnegie가 한 역할을 맡았다. 즉, 그는 [카네기처럼 - 옮긴이] 개인이 다른 사람의 환심을 살 수 있는 기술들을 자세히 열거하고, 다른 사람의 비위를 거스르는 행동 유형에 대해 경고했다. 이런 모든 조언의 목적은 오로지 부와 사회적 위신을 쌓기 위한 자신의 활동을 다른 사람이 지원하도록 유도하기 위한 것이었다. "적의의 축적"이 아니라 "호의의 축적"을 쌓기 위해서 "다른 사람의 감정을 잘 맞춰 주는 것이 모든 사람의 이익이다." "다행히도" [호의는 - 옮긴이] "복리"複利의 방식으로 "무한히" 축적된다.[190]

어떻게 하면 친구를 얻고 사람들에게 영향력을 가질 수 있는가에 대한 이런 조언이 담고 있는 예사롭지 않은 의미는 그것이 개인이 공적인 역할을 수행하면서 사회적 관습을 추켜세운다고 해도 실상은 그것을 내심 경멸하고 있다는 암시를 추호도 품지 않고 있다는 점이다. 자유주의적 인간은 매우 성공적으로 사회적 규범을 내면화하고, 사회적 규범이 거의 완벽하게 양심의 자리를 차지하게 되어서, "외부"와 "내부" 사이의 구별, 곧 관습과 양심의 구별은 거의 지워져 버렸다.

얼핏 보기에 이런 사태 전개에서 기묘한 점은 자유주의자들이 그것을 환영하고 조장했다는 것이다. 어쨌든 초기 자유주의가 자신을 개인의 존엄성과 독립을 옹호하기 위한 철학으로 선언했다는 사실은 아무도 부정하지 않는다. 그렇지만 '누구에 대항하여 개인이 옹호되었는가?'라는 질문을 던져 본다면, 우리는 어떻게 자유주의가 사회적 순응성의 파괴력에 대해 치명적으로 오해했는가를 좀 더 잘 설명할 수 있을 것이다. 자유주의는 처음부터 종교적·정치적·사회적·지적 권위를 망라한 모든 종류의 권위로부터 인간의 해방을 촉구했다 — 악명 높은 모든 권위를 분쇄하라!*ecrasez l'infâme de l'autorité!* — 고 일반적으로 주장된다. 그러나 이것은 단지 부분적으로만 타당할 뿐이며, 사회의 권위에 대해서는 매우 그릇된 주장이다. 정치적 권위에 반대하는 자유주의의 입장을 검토해 보면, 그것이 일반적인 정치적 권위가 아니라 인격화되고personsonified 개인화된personalized 권위에 대한 비난이라는 점이 드러난다. 자유주의가 군주제에 반대했을 때, 그 비난은 군주가 자신의 권위를 '자의적인' 혹은 '변덕스러운' 방식으로 행사한다는 것이었다. 즉, 법이나 합리적인 정책의 '객관적인' 요구가 아니라 개인적인 변덕에 따라 행사한다는 것이었다. 이 정의定義에서 자의성은 교황이 제도적인 권위를 개인적인 권력으로 변형시켰다는 프로테스탄트의 비난과 정치적인 등가물을 이루었다. 이런 유사성은 추가적인 중요성을 갖는다. 왜냐하면 프로테스탄티즘과 마찬가지로 자유주의 역시 주관주의의 한 형태를 제거하는 것이 단지 그것을 다른 것으로 대체하는 결과를 낳을 뿐이라는 불쾌한 딜레마에 직면했기 때문이다. 즉, 교황을 회중會衆으로 대체한 것처럼 왕을 시민으로 대체함으로써 주관주의가 극복되었는가? 자유주의자들이 인정하든 그렇지 않든 간에, 그들은 홉스에게 수학하면서 사적인 판단의 동의어가 무정부 상태라는 것을 배웠다.[191] 사실 자유주의자들은 종교적 사안과 경제적 사안에서는 사적인 판단을 열렬히 장려했다. 로크의 『관용에 관한 서한』은 명시적으로 전자를, 암묵적으로 후자를 옹호했다. 그 논변의 기초는 이 영역들에서 개인의 사적인 판단은 오로지 그 개인에게만 영향을 끼친다는 것이었다. 하지만 정치적인 결정은, 권위를 부여받은 개인이 그 결정을 내린다고 해도, 구성원 전체에게 영향을 미침으로써 그 결과가 일반적이었다. 따라서 자유주의자들에게 문제는 다음과 같았다. 경제적·종교적 사안에서는 자연 상태를 지지하면서도 정치적인 사안에서는 사적인 판단의 문제를 극복하는 배치를 어떻게 만들어 낼 것인가?

인격적인 정치적 권위에 대항해 개인을 방어하기 위한 정식을 고안해 낼 수 있기 전에, 자유주의 역시 프로테스탄티즘과 마찬가지로 평등의 원리를 고려해야 했다. 해결책은 처음부터 로크에 의해 제공되었다. "모든 사람은 본성적으로 평등하다"고 하더라도, 로크에게 이것은 루터의 만인사제설과 마찬가지로 "모든 종류의 평등"을 의미하는 것이 아니었다. 자유주의자들은 출생, 지위, 부의 차이를 자연적인 사실로 받아들일 뿐만 아니라 이런 불평등을 사회적으로 유용한 것으로 환영할 준비가 되어 있었다. 자유주의자들은 평등을 사회학적인 사실이라기보다는 정치적 권위에 대한 관계로 이해했다. 이에 따라 로크는 평등을 "사람마다 타인의 의지나 권위에 복종함이 없이 자신의 자연적 자유에 대해서 평등한 권리를 가지는 상태"라고 규정했다.[192]

권위에 대한 자유주의의 정식은 주관주의에 대한 두려움과 평등의 가치라는 두 가지 고려 사항에서 도출되었다. 주관주의는 권위에서 인격적인 요소를 제거함으로써 극복될 것이었다. 정치사회는 각자가 자신의 자연적인 권력을 "공동체의 수중에", 즉 비인격적인 권위에 양도하는 동의의 행위를 통해 형성된다. 한편 공동체는 개인들을 무차별적으로 대우하도록 고안된 법체계를 통해 움직였다. "공동체는 일정한 지속적인 규칙에 의해서 모든 당사자에게 똑같이 무사공평한 심판관이 된다."[193] 따라서 권위는 공동체와 동일시되기에 이른다. 반면 공동체를 대표해서 행동하도록 실제로 위임을 받은 개인들은 단지 그들이 그렇게 행동하도록 "권한을 위임받았기" 때문에 그렇게 행동한다. 다른 말로 표현해서, 권위는 오랫동안 자연적인 사실이었지만, 이제 '그의 행동이 곧 우리의 행동'이라는 식으로 사회가 대행자의 행동에 권한을 위임했기 때문에 그것이 정당화되는 연약한 허구로 미묘하게 변형된다.

이 점에서 자유주의 전통의 독특성은 확정적이고 인격적인 권위, 곧 그 권력이 가시적이며 교황이나 군주와 같은 특정한 개인에게로 거슬러 올라갈 수 있는 권위에 대한 불신에 있었다. 후일 스펜서는 그 주장을 다음과 같이 요약했다. 인간에게는 "지배자가 있어야 한다. 그런데 그 지배자는 자연이나 동료 인간일 것이다. 그가 자연의 비인격적인 강제 아래에 있을 때, 우리는 그가 자유롭다고 말한다. 그리고 그가 자기 위에 있는 누군가의 인격적인 강제 아래에 있을 때, 우리는 그를 …… 노예, 농노, 가신이라고 부른다."¹⁹⁴ 이런 정서가 함축하는 것처럼, 자유주의자는 비인격적인 권력, 곧 일견 어떤 특정한 개인에게도 속하지 않는 권력에는 기꺼이 복종하고자 했다. 이런 갈망을 충족시키는 실체가 사회였다. 사회의 권력은 비인격적이었으며 모든 구성원들에게 무차별적으로 행사되었다. 사회는 결코 한 명의 개인이 아니었다. 즉, 사회는 우리 가운데 누구도 아니었다. 그것은 우리 모두였다.

벤담은 사태 전개의 이런 노선에 대한 완벽한 사례를 제공한다. 벤담의 천재성을 보여 주는 기상천외한 모든 것들 가운데 감옥 개혁을 위한 그의 유명한 팬옵티콘Panopticon 기획은 가장 덜 매력적인 것이었다. 그는 한 명의 감시자가 중앙에서 언제라도 모든 수감자들을 감시할 수 있는 원형 감옥 구조를 제안했다. 죄수들은, 자신들이 지속적인 감시하에 있다고 알고 있기 때문에, 감옥이 요구하는 방식으로 행동하게 될 것이었다. 명백하게 이것은 수정하지 않은 채 그대로 정상적인 사람들에게 적용하기에는 지나치게 반자유주의적인 관념이었다. 하지만 조금만 이 개념을 변화시킨다면, 예를 들어 감시자를 사회로 대체한다면, 사회적 비순응자들 역시 죄수들과 동일하게 순응의 압력을 느끼지 않을까? 그것도 식별할 수 있는 감시자가 없다는 추가적인 이점과 함께 그런 효과를 발휘하지 않을까? 이것이 단순히 낡은 참주제를 새로운 참주제로 대체하는 것이라는 반론이 제기된다고 해도, 위안을 주는 벤담의 논변에 따라 우리는 사회가 오직 여론을 통해서 움직이며 우리들 각자가 공중의 구성 원이라는 점을 염두에 두고 있기만 하면 된다. 여론이 우리에게 순응을 강요 한다면, 우리는 사실 우리 스스로를 강제하고 있는 셈이다. 이것은 루소의 일 반의지를 자유주의의 언어로 깔끔하게 옮겨 놓은 것이라 할 수 있다.[195] "여론 의 법정"은 법의 제재가 닿지 않는 곳에서 이기적인 인간으로 하여금 타인의 이익을 의식하도록 강제하는 것을 떠맡는다. 벤담은 미래의 진보를 형법 영역 의 점차적 축소와 여론에 의해 집행되는 "도덕법"의 영향력의 점진적인 확장 이라는 관점에서 파악했다. 즉, 그것은 폭력이 없는 '권력의 새로운 경제학'이 라는 이상이었다. 그는 공리주의적인 도덕 과학이 받아들여질 때, 미래는 철 저한 개인주의의 사회가 되어 버리는 것이 아니라 "오히려 각자가 모든 사람 들의 호의적인 여론에 점점 더 의존하게 되고, 도덕적인 제재가 점점 더 강력 하게 되는" 사회라고 예측했다. 그리고 미래 사회의 형태에 대한 벤담의 결론 은 다음과 같다.

> 왕국 전체, 거대한 세계 자체는 일종의 연무장이 될 것이다. 거기에서 각자는 다른 모든 사람들의 눈앞에서 자신을 단련할 것이다. 사람들의 거동이 일반적인 행복에 가시적인 영향을 미친다는 점에서 그들의 모든 몸짓, 사지의 모든 움직임 또는 용모가 주목을 받고 기록될 것이다.[196]

사회적 강제에 대한 무지는 19세기 자유주의 논자들의 사상에서도 지속되 었으며, 이것은 '대중사회'의 현상을 이해하지 못하는 자유주의의 실패를 상당 부분 설명한다. 이런 실패의 진정한 징후는 밀의 정치사상에서 발견된다.

오늘날 밀의 명성은 개인의 자유에 대한 그의 열정적인 옹호와 인간 개성 의 다양성과 자발성을 파괴하는 사회적 압력에 대한 날카로운 분석에서 비롯된 다. 『자서전』*Autobiography*에서 그가 설명했던 것처럼, 『자유론』*On Liberty*은 "의견과 관행의 획일성이 부과하는 억압적인 속박"에 대한 비판이었다. 그리고 참으로 이 논문은 사회의 여론을 거슬리더라도 자신의 길을 갈 수 있는 개인의 권리를 옹호하는 많은 고결한 구절들을 담고 있었다. "개인적으로든 집단적으로든, 인류가 어떤 구성원이 누리는 행위의 자유를 간섭할 때, 정당화될 수 있는 유일한 목적은 자기 보호다. ······ 그 자신의 선善은 ······ 충분히 정당한 근거가 아니다."197 하지만 밀의 자유의 원리들에는 너무나 비현실적인 특징이 여전히 남아 있었다. 그 특징은 밀의 원리들을 단순한 설교 — 그것이 설령 매우 훌륭한 것이라 하더라도 — 로 환원시키는 효과를 발휘했다. 왜냐하면 '이런 원리들은 어떻게 집행되는가'라는 질문이 제기될 때, 밀의 논변은 유일하게 가능한 수단인 정부의 본래 모습integrity을 손상시켰기에 아무런 답변도 제시할 수 없었기 때문이다. 사회가 개성의 적이라면, 그리고 동시에 근대 민주주의의 위험스러운 전개의 결과 정부가 단순히 사회의 대행자가 되었다면, 사회의 대행자가 사회로부터 개인을 보호하기 위해 개입하는 것은 거의 기대할 수 없는 일이다.

훨씬 더 당혹스러운 것은 『자유론』에서 그가 몰아내려고 했던 바로 그 사회의 힘power에 의지하는 밀의 모순적인 경향이었다. 밀은 "개인에 대한 사회의 전제專制"를 지향했다는 이유로 콩트를 비난했으며, 사회적 순응성에 대한 토크빌의 심오한 비판적 분석을 환영했다. 그럼에도 불구하고 밀은 그 자신이 특별히 선호하는 일정한 명분들을 장려하기 위해서 여론의 진제專制에 호소할 것을 제안했다. 첫째, 밀은 인구과잉이라는 오랜 문제 — 그의 개인적인 불평거리이기도 했던 — 가, 대가족에 대한 사회적 반대가 충분히 강렬하다면, 완화될 수 있다고 주장했다. "이런 여론의 상태가 행동에 큰 영향을 미치지 않을 것이라고 가정하는 사람은 인간 본성에 대해 완전히 무지한 것임이 분명하다." 둘째, 밀은 『대의정부론』*Representative Government*에서 비밀투표보다는 "공개"투표를 옹호했는데, 그 옹호는 투표가 일종의 공적인 신탁이므로 "공중의 눈과 비판 아래에서 실행되어야 한다"는 명제에 기초했다. 개인은 "개인적으로든 어떤 계급의 구성원으로서든 간에 그 자신의 사악한 이익과 신뢰할 수 없는 감정"보다는 "다른 사람들"의 영향을 받을 것이기 때문에 공개투표가 덜 위험하다고 밀은 결론을 내렸다. 마지막으로, 밀이 온건한 사회주의에 공감한 것은 공동 소유에 기초한 사회가 게으른 구성원을 생산 활동에 임하도록 강제하기 위해 임의로 사용할 수 있는 더 우월한 방법들을 가지고 있다는 믿음에서 부분적으로 비롯되었다. 자본주의에서 자기 이익이라는 유인誘因은 기생적 삶을 제거하는 데 실패했다. 기식자寄食者들은 노동을 회피하기 위한 교묘한 방식을 꾸며 대는 자기 이익을 추구하는 것을 전혀 개의치 않았기 때문이다. 하지만 사회주의하에서 구성원들 대다수는 사회의 생산적인 산출에 공통의 이익을 가질 것이며, 따라서 꾀를 부리는 사람이 있다면 공동체는 단결된 분노로 그를 응징할 것이었다. 자본주의사회에서 사적인 고용주는 단지 노동자를 해고시킬 수 있을 뿐이겠지만, 사회주의사회는 "가장 보편적이고 가장 강력한" 통제 방법 가운데 하나인 여론으로 그 노동자를 낙인찍을 수 있을 것이었다.[198]

밀처럼 섬세한 감수성을 가진 사상가도 사회적 순응성의 위협을 완전히 이해하지 못했다면, 그보다 못한 수준의 논자들에게서 더 나은 통찰을 기대하는 것은 무의미하다. 예컨대 바스티아는, 으레 그렇듯이 매우 솔직하게, "온전하고 완벽한 자유"는 자연적으로 "사회적 권위의 감시"와 결합한다고 주장했다. 그는 자신이 양립 불가능한 것을 결합시켰다는 점을 전혀 알아채지 못했다.[199] 오히려 자유주의자들은 이 주제에 대해 훨씬 더 완고해졌다. 19세기 말에 이르러서도 스펜서는 자유, 산업주의, 사회적 압력을 "산업형 사회"industrial society라는 하나의 양식으로 뭉뚱그리는 데 아무런 모순을 느끼지 않았다. 그것은 통제된 "군사형 사회"military society의 엄격함과 완벽하게 반대되는 것으로 선언되었다. 마치 산업주의가 아무런 그 자체의 강제적인 제재도 갖고 있지 않으며, 사회적 순응성이 자발성에 대한 어떤 혐오도 담고 있지 않은 것처럼 말이다.

> 우리가 맞이하고 있는 사회의 형태란 정부가 가능한 한 가장 작게 축소되고 자유는 가능한 한 가장 크게 증가된 사회일 것이라고 나는 믿는다. 이 사회에서 인간 본성은 사회 상태에 적합하도록 사회적 규율에 의해서 주조될 것이다. 그 결과 그 사회는 외적인 구속을 거의 필요로 하지 않을 것이며, 스스로 규제될 것이다. …… 이 사회에서 우리의 산업 체계를 발전시켰던 자발적인 협력이 …… 거의 모든 사회적 기능을 수행하는 대행 기구들을 만들어 낼 것이며, 나아가 자유로운 행동을 위한 조건들, 곧 그런 자발적인 협력을 가능하게 만든 조건들을 유지하는 기능을 넘어서는 주요 정부 기관은 아무것도 남겨 놓지 않을 것이다.[200]

돌이켜 보면 사적인 판단에서 사회적 순응성에 이르는 긴 여정은 상실된 공동체의 의미에 대한 대체물을 만들어 내려는 자유주의자들의 필사적인 노력으로 보인다. 자유주의가 해결했다고 생각했던 것은 오히려 또 다른 문제로 드러났던 것이다. 스미스는 고립된 각각의 개인들로 이루어진 사회에서는 단지 적당한 정도의 통합, 곧 단순히 "사회의 조화를 이루어 내기에 충분한" 정도의 감정적인 "일치"만이 가능하다는 생각에 만족했다. "그들이 결코 일치되지 않더라도, 조화를 이룰 수는 있다. 이것이 원하는 또는 필요한 모든 것이다."[201] 하지만 스미스의 도덕 판단에 대한 이론 전체는 인간이 어떻게 소외되는지를 보여 주었다. 왜냐하면 공감적 상상이라는 고도로 자기 의식적인 행위에 의해서만 인간은 다른 사람의 감정에 이입될 수 있기 때문이었다.

자유주의자들이 사회의 기초로 삼았던 불확실한 토대는 그들이 근본적인 문제를 잘못 이해했음을 입증했다. 그들은 그 문제를 '어떻게 자유와 권위를 일치시킬 것인가'로 인식했으며, 그것을 자유의 이름으로 권위를 파괴시키고 그 권위를 사회로 대체하는 방식으로 풀어냈다. 하지만 그것은 자유를 사회의 통제에 노출시키는 대가를 치렀을 뿐이다. 문제를 좀 더 정확하게 제기하는 과제는 19세기와 20세기에 맡겨졌다. 그것은 자유 대 권위 또는 국가에 반하는 인간이라는 방식이 아니라 권위와 공동체라는 방식으로 문제를 제기하는 것이다.

제10장

조직화의 시대 그리고 정치의 승화

…… 고립된 개인은 병든 존재다.

_호만스G. C. Homans

…… 사회적 인간은 …… 인간 존재의 걸작품이다.

_뒤르켐Emile Durkheim

개인이 가장 유연할 수 있는 것은 바로 집단의 일원일 때다.

_레빈Kurt Lewin

1. 조직화의 시대

정치적인 것에 대한 근래의 개념들을 적절하게 서술하는 것은 매우 위험한 작업이다. 그 작업은 많은 난관으로 가득 차 있는데, 그 난관은 우리가 근래의 사건들 및 그 해석에 너무나 밀착되어 있는 데서 비롯된다. 그렇다 하더라도 이런 위험을 감수하면서 일단 명백한 언급들로 시작하여 그 함의가 무엇인지를 검토하도록 하자.

내가 생각하건대 우리는 대부분 지난 150년 동안 정치적 삶의 민주화가 전례 없을 정도로 성취되었다는 데 동의할 것이다. 민주적인 체계는 서구 세계 전체에 걸쳐 확산되었다. 다시 말해 정치적 권리는 사회의 모든 계급에게 확장되었고, 정부는 일반적으로 유권자 대중에게 책임을 지고 그들의 요구에 민감하게 반응하며, 정치적 성향이 강한 자발적인 이익집단들이 대부분의 서구 사회에서 적극적으로 활동하고 있고, 대중적인 정당 역시 친숙한 현상이 되었다. 동시에 모든 곳에서 엄청난 양의 정치적 활동이 감지된다. 엄청난 자금이 정치적 목적으로 지출되고 있으며, 정당은 그 조직력을 착실히 발전시켜 급기야 유권자들을 자기 뜻대로 다룰 수 있는 수준에 도달했고, 정치적 쟁점은 사회 구석구석에 이르기까지 영향력을 미치고 있다.

하지만 이런 묘사는 이와 대조적인 고찰에 견주어 수정되어야 할 법도 하다. 사회 구성원들 대다수가 공적인 일에 관여하는 것에 무관심하다는 것을 보여 주는 상당한 증거들이 존재한다. 일반적인 시민들은 정치적 권리의 행사를 부담스럽고, 지겹고, 종종 하잘것없는 것으로 여기는 듯하다. 그들은 시민이 된다는 것을 중요하게 생각하지 않으며 정치 참여를 그 자체로 좋은 것으로 여기지도 않는다. 이런 사실은 정치학자들이 지난 반세기 동안 몰입해 왔던 주제에 의해서도 어느 정도 확인된다. 유권자의 무관심, 일관된 의견을 표현하지 못하는 "유령과 같은 공중", 소명으로서의 정치에 대한 낮은 평가 등이 최근 떠올랐던 주제들이었던 것이다. 그리하여 겉으로 보기에는 활력이 넘치는 것처럼 보여도 정치는 예전의 성가를 누리지 못하며, 정치적 사안에 대한 인민의 관심은 산발적인 수준에 머물러 있다. 시민권을 싸구려 상품처럼 취급함으로써 민주주의는 정치의 가치 저하를 가져 왔을 뿐인 듯하다.

그렇다면 우리 시대의 가장 두드러진 특징은 바로 정치적 요소의 쇠퇴가 아닌가? 그리고 최근의 정치 이론이 몰입하고 있는 것은 바로 이 정치적 요소의 쇠퇴라는 주제가 아닌가? 하지만 첫 번째 질문에 답변하기에 앞서 우리는 또 다른 고려 사항을 검토해 보아야 할 것이다. 우리 시대의 기이한 현상 가운데 하나는 전체주의적이지 않은 사회에서 정치적인 관심이 현저하게 쇠퇴하고 있음에도 사회과학자들은 전통적인 정치 구조의 외부에서 정치적 요소를 발견하는 데 분주하게 시간을 보내고 있다는 점이다. 입법부, 수상, 법원, 정당들은 이제 더 이상 50년 전에 관심을 끌었던 것처럼 주목을 받지 못하고 있다. 현재 면밀한 검토의 대상이 된 것은 기업의 '정치', 노동조합의 '정치'이며, 심지어 대학의 '정치'다. 이런 관심의 전환은 정치적인 것이 다른 차원, 즉 이전에는 '사적인 것'으로 지목되었던 차원으로 이전되었다는 것을 시사한다. 이제는 사적인 것이 예전의 정치체제를 압도하는 것으로 믿어지고 있다. 우리는 개인들이 점차 전통적인 정치의 영역 밖에서 정치적인 만족을 구하는 그런 시대에 들어서 있는 것처럼 보인다. 이것은 우리 시대에 의미심장한 것이 정치적인 것의 확산일 수 있음을 시사한다. 만약 이런 지적이 사실이라면, 문제는 정치적인 것에 대한 무관심이라든가 정치적인 것의 쇠퇴가 아니라 비정치적인 제도나 활동에 의한 정치적인 것의 흡수라 할 수 있다. 나아가 이 점이 함의하는 바는 서구 세계에 여전히 정치적 참여와 관심의 역량이 건재하지만, 그 역량이 전통적인 형태의 정치적인 삶으로 유도되고 있지 않다는 것이다.

근대 전체주의의 일정한 측면을 간략히 검토해 보면 이런 사유가 타당하다는 것을 알게 될 것이다. 전체주의의 가장 두드러진 특징 가운데 하나는 그 체제가 지닌 근본적으로 정치적인 성격이다. 이것은 전체주의적 정부가 정치적인 요인들을 인간 존재의 가장 광범위하고 궁극적인 준거점으로 만들려고 시도했다는 점에서 잘 드러난다. 그 정권들은 의도적인 정책을 통해 모든 의미 있는 인간관계에 대한 정치적 통제를 확대했고, 모든 중요한 집단을 정권의 목표에 따라 조직했다. 그 정권들은 시민들로 하여금 정치 질서에 관여하고 정치 질서와 일체화하도록 하는 데 노력을 아끼지 않았다. 때때로 그 정권들은 비판자들을 의아하게 만들 정도로 광범위한 민중적 지지를 결집할 수 있는 능력을 보여 주었다. 이것은 전체주의 체제가 성공적으로 정치적 참여의 잠재력을 극대화한 데 반해 비非전체주의적 사회는 단지 이를 무산시켜 왔을 뿐이라는 점을 시사한다. 이런 지적은 전체주의적 실천이 하나의 바람직한 모델이라는 것을 의미하지 않는다. 이것은 단지 전체주의적 실천이 설령 왜곡된 형태를 통해서 나마 정치적 동물이 멸종하지 않았다는 점을 증명했다는 것을 의미할 따름이다.

이런 추론 과정을 통해 우리는 다음과 같은 질문을 던지게 된다. 인간 존재의 조건에 어떤 변화가 일어나 정치적인 것의 이런 전환이 초래되었는가? 어떻게 해서 정치적 시민됨이 좀 더 만족을 주는 다른 형태의 구성원됨에 밀려나게 되었는가? 이런 질문들은 결국 '근대의 인간은 어떤 종류의 사회적 환경에서 살게 되었는가'를 묻는 것이다. 몇 가지 답변이 가능할 것이지만, 오늘날 개인이 거대하고 복잡한 조직이 압도하는 세계에서 살게 되었다는 명백한 사실을 무시하는 어떤 답변도 설득력을 가지기는 어렵다. 시민은 '거대 정부'에, 노동자는 거대 노동조합에, 화이트칼라 노동자들은 거대 기업에, 학생은 비인격적인 대학에 직면하고 있다. 도처에서 조직화와 관료화가 진행되고 있다. 봉건 세계처럼 근대 세계는 성城에 의해 지배되는 영역으로 분할되어 있다. 하지만 이 성들은 중세 무훈시武勳詩, les chansons de geste에 등장하는 성이 아니라 카프카Franz Kafka의 성이다. 제너럴 모터스사General Motors Corporation는 조직화의 승리다. 미국 국방부Pentagon도 그렇다. 그리고 전체주의 역시 마찬가지다. 만약 조직화된 세계의 지도를 그려 냈다고 말할 수 있는 사람이 있다면, 그는 바로 베버였다. 관료제와 행정의 세계에 관해 그는 이렇게 말했다.

일상적인 삶의 전체 구조는 이 틀에 맞도록 재단되어 있다. 관료제적 행정은 …… 형식적이고 기술적인 관점에서 보면 언제나 가장 합리적인 형태이기 때문이다. 오늘날 대중 행정의 필요상 그것은 전적으로 필요 불가결하다. 따라서 행정의 분야에서는 단지 관료

제와 딜레탕티즘* 사이에서의 선택만이 남아 있을 뿐이다.[1]

이것은 홉스라면 만족했을 법한 세계다. 이 세계는 인간의 이지理智에 의해 창조되었으며, 여기에서는 합리적인 행위가 일상사가 되고, 마술은 추방되었다. 또한 이 세계는 정치의 공리公理를 심하게 수정한 세계다. 사회 계급의 문제를 예로 들어 보자. 17세기에서 19세기에 걸쳐 정치 이론가들은 대부분 사회 내부에서 명백히 다른 이해와 목표를 가진 여러 사회경제적 집단의 조화를 도모하는 방안을 제시하는 것을 자신들의 역할 가운데 하나로 간주했다. 그러나 오늘날 이런 문제는 적어도 미국, 영국, 독일, 소련 등 산업화된 선진국에 있어서는 절박하지 않은 것처럼 보인다. 오늘날 '사회 계급'이라는 개념은 [첨예한 정치사회적 갈등의 핵심이 아니라 – 옮긴이] 어떤 사회학 이론에서든 적절한 범주로서 평화롭게 그 지위를 인정받고 있다. 그리고 토크빌이 [격렬한 계급투쟁을 강조한 – 옮긴이] 마르크스보다 더 뛰어난 예언자인 것이 명백해졌다. 평등과 사회적 불평등은 그 위상이 바뀌었는데, 사회적 불평등에 비해 평등이 보편적인 현상이 되었다. 스미스와 마르크스가 품었던 자본주의의 고전적 개념은 노동자의 조건이나 기업가의 역할을 보더라도 더는 현실과 합치되지 않는다. 이점에 관해서는 마르크스보다 오히려 생시몽의 미래에 대한 예측이 진실에 더 가깝다. 오늘날 경제의 전형적인 단위는 기업체다. 기업체의 유효성은 생시몽이 예견한 대로 관리자와 과학기술자 간의 긴밀한 협력에 의존한다. 기업체는 생시몽이 예측한 부류의 엘리트, 즉 엔지니어, 경영자, 은행가에 의해 운영되고 있다. 이 특권 집단은 점차 확대되어 생시몽이 애호하던 과학자 집단도 받

---

* [옮긴이] 딜레탕티즘(dilettantism)은 예술이나 학문에서 어떤 정립된 입장을 취하지 않고 도락으로서 그 과정을 즐기려고만 하는 태도를 말한다. 여기서는 전문화되지 않은 아마추어리즘을 의미한다.

아들이게 되었다. 기업 운영의 복잡성과 거대함으로 말미암아 세습된 부와 특권을 소지한 자들의 요구는 거의 무력해졌고, 그것을 대신해서 생시몽이 집요하게 옹호하던 규준, 즉 기능적 숙련이라는 규준이 받아들여지게 되었다. 여기서 숙련은 기업을 운영하는 데 필요한 역량으로 규정된다. 창조적 '예술가'를 배제시키고 있다는 점을 제외하면, 현대의 관리사회는 생시몽이 제시한 산업가industriels의 윤곽을 충실히 재현하고 있다. 더욱이 미래 사회가 직면할 가장 절박한 문제는 단 하나, 즉 노동자의 물질적·도덕적 상태를 개선하는 것이라는 생시몽의 경고도 받아들여져 왔다. '계몽된 경영자'라는 새로운 복음과 고도로 조직된 노동조합운동의 압력이라는 두 개의 자극이 결합되어 오늘날 노동자의 처우는 많은 배려를 받고 있다. 그 배려는 생시몽을 만족시킬 법하고 동시에 맨체스터학파*의 경제학자들을 깜짝 놀라게 할 법한 수준이다.

이런 변화가 산업 평화의 시대를 도래하게 하지는 못했다. 하지만 오늘날 노동자와 경영자 사이에서 일어나는 분쟁이 결코 자본주의에만 고유한 것은 아니다. 이런 분쟁이 소련 체제도 괴롭혀 왔다는 사실은, 그것이 오히려 관료제화된 경제에 특유한 것임을 시사한다.[2] 마찬가지로 지극히 민감하고 상호의존적인 경제체제에서 노동조합의 본래적 역할은 영국 사회주의, 미국 자본

---

* [옮긴이] 맨체스터학파는 19세기 전반 영국의 맨체스터를 중심으로 곡물법에 반대해 자유무역운동을 벌이며 경제적 자유주의를 실천하려던 집단을 말한다. 1815년에 제정되고 1828년에 개정된 곡물법은 고가의 국내 곡물 가격을 유지하기 위해 곡물의 수입을 금지하거나 수입관세를 증감하도록 했다. 이는 당시 곡물 가격의 폭락으로 인해 위협받던 지주계급의 이익을 보호하기 위한 것이다. 하지만 곡물 가격의 상승은 노동자 대중의 생활에 큰 타격을 주었을 뿐만 아니라 이들을 고용하는 상공업자들의 비용 증가를 초래했다. 맨체스터학파의 콥던(Richard Cobden)과 브라이트(John Bright)의 주도로 결성된 반곡물법동맹(Anti-Corn Law League)은 스미스와 리카르도의 이론을 근거로 16~18세기 영국의 경제를 지배했던 중상주의를 비판하고 자유무역을 통해 값싼 외국산 곡물을 수입함으로써 노동계급의 생활을 안정시키고 상공업자들의 이익을 도모할 수 있다고 역설했고, 결국 1846년에 곡물법의 철폐를 이루어 냈다.

주의 및 러시아 공산주의에 똑같은 성질의 여러 가지 문제를 제기하는 것처럼 보인다. 고인이 된 하버드 경영대학원의 유력한 학자는 다음과 같이 언급했다. "사회가 민주주의적이든, 파쇼적이든, 공산주의적이든 그것은 중요한 문제가 아니다. 산업의 문제 그 자체는 이런 모든 체제에 동일하다."[3]

이런 변화는 좀 더 커다란 변화의 일환이라 할 수 있다. 이 거시적인 사태 전개에서 생산수단의 사적 소유뿐만 아니라 일반적으로 사유재산 그 자체가 더 이상 결정적인 정치적 문세가 아니게 되었다. 자신이 소유한 '재산'으로 원하는 것은 무엇이든지 할 수 있으며 그것은 완벽히 정당하다는 그런 의미에서 현대의 기업이 진정 '사적으로' 소유되어 있다는 주장을 오늘날의 교과서에서 찾아내기란 대단히 어려운 일이 되었다. 이미 오래 전에 케인스 경[John Maynard Keynes]은 "대기업이 스스로를 사회화하는 경향"에 주목한 바 있는데, 오늘날 새로운 체제의 성격을 "집산적 자본주의"와 같은 용어로 규정하는 저자를 발견하는 것은 조금도 이상한 일이 아니다.[4] 현대의 사회주의 운동은 소유관계가 더는 폭발적인 정치적 쟁점이 아닌 상황으로 인해 커다란 타격을 받고 있다. 영국 노동당은 산업의 추가적인 국유화를 진척시키려는 열의를 잃어버렸다.[5] 또 전통적으로 정통 마르크스주의의 지주柱였던 서독의 노동조합운동은 산업에 있어 "공동 결정"이라는 방식을 수용하고 있는데, 이것은 기존의 소유권에는 손을 대지 않는 제도다.[6] 다른 한편 오늘날에는 유산계급을 대표하는 사람들조차 예전과 동일한 확신을 가지고 획득욕을 설교하는 일이 없어졌다. 대신 요즘의 젊은 기업 경영진들은 "사회적 책임감"을 몸에 익히도록 교육받고 있다.[7] 그리하여 부르주아지 역시 [소유권에 대해 – 옮긴이] 더는 신경을 쓰지 않는 것처럼 보인다. 슈페터[Joseph Alois Schumpeter]가 지적한 대로, 예전의 사유재산제도가 증발해 버리고 그 대신에 어느 한 사람의 소유가 아닌 기업, 입주자가 소유하는 것이 아니라 단지 거주할 뿐인 임대 아파트, 이용자보다는 오히려 금융회사에 속해 있는 전기 설비 등으로 구성된 사회가 도래했다.[8]

이에 따라 정치의 양식 역시 변했다는 것은 놀랄 일이 아니다. 오늘날 정치에서 현존 사회의 '체제'에 대한 공격은 좀처럼 찾아볼 수 없다. 누구나 그 체제를 수용한다. 오늘날 체제는 공격받는 것이 아니라 '전복될' 뿐이다.

우리가 목격하고 있는 것은 사유재산제도를 중심으로 전개되었던 구식의 '이익' 정치에 대한 전면적인 반작용이다. 조직화된 정치의 세계에서 사람들은 불평등이라는 오래된 전투 구호에 더 이상 반응하지 않는다. 조직화는 상호 의존적인 기능을 필요로 하며, 각각의 기능은 다른 모든 기능만큼 필수적이고, 또 그렇기 때문에 서로 평등하다. 약 1세기 전에 프루동Pierre-Joseph Proudhon은 이 점을 다음과 같이 지적했다.

> 사회적 노동에서 모든 구성원이 그 능력에 따라 일할 때, 노동자 사이의 적성과 기능의 차이, 질적 차이와 양적 차이는 소멸해 버린다. 그렇게 될 때, 그들은 그들의 의무를 다하고 있는 것이다. …… 개인적인 능력의 차이는 일반적인 노력 속에서 상쇄되어 버린다.[9]

평등의 문제에 대한 상대적인 관심의 결여와 경제적 동기에 대한 광범위한 적의의 확산이라는 두 가지 현상은 모두 현대 사상의 주요 주제 가운데 하나인 사회적 연대의 부활과 밀접한 관계를 맺고 있다.[10] 산업사회가 급속한 기술적 변화와 함께 고도의 사회적 유동성을 성취하게 되자, 깊은 고독과 당혹감에 사로잡힌 뿌리 뽑힌 대중이 등장하게 되었다. 개인에게 일어난 윤리 상실의 징후는 심리학자를 사로잡았으며, 사회 해체의 징후는 사회학자의 관심을 끌어 왔다. 이런 학문들은 이구동성으로 현대인이 '통합'을 절실히 필요로 하고 있다고 진단했다. 타인과의 만족스러운 관계를 경험하고자 하는 '귀속'의 욕구는 그에게 구성원됨 — 곧 일정한 역할과 안정적인 기대 — 을 제공하는 적당한 집단과 그가 '일체화'할 수 있을 때 비로소 충족될 수 있다. 이런 주제를 앞에서 간단히 제기한 본래의 주제와 결부시키면, 이 장의 초점은 확연해진다. 그것은 공동체를 갈구하는 조직화의 시대에 정치적인 것의 의미다.

2. 담론의 전통을 확인하기

지금까지 논의한 것들이 현대적인 풍토의 몇몇 중요한 특성이다. 이런 사태가 어떻게 전개되었는가를 서술하는 작업은 방법론에 대한 예비적인 질문을 제기한다. 우리 시대 나름의 사유 양식이 출현한 것을 고찰하기 위해 지난 150년 동안의 저술가들 가운데 누구에게 주의를 돌려야 하는가? 관행적인 절차는 군대를 징집하듯이 근래의 저술가들을 사회주의, 반동주의, 자유주의 등의 다양한 이데올로기 진영에 배정하고, 그리고 나서 확정된 분류 체계가 지난 세기 정치사상의 발전을 정확하게 반영하고 있다는 확실한 믿음 아래에 그 진영들을 균등하게 정렬하며, 선을 긋고, 나팔을 불어 전투를 개시하도록 하는 것이다. 그러나 내가 보기에 이런 절차는 매우 잘못된 것이다.

앞에서 지적한 대로, 다양한 사회에 존재하는 이데올로기적 차이에도 불구하고 현대 서구 사회는 일련의 공통된 문제에 직면해 있다. 물론 이런 지적은 이데올로기적인 차이를 과소평가하려는 것이 아니며, 미국이 소련이나 나치 독일과 '똑같다'라고 주장하려는 것도 아니다. 일련의 공통된 문제가 필연적으로 획일적인 반응을 야기하는 것도 아니다. 그렇다 하더라도 부정할 수 없는 사실은 이데올로기나 실천에서의 차이가 혹자가 상상하듯이 항상 명확하지 않다는 것이다. 일련의 공통된 문제는 가능한 선택의 범위에 한계를 설정한다.

이런 언급은 이 장이 따르고 있는 비정통적인 절차에 대한 경고의 성격을 다분히 띠고 있다. 여기서 논의될 저술가들 가운데 어떤 이들은 반동주의자로, 어떤 이들은 유토피아주의자로 딱지가 찍혔고, 다른 이들은 사회주의자나 공산주의자로 지목되었으며, 또 다른 이들은 관리주의자로 범주화되거나 또는 현대 자본주의의 옹호자로 낙인찍히기도 했다. 그리고 앞의 인물들처럼 극적으로 여겨지지는 않겠지만, 어떤 이들은 근대 사회과학의 창시자라는 이유로 선발되었다. 하나의 지붕 아래에 드 메스트르, 생시몽, 헤겔, 마르크스, 뒤르켐, 레닌Vladimir Il'ich Lenin 및 관리주의의 대변자들처럼 다양한 사상가들을 모으는 이런 절차는 해석의 정밀성에 대한 모욕처럼 보일 법도 하다. 만약 그렇다 하더라도 그것은 의도적이다. 이 장은 과거의 이론을 너무 편협한 시야로 보도록 우리를 강제하는 이데올로기적 해석이 지닌 물신주의에 대항할 의도로 집필된 것이기 때문이다. 내가 전제하는 바는 우리의 정치·사회 세계에 의미심장한 영향을 미치며 우리가 그 세계를 해석하는 방식을 조형하는 일정한 사상은 매우 다양한 저술가 집단이 생산한 이론들의 혼합물을 표상한다는 것이다. 세계를 이해하는 방식에 있어서 우리는 부분적으로 마르크스와 레닌은 물론 드 메스트르와 관리주의에도 빚을 지고 있다. 그렇기 때문에 우리가 먼저 이데올로기적 범주가 가하는 전제專制를 벗어던지고 담론의 전통이라는 관념으로 돌아가지 않는다면, 우리 자신이나 우리 세계에 대한 적절한 이해에 도달할 수 없다. 19세기의 저술가들과 그들의 계승자들은 지속적인 논쟁에 몰두해 왔으며, 그 결과 당면한 문제의 성격, 분석의 절차 및 개념, 추구해야 할 가치 및 제거되어야 할 폐해에 대해 상당한 수준의 합의가 이루어져 왔다. 바로 이런 몰입의 공통성community of preoccupation이 담론의 전통을 구성한다.

실증주의와 연관되어 폭넓게 공유된 방법론상의 가정은 19세기와 20세기의 사회적·정치적 저술가들 사이에 담론의 공동체가 형성되는 것을 촉진했다. 실증주의의 군림에 대한 일부 중요한 예외가 있었고 헤겔이 그 한 예이지만, 그 영향력은 생시몽, 푸리에, 프루동, 콩트, 마르크스, 영국의 페이비언 사회주의자들, 그리고 뒤르켐, 프로이트 및 베버와 같은 근대 사회과학의 창시자들에게까지 미쳤다. 정도의 차이는 있지만 이들 모두는 사회를 연구하는 학자들이 좀 더 '엄밀한' 과학의 정신이나 일반적인 방법을 성공적으로 채용한다면, 사회에 대한 연구가 진일보할 것이라는 확신에 의해 영감을 받았다. 그것은 관찰, 자료의 분류 및 실험이라는 수단을 통해 사회현상에 대한 연구도 사건의 미래 경로를 예견할 수 있는 '법칙'을 산출할 수 있다는 것이었다.

우리 시대의 실증주의적 경향에 대해 일일이 증거를 들어 입증하는 것은 쓸데없는 일이겠지만, 마르크스나 다른 사회학자들처럼 공인된 실증주의자들과 반동적인 신정주의자神政主義者들 간의 연관 관계에 대해서는 좀 더 상세한 설명이 필요하다. 이를 위해서는 먼저 '사회과학'이 19세기의 급진적인 저술가들에게 특유한 관념이라는 편견을 불식시키는 것이 필수적이다. 예를 들어 마르크스와 콩트가 베이컨, 홉스 및 해링턴으로까지 거슬러 올라가는 예전의 과학적 세계관의 직접적 상속자라는 가정이 너무 쉽게 받아들여지고 있다. 그 세계관에서 과학은 주로 장원莊園, 왕좌, 제단이라는 전통적 권위에 대한 공공연한 적으로 인식되었다. 하지만 18세기에 들어와서 과학은 필연적으로 급진적인 사회적 함의를 갖는다는 믿음이 의문시되기 시작했고, 다음의 구절에서 보듯이 몽테스키외의 『법의 정신』Esprit des lois에서는 사회과학이라는 관념을 급진적인 개혁이라는 관념과 분리시키려는 시도가 이루어졌다. "나는 그것이 무엇이든 간에 어떤 나라에서 이미 확립되어 있는 어떤 것을 비난하기 위해 쓰지 않는다. …… 왜 모든 이들이 자신의 군주, 자신의 나라, 자신의 법을 사랑해야 하는지를 성공적으로 제시한다면, 나는 나 자신을 가장 행복한 인간으로 여길 것이다."[11] 검열의 시대에 쓰인 몽테스키외의 이런 말에 당국의 비위를 맞추려는 이해할 만한 욕구가 깔려 있다는 혐의를 둘 법도 하다. 하지만 그의 분석 방법에는 강력한 보수주의적 경향이 존재한다. 그는 사회적 사실들 간의 복잡하고 정교한 상호 관계를 반복해서 꼼꼼히 검토했다. 즉, 정치적 권위, 사회적 지위, 예절, 도덕 및 법의 상호 의존성, 의식적인 행위로는 결코 복제할 수 없는 제도의 정교함, '주어진 것들'에 적응하고 오직 매우 제한된 한계에서만 수정을 해야 할 필요성 등이 그것이다. 이를 통해 '사실', '관계' 및 '사회적 법칙들'은 근대 정치사상의 합리주의적이고 개혁주의적 경향과 싸우기 위한 개념적 무기가 되었다.

사회과학이라는 관념이 질서의 보루로 전환하는 과정은 드 메스트르와 드 보날드Louis de Bonald*의 노력에 의해 가속화되었다. 이들은 종종 근대 과학 이전의 시대로 복귀하려고 하는 변덕스러운 반동주의의 옹호자로 취급되고 있다. 그러나 그들은 17~18세기에 높이 평가되던 추상적이고 고도로 합리주의적인 과학의 관념에 따라 판단할 때에만 선先과학적으로 보일 뿐이다. 하지만 과학의 관념은 변모를 겪기 시작했으며, 19세기에 들어와 과학의 핵심은 사실과 관찰로 구성된다고 믿어지게 되었다. 과학에 대한 이런 관념은 19세기에 사회과학을 창시하려는 광범위한 노력의 기반을 제공했다. 그것은 또한 과학과 반동 사이에 동맹이 맺어지는 길을 터주었다. 비록 반동주의자이고, 가톨릭 신자이며, 신정주의자였지만 드 메스트르나 드 보날드는 사실에 대한 실제적인 인식에 있어 '진보적'이고 '선진적'이었다. "사실이야말로 정책 및 정부와 관련된 문제에 있어서 모든 것이다."[12] 두 저술가들은 여하한 실증주의자 또는 근대 사회과학자들과 마찬가지로 추상적이고 합리주의적인 방법으로 사회의 진정한 본성을 파악할 수 있다는 관념에 완강하게 저항했다. 드 메스트르는 "정치를 이끄는 …… 가장 중심적인 것"Le premier …… maître en politique이란 역사의 구체적인 사실들이라고 단언했다. 역사는 "실험적 정치"였다.[13] 두 저술

---

* 드 보날드(1753~1840)는 프랑스혁명으로 망명을 떠났지만, 이후 교육위원회 위원(1808)과 하원 의원(1815)을 역임했다. 그는 드 메스트르처럼 매우 높은 학식을 갖춘 인물이었지만, 드 메스트르가 가진 기품과 걸출한 재기를 갖지는 못했다. 그의 문체는 알아보기 힘들 정도로 난해하고 현학적이었다. 하지만 그는 드 메스트르와 더불어 반동주의의 위대한 철학자 가운데 한 명으로 평가를 받고 있다.

가는 모두 자연에 대한 연구와 정치사회에 대한 연구가 전적으로 다른 절차를 요구한다는 주장을 거부했다. 이런 주장을 드 메스트르는 경멸적으로 "괴상망측"하다며 거부했고, 드 보날드는 바야흐로 "정밀과학"에서 사용되는 것과 "동일한 접근법"으로 사회를 분석해야 하는 시대가 도래했다고 단호하게 주장했다. 나아가 드 보날드는 자신의 권력 이론*Théorie du Pouvoir*이 "대수학이 기하학에 적용되어야 한다"는 전제를 답습했으며, "이제 이 전제는 정치학에 적용되어야 한다"고 주장했다.[14]

이들 가운데 누구도 후일 뒤르켐이 윤리학은 "실현된 사실의 체계다"라고 주장한 데 대해 반론을 제기하지 않을 것이었다. 왜냐하면 둘 다 윤리학을 사실의 과학으로 환원하는 것이 필연적으로 "보수주의적인 태도"를 부여할 것이라는 뒤르켐의 결론에 동의했을 것이기 때문이다.[15] 또한 뒤르켐은 사람들이 다른 학문에서는 주저하지 않고 사실에 순종하면서도 유독 사회적인 사안에서는 전능함이라는 오만한 환상을 포기하지 않는다고 탄식했는데, 이들은 이런 뒤르켐의 입장에도 동조했을 것이다.[16] 드 보날드가 주장했던 것처럼, "만약 법칙이라는 것이 사물의 본성으로부터 도출되는 필연적인 관계라면," ― 이것은 생시몽, 프루동, 콩트 등에서 반복적으로 나타나는 구절이다 ―"이런 관계는 필연적으로 스스로를 확립할 것이고, 그렇게 되면 사람들이 비록 자유로운 존재라고 해도 그 발전을 막을 수 없을 것이다."[17]

이 점에서는 반동주의자들 역시 마르크스나 뒤르켐과 같은 사회학자들과 별로 다를 바가 없었다. 이들 모두는 사실을 규범의 영토로 반입하기 위한 통로로 '필연성'을 활용했던 것이다. 일정한 관계가 '사물의 본성'을 반영한다고 선언함으로써, 사실 자체에 내재해 있는 강제성은 슬며시 은폐되었다. 이 점은 뒤르켐의 유명한 구절에서 전형적으로 드러나는데, 여기에서 그는 "병리적"인 조건과 "정상적"인 조건을 구분한 후에 정상적인 조건은 "사물의 본성에 근거하고 있다"고 선언했다. 어떤 조건이 정당화되는 것은 "사실의 정상성을

권리의 정상성으로 확립하는" 데 있다고 그는 결론지었다.[18]

사회현상을 지배하는 '법칙'이 존재하며 그것을 발견할 수 있다는 믿음, 그것에 저항하는 것이 사회적 재앙을 초래한다는 의미에서 이런 법칙의 작동은 '필연적'이라는 믿음, 그 결과 이런 법칙은 인간이 순응해야 하는 처방적 명령을 수반한다는 믿음, 이 모든 것들은 한데 합쳐져서 정치와 정치적 기예의 실천 및 독자적인 정치 이론의 공간을 전혀 남겨 놓지 않는 사회에 대한 일정한 관점으로 수렴되었다. 생시몽은 "예전의 체계에서 …… 사회는 본질적으로 인간에 의해 지배된다. 하지만 새로운 체계에서 사회는 오직 원리에 의해서만 지배된다"라고 선언했다.[19] 비슷하게 프루동 역시 "사회는 이제껏 항상 인간의 지배, 곧 의지와 변덕의 지배였다. …… 사회는 사실의 표현이어야 한다"라고 언명했다. 그 역시 정치가 일련의 비인격적인 원리로 환원되고 인간이 과학적 진리에 의해 통치되는 시대가 오기를 갈구했다. "정치란 과학이지 전략이 아니다. 입증된 진리야말로 인간의 진정한 지배자이자 왕이다."[20]

19세기는 거의 만장일치로 정치에 대해 경멸을 보냈다. 예컨대 공상적 사회주의*자들은 정치를 그들의 이상적 공동체에서 추방해 버렸다. 또한 마르

---

* 공상적 사회주의(Utopian Socialism)는 푸리에, 생시몽, 오언과 같은 저술가들로 대표되는 사회주의의 유형을 묘사하기 위해 엥겔스(Friedrich Engels)가 주조했던 용어다. 엥겔스의 묘사는 그들의 사회주의가 '선(先)과학적' 특질을 가지고 있음을 강조하려는 의도를 지니고 있었다. 즉, 그들은 사회주의사회가 비록 실험적인 공동체의 형태일지라도, 의지력에 의해서나 교육을 통해서 창출될 수 있다고 믿었다는 것이다. 이와는 대조적으로 마르크스주의는 '과학적'인 것으로 선언되었다. 왜냐하면 마르크스주의는 사회주의가 선택의 문제가 아니라 역사적 필연성의 문제라는 것을 입증했기 때문이었다. '공상적 사회주의'라는 딱지가 일반적인 용례로 정착되었다 하더라도, 때때로 그것은 푸리에나 오언과 같은 부류에 속한다고 볼 수 없는 프루동과 같은 저술가들을 포괄하기 위해 느슨하게 사용되기도 했다. 게다가 엥겔스는 생시몽을 공상적 사회주의자들로 뭉뚱그려 취급하는 오류를 범했다. 엄밀히 말해서 생시몽은 사회주의자가 아니었다. 왜냐하면 생시몽이 마르크스주의자들처럼 일정한 역사적 법칙의 작동은 필연적으로 새로운 사회를 만든다는 것을 믿었다고 하더라도, 그가 사유재산과 사회적 불평등의 철폐를 주장하지는 않았기 때문이다. 이 장에서 내가 사용하

크스는 국가가 사멸될 것이며 정치는 사회의 필연적인 법칙에 근거한 "사물"의 관리로 대체될 것이라고 예견했다. 뒤르켐은 사태를 이렇게 요약했다. "사람들은 정치적 질문에 대한 관심을 잃었다." 그것은 오직 "사회의 조그만 일부"에만 영향을 미치지, 결코 그 "핵심"에는 영향을 미치지 않는다. 우리는 "사회의 거대한 이해관계가 어떻게 존재하고 작동하는지"를 발견하기 위해서 "이 피상적인 외피 아래 존재하는 것"에 주목해야 한다.[21]

정치라는 예전의 주제나 좀 더 최근의 경제학이라는 주제 대신에, 19세기는 '사회'에 주목하게 되었고, 사회는 지적인 몰입의 상징, 새로운 신비의 원천, 친밀한 교제를 갈구하는 시대의 대모신大母神, *Magna Mater*이 되었다. 여기서 위대한 개인주의자로서 권위를 혐오하는 것을 소명으로 삼았던 프루동의 말을 들어 보자.

> 나는 사회, 곧 인간 집단을 자생적인 것으로, 곧 국가든, 지역사회든, 기업이든, 전 인류든 거기에 속하는 모든 개인들의 유동적인 관계와 경제적인 유대에 의해 구성된 것으로 본다. …… 사회는 우리의 개체성에는 생소한 그 자체의 기능을 가진 존재다. 사회는 우리에게 전달하는 그 자체의 관념들을 가지고 있고, 우리의 판단과 전적으로 다른 판단들을 가지고 있으며, 우리의 본능과 정반대되는 의지를 가지고 있다. 사회의 삶은 동물이나 식물의 삶과 약간의 유사한 점이 없는 것은 아니지만 …… 분명히 다르다.[22]

19세기는 다른 시대에는 교회를 위해 남겨 두었던 애정 어린 비유로 사회를 감싸기도 하고,[23] 정치·경제적 삶 및 문화를 조형하는 궁극적인 생명력으로 사회를 인격화하면서, 이전에 정치 질서에 부여되던 특징적인 지위를 사회에

는 '공상적 사회주의'는 푸리에와 오언을 가리키는 것이며, 여기에 생시몽과 프루동은 포함되지 않는다.

부여했다. 19세기는 어떤 창조물도, 어떤 대상도, 어떤 사상도, 어떤 활동도 정당하게 '내 것'이라고 부를 수 없다는 것을 신앙의 조항으로 채택했다. 모든 것은 사회의 창조물이었다. 심지어 인간의 열망과 창조성이 낳은 최고의 산물인 예술, 문학, 종교 및 철학도 신비성을 박탈당하고 사회의 "표현"으로 간주되었다.[24] 경제적 생산 역시 특정한 개인의 기여를 추려 내는 것이 불가능한 사회적 과정으로 분석되어야 한다는 데 모든 종류의 다양한 입장들이 일사불란하게 합의했던 것이다. 비록 이런 특정한 사유의 흐름을 발전시켜 사적 소유의 폐지를 정당화시키는 임무를 사회주의자들이 떠맡았지만, 재산은 모든 종류의 프라이버시 가운데 가장 눈에 띄게 일격을 당한 것에 불과했다.

신이 존재한다는 가설이 의심을 받는 시대에, 그리고 수학자 라플라스Pierre Simon de Laplace가 신이라는 전제 없이 자신의 이론을 펼쳤던 것처럼 그런 가설을 필요로 하지 않았던 사회학과 같은 과학에서는 신에게서 부정된 초월성을 사회에 부여하려는 놀라운 열망이 존재했다. 신이란 "단지 변형되어 상징적으로 표현된 사회"일 뿐이다. "한 개인이 사회에 속하는 한, 그는 생각할 때나 활동할 때 자기 자신을 초월한다."[25] 사회가 곧 신이다. 아니 좀 더 명확하게 말하면, 사회를 통해 인간은 신의 역할을 수행한다. 이것이 19세기의 열정적인 믿음이었다. 생시몽은 모든 인간이 좀 더 큰 권력을 가지려는 충동에 시달리며, 모두는 "자연의 만물을 지배하는 환상적인 존재"의 자리를 차지하기 위해 투쟁한다고 선언했다.[26]

19세기는 당분간 천계에 대한 통제는 계속 신에게 맡겨 두고 — 이것도 나중에는 도전받게 될 것이었다 — 자신의 모든 에너지를 사회라는 우주에서 신의 역할을 하는 데 바치기로 결정했다. 사회 세계에서는 인간이 주인이다. 즉, 인간은 "자신을 사물 위에 놓고 사물에 대해 법을 제정함으로써 사물의 우발적이고, 모순적이며, 비도덕적인 성격을 제거할 것이었다. 그가 사회적 존재인 한 말이다. 왜냐하면 인간은 그가 자연을 지배할 수 있는 또 다른 영역의 세계를 창조함으로써만 자연에서 벗어날 수 있기 때문이다. 그 세계가 바로 사회다."[27] 산업주의의 도래와 함께 19세기는 인간의 기획에 따라 자연을 조형할 수 있는 위대한 수단이 바로 쓸 수 있도록 준비되어 있다는 것을 깨달았다. 마르크스는 당대의 사유를 체계화하면서 산업사회는 통합된 사회적 환경, 곧 '사회적 자연'을 형성한다고 이론화했다. 사회적 자연은 다원적 자연이 유기체의 물질적 삶을 지배하듯이 인간의 사회적 성격을 완전히 지배할 것이었다. 산업 체계는 인간의 역량 가운데 어떤 것은 선택하고 다른 것은 배제하며, 어떤 것은 적응시키고 다른 것은 파괴한다. 그것은 인간의 잠재력 가운데 어떤 것은 진작시키고, 나머지는 억제하며, 그리하여 인간을 "불구의 괴물"로 만들어 버린다. 그것은 계급 간에 그리고 계급 내에 위계제를 확립한다. 그것은 인간 삶의 자연적인 리듬을 기계의 리듬에 맞춰 조정할 것을 오만하게 명령한다. 즉, "지속성, 획일성, 규칙성, 질서, 심지어 노동의 강도마저"[28] 기계의 리듬을 따라야만 한다. 자본주의에서 인간과 "자연" 사이에는 부조화와 소외가 지배했다. 산업화된 "자연"은 인간의 "외부에 존재하는 소외된 힘power"으로 존재하면서 "우리의 통제를 벗어나 우리의 기대를 좌절시키고 우리의 계산을 무력화시켰다." 하지만 미래의 사회에서 인간에 대한 "사물의 폭력"은 "이런 힘에 대한 의식적인 장악과 통제"에 자리를 내줄 것이었다.[29] 그리하여 근대적 인간은 자신의 세계에 대한 통치를 안전하게 구축할 것이었다. 중세의 신이 자신의 세계에서 그랬던 것처럼 말이다.

인간이 신으로 등장하는 이 드라마는 현대의 사유에서 그 정점에 도달한 것처럼 보인다. 자연은 이제 더 이상 사회와 구분되지 않는바, 조직화의 힘은 신에게서 자연을 빼앗아 사회에 흡수해 버렸다.

계획되지 않은 사건들이 조직화된 사회로 점차 통합됨에 따라 자연에 대한 기술적 통제가 중요한 단계에 도달한다. 새로운 통제의 영역으로 편입된 자연은 그 본래적 성격을 상

실하고 사회적 과정의 순기능적인 일부가 된다.[30]

사회에 대한 찬양은 프루동의 "사회 속에서 살아가는 동물"*un animal vivant en société*이라는 말에 나타난 것처럼 19세기 저술가들의 발견에 의해 예시豫示되었다. 여기서 인간은 그 본성이 사회적 집단에 의해 조형되며 그의 자연적 운명은 거듭 글씨가 덧씌워지는 양피지 사본처럼 사회적 상호 관계의 복잡한 교차를 등록하는 존재였다. 반동주의자이자 신정주의자이며 왕당파인 드 보날드는 다음과 같이 당대에 대한 슬로건을 제시했다. "모든 것들은 사회 세계에서 집합체로 화하는 경향이 있다."[31] 또 다른 저술가로서 자칭 무정부주의자이자 개인주의자인 프루동은 이것을 다음과 같이 공식화했다. "사회는 관계의 총합, 한마디로 체계를 의미한다."[32] 이와 유사한 규정은 다른 많은 사회학자, 반동주의자, 공산주의자 또는 근대 기업의 대변자로부터도 쉽게 나올 수 있었을 터다.

3. 조직과 공동체

'사회'에 대한 몰입은 상호 연관된 두 가지 문제를 야기했는데, 이 문제들은 19세기 주요 사상들 거의 대부분의 고민거리였으며, 현재에도 여전히 그렇다. 그것은 공동체와 조직의 문제다. 매우 광범위한 언어로 표현하면, 이하에서 전개될 논제는 이런 것이다. 19세기와 20세기의 정치적·사회적 사유는 주로 공동체의 가치를 재확인하려는 시도에 집중되었다. 그것은 인간이 서로 좀 더 긴밀한 관계를 맺으며 살고자 하는 욕구, 좀 더 정서적인 유대를 향유하고자 하는 욕구, 도시화되고 산업화된 사회의 속성이 허용하는 것보다 좀 더 긴밀한 유대를 경험하고자 하는 욕구를 지칭한다. 이론적인 용어로 표현하자면, 이런 희구는 프루동이 말한 이른바 "집단의 형이상학"*métaphysique du groupe*의 정교화로 귀결된다. 동시에 당시의 사유는 다른 방향을 취했는데, 그 방향은 공동체주의적 전개에 심각한 위협을 제기했다. 예전의 한 역사가의 용어로 말하자면, 19세기는 "조직화라는 관념으로 침윤된 시기"였다.[33] 인간이 정치적 동물이라는 아리스토텔레스의 명제가 고도로 정치화된 시대의 에토스를 반영하는 것과 마찬가지로, 생시몽은 조직화의 시대에 지침이 되는 믿음을 정확히 보고하고 있었다. 곧 다른 동물에 대한 인간의 우월성은 "조직화의 우월성으로부터 직접 유래한다."[34]

사회현상 가운데 조직화를 최고의 것으로 자리매김하는 저술가들은 필연적으로 공동체 이론가가 몰입하는 주제와는 전적으로 다른 주제를 강조했다. 조직 이론가들은 사회를 기능의 질서, 통합된 활동의 공리주의적 구조, 인간의 에너지를 결합된 노력에 집중시키는 수단으로 보았다. 공동체의 상징이 형제애인 데 반해, 조직의 상징은 권력이었다.

19세기의 저술가들이 가지고 있던 조직화의 관념은 경제적 또는 기술적 고려와 일정 정도 연관되어 있었다. 물론 조직화의 관념은 우리가 오늘날 알고 있는 좀 더 성숙한 형태에 있어서는 그보다 훨씬 많은 것을 의미하지만 말이다. 조직화는 또한 사회적 통제의 방법, 곧 사회에 질서, 구조 및 규칙성을 부과하는 수단을 의미한다. 이 점에서 조직화의 관념은 종종 이해되는 것보다 훨씬 더 많은 것을 드 메스트르와 드 보날드와 같은 반혁명주의자들에게 빚지고 있다. 그들은 조직화에서 혁명 후 프랑스를 괴롭히고 있던 무질서에 대한 치료약을 발견했던 것이다. 공포정치와 자코뱅주의가 망각된 이후에도 오랫동안 무질서 또는 아노미가 지속적인 위협으로 나타났다는 사실이 반혁명주의자들의 이런 발견에 일반적인 의미를 부여하고 나아가 후일 사회 이론과 정치 이론에 반동주의적 요소가 흡수되도록 만들었다. 뒤르켐은 "우리의 경제적 조건을 특징짓는 조직화의 결여"가 사회적 삶의 모든 부문에 존재하며 사람들은 무질서라는 비정상성을 정상으로 수용하게 되었다고 단언했다.[35] 그리고 현대의 산업적 관행을 연구하는 한 학자는 다음과 같이 언급했다. "정치적으로 그리고 사회적으로 …… 우리는 산업 문명, 산업 공동체적 삶, 산업적 질서나 조직이라는 것을 결코 갖고 있지 않다."[36] 관리사회managerial society의 대변인이 생시몽의 탄식을 그대로 되풀이했을 때 — "진정한 해결책은 사회가 그 주요 활동인 경영으로 통합될 때에야 비로소 가능할 것이다"[37] — 그는 무의식적으로 드 메스트르에게도 경의를 표하고 있는 셈이다. 그는 경영이 생산의 방법은 물론이며 질서의 원리도 제공한다고 믿고 있기 때문이다.

물론 조직화에 구원의 힘이 있다고 굳게 믿고 있던 자들이 보수주의자들에만 국한된 것은 아니었다. 마르크스 이론에 대한 레닌의 근본적인 기여 역시 비슷한 논점에서 이루어졌다. 그는 잘 짜인 혁명적 조직의 창출이 자본주의의 성공적인 전복을 위한 전제 조건이라는 명제에 근거한 행동 이론을 첨가함으로써 마르크스주의를 '완성했다.' 만약 조직화가 자본가를 위해 자연을 정복하는 수단이라면, 그것은 분명 프롤레타리아트를 위해 사회를 정복하는 수단도 될 수 있을 터였다. 비슷하게 근래에 경제의 '계획'을 주장하는 자들은 무절제한 자본주의의 사회적 혼란을 해결하는 수단으로서 조직화라는 부적에 의존해 왔다. 이와 관련하여 만하임의 저술은 특히 시사적인데, 그는 생시몽과 레닌의 관념을 간결하게 종합했기 때문이다. "모든 나라는 유사하게 산업 사회의 조직화라는 새로운 방식에 따라 분류된다"는 그의 진단은 순수한 생시몽주의를 따르고 있었다. 생시몽처럼 만하임도 "근대 사회의 기술적이고 구조적인 토대는 전적으로 변형되었다"고 선언하면서, 이로부터 "사회의 성공적인 조직화는 우연에 맡겨 둘 수 없다"는 동일한 경고를 이끌어 냈다.[38] 그런데 만하임이 근대 사회에 적합한 행동 양식을 고려하는 단계에 이르렀을 때, 그의 이론에서 생시몽은 레닌으로 대체된다. 레닌주의적 혁명 이론에 따르면, 사회의 점진적인 관료화와 중앙집권화는 혁명가의 과제를 매우 단순화시켰다. 근대적인 조건 아래에서 혁명가는 일정한 전략적 제어점을 장악하는 것으로 족하고, 그렇게 되면 전체 사회는 일거에 그의 통제에 떨어질 것이었다. 만하임 역시 비슷한 가정을 받아들였는데, 단지 하나의 조건을 달았다. 제어 버튼만 누르면 되는 조직화의 시대에 혁명적 행동은 불필요하고 비용이 많이 드는 과거의 유물로 기각될 수 있다는 것이었다. 자본주의가 사회의 조직화를 완성했기 때문에 "계획을 짜는 엘리트"가 얼마 안 되는 "핵심적" 거점들을 장악함으로써 "전체에 대한 통제"를 달성하는 것이 가능해졌다. 레닌주의자들의 전략이 사회에 있는 소수의 신경 중추를 장악하는 것을 목적으로 했던 것과 마찬가지로, "계획은 역사적으로 발전한 사회를 인류가 일정한 핵심적 거점에서 더욱더 완벽하게 규제하는 통일체로 재구축하는 것이다."[39] 혁명과 마찬가지로 계획은 전략의 일종으로서 핵심적이고 민감한 거점에 항상 정확한 비율로 권력을 집중시키는 것이다.[40]

진단이나 처방에 어떤 차이가 있든지, 대부분의 주요 저술가들은 '조직화'라는 일반적인 공식에는 의견을 같이 했다. 경쟁과 생산수단의 사적 소유가 폐지되고 작업이 좀 더 합리적인 노선에 따라 관리되는 사회주의적 공영체를 조직화하는 것, 드 메스트르가 처방했듯이, 왕과 교황이 충만한 공공 정신을 가진 귀족의 도움을 받아 안정과 평화를 재확립하기 위해 사회를 광대한 권위의 위계 구조로 조직화하는 것(아니면 이것을 학자–사제로 구성된 콩트의 위계제로 대체할 수도 있는데, 그래도 요점은 동일하다), 뒤르켐이 제시한 것처럼 전문직 집단과 생산자 집단을 토대로 사회를 조직화하는 것 등이 그것이었다. 여기에 근래의 많은 저술가들이 촉구해 왔듯이, 관리 엘리트managerial elites의 통제 아래에 사회를 조직화하는 것을 생각해 보라. 이들은 관리 엘리트만이 지속적인 기술혁명의 시대에 사회적 평형을 유지하는 데 필수적인 지식을 보유하고 있다고 주장한다. 조직화라는 관념이 차지한 최고의 지위는 어떤 특정 학파가 아니라 수많은 학파가 이루어 낸 것이었다. 우리들 각자는 조직화된 단위에 의해 지배되는 사회의 구성원으로서 부분적으로 사회주의자이고, 부분적으로 반동주의자이며, 부분적으로 관리주의자이고, 부분적으로 사회학자다. 조직화된 인간은 일종의 복합체다.

19~20세기에 공동체의 관념과 조직의 관념이 별도로 분리된 평행선처럼 발전한 것은 아니었다. 한편 흥미롭고, 때로 통렬한 것은 그 두 관념이 수렴하는 방식이다. 이제는 사라져 버린 소박한 공동체가 지닌 따사로움에 대한 향수와 대규모 조직의 가능성에 대한 집착이 빈번히 각각의 관념 위에 포개지면서 쌓였다. 19세기가 지나면서 긴밀한 교제를 통한 온정의 공유를 회복하는 것이 불가능하다는 자각으로 말미암아 사람들이 차분함을 되찾게 되었다. 그럴수록 사람들은 공동체라는 희망을 포기하는 것을 더욱더 집요하게 거부했다. 대신 사람들은 거대한 조직의 황량하고 박정한 구조에 공동체의 가치를 불어넣으려고 애썼다. "질서 정연한 체계의 조직화는 부분이 전체에 강력하게 구속되고 의존할 것을 요청한다"라는 식의 언급은 조직화라는 주제를 다루고 있었지만, 그 어조는 공동체적이었다.[41]

권력이자 동시에 공동체라는 조직의 관념은 현대 이론에서도 자주 출현하는 주제다. 최근 한 사회학자는 조직의 존재가 "새롭게 배치할 수 있는 에너지"를 창조할 뿐만 아니라 "단순히 기술자의 통합이 아닌 인간의 통합"을 창출한다고 선언했다.[42] 이런 언급의 취지는 근대 저술가들이 지속적으로 추구해온 권력과 공동체의 종합 — 중세 교회가 성취한 것과 유사한 — 을 강력하게 표출하고 있다. 드 메스트르와 드 보날드로부터 시작해 일련의 사회·정치 이론가들은 중세 사회가 성취한 바 있는 권력, 믿음, 유대의 미묘한 혼합에 대해 찬탄해 마지않았다. 이런 전개 과정에서 결정적인 지점은 생시몽으로 대표되는 급진주의가 반동주의자들과 일정한 의견의 일치를 보았을 때 도래했다. 그것은 중세 가톨릭주의가 사회를 보존하는 데 있어서 권위가 근본적으로 중요하고, 최소한의 윤리와 형제애로 다져진 결속을 제공하는 데 있어 일정한 형태의 종교가 필수적이라는 점을 영구적으로 상기시키는 역할을 했다는 인식이었다. 19세기 사회과학의 선구자들은 종교에서 새로운 매력을 발견했다. 생시몽이나 콩트와 같은 일부 이론가들은 종교의 가치를 너무나 높게 평가한 나머지 열광적으로 새로운 종교를 발명하는 작업에 착수하기도 했다. 이들이 만든 '종교'의 기괴함에 우리가 신경을 쓸 필요는 없다. 우리에게 중요한 것은 급진주의가 스스로의 목적을 위해 반동주의자들의 통찰을 수용했다는 점이다. 생시몽이 종교를 발명한 이유는 다음과 같은 확신 때문이었다. 그 확신이란 공통의 믿음이라는 토대 없이는 차갑게 작동하는 과학적 사회가 지탱될 수 없고, 종교적 윤리가 존재하지 않는다면 물질적인 천년왕국의 약속이 부추기는 인간의 무절제한 욕망을 억누를 수 없다는 믿음이었다.

이런 논변의 양식은 19세기 초 드 보날드에 의해 확립되었다. 우리는 드 보날드의 종교적 신념의 진지성을 전혀 의심하지 않지만, 그러면서도 그의 사유에 어떤 근본적인 부조화가 존재한다고 생각할 수도 있다. 곧 한편으로 그의 사유는 고도로 합리주의적이고 거의 기하학적인 성격을 가지고 있으며, 절대적인 주권적 권력의 필요성을 강력하게 주장했을 뿐만 아니라, 모든 형태의 개체성을 경멸했지만, 다른 한편으로 그는 사랑과 겸손이라는 구원적 교리에 근거하여 종교에 호소했던 것이다. 하지만 거기에는 아무런 부조화도 없었다. 왜냐하면 신앙에 대한 그의 모든 주장에도 불구하고 드 보날드는 종교가 지닌 예전의 의미에 대한 감각을 상실했기 때문이다. 후일의 많은 다른 사회과학자들처럼 드 보날드의 종교는 사회학에 의해 삼켜져 버렸던 것이다.

다른 이들은 인간의 종교를 방어해 왔다. 하지만 나는 사회의 종교를 옹호한다. 미래에 [종교는] 좀 더 넓은 관점에서, 곧 사회에 대한 관점에서 고찰될 것이다. 종교는 종교가 아니면 보장해 줄 수 없는 어떤 것을 부여함으로써 사회를 다스리고 규제해야 한다. 곧

종교는 명령할 수 있는 권력의 합리적인 이유와 복종의 의무에 대한 동기를 부여한다.[43]

좀 더 최근에는 종교의 사회적 효용이 중세적 가치에 대한 향수의 형태로 표현된 바 있다. 영국의 많은 "길드주의" 주창자는 물론 뒤르켐도 중세의 법인과 길드의 체계로부터 영감을 받았으며, 당시에 널리 퍼져 있던 획득욕에 대한 규제와 도덕적 결속을 긍정적으로 지적했다.[44] 작고한 메이요Elton Mayo는 공장 체계에서 발전한 인간관계가 "중세 시대의 소박한 종교적 감성"[45]에 대한 대체물을 제공할 것이라는 희망을 피력했다. 즉, 그는 '노동'laborare과 '예배'orare에 대한 다소 놀라운 변형물을 기대했던 것이다. 신프로이트 수정주의자로서 가장 영향력 있는 인물인 프롬Erich Fromm 역시 중세적 인간의 조건을 다음과 같이 긍정적으로 묘사했다. 중세의 사람들이 비록 자유롭지는 않았지만, "그는 홀로 있거나 고립되어 있지 않았다. …… 인간은 구조화된 전체에 뿌리를 두고 있었으며, 따라서 삶의 의미는 의심의 여지도 없고 그럴 필요조차 없었다."[46] 고故 만하임의 다음과 같은 주장도 완전히 일맥상통하는 것이었다. 그는 사회학자들이 종교적 가치와 제도에 대해 합리주의적인 자유주의자가 품을 수 있는 의심 따위는 전혀 가지고 있지 않으며, 그렇기 때문에 중세 가톨릭주의의 사회적 기능을 좀 더 긍정적으로 평가할 수 있다고 주장했던 것이다.

물론 오늘날 우리는 그 어느 때보다 중세의 기본적 신학이 달성한 성과 그리고 심지어 조직화된 영적 권력의 필요성을 더 잘 이해하고 있다.[47]

종교에 대한 사회학적인 가치 평가는 최근의 조직 이론에 상당한 영향을 미쳐 왔다. 최근의 많은 이론가들이 제기한 다음과 같은 문제는 일찍이 생시몽을 당혹하게 만들었던 것이다. 만약 현대적 삶의 대부분을 조직화하는 중추적인 단위가 대규모 조직들이라면, 어떻게 그 조직들은 권위와 권력의 구조라는 예전의 정체성을 새로운 정체성, 곧 권위와 구성원들 간의 공동체적 정서를 결합시키는 것으로 대체할 수 있는가? 조직의 사명은 재화와 서비스뿐만 아니라 동료애를 제공하는 것이다.

근대의 저술가들이 조직화의 힘에 대해 지닌 확신은 인간의 사멸성에 대한 답변이 바로 조직이라는 좀 더 커다란 믿음에서 나온다. 따라서 현대의 저술가들은 기업체와 같은 거대한 조직을 묘사하면서 종교적 언어에 의존하는 경향이 있다. 좀 더 차분한 저술가에게서 찾아볼 수 있는 대표적인 사례로는 버얼 Adolf Augustus Berle의 『20세기 자본주의 혁명』*The Twentieth Century Capitalist Revolution* 을 들 수 있다. 그에 따르면, 미국은 거대 기업들에 의해 지배되는 사회에 대한 공약을 확고히 해왔다. 이런 거대 기업이라는 단위들은 "집합적인 영혼"이자 "20세기 미국 사회의 양심의 담지자"가 되었다. 기업은 다음과 같은 수단을 표상한다. 즉, 기업을 통해 "우리는 미국의 20세기가 진화하는 경제적 유토피아를 산출할 것으로 기대되는 경로를 고안해 내고 있다. 그리고 기록된 역사상 처음으로 인간이 그처럼 위험하고 긴장감 넘치는 모험을 달성할 수 있는 잠재력이 분명히 실제로 존재한다." 이에 상응하여 이 책의 마지막 장은 "법인 자본주의와 '신의 왕국'the City of God"이라는 제목을 달고 있다.[48]

이런 지적인 경향은 이전 장들에서 나의 주된 관심사였던 '정치적인 것에 대한 추구'와 긴밀히 연관되어 있다. 근대인은 정치적인 것을 대신하는 사랑의 대상을 공동체와 조직에서 만들어 냈다. 공동체에 대한 회구는 인간을 정치적 동물로 파악하는 관념으로부터 벗어날 수 있는 도피처를 찾으려 했다. 그리고 조직화에 대한 찬양은 부분적으로 새로운 형태의 시민성을 찾고자 하는 희망에서 고무되었다. 이들이 지닌 관념을 명료히 하기 위해 우리는 공동체와 조직화에 대한 두 가지 '이상적인' 이론을 분석하고자 한다. 공동체의 이론가는 제네바의 시민이었던 루소이고, 조직화의 이론가는 자칭 '산업적 교의의 창시자'인 생시몽이다.

4. 루소 : 공동체의 관념

루소보다 더 깊이 사회를 싫어했던 사람은 별로 없다. 하지만 루소처럼 공동체에 대한 필요성을 역설했던 사람은 더더욱 적다. 그러나 이것은 가장 역설적인 사상가들에게서 흔히 추가적으로 발견될 수 있는 역설이라는 의미가 아니다. 루소는 자신의 소외를 너무나 뼈저리게 느꼈기 때문에, 그는 사회로부터 더 많은 것을 요구하는 것뿐만 아니라 사회를 위해 더 많은 것을 희생할 각오까지 되어 있었다. 다음의 구절에서 나타나듯이 그의 저술에 표현되어 있는 소외는 총체적인 것으로서 존재의 모든 차원에까지 뻗쳐 있다. "우리는 더 이상 자신의 자리에서 살지 못하고, 그 밖으로 밀려나 살고 있다. …… 이제 인간은 자신과 전쟁 상태에 들어서기 시작했다."[49] 인간은 그 자신의 마음을 자신에게 대립시켰다. "성찰은 자연에 반하는 상태이며, 생각하는 인간은 타락한 동물이다."[50] 사회는 경쟁과 야심으로 사람들을 유혹하여 진정한 또는 자연적 자아를 질식시키는 사회적 자아를 받아들이도록 덫을 놓고 있었다. "그리하여 인간은 자신이 자연의 바깥에 있으며 자기 자신과 갈등상태에 놓여 있음을 발견하게 된다."[51] 사회는 인간이 자신의 능력을 계발하는 데 도움을 주기는커녕 그것이 질식시켜 버리지 않은 자연적 자아가 남아 있다면 그 발육을 억제하며 그 뒤에 인간 잠재력의 왜곡된 상*을 남겨 놓는다. "우리의 지혜는 노예의 신중함이며, 우리의 습속은 통제, 제약, 강제에 존재한다. 문명화된 인간은 노예로 태어나 노예로 죽는다. 젖먹이 어린아이는 포대기에 꽁꽁 싸여 있고, 죽은 자의 시신은 관 속에 담겨 못이 박힌다. 우리의 제도는 인간의 전 생애를 가두어 놓고 있다."[52] 정치적 삶은 인간과 그를 둘러싼 환경 사이에 존재하는 동일한 소원함을 반영한다. 정치제도는 부와 권력을 손아귀에 거머쥔 자들이 교묘하게 고안한 것으로서 빈자와 약자를 종속 상태에 묶어 두기 위해 그들에게 떠안긴 것이다. "모두는 쇠사슬을 향해 허둥대며 질주했다. …… 그들은 정치제도의 이득을 감지할 만한 지력은 가지고 있었지만, 그 위험을 알아볼 수 있는 경험을 결여하고 있었다."[53]

인간의 소외에 비애감마저 어리게 하는 것은 인간이 결코 자신의 자연적 자아를 회복할 수 없다는 점이었다. 이 점은 루소의 비판자들이 루소가 태고의 진흙 구덩이로 돌아가는 것을 선호한다고 비난했을 때 놓치는 대목이기도 하다. 인간적 조건의 고뇌는 인간이 결코 따뜻하고 어두운 자연의 자궁으로 되돌아갈 수 없다는 데 있었다. "원시인과 정치화된 인간은 가슴과 성향에서 너무나 근본적으로 다르기 때문에 전자에게 행복을 주는 것이 후자에게는 절망이나 다름없다."[54]

루소를 그의 시대로부터 가장 심층적으로 분리시킨 골은 '사회'에 대한 무비판적인 숭배를 그가 거부했다는 점이었다. 흄, 고전 경제학자들, 그리고 후일의 페인과 고드윈은 사회적 삶을 인간이 성취할 수 있는 최고의 형태이자 도덕성과 합리성의 발전을 위한 필수적인 조건으로 자리매김했다. 각자가 모두와 맺는 상호 의존 관계가 협동과 노동 분업의 복잡한 구조의 토대를 제공했으며, 그것이 인간의 생산력을 확장하고 자연에 대한 인간의 지배를 확대했다. 이것이 바로 사회가 지닌 놀라운 비밀이었다. 루소는 상호 의존과 협동이 인간의 능력을 제고시키고 사회화의 과정이 인간에게 양심과 합리성을 부여했다는 점을 의심하지 않았다. 대신 그는 이성, 양심, 도덕 및 생산력 — 요컨대 루소의 시대에 '사회'와 '문명'이 의미했던 모든 것 — 이 순전히 이득인지에 대해 의문을 제기했다. 사회적 진화의 경로가 "인간 종을 타락시키면서도 동시에 인간의 이해理解를 증진시키고, 인간을 사교적으로 만들면서도 동시에 사악하게 만들었다면," 각각의 경우에 수반되는 이득과 사회 전체에 만연한 것에는 근본적인 모호함이 분명히 존재했다. 그렇다면 사회는 인간에게 과연 무엇을 했는가? 인간의 본성에 어떤 도덕적 상처를 입혔기에 인간은 기만을 하기 위해 이성을 사용하고, 양심을 자신이 저지르는 범죄를 꾸며 대는 한낱 장신구에 불과한 것으로 만들어 버렸는가? 왜 인간은 사회에 의해 "타락하게" 되었고, "왜곡되게" 되었는가?[55]

가장 근본적인 의미에서 인간의 본성이라는 것을 먼저 이해하지 않는 한, 만족스러운 답변은 나올 수 없다고 루소는 굳게 믿었다. 즉, 사회에 의해 조형된 인간의 본성이 아니라 사회적으로 획득된 모든 습관, 욕망, 도덕이 벗겨진 인간, 요컨대 날 것 그대로의 인간의 자아, 이드[id]를 먼저 이해해야 했다. 자연 상태에서 인간은 자신과 평화로운 상태를 유지할 수 있었다. 삶이 생존에 필수적인 것을 충족시키는 데 국한되었기 때문이다. 인간의 정념과 본능은 그 자신의 즉각적인 욕구를 만족시키려는 시도로 완전히 순화되어 있었으며, 그리하여 일종의 평형 상태가 수립되어 있었다. 곧 자연 상태의 인간은 자신이 필요로 하는 것을 욕망했고, 자신이 욕망하는 것을 필요로 했다. 이와 대조적으로 문명화된 인간은 자신의 생활을 꾸려 가기 위해 무한히 복잡한 것들을 만들어 냈다. 사회에 의해 합리적인 존재가 되고 상상력을 부여받은 피조물로서 인간은 자신이 획득한 것을 사용해 자신의 조건을 더욱 비참하게 만들어 버린다. 인간은 새로운 필요를 상상하고, 자신이 가진 가능성의 지평을 무한히 확장하며, 이성을 간교함으로 바꾸어 욕망에 봉사하도록 하는 능력에 의해 저주를 받는다. 인간은 필요와 욕망 사이의 균형을 파괴해 버렸다. 이제 인간은 자신이 필요로 하는 것을 욕망하지 않고, 자신이 욕망하는 것을 필요로 하지 않는다. 타인과 아주 가까운 거리를 두고 삶을 영위하는 것이 오히려 인간의 욕구를 증식시킨다. 인간은 자신이 가진 것과 타인이 가진 것을 비교하도록 강제된다. 인간의 삶은 쓰라린 불만의 연속으로 변모한다.[56] 이제 인간은 욕망의 대상을 놓고 타인과 경쟁해야 한다. 인간은 위장, 위선, 불성실이라는 전략을 채택해야 한다. "존재[to be]와 외양[to seem]은 전적으로 상이한 별개의 것이 된다."[57] 이내 인간은 자신의 욕구를 충족시키기 위해 타인을 이용할 수 있다는 운명적인 깨달음에 이르게 되고, 마찬가지로 타인들 역시 그가 자신들에게 매우 유용하다는 점을 깨닫게 된다. 그리하여 욕망에서 비롯된 상호 의존의 관계가 그물처럼 형성되기 시작하는바, 철학자는 그것을 "협력", "상호 의존" 및 "노동 분업"이라는 그럴듯한 구절로 치장하여 사람들을 안심시킨다. 루소에게 이런 구절들은 모두 완곡어법에 불과한 것으로서 상호 의존적인 사회가 제기하는 근본적인 도덕적 문제를 은폐하는 것이다. 상호 의존은 필연적으로 의존과 불평등을 상정하기 때문이다.

> 한 인간이 다른 인간의 도움을 필요로 하게 되자마자 …… 평등은 사라지고, 소유권이 도입되었으며, 노동은 필수불가결하게 되고, 광대한 숲은 미소 짓는 전답이 되었다. 이제 인간은 이마에 땀을 흘리면서 전답에 물을 대야 했다. 그 수확과 더불어 조만간 노예제와 곤궁이 발아하고 성장할 것이었다.[58]

그리하여 인간의 필요는 사람들을 결합시키는 대신 분열시킨다. 곧 전쟁 상태는 자연이 아니라 사회에서 발견되었다. "파멸적인 진보를 걷어치워라. 우리의 결함과 악덕을 걷어치워라. 인간의 손으로 벌려 놓은 일을 걷어치워라. 그러면 만사가 잘 될 것이다."[59]

사회의 병폐에 대한 루소의 해결책은 사람들에게 숲으로 돌아가라고 손짓하는 것도 아니었고, 모든 사회적 상호 의존성의 파괴를 주장하는 것도 아니었다. 대신 그가 제안한 것은 하나의 역설이었다. 그것은 사람들이 서로 너무나 가까워지고 너무나 강력하게 유대감을 느껴서 구성원 각자가 전체 사회에 의존하게 되며, 바로 그 사실로 인해 인격적인 의존에서 벗어나는 그런 하나의 사회를 창조하는 것이었다. 루소의 처방은 긴밀한 교제를 희구하는 전통에 속한 것이었다. 그것은 대규모의 비인격적인 집합체라는 결과에 경악을 금치 못했던 다른 저술가들이 제시한 처방과 유사한 것으로서 대규모 제도가 낳는 냉정하고 외부적인 통일보다는 작은 집단의 약동하는 삶을 추천했다. 로렌스 David Herbert Lawrence와 마찬가지로 루소는 "생동하는 유기체적인 공동체이자 상

호 신뢰하는 공동체에 속할 때 인간은 비로소 자유롭다"고 믿었다.[60]

하지만 한 가지 점에서 루소는 원시 기독교인들이나 근대 프로테스탄트 종파주의자들보다 더 높은 요구이며, 사회주의적 유토피아를 주장했던 후일의 사회주의자들보다도 훨씬 높은 요구를 제기했다. 그는 사회에 대해 도덕적 삶을 위한 조건을 넘어서며, 자기 개발을 위한 기회를 넘어서는, 또한 물질적인 필요성도 넘어서는 그 무엇을 요구했다. 이런 요구는 루소 이전에는 결코 제기된 적이 없었으나 루소 이후에는 반복적으로 제기되었다. 공동체는 인간의 감성을 만족시키고, 인간의 정서적 필요를 채울 수 있도록 고안되어야 했다. 루소에게는 "존재하는 것이 곧 느끼는 것"이었으며, 진정한 경험은 생생하고 즉각적인 것 — "나와 신 사이에 얼마나 많은 인간이 있는가!" — 으로부터 나오는 것이었다. 또한 루소에게는 "성실하고 단순 소박한 마음"이 최고의 미덕이었다. 이런 루소에게 이와 같은 기질은 오직 직접적이고, 인간적이며, 열정적인 인간관계에 의해서만 충족될 수 있는 것이었다. "나의 친애하는 동료 시민들이여, 아니 나의 형제들이여 ……"[61] 루터가 인간과 신의 관계에서 갈구한 것을 루소는 인간이 자기 동료와 맺는 관계에서 찾고자 했다.

> 모든 인간은 모든 일에서 그가 지닌 특수의지가 일반의지에 순응할 때 유덕하며, 우리는 우리가 사랑하는 자들이 의욕하는 것을 자발적으로 의욕한다. …… [만약 사람들이] 자신의 존재를 단지 저 국가의 일부로 [인식한다면], 그들은 마침내 자신들을 이 거대한 전체에 어느 정도 일체화하고, 자신들을 그들 나라의 구성원으로 느끼며, 어떤 고립된 인간도 그 자신에 대해서 느낀 감정을 제외하고는 가져 본 적이 없는 절절한 감정으로 나라를 사랑하게 될 것이다.[62]

인격적인 일체성에 대한 추구는 일종의 집합적인 공동체, 곧 공통의 자아*moi commun*의 창출에 의해 완성될 것이었으며, 그 공동체에서 각자는 자신이 다른 사람들과 가능한 가장 긴밀한 연대를 맺고 있다는 것을 깨닫게 될 것이었다.

"우리는 모든 사회 구성원들을 전체에서 전혀 분리할 수 없는 부분으로 받아들인다."*Nous recevons en corps chaque membre comme partie indivisible du tout* 63

여기서 루소의 공동체 개념에는 후일 푸리에가 "집단주의"*le groupisme*라고 불렀던 것을 이루는 요소들이 존재했다. 어떤 형태로든 그것은 사회적 연대의 부흥이 요구될 때마다 재출현했다. 곧 공상적 사회주의에서, 헤겔의 철학에서, 피기스John Neville Figgis와 콜George Douglas Howard Cole의 다원주의 속에서 그리고 공장에서 공동체의 대체물을 찾으려는 현대의 저술가들에게서 나타났던 것이다. 하지만 루소를 가장 순수하게 재진술한 것은 근대 사회학의 창시자 가운데 한 사람인 뒤르켐에게서 발견된다. 64 두 이론가들 사이의 유사성은 탐색할 만한 가치가 있다. 왜냐하면 집단의 유대, 사회적 해체, 그리고 사회 통합의 문제에 대해 뒤르켐이 기울인 관심은 현대 사회학의 지속적인 관심사였기 때문이다. 다시 말해, 뒤르켐은 루소가 근대 사회과학에 자취를 남기게 된 매개체 역할을 한 셈이었다.

루소가 집단에 대해 엮어 낸 신비는 뒤르켐에 의해 수용되었고, 집단생활에 대한 그의 분석의 토대가 되었다. "집단은 단순히 그 구성원들의 삶을 지배하는 도덕적 권위에 그치지 않는다. 그것은 삶 자체의 원천이기도 하다. 집단으로부터 흘러나오는 온정이 구성원들에게 활력을 부여하고 그들을 열정적인 인간으로 만들며 그들의 자기중심주의를 파괴한다."65 뒤르켐에게 집단적 삶의 재활성화는 당대의 무뎌진 도덕적 감수성을 회복하는 유일한 치료제였다. 산업사회를 괴롭히는 질환은 개인들이 일차적인 집단에 대한 애착으로부터 분리되어 아무런 도덕적 지침 없이 사회에서 움직이도록 허용된 데에서 비롯되었다.66 뒤르켐은 도덕이란 연대적인 삶의 양식의 반영이며, 많은 사람들의 생각과 수많은 관행의 복합체라고 주장했다. 그것은 뒤르켐이 "집합적 표상들"이라고 명명한 것에 구현되어 있었다.67 뒤르켐의 주장에 따르면, 이런 형태들은 개인적 의식들의 종합을 표상했지만, 분명 플라톤의 이데아와 매우 흡사한 것이었다. 그것들은 독립적인 존재를 획득하여 "전적으로 자기 스스로의 법칙들"에 복종했다. 그것들은 개인들에게 내면화되었지만, 동시에 외부에 남아 있었다. 그것들은 자신의 지침을 개인에게 부과하며, 윤리, 인식, 행위에 대한 근본적인 범주들을 제공했다. 그것들은 "정신적인 삶의 최고 형태들"이었다. 루소의 공동체에서와 마찬가지로 자아와 사회 사이에는 아무런 긴장이 존재하지 않았다. 완벽하게 일체화된 공통의 자아*moi commun*만이 존재했다. "사회가 함축하는 것 이외의 도덕을 원하는 것은 사회를 부정하는 것이며, 결과적으로 자신의 자아를 부정하는 것이다."[68]

루소와 뒤르켐의 사유 사이에는 근대 사회과학의 일정한 주요 관심사와 기본적인 가정을 한층 더 명확히 하는 또 다른 지속성이 존재했다. "집합적 표상" 또는 "집합적 양심"에 대한 뒤르켐의 이론은 같은 종류의 문제에 대처하기 위해 공식화된 것이었으며, 그 결과 루소의 일반의지와 동일한 많은 편견을 품고 있었다. 루소의 일반의지는 지금의 논의에 적절한 두 가지 속성을 가지고 있었다. 그 하나는 일반의지의 원천에 관한 것이고, 다른 하나는 그 질적인 측면에 관한 것이었다. 일반의지는 하나로 일치하여 행동하는 공동체로부터 비롯하는 것이었다. 그리고 집합적인 판단으로서 일반의지는 비인격적인 지배에 좀 더 근접할 수 있었다. 일반의지의 집합적인 성격은 또한 개인의 자유도 보장했다. 개인이 공동체의 판단에 복종하는 만큼 그는 다른 개인에게 의존하지 않는 셈이기 때문이었다. 더욱이 일반의지는 질적인 측면에서 개인의 판단보다 우월하며, 그 규범적 지위는 개인에게 강제력을 부과하는 것에 대한 정당화를 제공했다. 곧 일반의지의 명령에 순응하도록 강제당하면서, 개인은 만약 스스로 자신의 자기중심주의를 수정할 수 있었더라면 그가 원했을 바로 그것을 하게 된 셈이었다.

이와 동일한 고려 사항이 뒤르켐의 "집합적 양심"을 지배하고 있었다. 루소의 공동체처럼 집단은 "도덕적 인격체", 곧 "개인적인 자아들을 억누르고

…… 공동의 유대라는 생생한 정서를 유지"할 수 있는 인격체로 지정되었다. 집합적 양심은 "공동체의 소산"이며 이를 위해 채용된 강제는 정당한 것이었다. 그것은 부와 힘이 아니라 도덕에 봉사하기 위한 강제였기 때문이다.[69] 마지막으로 일반의지가 루소적 공동체의 최고의 표현인 것과 동일한 방식으로 집합적 양심은 "정신적 삶의 최고 형태"였다. 집합적 양심에 복종함으로써 개인은 단순한 자기중심주의로부터, 또는 루소가 "특수의지"라고 불렀던 것으로부터 고양되었다.[70] 그 최고의 형태에서 이루어지는 이런 "모든 개인이 지닌 힘의 결합"은 루소와 같은 사상가라면 누구든 원했을 유대로서의 공동체를 반영하는 것이었다. 다시 말해 그것은 "공동의 삶"*une vie commune*으로서 "모든 개인의 양심이 하나로 일치되어 결합된 것"이었다. 집합적 양심은 "그것을 구성하는 개인들의 총합 이상의 그 무엇"을 구현했다.[71]

5. 자유와 비인격적 의존

공동체에 대한 루소의 개념에는 또 다른 요소가 있었는데, 그것은 앞에서 서술했던 친밀한 면대면적 존재와는 현저한 대조를 이룬다. 그것은 공동체가 자연적인 상태의 독립, 평등, 자유에 어느 정도 근접하려면 정치적 관계가 고도로 비인격적이어야 한다는 루소의 확신에서 기인했다. 이전에는 일반적으로 인간에 대해 의존하는 방식으로 공동체가 조직되었지만, 이제 공동체는 개인이 비인격적인 실체나 "사물"에 의존하는 방식으로 조직되어야 했다. 루소의 논변은 충분히 살펴볼 가치가 있는데, 이는 근대성의 기본적인 신앙 조항을 예시^{例示}하고 있었기 때문이다. 다시 말해 그것은 무언가 비인격적인 힘 — 그것을 '역사', '필연', '세계정신', '자연 상태', '사회' 등 무엇이라고 부르든 —

에 의존하는 것은 현실과 직접 교섭하는 것이고 '진정한' 자유를 경험하는 것이라는 믿음을 담고 있었다.

루소의 논변은 자연 상태에서의 인간 존재에 대한 일정한 추론에 근거하여 전개되었다. 자연 상태에서 사람들은 서로 상대적인 고립 속에서 상상력의 가능성에 시달리지 않고, 또 사회적 구분이나 가족생활은 물론 심지어 언어도 모른 채 살았다. 각자는 타인을 필요로 하지 않았기 때문에 자신만의 방식으로 살았으며 타인을 의식할 필요도 없었다. "저 야만의 시대야말로 황금시대였다. 그것은 사람들이 단합되어 있었기 때문이 아니라 고립되어 있었기 때문이다."[72] 타인으로부터 독립해 있다는 것은 어떤 인격적인 권위나 권력으로부터도 자유롭다는 것을 의미했다. 자연적인 상태에서 권위와 권력은 순전히 비인격적인 자연에 속했다.[73] 모두가 환경의 물질적 힘을 느끼고 있었지만, 그것은 평등하고 차별을 두지 않는 방식으로 가해졌다. 태양은 좋은 사람이든 나쁜 사람이든 똑같이 비추었던 것이다. 그리하여 자연적인 상태에서 개인은 일반적인 자연법칙에 종속되어 있었지만 동료 인간들로부터는 독립되어 있었다.

> 의존에는 두 가지 종류가 있다. 사물에 대한 의존은 자연의 산물이고, 인간에 대한 의존은 사회의 산물이다. 사물에 대한 의존은 비도덕적인non-moral 것으로서 자유를 손상시키지 않으며 어떤 악덕도 낳지 않는다. 반면 인간에 대한 의존은 질서에서 벗어난 것으로서 모든 종류의 악덕을 낳으며, 이를 통해 주인과 노예는 서로를 타락시키게 된다.[74]

여기에는 사회에 대한 처방이 개괄적으로 제시되어 있었다. 그 처방이란 긴밀한 공동체를 창출함으로써 자연의 비인격적인 평등에 근접하고 상호 의존 속에서 독립을 확보하는 것이었다. 그 누구도 인간의 원시적인 독립을 회복할 것을 희망할 수는 없었다. 왜냐하면 이제 사람들은 오직 문명화된 협력만이 제공할 수 있는 쾌적한 설비들에 너무나 의존하기 때문이었다. 하지만 설령 독립은 불가능하더라도 인격적인 종속에서 벗어난 자유는 가능했다. 이것은 각자가 스스로 규칙을 제정하는 정치적 사회를 건설함으로써 성취될 수 있었다.[75] 비슷하게 설령 인간이 모두가 자연의 법칙에 평등하게 종속되는 상태로 돌아갈 수는 없다 해도, 인간은 각자가 전체에 평등하게 종속되는 사회를 형성할 수는 있을 것이었다. "자신의 모든 권리와 함께 각자가 모든 것을 전적으로 전체 공동체에 양도함으로써 …… 모두에게 평등한 조건"이 수립될 것이었다.[76] 그리고 설령 인간이 자연의 비인격적인 권력에 대한 종속을 영구히 상실했다 하더라도, 그 대신 인간은 그 체제를 오직 법률의 비인격적인 권위만이 군림하는 체제로 대체할 수 있을 것이었다. 인간은 법률에 복종함으로써, "아무도 명령하지 않으며 …… 누구도 종속되지 않는다."*personne ne commande …… n'aient point de maître* 법은 시민사회에서 "사람들 사이에 자연적인 평등"을 수립한다.[77]

사회계약은 각 구성원을 "모든 인격적인 의존"으로부터 보호하기 위해 고안된 장치를 상징했다. 사회계약을 통해 각자는, 자연에 대해 의존하거나 왜곡된 사회에서 그런 것처럼 개인이나 계급에 의존하는 대신에, 전체에 의존하게 될 것이었다. "각자는 모두에게 자신을 양도하지만, 다른 한편 아무에게도 자신을 양도하지 않는다."[78] 완벽한 의존이라는 전제 조건은 각 개인이 자신의 모든 권리와 권력을 총체적이고 자발적으로 포기할 것을 요구했다. 개인으로서 각자는 타인으로부터 "완벽하게 독립적"이어야 하지만, 다른 한편 각자는 공동체에 대한 "지나친 의존"*une excessive dépendance*을 통해 묶여 있어야 했다.[79] 이런 고려는 또한 정치 공동체의 주권적 권위이자 최고의 표현인 일반의지에 대한 유명한 개념에서도 나타난다. 루소는 자연과의 비유를 부각시키기 위해서도 다시 한 번 일반성의 속성을 강조했던 것이다.

일반의지는 자연의 힘처럼 특수한 대상을 다루는 것을 경멸하며, 그 자체를 모두에게 공통된 일반화된 목적에 국한시킴으로써 위엄 있는 비인격성을 드러낸다. 무릇 어떤 대상이 일반적일수록 그 특수성은 감소하며 그것에 대한 선택 역시 주관적이고 인격적인 판단의 성격을 덜 가지게 된다. 그러므로 일반의지가 일반적인 이익을 목표로 할수록, 그것은 자연의 지배를 더욱 충실하게 모방하게 된다. "사적 이익은 항상 특혜로 흐르는 경향이 있고, 공적 이익은 평등으로 흐르는 경향이 있다."[80] 이런 추론은 일반의지가 인간을 자유롭게 되도록 강제한다는 루소의 유명한 언명으로 귀결된다. 그가 이런 어색한 구절을 통해 의도한 것은 강제력을 사용해서라도 사람들이 전체 공동체에 의존하게 함으로써 특정한 개인에 대한 의존으로부터 그들을 자유롭게 한다는 것이었다.[81]

루소의 정치사상은 소규모 사회의 정치적 삶에 적용될 것으로 의도되었기 때문에 처음부터 퇴영적이라는 지적이 종종 제기되었다. 하지만 이런 비판이 루소의 공동체주의적 이상이 19~20세기 이론에 미친 엄청난 영향력을 막지는 못했다. 아마도 이것은 루소가 긴밀한 공동체에 대한 광범위하고 절실한 필요를 다시 불붙였기 때문일 것이다. 이로 인해 그를 뒤따르는 저술가들은 잇달아 루소가 제시한 개념의 주요 요소로 돌아가 다시 한 번 사회적 유대의 높은 가치, 집단에 대한 개인의 필연적인 종속, 비인격적 의존의 중요성, 구성원됨의 구원적인 기능, 개인과 집합체 간의 긴밀한 일체감으로부터 발생하는 이득을 강조하곤 했던 것이다. 매우 다양한 정치 이념을 배경으로 하는 그토록 많은 저술가들이 공동체를 추구했다는 점은 루소의 공동체 개념이 조직화의 시대에도 유령처럼 맴돌고 있다는 점을 시사한다. 다시 말해 루소의 이론은 대규모의 탈인간화된 단위에서 영위하는 삶에 대한 지속적인 비판, 곧 인간의 필요는 합리적인 관계와 일상의 효율적인 절차를 넘어서는 무엇을 요구한다는 점을 상기시키는 상징으로 작용해 왔던 것이다.

프루동, 뒤르켐, 영국의 다원주의자들, 그리고 좀 더 최근에 프롬의 저술에서 공동체주의적 이상은 보존되고 지속적으로 활성화되어 왔으며, 그 결과 일종의 독특한 전통을 형성하고 있다. 그러나 공동체주의적 이상은 우리 시대를 조직화의 힘power과 위용의 마법으로부터 깨어나게 하는 데는 결코 성공하지 못했다. 공동체주의가 거둔 성공은 조직화의 대변인들로 하여금 조직에서의 삶이 지닌 결함을 깨닫게 한 데 있다. 그 결과, 우리가 나중에 살펴볼 것처럼, 조직 이론가들은 공동체의 요소들을 조직의 밑동에 접목시키려고 시도함으로써 양자의 대비를 약화시키려고 했다. 공동체와 조직이 갖는 변증법적인 긴장은 교회와 종파라는 예전의 종교적 이원성과 어느 정도 유사한 모습을 보여준다. 근대의 공동체주의자들은 종파의 전통을 따르면서 집단의 자생적인 삶을 조직의 제도화된 질서 위에 놓고자 한다. 반면 교회의 전통에 속하는 조직 이론가들은 권위의 구조를 높이 평가하며 구성원됨의 자생적인 표현을 불신한다. 공동체주의자들은 '루터주의자'이며, 조직 이론가들은 '가톨릭주의자'다.

6. 생시몽 : 조직화의 관념

어떤 정치적 논자들은 그 사상의 참신성 때문에 읽히며, 다른 이들은 그 엄밀성과 현실주의적 성격 때문에 읽힌다. 또 다른 이들은 오랫동안 신은 신발처럼 편안하고 친숙하기 때문에 지금까지도 읽힌다. 마지막으로 어떤 이들은 도발적이고 교란적이기 때문에 읽히기도 한다. 하지만 어떤 저술가들은 고상하지도, 심원하지도, 일관적이지도, 친숙하지도, 도발적이지도 않지만 읽히는데, 그 이유는 그들이 미래에 진행될 사태의 흐름을 감지하고 그것을 순진할 정도로 명료하게 보여 주기 때문이다. 생시몽이 바로 그런 저술가였다. 그에 대한 거의 모든 논평자들은 두 가지 점에서 같은 의견을 표명해 왔다. 그것은 생시몽이 무서울 정도로 미래를 정확히 감지할 수 있었다는 것과, 그가 정신적으로 불안정해서 때로는 거의 반미치광이와 같았다는 점이다. 하지만 여태껏 아무도 지적하지 않은 것처럼 보이는 것은, 그가 예견한 미래의 상을 감안할 때, 그의 광기는 그 통찰력의 필수적인 전제 조건이었을 것이라는 점이다. 조직화의 시대는 생시몽에게서 그 철학자를, 그의 저술에서 그 선언문을 발견한다. "18세기의 철학이 비판적이고 혁명적이었다면, 19세기의 철학은 창의적이고 조직적일 것이다."[82]

생시몽은 정치적 불안과 사회적 무질서에 대한 방어물을 수립할 의도로 조직 이론의 구축에 착수했다. 좀 더 정확하게 말하면 조직 이론은 프랑스혁명의 고통스러운 후폭풍에 대한 반응으로 탄생했다. 그렇기 때문에 조직 이론은 전통적으로 정치 이론가들이 보여 준 질서에 대한 추구가 지닌 많은 특징을 구비하고 있었다. "프랑스 인민이 경험한 전반적인 격변"은 "민족 구성원들 사이의 모든 기존의 관계가 불확실해지고, 가장 커다란 재앙인 무정부 상태가 걷잡을 수 없이 퍼지며, 그로 인해 초래된 참담함이 심지어 가장 어리석은 민중들조차 …… 질서의 회복을 염원하게 되는" 상황으로 내몰고 갔다.[83] 18세기의 사람들에게는 알려지지 않은 새로운 지적·사회적 요소들이 수세기 동안 점진적으로 결집되어 "가공할 만한 폭발"로 분출되어 시대착오적인 체제를 박살냈던 것이다. 여기서 두 가지 근본적인 요소는 바로 과학과 산업이었다. 그것들은 기존의 사회적 배치의 양상을 결정하는 "논리"를 담고 있었다. "필수적이고 유기체적인 사회적 결속"은 "산업이라는 관념"에서 발견될 것이었다. "오직 산업에서 우리는 안전 및 혁명의 종언을 발견할 것이다. …… 우리의 사상과 노력의 유일한 목표는 산업에 가장 유리한 종류의 조직화임이 분명하다."[84]

생시몽의 용어에서 "조직화"는 사회적 조화와 정치적 안정이라는 단순한 조건을 훨씬 넘어서는 의미를 가지고 있었다. 조직화는 새로운 권력 구조, 곧 부분들의 자그만 물질적·지적·도덕적 기여를 합친 것보다 우월한 기능적 전체의 창출을 약속했다. "인간은 이제껏 무의식적으로, 느리게, 우유부단하게 그리고 너무나 비효율적으로 해오던 일을 이제부터는 의식적으로, 좀 더 잘

지시된 유용한 노력을 기울여 수행하게 될 것이다."[85] 권력의 체계인 조직화를 통해 인간은 자연을 좀 더 체계적인 방식으로 개발할 수 있을 것이며, 그럼으로써 사회는 전례 없는 물질적 번영의 정점에 올라설 것이었다. 이것은 순기능적인 부분들의 합리적인 배치, 일정한 과제에 대한 여타 과제의 종속, 산업 과정에 적합한 지식을 갖춘 자들에 의한 작업의 지시를 요구했다. 산업적 조직화는 새로운 사회적 위계제를 요구했는데, 현재의 "사회는 일종의 전도된 세계이기" 때문이었다.

새로운 사회적 피라미드는 최하층의 노동자로부터 최상층의 산업가, 과학자, 예술가 들에 이르기까지 그 기여도에 따라 올라가는 형태를 취할 것이었다. 산업적 질서의 필요라는 관점에서 규정된 기능의 원리는 정당화의 새로운 원칙이 되었다. 생시몽의 '산업가'*industriels*는 과학자, 예술가 및 산업가를 총칭한 용어였는데, 이것은 산업 문명을 유지하는 데 필요한 핵심적인 기능을 상징했다. 이를 통해 특정한 집단의 재능과 사회의 일반적인 복지 사이에 일체성이 수립되었으며, 이것은 생시몽이 자신의 목적을 위해 기업가의 자유를 옹호하는 고전 경제학자의 논변을 채택하는 것을 용이하게 만들었다. 기업가가 사적인 이득을 방해받지 않고 추구하는 것을 통해 공공의 이익이 필연적으로 선양되는 것과 마찬가지로, 생시몽적인 사회는 '산업가'로 하여금 아무런 제약 없이 그들의 특별한 기능을 온전히 발전시키고 그들 자신의 목적을 추구하도록 허용함으로써 이득을 얻을 것이었다. 곧 그들의 "특수한 이익이 공통의 이익과 완벽하게 부합한다"는 것이다.[86] 이런 주장이 장차 얼마나 큰 영향력을 발휘하게 될 것인가는 [원자 폭탄 등의 발명에 의해 – 옮긴이] 인류 절멸의 위협을 느끼게 되자 비로소 과학자들의 무제한적인 자유가 의심받기 시작했다는 점을 상기해 보면 알 수 있을 것이다.

조직 이론에 대한 생시몽의 기여 가운데 가장 의미심장한 것은 조직화의 논리가 18세기 혁명 이론으로 말미암아 대중화된 평등에 대한 주장과 상충한다는 그의 인식이었다. 조직화와 평등은 전자가 위계제, 종속 및 권위를 요구하는 반면 후자가 이 세 가지 모두를 부정한다는 점에서 상반된 관념이었다. 하지만 생시몽 역시 산업사회가 평등과 타협하는 것이 가능하며 심지어 필요하다는 점을 이해하고 있었다. 즉, 어떤 질서도 대중적 기반 위에 있지 않으면 유지될 수 없기 때문에 평등과의 타협이 필요했다. 또한 대중의 물질적 필요는 과학을 생산에 적용함으로써 충족될 수 있기 때문에 평등과의 타협은 가능한 일이기도 했다. 대중은 자유나 문자 그대로의 평등이 아니라 단지 물질적인 처지의 개선만을 원하고 있었다. 만약 이것이 성취되면, 그들은 산업 체계에 무조건적인 충성을 바칠 것이며, 추가적인 효과로서 그들은 더욱 효율적으로 생산에 매진할 것이었다.[87] 산업적 질서는 새로운 사회구조, 새로운 권위의 원칙, 새로운 통합의 형태를 제공함으로써 대중의 선동에 대한 반혁명적 해독제, 곧 "현재의 사회적 고통"을 탈혁명화시키는 처방전이 될 것이었다.

생시몽이 고안한 조직 이론은 표면적으로 루소의 사상과 일정한 친화성을 띠고 있었다. 루소가 사람들이 자유롭게 되도록 강제하는 일반의지를 정당화하는 데 도입한 이론적 논거는 생시몽에 의해 재가공되어 사회과학의 명령으로 도입되었다. 조직화의 "원리들"은 "필연적"이며 따라서 "참"이라고 생시몽은 주장했다. 조직의 명령에 순응하도록 사람들을 강제할 때, 새로운 엘리트들이 정치적인 폭군의 방식을 모방하지는 않을 것이었다. 정치적 지배자의 명령은 주관적인 판단에 근거하기 때문에 강제성을 가지지 않을 수 없었다. 그러나 새로운 질서는 인간이 아니라 "사물의 본성"에 근거한 과학적인 "원리", 그렇기 때문에 "인간의 의지로부터 절대적으로 독립적"인 원리에 의해 다스려질 것이었다.[88] 조직화된 사회는 이런 방식으로 인간의 지배보다는 과학적 법칙의 지배 그리고 궁극적으로 정치적인 요소의 완전한 소멸을 약속했다. 정부는 "아무것도 아닌 것, 또는 거의 아무것도 아닌 것으로 축소될" 것이었다. 정치적 행위는 "자연에 대한 인간의 일반적인 행동에 기능의 일정한 위계제를

수립하는 데 필요한 것" 그리고 "유용한 작업을 가로막는 장애물을 일소하는 것으로 축소될" 것이다.[89]

사회의 방향은 행정의 형태, 즉 사람보다는 사물에 대한 통제의 형태를 취할 것이었다. 인간의 에너지는 서로를 지배하려는 시도에서 벗어나 자연을 지배하는 목적으로 전환될 것이었다. 조직화는 더 이상 계급투쟁에 의해 소진되지 않는 에너지를 결합하고 확대하여 자유주의가 그 절망적인 분위기 속에서 포기했던 투쟁을 다시 한 번 전개해 나갈 수 있을 것이었다.

> 자연에 대한 인간 행위의 발전은 [지배에 대한] 감정을 대상들로 향하도록 그 방향을 변화시켰다. 사람들에게 명령을 내리려는 욕망은 우리의 의지에 따라 자연을 조형하고 재조형하려는 욕망으로 점차 변형되어 왔다.
> 이제부터 모든 인간이 가진 선천적인 지배욕은 파괴적이기를 멈추었거나, 아니면 적어도 그것이 더 이상 유해하지 않고 유용하게 이용될 수 있는 시대를 예견할 수 있게 되었다.[90]

사물에 대한 권력으로서의 조직화, 이것이 바로 생시몽이 가르쳐 준 교훈이었다. 그것은 또한 사회주의자들과 자본주의자들이 다 같이 새겨들은 교훈이었다. 이 점에서, 예컨대 마르크스는 급진주의의 대변인이 아니라 그 시대의 대변자였다. 비록 『자본』*Das Kapital*이 노동자를 비인간화하는 자본주의에 대한 신랄한 비난을 담고 있다 하더라도, 그것은 또한 자본가들에 의해 창조된 생산력이라는 새로운 괴수Leviathan에 대한 노골적인 찬사를 표현하고 있었다. 마르크스는 그것을 개별 성원이 지닌 분리된 힘의 총합보다 집단을 이룰 때 훨씬 더 큰 공격력을 갖는 군대에 비유했다.

> 협업에 의해 개인의 생산력이 제고될 뿐만 아니라 하나의 새로운 힘, 즉 대중의 집단적인 힘이 창조되는 것이다. …… 근대적인 대공업에서 인간은 역사상 최초로 자신의 과거 노동의 산물을, 자연력과 마찬가지로, 대가를 지불하지 않고 대규모로 작동시키는 데 성공했다.[91]

19세기는 마르크스와 다른 사상가들이 산업주의에 귀속시킨 것이 모든 종류의 대규모 조직 ─ 정부, 교육 및 사회 영역에 걸쳐 있는 ─ 에 동등하게 적용된다는 점을 이내 발견했다. 모든 조직화는 인간의 행위를 소망된 결과에 딱 들어맞게 하고, 복잡하기 짝이 없는 다양한 작동을 단순화하며, 방대한 자원을 동원해 구조 속에서 변형시키고, 다양한 인간의 재능 ─ 어떤 것은 고도로 숙련된 것이고, 어떤 것은 기초적이지만, 그 모든 것이 전문화된 ─ 을 끌어 모아 공동의 협력으로 결집하는 배치를 포함한다. "집단의 형성에 작용하는 요소와 관계가 많고 다양할수록, 더욱더 권력은 집중되고, 더욱 명백하게 존재는 실재성을 띠게 된다."[92] 에너지, 기술 및 자원의 이런 인위적인 혼합에서 19세기는 과학이 자랑하는 것에 비견될 만큼 놀랄 만한 힘power , 곧 푸리에가 "사회적 메커니즘의 과학"*la science du mécanisme sociétaire*이라고 부른 것을 발견했다고 믿었다.[93]

20세기에 들어와 조직화에 대한 열광은 새로운 절정에 도달했다. 조직화는 20세기의 인간이 그 개인적인 한계를 초월하는 수단이 될 것으로 인식되었다. 인간은 일종의 사회적 연금술을 통해 부, 권력, 풍요, 지식 모두를 차지하게 될 것이었다. 그러나 그보다 더 중요한 것은 이런 성취가 종교적인 초월과는 달리 "새로운 인간"을 요구하지 않았다는 점이다. 인간은 스스로 위대하게 되지 않고도, 곧 비범한 재능이나 도덕적 탁월성을 발전시키지 않고도 위대한 일을 해낼 수 있었다. 조직화의 비결은 그것이 인간의 약점을 보완해 주는 데 있었다. 즉, 조직화는, 베버리지 경Lord William Henry Beveridge의 표현에 따르면, "평범한 사람이 비범한 일을 하게" 만드는 역할을 했다. 개인적으로 성취할 수 없는 것도 집합적인 조직화를 통해서 해낼 수 있었다. 즉, 인간은 혼자서는 하잘것없지만, 집합적으로는 강력하다는 것이다. "협력에서 일차적인 단계는 개인의 생물학적인 특성조차 협력에 의해서 극복될 수 있는 한계에 불과하다고 상상하는 것이다."[94] 협력이 늘어나고, 서로 연결되며, 나아가 다양화될 때, 그 결과로 조직화는 개인적인 참여자의 합리적인 이해理解를 훨씬 초월하는 세계를 구성한다. 하지만 인간의 결함은 조직이 그 목표를 달성하는 것을 저지할 만큼 충분한 중요성을 지니지 못한다. 그 무한한 영리함을 통해 조직화는 "계산과 선택을 위한 기제로서 인간의 한계"를 주어진 것으로 수용한다.[95] 또한 조직화는 드 메스트르가 이미 오래전에 답습했던 가정, 곧 구조화된 배치가 인간의 약점을 극복할 수 있다는 가정에 따라 진행된다.

> 조직화가 인간의 목적을 성취하는 데 유용한 수단인 것은 지식, 통찰력, 기술, 시간에 있어서 개별적인 인간 존재는 한계를 가질 수밖에 없기 때문이다. 그리고 목표에 합의하고, 소통하며, 협력할 수 있는 능력에 있어서 조직화된 인간 집단은 한계를 가질 수밖에 없기 때문에, 그들에게는 조직하는 것이 하나의 '문제'가 된다.[96]

현대의 저술가들에 따르면, 조직화는 인간의 능력power을 증가시키거나 인간의 결함을 보완하는 것 이상을 성취한다. 그것은 인간의 비합리성을 합리적인 행위로 전환시키는 위대한 장치다. 사회주의의 용어로 조직화에 해당하는 '계획'을 만하임은 "비합리적인 것의 합리적인 통제"로 기술한다. "주어진 사회에서 기술적이고 제도적인 통제가 크면 클수록 행위와 통찰력의 범위는 더욱더 넓어진다."[97] 비합리적인 인간과 합리적인 조직 간의 이런 조우에 대한 가장 체계적인 설명은 행정 이론의 분야에서 가장 탁월하고 독창적인 저술가 가운데 한 명인 사이먼Herbert A. Simon에 의해 이루어졌다. 그는 인간과 조직 두 가지를 대립시키면서 출발한다. 하나는 비조직적 인간으로서 그는 식견 있는 선택을 할 수 있는 지식을 결여하고 있으며, 수많은 대안을 내포한 사건의 소용돌이 속에서 당혹감을 느끼고 자신의 선택이 가져올 결과에 대해 전혀 확신을 갖지 못한다. "고립된 한 개인이 고도로 합리적인 행동을 취한다는 것은 불가능하다."[98] 이와 대조적으로 조직의 잠재력은 인간의 한계를 받아들이지만 그것을 배치하여 합리적인 결정 또는 조직화된 행동이 이루어지도록 하는 데 있다. 마치 햄버거를 다시 갈아서 서로인 스테이크$^{Sirloin\ Steak}$를 만드는 방식으로 말이다.^{99} 조직은 "인간의 결사체 가운데 가장 합리적으로 고안된 단위"이며, 따라서 인간이 조직의 요구에 따라 조형될 때, 그들의 행동은 "인간 행태의 다른 어떤 영역에서보다도" 더욱 합리적이 된다. "합리적 선택은 조직 이론 없이는 존재할 수 없다."^{100}

조직화는 인간의 행태에 합리성을 부여하도록 고안된 다양한 장치를 사용한다. 조직화는 개인의 의무와 기능을 지정한다. 그것은 구성원들이 어디에서 명령을 내리는지를 알 수 있도록 구조 내에 권위를 할당한다. 그것은 개인의 선택에 대한 한계를 설정한다. 그것은 전체와 일체감을 느끼도록 개인의 태도를 조형한다. 그것은 개인에게 자극을 부여하여 질서 정연한 행동을 유발한다. 이런 배치를 통해 개인이 "올바른" 선택, 다시 말해 "조직의 목표"에 순응하는 선택을 할 수 있는 환경이 형성된다.^{101}

> 이런 제도들은 참여자들의 정신적 경향을 대부분 결정하기 때문에 순응성, 따라서 인간 사회에서 합리성의 행사를 위한 조건을 형성한다. 그렇게 되면 인간의 합리성은 그 합리성이 작동하고 조형되는 제도적 환경에서 그 최고의 목표와 통합을 달성한다. …… 합리적인 개인은 조직화되고 제도화된 개인이며, 또 응당 그래야 한다.^{102}

당연하게도 이런 종류의 추론은 조직화가 인간의 행태에 합리성을 부여한다는 명제가 일종의 동어반복이 아닌가라는 의문을 불러일으킨다. 만약 조직화된 행동이 합리적 행동의 기준으로 규정된다면, 그리고 만약 "조직화 기법의 진보가 단지 인간의 협력 형태에 기술적 개념을 적용한 것에 불과하다면,"^{103} 그 규범에 순응하는 개인은 바로 그 사실 자체에 의해 합리적이 된다. 하지만 이 명제가 비록 동어반복적이라 하더라도, 그렇다고 해서 의미가 없지는 않다. 왜냐하면 인간이 아니라 조직을 합리성의 정수로 표상함으로써 조직 이론은 비인간적 탁월성의 기준을 창조하는 데 성공했기 때문이다. 친절하게도 조직 이론가들은 이 점을 다음과 같이 인정해 왔다.

> 개인이 조직의 건전한 원칙이 요구하는 바에 순응하기보다는 조직이 개인의 특성을 중심으로 구축되고 그것에 적응해야 한다는 생각은 엔진을 기계공학의 법칙이 아니라 '노처녀의 변덕'에 맞춰 고안하려고 시도하는 것만큼이나 어리석기 짝이 없다.[104]

그리하여 소크라테스Socrates가 프로타고라스Protagoras에게 던진 '인간이 다른 사람의 지시에 따른다면, 어떤 방식으로 그가 개선될 수 있겠는가'라는 고대의 질문에 대한 현대의 답변은 다음과 같다. 곧 인간으로서 그는 전혀 개선되지 않지만, 조직의 기능으로서 그는 개선된다는 것이다.

> 특히 행정 이론은 의도되고 한계가 설정된 합리성에 관한 이론이다. 곧 행정 이론은 최소한의 필요조건을 충족시키는satisfice 인간의 행동을 연구하는 이론이며, 이는 인간이 최대화할 수 있는 지력을 갖고 있지 않기 때문이라는 것이다. …… [최소한의 필요조건을 충족시킨다는 것은] 만족스럽거나 '그 정도로 충분한' 행위의 방침을 [채택하는 것이다].[105]

7. 조직 이론과 방법론 : 일정한 유사성

근래 및 현대에 나타난 조직화에 대한 몰입 현상의 개요를 마무리하기 위해서는, 그것과 관련된 태도를 심층적으로 제시해야 할 것이다. 이를 제시하는 하나의 방법은 조직 이론과 방법론 사이에 존재하는 모종의 의미심장한 유사성에 주목하는 것이다. 오늘날 특히 고도로 자의식적인 사회과학자들 사이에서 방법에 관한 논의가 커다란 인기를 끌고 있다는 점은 새삼 강조할 필요조차 없다. 하지만 내가 여기서 제시하는 바는 양자 모두에 사람들이 몰두하고 있다는 유사성 이상을 포함한다. 조직 이론가들은, 방법론적 절차가 지적인 탐구를 지도하는 방식에 비견될 만큼, 조직 구조의 유형이 인간 행태의 '논리'를 제공한다고 생각한다. 이런 유사성에 대한 시사는 지도적인 조직 이론가의 다음과 같은 언급에 담겨 있다. "하지만 여기서 중요한 것은 논리적인 과정이 조직의 행위를 최고의 수준에서 특징지어야 하고 또 그럴 수 있다는 점인데, 이는 개인적인 행태와 대조를 이룬다……"[106] 조직이 인간 행태와 사회를 위해서 성취할 것이라고 상정되는 것을 방법론은 사회와 행태에 대한 탐구를 위해 제공한다.

조직 이론과 방법론 사이의 관련성은 이미 생시몽의 사상에 예시豫示되어 있었다. 지식 분야의 일견 맹목적이고 혼란스러운 상태에 자극을 받은 생시몽은 만약 모든 형태의 무질서가 잘못된 조직화에 그 기원을 두고 있다면, 사회의 혼란과 마찬가지로 지성의 혼란 역시 동일한 처방으로 치유될 수 있을 것이라고 추론했다. 그는 현 상태의 지식은 "말하자면, 관념들이 서로 어긋나 있는 상태라고 할 수 있는 바, 이는 관념들이 어떤 일반적인 개념에 연결되어 있지 않을 뿐만 아니라 [과학자로 구성된] 당신들의 사회가 체계적으로 조직되어 있지 않기 때문이기도 하다"라고 과학자들에게 말했다.[107] 그 질서를 회복시킬 수 있는 방법은 다음과 같은 문구로 제시되었다. "다른 모든 관념들을 연결시킬 수 있고, 그로부터 모든 원리를 연역해 낼 수 있는 하나의 [근원적인 – 옮긴이] 관념을 선택하라." 일단 올바른 방법이 확립되면, 그것은 탐구의 모든 분야에 적용될 수 있을 것이고, 과학의 분야에서 성취된 것만큼 눈부신 성과가 보편화될 것이었다.

생시몽이 제시한 조직과 방법 사이의 유사성은 간단히 이렇게 서술될 수 있다. 즉, 방법은 조직화의 형태이며, 조직화는 방법의 형태라는 것이다. 그 사회적 형태에서 조직화란 사람들 사이에 일련의 관계를 정립하고, 일정한 목표를 추구하도록 그들의 활동에 질서를 부여하며, 복잡성에 따라 그들의 직무를 위계적으로 배치하는 일종의 방법이다. 비슷하게 생시몽은 새로운 백과사전을 제안하면서 지적인 업무들이 조직화의 도표에 배치될 것이라는 점을 명백히 했다.

> 좋은 백과사전이란, 독자들이 가장 일반적인 과학적 개념에서부터 가장 특수한 개념까지 단계별로 동등한 분량으로 서술되어 있는 체계를 따라 읽어 내려가는, 그런 질서로 배치된 인간 지식의 완벽한 집합일 것이다.[108]

비슷한 견해가 나중에 프루동에 의해 피력되었다. 높은 수준의 지적인 작업은 "계열의 법칙"을 따르는데, 그 법칙은 사회적 조직에도 적용될 수 있으며, 그렇게 되면 막대한 이득을 가져올 것이라고 프루동은 주장했다.

> 과학적 질서에서는 방법, 산업에서는 기술적 절차, 교육에서는 기율과 같이 모든 영역이 구분과 계열을 따라 조직되어야 할 것이다. 바로 이것이 점진적으로 사회의 기초를 가장 최상의 지적 수준으로 향상시킬 것이다……[109]

조직 또는 행정에 대한 최근의 문헌에서 이런 경향은 보통 다음과 같은 주장으로 나타났다. 과학적 절차와 '법칙'이 사회적 배경과 상관없이 참인 것과 마찬가지로 조직화의 '법칙'이나 '원리' 역시 동일한 보편적 타당성과 필연성을 가진다는 것이다. 방법과 마찬가지로 조직화는 영구적인 논리이며, 그 원리는 "그 사업의 목적, 그 조직을 구성하는 인원, 또는 그것을 창출하는 바탕을 이룬 어떤 구조적·정치적·사회적 이론과 관계없이 일종의 기술적인 문제로 연구될 수 있다."[110]

방법에 관한 근래의 이론화에 깊숙이 침투해 있는 것은 올바른 방법이 자연과 사회에 대한 인간의 힘power을 고양시키고 확장시킬 것이라는 희망이다.

즉, 방법은 우리에게 현상의 경로를 예견할 수 있는 힘, 그에 따라 현상을 우리의 통제 아래에 둘 수 있는 힘을 제공한다는 것이다. 그보다 더 놀라운 점은, 조직화와 마찬가지로 방법이 하잘것없는 인간의 구원이고, 개인의 과오를 보완해 줄 수 있는 기제이며, 평범한 인간이 자신의 한계를 초월할 수 있게 해주는 장치로서 인식되고 있다는 것이다. 한편으로 조직은 절차를 단순화하고 일상화함으로써 비상한 재능에 대한 필요를 제거한다. 그것은 "평균적인 사람"에 토대를 두고 있다.[111] '조직의 영웅'이라는 용어는 일종의 모순어법이며, '재능의 위계적 질서'라는 표현은 전복적이 아니라면 적어도 당혹스러운 것이다.

얼핏 보기에, '제한적 합리성'bounded rationality, '보통 사람'에 대한 강조는 우리가 과학적 방법이라고 하면 보통 떠올리는 속성으로부터 너무나 멀리 떨어진 것으로 보일 법하다. 갈릴레이, 뉴턴 또는 아인슈타인Albert Einstein과 같은 인물에 대한 우리의 통상적인 이미지는 영웅으로서의 과학자다. 하지만 우리는 방법을 발명하거나 발견하는 것이 의미하는 바를 이미 발견된 방법을 사용하는 것과 혼동하지 말아야 한다. 가령 유클리드와 같은 수학자와 기하학적 명제를 조작하는 것을 배우는 학생을 구분하듯이 말이다. 이런 차이는 방법을 하나의 평준화 장치로 보는 것에 의해 강조될 수 있다. 즉, 수학을 공부하는 보통의 대학생도 특정한 공식을 적용해서 그 공식을 발견한 천재와 마찬가지로 정확한 결과를 얻을 수 있다는 것이다. 오래 전에 데카르트Rene Descartes는 이렇게 기술한 바 있다. "어린아이라도 …… 산술의 기초에 대해 배워서 규칙에 따라 일정한 덧셈을 할 경우, 그 숫자들의 합계에 관해서라면, 그 아이가 발견한 것이나 이 경우에 천재가 얻을 수 있는 모든 것이 다르지 않다고 확신해도 좋다."[112] 비슷하게 베이컨은 자신감에 차서 다음과 같이 보고했다. "과학을 발견하는 나의 방식은 개인의 탁월성이 발휘될 여지를 조금도 남기지 않을 정도로 인간의 지성을 평준화시킨다. 왜냐하면 나의 방식은 가장 확실한 규칙과 증명에 의해 모든 것을 수행하기 때문이다."[113] 2세기 후에 프루동은 다음과 같이 지적했다. 법칙을 발견하는 데는 천재성이 요구되고, 따라서 "플라톤, 아리스토텔레스, 스피노자, 칸트Immanuel Kant, 푸리에"와 같은 자들의 신비스러운 독창성을 설명하기란 불가능하다. 하지만 일단 그 비밀이 드러나면, 프루동 자신의 "계열 이론"에서와 마찬가지의 성취를 얻을 수 있다. 곧 "어제 우리는 단지 아이들에 불과했지만, 거장의 발자취를 따르고 그리하여 갑작스러운 깨달음을 얻게 되면, 우리는 그들과 대등한 존재가 되어 있음을 발견한다."

> 과학에서 학습은 발견보다 비교할 수 없을 정도로 용이하지만 …… 보통 사람들의 진전은 지속적이기 때문에 언제나 고뇌 속에서 솟구치는 지적인 엘리트들의 도약보다 오히려 훨씬 더 빠르다. …… '계열'은 약한 자들을 강화시키고 천재들에게 한계를 부여한다. …… 이제 진리는 모든 사람들에게 드러나 있다. 오늘 뉴턴이나 파스칼에게 드러나 있던 진리가, 내일이 되면 골짜기의 양치기와 작업장의 직인職人들에게까지 명백해질 것이다.[114]

이와 유사한 사유는 프루동에 의해 더욱 확장되어 우리에게 친숙한 영역이 되었다. 만약 그의 모든 저작에서 하나의 일관된 주제가 있다면, 그것은 인격적인 권위에 대한 그의 강렬한 혐오였다. 권위의 문제에 대한 사회적인 해결책은 사회적 조직화의 진정한 원리에 대한 복종에서 발견될 것이었다. 비슷하게 과학적 방법의 규칙을 준수할 때 프루동의 현자는 순순히 권위에 따르지만, 그 권위란 비인격적인 것이었다.

> 천재성이란 단지 방법에 대한 예상, 곧 규칙과 그 규칙에 복종할 필요에 대한 인간의 생생한 예감을 지시하는 표현에 불과하다. 최고의 천재성은 그 법칙을 예리하게 인식하는 데 존재한다.[115]

좀 더 불길하게도, 조직 이론가들이 조직이 개인의 특이성에 따라 조정될 수 없다고 조직 이론가들이 경고한 것처럼, 예컨대 베버와 같은 사회과학자들은 방법에 대한 절박한 필요성으로 말미암아 그가 경멸적으로 "인격의 숭배"라고 부른 것을 결코 용납하지 않았다.[116] 따라서 조직과 마찬가지로 방법은 탈인격화하는 경향이 있다. 곧 방법은 개인이 방법의 규칙을 따르든 조직의 규칙에 복종하든 개인의 구체적인 특성을 최소한으로 제한하는 경향이 있다. 방법론적인 파괴는 홉스가 즐거이 세계의 파괴를 '가장'했던 이래 계속 발전해 왔다. 이제 방법은 개인적인 특이성을 근절하기 위해 인간을 목표로 삼았다.* 개인적인 특이성은 그 개인으로 하여금 과학적 일반화의 적절한 대상이 되는 것은 물론 유능한 방법론자가 될 수 있는 자격을 박탈하기 때문이다.

만하임은 이런 논점을 가장 극명한 방식으로 표현한 바 있다. 그는 자기 관찰이라는 예전 형태와 근대의 기법을 대조함으로써 논의를 시작했다. 예를 들어 중세 성인의 경우, 자기 관찰은 "일종의 자기중심주의"에 근거를 두고 있었다. "그들은 자신들에게, 오직 자신들에게만 관심을 가졌다." 다시 말해 그들은 "자신"의 완성을 추구했다. 근대적 관찰자의 정신은 이와는 상당히 다르다. 그는 "세계의 객관적인 사실에 접근하는 방식과 똑같이 자신에 대해서도 실험적으로 접근한다." 그는 자신에게 관심을 갖기는 하지만, 그것은 다만 "그 자신의 심리적인 결함의 기원에 대한 지식을 전체 사회에 대한 보편적인 처방으로 활용할" 목적에서 그런 것이다.

> 동일한 전통에 따라 근대의 사회학적으로 정향된 심리학자나 정신분석학자는 일단 자신의 심리적인 질병을 추적하기 시작하면, …… 그와 유사한 타인의 심리적 질병에 대처할

---

* [옮긴이] 월린에 따르면 홉스는 상상의 차원에서 세계가 파괴되었다고 가정하는 파괴 행위에서부터 철학적 사색을 출발했다. 홉스 자신은 '박탈'이라고 부른 이런 절차는 일종의 방법론적인 파괴라고 할 수 있다. 그런데 홉스가 세계의 파괴를 가정함으로써 새로운 '실재'를 건설했다면, 방법은 인간의 파괴를 가정함으로써 개인적인 특이성이 최소한으로 제한된 인간을 제시할 수 있었다는 것이다.

수 있는 이론을 산출할 때까지 만족하지 않는다. 이런 형태의 자아 분석은 평준화의 경향을 가지며, 개인적 차이를 무시한다. 왜냐하면 그런 분석은 인간 성품의 일반적인 측면과 변형 능력에 관심을 갖기 때문이다.[117]

추가적으로 여기에는 좀 더 근본적인 의미가 내포되어 있는데, 그것은 방법에 관한 근대의 이론과 사회 이론이 수렴한다는 것이다. 방법은 선택의 원칙을 부과한다. 방법은 유관한 자료를 모으고 다른 것은 제외한다. 어떤 현상은 받아들여지고 다른 것은 배제된다. 이런 관념이 사회 이론에 전이될 때, 그것은 총합적인 것을 지지하고 개체적인 것을 훼손한다. 총합적인 것 또는 집합적인 것이 사회 이론에 대해 갖는 관계는 유관한 사실들이 방법에 대해 갖는 관계와 같다. 같은 방식으로 반사회적이거나 통합되지 않은 개체적인 것은 무관한 사실과 마찬가지로 의심의 대상이 된다. 이에 따라 사회를 연구하는 학문 가운데 방법론적으로 가장 자의식적인 사회학은 총합적인 것의 과학으로 출발했다. 콩트에 따르면, 인간의 과학은 오직 집합적인 현상만을 다룰 수 있었으며, 그 연구 대상에서 개체적인 것은 제외하도록 강제되었다. "사회"가 탐구의 초점이었고, 사회는 "오직 일반적이고 집합적인 행위가 벌어지는 곳에만 존재한다."[118]

사회적 조직을 분석하고 설명하는 데 몰두하는 저술가들이 그들의 탐구에 적실성 있는 사실들이란 그 속성상 개체적이라기보다는 사회적이어야 한다고 주장하는 것은 전혀 이상하게 보이지 않을 법하다. 논리적으로 사회에 대한 연구는 상호 작용하는 현상에 집중되어야 한다. 의심할 여지없이 어떤 '법칙'이나 일반적인 진술도, 특이한 것에 대한 과학을 의도하지 않는 한, 고립되고 독특한 현상으로부터 구축될 수 없었다. 하지만 다른 각도에서 볼 때, 뒤르켐이 사회학의 절차에 핵심적인 것으로 취급한 '사회적 사실'에 대한 강조는 근대적 사유를 특징짓는 모종의 흥미로운 태도를 함축하고 있다. 무엇보다도 그것은 버크와 프랑스 반동주의자들이 프랑스혁명에 대해 입을 모아 이의를 제기한 이래 서구 사유에 그토록 두드러졌던 개체적인 것에 대한 동일한 의심을 시사한다. 즉, 드 보날드는 계몽철학자들*philosophes*이 인간의 오만함, 곧 "나에 대한 학문"*science du moi*을 고양시키는 철학을 설파한다고 다음과 같이 비난했었다. 그들은 "인간에 대한 철학을 개인적인 것으로, '나'에 대한 철학으로 만들었다. 그러나 나는 인간에 대한 철학을 사회적인 것으로, '우리'에 대한 철학으로 만들 것을 희구해 왔다 ……."[119]

비순응적인 개인처럼, 개체적인 사실은 변덕스럽고, 기괴하며, 분류할 수 없는 것이다. 그리고 분류할 수 없다는 것은 하잘것없다는 것에 위험할 정도로 근접한 것이다. "존재하는 모든 것은 집단화된 것이다." 이는 19세기에 최고로 개인주의자였던 프루동이 한 말이다. "집단의 바깥에는 단지 모종의 추상물과 환영만이 존재할 뿐이다."[120] 다음으로 "사회적 사실"은 그 정의상 사적인 양심 또는 내적인 성향의 사실보다 공적이고, 외부적이며, 좀 더 쉽게 관찰 가능한 것이다. 이런 맥락에서 뒤르켐은 특히 사회학이 개인의 심리학에 대한 연구에 근거할 수 있다는 점을 부정했다. "사회현상이 심리적인 현상에 의해 직접적으로 설명될 경우, 그 설명이 예외 없이 잘못된 것이라는 점은 확실하다."[121]

우리가 앞에서 주목한 것처럼 이미 홉스에 이르렀을 때, 인간은 단지 '외부'의 표면만을 제시하는 질료의 공적 조각으로 간주되었다. 사회적 사실을 연구하는 '규칙'에 대한 뒤르켐의 진술에서 이런 견해는 공식적인 체계로 전환되었다. ('도덕적 사실'을 포함해) 사회적 사실의 특징은 그것들이 '사물'로, 즉 관찰자에게 외면적인 것으로 외부에서 연구될 수 있다는 점이다.[122] 이런 절차가 최고의 반동주의자인 드 보날드에 의해 이미 예견되었다는 사실은 전혀 놀라운 일이 아니다. 그는 자신의 지적인 삶을 18세기의 개인주의에 대항해 싸우는 데 바쳤던 것이다. "고정된 출발점"을 얻기 위해 우리는 "인지 가능한 외부적인 사실", "사물의 도덕적 질서에 자리 잡은" 사실에 주의를 돌려야 한다고 그는 언급했다. 그것은 "내적 인간*l'homme intérieur*에서는 발견될 수 없"지만, "외적 인간 또는 사회적 인간"*l'homme extérieur ou social*, 곧 "사회"에서는 발견될 수 있다.[123]

이런 경향은 일군의 사회 이론가들이 사회의 '체계'를 유지하는 데 사회적 기능이 수행하는 중대한 역할을 점차 인식함에 따라 좀 더 강화되었다. '기능주의'는 사회 이론가들에게 사회 체계의 효과적인 작동과 지속적인 진보에 필수적인 기능들과 그렇지 않은 기능들을 정의함에 있어서 그들 자신의 선호를 주입하는 데 좋은 기회를 제공했다. '기능주의'는 '적절성'relevance이라는 방법론상의 관념에 비견할 만한 배제의 원칙을 함축했다. 곧 '기능적'이라 함은 좋은 것이고, '역기능적'이라 함은 나쁜 것 또는 적어도 사회적으로 불필요한 것이었다. 생시몽은 이런 관념을 진술한 최초의 인물이었는데, 그는 그것을 특유의 화려한 필치로 표현했다. 그는 '만약 프랑스가 갑자기 3천 명에 달하는 지도적인 과학자, 은행가, 산업가, 예술가 및 기능장 들을 잃게 되면 어떻게 될 것인가?'라는 물음을 던졌다. 그가 제시한 답변은 "국가는 생명을 잃은 시체가 될 것이다"였다. 다른 한편 '만약 프랑스가 3만 명에 달하는 귀족, 관료, 성직자 및 부유한 지주를 잃게 되면 어떤 결과가 도래할 것인가?' 답변은 '아무 일도 일어나지 않는다'였다.[124] 그 이유는 바로 기능주의 때문이었다. 즉, 첫 번째 집단은 사회적으로 유용한 과업을 수행하는 데 반해, 후자는 아무것도 하지 않기 때문이었다.

개인의 적절한 역할이란 곧 사회적 기능의 수행이라는 관념은 후일 뒤르켐에 의해 채택되어 개인주의에 대한 놀랄 만한 적대감을 함축하며 발전했다. 그는 프루스트Marcel Proust와 같은 섬세함을 지니고 전인격을 발전시키는 예술에 종사하는 자들을 "느슨하고 무기력한 분야"에 탐닉하는 자라고 비난했다.

자연과 싸우기 위해 우리는 좀 더 활기찬 재능과 좀 더 생산적인 힘을 필요로 한다. ······

우리는 완벽을 추구하는 인간이 아니라 오히려 생산을 추구하는 인간에게서 완벽함을 본다. …… 그 한 측면에서 도덕적 양심의 정언 명령은 다음과 같은 형태를 취하고 있다. 지정된 기능을 유용하게 완수하라.[125]

뒤르켐은 우리의 적절한 역할이란 "사회의 기관機關"이 되는 것이라고 주장했다. 그리고 그것을 이행하기 위해 우리는 개인의 양심을 "집합적 양심"에 종속시켜야 했다. 왜냐하면 "어떤 식으로든 부도덕하지 않은 [사적인] 양심이란 없기 때문"이다. 우리의 역할을 수행함에 있어 우리는 '행위적 삶'을 좇아야 한다. 그리고 "행위는 원심적이어서 인간 존재를 그 자신의 한계 너머로 퍼뜨리기" 때문에 "이타적"이다. 반면에 '관조적 삶'vita contemplativa은 "무언가 개인적이고 이기적인 것을 담지하고 있다. …… 생각한다는 것은 …… 곧 행위를 억제하는 것이며, …… 삶을 억누르는 것이다."[126]

개인들을 '기능적인 부류'와 '역기능적인 부류'로 분류할 수 있다는 믿음은 19세기 내내 그리고 20세기에 이르기까지 지속되었으며, 그것은 점차 좀 더 불길한 어조를 띠기 시작했다. 일정한 집단과 계급이 절멸의 대상 또는 가혹한 사회적 제재의 대상으로 선택되었다. 공상적 사회주의자, 마르크스, 프루동, 공산주의자 및 관리주의자들의 저술에는 올림포스의 신과 동일한 무자비함이 존재했다. 즉, 그 저작들은 귀족계급, 이어서 농민, 그 다음에 자본가, 그 다음에 쿨락kulaks[제정 러시아의 부농 계급 – 옮긴이], 그리고 나서 지식인들을 추상화하여 일정한 집단을 구성하고, 그 집단들에서 어떤 중대한 결함을 찾아낸 다음 숙청해 버리고 말았다. 메이요는 "인류와는 동떨어져 어떤 정신의 도시에서 살아가는 자들, 곧 냉담하고, 지적이며, 고도로 추상적인 사고에 몰입하는" 자들에 대해 경멸을 보냈다.[127] 만하임은 "근대적인 생산과정"에 적대감을 표출하는 어떤 계급도 "비합리적"이라고 성급하게 비하했다. 여기에는 단순히 "중하층 계급"뿐만 아니라, 심지어 훨씬 더 섬세하게 정의된 분류라 할 수 있는 "신흥 중간계급"도 포함되었다.

> [이들 신흥 중간계급은 - 옮긴이] 산업적 발전 과정을 역전시키고, 합리화된 산업의 확장
> 을 억제하며, 또 모든 인간적 이상을 품고 있는 근대의 합리적 인간의 발전을 방해하기
> 위해 자신들이 가용할 수 있는 모든 정치적 수법을 사용함으로써 자신들을 구하고자 시
> 도한다.128

이런 경향에서 중요한 것은 추려 낸 특정 집단이 아니다. 왜냐하면 만하임
이 '신흥 중간계급'에 대해 보낸 경멸을 메이요가 지식인들에 대해 똑같이 품
고 있었다는 점은 전혀 중요하지 않기 때문이다. 오히려 중요한 것은 거대한
인간 계급에 대한 격렬한 비난이 언필칭 객관적인 논거에서, 곧 사회과학이라
는 논거를 바탕으로 이루어진다는 점이다. 이것을 일종의 '이론적인 대량 학
살'이라고, 우리 시대의 가장 혐오스러운 재능에 대한 지식인들의 사변적인 환
상이라고, 사회적인 무용성 그리고/또는 위험성이라는 논거에서 이루어진 거
대한 집단의 '숙청'이라고 치부할 수 있을까? 전체주의의 학살에 대해 항의를
해온 자들이 자신들의 충동에 대해서는 그토록 무감각하다는 것은 상당히 실
망스러운 모습이라고 할 수 있다.

8. 조직, 방법 그리고 헌정주의 이론

우리는 조직과 방법에 관한 근대의 이론들을 결합시키는 공유된 가정들에
대한 논의를, 이 가정들 가운데 상당 부분이 근대의 헌정주의 이론에 재등장
했다는 점을 지적함으로써 마무리하고자 한다. 조직과 방법에 대한 이론가들

에게 영감을 제공했던 것과 동일한 희망, 동일한 두려움이 헌정주의자들의 사고에도 작동해 왔다.

우리가 어떤 정치 체계를 '헌정적'이라고 지칭했을 때, 우리는 보통 다음과 같은 요소들을 염두에 두고 있다. 첫째, 다양한 공직자들 사이에 권한을 부여하는 법적 절차, 둘째, 권력의 행사에 대한 효과적인 억제, 셋째, 공직자의 책임과 문책성을 확보하는 제도화된 절차, 넷째, 시민의 권리를 확보하는 법적 보장 제도가 그것이다.

비록 헌정주의 체계가 상당한 장점들을 가지고 있지만, 여기서 우리의 관심은 그 체계의 장점에 대한 것이 아니다. 오히려 우리는 헌정적 실천과 제도를 정당화하기 위해 사용되어 온 사유를 탐구하고자 한다. 나는 다음의 서술이 근대의 헌정주의 이론의 핵심에 대한 적절한 요약으로 받아들여질 것이라 생각한다. 헌정적 정부 형태의 주된 목표는 정치권력의 행사가 남용되는 것을 방지하기 위해 한계를 설정하는 것이다. 헌정주의는 이런 목적이 모든 유형의 정치체제에 핵심적인 목표인 평화나 질서를 희생시키지 않고도 달성될 수 있다고 믿는다. 헌정주의는 공적 기관에 대한 일정한 조직화와 공무를 처리하는 데 있어 엄격하게 규정된 방법을 요구한다.

헌정주의의 바탕에 깔린 가정, 근본적인 의심 및 기본적인 세계관은 위대한 철학자인 칸트에 의해 생생하게 제시되었다. 이에 관한 칸트의 언급은 특별한 의미를 담고 있었다. 왜냐하면 도덕철학에 관한 저술에서 그는 '이익'의 관념을 좋음의 기준으로 삼는 것을 강력하게 비판했는 데 반해, 정치철학에서는 이익을 정치철학의 핵심에 두었기 때문이다. 공화주의적 헌법이 "천사들의 국가"를 상정하고 있다는 비판에 대응해 칸트는 이렇게 선언했다.

그러나 이제 자연이, 이처럼 존중받지만 실제로는 무력하기 짝이 없는 일반의지 — 이성에 근거한 — 를 구하게 된다. 자연은 이를 이기적인 성향들 그 자체를 통해서 성취하는 데, 단지 국가를 잘 조직하고 (물론 이는 인간의 능력으로 가능한 것이다), 이런 힘들이 기적인 성향들 – 옮긴이이 서로 견제하도록 만들어 그 파괴적인 효과에 있어서 하나가 다른 하나를 상쇄하거나 아니면 지연시키도록 지도하는 것으로 족하다. 이에 따라 이성에 미치는 결과는 두 가지 이기적인 힘이 존재하지 않는 것이나 다름없게 된다. 그리하여 인간은, 도덕적으로 좋은 인간은 아닐지라도, 좋은 시민이 되도록 강제된다. 국가를 수립하는 문제는, 비록 너무 가혹하게 들리겠지만, 심지어 악마와 같은 인민일지라도, 그들이 지성을 가지고만 있다면 해결될 수 있다.[129]

동일한 일반적인 지침이 이보다 일찍이 미국의 『연방주의자 논고』에서 답습된 바 있었다. 연방주의자들은 헌정적 정부의 형태가 인간의 이기적인 본성과 부단한 이익 추구에 의해 결정된다는 점을 자명한 공리로 받아들였다. 바꿔 말하면, 문제는 '어떻게 홉스적인 사회를 구성할 것인가'였다. 더욱이 그 답변은 홉스의 정신에 충실했다. "정부 자체라는 것이 인간 본성에 대한 모든 성찰 가운데 가장 위대한 것이 아니라면 무엇이겠는가? 만약 인간이 천사라면, 어떤 정부도 필요하지 않을 것이다."[130] 정치적 조직화의 목표는 사람들을 교육하는 것이 아니라 그들을 배치하는 것이며, 사람들의 도덕적 품성을 개선하는 것이 아니라 그들의 욕망이 서로 상쇄되거나 아니면 의식적인 의도 없이도 공동선을 향해 굴절되는 그런 방식으로 제도를 설립하는 것이었다. 흄이 표현했듯이, "만약 헌법에 의해 제공된 특별한 견제와 통제가 아무런 영향력이 없다면, 또 공공선을 위해 행동하는 것이 심지어 나쁜 사람에게도 이익이 되도록 만들지 않았다면, 공화주의적이고 자유로운 정부란 명백한 부조리가 될 것이다."[131]

연방주의자들에게 헌정적인 균형을 수립하는 문제는 만약 "인간의 이익이 일정한 헌법적 권리와 [연결된다면]" 해결될 수 있었다. "야심이 야심을 좌절시키도록 되어야 한다."[132] 이익집단의 세력 확장을 억제하기 위해 몇 가지 장치가 설치될 것이었다. 곧 정치사회의 "범위"를 확대함으로써, 그리하여 "이익집단과 분파들의 수"를 증가시킴으로써, 다수의 지배에 대한 추가적인 장벽이 세워질 것이었다.[133] 해로운 법률을 통과시키지 않도록 "의원들이 자신들과 그들의 의뢰인들에게는 …… 적용이 면제되거나 제한된 법률을 제정할 수 없다"는 조항을 확보할 것이었다.[134] 권한을 가진 자들의 재량적 행위를 통제함으로써 권력의 남용을 방지하도록 고안된 일련의 억제 장치들이 전체 체계에 걸쳐 미로처럼 복잡하게 설치될 것이었다. 권력은 개별적인 부처들 사이에서는 물론 연방정부와 많은 주들 사이에서도 분할될 것이었다. 견제와 균형의 원칙이 도입되어 각 부처는 경쟁적인 다른 부처의 월권으로부터 보호될 수 있을 것이었다. 모든 선출직 공직은 명시적인 임기제로 운영될 것이었다. 상원과 대통령의 간접선거와 같은 다양한 "여과" 장치가 설치되어 선거기간이면 달아오르기 마련인 인민의 열정이 미치는 부정적 효과를 걸러 낼 것이었다. 그러나 항상 주된 희망은 권력에 대해 권력을 대치시키는 데 있었으며, 이는 성취하기 위해서가 아니라 방지하기 위한 것이었다.[135]

근대 헌정주의 이론에 내재한 이런 경향에서 의미심장한 것은 단순히 명시된 것이 아니라 생략된 것에 존재했다. 예컨대 우리가 정치적 교육,[136] 정치적 리더십 또는 최근까지도 사회적 합의에 관한 어떤 이론을 거기서 찾아내려는 것은 헛된 일이다. 조직과 방법에 대한 이론에서와 마찬가지로 헌정주의는 정치의 기예를 사실상 배제하고 규칙과 절차에만 의존했던 것이다. 왜냐하면 해링턴에 따르면 '정치가'politician의 역할은 단지 사회의 역동성을 수용하는 것인데, 정치가는 "단지 숨겨진 위험을 제외하고는 아무것도 보태지 않기" 때문이다.[137] 이에 따라 출현하는 이론은 정치를 제거하기보다는 오히려 사소화^{些少化}한다. 흄이 증언한 것처럼, "헌법은 단지 그것이 잘못된 행정에 대한 치유책을 제공하는 한에서만 좋은 것이다."[138] 따라서 덕이나 탁월함이 있다면 엄격히 말해 그것은 어디까지나 그 운영자보다는 체계에 속할 것이었다. 해링턴의 고전적인 공식에 따르면, "코먼웰스는 인간이 아니라 법의 정부이기 때문에

308

이것은 인간의 공국이 아니라 덕의 공국이다." 오직 "선동정치가"만이 정치 체계의 기본적인 관심이 좋은 인간을 확보하는 것이어야 한다고 주장할 것이었다. 진정한 격언은 다음과 같았다. "우리에게 좋은 질서를 내려 달라. 그러면 그 질서는 우리를 좋은 인간으로 만들 것이다." 왜냐하면 "인간은 어리석지만 sinful 세계는 완벽한 것과 마찬가지로, 시민은 어리석을 수 있지만sinful 코먼웰스는 완벽할 것"이기 때문이었다."139

따라서 헌정주의자의 논변에서 우리는 올바른 방법이라는 관념에 존재하는 평준화 경향이 동일하게 함축되어 있음을 탐지할 수 있다. 이를 입증하기 위해 우리는 평준화 효과가 강조되고 뛰어난 탁월성에 대한 의문이 시사되어 있는 데카르트의『방법론 서설』*Discourse on Method*을 다시 한 번 인용할 필요가 있다.

> 인간들 사이의 모든 것들 가운데 양식良識은 가장 평등하게 분배되어 있다. …… 우리들이 지닌 의견의 다양성은 …… 일부 사람들이 다른 사람들보다 더 많은 몫의 이성을 부여받은 데서 유래하는 것이 아니라 오로지 우리가 우리 생각을 상이한 방식으로 진행하고 우리의 주의를 동일한 대상에 고정시키지 않는다는 데서 비롯한다. 활기찬 정신을 갖는 것으로는 충분하지 않으며, 무엇보다 필요한 것은 그것을 올바르게 사용하는 것이기 때문이다. 가장 위대한 정신을 지닌 자들은 최대의 탁월성을 이룰 수 있지만, 마찬가지로 최악의 일탈을 저지르기도 쉽다. 반면 매우 천천히 여행하는 자들이 오히려 훨씬 더 큰 진전을 이룩할 수 있다. 빨리 달려가지만 길에서 이탈해 버리는 자들과는 달리 곧은 길에서 벗어나지 않는다는 단서를 준수하기만 한다면 말이다.140

위대함에 대한 동일한 의심이 헌정주의 이론에도 재생산되었으며, 이에 따라 브라이스 경Lord James Bryce이『아메리카 공영체』*The American Commonwealth*에서 왜 '위대한 인물'이 대통령으로 매우 드물게 선출되는지에 대해 물은 것은 오히려 당연했다. 마치 근래에 드골Charles André Joseph Marie de Gaulle 장군이 '체계'*le système*에 대해 흠을 잡았듯이 말이다. 왜냐하면 이 '체계'는 위대함에 대한 필요를 제거하기 위해 의식적으로 고안되었기 때문이다.

가장 작은 법정이나 사무실에서도 업무가 처리되는 명시적인 형태와 방법은 인류의 자연적인 타락에 대한 상당한 억제라는 점이 발견된다. …… 이런 업무가 특정한 인간의 기질 및 교육에 거의 의존하지 않기 때문에, 똑같은 인간이 동일한 공화국의 어떤 부분은 잘 다스리면서도 다른 부분은 미흡하게 다스린다는 것은 단지 이런 부분들이 규율되는 형식과 제도의 상이함에서 비롯한다.[141]

비슷하게 과학적 방법이 '인격적인 요인'을 최소한으로 줄이는 데 기여한다는 방법론자의 주장은 헌정주의자들이 정치를 탈인격화하고, '인간적인 요인'을 최소한으로 제한하며, '인간의 정부가 아니라 법의 정부'를 왕좌에 앉히려는 노력에서 재생산된다. 19세기 초 프랑스 헌정주의 이론가들 가운데 저명한 인물인 루아예 콜라르Pierre Royer-Collard*는 다음과 같이 말했다.

인민주권과 자유 정부에 의해 구성된 주권 사이의 차이는 전자의 경우 오직 인간과 의지만이 있는 데 반해, 후자의 경우 개인이 사라지고 오직 권리와 이익만이 있다는 점이다. 곧 후자에서는 모든 것이 특수한 것에서 일반적인 것으로 격상된다.[142]

이런 탈인격화 경향은, 규정된 절차를 충실하게 따르기만 하면 필연적으로 원하는 결과가 따라 나올 것이라는 믿음에 의해 지지되어 왔다. 올바른 방법은 오류를 범하지 않는다는 것은 조직 이론가, 방법론자 및 헌정주의자의 공통된 믿음이었다. 조직 이론가는 합리적으로 조직된 구조는 평범한 재능을 결정과 생산물을 산출할 수 있는 강력한 기제에 결합시킨다고 공언한다. 이와

---

* 루아예 콜라르(1763~1845)는 프랑스의 영향력 있는 저술가이자 정치가였다. 그는 1828년에 하원의장으로 활동했고, 1830~1842년에는 하원의원으로 복무했다. 그는 연설과 저술을 통해 루이 18세가 1814년에 선포한 온건 자유주의적인 헌법을 일관되게 옹호했다. '이론파'(Doctrinaires)의 지적지도자로서 그는 권력을 경계하고 선거권의 확대를 불신하는 보수적이고 법실증주의적인 자유주의를 옹호했다.

마찬가지로 방법론자는 올바른 기법이 천재나 범인凡人에게 모두 동일한 결과를 가져온다고 확신한다. 같은 입장에서 헌정주의자는 그의 정부 체계 역시 마찬가지의 해답을 내놓은 정교한 기제이며, 나아가 그 실천자에게 조직 이론가나 방법론자들이 제기한 것보다 더 무거운 요구는 전혀 부과하지 않는다고 주장한다. 해링턴이 서술한 것처럼, 정치적 조직화의 문제는 "공공의 이익을 벗어날 수 없는 정부의 틀을 제시"하는 것이다.[143]

이런 유사성은 우발적인 것이 아니며 그렇다고 모종의 공통된 기질이라는 막연한 지적으로 설명될 수 있는 것도 아니다. 헌정주의 이론은 조직 이론의 한 변형물이자 일종의 정치학 방법론이다. 이런 유사성의 존재는 헌정주의자들이 과학적 방법을 정치학 분야에 적용한다는 관념에 열렬히 매료되었다는 사실에 의해 확인된다. 정치 과학의 추구와 연관된 근대의 가장 걸출한 세 사상가들 — 해링턴, 몽테스키외, 흄 — 은 모두 헌정주의자들이었다. 물론 이런 언급이 정치 과학의 제창자들이 항상 헌정주의자였다는 점을 의미하는 것은 아니다. 내 논점은 헌정주의자들이 헌정적 체계가 거의 유일하게 과학적 방법이 수용될 수 있는 현상의 장場을 제공한다는 가정을 가지고 있었으며, 이로 인해 특히 과학적 방법의 적용이라는 유혹을 뿌리치지 못했다는 것이다.

이런 가정은 헌정적 체계의 작동에 내재하는 일정한 특징으로 인해 강화되어 왔다. 헌정적 체계는 인간의 행태에 있어서 규칙성과 획일성을 발전시키는 명시적 절차를 규정하는 체계다. 입법자, 행정가, 집행관 및 법관의 다양한 역할들은 모두 법과 관행에 의해 신중하게 규정된다. 시간이 흐르면, 이런 규정이 위에서 언급한 역할을 수행하는 자들 사이에서 내면화될 것으로 기대된다. 이런 식으로 바람직한 금지와 허용이 행동 방식으로 구축된다. 체계는 이런 관행에 의해 정치적 의례의 공통분모를 수립하는바, 정치적 의례는 비리와 탁월함을 상쇄해 버리며, 그런 것들을 모두 일탈된 행동으로 취급한다. 그러므로 헌정적 정부는 자극을 관장하는 체계로서, 자극을 통해 인간의 행위와 사고방식을 통제하며, 그럼으로써 그것들을 예측 가능하게 만든다.

여기서부터 정치 과학으로의 이행은 단지 몇 발자국 떨어진 데 불과하다. 정치 이론가들은 만약 과학적 '법칙'이 현상의 특이성이 아니라 일관성에 의해 가능해진 일반화라면, 헌정적 체계가 미리 준비된 규칙성을 제공한다는 점을 재빨리 깨달았다. 흄은 기술하기를, 정치 과학은 "신민이건 주권자이건 그들의 기질이나 교육에 의해 변하지 않은 일반적인 진리"를 추구한다고 했다. 이런 유형의 진리는 헌정적 배치가 개인의 특이성—그것이 지식이건 덕이건— 이 지닌 중요성을 제거했기 때문에 가능했다.

> 법률과 특정한 정부 형태의 위력은 너무나 크고, 그것들이 인간의 기질과 성격에 의존하는 바가 너무나 작기 때문에, 때로 그것들로부터 거의 일반적이고 확실한 결과, 곧 수리 과학이 우리에게 제공하는 것과 같은 결과를 연역할 수 있다.[144]

9. 조직에 내재한 공동체적 가치

이제 사회적 조직화의 기본 주제로 돌아가 보자. 조직화의 힘power에 대한 생시몽의 발견은 인간의 욕망을 최대한 충족시킬 수 있다는 전망을 제시했다는 점에서 당대를 매료시켰다. 단순히 빈곤을 제거하는 것이 아니라 풍요로움을 창출한다는 것은 유혹적인 목표였다. 이런 소란스러운 아우성은 자연을 공격하기 위해서 사회를 완전히 동원해야 한다는 주장을 수반했지만, 그것은 일정한 의구심들을 단지 일시적으로만 잠재웠을 뿐이었다. 아마도 그런 소요와 절규는 자연에 대한 공격이 현실도피의 한 형태라는 사실로부터 주의를 분산시키는 것에 불과했던 것 같다. 사회는 힘power과 풍요를 향유할 수 있을지도 모르지만 공동체의 필수적인 요소를 결여했을 수도 있었다. 하지만 사람들은 단지 우애에 대한 인공적인 대체물을 산업적인 협력 내에서 찾아보려 했을 따름이었다. 생시몽적인 사회는 커다란 이익을 약속했지만, 그 대가는 컸다. 즉, 그것은 종속을 요구하면서도 연대는 외면했다.

[노동 분업의 진전에 따른] 결과로서, 사람들은 필연적으로 개인적으로는 상호 간에 덜 의존하지만, 그들 각자는 대중에 훨씬 더 의존하게 된다. …… 그런데 오늘날 유행하는 자유에 대한 모호하고 형이상학적인 관념은 …… 개인들에게 미치는 대중의 영향을 상당한 정도로 거부하는 경향을 보인다. 이런 관점에서 보면 자유는 문명의 발전 및 질서 잡힌 체계를 만드는 조직화와는 충돌하는 것이다. 그것들[문명의 발전 및 조직화 - 옮긴이]은 부분들이 전체에 강하게 구속될 것을 요구하기 때문이다.[145]

생시몽 자신은 일정한 요소가 결여되어 있음을 인식했다. 초기 단계에서 그는 "시대정신"이 "구체적이고, 확실하며, 현재적인 이익들"에 근거한 윤리를 요구하며, "이기주의가 유기적 조직체의 안위에 필수적"이라고 믿었다. 그렇지만 이후 그는 이기주의가 사회적 연대에 미치는 효과에 아연실색하고 말았다. "오늘날 사회는 극단적인 도덕적 무질서의 상태에 빠져 있다. 이기주의가 극도로 심화되고 있으며, 모든 것이 고립되어 간다."[146] 이런 상황을 치유하기 위해 생시몽은 산업주의의 필요성과 사회적 통합을 동시에 충족시키는 일종의 대체 종교를 제안했다. 『새로운 기독교』*New Charistianity*의 세부 내용들에 굳이 얽매일 필요는 없는데, 이는 그것이 근본적인 차원에서 생시몽의 기본적인 주장들과 부합하지 않기 때문이다. 기본적으로 생시몽의 사회는, 다른 조직 이론가들의 사회처럼, 그 사회만이 행복을 가져다줄 것이라는 약속을 담고 있었다. 반면 루소는 사회가 행복을 제공할 수 있다는 것을 부정했다. 루소는 문명화된 인간이 덕을 성취할 수 있을지는 모르지만 결코 진정한 행복을 누릴 수는 없다고 생각했다. 덕은 정념들의 제어를 요구하는 반면, 행복은 정념들의 충족과 관련되어 있다. 그로 인해 사람들은 필연적으로 불행에 빠지며 다른 사람들과 갈등을 빚게 된다. "인간 정념들의 충돌로 인해 행복은 산산이 부서져 사라진다."[147] 루소는 공동체에 대한 희구와 행복의 추구가 상호 배제적이라고 결론을 내렸다. 연대의 기초는 다른 곳에서 발견되어야만 했다. "우리가 동료들에게 애착을 갖게 되는 것은 그들의 즐거움에 감응하기 때문이라기보다는 그들의 고통에 감응하기 때문이다." 인간은 고통이라는 공통된 조건을 공유할 수 있기 때문에 뭉칠 수 있다. 의사소통한다는 것은 곧 동정하는 것이다. "우리의 공통된 욕구가 이익의 차원에서 우리를 뭉치게 한다면, 우리의 공통된 고통은 정서적인 차원에서 우리를 뭉치게 한다."[148] 동정심이야말로 가장 중요한 미덕이 되는데, 이는 동정심만이 유일하게 우리의 공통된 인간애, 즉 고통의 공유를 표현하기 때문이다.[149] 루소가 제시하는 "고통 받는 인류의 슬픔에 찬 모습"은 인간이 자신의 유한성에서 결코 벗어날 수 없으며, 그 고통을 멈추는 길도 찾을 수 없다는 경고를 담고 있었다.

> 모든 인간은 벌거숭이로 가난하게 태어난다. 모든 인간은 인생의 슬픔, 질병, 궁핍, 온갖 종류의 고통에 빠지게 마련이다. 그리고 결국은 모두 죽음에 이르도록 운명지어져 있다. 이것이야말로 인간이 된다는 것이 실제로 의미하는 것이며, 필멸의 인간으로서는 결코 벗어날 수 없는 것이다.[150]

그렇지만 생시몽에게 유한성은 좌절의 원천이었다. 모든 유형의 인간은 권력욕에 의해 추동된다고 그는 언급했다. 군인, 기하학자, 과학자 및 철학자는 "자연의 만물을 지배하는 환상적인 존재만큼이나 높은 정상에 오르려고" 전력을 다한다. "강인한 기질을 지닌 모든 사람들은 그런 자리를 차지하려고 노력한다."[151] 투쟁하는 것, 행동하는 것, 욕망을 충족시키는 것 등은 고통을 인간세계human economy 내에서 작은 부분으로 국한시키기 위한 기술들이었다.[152] 사회 전체는 조직화되고 통합되며, 최신의 과학 지식을 사용해, 욕망들을 충족시킴으로써 행복을 얻을 수 있었다.

　이보다 일찍이 홉스는 권력과 욕망이 희소한 재화들을 차지하기 위한 쟁탈전에서 비롯되며, 권력과 욕망은 인간 소외의 산물로서 공동체에 해결책이 아니라 문제를 야기하는 것이라고 설파했다. 19세기 전반의 저술가들은 이와는 다른 믿음을 가졌다. 이론적으로 그들은 공상적 사회주의자들처럼, 권력, 욕망, 공동체라는 양립 불가능한 것들을 결합시키려는 애처로운 시도를 감행했으며, 우리는 그들이 남겨 놓은 기록을 통해 유익한 교훈을 얻을 수 있다. 그들의 저작에는 만약 생산성의 비밀이 해명되기만 하면 천년왕국의 시대가 도래할 수 있다는 열렬한 확신이 담겨 있었다. 그들은 인간의 욕망에서 아리아드네의 실*을 발견했으며 아무런 망설임 없이 그것을 따라갔다. 비밀은 간단했다. 즉, 그것은 인간의 욕망을 자극하고 그 해방된 에너지를 생산에 투입시키는 교묘한 방법들을 요청했다. 그들은 "새로운 조화"New Harmony와 같은 이름으로 그 사회를 지칭했지만, 이미 플라톤은 오래 전에 그의 "첫 번째 도시", 곧 욕망의 도시civitas cupiditatis에서 그 대강을 묘사했었다.

　생산력, 욕망, 공동체를 결합시키려는 가장 일관된 노력은 푸리에에 의해 이루어졌다. 그의 저작들 전반에는 "조화주의"harmonisme, "조화로운 체제"régime harmonien, "사회적 조화"harmonie socialé와 같은 공동체에 관련된 표현이 산재해 있다.[153] 그러나 만약 우리가 공통된 관여감으로 충만한 삶을 발견할 것을 기대하면서 이런 따스한 감정들을 헤쳐 나가 보면, 우리는 오히려 자아들의 교묘한 배치를 목도하게 될 것이다. 푸리에는 공동체를 목표로 했지만 단순히

---

* [옮긴이] 크레테 미노스 왕의 딸인 아리아드네(Ariadne)는 미궁 속의 괴물 미노타우르스에게 바쳐질 아테네의 영웅 테세우스와 사랑에 빠져, 미궁에 들어가는 그에게 실타래를 주었다. 테세우스는 그 실타래를 풀며 미궁에 들어가 미노타우르스를 처치한 후 실을 되감으며 미궁에서 무사히 빠져나왔다. 아리아드네의 실은 이런 신화에서 유래하며, 어려운 문제를 푸는 실마리를 의미한다.

욕망의 조직화를 달성하는 것으로 끝나고 말았다.

푸리에는 어떤 결사체의 창출이란 인간의 정념들을 "형성하고 정형화하는 기술"을 전제한다고 언급했다. 사회에서 달성되어야 할 혁명은 노동을 고통의 원천에서 즐거움의 원천으로 전환하는 것이었다.[154] 노동은 "매력적인", 즉 인간이 욕망이나 자기 이익에 의해 자연적으로 이끌리게 되는 어떤 것으로 묘사되었다. 인간의 개성을 노동의 요구에 맞추어 조정하는 대신에, 새로운 사회는 역으로 인간의 욕망과 필요에 따라 노동을 변화시킬 것이었다. 결사체의 구성원들은 자신들의 정념이 이끄는 대로 자유롭게 하나의 직무에서 다른 직무로 이동할 수 있을 것이었다. 작업 집단들은 별개의 정념들에 의해 설정된 방침들에 따라 조직되어야 할 것이었다. 심지어 가장 미세한 정념들에게도 권리가 주어졌다. 예를 들어 모든 장미 애호가들은, 먼저 하나의 전체 집단으로 모인 연후에 흰 장미를 더 선호하는지 아니면 붉은 장미를 더 선호하는지에 따라 나뉘게 될 것이었다.[155]

그리하여 정념들의 다양성에 따라 풍부하게 구조화된 진정한 공동체가 창조될 것이었다. 그 공동체는 작업 유형에 있어서 자발적이고, 계급 구조에 있어서 세밀하게 구분되어 있으며 — "부유한 자들이 행복하기 위해서는 빈곤한 자들은 어느 정도 안락함을 달갑게 받아들여야 한다" —, 그리고 그 결과물을 산출함에 있어서 고도로 생산적일 것이었다. "새로운 질서는 훨씬 더 큰 활력과 부를 획득할 것이다. 왜냐하면 더 많은 정념들이 존재할 것이기 때문이다."[156] 거기에서는 동일한 "정념의 계열"에 속하는 구성원들 사이에서 그리고 계열들 사이에서 벌어지는 경쟁과 대결로부터 지속적인 자극이 발생할 것이었다. 왜냐하면 그 계열들은 "대비되고, 경합하며, 맞물리도록"*contrasté, rivalisé, engrené* 배치된 것이기 때문이다. 이는 후일의 "사회주의적 노력 경쟁"과 스타하노프운동Stakhanovism* 을 예시豫示하는 것이었다.

그러나 과연 그것은 명실상부한 공동체였는가? 혹은 "하나의 집단을 이루고, 사회적으로 통합된, 대략 2,000명의" 조직화된 정념들의 작용에 매료되어 공동체주의적 관념이 뒷전으로 밀려났던 것은 아닌가? 궁극적으로 그런 배치가 갖는 잠재적인 생산력이 그 핵심으로 떠올랐다. "정념의 계열은 언제나 공리utility의 종언[푸리에게 노동은 즐거움의 원천이므로 이를 고통으로 여기는 공리주의와는 상충한다는 의미에서 - 옮긴이], 부의 증가 및 산업의 완성을 지향한다."[157]

　　공동체에 대한 푸리에의 개념에는 두 가지의 기본적인 결함이 있었다. 그하나는 조직화의 원리로서 그것은 각자가 전체와 연결되는 연대를 손상시켰다. 다른 하나는 인간 본성에 대한 일정한 믿음으로서 그것은 각자가 그 자신과 통합될 가능성을 파괴해 버렸다. 무제한적인 취득욕에 이르는 자유주의 사회의 병폐들을 추적한 후에, 푸리에는 너무나 순진하게 그 폐해를 체계화하기시작했다. "진정한 행복은 엄청난 부와 무한히 다양한 쾌락을 향유하는 데 있다." 즉, 진정한 행복은 욕망들을 충족시키는 데 있는 것이었다. 그러므로 해결해야 할 과제는 이 목적을 위해 공동체를 조직하는 것이며, 물릴 정도로 욕망을 충분히 충족시킴으로써 이기주의의 부정적 영향을 제어하는 것이었다. 조직화 없이는, "정념들은 단지 사슬에서 풀려난 호랑이요, 이해될 수 없는 수수께끼일 뿐이다. 정념들은 억압될 수 없지만 …… 그 방향은 변경될 수 있다."[158] "사회과학"의 임무는 정념들을 형성하고 일정하게 규제하기 위한 일종의 "정념들에 관한 수학"*mathématique des passions*을 발전시켜 정념들이 적절한 경로를따라 가도록 유도하는 것이었다. 의도치 않게 푸리에는 욕망에 대한 홉스적

---

* [옮긴이] 스타하노프운동은 사회주의적 경쟁의 한 형태로서 1953년 구소련의 전설적인 광부인 스타하노프(Alexey Stakhanov)의 경이적인 생산성을 본받자는 운동이었다. 이 운동은 노동자의 동지적 협력과 상호 원조에 의하여 창조력을 발휘하고, 이를 통해 노동생산성과 생산량을 증대시키려 했는데, 실제로는 개인에 대한 업적 평가를 도입하여 경쟁을 촉진시킴으로써 생산성을 향상시키려 했다.

관념을 흡수했다. 곧 그는 정념을 "어떤 명확한 목적을 향한 우리의 활동"을 추진하는 욕망으로 규정했으며, 그리고 이를 기초로 인간의 본성에 기인하는 810가지의 정념들에 대해 가능한 한 최소한의 장애물을 부과하는 사회를 구성하려고 노력했다. 욕망의 "치명적인 적"은 일반적인 도덕 체계였다. "도덕은 인간이 그 자신과 싸워야 한다는 것을, 곧 자신의 정념들에 저항하며 그것들을 억압하고 경멸하도록 가르친다."[159] 하지만 새로운 질서는 정념들을 철저하게 충족시킬 것을 약속했다.

푸리에는 이기주의에 기초한 사회가 저급한 유인에 의존하는 상태로 전락해 버린다는 점을 인정했다. 하지만 그는 "상업과 주식 투기에 열광적으로 몰두하는 시대에" 이익과 금전적인 이득들*les bénéfices pécuniaires* 이외에 이용 가능한 매개 수단은 없다고 주장했다. "모든 욕망의 목적"인 "등급화된 부를 각자에게" 보장해 주는 것이 사회질서를 위해 필수적이었다.[160] 하지만 이익이 어떻게 공동체의 정서적 결속을 산출할 것인가는 결코 설명되지 않았다. 프루동은 810가지로 구분된 정념들에 기초한 푸리에의 사회적 조직화에 관하여 다음과 같이 풍자적으로 언급했다. "사회는 죽어 버렸으며, 그 사체는 해부대 위에 올라가 있다."[161] 인간의 개성이 각각 독자적으로 충족되어야 할 무수히 많은 부분들로 세밀하게 구분되었던 것과 똑같은 방식으로, 노동이라는 근본적인 활동도 각 개인들이 직무에서 직무로 자유롭게 유동할 수 있도록 파편화되었다. 즉, 파편화는 노동의 지루함에 대한 응답이었으며, 사회는 인간이 더 이상 하나의 전체로서 존재하는 것이 아니라는 전제 위에서 조직되어야 했다.[162]

푸리에와 거의 동시대인인 오언의 구상을 여기서 상술할 필요는 없다. 오언을 통해 다시금 "사회의 위대한 목적"은 "부를 획득하고 그것을 향유하는 것"이라고 단언되었다. 나아가 그는 "사회 전체의 물리적·정신적 힘power을 한꺼번에 막대하게 증가시킬 구상"에 매료되어 있었다. 오언이 사업가들에게 단지 그들의 "살아 있는 기계들"에 대해 상당한 배려를 기울여 주기만 한다면 엄청난 이윤의 증가가 약속될 것이라며 지지를 호소했을 때, 거기에는 자기 이익에 대한 동일한 의존이 있었다.[163]

그러나 사물에 대한 힘power은 힘이 사회의 '외부로' 그리고 자연으로 향해짐을 의미했다. 그것은, 사실상 생시몽이 주장했던 것처럼, 사회에 대한 힘이 더는 필요하지 않을 것이라는 점, 그리고 프루동이 말했던 것처럼, 작업은 그 자체로 조직된 것이라는 점을 함축했다. 하지만 산업의 진보에도 불구하고 사회적인 탈도덕화가 지속된다면, 그리고 물질적인 개선의 조직적인 추구가 낡은 양식의 경제처럼 사회적 삶을 교란시키는 것으로 입증된다면, 새로운 이론은 거의 아무것도 해결하지 못한 셈이 될 것이었다.

19세기 동안 산업주의 이론이 집합적인 이기주의를 은폐하고 있을 뿐이며 따라서 연대감과 소속감에 대한 인간적 필요를 충족시킬 수 없다는 점을 일군의 저술가들이 인식하게 되면서 이런 의구심이 가시화되기 시작했다. 당대의 저술가들이 사유했던 것처럼, 필요한 것은 자연에 대한 조직화된 힘power뿐만 아니라 사회에 대한 그리고 궁극적으로 인간에 대한 조직화된 힘이었다. 이리하여 19세기는 생시몽과 동시대에 출현했던 또 다른 전통으로 돌아갔다. 그것은 드 메스트르와 드 보날드의 전통이었다. 이 시대는 반동적인 신정주의자들의 사상에서 일종의 전前 산업주의적 세계관을 발견했는데, 생시몽의 사상과 결합되었을 때, 이것은 산업주의적 관념의 거친 측면들을 보강하고 또 그것을 완화시키는 데 기여했다. 반동주의자들은 일종의 사회학적 경향을 제공했는데, 거기에는 인간과 사회의 비합리성에 주목하는 훨씬 더 심오한 통찰, 사회 체계 내의 다양한 집단들이 수행하는 역할에 대한 좀 더 폭넓은 인식, 그리고 권위의 기능에 대한 훨씬 더 깊은 이해가 포함되어 있었다. 사회구조의 역동적인 변화와 붕괴의 시대는 사회제도들이 지닌 기능의 보존을 다루는 지식 체계를 절박하게 필요로 했다. 그런 지식 체계는 프랑스혁명에 대한 보수적 반동의 범주에 기초해 구축되었다. 그것은 과거로의 퇴보는 아니지만 '반동적'인 것이었다. 콩트가 알맞게 지적한 것처럼, 우리에게는 "드 메스트르의 유산과 동일하게 콩도르세의 유산도 필요하다. …… 즉, 진보적인 동시에 위계적인 교의가 필요한 것이다."[164]

반동주의자들에게 질서는 모든 수준에서 권위의 체계가 각인된 사회와 동의어였다. 그것은 가족, 장인과 상인의 조합들, 전문가 집단들, 지역공동체들, 지방 당국, 귀족계급이 최상층을 차지하는 명확한 사회 계급 체계, 강력한 교회 제도들, 굳건히 견지되는 종교적 신앙, 마지막으로 가급적이면, "사회를 인격화하는" 군주로 대변되는 지배적 권위를 포함했다.[165] 여기서 질서는 사회의 주요 과제들을 수행하는 일련의 명확히 규정된 기능들을 상정했고, 또한 그 과제들은 질서가 필요로 하는 바에 따라 그 내용이 규정되었다. 따라서 반동주의자들에게 핵심적인 질문은 '어떤 종류의 사회적 권위가 정념에 가득 차 있고, 이기적이며, 죄 많은 인간을 통제하는 데 그토록 필수적인 구성원들의 복종과 존경, 그리고 무조건적인 충성심과 정서적인 지지를 가장 잘 이끌어 낼 수 있을 것인가'라는 것이었다. 이는 생시몽이 제기했던 '누가 혹은 어떤 집단이 필수적인 전문 기술들을 가지고 있는가'와 같은 성격의 질문이 아니었다. 여기서는 드 메스트르에게 사회질서의 본성을 가장 잘 상징하는 것이 과학자나 산업가가 아니라 전체 사회의 이름으로 극형을 집행할 수 있는 권한이 부여된 교수형 집행인이었다는 점을 상기하는 것으로 충분하다.[166] 교수형 집행인이 주어진 직무를 계속해서 수행하고 군주가 자신의 일을 계속 수행하는 것은, 각각이 경외심과 복종을 불러일으키는 어떤 신비에 의해 지지되기 때문이었다. 그러나 평등의 관념이 중요하게 여겨지는 한 경외심, 권위, 기능뿐만 아니라 사회구조도 존재할 수 없었다. 질서는 복종, 불평등, 사회적 분화를 요구했다. 드 보날드의 표현을 빌면, 이것들은 "필연적인 관계들"이었다.

그런데 만약 무질서가 단순히 프랑스혁명에서 비롯된 문제였다면, 반동주의자들의 이론화와 다음 시대의 이론화 사이의 밀접한 연속성이 전개될 가능성은 거의 없었다. 그렇지만 어떤 연속성이 전개되었고 사회적 해체에 대한 열띤 관심이 지속되었는데, 이는 일종의 혁명으로 빠르게 인정되었던 산업주의가, 1789년[프랑스혁명 – 옮긴이]이 그 이전 세대에게 그러했듯이, 동일하게 질서를 교란시키는 사회적 역할을 수행하게 되었기 때문이었다. 계급들 간의 관계가 변화되었고, 사회적·정치적 권력의 새로운 유형들이 발전되었으며, 대중들은 농촌의 삶의 방식을 버리고 산업주의에 의해 창출된 도시화된 환경에서 살게 되었고, 오래된 도덕과 행동의 양식은 혼란에 빠졌으며, 사회 계급들 간의 갈등은 과거보다 훨씬 더 격렬해진 것처럼 보였다. 마르크스주의자들을 제외하면, 대부분의 이론가들이 보여 준 반응은 강조점에 있어서 반동적 신정주의자인 드 메스트르와 드 보날드가 제시한 프랑스혁명에 대한 분석과 놀라울 정도로 유사했다.

근대의 저술가들은 혁명의 "사악함"에 대해 비난하는 대신, 기술적 변화가 낡은 통제 양식들을 급속하게 앞질러 버리는 속도에 대해 비판했다. 그리고 그들은 산업주의적 무질서에 대한 진단에 기초해 안정성의 조건들에 천착하는 반동주의자들의 통찰을 긍정적으로 재평가하게 되었다. 그리하여 현대의 한 산업사회학자는 [드 메스트르의 말을 빌려 – 옮긴이] 다음과 같이 언급한다. "질서 정연한 사회"는 "일상적 과정, 관습 및 습관적인 교제에 기초한다. …… 실천적인 문제는 물질적인 발명의 끝없는 진척에 그 형식을 적응시키면서 자체적으로 유지될 수 있는 사회구조의 유형을 탐구하는 것이다."[167]

이런 연속성은 당대의 불안을 가장 잘 표현하는 아노미*anomie*라는 개념을 주조했던 인물이 사회학자 뒤르켐이라는 사실을 떠올릴 때 더욱 두드러진다. 아노미 또는 사회적 해체란 지도적인 방향감각을 상실한 사회 상황을 가리킨다. 그는 근대 사회의 경제가 만성적인 아노미 상태에 처해 있다고 지적했다. 아노미의 본질적으로 무질서한 특성이 사회적 삶의 모든 영역을 오염시키고 있었다. 종교적·가족적·도덕적 제약들은 그 효력을 완전히 잃어버렸다. 인간의 정념들이 속박이나 한계에 의해 통제되지 않은 채 격렬하게 발산되었다.[168] 뒤르켐은 또한 인간의 오만과 무례함에 대한 위대한 비판자였다. 이 점에서 뒤르켐은 자신의 동포였던 드 메스트르를 상기시킨다. 드 메스트르는 모든 형태의 권위를 손상시킴으로써 인간의 정념들을 통제 불가능하게 만들어 버린 18세기를 통렬히 공박했기 때문이다. 이런 맥락에서 뒤르켐은 다음과 같이 언급했다. 인간은 "자신이 무엇을 원하는지 모른다. 인간은 자신이 원하지 않는 것을 의욕하거나wills, 자신이 의욕하지 않는 것을 원한다. 인간은 의욕하기를 의욕할 뿐이다.*"[169] 이 말은 뒤르켐이 사회학자로서 언급한 것일 수도 있지만, 그 표현은 드 메스트르가 구사했던 것처럼 진정 중세적이고 도덕주의적인 것이었다.

> 따라서 인간의 활동이 모든 제약으로부터 벗어날 수 있다는 것은 사실이 아니다. 세계의 어떤 것도 그런 특권을 누릴 수 없다. 모든 존재는 이 세계의 일부로서 나머지와 관련되어 있다. 이에 따라 그 본성과 발현 방법은 그 존재 자체뿐만 아니라 결과적으로 그것을 제약하고 규제하는 다른 존재들에도 의존한다. ······ 인간이 지닌 특유한 특권은 그가 감수하는 구속이 물리적인 것이 아니라 도덕적인 것, 즉 사회적인 것이라는 점이다. ······ 인간 존재의 훨씬 더 큰 부분은 그 육체를 초월하기 때문에, 인간은 육체의 속박에서 벗어나지만 사회의 굴레에 종속된다.[170]

뒤르켐은 아노미에 시달리는 사회를 묘사하면서 홉스적인 자연 상태의 최신 버전을 그의 시대에 제공했다. 그것은 권위가 부재한 상태라는 점에서는 동일했다. 효과적인 도덕적·법적 통제들이 존재하지 않는다는 점에서도 동일했다.

---

* [옮긴이] 여기서 'he wills to will'이라는 원문의 의미는 분명하지 않다. 대체로 '인간은 자신의 의지를 통제하기를 의욕한다' 정도로 해석되는 듯하다.

그것은 동일한 이기주의의 혼란이었다. 양자의 차이는 역설적인 성격을 지니고 있었다. 곧 홉스적 인간이 자연 상태에서 서로를 죽이다가 마침내 살육을 중지하기 위해서 시민사회를 형성하는 반면, 뒤르켐의 인간은 사회 내의 삶을 못 견디다가 결국 자살의 충동에 휩싸였다.

아노미에 대한 이런 강박관념은 연대에 대한 열망에서 비롯되었으며, 19세기 사회학은 자신의 과제를 사회적 응집의 조건을 재규정하는 것으로 인식했다. 뒤르켐은 연대가 "사회적 사실"이라고 언급했다. 즉, 일정한 대상으로 연구될 수 있다는 것이었다. 연대에 대한 연구는 "사회학에서 발생한다."[171] 연대를 핵심적인 관심사로 삼음으로써, 사회학자들은 반동주의자들과 또 다른 연관 관계를 구축했다. 반동주의자들은 사회적 응집에 대한 탁월한 이론가들이었던 것이다. 반동주의자들의 이론과 이를 일정 정도 변경한 후일 사회학자들의 이론은 사회가 의식적인 동의 행위에서 발생하는 인공적인 배치라는 자유주의적 관점에 대한 근본적인 반대에 기초한 것이었다. 반동주의자들에 따르면, 인간은 단순히 그저 사회를 필요로 하는 것이 아니라 질서 정연하고, 구조가 갖춰져 있으며, 통합된 사회를 필요로 했다. 진정한 연대적 사회는 결코 동의에 의해 산출될 수 없었다. 왜냐하면 동의는 응집의 자연적인 필요조건들, 즉 권력과 권위를 결여하고 있기 때문이었다. 권력과 권위는 사회적 연대에 필수적이기 때문에 자연적이라는 것, 이것이야말로 사회학이 받아들인 근본 전제였다. 드 보날드는 권력이란 강제력이나 동의에 의해서 창출되는 것이 아니라고 천명했다. 그것은 "필수적인 것"이었다. 다시 말해 권력은, "사회적 존재들의 본성에 부합한다. 그리고 권력의 근거와 기원은 전적으로 자연적인 것이다. …… 사회는 일반적 권력 없이 존재할 수 없으며, 인간은 사회 없이 존재할 수 없다."[172] 이런 주장에 동조하면서 뒤르켐은 다음과 같이 언급했다. "모든 사회는 전제적이다. …… 하물며 나는 이런 전제정이 어떤 특별한 것이라고 말하지 않을 것이다. 그것은 필수적이기에 자연적인 것이다. …… 그것없이 사회는 지탱될 수 없다." 그는 계속해서 제약은 "현실의 바로 그 내부에서 발생하는 것"이라고 주장했다.[173] 널리 사용되는 현대의 교과서에서 나타나는 다음과 같은 표현은 아마 드 메스트르가 언급했을 법한 것이었다. "정치질서는 권위의 안정성에 의존한다. …… 정당성의 지나친 결여가 정치적 불안정의 주요한 근원이다."[174]

사회의 최고성과 권위에 대한 필요성은 19세기 내내 마치 일종의 후렴구처럼 끝없이 반복적으로 주장되었다. 그것도 가히 혼성 합창단이 부르는 합창이라 할 정도로 말이다.* 아마도 '합창'보다 좀 더 좋은 표현은 '성가'聖歌일 것이다. 왜냐하면 고전 텍스트를 수정하여 읽는 당대[19세기 – 옮긴이]의 방식에 모종의 중세적인 특색이 있었기 때문이다. 다만 고전 가사의 내용이 '사회 바깥에 구원은 존재하지 않는다'*nulla salus extra societatem* 또는 드 보날드의 번안으로 "정치적이고 종교적인 통일체 바깥에는, 인간을 위한 진리도 사회를 위한 구원도 없다"와 같이 수정되었을 뿐이다.[175]** 안정적인 사회, 흔들리지 않는 권위, 가족·공동체·직업 집단·종교적 교단의 단단한 결속이 없다면, 개인들은 방황하게 되고, 극도의 외로움과 인간적인 공허함의 압도적인 느낌에 휩싸인다. 이에 따라 근대의 성무일도서聖務日禱書는 점차 "통합"과 "자기 정체성"의 덕에 호소하게 된다. 구조를 박탈당한 인민은 "단지 서로 고립되어 그들 사이에 결속이나 응집을 갖지 못한 일군의 개인일 뿐이다"라고 드 보날드는 단언했다.[176] 심지어 프루동과 같은 굳건한 개인주의의 옹호자조차 "집단적 인간의

---

* [옮긴이] 월린은 사상적으로 상이한 흐름에 속하는 논자들이 동일한 주장을 했기 때문에 이런 비유를 사용했다.
** [옮긴이] 독자들은 이 책의 제1권 제4장에서 기술된 것처럼, '교회 밖에는 구원이 없다'(*extra ecclesiam nulla salus*)는 중세 사상의 특징을 상기할 필요가 있다. 월린은 그 구절에서 '교회' 대신 '사회'를 대입하여 바꾼 것이다.

324

우월한 개성", "집단적 인간의 실재성"을 역설했으며, "집단의 바깥에는 단지 모종의 추상물과 환영만이 존재할 뿐이다"라고 선언했다.[177] 뒤르켐은 "과도한 개인주의"란 개인이 사회적 결속으로부터 이탈되어 있음을 의미하며, 그것은 "자기중심적" 자살의 경향을 초래한다고 경고했다.[178] 그리고 산업주의를 연구하는 근대적 학자는 낮은 생산성과 노동자들 사이에서 일어나는 도덕성 저하 간의 상관관계에 주목하여, 끊임없는 기술 변화와 급격한 인구 이동의 시기에 "개인은, 그의 조상이 동료 의식의 즐거움과 안전을 느꼈던 곳에서, 불가피하게 공허함과 무상함을 경험한다"고 결론을 내린다. "안전 및 확실성의 느낌은 언제나 구성원됨이 보장될 때야 느낄 수 있는 것이다."[179] 그리고 이런 정서들이 지나치게 자본주의 이데올로기를 반영하고 있다고 생각된다면, 우리는 마르크스조차 다음과 같이 언급했다는 점을 상기할 필요가 있다. "노동자가 다른 노동자들과 체계적으로 협력할 때, 그는 개체성의 족쇄를 벗어버리고 유적 존재로서의 가능성을 발전시킨다."[180]

이런 관념의 파급성은 매우 다양한 유형의 사고방식을 지닌 인물들에게 침투하고, 심지어 표면적으로는 거의 공통점을 찾을 수 없는 사상가들 사이에서도 공통된 견해를 창출할 정도였다. 예를 들어 일견 정말 어울리지 않아 보이는 쌍으로 철학적 관념론자인 브래들리Francis Herbert Bradley와 페이비언 사회주의자인 웹Sidney Webb의 견해를 살펴보자. 과연 실제로 그들 사이에 전혀 유사성이 없었는가?

이미 언급했던 사상가들 가운데 상당수와 마찬가지로, 브래들리의 사회 이론은 자유주의 혹은 좀 더 구체적으로 공리주의적 자유주의에 대한 비판으로 형성되었다. 그는 고립되고, 자율적이며, 독특한 개인이 사회 이론이나 도덕 이론, 또는 사회적 배치의 적절성을 판단하기 위한 기준의 출발점을 제공할 수 있다는 것을 부정했다.[181] 인간이 신봉하는 가치는 사회의 교육적 영향을 통해 획득되는 것이었다. "실재적"인 것은 "전체"의 수준에 위치 지워져야 했으며, 반면 주관성과 변덕이 개인적 특이성의 고유한 속성이었다. "전체가 되도록 노력하라. 그리고 그렇게 할 수 없다면, 전체에 합류하라"는 괴테의 조언을 브래들리는 다음과 같이 수정했다. "전체에 합류할 수 없다면 전체가 될 수 없다." 개인의 과제는 "자신의 사적인 자아"를 "도덕적인 유기적 조직체 내의 직분"이라는 역할로 대체하는 것, 곧 자신의 의지를 전체의 의지와 동일시하는 것을 익히는 것이었다. 이는 루소라 해도 이보다 더 잘 표현할 수 없을 정도의 공식화일 것이었다.[182] 전체는 어떤 개인도 창출할 수 없었던 모종의 객관적인 도덕성을 구현했다. 여기에서 개인은 자신의 "진정한 자아"를 발견하게 되며,[183] 또한 이 지점에서, 뒤르켐의 집단적 양심을 상기시키는 방식으로, 개인의 정신과 의지는 타인의 정신 및 의지와 혼합될 것이었다.[184]

이것이 은둔한 철학적 관념론자이자 비현실적인 보수적 철학자의 전형적인 사례인 브래들리의 논지였다. 그러나 행동하는 지식인이자 현실주의적인 실천적 이론가로서 페이비언 사회주의를 창시한 웹에게서도, 우리는 집합적인 것의 우월성에 대한 논변이 브래들리, 뒤르켐, 그리고 궁극적으로는 루소와 일치하는 언어로 표현되어 있음을 발견한다.

> 사회는 무수히 많은 개체들의 총합 이상의 어떤 것이다. …… 사회는 그 구성 요소들 가운데 어떤 것과도 구별될 수 있는 존재를 갖는다. …… 사회의 삶은 그 구성원 가운데 어떤 개인의 삶도 초월한다. ……그리고 개인은 그가 일부를 이루고 있는 사회적 유기체에 의해 창조된다.[185]

뒤르켐의 이론에서 개인의 역할과 의무는 기존 사회의 노동 분업에 의해 규정되는 것으로 간주되었으며, 브래들리에게서 개인에게 도덕성과 의미를 부여하는 것은 사회적 "지위"였다.

나는 내가 해야 하는 것을 [내게 – 옮긴이] 반발하는 세계에 강요하지 않아야 한다. 즉, 나는 나의 자리가 요구하는 바를 이행해야 하며, 그 자리는 내가 채우기를 기다리고 있다. ……나는 세계에 마땅히 존재해야 하는 것이 존재할 뿐만 아니라 나 역시 내가 마땅히 되어야 하는 존재가 되어야 한다는 점을 도덕적으로 깨닫고 있으며, 그럼으로써 안도감과 만족감을 얻는다.[186]

그리고 웹에게 개인의 "직분"을 징하는 것은 비로 "사회적 유기체"였다.

우리가 단순히 우리의 탁월함에 대한 기억이 아니라 직접적인 영향력을 미래에 전하기를 바란다면, 우리는 우리 자신의 개인적인 발전을 완성하기보다는 우리가 그 일부를 이루고 있는 사회적 유기체를 개선하는 데 훨씬 더 심혈을 기울여야 한다. …… 각 개인의 완전하고 적절한 발전은 반드시 그 자신의 인격을 최고의 수준으로 수양하는 데 있는 것이 아니라, 위대한 사회적 기제 내에서 보잘것없는 직분을 부여받더라도 그것을 가능한 최고로 완수하는 데 있는 것이다.[187]

10. 경제적 합리주의에 대한 비판

통합, 소속감, 연대성 등 이런 모든 관념들은 19세기가 경제적 범주들을 통해 인간의 조건들을 적절히 이해할 수 없고, 또 연대성을 달성할 수 없다고 믿게 되었다는 점을 입증했다. 19세기는 산업주의를 기꺼이 하나의 사실로서 받아들이려고 했지만, 그렇다 하더라도 그것이 근본적으로 경제적 현상이라는 주장을 수용하는 것은 거부했다. 그 대신 새로운 사유의 흐름이 창시되었는데, 그것은 사회적 질서와 통합에 미치는 충격이라는 관점에 기초해 경제적 배치를 다룸으로써 경제 체계를 '사회학화'하려는 시도였다.

[노동 분업에 의해 제공되는] 경제적 서비스는 그것이 산출하는 도덕적 효과에 비하면 보

잘것없는 것에 불과하다. 노동 분업의 진정한 기능은 2인 또는 그 이상의 사람들에게 연대감을 불러일으키는 것이다.[188]

뒤르켐과 베버와 같은 사회학자들은, 생산, 소유 및 노동의 경제를 다루는 대신 경제적 행동과 제도들의 사회적 함의를 분석하려고 했다. 이와 같은 탐구의 결과는 심원한 것이었다. 곧 경제적 범주들은 점차 제거되기 시작해서 사회적인 범주로 대체되었으며, 획득욕과 이익의 추구는 그것이 사회적 파괴를 가져온다는 이유로 비판되었다. 간단히 말해서 고전적 자유주의의 에토스가 전반적으로 도전받고 있었다.

　사회적 연대성의 이름으로 가해진 경제적 합리주의에 대한 비판은 그것이 매우 보편적이었기 때문에 중요성을 획득했다. 만약 그런 비판이 오로지 사회주의자들이나 공산주의자들로부터 가해진 것이었다면, 그 중요성이 그렇게 크지 않았을 것이다. 그러나 사실 자본주의의 옹호자들도 자유주의적 경제에 반대하는 주장을 재빨리 받아들였다. 이 점이 온전히 이해되지 않는다면, 또 다른 매우 곤혹스러운 질문에 직면한다. 예를 들어 '왜 하버드 경영대학원과 같은 매우 영향력 있는 교육기관이 기업이나 사업은 오직 이윤과 생산성이라는 기준에 의해 운영되어야 한다는 소박한 신념을 시정하는 것이 시급하다는 것을 지난 수십 년 동안 일관되게 현재와 미래의 경영자들에게 가르쳤는가'라는 질문이다. 새로운 경영 신조의 기본적인 교의는 다음과 같다. "관리자는 사람들을 관리하고 있는 것이 아니며 또한 작업을 감독하고 있는 것도 아니다. …… 그는 사회 체계를 관리하고 있다."[189] 그런데 동일한 신조가 노동자들에게도 설파되고 있다. 영국 노동자는 예전의 철면피 같은 행태를 보여 준 고용주들을 강제하기 위해 파업과 휴업을 통해 실력 행사를 벌이는 것은 정당화될 수 있었지만, 국유화된 산업을 지휘하는 이사회의 정책을 방해하는 것은 잘못이라고 배운다. 국유화된 산업은 '공동체'가 소유하는 것이며, 따라서 공동체의 한 구성원으로서 노동자는 사실 사회 전체를 위해 일하고 있는 셈이다. 달리 말하면 사회적 가치들이 합리적인 획득욕보다 훨씬 더 중요하다는 것이다.

이런 비판의 주된 논점은 19세기 초반 반동주의자들의 저작에서 시작되었다. 자유주의 사회의 개인주의, 획득욕, 합리적인 자기 이익은 사회적 연대를 파괴하는 것으로 심하게 비난받았다. 드 보날드는 "자유주의 사회에서 상업이 정부의 유일한 관심사, 인민의 유일한 종교, 갈등의 유일한 주제가 되었다. 이기주의, 인위적이고 무절제한 욕망, 부의 극단적인 불평등이 급속도로 퍼지는 암처럼 사회의 보수적인 원리들을 공격하고 있다"라고 언급했다.[190] 헤겔이 "시민사회"의 병폐를 "특수성", 즉 무정부적인 이기주의로 진단했을 때, 그는 유사한 관점을 표현했던 것이다. 헤겔에게 시민사회는 스미스의 원리에 기초해 형성된 사회의 "이념형"을 의미했다. 즉, 그것은 개인들이 그들 자신의 이기적인 목적을 추구하는 사회, 오직 그들의 [이해관계에 기반을 둔 — 옮긴이] 상호의존성만이 체계의 붕괴를 막는 사회였다. 다행스럽게도 국가가 개입하여 한계들Grenzen과 장벽들Schranken을 부과하는데, 이것들은 처음에는 저항을 받지만 이후 점차 개인의 의식에 내면화되어 자아의 무절제한 탐닉을 제한하는 데 기여할 것이었다.[191] 획득욕에 대한 비판은 칼라일Thomas Carlyle, 공상적 사회주의자들, 니체Friedrich Wilhelm Nietzsche, 소렐, 레닌 및 파시즘의 이데올로그들의 저작에서 반복되었다. 20세기에 이르러 부르주아의 도덕성은 구멍투성이의 송장이 되어 버렸다.

이와 같은 전개의 가장 흥미로운 사례는 마르크스에 의해 제공되었다. 마르크스 사상의 근본적인 경향들 가운데 하나가 반反경제주의였다는 사실은 종종 제대로 인식되지 못하고 있다. 그의 저술들은 자유주의 경제학을 열정적으로 논박하는 것은 물론 경제적 범주들을 초월한 사회를 묘사하는 데 바쳐졌다. 기본적으로 그는 반동주의자들과 동일하게 자유주의적 합리주의의 전개 양상 — 사회를 고립된 개인들의 집단으로 환원하는 한편 개인을 자기 이익을 제외한 모든 환상을 상실한 상태로 환원함으로써 사회적 결속을 해체하는 자유주의적 합리주의의 경향 — 에 반대하고 있었다. 마르크스는 모든 "자연적 관계들"이 "금전적 관계들로" 용해되어 버렸다고 단언했다. 마르크스의 초기 저작들에서 폭넓게 나타났던 "소외"라는 개념은 인간의 탈사회화에 대한 항의로서 정립되었다. "개인은 사회적 존재다"라고 그는 강조했다. 왜냐하면 모든 활동 가운데 가장 인간적인 활동인 생산 활동에서 인간은 "서로 명확한 연관 관계를 맺기 때문이다." 그러나 생산수단의 사적 소유는 이런 관계들의 사회적 성격을 왜곡시켰다. 노동으로부터 나오는 모든 즐거움은 박탈당하고 인간 노동의 산물들은 "소외되고 적대적인 힘"의 형태를 취하게 되었으며, 이것은 노동자를 노예화하고 그를 짐승과 같은 상태로 몰아넣었다. 인간은 "사회로부터 추방당했다."192 프롤레타리아트의 역사적 사명은 인간을 경제적이고 정치적인 동물로 취급했던 기존의 배치를 무너뜨림으로써 인간의 사회적 본성을 재천명하는 것이었다. 그리하여 인간은 직접적으로 생산과정에 재통합될 것이며, "자기활동"self-activity을 획득할 것이었다. "오직 타인과 함께 하는 공동체 내에서만 각 개인은 자신의 재능을 모든 방면으로 발전시키는 수단을 갖게 된다."193

우리가 마르크스 이후의 논자들, 곧 뒤르켐 및 산업사회학과 경영학의 연구자들로 주의를 돌리면, 우리는 자유주의에 대한 동일한 적대감이 표명되고 있음을 발견할 수 있다. 근대 사회과학은 극좌파 논자들이 제기했던 주장만큼이나 자유주의적 자본주의와 사적 소유에 대한 통렬한 비판을 제공하며, 반혁명적 우파가 표출했던 주장만큼이나 인간과 사회에 관한 자유주의적 관점에 대해 깊은 적대감을 명시한다. 뒤르켐은 이런 연관의 핵심적인 인물이었는데, 왜냐하면 그는 홉스에 의해 공식화되고 로크와 공리주의자들에 의해 영속화된 이익에 관한 자유주의적 이론이 주요한 비판 대상이라는 점을 명확히 인식했기 때문이었다. "물론 개인주의가 필연적으로 이기주의인 것은 아니지만, 그것은 이기주의에 거의 근접하게 된다"고 그는 냉소적으로 언급했다. 자유주의적 이론에 대한 비판을 담고 있는 그의 텍스트는 일찍이 드 보날드가 말했던 바를 충실히 재현한 것이었다. "이익은 인류의 신이 되었다. 그리고 이 신은 모든 미덕을 희생시킬 것을 요구해 왔다." 뒤르켐에게 사회학자의 임무는 "어찌하여 경제적 이익의 해방이 공적 도덕의 타락을 수반해 왔는가"에 대한 연구였다.[194]

뒤르켐에 따르면, 이익 추구의 심화는 도덕이 근본적인 본질을 부정했다 하지만 도덕이야말로 이기주의와 욕망에 대한 제어의 결정체였다. "개인적 욕망들 이외에 어떤 것도 남지 않는다. 그리고 그 욕구들은 본성적으로 무한하며 만족을 모르기 때문에, 만약 그것들을 통제할 수 있는 것이 없다면, 그 자체로는 통제되지 않을 것이다." 자유주의적 인간은 이런 제약들을 "장애물"로 간주했는데, 이런 장애물들을 파괴해 버림으로써 삶을 "고통"으로, 곧 규칙, 제약, 한계가 없는 추격전으로 바꾸어 버렸다. 그러므로 자유주의적 사회는 약간 병든 것이 아니었다. 고도의 자살률, 범죄율 및 이혼율이 보여 주듯이, 그것은 기형적으로 왜곡되고, 비정상적인 것이었다. "건전한" 사회로 돌아가기 위해서 우리는 건전함이 절제, 곧 "과도한 야심", "증대된 욕망" 및 "공허하기 짝이 없는 끝없는 추구"를 거부하는 데 있음을 인식해야 한다.[195] 이것은 부르주아 사회를 자극했던 "복됨"felicity에 대한 홉스적 충동, 즉 사회적 무기력함demoralization과 개인적인 공허함의 흔적만을 남기는 "무한함에 대한 갈망"을 소멸시켜 버리는 것을 의미했다. "그들 위로 아무런 제약이 없는 빈 공간이 펼쳐져 있다고 생각하는 이들은 거의 불가피하게 그 속에서 갈 곳을 잃어버린다."[196]

홉스적 인간에 기초한 사회에 걸맞은 그 특징적인 현상은, 스스로 가한 것이기는 하지만 폭력적인 죽음이었다. "아노미적 자살"은 획득욕으로 가득 찬 사회에 특유한 표현이었으며, 반면에 "이기적 자살"은 "과도한 개인주의"에 오염된 사회의 특징적인 징후였다.[197] 뒤르켐은 자살의 이런 형태들이 근대적 삶의 불안인 사회적 연대의 결여를 나타내는 표현이자 그 결과라고 주장했다.

"순수하게 경제적인 관계는 인간을 서로에게 외부적인 존재로 남겨 놓는다. …… 이익처럼 변덕스러운 것은 없다."[198] 이익의 추구는 단지 가장 우발적인 접촉들, 즉 상대방을 "서로의 외부에" 두는 "외적인 연결"을 발생시켰다. 이익들의 허구적인 조화 아래에는 "잠재적인 또는 지연된 갈등," 즉 일종의 "전쟁 상태"가 놓여 있었다. 인간 사회가 도덕적 제약들에 종속되지 않는다면, 인간 사회 자체를 "특수한 개성들을 초월하는 도덕적 인격" 아래에 두지 않는다면, 그리고 인간 사회가 집단적 삶을 부활시키지 않는다면, 아노미는 최악의 경로로 치달을 것이었다.[199] 이것이 산업사회에 던지는 함의는 명백했다. 즉, "산업이 오로지 평화를 교란하고 전쟁을 일으킴으로써만 생산적일 수 있다면, 그 비용만큼 가치 있는 것은 아닐 것이다." 근본적인 것은 "우리의 경제 상태가 아니라, 오히려 우리의 도덕성이 처한 상태다."[200]

자유주의적 이익 이론에 대한 적대감은 급진 진영에서도 마찬가지여서 그들 역시 이익을 색출해서 소탕해 버렸다. 레닌은 자신이 마르크스의 사상을 수정했다는 점을 결코 시인하려 하지 않겠지만, 마르크스가 이익에 대한 자유주의적 이론으로부터 이끌어 낸 가정들 가운데 하나를 레닌이 성공적으로 폐지했다는 것은 분명한 사실이다. 혁명 직전의 단계에서 프롤레타리아트는 부르주아적인 목적과 가치를 선호하도록 오도될 수도 있다고 마르크스는 경고했다. 마르크스는 이런 현상을 "허위의식"으로 지칭했다. 그 특징적인 양상은 프롤레타리아트의 "진정한" 이익이 현재의 지배계급의 이익과 양립할 수 있다고 믿도록 프롤레타리아트가 기만되는 것이었다. 예컨대 프롤레타리아트가 자본주의의 지속적인 팽창과 함께 자신의 삶의 수준도 점차 향상될 것이라고 순순히 믿을 정도로 잘 속는다면, 그에 따라 혁명을 향한 기본적인 동기는 사라질 것이고, 프롤레타리아트는 사회적 현실의 기만적인 상像의 희생물로 전락해 버릴 것이었다. 어떤 조건에서도 자본주의는 자본주의의 본질적 전제들을 파괴하지 않고서는 노동자들에게 노동의 결실 전부를 보장해 줄 수 없었다.

그러므로 만약 노동자들이 자신의 이익이 어디에 있는지를 진정으로 깨닫게 된다면, 그는 자본주의를 전복시키기로 맹세할 것이었다. 그런데 '진정한 의식'에 대한 마르크스주의적 개념이 경제적 이득에 대한 정확한 평가를 의미하는 한, 그것은 진정으로 합리적인 행동이란 그 자신의 참된 물질적 이익들을 이해하고 이에 의거해 행동하는 것을 의미한다는 낡은 자유주의적 신념을 수정된 진술의 형태로 재현하는 데 불과했다. 그렇지만 레닌은 합리성이 물질적 이익과 동일시된다면 프롤레타리아트는 정통적인 조합주의가 내세운 통상적인 목표들을 달성하는 것을 목표로 하는 선동에 만족해 버릴 수도 있을 것이라는 점을 인식했다. 여기서 그 목표들이란 좀 더 높은 임금, 좀 더 좋은 노동조건 및 좀 더 단축된 노동시간을 의미했다.[201] 자본주의가 이런 물질적인 목표를 충족시킬 수 있는 것으로 입증된다면, 프롤레타리아트의 운동은 "조합주의적 의식"의 단계에서 정체되어 결코 혁명적 열정에 도달하지 못할 수도 있었다. 따라서 [레닌은 - 옮긴이] "자발성"spontaneity이란 말을 비난조로 사용했다. 즉, 거기에는 유물론적 철학임을 자부하는 입장에서 "유물론"을 내걸고 접근하는 유혹에 대한 반발이 담겨 있었다. 경제적 합리성, 조합주의적 의식 및 자발성은 모두 자유주의적 합리주의 증후군을 드러내는 양상으로 인식되었고, 똑같이 "혁명적 의식"에 반대되는 것이었다. 왜냐하면 진정한 또는 혁명적인 의식은 오로지 "외부"로부터 주입되거나 부과될 수 있었기 때문이었다. 그것은 역사적 발전 경로에서 프롤레타리아트에 의해 "자연적으로" 혹은 "자발적으로" 발전될 수 없었다. 이런 필요성을 충족시키는 것이 혁명적 엘리트의 과제가 되었다.[202]

레닌의 분석이 엄격하게 혁명 이론의 변화에 국한해 적용되는 것이었다면, 우리의 연구에 특별한 적실성이 없었을 것이다. 그러나 오히려 그것은 공교롭게도 20세기 사상이 지닌 광범위한 경향의 징후를 보여 주는 것이었다. 자본주의 옹호론자들의 저작은 노동자들의 '참된 의식'을 규정하는 기능을 관리 엘리트에게 할당했다. 한 저술가가 조언했던 것처럼, 노동자들이 "경제-논리적 논변들"을 제출할 때 관리자는 이를 "합리화"라는 견지에서 파악해야 했다. 명민한 관리자는 "이 논리에 뭔가가 더 감추어져 있는 것은 아닌지" 조사할 것이다.[203] 노동자들의 경제적 불만이 사회적 치료법에 의해 순화되어 감과 동시에 경영자의 고전적 윤리도 이윤이나 생산과 같은 순수한 경제적 목적으로부터 비슷한 방향으로 변모해 가고 있다. 그리하여 이런 흐름을 따르는 모든 것에서 사회 집단의 보전을 위해 저급한 물질적 이익들을 초월하라는 요청이 제기되고 있다. 즉, 노동자들이 정말로 원하는 것은 동료 의식*comaraderie*이며, 관리 엘리트가 제공해야 하는 것은 사회적 통합이라는 것이다.[204]

11. 조직 이론 : 합리론 대 유기체론

경제적 동기에 대한 반발은 너무나 강렬해져서 자본주의의 노련한 옹호자들조차 거기에 합류할 정도가 되었다. 그들은 살인적인 경쟁과 푸리에가 생산에 대한 열광*frénésie de production*이라고 불렀던 것이 광범위한 두려움을 불러일으켰으며 사회적 분열을 매우 격화시켰음을 인정했다. 근대 관리주의의 가장 저명한 이론가들 가운데 한 명이 지적했던 것처럼, 문제는 "획득에 몰두하는 사회 내에서 나타나는 일정한 병폐가 아니라 병든 사회 자체가 보여 주는 획득욕이다."[205] 법인 자본주의의 옹호자들은 더는 사적 소유를 정당화하는 데 전념하지 않는다. 대신에 그들은 산업 시대에 공동체적 연대를 회복시키는 것을 기본적인 문제로 간주한다. 어떤 면에서 반동적인 면이 있기는 하지만, 마르크스주의와 공산주의 역시 최소한 "무언가 상실된 인간적인 연대감을 되찾기를" 암중모색하고 있다는 점이 인정되기도 한다. 버크적 사회가 인간에게

334

연대를 위한 "소규모 집단"을 제공했던 것과 마찬가지로, 근대 산업사회는 "작업반에서 이루어지는 자생적인 사회적 조직이라는 사실"에서 그 적당한 모사물을 발견한다.[206] 공장 또는 심지어 대규모 기업 조직조차 더 이상 조립 라인의 차가운 이미지에 기초해 형성되어서는 안 된다. 즉, 그것은 '일종의 사회 체계,' 곧 '분화되고, 질서 정연하며, 통합된' 생산자들의 공동체다.

경제적 가치들보다 사회적 가치가 더욱 고양되는 것은 '행정'administration에서 '사회적 통합'으로 관리 기능의 변화를 요청한다. 극단적인 합리주의자인 생산 엔지니어로 상징화되는 능률의 논리는 경영자로 상징화되는 통치governing의 기예로 대체된다. 여기서 경영자는 프로이트 심리학이나 사회 체계뿐만 아니라 심지어 합리적으로 조직된 공장이나 관료제조차 비논리적인 운영으로 가득 차 있다는 것을 강조하는 여타 근대적 사상들로 무장하고 있는 관리자다. 근대적 관리의 오류는 다음과 같다.

> 근대적 관리는 집단적 협동의 문제를 생산과 효율성이라는 기술적 문제로 포섭하는 경향을 갖는다. 그 결과로, 협동은 일차적으로 개인적인 경제적 이익에 호소함으로써 사람들을 같이 일하게 하기 위한 논리적 기제로 인식된다.[207]

공장은 일종의 사회 체계로 인식되었으며, 그에 따라 아우구스티누스의 질서ordo나 드 메스트르의 사회처럼 면밀하게 세분화되고 등급이 매겨진다. "각각의 직무는 사회적 척도 내에서 그 사회적 가치와 지위를 갖는다."[208] 작업 집단은 경쟁적 효율성이라는 냉혹한 근거에 기초해 해체되거나 폐기되는 것이 아니라, 무언가 귀중한 것으로 밝혀진다. 그렇다고 해서 소규모 단위만이 가치를 독점하는 것은 아니다. 소규모 집단의 가치들은 눈에 띄지 않게 대규모 조직들로 확장되고, 그리하여 대규모 조직 역시 예전의 기업 가치의 변형으로 나타난다. 즉, 그것들은 "공동체의 염원, 그 정체성을 상징화"하며, 상징적 재현으로서 그것들은 "공동체가 순수하게 기술적이거나 경제적인 논거에 기초해 청산되거나 변형되는 것을 피해 달라는 모종의 요구"를 담고 있다."[209]

또한 산업주의의 시대에 사회 집단과 사회적 조직화에 위험을 가하는 것은 경기침체에 있는 것이 아니라 기술혁신의 파괴적 효과에 있기 때문에, 진보에 대한 자유주의적 집착은 엄격하게 수정되어야 한다는 결론이 나온다. 그러므로 근대적 관리자는, "인간적 가치들"을 옹호함에 있어서, 산업공학의 "논리학자들"이 제안하는 변화에 대해 저항할 태세를 갖추고 있어야만 한다. 산업공학자들은 프랑스 혁명가들이 행정구역*arrondissement*의 경계를 말끔하게 정리하기 위해서 지역적 충성심과 정서를 기꺼이 잘라 내려 했던 것과 마찬가지로 사회적 가치들을 생산 일정에 대한 계산에 종속시키기를 열망하기 때문이다.[210] 공장 조직의 "사회 체계"는 "점진적인 변화를 원하는 정서나 아예 변화를 거부하려는 정서로 단단히 결속되어 있다. 왜냐하면 급속한 변화는 일상, 의례, 습관 및 조건반사적인 행동 양식을 파괴하기 때문이다. 그런 변화는 심지어 개에게도 고통스러울 것이다."[211] 이제 관리주의자들은 전체 사회를 철학적인 추상물에 일치시키기 위해서 정치체의 조직들을 갈기갈기 찢어 버리려는 이들에게 버크가 퍼부은 비난과 똑같은 경고를 거의 동일한 표현으로 소리 높여 제기한다.

> 사회적 규약은 한 노동자가 자신의 노동 및 동료들과 맺는 관계를 규정하는데, 이것은 급속히 변화할 수 없다. 그것은 장기간에 걸쳐서 서서히 발전한다. 사회적 규약은 논리의 산물이 아니라 실제 인간들이 맺는 연관 관계의 산물이다. 그것은 깊게 뿌리내려진 인간적 정서에 기초한다.[212]

이런 논자들 가운데 상당수가 불러일으키는 사회의 이미지란 놀라울 정도로 원시사회의 단순 소박함에 대한 향수를 품고 있는 것이라 할 수 있다. "우리는 상품을 가지고 있지만, 토착민들은 도덕을 가지고 있다"는 가벼운 언급도 일정한 향수를 감추고 있다.[213] 원시사회가 보여 주는 고도로 통합적인 성격에 있어서, 개인들이 집단에 종속되고 집단에 통합되는 방식에 있어서, 사회가 그 구성원들 각각의 행동에 포괄적인 규약과 일련의 역할을 제공하는 방법에 있어서, 간단히 말해, 모든 사회적 통제의 기술이라는 측면에서 원시사회는 근대 사회가 너무나 절박하게 필요로 하는 것을 자연적으로 가지고 있었다. 현대사회가 과거로 회귀해서는 안 된다는 점을 매우 신중하게 경고하기는 하지만, 그렇다고 하더라도 이런 원시적 모델이 시사하는 교훈은 결코 소홀히 취급되지 않는다.

> 이런 원시적 공동체들에서도 어떤 개인이 기술을 발전시킬 여지는 있지만, 급진적이거나 지적인 의견들의 발전을 위한 여지는 없다. …… 어떤 점에서 보면, 원시적 공동체들의 기본적인 구성단위는 집단이거나 공동체commune이지 개별적인 개인이 아니다. 개인적인 역량에 근거하여 이루어지는 어떤 발전도 전체에 종속되어야만 한다. 하지만 우리는 이와 매우 다르다. 복잡한 사회에서 교육의 목적은 개인의 지성과 독립적인 판단력을 계발하는 것이다. …… 인간 삶의 거의 전 영역에서 [원시사회는 구성원을 고려하며, 그 구성원은 오로지 주어진 신호에 대한 응답으로 그가 산출해야 하는 사회적 반응만을 배운다. 이것은 매우 제한된 삶의 방식이지만, 고도로 통합적이고 "기능적"이다. …… 여기에서 개인은 "고독의 문제와 씨름할" 필요가 없기 때문에 매우 편안함을 느낀다.[214]

근대인들이 원시주의에 대한 집착을 통해 추구하고 있는 것은 무엇인가? 관습에 구속된 사회, 금기에 얽매인 사회로 돌아가는 것을 정말로 원하지 않는다는 점은 확실하다. 이 수수께끼를 풀 수 있는 단서는 관리주의자들과 일부 사회학자들이 원시적 사회들에 속한다고 여기는 "자연성"에서 발견될 수 있다. 사회적 행동에 대한 세밀하고 엄격한 규약에도 불구하고, 원시인들은 공동의 목표를 위해 협동할 때 놀라운 "자발성"을 보여 준다는 것이다. 그런데

"자연적", "자발적"이라는 흥미로운 단어들은 지난 수세기에 걸쳐 복잡하고 다양한 반응들을 불러일으켜 왔다. 메이요학파의 관리주의 이론에서 이 단어들을 구사했던 방식은 말리노프스키 Bronislaw Malinowsky의 인류학과 관련해서보다는 정치 이론의 역사와 관련해서 더 잘 이해된다. 왜냐하면 '사회학적으로 정향된 관리주의자들이 제기하는 비판들이 어떤 집단을 겨냥하는 것인가'라는 질문을 던져 보면, 오늘날 조직 이론의 저술이 논쟁을 벌이고 있는 쟁점이 버크와 프랑스의 혁명 이론가들이 논쟁했던 쟁점과 매우 유사하다는 점이 명백하게 드러나기 때문이다. 그것은 바로 "정치사회학" 대 "정치적 합리론"이라는 쟁점이다. 현대의 조직 사회학자가 "자발성", "자연성" 및 "전통적인 행동 방식"이라는 가치들을 찬양할 때, 그는 버크의 정통적인 어법을 구사하고 있는 것이다. 또 그가 조직이란 일종의 생명체라는 주장에 근거하여 경영 능률 향상 엔지니어efficiency engineer의 합리적이고 수학적 논리에 이의를 제기할 때, 그는 사회를 결합시키고 있는 미묘한 헌신과 비합리적인 충성을 결코 냉엄한 데카르트주의적인 논리로 판단해서는 안 되며, 일단의 사회 기하학자가 제시하는 기하학적인 대칭을 구현하려는 구상에 일치하도록 그것들을 조형해서도 안 된다는 버크의 주장에 공명하고 있는 셈이다.

오늘날에는 조직적 삶의 본성과 관련해 뚜렷이 구별되는 두 개의 사상을 주장하는 학파들이 존재한다. 먼저 버크처럼, 하나의 조직을 오랜 시간에 걸쳐 진화해 온 사회적 유기체로 묘사하는 사람들이 있다. 하나의 조직은, 그것이 기업이든 정부의 관료제든 간에, 특정한 역사적 환경에 대한 복잡한 대응과 그 구성원들의 필요, 정서, 감정에 따라 지속적으로 조정되는 제도 및 그 구성원을 의미한다. 이런 조직의 주요 기능은 가능한 한 가장 합리적인 방식으로 이윤을 생산하는 것도 아니고, 그 효율성에 의하여 생산관리 엔지니어production engineer를 기쁘게 하는 것도 아니다. 오히려 조직의 주요 기능은 사회적 안정, 응집, 통합이라는 가치들을 증진시키는 것이다. 우리는 이런 주장을 제기하는 학파를 '유기체론자'라고 지칭할 것이다.

이와는 대조적으로 두 번째 학파는 조직을 합리적으로 배치된 구조로서, 상품을 만들거나 '결정을 내리는' 것과 같은 특정한 목적을 위해 고안된 것으로 간주한다. 이 학파의 논자들에게는 효율성이 최고의 가치다. 그들에게서 합리적이고 자기 의식적인 계획 수립에 반대하는 버크적 편향이라고는 전혀 찾아볼 수 없을 것이다. 우리는 그들을 '합리론자'라고 지칭할 것이다.

사이먼과 바나드Chester Barnard와 같은 저술가들을 포함하여, 합리론의 대표자들은 사실적인 언어matter-of-fact language를 구사한다. 특히 사이먼은 무미건조한 기계적 은유를 즐겨 사용한다. 예컨대 하나의 조직은 "금전이나 노력의 형태로 기여분을 받고 역으로 이 기여분에 대한 대가로 유인들을 제공하는 것이 평형 상태를 이루는 체계"다.[215] 이 학파의 사유에는 낭만주의의 흔적도 없고 자연적인 성장 방식들에 대한 선호도 없으며, 오직 냉엄한 합리론의 세계만이 존재한다. "조직은 최소한으로 '자연적'이며, 최대한 합리적으로 고안된 인간 결사체의 단위다."[216] "공식적인 조직이란 일종의 의식적이고, 신중하며, 의도적인 협동이다."[217] 합리론자들은 인간의 에너지를 집중시키고 인간의 재능들을 끌어 모으는 조직의 역량에 깊은 감명을 받는다. 그들은 공동체적 연대보다 오히려 효율적인 운영과 생존 능력을 조직의 최고 가치로 간주한다. 사이먼에게 "모든 합리적 행동에 함축된 원리"는 "효율성이라는 기준"이다. 그렇지만 효율성은 지정된 목적을 이루기 위한 상이한 공정들의 조정이라기보다는 좀 더 광범위한 함의를 담고 있다. 그 목적은 개인이 최선의 결정을 내릴 수 있도록 유도하는 특정한 환경을 창출하는 것이다. 그리고 이 맥락에서 "최선"이란 조직의 필요와 목적에 가장 도움이 되는 결정을 의미한다.[218] 그것은 개인적인 행동과 태도에 제한을 설정하는 것, 즉 개인의 행동을 "통제 집단"이 창안한 "잘 고안된 계획"의 영향 아래에 두는 것을 포함한다.

합리론자들의 견해는 그들이 권위의 문제를 다루어 온 방식에서 매우 잘 드러난다. 정확히 말해서 그들의 이론은 홉스적이다. 예를 들어 사이먼의 저술에서 권위에 대한 논의는 하급자들에게 명령하는 능력을 중심으로 전개된다. 구성원들 사이에 합의나 동의를 이끌어 내기 위한 어떤 양보도 제공되지 않는다. 거기에는 권위에 관한 간단명료한 특질만이 존재한다. 즉, 권위의 현존이란 하급자가 상급자의 결정을 받아들이고 "그 자신의 비판 능력을 중지"하면 언제든지 느껴지는 것이다. 상급자는 그의 부하를 설득하려고 노력하는 것이 아니라 단지 "하급자의 묵인을 구하기만" 하면 된다. 간단히 말해서 권위는 "타인의 활동을 좌우할 결정을 내릴 수 있는 힘power"이다.[219] 거기에 참여의식이나 소속감을 창출해야 할 필요성에 대한 감상적인 경향이라고는 전혀 없다. 확실히 충성심은 바람직하지만, 그것은 대개 권위적 결정을 용이하게 하는 "조직화된 충성심"의 형태인 한에서다. 이상적인 구성원은 "타인이 전달한 결정을 …… 자신의 입장에서 그 전제들의 효용성expediency을 고려하지 않고 자신의 선택의 지침으로 삼는 것을" 조건반사적으로 용인할 수 있는 사람이다. 여기서 "선택"은 사려 없이 이루어지는 행동이라는 식으로 기이하게 규정된다.[220] 조직화는 집합적 합리성의 승리로 판명된다. 각각의 구성원이 조직의 자극에 반응하는 한, 합리성이 구성원들에게로 확장된다는 것이다.

> 이런 제도들은 참여자들의 정신적 경향을 대부분 결정하기 때문에 순응성, 따라서 인간 사회에서 합리성의 행사를 위한 조건을 형성한다.[221]

이 학파가 제시하는 조직화된 행동의 합리성에 관한 이론은 몇 가지 측면에서 홉스와 한층 더 유사한 점들을 보여 준다. 바나드는 어떤 조직에서도 "최종적인 시험"은 "생존"이라고 단언한다.[222] 그러나 좀 더 중요한 것은, 조직이 일종의 인위적으로 고안된 세계, 즉 홉스적 세계처럼 "인공적인" 것으로 간주되며, 이것은 존재할 것이라는 인간의 확신 이외의 어떤 것에도 의존하지 않는다는 점이다. 그것은 또한 사람들이 만든 것이기 때문에 합리적이며 그리고 합리적으로 이해될 수 있다. 리바이어던처럼 그것은 혼란에 대한 반응이다. 이런 점은 사이먼이 제시한 "경제적 인간"과 "관리적[또는 행정적 – 옮긴이]administrative 인간" 간의 주목할 만한 대조에서 예증된다.

> 경제적 인간은 "실재 세계"를 그 모든 복잡성을 고려하면서 다룬다. 하지만 관리적 인간은 그가 인식하는 세계가 실재 세계에 만연한 소란스럽고 엄청난 혼란을 과감하게 단순화시킨 모델이라는 점을 인정한다. 그가 극도의 단순화에 만족하는 것은 실재 세계가 대부분 무의미하다고 생각하기 때문이다. 즉, 그는 실재 세계의 사실들이란 대부분 그가 직면하고 있는 어떤 특정한 상황과 그다지 큰 연관성을 갖지 못하며, 원인과 결과의 가장 중요한 연관 관계는 간결하고 단순하기 마련이라고 생각한다.[223]

최근 합리론적 입장에 대한 반발로서 엄격하게 효율성에 입각해 조직화에 접근하는 입장에 대한 이의 제기가 나타났다. 이런 비판의 한 예로 메이요의 선구적인 저술을 들 수 있다. 그의 연구는 대부분 생산성과 노동자의 도덕 사이의 관계에 집중되었으며, 그는 도덕이란 대개 특정한 직무들을 중심으로 조직된 소규모 사회 집단의 건전한 기능이라고 결론을 내렸다. 어떤 점에서 메이요의 사상은 소규모 공동체 이론의 전통과 맞닿아 있으며, 많은 점에서 푸리에와 오언의 관심사를 상기시킨다.

그렇지만 훨씬 더 의미심장한 것은 대규모 기업과 행정 조직 내에서 공동체적 가치들을 발견하려는 최근의 시도다. 버크의 사상과 유기체론의 철학이 거대한 관료제의 세계를 설명하는 데 이용되고 있다. 이런 전개 양상을 대표하는 주요한 이론가는 셀즈닉Philip Selznick이다. 그는 "공식적인"[거시적인 구조에 초점을 맞추는 – 옮긴이] 조직 이론이 생동하는 구조의 미묘한 측면들과 풍부한 사회적 삶을 온전하게 포착할 수 있음을 부정함으로써 논의를 시작한다. 정치적 구성에 대한 합리주의적이고 추상적인 이론이 한 민족의 삶을 언제나 충실하게 요약할 수 있다는 생각을 버크가 비웃었던 것처럼, 셀즈닉은 시에예스 Emmanuel-Joseph Sieyès와 페인의 현대적 계승자들에게 다음과 같이 이의를 제기했다. 공식적인 조직들은 "조직화된 행동의 비합리적 측면들을 결코 극복할 수 없다. …… 어떤 추상적인 계획이나 모형도 경험적 실체를 완전하게 묘사할 수 없다. 설령 그것이 유용할 수 있다고 하더라도 말이다." 조직의 구성원들은 "탈인격화에 저항하려는, 단편적인 역할의 경계를 넘어서려는 성향, 전체로서 참여하려는 성향을 갖는다."[224] 확실히 하나의 조직은 일종의 합리적이고 공식적인 구조, 즉 "효율성과 효과성"이라는 기준에 의해 지배되는 "경제"로 파악될 수 있지만, 또 다른 관점에서 보면 그것은 "경제"라는 협소한 필요와는 근본적으로 다른 일정한 "필요"에 맞추어 "적응하는 사회구조"로 나타난다. 이런 "필요"는 버크가 성원했을 만한 것인데, 왜냐하면 그 필요가 유기체적인 성장을 묘사하는 섬세한 언어로 표현되고 있기 때문이다. 즉, 어떤 유기체와 마찬가지로 하나의 조직은 환경 내에서의 "안전", 권위의 위계에 있어서의 "안정성", 비공식적 관계들의 미묘한 양식들, 의사소통의 방식들, 정책에 있어서의 "연속성" 및 견해에 있어서의 "동질성"을 필요로 한다.[225]

셀즈닉은 자신의 후기 저술에서 조직의 유기체적 측면과 엄밀하게 합리적인 측면을 훨씬 더 날카롭게 구분했다. "조직"이라는 용어는 인간의 에너지를 일정한 목적으로 향하게 하는 데 유용한 "기술적 도구"로 확정된다. 조직은 다른 도구와 마찬가지로 특정한 기술적 목적을 위해 합리적으로 고안되고 소모될 수 있는 하나의 도구다. 그는 조직의 사회적 측면들을 추려 낸 다음 그것을 "제도"라고 지칭한다. 곧 하나의 제도는 "사회적 필요와 압력의 자연적 산물, 즉 민감하게 반응하여 적응하는 일종의 유기체에 좀 더 가깝다." 이런 제도의 적응은 사회에 대한 버크의 진화론적 관점과 일치한다. 제도의 적응은 "자연적이며 대개 계획되지 않은 것이다." "조직이 일종의 자아, 즉 어떤 특징적인 정체성을 획득할 때, 그것은 제도가 된다."[226] "제도"를 이해하기 위해서는, 공학자의 논리와는 다른 인식 방법이 필요하다. "우리는 자연적인 공동체들에 관해 우리가 알고 있는 것에 의존해야" 하는데, 왜냐하면 우리는 살아 있는 소중한 집합체를 다루고 있기 때문이다. 조직은 "자연적인 공동체"로 진화하는 정도에 따라 조직 자체를 위해 가치화되는데, "제도화한다는 것"은 "당면 과제의 기술적인 필요조건들을 넘어 가치를 고취시키는 것"이기 때문이다.[227]

따라서 이는 자생성, 지연적 과정, 환경 저응저 유기체, 비합리적 행동과 같은 버크의 순수한 언어에 매우 근접해 있다. 그러나 셀즈닉이 전(前) 산업 시대의 농촌 사회, 그리고 지주, 장원 및 충실한 가신의 세계가 아니라 제너럴 모터스, 미 국방부 및 대규모 공립대학의 세계를 묘사하고 있다는 점을 유념해야만 한다. 기업을 자연적인 공동체에 비유하는 것은 다음과 같은 질문을 불러일으킨다. 그런 공동체의 구성원이 된다는 것은 무엇을 의미하는가? 구성원들과 지배적 엘리트 사이에서 버크적인 자연적 귀족제는 어디에 존재하며, 오랜 시간에 걸쳐 서서히 그리고 무의식적으로 진화하고 있는 자연적 관계는 어디에 존재하는가? 셀즈닉이 제시하는 답변은 버크의 언어가 아니라 생시몽의 언어로 주조되어 있다. "자발성"과 같은 단어들이 구성원과 통제집단 간의 관계를 묘사하기 위해 사용되긴 하지만, 거기에서 무계획성은 완전히 제거되어 있으며, 오로지 조작적 성격을 감추는 외피의 역할을 한다.

"사회적 가치의 유지"는 "엘리트들의 자율성에 의존"하며, 따라서 참여는 "오로지 응집이 문제시될 때만" 구성원들에게 "지시된다"고 셀즈닉은 언급한다. 셀즈닉은 구성원들의 절실한 필요 가운데 하나가 "조작당한다고" 느끼지 않는 것이라고, 그리고 구성원들의 충성심이 조직의 메마른 구조에 인간적인 온정을 불어넣는 필수적인 구성 요소라고 공언했지만, 그는 이런 "헌신"과 "일체감"이 다음과 같은 난점을 초래한다는 점을 발견한다. 즉, 그것들은 "자원을 배치하는 리더십의 자유를" 제한한다는 것이다.[228] 그런 긴장은 리더십의 목표와 필수 조건 및 그에 수반되는 정서 간의 연결 관계를 조정함으로써 깔끔하게 해결된다. 어느 정도 연금술과 같은 과정에 의해서 "자발성"과 "조작"은 양립 가능한 것이 되어 버린다.

> 우리가 정책이란 어떤 조직의 사회적 구조에 기초해 구축된다고 말할 때, 우리는 공식적인 목표와 방법이 자발적으로 방어되거나 개선된다는 것을 의미한다. 개인들의 염원은 바람직한 힘의 균형을 형성하도록 고무되고 제어되며, 개인들의 상호 관계들 내에서 질서 잡힌다.[229]

이제 셀즈닉의 결론은 '합리론자'인 사이먼이 도달했던 결론과 별로 차이가 나지 않는다. "인간의 행동은 …… 제도적 배경으로부터 더 높은 목표와 통합을 지향하게 되는데, 그런 인간의 행동은 제도적 배경 내에서 운용되고 그것에 의해 형성된다." 일단 구성원에게 "조직을 향한 적절한 애착심 또는 충성심"이 함양되었다면, "그 구성원이 내리는 결정들이 조직의 목표와 일치하리라는 것"은 "자동적으로" 보장된다. 다시 말해 그는 "조직적 인격"을 가지게 될 것이다.[230] 조작이라는 지점에서 이루어지는 두 이론의 수렴은 최근 거의 모든 논자들 사이에 형성된 근본적인 동의 사항들 가운데 하나를 충실하게 반영한다. 즉, 조직화된 관료제에 의해 창조된 세계는 엘리트들이 운영하고 있으며 또 그들에 의해 운영되어야 한다는 믿음이 바로 그것이다. 그리고 이 지점에서 정치적인 것에 대한 도전이 명백히 드러난다. 이제 이런 도전이 어떻게 나타나게 되었는지를 알아보도록 하자.

12. 정치적인 것에 대한 공격

19세기에 이르러 고전적 자유주의에 의해 고양된 반정치적 충동은 이전

세기들과 비교할 수 없을 정도로 심화되고 확산되었다. 프루동은 당시의 "진저리나는 상황"이 "아리스토텔레스가 정치라고 부른 …… 여론이라는 일종의 질병"*une certaine maladie de l'opinion …… qu'Aristote …… a nommé POLITIQUE*에 기인한다고 단언했다.[231] 거의 모든 중요한 사상가들은 정치적인 것의 폐지를 천명했으며, 미래 사회에 대한 구상들은 대부분 매일 매일의 일상적 삶에서 정치적 활동을 배제했다. 그것은 미르그스가 지적했던 것처럼 "정자 현실에서는 국가가 시민사회의 삶에 의해 지탱되고 있는데, 오히려 시민사회의 삶이 국가에 의해 지탱되어야 한다고 믿는 것은 오직 현재의 정치적 미신일 뿐"이기 때문이었다.[232] 게다가 이런 반정치적 혐오감이 어떤 특정한 학파의 비공식적인 생각에 그친 것도 아니었다. 생시몽, 공상적 사회주의자들, 프루동, 콩트, 뒤르켐, 페이비언 사회주의자들, 그리고 관리주의자들이 그런 입장을 표명했던 것이다.

그런데 이전 장들에서 언급했던 것처럼, 반정치적 충동은 정치적 사색이 시작될 때부터 그 기원을 찾을 수 있을 정도로 오랜 역사를 가진 뿌리 깊은 것이었다. 따라서 현재의 논의에서 우리의 관심은 오래된 적의를 재삼 강조하려는 것이 아니라, 최근에 나타난 반정치주의의 특정한 징후를 가려내는 것이며, 특히 거기에서 제시된 독특한 대체물을 보여 주는 것이다. 간단히 말해서 우리의 고찰 대상은 정치적인 것의 제거라기보다는 오히려 정치적인 것의 승화다.

19세기 정치사상의 출발점은 고전적 자유주의가 마련했던 '국가'와 '사회' 간의 대립, 즉 제도, 권위 및 사람들이 정치적인 것이라고 믿었던 관계와 사람들이 '사적' 또는 정치 '외적인' 것이라고 믿었던 사회적·경제적·문화적 유형의 관계 사이의 대립이었다. 프루동은 다음과 같이 언급했다.

우리는 무익하기 짝이 없는 의회주의의 영역 외부에 비할 데 없이 광대한 또 다른 영역이 존재하며, 우리의 운명은 거기에서 결정된다는 것을 이해해야 한다. 우리의 상상력을 사로잡고 있는 이 정치적 환상의 형태 너머에 사회경제적 현상이 존재하며, 사회경제적 현

상이 조화를 이루는가 혹은 상충하는가에 따라 사회의 모든 선善과 병폐가 산출되는 것이다.[233]

19세기의 저술가들은 과거에 대해 고찰하면서, 18세기 또는 좀 더 정확히 1789년[프랑스혁명 – 옮긴이]이 향후 정치가 야기하는 억압적인 분위기를 제거해 버리게 될 전환점이었다고 점차 결론을 내렸다. 대혁명은 정치 질서가 사회의 복지에 대한 일반적인 책임을 주장하기 위한 최후의 완강한 시도로서 그 파산해 가는 힘을 끌어 모았던 시기로 상징화되었다. 프루동은 프랑스혁명이 의도치 않게 두 개의 양립 불가능한 실체, 즉 사회와 정부의 정체성을 날카롭게 구분했다고 주장했다. 여기서 정부는 "과학 및 노동과 일치하는 것으로 인식된 자연적 질서"의 원리와 상충하는 "인위적인 질서"라고 프루동은 단언했다. 19세기의 혁명에 부여된 과제는 1789년 프랑스혁명에 의해 조장된 정치적 경향을 역전시키고 파괴하는 것이었지만, 그것도 "사회 그 자체를 침범하는 어떤 질문도" 받아들여서는 안 된다는 경고를 유념한 상태에서 이루어져야 했다. 사회는 신성불가침의 "우월한 존재로서 독립적인 삶을 부여받은 것이었으며, 따라서 우리의 입장에서 그것을 자의적으로 재구성하려는 어떤 관념과도 거리가 먼 것이었다." 프루동은 "정치 질서로부터 경제적 질서로 나아가자"라고 간곡히 주장했다.[234]

그렇지만 19세기 중반에 이르러 이런 논조에 일정 정도 변화가 일어난다. 즉, 생시몽과 공상적 사회주의자들이 생각했던 것과는 달리 사회문제에 대한 정치의 개입은 정말로 위험한 것이 아니라 실제로는 그저 사소한 것에 불과했다. 현실은 본질적으로 사회경제적인 것이었다. 정치적 행위는 현실의 근본적인 성격을 분명하게 변화시킬 수 없었으며, 정치 이론은 그것을 올바르게 이해할 수도 없었다. 마르크스는 다음과 같이 단언했다.

> 정치사상이 정말로 정치적 사상인 것은 정치라는 틀 내에서 발생하는 사유라는 의미에서다. 그러므로 정치사상이 좀 더 명확해지고 좀 더 활력을 띨수록, 정치사상은 점점 더 사회적 해악의 본질을 파악할 수 없게 된다.[235]

마르크스 이후 그보다 덜 혁명적인 저술가들 사이에서도 정치의 근원적인 무용성에 대한 동일한 믿음이 존재했다. 그들은 최악의 경우 정치적 행위가 인간사를 도탄에 빠뜨릴 수 있다고 생각했다. 최선의 경우에도 정치적 행위는 단지 사회 현실을 보여 줄 수 있을 뿐, 결코 창조적인 방향을 제시할 수 없었다. 뒤르켐은 정부가 한 개인을 압박할 수는 있지만, "사회적 조건*état* 그 자체에 대해서, 즉 사회구조에 대해서는 상대적으로 무력하다"고 역설했다. 그는 계속해서 정치적 행위는 시민들의 영혼에 스며들기에는 너무 동떨어진 지점에서 작동되며, "사물의 본성에 반하여" 일률적인 규제를 부과하기에는 너무 조악한 방법을 사용한다고 주장했다.[236]

좀 더 최근의 그 계승자들뿐만 아니라 19세기 후반의 저술가들에게도 사회는 수많은 익명의 사람들의 협력에 의해 결합되어 있는 이해할 수 없을 정도로 복잡한 구조로 나타났다. 이것이야말로 노동 분업이라는 뒤르켐의 유명한 개념에, 사회적 연대라는 프루동의 관념에, 미래 사회에 대한 마르크스의 비전에 함축된 주제였다. 이 모든 저술가들의 공통된 신념은 사회적 협동이 정치에 대한 철저한 반명제로 정립된다는 것이었다. 프루동이 정치의 "최종적인 언어"*le dernier mot*는 "강제력"*la FORCE*이라고 언급했을 때, 그는 시대의 조류를 대변하고 있었다.[237] 다음의 구절에서 보듯이 현대의 관리주의자도 이 점을 똑같이 강조한다. "…… 정치 영역은 권력을 다룬다. 그리고 권력은 단지 하나의 도구일 뿐이며 본래 윤리적으로 중립적이다. 그것은 사회적 목적도 아니며 윤리적 원리도 아니다."[238] 동일한 전통에 속하는 또 다른 저술가는 어떤 정치 체계도, 심지어 민주주의조차 단지 "인간의 협동을 위한 인공적인 대체물"에 불과하며, "그에 수반하여 모든 종류의 병폐와 기형적 현상들이 발생되었다" 고 단언한다. 정치의 존재 이유*raison d'être*는 갈등이고, 정치가*politician*는 이 병폐에 기생하면서, 마키아벨리적 수법을 써서 이 병폐를 이용하고, 대중이 지닌 정념 및 허위적인 불만과 거래한다. "정치적인 묘안"은 아무런 해결책도 제공하지 못하는데, 그 이유는 "진정한 문제란 어떻게 사회를 위해서 각 개인의 기능을 최선의 상태로 배치할 것인가"이기 때문이다.[239]

이런 비판을 통해 19세기는 그 궁극적인 열망을 명료히 표명했다. 그것은 바로 근원적인 사회의 실재에 접근하는 것이었다. 진정 인간적인 것은 사회적 조건이었다. 프롬과 같은 정신분석학자들은 물론 뒤르켐, 피기스와 콜과 같은 영국의 다원주의자들 및 미국의 관리주의자들에게도 사회적 가치의 전형은 소규모 집단 관계들에서 나타났다. 그리고 이것은 프루동과 공상적 사회주의자들도 마찬가지였다. 뒤르켐은 오직 사적인 집단과 직업적 결사체만이 고립된 개인들을 "사회적 삶의 일반적인 급류로 끌어들이는" 힘*power*을 갖는다고 언급했다. 19세기가 모색했던 것은 사회 속에 깊이 갇혀 있던 삶의 힘이었다.[240]

근본적으로 19세기는 정치적인 것을 초월하기를 절박하게 원했다. 이런 관점에 대한 가장 강력하고, 많은 점에서 가장 대표적인 표현은 마르크스의 저작들에서 발견된다. 그는 정치적 관계가 이전 시대들에서 최고의 위치를 차지했다고 언급했다. 정치적 관계가 삶의 모든 측면으로 침투했으며, 정치적 외피가 집단들의 사회경제적 본성을 압도했다. 근대적이고 중앙 집중화된 국가의 출현은 일종의 '정치 혁명'이었는데, 이것이 '시민사회의 정치적 성격'을 분쇄했다. 마르크스가 제시하는 이런 역설의 의미는 한편으로 국가는 조합, 길드 및 봉건적 계급 구조를 파괴함으로써 권력과 권위의 독점, 즉 '현실적 국가'를 설립했으며, 다른 한편으로 국가는 이런 좀 더 작은 결사체들로부터 '정치적' 충성심을 고갈시키고 그것을 정치 질서 자체로 이전시켰다는 것이다. 이런 방식으로 정치 질서는 '일반적인 관심사'가 되었다. 그러나 이런 전개 양상이 사회에 미친 효과는 중대했다. 사회는 고립된 개인들의 혼란으로 해체되었으며, 반면에 개인은 공동체와 결사체의 풍요로운 삶과의 접촉을 박탈당하고 그 자신의 적나라한 자기중심주의에 감금되어 버렸다. 미래에는 이런 '정치적' 변화의 유해한 효과가 교정될 것이었다. 정치적 차원은 초월될 것이었다. 시민이라는 개념은 인간이라는 개념으로 대체될 것이었다. 개인은 정치적 동물이라는 인공적으로 창출된 지위에서 해방되어 사회적 동물이라는 자연적 지위를 회복할 것이었다.

> 사회적 삶에서 노동자가 배제되는 것은 정치적 영역에서 노동자가 배제되는 것과 그 종류와 범위에 있어서 매우 다르다. 사회적 삶은 …… 삶 자체, 육체적이고 문화적인 삶, 인간적 도덕성, 인간적 활동, 인간적 향락이고 실제적인 인간 존재다. 인간적 삶이란 인간의 진정한 사회적 삶이다. 이 삶에서 돌이킬 수 없이 배제당하는 것이 정치적 삶에서 배제당하는 것보다 훨씬 더 철저하게 배제당하는 것이고, 훨씬 더 견디기 힘들며, 끔찍하고 모순적인 것으로서, 이런 배제의 최종적인 결말은, …… 시민보다 인간이, 정치적 삶보다 인간적 삶이 더 근본적이기 때문에, 훨씬 더 근본적이다.[241]

국가에 대한 마르크스의 비판은 19세기에 광범위하게 퍼진 다음과 같은 신념을 표현한 것이었다. 즉, 그것은 악화되어 가는 개인들의 고립을 막기 위해 모종의 대담한 조치가 취해지지 않는다면, 증대하는 국가권력이 인간의 조건에서 최선의 것이자 가장 유망한 것을 파괴하고 말 것이라는 믿음이었다. 19세기의 자유주의자들은 다양한 헌정적 장치를 도입함으로써 그런 위협을 감소시키려고 했지만, 다른 논자들은 개인을 위한 피난처를 발견하기 위해 사회로 시야를 돌렸다. 공상적 사회주의자들은 국가주의*étatisme*에 대한 그들의 해결책을 소규모의 자급자족적인 공동체에서 발견했다. 토크빌은 민주적 사회가 다양한 지역 자치 정부 체계를 유지하고 자발적 결사체들의 성장을 고무하기만 한다면 과잉 중앙 집중화를 피할 수 있다고 믿었다. 뒤르켐과 영국의 다원주의자들은 국가권력의 압박을 상쇄시키기 위해 매우 자율적인 직업 단체들로 구성된 사회에 주목했다. 그러므로 사회적 고립이야말로 국가주의의 근본적인 원인이며 그것이 극복될 수 있다면 국가권력은 근원적으로 고갈되어 버릴 것이라는 광범위한 의견의 일치가 존재했던 것이다.

이런 불안의 진정성을 의심하거나 19세기의 사상이 비논리적인 단서를 따라가고 있었다고 암시하는 것은 대범하지 못한 자세일 것이다. 그렇지만 우리의 관심은 그런 진단과 대책이 가져온 결과에 있다. 국가를 거부한다는 것은 정치적인 것의 핵심적인 준거점을 부정한다는 것을, 즉 철수 전략이 국가권력을 더욱 강화시킬 수도 있음을 곰곰이 고찰해 보지도 않고 시민권, 의무, 일반적 권위와 같은 관념과 실천 전반을 포기해 버린다는 것을 의미했다. 게다가 국가를 버리고 그 대신 사회나 집단을 취한다는 것은, 국가와 마찬가지로 사회도 관료화의 물결에 저항할 수 없다고 입증된다면, 의심스러운 기대로 판명될 것이었다. 이런 두 가지 가능성은 모두 실현되었다. 국가에 대한 의구심은 시민성의 규약을 우리가 반쯤은 수치심에서 그리고 반쯤은 난처함 속에서 따르는 형식적인 의례로 축소시켰다. 동시에 인간적인 삶에서 소중한 것은 거의 모두 관료화에 노출되어 있다는 사실을 발견하면서 집단에 대한 환상은 상당 부분 사라지게 되었다.

이런 전개 양상들은 정치적 역할들이 재활성화되고 정치적 관념들이 재등장하는 현대의 배경을 제공한다. 즉, 정치 질서에 대한 불신으로 인해 사회로 퇴각했지만 사회 자체가 이미 관료화의 징후들을 점점 더 명백하게 드러내고 있었으며, 그에 따라 정치적인 것이 재등장하기는 했지만 그것은 조직화된 삶이라는 장식물을 덮어 쓰고 있었던 것이다. 정치 질서에서 부정되었던 것이 조직적 질서로 흡수되었다. 이런 이전이 그리 어렵지는 않았는데, 프루동이 이미 한 세기 전에 지적했던 것처럼, 정치적인 것의 정체성과 정당성은 단지 "일정한 기호 또는 외양, 그리고 일정한 의례의 집행에" 있기 때문이었다.[242] 따라서 근대적 인간이 이 상징과 의례의 중요성을 믿기를 거부한다면, 그는 자신의 지지를 다른 대상으로 자유롭게 이동시킬 것이다. 그리고 그런 이전이 얼마나 쉬운지는 다음과 같은 언급에서도 나타난다. "인간의 권리는 그것이 개인의 수중에 있었을 때와 마찬가지로 기업의 수중에서도 안전해질 수 있다."[243]

조직들의 정치적 삶은, 근대적 기업체와 같은 사적 조직이 정치 질서가 지닌 특징들의 대부분을 시현한다는 점에 대한 발견과 더불어 시작되었다.

> 기업은 이제, 본질적으로 독자적인 하나의 국가monostatist와 같은 정치제도이며, 기업의 관리자는 공직자와 같은 처지에 있다.[244]

제너럴 모터스와 같은 거대 기업체, 이게파르벤I. G. Farben, Interessengemeinschaft Farben과 같은 카르텔, 스탠더드 오일Standard Oil과 같은 독점 기업체, 이 모두가 다수의 정부 기관과 대등한 권력을 행사한다고 주장되었다. 그들은 엄청난 규모의 천연 자원은 물론 인적 자원도 지배한다. 그들의 부는 종종 많은 정부 기관이 관장하는 부를 초과한다. 그들의 활동은 무수히 많은 개인들의 삶과 복지에 영향을 미친다. 그들의 영향력은 단순히 경제적 영역을 넘어 확장되어 입법 기관, 정부 기관 및 정당으로 침투되고 있다. 따라서 이런 실체들이 정치사회와 같이 활동하는 것처럼 보인다면, 그들은 정치학의 범주들을 통해 연구될 수 있다는 결론이 나온다.[245] 예를 들어 기업이 일종의 정치적 형태라면, 그것은 구성원들에 대한 '권위'를 가져야만 할 것이다. 한 저명한 논자에 따르면, 기업 경영진의 '권위'는 사회계약에 관해 정치 이론가들이 묘사한 것과 동일한 과정에 의해 획득된다.

> 따라서 근대 기업은 일종의 정치적 제도다. 그 목적은 산업 영역에서 합법적인 권력을 창출하는 것이다. …… 기업의 정치적 목적은 합법적인 사회적 정부를 창출하는 것이며, 그 정부는 주주들이 지닌 개인적 재산권에서 비롯되는 원초적 권력에 기초하고 있다. 기

업은 가장 순수한 형태의 사회계약이다.[246]

조직 내의 "정치적"인 것의 발견에 발맞추어 불신을 샀던 정치 질서와 결부된 개념들과 통념들이 그 계승자를 묘사하는 데 사용되기 위해서 구출되었다. "정부", "정치 고문단"kitchen-cabinet, "최종적인 사법적 기능"final judicial function, "대법원", "대의제도", "질서", "공동체의 평의원들"trustees for the community, 그리고 "피치자들의 공정한 동의"just consent of the governed와 같은 용어들이 조직화를 다루는 문헌으로 확산되었다.[247]

　　이런 경향의 정점은 셀즈닉의 최근 저작인 『관리의 리더십』Leadership in Administration에서 가장 명백하게 드러난다. 그는 오늘날의 사회 세계는 "상당 부분 자치적으로 운영되는" 대규모의 조직들을 중심으로 조직된다고 단언한다. 그들이 지배하는 엄청난 자원 때문에, 대규모 자치 조직들, 더 정확히 말해 그 지도자들은 불가피하게 "수많은 구성원들constituents의 복지"를 책임진다. 이 제도들은 "본성적으로 공적"인데, 이는 그것들이 "공적인 이익에 귀속"되며 "전체 공동체의 복지에 영향을 미치는 공적인 문제들을" 다루기 때문이다.[248] 이런 실체들이 정치적인 것의 외피를 쓰고 있는 것에 걸맞게, 근대적 경영자는 "일종의 정치가가 되며", 그가 경영하는 조직은 기술적 또는 관리적 성격을 상당히 벗어버리고 "제도"라는 더 높은 위엄을 갖춘다. 그것은 "반응적이며 적응적인 유기체"로서 "정체"政體라는 유서 깊은 이름을 마땅히 받을 만하다. 정치적 지위에 대한 요구는 근대의 조직이 정치 질서의 삶에 친숙한 문제와 동일한 유형의 문제에 직면하고 있다는 사실에서 출발한다. 거기에는 "파편적인 집단 이익"을 "전체의 목적"에 맞추어 조절해야 한다는, "집단이라는 존재의 목적을 규정할" 정책들을 정치가와 같은statesman-like 수완을 통해 정교하게 입안해야 한다는, 그리고 "동의"를 구축하고 "권력의 균형"을 유지함으로써 내부의 갈등에 질서를 부여해야 한다는 "동일한 기본적인 헌정적 문제가 존재하는 것이다."[249] 리더십의 윤곽이 완전히 드러남에 따라, 우리는 전체 사이클을 한 바퀴 다 돌고 돌아와서 다시 한 번 최초의 정치철학자들이 제시한 문제를 대면하고 있음을 깨닫게 된다.

> 창조적인 인간은 …… 중립적인 일단의 인간 조작a neutral body of men을 헌신적인 정체政體로 변형시키는 법을 아는 사람이다. 이런 사람들이 바로 지도자다. 그들의 전문 분야는 정치다.[250]

13. 엘리트와 대중 : 조직화 시대의 행위

많은 논자들 가운데에서도 매우 세련되고 학술적인 논의의 전형을 보여주는 셀즈닉의 논의가 오로지 기업 조직들의 정치적 성격을 확립하는 데에만 관련된 것은 아니다. 오히려 그 논의의 훨씬 더 일반적인 목적은, 어떤 기업의 정치성은 그 기업이 회사라는 사실에 기인하는 것이 아니라 그것이 강력한 대규모 조직이라는 사실에 기인한다는 점을 입증하는 것이다. 달리 말해서 조직화는 지배적이고 편재적인 사회현상이며, 그것이 '기업', '정부', '군사' 조직인지 또는 '교육' 조직인지와는 그다지 관련이 없다. 모든 조직은 그 성격상 필연적으로 '정치적'이다. 거꾸로 말하면 근대 세계에서 정치적으로 가장 중요한 것은 조직화된 삶에 담겨 있다.

이것이 사실이라면, '이 이론가들은 정치를 어떻게 파악하고 있는가'라는 질문이 자연스럽게 제기된다. 부분적으로는 그들이 일종의 엘리트주의적 입장에서 정치적 문제를 인식한다는 답변이 가능하다. 셀즈닉의 표현에 따르면, 엘리트는 사회제도와 문화의 유지 및 발전을 위해 "객관적으로 필요"한 것이다.[251] 그의 저술에서 표현된 엘리트주의의 형태는 표면적으로 이른바 플라톤주의와 일정한 유사성을 갖는다. 곧 양자 모두 최고의 사회적 기능을 수행할 수 있는 자격을 지닌 소수가 최고의 권위를 갖는 위치에 있어야 한다고 믿는다.

그렇지만 근본적으로 현대의 엘리트주의는 엘리트란 탁월한 조작 능력에 기초해 우월성을 갖는 집단이라는 훨씬 더 최근의 상이한 관념에 의거하고 있다. 이런 정식화의 고전적인 전거는 파레토^{Vilfredo Pareto}의 저술에서 나타났지만, 그것은 매우 다양한 20세기 이론가들 사이에 널리 공유되었다. 즉, 그것은 당 엘리트에 관한 레닌의 이론에, 나치즘과 파시즘 이데올로기에, 다양한 관리주의 이론가들에게, 그리고 계획 사회에서 사회과학자들이 맡은 역할에 대한 만하임의 개념에 나타나고 있는 것이다.[252] 그런데 이 모든 저작에 나타나는 핵심적인 주제는, 그리고 엘리트주의적 경향에 대한 변증법적인 반명제로 제시되는 것은, 바로 '대중'의 출현이다.

대중의 개념이 근대의 정치·사회 이론을 사로잡고 있다. 즉, 가세트^{Ortega y Gasset}처럼 대중에게 환멸을 느끼는 자유주의자들에게 대중은 문화의 무서운 적으로 표상되었으며, 레닌과 같은 다른 논자들이나 특히 파시즘적이거나 나치즘적 경향의 논자들에게 대중은 혁명적 기회를 맞이해 유연하게 다룰 수 있는 질료로 표상되었다. '대중'에 대해 매우 다양한 규정들이 있지만, 그 가운데 셀즈닉의 규정은 대부분의 논자들이 염두에 두고 있는 바를 매우 공정하게 기술하고 있다. "전통과 사회구조에 의해 시행되는 정상적인 금제들이 느슨해질 때 …… 미분화된 대중이 출현한다."[253] 이런 종류의 규정은 '엘리트'와 '대중' 사이에 극적인 대치를 설정한다. 즉, 엘리트는 명백한 자격 조건을 갖고 사회 체계 내에서 필수적으로 유용한 역할을 수행하는, 분명하게 한정된 집단이다. 엘리트라는 개념은 위계, 질서, 분화를 근본적인 관념으로 여기는 정치·사회 이론의 전통과 자연스럽게 조화를 이룬다. 곧 이런 전통은 정치사상 자체만큼이나 오래 역사를 지닌 것이지만, 근대 사회학만큼이나 새로운 것이기도 하다. 이와는 대조적으로 대중은 미분화되고, 무정형적이며, 진부한 기호를 가지고 있으며, 규정된 역할과 의식적인 목적을 결여하고 있다. 또한 대중은 급속한 사회 변화의 시대가 남긴 볼품없는 침전물이며, 의사소통, 정서, 충성심의 결속을 갖지 못하고 방황하는 사회적 군집이다. "대중은 서로를 밀접하게 관련시키며, 제도적으로 결속시킴으로써 건전한 사회적 유기체를 형성하는 집단들에 반하는 '인간 무리'를 의미한다." 현대사회의 "병폐"는 "대중적 행동"이다.[254]

'대중'과 '엘리트'의 병치는 이론화의 현재적 상황을 매우 잘 보여 준다. 왜냐하면 현대의 이론이 어떤 특수한 의미에서는 탈脫마르크스주의적이며, 그 정서에 있어서는 대중에 대한 환멸을 드러내고 있다는 점을 보여 주기 때문이다. 역사는 우호적이기만 한 것이 아니었을 뿐만 아니라, 실증적인 견지에서 보면 오히려 악의에 찬 것이었다. 역사는 인간의 역사적 운명을 헤쳐 나갈 당당한 담지자로서 고도로 자기 의식적인 프롤레타리아트 대신에 통속적인 대중을 우리에게 제공했다. 아도니스가 아니라 콰시모도*가 역사의 전면에 부상했던 것이다. 마르크스는 노동계급을 인류의 과거를 나타내는 상징일 뿐만 아니라, 기강이 잡혀 있고, 목적의식적이며, 미래에 이루어질 인류의 승리를 상징하는 대변하는 존재—"철학은 오직 프롤레타리아트의 폐지에 의해서만 실현될 수 있으며, 프롤레타리아트는 철학의 실현에 의해서만 폐지될 수 있다"—로 묘사했다. 프롤레타리아트는 전 인류를 위해 역사의 십자가에 매달려 신음하고 있었다. "그 고통은 보편적인 것이다." 현재 프롤레타리아트가 겪고 있는 참상은 "특수한 악이 아니라 일반적인 악"이었다. 미래에 이루어질 프롤레타리아트의 해방은 "인류의 전체적인 구원"을 약속했다.

---

* [옮긴이] 아도니스(Adonis)는 그리스 신화에서 미의 여신 아프로디테가 반했던 미소년을 말한다. 반면 콰시모도(Quasimodo)는 위고(Victor-Marie Hugo)의 소설 『노트르담의 꼽추』(Notre Dame de Paris)에 등장하는, 꼽추에다가 얼굴이 일그러질 정도로 큰 사마귀가 왼쪽 눈을 덮고 있어서 뭇 사람들의 놀림감이 되었던 인물이다.

그런데 역사가 그런 프롤레타리아트 대신에 대중이라는 "인간 무리"를 토해 냈다면, 대중사회라는 새로운 시대의 교사는 마르크스가 아니라 레닌일 것이다. 그는 당대적 조건을 언급하며 프롤레타리아트의 승리를 예언하는 예언자가 아니라 행위의 수단으로 엘리트를 완성시킨 전략가다. 실제로 길을 인도하는 자가 프롤레타리아트가 아니라 엘리트라면, 바람직한 전략은 사이비 프롤레타리아트 또는 대중을 타파하는 것이 아니라 그들을 조작하는 것이다. 레닌이 언급하는바, "우리의 의무"는 "좀 더 아래로 그리고 더욱 깊이 내려가 현실의 대중에게 이르는 것"이었다.[255]

우리의 연구에서 레닌이 핵심적인 위상을 차지하는 이유는 그가 대중 시대에 가장 적합한 매개 행위로서의 조직화가 갖는 가능성을 대부분의 논자들보다 더 예리하게 감지했기 때문이다. 레닌의 이론에서 조직화와 대중의 관계는 플라톤의 이론에서 이데아와 질료의 관계와 같았다. 즉, 조직화는 형상을 갖지 못한 존재에 형상을 부여하는 것이었다. 레닌은 조직화의 차원으로 이행하는 정치, 정치 이론, 정치적 행위 ─ 우리가 '정치적인 것'에 포함시켜 왔던 모든 것들 ─ 가 갖는 함의를 포착한 최초의 인물이었다. 그는 정치와 정치적인 것이 오직 조직이라는 배경 내에서만 의미를 갖는다고 설파했다. 산업주의와 대규모 조직화가 필연적으로 정치적인 것을 불필요한 것으로 만들지도 않았으며, 생시몽과 다른 논자들이 가정했던 것처럼 '관리'administration가 완벽한 대체물을 제공하지도 않았다. 비결은 정치적인 것을 파괴하는 것이 아니라, 그것을 조직으로 흡수하여 어떤 새로운 합성물을 창조하는 것이었다. 레닌의 방법이 성공함으로써 그의 주장은 이 시대의 공통적인 속성이 되었다. 아이러니컬한 점은 혁명에 대한 레닌의 지침 역시 거대한 자본주의를 보존하는 데 이용되었다는 것이다.

레닌의 주장에서 핵심적인 지점은 고전적 자유주의와 초기 사회주의는 물론 마르크스도 공유했던 가정, 즉 경제적 현상의 근원적인 중요성을 거부한 것이었다. 다른 논자들이 마르크스를 따른다고 공언하면서 자본주의의 지속적이고 완강한 생명력으로 인해 우려를 표명했던 반면, 레닌은 혁명 이론의 초점을 전前 자본주의사회들로 전환시킴으로써 이 문제를 부적절한 것으로 만들었을 뿐만 아니라, 무엇보다도 그는 혁명운동의 가장 큰 위험이 노동자들로 하여금 경제적 문제에 함몰되도록 허용하는 데 있다고 설파했다. 프롤레타리아트가 물질적인 계급 이익을 탐닉하는 데 빠진다면, 프롤레타리아드의 깅인한 혁명적 열정은 확실히 나약해질 것이며 결국 패배하고 말 것이었다. 자기 이익은 자기 이익일 뿐이어서, 그것은 자본주의적 영웅들은 물론 프롤레타리아적 영웅들도 고무시키지 않았다.[256]

계속해서 레닌은, 의미 있는 행위는 곧 경제적 행위를 의미한다는 18, 19세기의 통념을 폐기하는 데 착수했다. 정치적 행위는 망각에서 구출되어 새로이 최고성을 회복했는데, 여기서 새롭다는 것은 혁명이 정치적 행위의 본질적 형태로 천명되었기 때문이다. "경제적 이익이 결정적인 요인이라는 사실은 경제적 [즉, 조합주의적] 투쟁이 주요한 요인이 되어야 한다는 것을 전혀 의미하지 않는다. 왜냐하면 계급의 차원에서 본질적이고 '결정적인' 이익은 일반적으로 오직 급진적인 정치적 변화에 의해서만 충족될 수 있기 때문이다."[257] 레닌에게 "정치적인 것"은 계급적 지평과 이익을 초월하는 포괄적인 것을 함축했다. 따라서 노동자들은 경제적 의식을 극복하고, "어떤 계급이 영향을 받든지 간에, 모든 경우의 폭정, 억압, 폭력, 학대"에 민감하게 반응하는 "전방위적인 정치의식"을 획득해야 했다.[258] 그는 "정치적 활동"이 테러리즘이나 경제적 투쟁과는 "완전히 다른 논리를 가진다"고 주장했으며, "경제적 투쟁 내에서부터 노동자들의 계급적 정치의식을 발전시키는 것"이 가능하다고 믿는 것이야말로 "근본적인 오류"를 범하는 것이라고 그의 논적들을 비판했다.[259] 혁명적 전복은 근본적으로 정치적인 목표를 가진 기본적으로 정치적인 행위이기 때문에, "진정한" 의식은 경제적이라기보다는 정치적이었다.[260] 그러므로 노동자들은 정치적 의식을 갖도록 교육받아야 했다. 이는 매우 고전적인 관념으로서 전체에 대한 종합적인 관점을 획득하는 것을 의미했다.

> 노동자들이 구체적인, 그리고 무엇보다 시사적이고 정치적인 사실들과 사건들 및 다른 모든 사회적 계급과 이 계급들의 지적·윤리적·정치적 삶의 모든 징후로부터 관찰하는 것을 배우지 않는다면, 노동자 대중의 의식은 진정한 계급의식일 수 없다. 그들이 모든 계급, 계층 및 전 인민을 아우르는 여타 집단들의 삶과 활동의 모든 측면에 대해 유물론적인 분석과 평가를 실천적으로 적용하는 것을 배우지 않는다면, 진정한 계급의식을 가질 수 없다.[261]

정치적 행위의 최고성을 단언한 이후 레닌은 '어떻게 하면 정치적 행위를 가장 잘 추구할 수 있을 것인가'라는 질문에 논의의 초점을 맞추었다. 우리가 이미 언급했던 것처럼, 그의 답변은 조직화였으며, 이 선택은 서구 전통에서 결정적인 전환점을 상징했다. 레닌의 사상에 관해 이미 알고 있다는 유리한 지점에서 19세기 후반과 20세기 초반을 돌아볼 때, 우리는 니체, 키르케고르 Søren Aabye Kierkegaard, 소렐과 같은 논자들의 이의 제기가 의미했던 바를 좀 더 명백하게 파악할 수 있다. 키르케고르가 언급하는 신으로의 외롭고 필사적인 '도약', 니체가 묘사하는 진부한 부르주아적 세계의 올가미에 대항하여 투쟁하는 고독한 초인의 투쟁, 그리고 소렐이 제시하는 한 명의 프롤레타리아트에 의해 시작되는 자발적인 일반적 파업의 '신화'는 오로지 일종의 영웅적인 충동에 의해서만 발화되어 통일을 일구어 냈다. 이것들은 모두 조직화되지 않은 개인적 행위를 위해 일정한 공간을 확보하려는 최후의 필사적인 시도였다. 그것들은 능률적인 조직과 합리적인 효율성을 추구하는 관료제의 시대에 당면해 소멸하게 될 운명에 처한 낭만주의의 마지막 헐떡임이었다. 이는 일그러진 신학자들과 매독에 걸린 철학자들에 국한된 이의 제기도 아니었는데, 왜냐하면 아마도 가장 위대한 사회학자인 베버의 사상보다 훨씬 더 명확하게 조직화의 세계와 창조적인 개인 간의 긴장에 대해 고민한 흔적은 어디에도 나타나지 않았기 때문이다.

관료제와 대규모의 조직화가 근대의 정치적·사회적·경제적 삶의 근본적인 현상이라는 점을 그 누구도 베버보다 더 명확하게 파악하지 못했다. 일상화된 합리성, 비인격적인 공정성, 이런 구조에 의해 드러나는 고도의 전문적 지식을 그 누구도 베버만큼 아낌없이 찬미하지 않았다.262 하지만 거기에는 매우 모호한 논조와 비애감 어린 나직한 속삭임이 존재했다. 즉, "우리 시대의 운명"은 인간이 "탈주술화된 세계"에서 살아야만 한다는 것이다. 신비는 추방당했고, "인간의 삶과 활동을 얽어매던 주술은 풀려 버렸는데, 그럼으로써 신비적이지만 내면적으로 진정한 유연성도 발가벗겨져 버렸다."263 그러나 베버는 자신의 유명한 논문인 『소명으로서의 정치』*Politics as a Vocation*에서 관료제가 모든 정치적 영역 — 정당, 정부 및 입법부 — 으로 파급되었던 방식을 명료한 통찰로 서술하는 한편, 진정 고전적인 성격을 띤 정치적 리더십의 개념을 애처롭게 옹호했다. 베버의 지도자는 고도의 도덕적 열정과 위엄을 지니고, 깊은 책임감에 고뇌하는 일종의 정치적 영웅이다. 하지만 근본적으로 베버의 지도자는 그 고전적 모델만큼이나 헛되고 애처로운 인물이다. 고전적 영웅의 운명은 그가 결코 우발성 또는 운명*fortuna*을 극복할 수 없다는 것이다. 근대적 영웅의 특수한 아이러니는, 관료화된 절차에 의해 우발성이 축출된 결과 영웅이 맞붙어 싸울 것이라고는 아무것도 남지 않은 세계에서 고군분투한다는 점이다. 베버의 정치적 지도자는 베버가 발견했던 바로 그 관료화된 세계에 의해 불필요한 존재가 된다. 즉, 심지어 카리스마조차 관료화되어 버린 것이다. 우리는 깊은 열정 — "열정적이라는 것, 즉 경멸과 편견*ira et studium*은 …… 정치 지도자의 요소다" — 으로 불타오르지만 관료제라는 비인격적 세계에 직면한 정치적 인간의 모호성을 발견하게 된다. 그 세계는 베버가 종종 "경멸이나 편견이 없는"*sine ira et studio* 원리라고 말한 열정이 결여된 원리에 입각해 있다.264

베버에게는 개인적 행위라는 도피처, 즉 세계 내에서 인간이 자신을 긍정할 수 있는 영역이 남아 있었다. 그 영역이 없다면 인간은 합리화되고 고도로 지적인 과정에 의해 지배되고 말 것이었다. 선택 또는 근본적인 가치의 영역이야말로 본성적으로 과학적인 방법과 여타 객관적인 기법에 완강히 저항하는 영역이었다. 그것은 정념의 마지막 보호구역이었다.[265] 이는 베버가 끝없이 고심해서 다듬은 바 있는 과학적으로 알 수 있는 '사실'의 영역과 주관적이며 비과학적인 '가치'의 영역 간의 구별에 대해 매우 상이한 관점을 시사한다. 베버의 해석이 때때로 암시했던 것처럼, 양자 사이에 놓인 장벽은 단순히 자의적인 가치와 개인적인 특이성에 의한 오염으로부터 객관적인 과학의 영역을 보호하기 위해 세워졌던 것이 아니었다. 베버의 입장에서 보면, 그것은 이와 동등하게 절박한 노력의 결과로서, 이는 스스로를 긍정할 수 있으며 가장 중요하게는 관료제적이고 과학적인 합리성이 불가능한 일정 영역을 보장하기 위한 것이었다. 그러나 문제는 거기에서 끝나지 않았는데, 왜냐하면 베버는 개인적 행위가 고민해야 하는 최종적인 아이러니를 남겨 놓았기 때문이었다. 즉, 다음의 구절에서 보듯이, 각 개인은 이 궁극적인 차원에서의 선택에 대해 엄청난 책임을 짊어졌지만, 과학자가 누리는 확실성에 각자가 도달할 수 있다는 가능성은 전적으로 부정되었기 때문이다. "궁극적으로 가능한 삶에 대한 태도들은 상호 화해 불가능한 것이며, 따라서 그것들 사이의 투쟁은 결코 최종적인 결론에 다다를 수 없다."[266]

이런 향수는 레닌의 사상에서 어떤 자리도 차지하지 못했다. 레닌의 사상은 조직화의 잠재성에 매료되어 있었다. 레닌이 조직화를 사회 전체를 전복시키기 위한 아르키메데스의 지렛대로 간주했다는 점을 언급하는 데는 주석을 달 필요조차 없다. 그 자신이 그런 은유를 사용한 적도 있었다.[267] "우리가 혁명 당원들의 강고한 조직이라는 굳건한 기반을 갖고 시작한다면, 우리는 전체 운동의 안정성을 보장할 수 있다." 혁명은 억압받고 격분한 대중의 "자연 발생적인" 봉기와는 달리 섬세한 시기 포착을 필요로 하는 일종의 "기예"였다. 자발성은 조직화를 "좀 더 필수적인 것"이 되게 했다.[268] 오로지 조직화된 지성을 통해서만 혁명 당원들은 "일반적인 정치적 상황"에 접근할 수 있었고, "봉기를 위한 적절한 시기를 선택할 수 있는 능력"을 발전시킬 수 있었으며, 지역 조직들이 "동일한 정치적 문제에 동시적으로 반응"할 수 있도록 그들 사이의 규율을 강화시킬 수 있었다.[269]

따라서 조직화는 "자연 발생적인" 혁명적 힘의 끓어 넘치는 흥분에 예상된 방향과 형식을 제공했다. 조직화는 "체계적인 활동 계획"을 오랫동안 유지시켰으며, "정치적 투쟁의 에너지, 안정성 및 지속성"을 보존시켰다. 조직화를 통해서 혁명 당원들은 "이 방울방울 그리고 가느다란 물줄기 같은 대중의 열기를 모두 모아서 단일의 거대한 흐름으로 집중"시킬 수 있었다.[270] 무엇보다도 조직화에 의해 수행되는 "전방위적이고 포괄적인 정치적 선동"은 엘리트와 대중이 굳게 결합하는 데 일조했다. 조직화는 엘리트를 "군중의 원초적인 파괴적 힘에 훨씬 더 밀접하게 근접시키며, 그런 대중의 힘과 혁명 당원의 조직이 지닌 의식적인 파괴적 힘을 한데 융합시킨다."[271]

레닌이 혁명적 조직의 세부 사항들을 자세히 설명했을 때, 이와는 상이한 거의 미학적인 어조가 그의 저작에 스며들었다. 그는 [자신의 작품에 대한 ─ 옮긴이] 예술가의 조바심 어린 자긍심을 품고 "혁명 기구"apparatus를 고찰하기 시작하면서 조직화의 방향을 저급한 경제적 목적과 "즉자적인 목표"로 돌림으로써 그것을 "타락"시키려고 하는 사람들에게 경멸을 퍼부었다. 이어서 그는 "러시아에서 혁명 당원들의 위신을 떨어뜨렸던" 기존 조직화의 "유치함"을 탄식했다. 조직화의 과제는 노동자들을 "혁명 당원의 수준으로" 향상시키는 것이지, 조직을 "평균적인 노동자"의 수준으로 떨어뜨리는 것이 아니었다. 무엇보다도 혁명적 상황이 무르익었을 때, 혁명의 파도에 당 조직이 "압도"당할 수도 있다는 위험을 막기 위해 특단의 조치가 취해져야만 했다. 조직 자체를 보호하기

위해서, 그 조직은 대중의 "자발성"을 압도하기에 충분할 정도로 강력해야만 했다.[272]

조직의 필수적 요소인 직업적 혁명가로 이루어진 '소규모의 탄탄한 중핵'에 대한 레닌의 강조는 그를 '어떤 종류의 민주주의, 그리고 어느 정도의 민주주의가 허용될 수 있는가'라는 질문으로 이끌었다. 그의 대답은 똑같은 광범위한 질문에 관심을 쏟았던 후일의 저술가들이 그대로 반복하게 될 논의의 틀을 확립했다. 그것은 민주적임을 공언하는 정당들에서 나타나는 과두제적이고 관료제적인 경향에 대한 미헬스Robert Michels의 유명한 연구에서 채택된 절차였다. 그것은 또한 행정적 리더십의 필요조건과 민주적 관행 사이에 나타나는 모순에 관한 바나드의 분석에서도 채택되었다. 그리고 그것은 "급진적 평준화"로의 경향을 갖는 대중사회가 "효과적인 사회적 리더십의 출현을 가로막는" 방식에 관심을 쏟는 조직 이론가들에 의해서도 채택되었다.[273] 여기서 중요한 것은 '조직화는 어느 정도의 민주주의를 허용할 수 있는가'라는 질문 — 결코 그 역의 질문이 아니라 — 이 제기되는 방식이다. 다음의 구절이 보여 주듯이 레닌의 모델은 여기에 대해 솔직한 답변을 제시한다.

> 관료제 대 민주주의의 관계는 중앙집권주의 대 [지역적] 자율주의의 관계와 같다. 그것은 혁명적인 정치적 민주주의의 조직화 원리가 사회민주주의라는 기회주의자들의 조직화 원리에 반대되는 것과 동일하다. 기회주의자들은 아래에서 위로 나아가기를 원한다. …… 혁명적인 정치적 민주주의자들은 위에서 아래로 나아가며, 부분에 대한 중앙의 권리와 권력의 확장을 옹호한다. …… 나의 생각은 …… 당은 위에서 아래로 건설된다는 의미에서 "관료제적"이라는 것이다.[274]

그러므로 민주주의는 조직화와 엘리트주의의 절대적 원칙에 좀 더 일치하도록 재규정되어야 했다. 고도로 전문적인 리더십의 특질을 손상하지 않도록 구성원 자격은 엄격하게 제한되어야 했다. 동시에 관료제적 민주주의의 유형은 재능 있는 노동자들이 지도자의 위치로 부상하는 것을 고무할 것이었다. 근대 기업에서처럼, 상층부로 올라갈 여지가 있어야 했다.[275] 구성원들에 대한 민주적 책임감을 "실제적으로" 보장하는 것은 엘리트의 긴밀한 연대, 즉 "혁명 당원들 사이에 맺어진 완전하고, 동지적이며, 상호적인 신뢰"였다.[276]

레닌이 새로운 질서를 건설하는 과제를 인식하게 되었을 때, 그는 다시 한 번 동일한 처방에 의존했다. 즉, 파괴뿐만 아니라 건설도 체계적 조직화와 탄탄한 지도자 집단을 필요로 한다는 것이었다. 오직 '종교적 열광'만이 교회를 지탱할 수 있다고 믿었던 종파주의자들과 싸웠던 칼빈처럼, 레닌은 낡은 질서의 파괴와 더불어 인간은 권력이 불필요해지는 조건으로 직접 나아갈 수 있다는 무정부주의적 주장을 다루어야 했다. 레닌은 "프롤레타리아트는 중앙 집중화된 강제력의 조직이며 폭력의 조직인 국가권력을 필요로 한다"고 역설했다.[277] 확실히 낡은 양식의 정치는 폐지될 것인데, 왜냐하면 자본주의의 발전 덕분에 정부의 업무는 대부분 너무나 단순화되어서 우체국에서 이루어지는 것과 같은 단순한 일상적 업무로도 수행될 수 있었기 때문이었다. 사회는 점차 "비정치적 국가"로 진화할 것이었으며, 이것이 최종적인 단계는 아니지만, 과거에 비하면 명확한 발전일 것이었다.[278]

레닌이 정치적인 것 가운데 무엇을 폐지해야 하고 무엇을 유지해야 하는지를 고려하기 시작했을 때, 그의 조직론적 심성이 어떻게 작동하는가가 명료하게 드러났다. 정당의 경쟁, 입법 활동을 둘러싼 책략, 정부 기관들 사이에 발생하는 갈등, 집단 이익을 위한 투쟁으로 대변되는 정치는 억압되어야 했다. 즉, 조직화는 정치를 배제했다. 그러나 조직화에 알맞거나 필수적인 정치적인 것의 측면들은 유지되어야 했다. 따라서 프롤레타리아트 국가는 "일정한 종속"과 "어느 정도의 권위나 권력"을 필요로 한다는 것이었다. 무엇보다도 관료제 자체는 영속될 것이었다. "관료주의를 즉각적으로, 모든 곳에서, 철저하게 파괴한다는 것, 이것은 전혀 고려될 수 없는 것이다." "모든 행정"과 "모든 종

속"이 폐지될 수 있다는 것은 단순히 "무정부주의적인 몽상"에 빠져 있는 것에 불과했다.[279]

레닌이 혁명적 조직들에 아낌없이 바쳤던 애정은 이제 정부 기제로 이전되었다. 그는 혁명적 사회가 자본주의적 행정의 발전된 기술을 활용할 뿐만 아니라 그것을 완성하고 정화할 것이라고 단언했다. 더 이상 공적인 지위가 그저 사적인 기업에서 좀 더 유리한 자리를 차지하기 위한 도약대로 전락하지 않을 것이었다. 더는 공무원 사회에서 부주의하고 형식에만 치우친 전통이 횡행하지 않을 것이었다. 정부 기제는 기생계급에 의해 훼손되지 않은 순수한 조직이 될 것이었다. "여기서 우리의 문제는 단지 그렇지 않았다면 훌륭했을 이 국가 기구apparatus에서 자본주의적으로 훼손된 부분을 잘라내 버리는 것일 뿐이다."[280]

조직의 매력에 대한 그의 찬미와 조직의 창조력에 대한 그의 신뢰라는 견지에서 볼 때, 레닌이 그것을 간절히 시험해 보려고 했다는 점은 의문의 여지가 없다. 후일의 조직 이론가들과는 달리, 그는 이용 가능한 자원의 결여, 낮은 수준의 기술력과 문자 해독 능력, 현실과 여망 간의 엄청난 괴리에도 낙심하지 않았다. 인간 본성이 새로운 시대의 요구에 맞게 교육될 수 있을 때까지 혁명은 연기되어야 한다고 항변했던 소심한 당원들에게, 레닌은 새로운 조직의 시대에 보내는 신뢰를 담은 고전적인 진술로 다음과 같이 응답했다. "아닙니다. 우리는 사회주의혁명이 현재 있는 그대로의 인간 본성, 즉 종속, 통제 및 '관리자들'이 없을 수 없는 인간 본성과 함께 가기를 원합니다."[281]

마지막으로 하나의 문제가 남아 있었다. 미래 사회에서는 국가가 "사멸"될 것이며 강제는 그 근거를 상실할 것이라는 마르크스의 예언과 조직화는 어떻게 부합할 것인가? 레닌에게 이것은 전혀 문제가 되지 않았다. 그는 궁극적으로 참된 또는 '소박한' 민주주의가 존재하게 될 것이라는 데 동의했지만, 그것은 조직의 경계 내에 존재하는 민주주의여야 한다고 생각했다. 더 정확히 말해서 그는 조직화의 완성이 참된 민주주의와 일치할 것이라고 생각했다. 작업의 점진적인 단순화는 전문적인 능력에 대한 필요성을 사전에 제거해 버릴 것이며, "개개인 모두"가 도달할 수 있는 한도 내에 모든 기능을 배치할 것이었다. "민주주의는 평등을 의미하기" 때문에, 조직화의 발전은 복잡한 직무들을 단순한 작업들로 분해함으로써 이런 기준을 충족시킬 수 있었다. "사회 전체는 동등한 노동을 하고 동등한 대가를 받는 하나의 공공 기관과 하나의 공장이 될 것이다."282 간단히 말해서 참된 조직화는 곧 평등이다.

레닌 이론의 선견지명은, 그것이 보수적인 정향을 보이는 조직 이론의 저작 내에 재현됨으로써 확증된다.283 마르크스가 헤겔에게 했던 것을, 셀즈닉과 같은 저술가들은 레닌에게 감행했다. 즉, 그들은 레닌을 전도시켰다. 그들이 제시한 새로운 공식은 순수한 레닌주의가 아니라 버크의 언어로 덧칠해진 레닌주의다. 현대의 저술가들이 표명하는 대규모의 조직에 대한 호의는 대개 대중의 출현에 의해 야기된 불안에서 비롯한다. 그들은 조직을 일정한 정향을 갖지 못한 개인들이 사회적으로 유용한 행동을 하게 만들고, 절박하게 요구되는 가치의 의미를 부과하는 매개적인 제도로 간주한다. 이 대규모의 실체는 무정형적인 대중을 통합하고 조직할 뿐만 아니라, 그들을 통제하기도 하는 안정화의 구심점을 제공한다.284 셀즈닉이 엘리트에게 할당한 역할은 레닌보다는 버크에게 훨씬 더 의존하고 있는 듯하다. 지배 집단은 "마음속에 간직된 욕망에 따라서 자유롭게 조직을 형성할 수 있는" 조각가와 유사한 위치에 있지 않다고 그는 경고한다. 오히려 지배 집단의 태도는 "본질적으로 보수적"일 수밖에 없다.285 버크적 사회가 "후추와 커피의 거래를 위해 맺어진 동업 관계"처럼 취급될 수 없으며, 레닌주의적인 혁명운동이 단순히 조합주의적 이익을 증진시키기 위한 도구일 수 없는 것처럼, 집단의 삶을 보존한다는 것은 대차대조표의 문제로 환원될 수 없는 과제였다. 행정가는 일종의 "정체"政體의 생존 과정에 책임을 진다.286 그가 자신의 목적을 효과적으로 달성하는 데는 구성원들의 "동의"를 획득하는 것이 필수적이다. 그러나 조직화의 시대에 "동의"는 자치 정부를 함의하지 않으며, 하물며 고전적인 "정체"에서 실천되었던 참여라는 관념을 의미하지 않음은 말할 것도 없다. 대신에 그것은 무언가 이와는 매우 다른 "헌신"commitment을 의미한다. "헌신"은 사람들이 고립되고 그들의 삶이 비인간화되어 황량해져 가는 대중 시대를 위한 특별한 처방이다. 그들의 소망은 심리적이며, 따라서 참여의 요구에 의해 더 불안해지기보다는 "통합"에 의해 충족되어야 한다.[287] 그러므로 엘리트의 목적은 "중립적인 사람들"[의 군집 - 옮긴이]을 "헌신적인 정체"로 전환시키는 것이다.

그런데 셀즈닉이 때때로 헌신을 "충성심"의 동의어로 사용하고, "충성심"이 "합리적이고 자발적인 동의"를 포함한다고 언급하는 것도 사실이다.[288] 이는 다소간 부주의한 용어의 사용이거나 일정한 "[맞장구를 유도하는 - 옮긴이] 격려성의 감탄구"hurrah-words를 활용하는 기만적인 전략으로 보일 법 하지만, 그것은 또한 조작의 전통에 부합하는 것이기도 하다. 셀즈닉의 "헌신", "충성심" 및 "합리적이고 자유의지에 따른 동의"라는 개념들은 '민주집중제'에 대한 레닌의 이론이 민주주의적인 것만큼 선택과 자발성을 갖는 관념이다.*

> 오랜 습관화에 의해, 또 때로는 공격적인 주입의 결과로, 개인은 자신의 경험을 인지하고 평가하는 방식을 습득한다. 이것은 친숙한 모양새를 사실의 세계에 부여함으로써 개인의 불안을 감소시킨다. 그리고 기존의 관행에 쉽게 순응하는 것을 보장하는 데 일조한다.[289]

셀즈닉이 명백히 한 것처럼, "참여"는 "오로지 단합이 문제시될 때만 …… 내려지는 처방이다." 게다가 거기에는 구성원이 스스로 과잉 헌신하는 것을 허

---

* [옮긴이] 여기서 월린은 반어법을 구사하고 있다. 즉, 셀즈닉이 구사하는 "헌신", "충성심", "합리적이고 자유의지에 따른 동의"라는 용어가 선택과 자발성과는 거리가 멀다는 것이다.

용해서는 안 된다는 것을 상기시키는 경고가 담겨 있는데, 왜냐하면 참여는 "자원을 마음대로 배치하는 리더십의 자유"를 제한하는 경직성을 구축하기 때문이다.[290]

조직화된 '정체'政體의 다른 '정치적' 측면들은 리더십에 의한 조작이 용이한 대상으로 유사하게 변형된다. 조직의 규칙 또는 "법률", 그 구조의 "다원주의"는 모두 통치governing의 과제를 용이하게 하는 데 유용한 기제들이다. 구성원들의 믿음은 "이데올로기"로 묘사되며, 그것은 "사회적인 통합의 신화"를 조작하기 위한 "기법"의 대상이다.[291] 어떤 대목에서는 "관리적 이데올로기"가 "자발적이고 비계획적인 방식"으로 출현한다고 언급되기도 하지만, 우리의 이전 논의는 "자발성"을 '지도'로 둔갑시키는 속임수를 가르쳐 주었다. 그들이 주장하는 "잘 공식화된 교의"가 "내부적인 사기를 고양하고, 결정을 위한 근거를 전달해 주며, 그리고 외부의 주장과 비판을 저지하는 데 매우 편리한 것"으로 보이는 것은 그리 놀라운 일이 아니다.

> 우리가 정책이란 어떤 조직의 사회적 구조에 기초해 구축된다고 말할 때, 우리는 공식적인 목표와 방법이 자발적으로 방어되거나 개선된다는 것을 의미한다. 개인과 집단의 염원은 …… 바람직한 힘의 균형을 형성하도록 고무되고 제어된다.[292]

14. 결론

마지막 몇 개의 장에서는 최근의 정치사상이 따르고 있는 지배적인 방향을 이해하는 데 좀 더 중요해 보이는 주제들을 골라내어 다루었다. 그렇지만 최근에 이루어진 성찰의 풍부함과 다양성 또는 그 편협성을 공정하게 다루었다고 언급하는 것은 어리석은 짓일 것이다. 따라서 현대의 정치적·사회적 성찰의 절대적인 문제를 선언하면서 결론을 내리는 것은 아주 독단적인 처사일 것이다. 이하의 기술은 단지 최근의 이론이 봉착했던 일정한 난관과 가능한 해결책에 관한 매우 잠정적인 지침을 간략히 요약한 것이라고 할 수 있다.

최근의 이론화를 검토해 보면, 정치사상의 일부 주요 범주들에 대한 모종의 반작용이 일어나고 있었다는 점은 아주 명확하다. 그렇지만 그 성격을 잘못 이해하지 않는 것이 중요하다. 마지막 장에서 우리가 살펴보았던 것처럼, 우리의 시대에 특징적인 것은 정치와 정치적인 것에 대한 적대감이 아니다. 이와는 반대로, 최근의 사상은 매우 정교하게 거의 모든 중요한 인간 활동 내에서 정치적 현상을 발견하고 있다. 우리는 잠시 후에 이 점을 다시 살펴볼 것이지만, 여기서는 다만 현재 특유한 것은 반反정치주의가 아니라, 오히려 이전의 사상이 비정치적인 것이라고 믿었던 결사체의 형태로 정치적인 것을 승화시키는 것이라는 점을 재삼 강조할 따름이다.

우리가 목도하고 있는 반작용은 좀 더 복잡한 설명을 필요로 한다. 다소간 어색한 방식으로 표현하자면, 그것은 전통적인 정치 이론의 일반적인 성격에 대한 반발, 이와 더불어 사회 자체만큼이나 광범위한 관할을 요구하는 정치적인 것의 주장에 대한 반발이다. 아마도 이것은 정치적인 것의 일반적인 특질이 의미하는 바를 간단히 보여 줌으로써 좀 더 명확해질 것이다.

서구 정치사상의 전통이 오랫동안 발전해 오면서, 정치적인 것과 사회에 일반적인 것을 동일시하는 경향이 되풀이해 일어났다. 예를 들어 정치사회의 포괄성은 언제나 가족, 계급, 지역공동체 및 종파의 국지주의parochialism와 대비되어 왔다. 또한 사회 전체의 복지를 위한 일반적인 책임은 일관되게 정치 질서의 특별한 기능으로 간주되어 왔다. 또 다른 예를 들어 보면, 시민의 지위는 일반적인 관심사로서 개인의 의무와 기대를 규정하는 역할의 측면에서 인식되었다. 마지막으로, 정치적 권위는 사회의 일반성을 표상하며 그 이름을 내걸고 말하는 권위로서 규정되었다. 말하자면, 이런 경향이 정치 이론에 구현되어 왔는데, 정치 이론은 무엇이 사회적 삶에 공통적이거나 일반적인가를 명시하려는 사회의 시도와 관련된 지식과 지혜의 체계임을 주장해 왔던 것이다.

이와는 대조적으로 최근의 정치·사회 이론은 좀 더 제한된 초점을 가진다. 그것이 중시하는 가치는 좀 더 국지적이며, 좀 더 소규모의 집단 및 결사체와 관련된다. 이것은 공상적 사회주의자들, 프루동, 뒤르켐 및 다원주의자들뿐만 아니라 이른바 '집단 정치 이론'group theory of politics을 고수하는 이들에게도 정확히 들어맞는다. 집단 정치 이론가들 가운데 가장 영향력 있는 논자의 표현에 따르면, "집단을 적절하게 진술한다는 것은 모든 것을 진술하는 것이다."293 간단히 말해서 국지주의Localism는 단순히 정치적·사회적 조직화의 새로운 형태를 연구하는 데 관심을 쏟는 사람들만의 특징이 아니라, 오로지 설명과 기술에만 관심을 가져야 한다고 공언하는 사람들에게도 똑같이 나타나는 특징이다. 현대의 사회과학자는 분석적인, 심지어 현학적이기조차 한 이해와 분석의 방법을 채택하는 경향이 있다. 그는 폭넓은 정치적인 분류보다는 좀 더 다루기 쉬운 지적인 분류 방법을 일관되게 추구하고 있다. 그는 계급적 정향, 집단적 정향, 혹은 직업적 정향의 측면에서 사람들을 분석하는 경향이 있다. 그러나 일반적인 정치사회의 구성원으로서의 인간은 이론적인 탐구의 적절한 주제로서 거의 고려되지 않는데, 왜냐하면 '국지적인 시민됨'local citizenship ― 노동조합원, 관료, 로터리 클럽 회원, 일정한 소득세를 내는 납세자 ― 이 정치적 시민으로서의 인간이 어떻게 행동할 것인가에 대해 주된 또는 결정적인 영향을 미치기 때문이다. 믿음을 다루는 데도 동일한 절차가 적용된다. 개인은 몇 가지 구별되는 거래 품목을 구입하여 가지고 다니는 구매자로 간주된다. 구입한 물품 꾸러미에는 먼저 '직업적' 이데올로기, 다음으로는 '계급적' 이데올로기, 세 번째로는 '소수자적' 태도가 들어 있고, 그리고 좀 더 신중하게 구매되는 네 번째 품목으로 '종교적 이데올로기'가 담겨진다. 그러나 이런 은유는 지나치게 완곡하다. 왜냐하면 이런 종류의 분석이 주는 최종적인 인상은 우리들 각자가, 말하자면, 일련의 분절된 신념 내에 계기적으로 감금되어 있다는 것이기 때문이다. 우리는 일정한 분류 체계 내에 포섭될 때만 분석적으로 의미가 있다. 그러나 우리 가운데 누구도 이런 일반적인 개념에 속하지는 않는다.

정치적 인간을 토막 내는 것은 단지 정치·사회 이론에서 진행되어 온 좀 더 광범위한 과정의 일환일 뿐이다. 지난 2세기 동안 정치 이론의 비전은 일종의 해체적인 것으로서, 그것은 사회란 당연히 하나의 전체로서 간주되어야 하며 그 일반적인 삶은 정치적 형태를 통해 가장 잘 표현된다는 관념을 지속적으로 파괴해 왔다. 이런 종류의 이론화가 낳은 한 가지 결과는 정치 질서의 전통적인 위엄을 뭉개 버린 것이었다. 이것은 정치적 결사체를 여타 결사체의 수준으로 환원시킴으로써 달성되었다. 동시에 후자는 정치 질서의 수준으로 고양되었고, 정치 질서의 특징과 가치 가운데 상당 부분을 부여받았다.

최근에 나타난 이런 진개 양싱의 추동력은 두 가지 원천으로부터 비롯되었다. 첫째로 거기에는 집단주의의 옹호자들이 있었는데, 이 범주에는 소규모 공동체에 대한 옹호자들, 다원주의자들, 뒤르켐, 일종의 사회 체계로서 공장의 가치를 찬양하는 논자들 및 기업 조직에 대한 현대의 옹호자들이 포함된다. 이들 모두는 인간의 개성과 필요가 전통적인 정치적 실체와는 상이하고 좀 더 소규모로 이루어지는 일정한 집단 형성grouping으로 충족될 수 있다는 데 동의한다. 동시에 그들은 아마도 평화나 방위와 같은 필요를 제외하고는 오로지 정치적 삶에서만 충족되는 어떤 일반적인 인간적 필요가 존재한다거나, 여러 형태의 활동을 통합하고자 하는 개인적이거나 사회적인 어떤 필요가 존재한다는 것을 인정하려 들지 않는다.[294] 대부분의 집단주의자들 사이에서 일반적인 가정은, 사회의 영속화란 일정한 기능들이 수행되는 것을 필요로 한다는 것이다. 그리고 이런 기능은 일정한 인간적 필요들에 대한 보완물이라는 것이다. 이런 추론의 연쇄에서 다음 단계는 노동조합, 교회, 기업 및 여타 사적 혹은 자발적 단체와 같은 비정치적인 결사체들이나 집단들에 의해 만족스럽게 수행되는 이런 기능들을 목록화하는 작업을 요청한다. 그리하여 사회적으로 필수적인 기능들의 총체로부터 집단들이 수행한 기능의 합계를 빼고 남아 있는 매우 드문 몇몇 기능들은 정치 질서의 영역에 존속되는 것이 허용된다. 그리고 통상 그 잔존한 기능들은 대개 행정적 기능과 관련된 것으로 판명된다. 이런 방식으로 정치 질서는 다른 집단 또는 조직이 수행하려 하지 않거나 수행할 수 없는 이 과제들을 떠맡으면서 잔여재산 수유자受遺者의 지위를 차지하게 된다. 그럼에도 불구하고 거기에는 언제나 정치적 기능들을 점차 축소시키려는 희망이 잠복해 있었으며, 비정치적 집단에 하나 이상의 정치적 기능을 추가하려는 시도가 항상 존재했다.

두 번째 논의의 노선도 정치적 질서가 지닌 정치성의 가치 하락에 일조해 왔다. 이것은 비정치적 집단의 성격을 정치화하는 것으로 구성되었다. 경영자는 자신의 정체政體, 즉 기업의 통치governance에 책임을 지는 "정치가"statesmen로 지칭된다. 노동조합 내에서 갈등을 빚고 있는 파벌들은 정당에 비유된다.[295] 집단과 기업의 구성원됨과 참여는 정치적 시민됨과 동일한 부류의 문제를 제기하는 것으로 간주된다.

이런 두 경향은 서로 수렴하여 빽빽이 들어찬 일련의 작은 섬들[집단의 비유적 표현 - 옮긴이]로 이루어진 사회상을 산출해 왔다. 그 상에서 각각의 섬은 정치적인 자족성을 지향하고, 개별 구성원들을 흡수하기 위해 노력하며, 보다 포괄적인 통일체와 아무런 자연적 제휴관계 없이 존재한다. 이런 사유를 보여주는 전형적인 사례는 하버드 경영대학원의 전前 학장이 언급한 논평이었다. 공장을 "[노동자들이] 만족스러운 삶을 증진시키는 안정화 요인"으로 만든 "성과"를 격찬한 이후, 계속해서 그는 이런 성과가 "공장 설비 내의 기술적 변화와 공장 공동체 외부의 사회적 혼란에도 불구하고" 달성된 것임을 지적했다.[296] 이 논평에서 중요한 점은 집단적 삶이 "외부"의 혼란에도 불구하고 완성될 수 있다는 믿음뿐만 아니라, 건전한 집단들의 수가 점차 증가함에 따라 더 이상 우려할 만한 어떤 "외부"도 존재하지 않게 될 것이라는 함축적인 믿음이다. 이와 동등하게 함축적인 점은, 정치적 질서가 이런 "외부"의 일부로서 "개인들을 위한 적극적인 협동이라는 생생한 현실성을 갖기에는 도덕적으로 그리고 공간적으로 너무 동떨어져 있다"고 가정된다는 것이다.[297] 따라서 사회 세계에 관한 현대의 비전에서 일반적인 의미에서의 정치사회는 사라져 버렸다. 각각 하나의 전제적인 정체政體인 거대한 관료 기구들이 그들 사이에 아무런 유기체적 관계도 없이 점점이 산재해 있는 사회, 단지 새로운 조직의 정치가들이 외교와 협상을 벌이는 장場일 뿐인 사회를 셀즈닉은 우리에게 제시한다. 예전에 뉴딜주의자ex-New Dealer였던 버얼Adolf Augustus Berle도 근대 기업이 일종의 계획 기관으로 발전해 온 방식에 완전한 만족감을 표명하며, "국가가 지배적 요소가 아닌" 시대를 고대한다.[298]

이런 관념들은, 과거에 정치적 삶에 대한 존립 가능한 이론을 위한 기초로 이바지했던 일반적 차원으로부터의 현대적인 도피를 전형적으로 보여 준다. 그러므로 최근의 이론이 일반적 질서, 즉 집단과 조직화된 삶의 불연속성을 공동의 사회로 통합시키는 것이 주된 기능인 일반적 질서를 다루는 체계적인 정치사상을 만들어 내지 못했던 것은 그리 놀라운 일이 아니다. 게다가 정치적인 것과 일반적인 것 간의 결별은 되풀이해서 최근의 논자들을 무익한 방향으로 이끌었다. 이런 지적은 그들이 본질적으로 비정치적인 것을 배경으로 정치적 문제들을 제시하려고 애써 왔으며, 결과적으로 그들은 일련의 막다른 궁지에 봉착했을 뿐이라는 점을 의미한다.

이에 대한 교훈적인 사례는 기업 관리의 책임성에 관한 문제다. 버얼과 드러커Peter Drucker와 같은 논자들은 기업적 형태가 사회적 삶을 다분히 지배하고 있는 시기에 관리管理의 자율성이 증가하는 것에 대해 첨예한 우려를 표명해 왔다. 예를 들어 버얼은 근대 기업이 점점 더 개인 주주들이 제공하는 자본에 덜 의존하게 되고 있다고 지적했다. 버얼은 자신의 고전적인 저작인 『현대 기업과 사유재산』*The Modern Corporation and Private Property*에서부터 이 문제에 대한 분석에 착수했다. 그의 전체적인 분석은 대부분 기업을 마치 일종의 정치적 실체이며 따라서 정치적인 종류의 질문을 통해 접근 가능한 것처럼 다루었다. 그렇지만 내가 지적하려는 것은 정치적 책임성의 개념이 이 맥락에 부합하지 않기 때문에 이런 종류의 접근은 혼란에 빠지게 마련이라는 점이다. 정치적 책임성은 전통적으로 일반적인 유권자들에게 책임을 지는 형태를 의미했으며, 거기에서 문제는 정확히 사회가 다양한 집단을 포함하고 있다는 점이었다. 다른 논자들은 경영진은 주주, 노동자, 여타 기업체 및 '공중'이라 불리는 모호한 집단과 같은 다양한 구성원들constituencies에게 책임을 진다고 주장함으로써 버얼에 의해 세기된 동일한 문제에 대한 해답을 제시하려고 시도했다. 그러나 이런 논의의 흐름도 똑같이 무익한데, 왜냐하면 그것은 책임을 분산시킴으로써 문제를 해결하려고 하기 때문이다. 즉, 이런 논변도, 책임성을 정치적인 것으로 만드는 것은 '구성원들에게 공통적인 것'으로부터 나오는 그런 일반적인 특질이라는 점에 대한 고려를 무시한다.

이런 이론들의 오류는 정치적 개념을 비정치적 상황에 흡수하려고 애쓰는 데서 비롯된다. 기업 경영진이라든가 또는 노동조합의 지도자들에게 책임을 물을 수 있는지, 교회, 자선단체들, 또는 여타 자발적인 결사체들에서 구성원으로 활동하는 것이 관련된 개인들에게 만족스러운 경험을 제공하는지 등 이 모든 그리고 유사한 질문들은 부정할 수 없을 정도로 타당하지만, 그렇다고 해서 그것들이 정치적 문제의 종류에 속하지는 않는다. 그리고 만약 우리가 그것들이 정치적 문제에 속한다고 가정한다면, 우리는 맥락을 혼동하게 되어 진정한 정치적 질문들을 흐려 버리고 말 것이다. 관리적 책임성에 대한 조리 있고 만족스러운 이론이 만들어진다고 하더라도, 거기에서 문제시되는 책임은 그 관할constituency의 제한된 성격으로 인해 정치적인 것이라고 지칭되어서는 안 된다. '정치적' 책임성은 오직 일반적인 관할에 대해서만 의미를 가지며,

파편적인 유권자들을 아무리 증가시키더라도 그 대체물이 되지는 못할 것이다. 비슷한 논조로, 개인적인 참여가 비정치적 집단의 영역 내에서 정치적인 방식으로 충족될 수 있다고 주장하는 것은 시민됨의 의미를 박탈하고 정치적 충성심을 불가능하게 만드는 것이다.[299] 정치적 의미로 사용될 때, 시민됨과 충성심은 오로지 일반적인 질서와 관련해서만 의미를 가진다. 오래 전 아리스토텔레스는 정치적 결사체가 그 우월한 포괄성과 목적에 의해서 좀 더 작은 어떤 결사체보다 인간의 충성심에 대한 보다 강한 권리를 가지며, 따라서 정치적 구성원됨이 다른 형태의 구성원됨보다 우월하다고 주장했다. 기능과 목적이라는 측면에서, 가족이나 종교 집단과 같은 좀 더 작은 결사체는 제한된 선善에 이바지하며 따라서 오직 부분적인 충성심만을 정당하게 주장할 수 있었다. 그러나 아리스토텔레스가 생각했던 바, 정치적 결사체는 좀 더 포괄적인 선 — 전체 공동체의 선 — 을 중진시키며 따라서 좀 더 완전한 복종을 받을 만한 것이었다.

이런 주장에 대한 반론으로 정치적인 것의 파편화 및 다른 결사체와 조직으로 정치적인 것의 이전이 근대 세계에서 일정 정도의 개인적인 자기 결정, 자유, 참여를 획득하기 위해 지불하는 필수적인 대가라는 논점이 제기될 법하다. 인간 존재의 정치적 차원을 회복시키기 위한 대안은 전체주의를 불러오는 듯이 보인다. 전체주의적 체계들이 정치적인 것을 극단적인 형태로 거듭 주장했다는 점을 부정할 수는 없다. 전체주의적 체계는 집단의 자율성을 파괴했으며, 그것을 고도로 조정된 일반적 정책으로 대체했다. 그것은 모든 주요한 인간 활동을 정치적 목적을 향하게 했다. 그것은 선전과 통제된 교육을 통해서 강력한 의미의 정치적 질서와 정치적 구성원됨의 숭고한 지위에 대한 확고한 신념을 시민들 사이에 주입시켰다. 그것은 국민투표와 대중 선거를 통해서 지지와 동의의 일반적인 형태를 동원했다.

이런 반박의 설득력을 인정한다 해도, 다음과 같은 문제는 여전히 남아 있다. 일반적인 정치적 차원과 일반적인 통합의 기능을 거듭 주장하는 것이 필연적으로 이런 극단적인 해결책을 요구하는가? 오히려 현대의 도전은 집단주의에 대한 집착이 초래한 해체적 상황에 사회가 예민하게 반응한다는 점을 전체주의가 보여 주었다는 것을 인식하는 것이 아닌가? 파편화의 시대에 정치적인 것을 거듭 주장하기 위해 사회가 심지어 가장 극단적인 방법에도 호소할 것이라는 점을 인식하는 것 아닌가? 이것이 사실이라면, 비┃전체주의적 사회의 과제는 다원주의의 과잉을 완화하는 것이다. 이것은 개인에게 배정된 또는 그가 채택한 특수한 역할이 시민됨을 완전히 대체할 수 없다는 점을 인정하는 것을 의미한다. 왜냐하면 시민됨은 다른 역할들이 할 수 없는 것, 즉 현대 인간들의 복합적인 역할 활동을 한데 모으고, 분리된 역할들을 좀 더 일반적인 관점으로 조망할 것을 요구하는 통합의 경험을 제공하기 때문이다. 나아가 그것은 여하한 집단이나 조직이 제공하는 것보다 더 광범위한 통합적인 형태의 '지도'direction를 추구하는 기예로서의 정치적 기예를 회복시키려는 노력이 있어야 한다는 것을 의미한다. 마지막으로 그것은 다시 한 번 더 정치 이론이 인간에게 일반적이며 통합적인 것, 즉 공통된 관여감으로 충만한 삶을 다루는 지식의 형태로 간주되어야 한다는 것을 의미한다. 인간 존재가 소규모 결사체라는 좀 더 낮은 수준에서 결정될 것은 아니기 때문에, 이런 과제는 명백히 너무나 절박한 것이다. 무제한적인 파괴 가능성에 시달리는 시대에 인류의 생존에 관한 중대한 결정을 내리는 것은 바로 정치 질서이기 때문이다.

옮기고 나서

이 책은 미국의 저명한 정치사상가인 월린Sheldon Wolin의 대표적인 저작인
『정치와 비전 : 서구 정치사상사에서의 지속과 혁신』Politics and Vision: Continuity and
Innovation in Western Political Theory(1960년 초판, 2004년 증보판)을 우리말로 옮긴 것이
다. 2007년 12월경에 강정인·공진성·이지윤이 함께 이 책의 제1장부터 제6장
까지를 『정치와 비전 1』이라는 제목으로 번역·출간했다. 그리고 『정치와 비
전 2』는 원서의 제7장 "마키아벨리"부터 제10장 "조직화의 시대"를 옮긴 것이
다. 원서의 제11장 "근대 권력에서 탈근대 권력으로"부터 제17장 "탈근대 민
주주의 : 가상적인가 아니면 탈주적인가?"에 해당하는 부분은 『정치와 비전 3』
이라는 제목으로 최종 출간될 것이다. 이 책의 우리말 옮김에는 강정인과 이
지윤이 참여했는데, 강정인이 후기를 작성했다. 이 책의 저자인 월린의 생애
와 저술 및 정치사상에 관해서는 이미 『정치와 비전 1』에서 어느 정도 소개했
기 때문에, 여기서는 제2권의 개요와 옮긴 후 소감에 대해서 짤막하게 언급하
고자 한다.*

---

* [옮긴이] 월린의 정치사상에 추가적인 관심을 가진 독자들을 위해 그가 2004년 『정치와 비전』(증
보판)을 출간한 이후 2008년 프린스턴대학 출판부에서 『기업화된 민주주의 : 관리된 민주주의 그리
고 전도된 전체주의의 유령』(Democracy, Inc.: Managed Democracy and the Specter of Inverted
Totalitarianism)이라는 제목의 저작을 새롭게 출간했다는 사실을 알려 드리고자 한다. 이 저작에
서 우리는 월린이 『정치와 비전』(증보판)에서 헌정적 민주주의로부터 멀어져 가고 있는 현재(부시
행정부 당시) 미국 정치의 현실을 개념화하기 위해 사용한 바 있는 '전도된 전체주의'의 개념 및 그
개념을 통해 포착하고자 하는 정치적 실상에 대한 좀 더 자세한 설명을 발견할 수 있다.

1

아래에서는 독자의 이해에 도움이 되도록 『정치와 비전 2』의 기본적인 내용을 장별로 간략히 제시하도록 하겠다. 그러나 월린의 서술 방식이 모호성으로 가득 차 있고 매우 복잡한데다가, 옮긴이의 지적 역량이 그와 비교하여 여러 모로 부족하기 때문에 아래 제시된 요약은 옮긴이가 이해한 수준에서 일정한 부분을 강조하여 요약한 것임을 독자들은 염두에 두어야 할 것이다. 또한 요약하는 과정에서 본문의 내용을 필요에 따라 임의로 옮겨 오면서 가감 수정했기 때문에 별도의 인용 부호를 꼼꼼히 붙이지 않은 점에 대해 미리 양해를 구한다.

먼저 제7장 "마키아벨리 : 정치 그리고 폭력의 경제학"에서 월린은 마키아벨리를 근대에 들어와 '정치사상의 자율성'을 선구적으로 확립한 사상가로 자리매김하고 있다. 이와 관련하여 흥미로운 역설적인(?) 사실은 통상 우리는 유럽의 '종교개혁'('기독교 개혁'이 탈서구 중심적인 용어일 것이다)이 종국적으로 서구 문명의 세속화, 정치의 세속화를 초래한 주된 역사적 사건으로 이해하는 바, 만약 이런 이해를 바탕으로 판단한다면 (종교나 도덕으로부터) 자율적인 정치사상의 전개가 '기독교 개혁'으로 인해 종교적·신학적 논쟁이 격렬하게 진행되던 곳에서 일어났어야 한다고 생각할 법한데, 실상 미래 예시豫示적인 자율적인 정치사상의 전개는 장차 일어날 '기독교 개혁'의 격변으로부터 상대적으로 면제되어 있던 이탈리아를 중심으로 전개되었다는 점이다. 그렇기 때문에 월린은 역사적으로는 마키아벨리보다 다소 후대 인물인 루터와 칼빈의 정치사상을 『정치와 비전』의 제5~6장에서 논하고, 마키아벨리의 정치사상을 제7장에서 논하고 있다.

월린은 마키아벨리의 『군주론』*The Prince*이 집필되기 거의 1세기 전에 생동력 있는 전통으로서 '현실주의'가 이탈리아 정치사상에서 이미 발전하고 있었으며, 종교적 논쟁의 부재를 특징으로 하는 이 시기에 이론가들은 '질서'나 '권력'의 문제들을 매우 엄밀하게 정치적인 관점에서 조명할 수 있었다고 서술한다. 마키아벨리의 정치사상은 이런 잠재적인 가능성들을 포착했고, 이를 기반으로 (도덕이나 종교로부터 자율적인) '순수한' 정치 이론에 관한 최초의 위대한 실험을 전개했다는 것이다. 월린은 마키아벨리를 최초의 진정한 근대적인 정치사상가로 만든 그의 사상적 특징을, 중세적 사고방식과의 결별, 자연법과 같은 전통적인 규범의 거부, 거의 전적으로 권력의 문제만 집중적으로 분석하는 방법의 모색, 나아가 엄밀한 의미에서 정치적인 것이 아닌 것은 무엇이든지 정치 이론으로부터 배제하고자 한 이론적 시도 등에서 구한다. 나아가 월린은 마키아벨리가 『군주론』에서 정치적 야심가인 새로운 인간, 곧 '신생 군주'를 근대 정치를 사로잡게 될 특징적인 인물로 그려냈다고 해석한다. 그 새로운 인간은 끊임없는 야망의 시대의 산물이며 급격한 제도의 변화와 엘리트 집단 사이에서 벌어지는 권력의 무상한 부침의 소산으로서 정치가 지닌 변전무상變轉無常, 비영구성 및 끝없는 진행형의 속성을 상징한다는 것이다.

마키아벨리는 흔히 '폭력과 기만'의 화신 또는 악의 교사로 알려져 왔는데, 제5절 "폭력의 경제학"에서 월린은 그런 해석이 잘못된 것 또는 과장된 것이라고 주장한다. 정치적 격동기가 아니라도 기득권과 기대, 특권과 권리, 야망과 희망 같은 이 모든 것이 희소한 재화에 대한 우선적인 접근을 요구하는 정치적 갈등의 상황에서 정치적 행위자는 불가피하게 폭력을 행사할 수밖에 없다는 점을 마키아벨리는 명료하게 인식하고 있었다. 월린은 마키아벨리가 이런 정치적 상황의 절박성을 십분 이해하면서 강제력의 통제된 사용에 관한 학문(월린의 표현에 따르면, 폭력의 경제학)을 창조한 것으로 해석한다. 그리고 그는 폭력의 사용 목적과 관련하여 마키아벨리가 정치적 창조와 정치적 파괴 사이에 명확한 구분을 내렸다는 점에 주목한다. 폭력에 대한 통제는 새로운 학문이 특정한 상황에 적합한 정확한 폭력의 양을 처방할 수 있는 능력을 구비할 것을 요구하는 바, 마키아벨리는 극약을 처방하는 의사의 심정으로 폭력에 대한 적절한 통제에 부심했다는 것이다. 나아가 월린은 마키아벨리의 정치사상이 정치적 윤리와 사적인 윤리를 구분하고자 했고, 인민의 지지를 받는 것이 정치 지도자의 권력 유지에 가장 긴요하다는 점을 역설함으로써 근대의 도래와 함께 정치의 장에서 위력을 발휘하게 될 '대중의 출현'을 예상했으며, 마지막으로 인간의 선한 내면*bona interiora*과 정치적 행위가 추구하는 선善 사이의 증대하는 소외를 예리하게 인식함으로써 서양정치사상사에서 "국가 통치술"statecraft과 "영혼 통치술"soul-craft 간에 형성되어 온 오래된 동맹 관계에 종지부를 찍었다는 점을 강조한다.

　제8장 "홉스: 규칙의 체계로서의 정치사회"에서 월린은 홉스가 주권자에게 부여한 '절대 권력'이 통념적 해석과 달리 사실상 그리 절대적이지 않다는 참신한 해석론을 전개한다. 월린은 이런 해석을 철학에 대한 홉스의 개념에 내재하는 고유한 한계로부터 도출한다. 홉스에게 철학적 지식은 언어적인 진리와 동일시되었으며, 또한 그것은 정의定義와 의미의 명료함을 통해 추구되는 것이었다. 그 정치적인 변형에서, 철학은 과학적 진보보다는 평화를 목표로 삼았으며, 평화는 사람들이 규칙들을 따르는 조건으로 간주되었다. 규칙이란, 행위에 대한 명료하고 권위적인 정의定義의 집합체로서, 수학자가 수학자로서 행한 모든 활동이 수학에서 받아들인 그 용례에 의해 지배되는 것과 마찬가지로 시민이 시민으로서 행하는 모든 활동을 지배하는 것이었다. 따라서 정치철학의 연구 주제는 정치적 규칙들과 그것에 적합한 언어 및 개념 정의로 국한되었는바, 언어와 규칙의 중요성은, 자연 상태의 개념, 신의계약의 형식, 주권자와 신민의 지위, 법과 도덕의 위상 및 정치에서의 이성의 역할을 채색하면서, 홉스 정치철학에 각인되었다. 홉스 정치철학의 이런 특징은 결국 정치질서의 역할을 매우 협소한 차원으로 국한시키는 결과를 초래했다.

　홉스의 자연 상태의 개념을 논하면서 월린은 대부분의 해석자들처럼 이 개념을 주권의 기원이라는 차원에서만 다루는 것으로 만족하지 않고, 자연 상태의 개념이 정치적 지식의 문제에 대한 홉스의 접근법을 조명하는 데 있어서도 매우 중요한 역할을 한다고 지적한다. 곧 자연 상태는 단순히 사람들로 하여금 저항할 수 없는 권력의 창조에 동의하게 하는 인간관계의 극단적인 무질서뿐만이 아니라, 의미의 무질서로 인해 혼란에 빠진 상태 역시 상징한다는 것이다. 이처럼 홉스의 자연 상태를 단순한 주권의 부재로서보다 주관성의 상태로서 묘사하는 것은, 통상적 해석처럼 주권의 해체가 사회적 붕괴의 원인이라기보다는 그 결과라는 해석을 가능케 한다고 월린은 주장한다. 그에 따르면 자연 상태는 공통적이고 근본적인 의미들에 관한 불일치의 점진적인 증가가 그 절정을 이루는 것이었다. 따라서 그것은 홉스에게 있어서 자연 상태와 시민사회의 구별이 얼마나 유동적인지, 그리고 그의 사상 속에 당대의 상황들이 얼마나 깊게 각인되어 있었는지를 우리에게 보여 준다. 이 점에서 홉스의 자연 상태는 영국 내전기에 장로교파의 근엄함에서부터 천년왕국파의 황홀경에 이르기까지 당시 존재하던 수많은 종파들과 수평파Levellers, 개간파開墾派, Diggers 등 정치 세력들이 모두 사적인 판단과 사적인 양심에 근거하여 종교적 사안은 물론 정치적 사안을 놓고 격렬하게 대립했던 상황을 상징한다.

월린에 따르면 사적인 판단에 대한 이 같은 공격은 홉스의 가장 독창적이지만 정치 이론에 대한 그 기여가 가장 적게 주목을 받아 온 인식에 의해 촉발되었다. 이것은 정치 질서가 권력, 권위, 법 그리고 제도 이상의 것을 포함하고 있다는 인식, 즉 정치 질서가 일반적으로 통용되는 의미를 지니고 있는 언어적인 기호나 행동 그리고 몸짓 등으로 구성된 체계에 의존하고 있는 민감한 의사소통의 체계였다는 인식이었다. 따라서 정치사회의 정체성을 확립하고 유지하는 데 있어 가장 중요한 요인 가운데 하나는 공통된 정치적 언어였다. 특히 홉스는 정치적 언어가 다른 영역의 언어와 달리 그 의미의 공통성이 그것을 강제할 수 있는 — 예를 들어, 어떤 권리의 정확한 의미를 선언하고 이를 받아들이기를 거절하는 사람들을 처벌할 수 있는 — 지배적 권력에 따라 좌우된다는 점에 주목했으며, 지배적 권위에 의한 강제적 개념 정의의 필요성을 절감하여 자신의 정치철학을 전개했던 것이다. 이런 맥락에서, 각 개인이 자신의 자연권을 주권자에게 양도하는 계약 행위는 단순히 평화를 확립하기 위한 방법 이상으로서 명료한 의미로 구성된 정치적 세계를 창조하기 위한 행위였다. 자연 상태에서 시민사회로의 전환은, "각자의 독특하고 진실된 추론"이 "최고 통치자의 이성"으로 대체되는 변화를 그 특징으로 했다. 따라서 사회계약에서 주권자에 대한 동의는 주권자가 내린 공적인 개념 정의를 받아들인다는 약속을 당연히 수반했다. 이처럼 주권자에게 절대적인 입법권을 부여함으로써 사람들은 '위대한 개념 규정자'ᵃ Great Definer, 공통된 의미를 주권적으로 분배하는 자, 곧 '공적 이성'을 확립했다.

그런데 월린은 규칙의 체계로서 정치사회를 개념화한 홉스의 정치철학이 정치의 본질적인 문제가 규칙의 해석, 위반에 대한 판정, 심판의 최종성과 관련된 문제로 환원될 수 있다고 믿는 오류에 기반하고 있다고 비판한다. 그 결과 홉스의 주권자의 권력은 인위적인 그리고 언어적으로 결정된 기호와 정의定義의 체계라는 영역으로 제한되고 말았는데, 이는 정치에 대한 잘못된 개념에 근거한 것으로서 부적절하다는 것이다. 정치적 결정이란 상충하고 있는 정당한 주장들을 취급해야 한다는 어려움을 안고 있으며, 이런 어려움은 분배되어야 하는 재화의 희소성과 그 재화가 지닌 상대적인 가치로 인해 더욱 복잡해진다. 그런데 홉스의 주권자는 이런 문제를 다루는 데 무력하다는 것이다. 또한 월린은 홉스의 정치철학을 '공동체(성)'을 결여한 권력이라고 비판한다. 홉스에 의해 정치 질서는 그 강력한 필연성에도 불구하고, 낯선 존재로 남아서 인간의 '외부'에 작용하는 것으로 제한되었다. 이 점에서 홉스적 인간은 서구 정치사상사에서 많은 사상가들이 결코 등한시한 적이 없는 '공동체(성)'을 결여하게 되었다. 즉, 홉스는 권력의 재료가 수동적으로 묵묵히 따르는 유순한 신민이 아니라, '활동적인' 시민, 곧 공적인 관여에 대한 능력과 적극적인 지지를 통하여 통치자와 자신을 동일시할 수 있는 능력을 지닌 시민에서 발견된다는 인식을 결여하고 있었다는 것이다. 마지막으로 월린은 정치권력에 대한 홉스의 개념화가 지나치게 단순화되어 있고 심지어 공허하기까지 한 것이었다고 비판한다. 그는 홉스의 주권자에게 부여된 권력 개념이 시민들의 사적인 권력과 지지를 적극적으로 동원하기보다는 단순히 방해물의 제거를 요청할 뿐이라는 점에 주목한다. 시민의 역할은 권력자를 적극적으로 지지하기보다는 단지 옆으로 비켜서서 간섭하지 않는 것으로 충분했다. 이 점에서 홉스는 주권자의 효과적인 권력이 사적인 권력의 지지에 결정적으로 의존한다는 사실을 간과했다고 비판한다.

이런 비판과 함께, 월린은 자유주의의 출현과 함께 진행된 정치철학의 쇠락을 논하는 제9장에서 홉스의 정치철학이 기여한 바를 지적한다. 홉스에게 한 사회 내의 정치적인 것은 세 가지 요소로 구성되는 바, 그것은 전체를 감독하며 다른 형태의 활동을 직접 통제하는 것을 그 특유한 직분으로 하는 권위, 자신이 한 사회의 구성원이라는 것을 인정하는 사람들에 기초하는 의무, 그리고 공적으로 중요한 행동을 다스리는 공통된 규칙의 체계를 말한다. 이 점에서 홉스는 정치철학의 기본적인 과제가 진정으로 정치적인 것이 무엇인지를 확인하고 규정하는 것이라는 점을 명확하게 인식하고 있었다고 월린은 주장한다.

제9장 "자유주의 그리고 정치철학의 쇠락"에서 월린은 자유주의 정치사상의 발전과 더불어, 특히 로크의 정치철학을 필두로 하여, 정치적인 것에 대한 전통적인 개념화가 상실되기 시작했다고 주장한다. 월린에 따르면 고대 이래로 "정치적인 것은 공적이고 전全 공동체에 공통되며, 일반적인 것에 관심을 갖는 영역으로 간주되어 왔고, 사적인 영역과 명확하게 대조되며, 독특하고 자율적인 것으로 정립되어 왔다." 그런데 로크 등 자유주의 사상의 대두와 함

께 정치적인 것에 대한 전통적인 개념화는 "로크의 자연 상태에서처럼 '사회적인 것'의 영역이 사실상 자기 규제적인self-regulating 영역으로 개념화됨에 따라 상실되었다"는 것이다. 그 결과 정치적인 것의 정체성이 모호하게 되고 그 지위를 잠식당하게 되었다. 다시 말해 정치적인 것은 "단지 잔여적인 중요성만을 지니게 되었고 …… 정치 참여는 방어적인 활동으로 가치가 저하되었"으며, 정치적인 것은 "사회의 '필수적인 전제 조건'이 되는 대신에 …… 단순히 '상부구조'가 되고 말았다"는 것이다.*

월린은 정치적인 것의 잠식과 사회적인 것의 부상이 다양한 이데올로기와 교의, 곧 자유주의, 보수주의, 사회주의, 반동주의reaction, 무정부주의, 관리주의managerialism 등에 공통된 근본 주제였다고 지적한다. 이런 이론들에서 정치는 '강제'를, 사회는 '자유'를 표상하면서 사회가 정치적인 것을 대체했고, 그 결과 사회과학이 출현했다고 주장한다. 월린은 이런 사상사적 경로를 주로 로크, 고전 경제학자들, 프랑스 자유주의자들과 영국 공리주의자들의 저작에 대한 분석을 통해 추적하고 있다. 먼저 자유주의 경제학자에 의해 제시된 자유로운 시장에 의해 규율되는 자율적인 사회에 대한 비전은 사회를 비정치적으로 개념화하게 했으며, 이에 따라 정치적 범주들의 쇠락과 사회적인 것의 상승이라는 현상이 발생했다. 자유주의자들 사이에서는 정치적 행위에 대한 관심의 결여 및 경제학이 인류에 대한 진정한 연구이며 경제적 활동이야말로 진정한 목적이라는 확신이 널리 확산되었다. 자유주의자들은 점차 경제학이야말로 개인이 자신의 행복을 추구하는 데 가장 유용한 지식의 형태일 뿐만 아니라 (정치철학이 본연의 임무라고 자임했던) 사회의 공통 업무를 다루는 데 필수

---

* [옮긴이] 이상의 요약과 인용은 패이트만(Carole Pateman)의 요약에 바탕을 둔 것이다. 캐롤 패이트만, "승화와 물상화 : 로크, 월린 그리고 '정치적인 것에 대한 자유민주주의의 개념화," 어네스크 바커 외 저, 강정인·문지영 편역, 『로크의 이해』(문학과지성사, 1995), 242-243쪽 참조.

적인 지침도 제공해 준다고 주장하기 시작했다. 이로 인해 정치 이론의 쇠락은 가속화되었고, 정치철학은 다른 형태의 지식에 압도되게 되었다. 정치사상은 이렇다 할 목표 없는 막연한 활동이 되고 그 전통적인 역할이 유사한 분과 학문에 흡수되어 버리는 상황이 도래했다.

이런 주장을 하면서 월린은 자유주의에 대한 통념을 무너뜨리는 주목할만한 가치가 있는 독특한 해석론을 전개한다. 월린은 중세의 기독교적 세계관에 도전하여 자유주의가 승승장구하는 부르주아 계급의 신조로서 인간의 이성이 지식과 행위를 위한 유일한 지침이자 권위로 정립되어야 한다는 당당한 신념을 펼쳤으며, 좀 더 나은 진보를 향해서 끝없이 전진하는 낙관적인 역사관을 전개했고, 인간과 사회를 전체적으로 개조할 수 있는 신과 같은 능력을 인간의 정신과 의지에 부여했다는 자유주의에 대한 통념화된 해석에 도전하고 있다. 이런 통념화된 해석과 달리 월린은 자유주의자 및 고전 경제학자의 저술들에 대한 분석을 통해 자유주의가 이성에는 한계가 있으며 비합리적 요소가 인간과 사회의 저변에 심대한 영향을 미친다는 점을 깊이 인식하고 있었다고 주장한다. 이를 위해 월린은 먼저 18~19세기 서구 근대 정치사상사에서 혼재되어 있던 민주적 급진주의의 전통과 자유주의의 전통을 구별하고, 이어서 자유주의가 차분함의 철학philosophy of sobriety이라는 점, 곧 두려움에서 태어나고, 환멸에 의해 숙성되며, 인간의 조건이란 고통과 불안의 연속이며 앞으로도 그럴 것이라고 믿는 성향을 지닌, 일종의 소심함을 내면화한 철학이었다는 점을 강조한다.

월린은 자유주의의 부상에 따른 정치철학의 쇠락 과정 그리고 자유주의에 대한 통념적 해석에 도전하는 독특한 해석을 로크를 비롯한 자유주의 이론가들의 저작에 대한 분석을 통해 치밀하게 밝혀내고 있다. 결론적으로 그는 로크 이후 2세기 동안 전개된 정치사상은 세 가지 주제, 곧 정부와 물리적 강제의 동일시, 스스로 존재하는 실체로서 사회의 등장 및 비인격적인 원천에서 비롯하는 강제의 자발적인 수용에 대한 하나의 긴 주석이었다고 서술한다.

제10장 "조직화의 시대 그리고 정치의 승화"에서 월린은 수정자본주의와 미국 경제의 황금기라고 할 수 있는 1960년의 시점에서 당시 서구 사회의 두드러진 특징으로 정치적인 관심의 쇠퇴를 지적하면서 그 주된 원인을 조직화 그리고 정치의 '승화'sublimation라는 관념을 통해 포착하고자 한다.* 여기서 사용되는 '승화'라는 개념은 정신분석학적 용어로서 '성적인 충동을 무의식적으로 무언가 비성적非性的인 활동으로 전환하는 것'을 뜻한다. 예를 들어 어떤 사람에 대한 열렬한 짝사랑을 고된 일에 몰두하는 것으로 전환하는 것은 '승화'에 해당한다. 따라서 정치에 대한 독특하고 자율적인 개념의 승화는 현대 정치 이론이 전통적인 정치 구조의 외부에서, 곧 이전에 사적이거나 비정치적이라고 여겨졌던 사회적 영역에서 '정치적인 것'을 발견하고, 그런 영역에 정치(학)적 개념과 이론을 적용하는 현상을 지칭한다.** 개인적인 차원에서 정치의 승화는 시민들이 전통적인 정치의 영역 밖에서 정치적인 만족을 구하는 현상을 지칭한다. 그렇게 본다면 문제는 정치적인 것에 대한 무관심이라든가 정치적인 것의 쇠퇴가 아니라 비정치적인 제도나 활동에 의한 정치적인 것의 흡수라 할 수 있다.

---

* [옮긴이] 물론 신자유주의와 미국 경제의 쇠퇴 그리고 최근의 전 세계적인 금융 위기를 특징으로 하는 오늘의 시점에서 읽을 때는 다소 다른 느낌을 가질 수 있을 것이다. 그러나 신자유주의 패러다임의 위기와 그에 대한 대응이 조직화와 관료화의 오랜 경향을 극복하고 '무엇이 사회적 삶에 공통적이거나 일반적인가'를 명시하려는 사회의 시도와 관련된 지식과 지혜의 체계' 곧 사회에 '공통적이거나 일반적인 것' 또는 '공적인 것'으로서의 '정치적인 것'의 차원을 회복할 것인가는 좀 더 두고 보아야 할 것 같다. 예컨대 시민들은 더 이상 '거대 정부', 즉 '각각의 전제적인 거대한 관료 기구들이 아무런 유기체적 관계도 맺지 못하고 산재해 있는' 사회 체계 속에서 파편화되지 않고, 일반적인 정치적 시민됨을 회복하고 그에 따라 행위하게 될 것인가? 더구나 신자유주의의 위기를 '가장 빨리' 극복하고 있다고 선전되고 있는 우리 사회에서 '정치적 시민됨'은 어떤 위상을 갖는가는 곰곰이 반추되어야 할 문제일 것이다.

** [옮긴이] 페이트만, 앞의 글, 243-244쪽에 서술된 내용을 임의로 발췌해 재구성한 것이다.

따라서 월린은 "인간 존재의 조건에 어떤 변화가 일어나 정치적인 것의 이런 전환이 초래되었는가?"라는 질문에 대한 답변을 제10장에서 일관되게 추구하고 있다. 그리고 월린은 제10장의 제목이 이미 시사하고 있듯이 그 답변을 도처에서 진행되고 있는 조직화와 관료화에서 찾고 있다. 오늘날 개인은 거대하고 복잡한 조직이 압도하는 세계에서 살고 있다. 시민은 '거대 정부'에, 노동자는 거대 노동조합에, 화이트칼라 노동자들은 거대 기업에, 학생은 관료화된 대학에 직면하고 있다는 것이다. 그렇기 때문에 월린은 19세기 이후 이런 조직화와 관료화를 예언하고, 설명하고, 찬양하고, 비판한 이론가들 — 대표적으로 막스 베버, 생시몽, 레닌, 뒤르켐, 드 메스트르, 드 보날드 및 다양한 학문적 배경을 가진 현대의 경제·행정·조직 이론가 등 — 을 분석하면서 그 이론적·사상적 궤적을 추적하고 있다. 그 과정에서 월린은 19세기 이론가들이 거의 만장일치로 정치를 경멸했고, 대신 사회를 찬양하면서 이전에 정치 질서에 부여되던 특징적인 지위를 사회에 부여했다고 주장한다. '사회'에 대한 몰입은 상호 연관된 두 가지 이론적 경향을 야기했는데, 하나는 공동체의 가치를 재확인하려는 시도이고 다른 하나는 조직화의 우월성에 대한 몰입이었다. 그리고 이 두 경향은 소박한 공동체가 지닌 따사로움에 대한 향수와 대규모 조직의 효율성에 대한 집착이라는 상호 모순적 성격을 띠면서 해결하기 어려운 이론적 긴장을 야기했다.

월린은 조직화 및 정치의 승화와 함께 수반된 이론화 경향이 정치적인 것의 파편화와 해체를 초래하면서 인간의 삶에서 전체 공동체의 선善을 추구하는 정치 질서의 최고성, 우월성 및 포괄성 그리고 시민됨의 통합적 기능, 곧 정의의 관점에서 공동체의 삶을 조망하고 그것에 참여하는 능력을 위협하고 있다고 경고하면서 제10장을 마무리한다.

2007년 12월경에 『정치와 비전 1』이 출간된 후 거의 1년 반이 지나서 『정치와 비전 2』를 출간하게 되었다. 그간 여러 가지 바쁜 사정으로 인해 출간이 지연된 점에 대해 이 책의 출간을 애타게 기다려 온 독자들 및 후마니타스 출판사에 용서를 구한다. 근본적으로 대학에 몸담고 있는 교수와 박사과정 학생으로서 수행해야 하는 여러 가지 직책과 과제들이 옮긴이들로 하여금 이 책의 번역을 지연하게 만든 주된 원인이라 할 수 있을 것이다.

우리말로 옮기는 과정에서 옮긴이들이 수행한 역할 분담은 다음과 같다. 강정인이 제7~8장인 '마키아벨리' 및 '홉스' 부분을 번역했고, 이지윤이 제9~10장인 '자유주의' 및 '조직화의 시대' 부분을 번역했다. 강정인은 두 장을 번역하면서 15년 전에 자신이 번역·출간한 바 있는 『마키아벨리의 이해』(문학과지성사, 1993)와 『홉즈의 이해』(문학과지성사, 1993)에 수록된 해당 월린의 논문을 개역했다. 자신이 과거에 번역한 바 있는 논문을 새롭게 고쳐 출간하는 경험은 그리 흔하지 않는 것 같은데, 그 점에서 진귀한 경험을 했다고 할 법하다. 아울러 『정치와 비전 1』에 수록된 플라톤에 관한 제2장 역시 과거 내가 번역·출간한 바 있는 『플라톤의 이해』(문학과지성사, 1991)에 수록된 부분을 개역한 것인데, 이 사실을 깜박 잊고 알리지 않았다는 점을 뒤늦게라도 이 자리를 빌려 밝혀 둔다.

번역을 진행하는 과정에서 옮긴이 두 사람은 긴밀한 협력 관계를 유지했다. 이지윤은 내가 번역한 제7~8장에서 번역을 빠뜨린 부분, 잘못 번역된 부분을 지적하면서 바로잡는 데 기여했다. 나 역시 이지윤이 번역한 제9~10장에서 잘못 번역된 부분을 지적하면서 바로잡았다. 번역을 함께한 이지윤이 나와 사제 관계에 있는 박사과정생이라는 점이 상징하듯이, 어느 정도 실력 차이가 있다는 것을 아직 부정할 수는 없겠지만, 그의 번역 실력이 선생에 필적할 정도로 대등해졌다는 점에 대해 기쁜 마음을 금할 수 없다. 또한 사제지간이기 때문에 잘못된 번역, 미흡한 번역을 서로 허심탄회하게 지적할 수 있어서 서로의 실력 향상은 물론 번역의 질을 개선하는 데도 많은 도움이 되었으며, 이 점에서 가장 이상적인 동반자적 협력 관계로 번역이 진행되었다고 믿는다. 그렇지만 이지윤이 이 책에 실린 옮긴이 주를 여러 자료를 참고하면서 전적으로 작성했고, 또 한글 표현의 어색하거나 미흡한 부분을 주도적으로 개선하거나 바로잡았으며, 출판사와 접촉하면서 진행된 교정 및 편집과 관련된 일을 전담했다는 점에서 그가 이 책을 위해 훨씬 더 많은 귀중한 시간과 노력을 투입했다는 사실은 기록으로서 남겨 두어야 할 것이다. 그렇다면 앞에서 표현한 '이상적인 동반자적 협력 관계'라는 표현은 단지 강정인의 일방적인 자기 해석에 불과할지도 모르겠다.

두 사람의 노력만으로 월린의 책을 온전히 우리말로 옮기기란 그 능력과 실력을 고려할 때 사실상 매우 어려운 작업일 것이다. 따라서 적지 않은 분들로부터 도움을 받았는데, 역자 후기를 쓰면서 그분들의 도움을 밝히는 것은 따뜻한 동료애를 상기하는 과정으로서 매우 즐겁고 소중한 경험이다. 먼저 서강대 명예교수로 계신 안선재 교수가 과거와 마찬가지로 막힌 영문 해석을 풀어 주는 데 지대한 공헌을 했다. 그리고 본문에 자주 나오는 프랑스어에 대해서는 홍태영 교수와 하상복 교수에게 문의하여 많은 도움을 받았다. 두 분의 신속하고 친절한 답변에 깊이 감사드린다. 그리고 나서도 잘 안 풀리는 구절들이 몇 군데 있었는데, 그 구절들에 대해서는 혹시 필요할까 싶어 일본에서 구입한 적이 있는 일본어 번역본(ツェルドン·S·ウォーリン, 尾形典男 外 譯, 『西歐政治思想史』, 福村出版, 1994)을 일본 정치사상을 전공한 고희탁 교수의 도움을 받아 참조했다. 그리고 후마니타스 출판사를 대표하여 이 책의 편집과 교정을 진지하고 꼼꼼하게 수행해 준 안중철, 최미정 선생에게도 깊은 감사를 드린다. 마지막으로 이 책의 출간을 묵묵히 압박해 온 관심 있는 독자들에게 출간이

388

늦은 데 대한 사과의 말씀과 함께 감사의 말씀을 드린다.

2009년 6월
서강대학교 다산관 연구실에서
옮긴이들을 대신하여 강정인

주석

제7장 | 마키아벨리 : 정치 그리고 폭력의 경제학

1 *Of the Laws of Ecclesiastical Polity* 3.1 (14); 8.1 (5).

2 *De Republica Anglorum*, ed., L. Alston (Cambridge: Cambridge University Press, 1906), bk. 1, Chap. 2, p. 10.

3 이 문제에 관해 문학에서 나타난 시사적인 언급으로는 R. P. Blackmur, *Form and Value in Modern Poetry* (New York: Anchor, 1957), 35-36쪽을 보라.

4 "우리를 지켜보고 심지어 우리의 가장 은밀한 생각까지 심판하는 '영원한 주인'이라는 관념 이외에 어떤 것이 탐욕이나 몰래 저질러서 처벌받지 않는 비행을 통제할 수 있겠는가? 우리는 누가 인간에게 이 교의를 맨 처음 가르쳤는지 모른다. 내가 만약 그가 누구인지를 알고 또 그가 확실히 이 교의를 남용하지 않았다면, 나는 몸소 그를 위한 제단을 만들었을 것이다." Voltaire, *Oeuvres complètes*, 52 vols. (Paris: Moland, 1883~1885), 28:132~33.

5 일반적인 개설로는 다음 문헌들을 참조하라. Hans Baron, *The Crisis of the Early Italian Renaissance*, 2 vols. (Princeton: Princeton University Press, 1955); *Humanistic and Political Literature in Florence and Venice at the Beginning of the Quattrocento*, 2 vols. (Cambridge: Harvard University Press, 1955); "Das Erwachen des historischen Denkens im Humanismus des Quattrocento," *Historische Zeitschrift* 147 (1932):5-20. 또한 마키아벨리 사상의 배경을 이해하기에 적절한 문헌으로 다음을 보라. Allan H. Gilbert, *Machiavelli's "Prince" and Its Forerunners* (Durham: University of North Carolina Press, 1938); Lester K. Born, *The Education of a Christian Prince* (New York: Columbia University Press, 1936), Introduction.

6 *The Prince*, 15 (1). 달리 명시하지 않는 한, 이 저작에 대해서는 Allan H. Gilbert, *"The Prince" and Other Works* (New York: Hendricks House, 1946)의 영문 번역판을 참조했다. 위의 괄호 안의 번호는 이 번역판에 있는 장의 단락 번호를 가리킨다.
본문의 인용한 구절에서 "이전의 논자들"이 고전 저술가들을 의미하는지, 아니면 단테(Alighieri Dante)와 같은 중세의 저술가들을 의미하는지, 아니면 더 최근의 15세기 저술가들을 가리키는지에 관해서는 상당한 논쟁이 있다. 이 문제에 관한 다양한 견해를 알기 위해서는 다음을 참조하라. L. Arthur Burd, ed., *Il Principe* (Oxford: Clarendon Press, 1891), p. 282; Felix Gilbert, "The Humanist Concept of the Prince and *The Prince* of Machiavelli," *Journal of Modern History* 11 (1939): 449-483, p. 450, n. 3.

7 *Prince*, 11 (1). *Machiavelli's "Prince" and Its Forerunners*, 60-61쪽에 나오는 이 장에 대한 논의에서 길버트(Allan H. Gilbert)는 이 구절에 대한 분석을 생략하고 있다. 이로 인해 그는 마키아벨리가 다른 군주와 마찬가지로 정치적 의도를 가진 교황에게도 — 아마도 이탈리아의 해방은 교회 군주에 의해서도 가능하다고 생각하면서 — 기꺼이 조언을 할 준비가 되어 있었다고 결론을 내리는데, 이는 잘못된 것이다.

8 물론 교황 정부에 대한 마키아벨리의 경멸을 이탈리아의 내부 정치와 외교정책에 있어서 교황의 중요성을 무시하는 것으로 받아들여서는 안 된다.

9 *Prince* 2 (2); 3 (1); *The Discourses on the First Ten Books of Titus Livius*, trans. Leslie J. Walker, 2 vols. (New Haven: Yale University Press, 1950), bk 1, 2 (9~10), 9 (3). 괄호 안의 번호는 워커(Leslie J. Walker)의 영문 번역본의 단락 번호를 가리킨다.

10 *Prince*, I, passim. 또한 마키아벨리가 예전의 것을 너무나 많이 유지한다는 이유로 특정한 정부를 새롭다고 부르기를 꺼려하는 구절에 관해서는 19 (18)를 보라.

11 Ibid. 6 (2).

12 Ibid. 24 (3).

13 Ibid. 24 (1).

14 Ibid.

15 Ibid. 6 (2). 세베르투스(Severtus)에 대한 분석(19, passim)과 스포르자(Francesco Sforza)의 아들들에 관한 언급[14 (2)]을 참조하라.

16 Ibid. 14 (1).

17 *Discourses* 2, Preface (7).

18 Ibid. 1.11 (10); 3.11 (1).

19 *The History of Florence* (London: Bohn, 1854), 3.3 (p. 125); *Discourses* 2, Preface (6-7).

20 Ibid., 1.55 (6-8, 9).

21 나는 여기에서뿐만 아니라 이 책의 전반에 걸쳐 '대중'(mass)이라는 용어를 그 요소가 미분화되고 전체로서 통제할 수 있는 일단의 질료라는 의미를 전달하기 위해서 사용했다. 말할 필요도 없겠지만, 이 용어는 현대 사회학이나 정치학에서 사용하는 '대중사회'라는 용어에 들어있는 '대중'이 전달하는 의미를 지칭할 의도로 사용된 것이 아니다. 이 글에서 사용된 의미의 대중에 관한 적절한 예는 『피렌체사』에서 마키아벨리가 인민의 운동이 발생하는 데는 시간이 걸리지만 일단 발생하면 사소한 일도 그들을 폭발시킨다고 묘사한 데서 발견된다[1.5 (285)].

22 *History* 2.8 (92-93), 3.3 (128-129), 4.3 (172-173), 6.4 (278-281).

23 루이 12세(Louis XII)가 이탈리아를 침입하는 과정에서 저지른 실책에 대한 유명한 분석으로는

Prince 3 (9)를 보라.

24 이런 시각에서 마키아벨리를 연구한 것으로 가장 탁월한 저술은 Leonard Olschki, *Machiavelli the Scientist* (Berkeley: privately printed, 1945)이다. 또한 유용한 문헌으로는 다음이 있다. Herbert Butterfield, *The Statecraft of Machiavelli* (London: Bell, 1940), pp. 59 ff.; Ernst Cassirer, *The Myth of the State* (New Haven: Yale University Press, 1946), chaps. 10-12; James Burnham, *The Machiavellians* (New York: Day, 1943), pt. 2. 마키아벨리를 '실증주의 자'로 해석한 문헌으로는 다음을 참조하라. Augustin Renaudet, *Machiavelli*, 6th ed. (Paris: Gallimard, 1956), pp. 12-13, 119 ff. 이런 시각들을 교정하는 입장으로는 J. H. Whitfield, *Machiavelli* (Oxford: Blackwell, 1947), 특히 제1장을 보라. 윗필드(J. H. Whitfield)의 저술에 대한 포괄적이고 비판적인 평가는 Mario M. Rossi, *Modern Language Review*, Vol. 44 (1949), 417-424쪽에 나와 있다. 현대의 해석에 관한 검토로는 Wolfgang Preiser, "Das Machiavelli-Bild der Gegenwart," *Zeitschrift für die gesamte Staatswissenschaf* 108 (1952): 1~38이 있다.

25 *Il Principe* 15, p. 283 (line 5), in L. Arthur Burd's edition (이하 *Il Principe*로 인용함).

26 이 문제에 관한 대표적인 문헌으로는 다음을 참조하라. Friedrich Meinecke, *Niccolò Machiavelli, Der Fürst und kleinere Schriften* (Berlin, 1923), pp. 7~47; Cassirer, *The Myth of the State*, pp. 142~143; *Il Principe*, p. 365, n. 19; Felix Gilbert, "The Humanist Concept of the Prince and *The Prince* of Machiavelli," *Journal of Modern History* 11 (1939): 449~483, pp. 481 ff.; 그리고 같은 필자가 쓴 "The Concept of Nationalism in Machiavelli's Prince," *Studies in the Renaissance* 1 (1954): 38~48. 마키아벨리의 언어 사용에 대한 일반적 논 의로는 Fredi Chiappelli, *Studi sul linguaggio del Machiavelli* (Florence, 1952)를 보라.

27 리치(Luigi Ricci)와 빈센트(E. R. P. Vincent)가 번역한 *Modern Library edition* (New York: Random House, n. d.)의 Prince 26, p. 95.

28 Ibid. 26 (2). 나는 번역을 약간 수정했다. Kenneth Burke, *A Rhetoric of Motives* (New York: Prentice-Hall, 1950), 158-166쪽의 논의도 참조하라.

29 *Prince* 26 (6).

30 *Discourses* 3.1 (1-3).

31 Ibid. (3-5).

32 다음과 같은 해링턴(James Harrington)의 언급을 주목하라. "정부의 형성은 철학적인 피조물 의 이미지에 따라 정치적인 피조물을 창조하는 것이거나 아니면 한 인간의 영혼이나 재능을 다 중의 신체에 불어 넣는 것이다. …… 정부의 영혼은 모든 면에서 …… 합리적인 것만큼이나 필 연적으로 종교적이다." *A System of Politics in The Oceana and Other Works of James Harrington*, ed. John Toland (London, 1737), pp. 499-500. 이에 비견되는 언급은 Algernon Sidney, Works (London, 1772), 124, 160, 406, 419쪽에서 발견될 수 있다. *Zera S. Fink, The Classical Republicans* (Evanston: Northwestern University Press, 1945)는 마키아벨리와 이

런 17세기 저술가들 간의 관계에 대해 상세히 논의하고 있다.

33 최근의 저작인 John W. Gough, *Fundamental Law in English Constitutional History* (Oxford: Clarendon Press, 1955)는 그 제목이 함축하듯이 주로 좁은 의미에서의 법사상에 대한 연구서다. 하지만 이 책의 100쪽, 121-122쪽에 있는 인용문들은 위에서 논의된 것과 비슷한 종류의 사상을 보여 준다. 영국 내전 전후에 나온 방대한 분량의 시사적인 책자들은 위의 주장에 대한 많은 예시를 담고 있다. 의회파나 왕당파 모두 근본법의 관념에 종교적인 색채를 부여했던 것이다. 예를 들어 다음을 보라. Margaret A. Judson, *The Crisis of the Constitution* (New Brunswick, N. J.: Rutgers University Press, 1949), pp. 53-54, 62-63, 193-194, 338, 360; Francis D. Wormuth, *The Royal Prerogative, 1603-1649* (Ithaca: Cornell University Press, 1939), pp. 6, 8. 미국 혁명에 관한 정치사상에서는 빈번히 근본적인 원리와 인민이 동일시되었다. 예를 들어 윌슨(James Wilson)은 "하나의 위대한 원리가, 아니 가장 필수적인(vital) 원리라고 부르는 것이 타당한 원리가 다른 모든 것들에 활력과 생동력을 불어넣는다. 이 원리를 통해 내가 말하고자 하는 것은 사회의 최상의 또는 주권적 권력이 전체 시민에 존재한다는 것이다" 라고 언급하고 있다. Randolph G. Adams, *Selected Political Essays of James Wilson* (New York: F. S. Crofts and Co., 1930), p. 196.

34 Harold D. Lasswell and Abraham Kaplan, *Power and Society, A Framework for Political Inquiry* (New Haven: Yale University Press, 1950), pp. xiii-xiv.

35 Letter to Vettori, April 9, 1513, in Gilbert, *The Prince*, p. 228 (2).

36 *Discourses* 2, Preface (5); 2.18 (9); 3.27 (4); *History* 4.4, p. 179.

37 Letter to Vettori, April 16, 1527, in Gilbert, *The Prince*, p. 270 (2).

38 *Prince* 18 (5). 마키아벨리의 유명한 '국가 이성'(*raison d'etat*)의 교리는 바로 이런 딜레마적 상황에 비추어 해석되어야 한다.

> 이 조언은 깊이 음미할 만한 가치가 있으며, 자기 조국에 조언을 할 기회를 가진 시민이라면 누구나 따를 가치가 있다. 자기 조국의 안전이 절대적으로 그 결정에 달려 있을 때, 정당한가 정당하지 않은가, 자비로운가 잔혹한가, 칭찬을 받을 가치가 있는가 치욕스러운가는 전혀 고려할 필요가 없기 때문이다. 반대로 다른 모든 고려를 제쳐 두고, 생명을 구하며 조국의 자유를 보존할 수 있는 대안을 최대한 따라야 한다[Discourses 3.41 (2)].

여기서 적절히 강조되는 바는 조국을 구하는 임무에 직면했을 때 도덕적인 명제는 무시되어야 한다는 것이 아니라, 정치는 윤리적인 규범을 무시하지 않고는 국가를 구할 수 없는 그런 상황을 전제로 한다는 것이다. 여기에 관한 고전적인 논의로는 Friederick Meinecke, *Machiavellism*, trans. D. Scott (London: Routledge, 1959)를 보라. 마이네케(Friederick Meinecke)에 대한 비판으로는 C. J. Friedrich, *Constitutional Reason of State* (Providence: Brown University Press, 1959)를 보라.

39 *Discourses* 1.18 (6).

40 Gilbert, *The Prince*, 44쪽에서 인용.

41 *Il Principe* 15, p. 285 (line 3).

42 *Discourses* 3.37 (3).

43 Letter to Guicciardini, May 17. 1521, in *Lettere di Niccolò Machiavelli* (Milan: Bompiani, n. d.), p. 144.

44 *Prince* 15-18, passim.

45 Burnham, *The Machiavellians*, pp. 40 ff.; Butterfield, *The Statecraft of Machiavelli*, pp. 69 ff.; 그리고 버터필드(Herbert Butterfield)에 대한 워커(Leslie J. Walker)의 비판으로는 그가 편집한 *Discourses*, 1:92-93을 참조하라.

46 Augustine, *De Civitate Dei* 3.6, 14-15. 마키아벨리의 입장은 *The Prince* 6과 *Discourses* 1.9 에 나와 있다.

47 Felix Gilbert, "Machiavelli: The Renaissance of the Art of War," *Makers of Modern Strategy*, ed. Edward M. Earle (Princeton: Princeton University Press, 1944), 8-9쪽으로부터 재인용.

48 *Prince* 26 (2); *Discourses* 1.56, passim; 2.32 (6); *History* 6.7 (pp. 299-301); 8.7 (pp. 401-402). 귀차르디니(Francesco Guicciardini)에 관해서는 Opere, ed. V. de Capariis (Milan, 1953), 431쪽을 보라.

49 *Discourses* 1.56 (3). Joseph Kraft, "Truth and Poetry in Machiavelli," *Journal of Modern History* 23 (1951), 109-121, 110쪽에는 비합리적인 요소의 진가에 대한 인정이 나온다. 운명 의 관념 및 그 역사적 배경은 V. Cioffari, "The Function of Fortune in Dante, Boccaccio and Machiavelli", *Italica*, 24, no. 1 (March, 1947): 1-13에서 논의되고 있다. 마키아벨리에 있어서 운명은 단테와 달리 신의 의지의 도구로서 기능하고 있지 않았다. 그에게 있어서 운명은 통제 할 수 없는 요인들을 상징했다.

50 가령 마키아벨리에 대한 탁월한 연구인 Pierre Mesnard, *L'essor de la philosophie politique au XVIe siècle*, 17-85쪽을 보라.

51 *Discourses* 1.6 (9). 이 원리에 대한 갈릴레이의 고전적인 진술을 참고하면 다음과 같다.

> "나는 변화할 수 있고, 생성적이며, 변하기 쉬운 것은 그 때문에 매우 불완전한 데 반해 자연계와 우주의 천체는 항상적이고, 불변하고, 변화할 수 없기 때문에 완전무결하고 고귀하다는 말을 들을 때마다 크게 놀라지 않을 수 없으며, 심지어 나의 지성에 대한 커다란 모독이라고 말하고 싶을 정도다. 오히려 내가 지구야말로 고귀하고 감탄할 만 하다고 생각하는 이유는 바로 그 안에서 끊임없이 다양한 변화, 변경, 생성이 발생하기 때문이다."
> [*Dialogue Concerning the Two Chief World Systems – Ptolemaic and Copernican*, trans. Stillman Drake (Berkeley and Los Angeles: University of California Press, 1953), p. 58]

52 *Discourses* 2.23 (5), 3.31 (1); "종종 승리에 대한 욕심에 눈이 멀어 사람들은 자신들의 목표에 유리한 것 외에는 보지 못하는 경향이 있다." 3.48 (필자의 번역임). 또한 망명한 귀족들(émigrés)

이 특히 빠지기 쉬운 환상에 관한 흥미로운 언급에 관해서는 2.31(1)을 보라. 일시적인 상황이 영구히 지속될 것이라는 희망으로부터 비롯되는 환상에 관해서는 다음을 보라. *History* 2.4 (pp. 178-180); 5.4 (231-232); *Prince* 15 (1); *Discourses* 2.27.

53 *Il Principe* 18, p. 306 (lines 9-11); *Discourses* 1.24 (1); 2.22 (1).

54 *History* 4.2 (p. 164).

55 *Discourses* 2.24; *Prince* 20.

56 *Discourses* 3.31 (4).

57 Ibid. 2.23, 27 (1); 2.10-11; 30; 3.25; *History* 4.4, passim.

58 *History* 6.4 (282), 8.1 (p. 308), 8.2 (p. 320).

59 *Discourses* 1.46 (2), 2.14 (2); *History* 3.7 (p. 149), 5.4 (p. 226).

60 *Discourses* 1.2 (13), 3.17 (2).

61 *History* 5.1 (pp. 202-203). 모든 형태의 정부는 결함이 있으며, 그렇기 때문에 정치학자에게는 전통적인 6가지의 정부 형태 분류 자체보다 한 형태에서 반대 형태로 쉽게 바뀐다는 사실이 더 중요하다는 마키아벨리의 믿음에도 이 원리가 반영되어 있다. *Discourses* 1.2 (4).

62 *Discourses* 1.6 (9).

63 Ibid. 2.1 (50), 2.4 (5); *History* 5.2 (pp. 213-214). 이 점에 관해서는 Gilbert, *Machiavelli's "Prince" and Its Forerunners*, 27쪽 이하를 보라.

64 *Discourses* 1.44, 57; *History* 6.7 (304).

65 *Discourses* 3.1.

66 *History* 5.1 (p. 202). 나는 번역을 약간 수정했다.

67 *Discourses* 2, preface.

68 Ibid., 1, preface (3).

69 "…… 현명한 사람은 항상 탁월한 인물들의 발자취를 따르며 그를 모방하려고 애써야 하는데, 이는 비록 그들의 역량에 필적하지는 못하더라도 적어도 어느 정도의 명성은 얻을 수 있기 때문이다." *Prince* 6 (1).

70 *Discourses* 1.6 (6); *Prince* 21 (7).

71 이것에 관해서는 다음을 보라. Butterfield, *The Statecraft of Machiavelli*, p. 19; Walker, *Discourses* 1:108 ff.

72 *Prince* 3 (7-8); *Discourses* 1.23 (1-3, 6), 1.33 (2-3, 6).

73 이에 대한 고전적인 구절은 *The Life of Castruccio of Lucca*에서 발견된다. 이 글은 길버트의 『군주론』 편집본에 번역되어 있다. 이와 관련하여 유용한 논의는 J. H. Whitfield, "Machiavelli and Castruccio," *Italian Studies* 8 (1953): 1-28에 나온다.

74 *Prince* 21 (7).

75 *Discourses* 2, preface (7).

76 Ibid., 1.37 (1).

77 *Prince* 2, passim; 6 (4).

78 *Discourses* 1.6 (7, 9).

79 *Prince* 6 (4).

80 Ibid. 3 (4-7); *Discourses* 3.16 (3).

81 *Discourses* 3.16.

82 *Prince* 21 (8); *History* 2.1 (pp. 46-47).

83 *Discourses* 2.5 (4).

84 *Prince* 2; *Discourses* 1.6 (7).

85 *Discourses* 1.6 (9). 마키아벨리는 여러 개의 가지를 지탱할 만큼 충분한 크기의 줄기를 필요로 하는 나무의 비유를 사용한 적도 있다[*Discourses* 2.3 (3)]. 마키아벨리는 제국주의의 수행에 필요한 요구에 적응하지 못한 스파르타를 비판했는데, 그 논점 역시 이런 맥락에서였다[ibid. 2.3 (2-3)]. 공화국의 팽창방법에 관해서는 같은 책 제2권 제4장에서 검토되고 있다.

86 *Discourses* 1.2 (13).

87 Ibid. 1.1 (8); *History* 2.2 (52-53).

88 *Discourses* 1.26 (1).

89 *Prince* 17 (1).

90 *Discourses* 1.9 (2).

91 Ibid. 3.22 (4). 하지만 구제받을 수 없을 정도로 부패한 사회도 있었다. 그런 사회에서는 권력도 무용지물이었다. *Discourses* 1.16 (2).

92 *Prince* 8 (7); *Discourses* 1.45 (3-4), 3.6 (3-4). 『군주론』 제19장에는 세베르투스(Severtus)의 경우와 같이 새로운 국가를 건국하기 위해서 필요한 폭력의 정도 및 종류와 마르쿠스(Marcus)의 경우와 같이 국가를 유지하기 위해 필요한 폭력의 정도 및 종류 사이의 의미심장한 비교가 나온다. 마키아벨리는 후자의 경우만을 진정 영광스러운 것이라고 부른다.

93 *Discourses* 2.10, 3.32; *History* 6.1.

94 *Discourses* 2.6, 21, 32.

95 Ibid. 2.7.

96 Machiavelli, *Toutes les lettres*, ed. E. Barincou, 6th ed., 2 vols. (Paris: Gallimard, 1955), 1:311에 재수록된 마키아벨리의 초고를 참조하라.

97 *Discourses* 1.9 (3).

98 Ibid. 1.16 (5).

99 Ibid. 3.7 (2).

100 Ibid., 2.20 (4), 3.8 (2). 이런 관심은 그가 폭력이라는 수단을 더럽힌 자들을 기다리고 있는 운명을 묘사했던 인상적인 구절에서 가장 명백히 드러난다. 그는 공동체의 활력을 회복하기 위해서 권력을 사용한 훌륭한 군주는 영원한 명성을 보장받았다고 말한다. 반면 자신의 군주국을 파멸시키거나 잃어버린 자들은 영원히 불명예스럽다는 지탄을 받았다[ibid. 1.10 (9-10)]. 특히 안전하고 자유로운 국가를 물려받았으면서도, 국가를 피폐하게 한 어리석은 통치자에게는 더 큰 저주가 기다리고 있었다[ibid. 1.10 (1, 2, 6), 3.5 (2)]. 나아가 종교와 마찬가지로 정치도 성인전(聖人傳), 곧 권력을 창조적으로 사용한 인물들로 구성된 성인들의 단계적 등급이 있었다. 그 첫째 등급에는 종교의 창시자들이 속했다. 다음에는 왕국이나 공화국을 창립한 자들이 속했다. 그러고 나서 탁월성의 순서에 따라 장군들, 문필가들 그리고 마지막으로 어떤 기예에서든 출중함을 과시한 자들이 속했다. 그러나 허무주의자들, 곧 희망의 적들로서 종교, 왕국, 공화국, 문예, 덕 자체를 파괴한 자들로 구성된 반대의 목록도 있었다.

　정치적·신학적 신화를 세우려는 마키아벨리의 시도가 아주 설득력 있게 보이지는 않지만, 그리고 정치적 행위자들이 역사의 심판에 대한 두려움에 떨 것이라고 마키아벨리가 과연 진지하게 기대했는가에 대해 의문을 품을 수도 있겠지만, 어쨌든 이런 고려들은 새로운 과학의 도덕적 진지함을 증명하는 것이다.

101 *Réflexions sur la violence*, 10th ed. (Paris, 1946), pp. 120-122, 168, 173-174, 202, 273.

102 *Discourses* 1.26 (3).

103 Maurice *Merleau-Ponty, Humanisme et terreur*, 8th ed. (Paris: Gallimard, 1947), p. 205. 덧붙이자면, 메를로-퐁티는 "Machiavélisme et humanisme," in *Umanesimo e scienza politica* (Milan, 1951), 297-308쪽에서 실존주의자의 시각으로 마키아벨리에 관해 매우 시사적인 분석을 제시했다. 마키아벨리가 '악의 교사'이며 철두철미하게 반기독교적이었다는 전통적인 견해를 최근에 다시 서술한 것으로는 Leo Strauss, *Thoughts on Machiavelli* (Glencoe, Ill.: Free Press, 1958)가 있다.

104 *Discourses* 2.2 (7).

105 *Prince* 15 (2), 18 (5); Discourses 3.9; Letter to Soderini (1513?), in *Toutes les lettres*, 2:327.

106 Aristotle, *Politics* 1332 b, 1337 a 11; 이와 관련된 아퀴나스(Thomas Aquinas)의 다음과 같은 언급을 보라. "정의란 항상적이고 부단한 의지로 인간이 각자에게 그의 몫을 주고자 하는 습관(habitus)이다." *Summa Theologiae*, II, II, q. 58, art. 1.

107 아퀴나스가 신중함을 특유하게 정치적인 덕의 형태로서 인정한 것은 중대한 예외이다. "그 특별하고 가장 완벽한 의미에서 신중함은 도시나 왕국을 다스리는 왕에게 속한다. 이런 이유 때문에 어떤 종류의 신중함은 '제왕적'인 것으로 상정된다." (Ibid., II, II, ae, q. 58, art. 1.)

108 *Prince* 15 (2), 18 (5).

109 Burd, *Il Principe*, 209쪽 각주로부터 재인용.

110 *Prince* 15 (1).

111 Ibid. 18 (3).

112 *Discourses* 2.12 (1).

113 *Prince* 18 (3).

114 Ibid. (5).

115 Ibid. 15 (3).

116 Ibid.; *History* 5.1 (202-203).

117 *Prince* 15-16. 아리스토텔레스(*Ethics* 1120 a 10-12)는 관후함(liberality)과 장엄함(magnificence)을 구분하면서 후자를 정치적 덕으로 들고 있다. 그 논의에서 그는 장엄함을 인색함(niggardliness)과 대조했는데, 후자를 쩨쩨함이 아니라 속된 과시로 정의하고 있다.

118 *Prince* 8 (3).

119 *Discourses* 2.5.

120 Ibid. 2, preface (3), 2.5.

121 Ibid. 1.1 (7-9), 3 (3), 28 (3), 2.12 (6), 3.12 (1).

122 Wilhelm Nestle, "Politik und Moral in Altertum," *Neue Jahrbücher für das klassische Altertum, Geschichte und deutsche Litteratur und für Pädagogik* (1918), p. 225.

123 George H. Sabine, *A History of Political Theory*, rev. ed. (New York: Holt, 1950), pp. 337-338, 347; Allen, *A History of Political Thought in the Sixteenth Century*, p. 465; Mesnard, *L'essor de la philosophic politique au XVIe siècle*, pp. 35 ff.

124 *Prince* 19 (18).

125 *Il Principe* 26, p. 36 (lines 5-6). 많은 해석자들이 마키아벨리가 국가는 기예의 산물이고 군주는 정치적 기예가의 역할을 담당한다는 견해를 가졌다고 보아 왔다. 이런 해석은 최초로 부

르크하르트(Jacob Burckhardt)의 위대한 저작인 *The Civilization of the Renaissance in Italiy*, trans. S. G. C. Middlemore (Vienna: Phaidon Press), pt. 1에서 시도되었다. 동일한 견해를 좀 더 현대적으로 표현한 것으로는 Friedrich, *Constitutional Reason of State*, 16-19쪽을 참조하라. 부르크하르트의 분석이 제기하는 문제 전반에 관한 치밀한 검토로는 Wallace K. Ferguson, *The Renaissance in Historical Thought* (Boston: Houghton Mifflin, 1948), 188쪽 이하를 참조하라. 마키아벨리가 '필연'(necessity)을 강조한 점과 『로마사 논고』에서 군주의 역할을 축소한 점을 감안할 때, 부르크하르트의 주장은 수정될 필요가 있다.

126 *Prince* 18 (6), 9 (2); *Discourses* 1.12 (8).

127 *Prince* 26; *Discourses* 1.16.

128 *Prince* 9 (1).

129 *Discourses* 1.16; *History* 3.1 (p. 108).

130 *Prince* 9 (4), 17 (4).

131 Ibid. 9 (2).

132 *Discourses* 1.5 (6-7), 9 (3).

133 Ibid. 1.5 (3), 1.57 (2).

134 Ibid. 1.17 (4).

135 *Il Principe* 9, p. 237 (line 20) and p. 238 (line 1).

136 *Discourses* 1.58.

137 Ibid. (5, 8); *History* 4.1 (p. 157). 이 점에서 군주는 일시적인 독재 제도의 승화된 형태의 일종으로서 다시 등장한다. 마키아벨리는 이것을 로마 공화정으로부터 빌려왔다. 이 점에 관해서는 *Discourses* 1.33 (6), 34를 보라.

138 *Discourses* 1.9 (6). 메디치(Cosimo di Medici)의 사망 후 일어난 피렌체의 쇠퇴에 근거해서 마키아벨리가 메디치를 비판하는 언급으로는 다음을 보라. *History* 7.1 (p. 315), 7.2 (p. 318).

139 *Discourse on Reforming the Government of Florence*, in Gilbert, *The Prince*, p. 92 (31).

140 *History* 7.1 (p. 306); *Discourses* 1.5, 46.

141 *Discourses* 1.55 (9), 2.25 (1); *Reforming the Government of Florence*, p. 79 (1).

142 *Reforming the Government of Florence*, pp. 85-86 (16, 19); *History* 2.3 (pp. 60-61), 3.3 (pp. 127-128), 3.4 (p. 133), 3.6 (p. 144), 4.6 (p. 190).

143 *History* 7.1 (p. 306).

144 *Reforming the Government of Florence*, p. 80 (3), pp. 89-90 (26-27); *Discourses* 1.2

(18); 1.4 (2,6), 1.6, 1.7 (1), 1.8; *History* 6.1 (pp. 306-307).

145 *Discourses* 2.25 (1).

146 Ibid. 1.6 (5). 로마누스(Egidius Romanus)와 같은 중세의 논자들은 파벌 정치를 참주 권력의 중요한 요소로 간주했다. 이것에 관해서는 Gilbert, *Machiavelli's "Prince" and Its Forerunners*, 163-164쪽을 보라. 마키아벨리가 수행한 작업은 파벌 정치의 역학에서 참주제와의 연관성을 제거하고 이를 공화주의와 결부시킨 것이었다.

147 *Discourses* 2.2 (2-3).

148 Ibid. (2).

149 *Politics* 7.133 b-134 a.

150 Fink, *The Classical Republicans*, 52쪽에서 재인용.

151 *Discourses* 1.7 (1).

152 Ibid. 3.28, 1.52.

153 Ibid. 1.20 (2).

154 *Republic* 2.366-367 (Conford 번역본). 이와 관련하여 Charles S. Singleton, "The Perspective of Art," *The Kenyon Review* 15 (1953), 169-189쪽에 나오는 지적으로 활기 넘치는 논의를 보라. 이 논문은 본질적으로 마키아벨리의 정치 이론에 관한 것이며, 나는 이 논문에 많은 빚을 지고 있다.

155 *Discourses* 3.31 (5).

156 Ibid. (7).

157 Ibid. 3.35-37. 군대 사회의 공동체적 성격에 관한 현대적 표현으로는 사르트르(Jean Paul Sartre)의 나치에 저항한 프랑스 레지스탕스 운동에 관한 기록인, "La république du silence," *Les Lettres Françaises* (Paris) 4 (September 9, 1944): 1을 보라.

158 *Discourses* 2.2 (6-7).

159 Ibid. 1.3 (1).

제8장 | 홉스 : 규칙의 체계로서 정치사회

1 우드하우스(A. S. P. Woodhouse)가 편집한 *Puritanism and Liberty*, 294쪽에 나오는 코튼(John Cotton)의 *The Keys of the Kingdom of Heaven* (1644)에 대한 굿윈(Thomas Goodwin)과 나이(Philip Nye)의 서문에서 재인용했다. 교회에 대한 이런 견해에 반론이 없는 것은 아니지만,

여기에 대한 비판자들도 자신들의 핵심 주장이 이익 개념으로부터 도출되고 있음을 인정하고 있다는 점은 의미심장하다. 이런 반론의 예로는 같은 책, 304-305쪽을 보라.

2 John Saltmarsh, S*moke in the Temple* (1646). 같은 책, 182쪽에 수록되어 있으며 강조는 인용자의 것이다.

3 *Areopagitica* in *Milton's Prose*, ed. M. W. Wallace (London: Oxford University Press, 1925), p. 312

4 *The English Works of Thomas Hobbes*, ed. Sir William Molesworth, 11 vols. (London, 1839), 7:73; *De Cive or the Citizen*, ed. Sterling P. Lamprecht (New York: Appleton-Century-Crofts, 1949), ep. ded. (pp. 4-5). 이하에서 몰스워스(William Molesworth)가 편집한 영어 전집판은 간략히 *E. W.*로 인용하겠다. 마찬가지로 램프레흐트(Sterling P. Lamprecht)의 편집본은 *Cive*로 인용하겠다.

5 Woodhouse, *Puritanism and Liberty*, p. 379.

6 Ibid., pp. 234, 380-381, 390.

7 *Cive*, ep. ded., p. 3; 또한 다음을 참조하라. *Leviathan*, ed. Michael Oakeshott, 30 (p. 220); *The Elements of Law*, ed. Ferdinand Tönnies (Cambridge: Cambridge University Press, 1928), 1.13.3-4 (이하 *Law*로 인용함); *E. W.*, 1:7-9.

8 *E. W.*, 1:91.

9 *Cive*, 18.4.

10 *E. W.*, 1:36.

11 *Leviathan* 5 (pp. 25-26).

12 *Cive* 15.16-17.

13 *E. W.*, 7:184, 1:387-389.

14 Ibid., 1:388.

15 *Cive*, preface to the reader, pp. 10-11.

16 *Leviathan*, Introduction (p. 5), 10 (p. 56); Law 2.1.1.

17 *E. W.*, 1:7.

18 Ibid., 8.

19 *Leviathan* 29 (p. 209).

20 *E. W.*, 1:3.

21 *Law* 1.6.1.

22 *Leviathan* 7 (p. 40).

23 Ibid. 4 (p. 21).

24 Ibid. 5 (pp. 29-30).

25 Ibid. 4 (p. 21).

26 *Law* 1.5.10.

27 *Opera Latina*, ed. Sir William Molesworth, 5 vols. (London, 1845), 5:257.

28 A. J. Ayer, *Language, Truth and Logic*, 2nd ed. (New York: Dover, 1946), p. 51. 도버 (Dover) 출판사의 허락을 얻어 인용했다.

29 이 문제에 관한 탁월한 논의로는 Dorothea Krook, "Thomas Hobbes's Doctrine of Meaning and Truth," *Philosophy* 31 (1956): 3-22와 Richard Peters, *Hobbes* (Middlesex: Penguin, 1956), chap. 11이 있다. 나는 일정한 사안과 관련하여 이 두 논문으로부터 자유롭게 차용했다. 이와 관련된 유용한 논문으로는 오크쇼트(Michael Oakeshott)의 해석에 대한 비판적인 논의 인, J. M. Brown, "A Note on Professor Oakeshott's Introduction to the *Leviathan*," *Political Studies* 1 (1953): 53-64가 있다.

30 *Law* 1.9.18.

31 *Leviathan* 20 (p. 136).

32 *Law* 1.4.10-11; *Leviathan* 3 (pp. 15-16).

33 *Law* 1.6.1; *Leviathan* 5 (p. 29), 46 (pp. 435-436).

34 *E. W* 1:8.

35 *Leviathan* 46 (p. 436).

36 Strauss, *Natural Right and History*, pp. 191, 196.

37 *Law* 2.8.13.

38 *E. W.*, 1:8-10, 6:362-363; *Cive*, preface, passim.

39 *Law* 2.2.4.

40 *Leviathan* 20 (p. 136), 26 (p. 176).

41 *Law* 2.10.8; *Leviathan* 5 (p. 26). 또한 다음을 참조하라. *Law* 2.6.12-13; *Cive* 14.17, 15.15-18; *Leviathan* 26 (pp. 176-177), 36 (p. 291); *E. W.*, 6:22, 121-122.

42 *Cive*, preface (pp. 7-8).

43 *Law* 1.13.3; *Leviathan* 34 (pp. 255-256).

44 *Cive*, preface (p. 8).

45 이익과 이념의 관계에 관한 통찰력으로 인해 흡스는 '이데올로기' 연구에 있어서 초기의 선구적인 인물로 꼽힌다. 이런 통찰력을 보여 주는 가장 훌륭한 사례는 가톨릭교회와 중세의 스콜라학파에 관한 그의 논의에서 발견된다. *Leviathan* 5 (pp. 24-25), 47 (pp. 451 ff.).

46 Ibid. 11 (pp. 67-68). "만약 '삼각형의 세 각의 합은 두 직각의 합과 같다'는 명제가 어떤 사람의 영토에 대한 권리나 영토 소유자의 이익에 반하는 것이었다면 어떻게 되었을까? 비록 그것이 논쟁거리가 되지는 않았을지라도, 틀림없이 기하학에 관한 모든 서적을 불살라 버리고 이해당사자의 힘이 미치는 한 이 학설을 탄압했을 것이라는 사실을 나는 의심하지 않는다."

47 Ibid. *46 (p.* 442). 물론 흡스는 의식적인 기만의 경우에는 기만하는 자가 참된 규범을 알아야 한다는 함의 — 누군가 제기할 법하고 그럴듯한 — 를 검토하지 않았다.

48 *E. W.*, 1:56; *Law* 2.8.13.

49 *Cive* 3.31.

50 Ibid. 12.6.

51 Ibid. 2.1.

52 Ibid. 15.17.

53 *Leviathan* 4 (pp. 24-25); *Cive* 3.31.

54 *Leviathan* 5 (p. 26), 26 (pp. 172-173); *Law* 2.1.10, 2.9.7; *Cive* 6.16. 흡스의 회의론과 유명론 (nominalism)에 관해서는 오크쇼트의 『리바이어던』의 서론과 Krook, "Thomas Hobbes's Doctrine of Meaning and Truth"를 참조하라.

55 *E. W.*, 6:220.

56 *Essay Concerning Human Understanding* 3.1.1.

57 *Leviathan* 8 (p. 45).

58 *E. W.*, 6:251.

59 *Leviathan* 31 (p. 241).

60 Ibid.

61 *Law* 1.14.10.

62 *Leviathan* 18 (p. 120), 19 (p. 124); *Cive*, preface (p. 15).

63 *Cive* 5.4-5; *Leviathan* 17 (pp. 111-112).

64 *Leviathan* 17 (p. 109).

65 Ibid. 13 (p. 83), 14 (pp. 92-93), 18 (p. 120), 36 (p. 285); *Law* 1.14.12, 2.2.13. 이 점은 홉스가 정신의 "인지적·상상적·개념적" 능력이라고 부른 것에 의해 또 다른 방향에서도 확인된다. *Law* 1.1 (8)에 나오는 그의 언급을 참조하라.

66 *Leviathan* 13 (pp. 82-83). 만약 홉스가 의도한 자연 상태가 단순히 시간적으로 시민사회에 선행하는 상태가 아니라 질서와 회복 사이의 막간을 의미한다는 이 논변이 정확하다면, 이는 또한 자주 비판된 홉스의 자연법이론을 설명하는 데도 도움을 줄 것이다. 자기보존에 관한 법칙을 제외하고는 홉스가 제시한 자연법의 모든 조항들은 명백히 사람들이 이미 모종의 지식을 가지고 있던 사안을 다루는 것이었다.

67 Ibid. (p. 82).

68 Ibid. 12 (p. 70).

69 Ibid. 17 (p. 112).

70 Ibid. 30 (p. 225).

71 Ibid. 26 (p. 173).

72 Ibid. 15, passim.

73 홉스적 사회의 규칙 중심적 성격은 무지와 변명 및 이 양자와 규칙에 대한 관계를 논하는 부분에 명확히 반영되어 있다. Ibid. 27 (pp. 190 ff.).

74 "처벌이란 공적 권위가 위법으로 규정하는 작위 또는 부작위에 의한 행위에 대해, 인간의 의지를 더 잘 복종하게 할 목적으로, 공적 권위가 그 행위자에게 가하는 해악이다"[ibid. 28 (p. 202)].

75 Ibid. 21 (p. 138).

76 Ibid. 14 (p. 85).

77 Ibid. 27 (pp. 192-193), 30 (pp. 225-226); *Cive* 13.10-11.

78 *Cive* 3.6; *Law* 1.16.5.

79 *Leviathan* 15 (pp. 93 ff.).

80 Ibid. (pp. 95-96); *Law* 1.16.1-6, 1.17.10.

81 *Cive* 3.26; *Law* 1.16, 1.18.10; *Leviathan* 5 (p. 26), 26 (p. 27).

82 *Law* 2.4.9.

83 *Leviathan* 30 (p. 228). *Law* 1.17.7에서 홉스는 양 당사자가 "공정한" 선고를 받으려는 희망에서 그들의 사건을 재판관 앞에 가져오는 것은 아니라고 언명했다. 왜냐하면 "그것은 양 당사자 모두를 선고에 대한 재판관으로 만드는 셈"이기 때문이었다. 대신 그들은 대우의 "평등"을, 곧 두 당사자 가운데 어느 한 당사자에 대한 재판관의 "혐오"나 "선호"에 기반을 두지 않은 결정을

추구한다.

중앙집권화와 획일성에 관해서는 *Testament politique du Cardinal de Richelieu*, ed. Louis André 7th ed. (Paris: Laffont, 1947), 321쪽 이하와 A. de Tocqueville, *L'Ancient régime*, ed. G. W. Headlam (Oxford: Clarendon, 1949) 31-68쪽을 참조하라. 그리고 이 주제의 지속성에 관해서는 Bertrand de Jouvenal, *On Power, Its Nature and the History of Its Growth* (New York: Viking, 1949), 6-7장, 9-10장을 참조하라.

84 *Law* 2.1.19.

85 *Leviathan* 30 (pp. 229-232).

86 Ibid. 18 (p. 119). "백성들의 불평등은 주권자의 법령에서 생긴다. 그러므로 주권자 앞에서는, 곧 법정에서는 백성들 간에 불평등이 있을 수 없다. 이는 왕 중의 왕인 신 앞에서는 [코먼웰스의 – 옮긴이] 왕과 백성 간에 불평등이 있을 수 없는 것과 마찬가지다"[ibid. 30 (p. 226)]. 군주제를 옹호하기 위해 개진된 논변 가운데 하나는, 군주제에는 단지 일인의 우월자가 존재하기 때문에 불평등이 발생할 여지가 적다는 것이었다(*Cive* 10.4). 이와 관련하여 다음의 간략한 언급도 참조하라. "도시란 다수의 사람으로 구성된 단일의 인격체로서, 공공의 평화와 안전을 위해 각 개인의 힘과 재능을 사용하는 한, 이 인격체는 그들 스스로의 계약에 의해 그들 모두의 의지로 간주된다"[ibid.10.5 (강조는 필자)].

87 *Leviathan* 29 (p. 210).

88 Ibid. 15 (p. 99).

89 *Cive* 1.2 (각주).

90 *Leviathan* 14 (pp. 89-90); *Law* 1.19.6, 2.1.6.

91 *Leviathan* 29 (p. 210).

92 Ibid. 42 (pp. 355-356).

93 Ibid. 31 (p. 240).

94 Ibid. 32 (p. 243). 40 (pp. 307-308).

95 Ibid. 42 (p. 237). 그리고 같은 책, 46장 (p. 448)에 나오는 종교재판에 대한 홉스의 공박을 참조하라.

96 *Cive* 1.6; *Leviathan* 13 (pp. 80-81); *Law* 1.14.5.

97 Ibid. 1.9.21.

98 Ibid. 1.19.8.

99 *Leviathan* 21 (p. 144).

100 Ibid., introduction (p. 5).

101 Ibid. 42 (p. 379).

102 G. B. Adams and H. M. Stephens, *Select Documents of English Constitutional History* (New York: Macmillan, 1935), 229쪽에 수록된 Act in Restraint of Appeals, 24 Henry VIII c. 12 (1533).

103 *Laws of Ecclesiastical Polity*, 1.10.8.

104 *Law* 2.2.11; *Cive* 5.12; 6.14.18.

105 *Leviathan* 22 (p. 146). "나는 단체(systems)라는 말을 동일한 이익 또는 동일한 일을 중심으로 상당수의 인간이 결합한 것이라고 이해한다."

106 Ibid. 8 (p. 46). "일단 어떤 욕구를 갖게 되면, 과거에 그와 같은 욕구를 실현시킨 수단이 무엇이었는지를 생각하게 된다"[ibid. 3 (p. 14)]. 이런 사고는 "이성은 정념의 노예이며 또 그러해야 한다"라는 흄의 유명한 구절에 매우 가까이 접근하고 있다. 홉스에 대한 흄의 지적 유사성은 이익 그리고 이성과 이익의 관계에 대한 그들의 공통된 관념에 있다. 홉스와의 이런 유사성 때문에 흄의 보수주의는 버크의 보수주의와 구별된다. 이에 관해서는 "Hume and Conservatism," *Amereican Political Science Review* 48, no. 4 (December 1954): 999-1016에 실린 나의 논의를 참조하라.

107 *Leviathan, introduction* (p. 6), 6 (p. 32).

108 Ibid. 8 (p. 42). "그리고 인간의 체질은 계속 변화한다. 따라서 같은 것이라 해도 어떤 인간에게 항상 같은 욕구와 혐오를 일으키지 않으며, 같은 대상을 놓고 모든 인간이 동일한 욕구를 가지는 일은 더더욱 있을 수 없다"[ibid. 6 (p. 32)].

109 Ibid. 11 (p. 64).

110 Ibid. (pp. 63-64).

111 극히 최근까지 대표에 관한 홉스의 이론에 대한 치밀한 연구는 없었다. 오크쇼트이나 스트라우스(Leo Strauss)도 그의 대표 이론을 진지하게 주목하지 않았다. 이런 공백을 메우기 위한 가장 중요한 시도는 Raymond Polin, *Politique et philosophie chez Thomas Hobbes* (Paris: Presses Universitaires, 1953), 221쪽 이하에서 발견할 수 있다. 여러모로 이 책은 현존하는 홉스에 대한 개설서 가운데 가장 뛰어난 것이다.

112 이런 사고는 중세 사상과 몇 가지 점에서 유사하며, 홉스의 주권 이론에 계속 남아 있는 아리스토텔레스와 중세 사상의 영향에 대한 면밀한 연구의 필요성을 촉구한다. 예를 들어 위의 해석을 Aquinas, *De Regimine Principum* 1.1-2와 비교해 보라.

113 *Leviathan* 16 (p. 107).

114 Ibid. 16, 18 (pp. 105-108, 113-115).

115 *Law* 2.9.1.

116 *Law* 2.5.1, 2.9.1; *Cive* 10.2,18; *Leviathan* 30 (pp. 227-228); *E. W.*, 6: 34.

117 James Mill, *Essay on Government* (Cambridge: Cambridge University Press, 1937), 71쪽을 보라.

118 *Cive* 10.9.

119 *Leviathan* 28 (p. 209), 18 (pp. 112-113); *Cive* 10.6-7.

120 Adam Smith, *Theory of Moral Sentiments*, in *Works* (London, 1812), 1:138.

121 Jeremy Bentham, *Bentham's Handbook of Political Fallacies*, ed. H. A. Larrabee (Baltimore: Johns Hopkins University Press, 1952), pp. 82, 106.

122 Ibid., p.110

123 *Oeuvres politiques de Benjamin Constant*, ed. C. Louandre (Paris, 1874) pp. 260-269, 281.

124 스트라우스는 그의 탁월한 그러나 지나치게 기교적인 저작인『홉스의 정치철학』(*The Political Philosophy of Hobbes*)에서 홉스의 정치철학과 과학관(觀)의 밀접한 관계를 부인하고 있다. 스트라우스는 홉스 정치사상의 주요 내용이 그의 사상 형성의 '선(先)과학적인' 단계에서, 즉 그가 '인문주의자'로서 투키디데스의 저술을 번역하고 아리스토텔레스의『수사학』(*Rhetoric*)에 관해 긴 논평을 저술했을 때 이미 형성되었다고 주장한다. 이런 해석이 지닌 난점은 스트라우스가 구축한 정교한 논리구성을 정당화할 수 있는 정치에 관한 언급이 홉스의 그 저술들에는 아주 드물 뿐만 아니라 그 저술들과 동일한 '인문주의자'의 시기에 저술된 저작인『제1원리들에 관한 소고』(*A Short Tract on First Principles*)를 대수롭지 않게 무시하고 있다는 점이다. 『소고』는 홉스 과학철학의 몇몇 주요 원리를 담고 있을 뿐만 아니라, 최근의 한 평자가 말한 것처럼, "『소고』는 이후 홉스의 정치적 저술에 나타나게 된 결론들을 가득 담고 있다." J. W. N. Watkins, "Philosophy and Politics in Hobbes," *Philosophical Quarterly* 5 (1955), pp. 125-146, at p. 128. 더욱이 홉스의 체계적인 정치적 저술 가운데 최초의 것이며 가장 미숙한 것으로 알려져 있는『법의 제(諸) 요소』(*Elements of Law*)는『소고』에 나타난 많은 과학적 진술로 가득 차 있다. 마지막으로 그리고 가장 중요한 것은, 스트라우스 교수는 홉스의 '인문주의자'로서의 시기에 몰두해 있고, 이 시기의 사상을 홉스의 만년의 저작을 해석하는 토대로 삼고 있기 때문에, 홉스의 이론이 거의 전적으로 '도덕적인' 문제를 다루는 것으로 왜곡하고 있다는 점이다. 하지만 우리가 앞에서 보여 주고자 노력한 것처럼, '도덕적인' 쟁점은 그의 이론의 일부에 불과하고, 언제나 가장 중요한 위상을 갖는 것은 아니었다. 홉스 자신은 지식의 위상에 관해 깊은 관심을 가지고 있었고, 도덕적인 평가의 문제에 몰두한 것 못지않게 "다른 사상이 아니라 어떤 한 사상을 받아들이게 만드는 타당한 근거는 무엇인가?"라는 질문에 대한 답변을 구하는 데도 몰두했다. 오크쇼트가 성취한 가장 커다란 기여는 홉스가 진정으로 철학적인 문제의 전 범주에 걸쳐서 관심을 가진 철학자라고 주장한 데 있다.

125 *Law* 1.1.4-8.

126 *Leviathan* 6 (p. 31).

127 *A Short Tract on First Principles*, printed in Tönnies edition of *The Elements of Law* as app. 1, p. 152.

128 *Leviathan* 6 (pp. 31-39); *Law* 1.7; *A Short Tract on First Principles*, pp. 161, 165-166.

129 *Law* 1.7. 6-7; 1.9.1, 3, 5; *Leviathan* 11 (pp. 63-64).

130 Ibid. 10 (pp. 56-57).

131 *Law* 1.8.4.

132 *Leviathan* 10 (p. 56).

133 *Law* 1.19.10; *Cive* 5.11.

134 *Leviathan* 14 (pp. 85-86); *Cive* 5.11; *Law* 2.1.7, 2.1.18-19.

135 *Leviathan* 28 (p. 203).

136 Ibid. 30 (p. 227).

137 *Cive* 9.9.

138 *Leviathan* 21 (pp. 136-137). 장애물의 부재로서의 자유의 관념은 경제적 '운동'에 대한 제약의 폐지를 옹호하던 고전 경제학의 문헌에서 지속적으로 나타났다. 동일한 생각이 19세기 미국의 경제학자인 케리(Henry Charles Carey)가 내린 다음과 같은 가치의 정의에도 나타난다. 가치란 "단지 우리가 원하는 것을 소유하기 위해 그에 앞서 극복해야 하는 저항에 대한 우리의 평가다"[*Principles of Social Science*, 3 vols. (Philadelphia, 1858), 1:148]. 현대 사회과학자의 다음과 같은 언급도 동일한 전통에 서있다. "그밖에 달리 어떤 것을 의미하든, 자유란 당신이 하기를 원하는 것을, 당신이 원하는 때에, 그리고 당신이 원하는 방법으로 할 수 있는 힘(power)을 의미한다. 그리고 미국 사회에서 당신이 원하는 것을 당신이 원하는 때에 당신이 원하는 방법으로 행할 수 있는 힘은 돈을 필요로 한다. 돈은 힘을 제공하고 힘은 자유를 제공한다." C. W. Mills, *The Power Elite* (New York: Oxford University Press, 1957), p. 162.

139 *Leviathan* 14 (p. 90); *Law* 2.1.8, 18-19; *Cive* 5.7.

140 *Cive* 5.9, 10.5; *Law* 2.1.14.

141 *Leviathan* 14 (p. 90).

142 Ibid. 46 (p. 447).

143 "칼을 든 손은 국가의 방위군이며, 국가의 방위군은 영토를 점령하고 있거나 유사시에 점령할 태세가 되어 있는 군대다. 그렇기 때문에 이는 어떤 땅을 가지고 있느냐의 문제가 되며, 어떤 땅을 가지고 있느냐는 재산소유의 문제와 직결된다. 재산이 없다면 공적인 언어는 단순한 이름이나 고작해야 종이호랑이(mere spitfrog)에 불과할 뿐이다"[*The Oceana and Other Works of James Harrington*, ed. John Toland (London, 1737) p. 41].

제9장 | 자유주의 그리고 정치철학의 쇠락

1 19세기의 비판개(가상적 독자 – 옮긴이)는 『리바이어던』 제24장이 전형적인 중상주의적 분석을 담고 있다는 점을 인정해야 할 것이다. 그렇지만 그 비판은 홉스가 경제적 요인과 정치 현상이 맺고 있는 전체적인 관계를 인식하지 못했다는 것을 지적했다는 점에서 여전히 유효하다. 이 점에서 홉스는 그의 선행자인 보댕과 그와 동시대의 비판자인 해링턴보다 낮은 인식수준을 갖고 있었다.

2 "Of the First Principles of Government," in *Essays, Moral, Political, and Literary*, ed. T. H. Green and T. H. Grose, 2 vols. (London: Longmans, 1898), 1:109-110; Adam Smith, *An Inquiry into the Nature and Causes of the Wealth of Nations*, ed. E. Cannan, Modern Library (New York: Random House, 1937), bk. 5, chap. 1 (p. 670) (이하 *Wealth*로 인용함). 이 문제를 날카롭게 통찰하고 있는 프루동의 언급도 참고하라. Proudhon, *Oeuvres complètes* (Paris, 1868), 3:43 (par. 91).

3 *Oeuvres complètes*, 7 vols. (Paris, 1862-1878), 1:427 (이하 Bastiat, *Oeuvres*로 인용함).

4 Ibid., 7:27, 57-60. 스미스(Adam Smith)에서 동일한 개념이 나타난 곳으로는 *Wealth* 1,1-2 (pp. 4-9, 13 ff.)을 보라. 스펜서(Herbert Spencer)는 노동 분업을 "생물과 무생물을 포괄하는 창조 전반에 걸쳐 있는 훨씬 더 일반적인 과정의 일부"로서 간주했다. "그것은) 특별하게 만들어진 것도 아니고, 왕이 제정한 것도 아니지만, 누군가의 아무런 사전계획 없이 성장해 왔다." *Essays, Scientific, Political, and Speculative*, 3 vols. (New York: Appleton, 1910), 3:323 (이하 *Essays*로 인용함); *The Study of Sociology* (New York: Appleton, 1899), p. 65.
고전 경제학자들의 사회학적 해석은 다음의 저술에 기술되어 있다. A. Small, *Adam Smith and Modern Sociology* (Chicago: University of Chicago Press, 1907); G. Bryson, *Man and Society: the Scottish Inquiry of the Eighteenth Century* (Princeton: Princeton University Press, 1945). 스미스의 사상에 대한 훌륭한 연구로는 다음의 글을 참고하라. J. Viner, "Adam Smith and Laissez Faire," in *The Long View and the Short: Studies in Economic Theory and Policy* (Glencoe, Ⅲ.: Free Press, 1958), pp. 213-245. 또한 크랍시(Joseph Cropsey)의 최근 저작인 *Polity and Economy: An Interpretation of the Principles of Adam Smith* (The Hague: Nijhoff, 1957)도 참고하라.

5 *A Treatise of Human Nature* 3.2.8. 이 주제를 좀 더 확장시켜 다루고 있는 글로는 Élie Halévy, *Growth of Philosophic Radicalism*, trans. M. Morris (London: Faber and Faber, 1928), 199-200쪽을 보라.

6 Spencer. *The Study of Sociology*, p. 64.

7 K. Mannheim, *Essays on the Sociology of Culture* (London: Routledge, 1956), pp. 91-170, S. F. Nadel, *Foundations of Social Anthropology* (London: Cohen and West, 1951), p. 55. ("인류학자의 실수는 '그나마 나은' 실수일 것이다.")

8 '자유주의에 대한 유치한 개념화'라고 부를 수 있는 전형적인 것으로는 다음을 보라. R. Kirk, *The Conservative Mind* (Chicago: Regnery, 1953), pp. 21, 24, 108; P. Viereck, *Conservatism Revisited* (London: Lehmann, 1950), pp. xi-xii; K. Mannheim, *Ideology and Utopia* (New York, 1936), pp. 199-202; R. Niebuhr, *The Nature and Destiny of Man*, 1 vol. ed. (New York: Scribner's, 1947), 1:102-107, 2:240; *Christianity and Power and Politics* (New York: Scribner's, 1940), pp. 84, 91-93, 102-103; W. Röpke, *The Social Crisis of Our Time* (Chicago: University of Chicago Press, 1950), pp. 48-53; J. H. Hallowell, *Main Currents in Modern Political Thought* (New York: Holt, 1950), pp. 110-115, 620-624, 669-674; E. H. Carr, *The Twenty Years' Crisis 1919-1939* (London: Macmillan, 1951), chaps. 3, 4; H. Morgenthau, *Scientific Man and Power Politics* (Chicago: University of Chicago Press, 1946), chaps. 2, 8.

9 이 구분에 대해서는 다음의 글을 참고하라. G. H. Sabine, "The Two Democratic Traditions," *Philosophical Review* 61 (1952): 451-474. 그리고 좀 더 일반적인 연구로는 다음을 참고하라. J. L. Talmon, *The Rise of Totalitarian Democracy* (Boston: Beacon, 1951), pp. 1-13, 249-255.

10 B. Groethuysen, *Philosophie de la Révolution française précédé de Montesquieu*, 4th ed. (Paris: Gallimard, 1956), 157쪽에서 재인용.

11 Frank I. Schechter, "The Early History of the Tradition of the Constitution," *American Political Science Review* 9 (1915): 707-734; Edward S. Corwin, "The Constitution as Instrument and Symbol," *American Political Science Review* 30 (1936): 1071-1085; Max Lerner, "Constitution and Court as Symbols," *Yale Law Review* 46 (1937): 1290.

12 최고의 전기는 가장 최근에 나온 것이다. Maurice Cranston, *John Locke* (London: Longmans, 1957).

13 John Locke, *An Essay Concerning Human Understanding*, ed. A. C. Fraser, 2 vols. (Oxford: Clarendon Press, 1894), 1:xviii.

14 *Essay Concerning Human Understanding*, epistle to the reader, 1:14 in Fraser's edition. 이후 『인간오성론』으로부터의 모든 인용은 이 판본에서 인용될 것이며 *ECHU*로 표시할 것이다.

15 Ibid., 1:9, 2.2.2.

16 Ibid. 2.1.2-4, 3.11.23.

17 Ibid. 2.2.2, 2.1.24.

18 J. S. Mill, T*hree Essays on Religion*, 3rd ed. (London: Longmans, 1885), p. 8.

19 *Theaetetus* 176b; *Nichomachean Ethics* 10.1117b, 33.

20 Lord King, *The Life of John Locke, with Extracts from His Correspondence, Journals and*

Common Place Books, 2nd ed., 2 vols. (London, 1830), 1:210; *ECHU*, introduction, 6; 4.14.1-2.

21 King, *The Life of John Locke*, 1:161; *ECHU*, introduction, 7; 4.3.24; 그리고 R. I. Aaron, *John Locke*, 2nd ed. (Oxford: Clarendon, 1955), 238쪽의 논의도 참고하라. 올바크(Baron d'Holbach)의 진리 규정은 Talmon, *The Rise of Totalitarian Democracy*, 273쪽에서 재인용한 것이다.

22 "정부, 도덕, 관습 등 모든 것이 재구축되어야 한다. 건축가의 눈에서 볼 때 이 얼마나 웅대한 공간인가! 사변적인 것으로 남아 있었던 모든 세련되고 훌륭한 관념들을 이용할 수 있고, 이전에는 이용할 수 없었던 그 많은 재료들을 활용할 수 있으며, 오랜 세월에 걸쳐 장애물에 불과했으면서도 사용하기를 강요당했던 그 많은 것들을 거부할 수 있는 기회라니 이 얼마나 위대한 기회인가"[F. A. Hayek, *The Counter - Revolution of Science* (Glencoe, Ⅲ.: Free Press, 1952), 109쪽에서 재인용].

23 H. R. Fox - Bourne, *The Life of John Locke*, 2 vols. (New York: King, 1876), 1:396에서 재인용.

24 Adam Smith, *Theory of Moral Sentiments in Works* (London, 1812), 1:516. 나는 『도덕 감정론』(*The Theory of Moral Sentiments*)의 여섯 번째 판본을 이용했으며, 이후 *TMS*로 인용할 것이다.

25 Fox - Bourne, *The Life of John Locke*, 1:224-226; King, *The Life of John Locke*, 1:162-165; *ECHU* 4.11.8.

26 *TMS*, p. 417.

27 *ECHU*, 1:xxxi-xxxii에서 인용.

28 *TMS*, pp. 407-411. 또한 Benjamin Constant, *Oeuvres politiques*, ed. C. Louandre (Paris, 1874), 402쪽과 Bentham, "Anarchical Fallacies," in *Works*, ed. J. Bowring, 11 vols. (Edinburgh, 1838-1843), 2:498도 보라.
정치적 사유와 행위에 내재해있는 미학적인 충동에 대한 스미스의 공격은 사실 정치적 미학의 본성을 재규정하고, 그렇게 함으로써 정치철학의 입법적인 역할을 축소시키려는 그의 시도의 일환이었다. 그는 정부가 미(美)의 적절한 대상일 수 있다고 주장하면서 다음과 같이 말했다. "우리는 그토록 웅장하고 아름다운 어떤 체계의 완성을 바라보면서 기쁨을 느낀다. 그리고 우리는 그 운영의 규칙성을 조금이라도 흩트리거나 방해할 수 있는 어떤 장애물도 제거해야만 비로소 안정감을 느낀다." 그렇지만 미(美)는 어떤 활동의 목적이 아니라 수단과 관련되었다. 간단히 말해서, 어떤 대상이나 활동은 그것이 기능적으로 유용한 한도 내에서만 아름다운 것이라고 불릴 수 있었다. 즉, "개인과 사회 양자 모두의 행복을 증진시키거나 저해하는 데 맞추어져야" 한다는 것이다. 정치적인 사안에서 미(美)는 효율성과 거의 동의어가 되었지만, 결코 주된 목적으로 인정되지 않았다. 미학적인 동기는 인간으로 하여금 "정부라는 장치의 몇몇 축이 삐

걱거리지 않고 좀 더 조화롭고 부드럽게" 움직이는 것을 가로막는 "장애물들"을 색출하게 할 것이다. 하지만 미학적인 목표가 인간의 고통을 무시하면서까지 추구되어서는 안 된다(*TMS*, pp. 309-323). 바스티아 역시 인간성을 "권력으로부터 생명, 조직, 도덕, 및 부를 받는 무기력한 물질"(*une matière inerte recevant du pouvoir la vie, l'organisation, la moralité et la richesse*)로 간주했던 이론가들에게 경고를 보냈다(*Oeuvres*, 4:366-367).

또한 이론과 실천에서 지식 체계론적 경향을 거부하는 것은 버크의 보수주의가 보여 주는 바이기도 하다. 이런 거부가 근대 사회학으로 이어졌다는 점은 아마도 잘 알려져 있지 않은 것 같다. 이 점은 몽테스키외의 사유에 내재해있는 이런 요소들에 대한 뒤르켐(Emile Durkheim)의 평가를 검토해 보면 알 수 있다. 여기에 대해서는 뒤르켐의 *Montesquieu et Rousseau, Précurseurs de la Sociologie* (Paris: Rivière, 1953), 84-85쪽, 96쪽을 보라. 이런 경향이 보편적으로 받아들여졌던 것은 아니다. 예컨대 작고한 만하임(Karl Mannheim)의 저작들을 보면 거기에는 사회학이 사회개혁을 위한 포괄적인 계획을 제공하는 과제를 떠맡아야 하며 정치 행위는 거대한 규모로 작동될 수 있고 또 작동되어야 한다는 신념이 명확하게 표현되어 있다. 특히 만하임의 *Man and Society in an Age of Reconstruction* (London: Routledge, 1951)을 보라.

29 *Bentham's Handbook of Political Fallacies*, ed. H. A. Larrabee, p. 195.

30 *An Introduction to the Principles of Morals and Legislation* (New York: Hafner, 1948), preface, p. xxxi (강조는 원저자의 것이며, 이하 *Morals and Legislation*으로 인용함). 또한 Bastiat, *Oeuvres*, 4:364-366도 참고하라.

31 Arnold, *Culture and Anarchy*, ed J. D. Wilson (Cambridge: Cambridge University Press, 1932), pp. 19, 36; Bastiat, *Oeuvres*, 4:350. 또한 Guizot, *Democracy in France* (New York, 1849), 81쪽도 보라.

32 Smith, *Wealth*, 1.6.11 (pp. 52, 248); 2.1-2, 3 (pp. 265-279, 324-325); 4.7 (p. 566); 그리고 자본이라는 관점(같은 책 1.3, pp. 320-321)에서 사회가 어떻게 요약되는지에 대해서는 같은 책 4.3 (p. 464)을 보라. 또한 다음의 저작도 참고하라. J. R. McCulloch, T*he Principles of Political Economy* (Edinburgh, 1825), pp. 244-246 (이하 *PPE*로 인용함); Nassau Senior, *Political Economy* (London, 1850), p. 81 (이하 PE로 인용함); J. S. Mill, *Principles of Political Economy*, ed. Sir W. J. Ashley (London: Longmans, 1920), 2.3.1 (p. 23) (이하 *PPE*로 인용함).

33 Dugald Stewart, *Essays on Philosophical Subjects* (London: 1795), p. lxxxi에서 재인용. 또한 Cropsey, *Polity and Economy*도 참고하라.

34 Spencer, Essays, 3:450-451; Jeremy Bentham, *Economic Writings*, ed. W. Stark, 3 vols. (London: Allen and Unwin, 1952-1954), 3:333 (이하 *Econ. Wr.*로 인용함).

35 Smith, *Wealth* 1.7-8, 4.2.

36 Bastiat, *Oeuvres*, 4:360-361.

37 Bentham, *Econ. Wr.*, 1:223.

38 Mably, *De la Législation*, 2 vols. (Lausanne, 1777), 2:31; 그리고 휘트필드(E. A. Whitfield) 가 쓴 마블리의 전기인 *Gabriel Bonnot de Mably* (London: Routledge, 1930)도 참고하라. 또한 다음의 저작에 나온 논의도 참고하라. Talmon, *The Rise of Totalitarian Democracy*, pp. 54 ff.; Friedrich Engels, *Herr Eugen Dühring's Revolution in Science*, Marxist Library (New York: International Publishers, n. d.), p. 318. 탈몬(Jacob Leib Talmon)은 최근에 급진적 사상의 위험성을 지적했는데, 바스티아는 이를 예중하는 많은 인용문을 수집해 놓았다 (*Oeuvres*, 4:367 ff.).

39 *The Works of John Locke*, 12th ed., 9 vols. (London, 1824), 10:10, 42.

40 Smith, *Wealth* 4, introduction (p. 397).

41 *McCulloch, PPE*, pp. 7-9.

42 Ibid., p. 23; J. B. Say, *A Treatise on Political Economy*, translated from the fourth edition by C. R. Prinsep and C. Biddle (Philadelphia: Lippincott, 1857), p. xv; *Traité d'économie politique*, 2 vols. (Paris, 1803), 1:ii.

43 Lionel Robbins, *The Theory of Economic Policy in English Classical Political Economy* (London: Macmillan, 1952), 175-176쪽에서 재인용. 또한 Bastiat, *Oeuvres*, 4:388도 보라.

44 이런 점들을 입증하는 자료로는 다음을 보라. Smith, *Wealth* 2.3 (pp. 315-326), 4.2 (p. 424); *TMS*, p. 405; *Lectures on Justice, Police, Revenue, and Arms*, ed. E. Cannan (Oxford: Clarendon Press, 1896), pp. 1-4; T. R. Malthus, *An Essay on Population*, 2 vols. (London: Dent, 1914), 2:87, 192-193; Senior, *PE*, pp. 76, 81; J. S. Mill, *Considerations on Representative Government* (London: Oxford University Press, 1912), chap. 3 (p. 187), chap. 6 (p. 249); Spencer, *Essays*, 3:313. 정부의 비생산적인 성격은 생시몽(Saint-Simon)이 즐겨 쓰는 주제가 되었다. 다음의 책에 번역되어 있는 유명한 구절을 보라. *Henri Comte de Saint-Simon, Selected Writings*, ed. F. M. H. Markham (New York: Macmillan, 1952), pp. 72-73. 그리고 이것을 Bentham, *Morals and Legislation*, p. 5n과 비교해 보라. 경제적 범주들의 확산을 보여 주는 중요한 단서는 스미스가 유기적 정치체라는 오랜 관념을 경제적 목적을 위해 전유했다는 점이다. *Wealth* 4.7, 9 (pp. 571-572, 638)

45 *Two Treatises of Government* 2.12, 13. 이후 이 저작에 대한 모든 참조는 *First Treatise* 또는 *Second Treatise*로 인용한다.

46 *Second Treatise* 4. 22.

47 로크는 두 가지 상태가 "평화, 선의, 상호부조 및 보존의 상태와 적의, 악의, 폭력 및 상호 파괴의 상태가 서로 다르듯이 현저히 다르다"는 점을 강조했다. *Second Treatise* 19.

48 예컨대 다음의 저작을 보라. J. Mabbott, *The State and the Citizen* (London: Hutchinson,

1948), pp. 20-21; Strauss, *Natural Right and History*, pp. 221-222, 227-233. 욜턴(J. W. Yolton)은 다음의 글에서 스트라우스의 해석에 대해 날카롭고 전반적으로 정확한 비판을 가했다. J. W. Yolton, "Locke on the Law of Nature," *Philosophical Review* 67 (1958): 477-498.

49 *Second Treatise* 128; *Works*, 5:224, 248. 트뢸치(Ernst Troeltsch)의 구분은 *The Social Teachings of the Christian Churches*, trans. O. Wyon, 2 Vols. (London: Allen and Unwin, 1931), 1:152-161, 343쪽 이하를 보라.

50 *Second Treatise* 123-124, 136; Fox · Bourne, *The Life of John Locke*, 1:174.

51 *Second Treatise* 4.

52 Ibid. 87, 136 (강조는 인용자의 것임).

53 Ibid. 243. 확실히 로크는 여기서 일관되지 못한 면모를 보여 준다. 『통치론』의 좀 더 앞 쪽에서 그는 입법권을 통해서 구성원들이 "단결하고 서로 결합하여 하나의 일관된 살아 있는 일체"가 되고 "이것은 코먼웰스에 형태, 생명 및 통일성을 부여하는 영혼이다"라고 주장했다(*Second Treatise* 212). 그러나 나중에 이 대목에서 그는 입법부가 해체되어도 사회는 여전히 활동할 수 있다고 주장하고 있다.

54 *A Defense of Liberty against Tyrants (Vindiciae contra Tyrannos)*, ed. H. J. Laski (New York: Harcourt, Brace, n. d.), pp. 93, 97-100, 102-106, 109-111, 126-136; Calvin, *Institutes* 4.20.31; *Opera*, 29:557, 636-637; C. J. Friedrich, ed., *Politica Methodice Digesta of Johannes Althusius* (Cambridge: Harvard University Press, 1932), 19.7; 20.20-21. Mesnard, *L'Essor de la philosophie politique au XVIe siècle*, 340쪽 이하 및 593쪽 이하에 나타난 구분을 참고하라.

55 *Second Treatise* 96-97, 209, 230. 켄달(W. Kendall)은 다수의 지배라는 로크의 교의를 다음의 저작에서 상세하게 논하는데, 다소 극단적인 입장을 취하고 있다. W. Kendall, *John Locke and the Doctrine of Majority Rule* (Urbana: University of Illinois Press, 1941). 켄달의 해석은 J. W. Gough, *John Locke's Political Philosophy* (Oxford: Clarendon Press, 1950), 24쪽 이하에서 비판된 바 있는데, 그 비판이 만족스럽지는 못하다.

56 *Second Treatise* 96-97.

57 Ibid. 151.

58 Ibid. 120-121, 131.

59 Ibid. 119-122. 또한 단기 체류자들 또는 도로이용자들의 의무에 관한 로크의 논변은 아마도 사회 내에 토지를 갖지 못한 자들을 다루기 위한 의도를 가지고 있었다는 점이 추가적으로 지적되어야 할 것이다. 로크가 이런 집단의 의무에 대해 지속적인 관심을 기울이지 않았다는 것은 그가 정치권력을 사회적 배치, 즉 유산자의 사회적 권력에 의존하는 것으로 인식했다는 우리의 명제를 확인해 주는 인상적인 증거다.

60 이것은 루소, 페인, 제퍼슨과 같은 18세기 급진주의자들이 선호했던 주장이다. 여기에 대해서
는 루소의 *Social Contract*, bk. 1, chaps. 2, 4와 *The Life and Selected Writings of Thomas
Jefferson*, ed. A. Koch and W. Peden (New York: Random House, 1944), 448쪽, 675쪽에
나오는 제퍼슨의 편지를 보라.

61 *Second Treatise* 73.

62 "한 세대의 사람들이 한꺼번에 무대에서 퇴장해버리고, 또 다른 세대의 사람들이 이를 이어받
는다면, 누에가 나비로 변하는 것처럼, 새로운 종은 …… 자발적으로 …… 그들의 선조에게서
지배적이었던 법률 또는 전례와 관계없이, 그들 자신의 형태로 시민정체를 수립할 수도 있을
것이다." Hume, *Essay*, 1:452.

63 *Second Treatise* 3.

64 Robbins, *The Theory of Economic Policy in English Classical Political Economy*, 36쪽에서
재인용.

65 Spencer, *Essays*, 3:414; L. von Mises, *Bureaucracy* (New Haven: Yale University Press,
1944), pp. 34, 36-38, 53; F. A. Hayek, T*he Road to Serfdom* (Sydney: Macmillan, 1944),
pp. 27, 40, 44-45, 52.

66 *Right of Man*, pt. 2, chap. 1.

67 Halévy, *Growth of Philosophic Radicalism*, 199쪽 이하에 나오는 탁월한 논의를 참고하라.
고드윈에 대한 최근의 훌륭한 분석은 D. H. Monro, *Godwin's Moral Philosophy* (London:
Oxford University Press, 1953)에 담겨 있다.

68 H. J. Laski, *A Grammar of Politics*, 4th ed. (London: Allen and Unwin, 1938), pp. 27-29,
35-37; *Authority in the Modern State* (New Haven: Yale University Press, 1927), pp. 65,
92.

69 J. N. Figgis, *Churches in the Modern State* (London: Longmans, 1913), pp. 41-42; G. D. H.
Cole, *Social Theory*, 2nd ed. (London: Methueu, 1921), pp. 128-143. H. M. Magid, *English
Political Pluralism* (New York: Columbia University Press, 1941)은 피기스(John Neville
Figgis), 콜(George Douglas Howard Cole) 및 라스키(Harold Joseph Laski)에 관한 일반적
인 논의를 다루고 있다.

70 von Mises, *Bureaucracy*, pp. 13, 93.

71 *ECHU* 2.21.31, 33, 40.

72 Ibid. 2.20.6, 2.21.34.

73 *TMS*, p. 317.

74 *Second Treatise* 26과 특히 35; *Essays on the Law of Nature*, ed. W. von Leyden (Oxford:

Clarendon Press, 1954), p. 211; King, *The Life of John Locke*, 1:62. 렌츠(J. W. Lenz)는 *Philosophy and Phenomenological Research* 16 (1955-1956): 105-114에서 라이덴(W. von Leyden)의 판본에 대해 훌륭하게 논했다.

75 McCulloch, *PPE*, pp. 61-62.

76 *Principles of Social Science*, 3 vols. (Philadelphia, 1858-1859), 1:186.

77 J. S. Mill, *PPE* 1.5.6 (p. 74). "강제나 강탈 없이 등가 관계의 토대에 기초해 자신이 제공하는 용역을 교환한 이후에 각자가 모두 '나는 한 세기에 걸쳐 만들어 낸 것보다 더 많은 것을 단지 하루 만에 파괴한다'고 말할 수 있다는 것은 어찌 된 것인가?(*Comment se fait · il qu'aprés avoir échangé leurs services, sans constrainte, sans spoliation, sur le pied de l'équivalence, chaque homme puisse se dire avec vérité: Je détruis en un jour plus que je ne pourrais créer en un siècle*)" Bastiat, *Oeuvres*, 6:353.

78 *Essay on Population*, 1:6, 12, 153, 173; 2:3-12, 151-157. J. M. Keynes, *Essays and Sketches in Biography* (New York: Meridian, 1956), 11쪽 이하에는 맬서스에 대한 인상적인 묘사가 나온다.

79 J. S. Mill, *Three Essays on Religion*, pp. 20-21, 29. 여기에도 아놀드(Metthew Arnold)의 다음과 같은 시구가 적절할 것이다.

> 자연은 잔인하여, 인간은 피에 넌더리를 치는 구나 ······
> 자연과 인간은 결코 굳건한 친구가 될 수 없느니 ······
> - *The Poems of Matthew Arnold, 1840-1867*, p. 60

80 John Dewey, *The Influence of Darwinism on Philosophy, and Other Essays* (New York: Holt, 1910), pp. 68, 72-73.

81 S. Freud, *Civilization and Its Discontents*, trans. Joan Riviere (London: Hogarth, 1949), pp. 45-50, 63, 72-74, 76, 92-93.

82 J. S. Mill, *PPE* 2.13.1 (pp. 373-374)

83 J. S. Mill, *Three Essays on Religion*, pp. 46, 56.

84 Locke, *Essays on the Law of Nature*, p. 211.

85 J. S. Mill, *PPE* 2.1.1 (pp. 199-200). 인용문의 마지막 문장은 *PPE*의 첫 번째 판본에서 따온 것이다.
애슐리(W. J. Ashley)가 편집한 판본의 200쪽, 첫 번째 각주를 보라. 경제학이 고정되고 희소한 양을 다룬다는 믿음의 지속성은 당대에 저명한 경제학자의 다음과 같은 언급에서도 발견된다.

> 우리[즉, 인류는 낙원에서 쫓겨났다. 우리는 영생과 만족의 무한한 수단을 잃어버렸다. 이제 어디에서나 우리는 어느 것 하나를 선택하면 다른 것을 포기해야 한다. 그리고 또 다른 상황에 처하게 되면 그때 다른 것을 포기한 것을

후회하게 된다. 주어진 목적을 달성할 수 있는 수단의 희소성은 인간 행동의 거의 보편적인 조건이다. 따라서 여기에 경제학의 주제가 갖는 통일성이 있다. 곧 경제학은 희소한 수단의 사용을 결정함에 있어서 인간 행동이 취하는 형태들을 연구한다[Lionel Robbins, *The Nature and Significance of Economic Science* (London: Macmillan and Company and St. Martin's Press, 1932), p. 15].

86 *L'ordre naturel et essential des sociétés politiques* (Paris: Geuthner, 1910), Discours préliminaire, pp. v-vi.

87 Bentham, *Econ. Wr.*, 1:213, 225.

88 Smith, *Wealth* 4.7 (pp. 592-597); Bentham, *Econ. Wr.*, 1:228-229, 234 ff., 246 ff.; 3:324; Constant, *Oeuvres politiques*, pp. 240 ff.

89 Smith, *Wealth* 1.8 (pp. 69-73); Senior, *PE*, p. 153.

90 Locke, *Second Treatise* 35.

91 Bastiat, *Oeuvres*, 4:331, 6:266-267.

92 McCulloch, *PPE*, p. 7; Smith, *Wealth* 1.5 (p. 33); Senior, *PE*, p. 152; Bentham, *Econ. Wr.*, 1:118-119.

93 Senior, *PE*, p. 26. 리카르도와 맬서스의 관점은 C. Gide and C. Rist, *A History of Economic Doctrines*, trans. R. Richards (Boston: Heath, n. d.), 120-152쪽에서 논의되고 있다. 밀의 생각은 *PPE* 1.12, 176쪽 이하에 나온다.

94 *Sketch for a Historical Picture of the Progress of the Human Mind*, trans. J. Barraclough (London: Weidenfeld and Nicholson, 1955), p. 199; *Essay on the First Principles of Government* (London, 1768), p. 8.

95 포브스(Duncan Forbes)의 통찰력 있는 논문인 "'Scientific' Whiggism: Adam Smith and John Millar," *Cambridge Journal* 7 (1954): 643-670을 보라.

96 Smith, *Wealth* 1.8-9.

97 Malthus, *Essay on Population*, 1:5 ff.; D. Ricardo, *The Principles of Political Economy and Taxation* (London and New York: Everyman, 1911), p. 264; McCulloch, *PPE*, p. 383; J. S. Mill, *PPE* 4.6.2 (p. 751).

98 J. S. Mill, *PPE* 6.4.4 (p. 731), 4.6.1-2 (pp. 746-751).

99 *Second Treatise* 27, 32-33, 35-36, 38, 45.

100 *Wealth* 1.10 (p. 99), 4.5 (p. 497), 4.9 (pp. 650-651).

101 Constant, *Oeuvres politiques*, p. 288. 드 메스트르에 호의적인 관점으로 콩스탕의 사상을 생생하게 다루고 있는 저작으로는 다음을 보라. Dominique Bagge, *Les idées politiques en France sous la Restauration* (Paris: Presses Universitaires, 1952), pt. 1, chap. 1.

102 Malthus, *Essay on Population*, 1:5-6, 8-9, 14, 49, 53, 60-65, 242, 308; 2:18-21, 190; Bentham, *Econ. Wr.*, 1:110-111, 3:430; Senior, *PE*, p. 41. 미국에서는 이런 두려움이 두드러지게 나타나지 않았다. 예를 들어, 제퍼슨이 맬서스의 명제를 거론한 것은 "좁거나 과부하된 경계 내에서 만원이 되어 북적이고, 그런 상황이 만들어내는 악덕에 둘러싸여 있는 …… 구세계의 사람들"과 제한받지 않고 쉽게 이동하는 신세계의 사람들을 대조하기 위해서였다. Koch and Peden, *The Life and Selected Writings of Thomas Jefferson*, pp. 574, 633-634.

103 *PPE* 2.2.6 (p. 233), 4.6.2 (pp. 748-750).

104 Locke, *Works*, 4:71; Bentham, *Handbook of Political Fallacies*, pp. 156-157; 그리고 제임스 밀과 리카르도가 교환한 서신에서 밀은 "당신이 만나는 사람은 모두 부자 계급과 빈자 계급 사이에서 벌어지는 거대한 투쟁이 이 나라에서 시작되었다"는 점에 동의할 것이라고 말했다. 여기에 대해서는 다음의 저작을 참고하라. *The Works and Correspondence of David Ricardo*, ed. P. Sraffa and M. Dobb, 10 vols. (Cambridge: Cambridge University Press, 1951-1955), 9:41-43. 맥퍼슨(C. B. Macpherson)은 자본주의에 대한 로크의 관념과 계급 갈등에 관한 로크의 관념이 갖는 관계에 대해서 온건한 마르크스주의의 관점에서 훌륭하게 논의했다. C. B. Macpherson, "Locke on Capitalist Appropriation," *Western Political Quarterly* 4 (1951): 550-566; "The Social Bearing of Locke's Political Theory," ibid., 7 (1954): 1-22.

105 *An Essay on Government*, with an introduction by Sir Ernst Barker (Cambridge: Cambridge University Press, 1937), p. 3.

106 McCulloch, *PPE*, p. 75.

107 Smith, *Wealth* 5.1 (p. 670); McCulloch, *PPE*, pp. 74-76, 82.

108 *ECHU* 2.21.46.

109 Smith, *TMS*, pp. 7-10, 182-183; Bentham, *Deontology*, 2:112, 115. 그리고 B. Willey, *Nineteenth Century Studies* (London: Chatto and Windus, 1949), chap. 5; *Handbook of Political Fallacies*, 236-237쪽을 참고하라. 이 맥락에서 벤담에 대한 보링(Sir John Bowring)의 논평은 적절하다. "사람들이 분발하도록 자극하기 위해서는, 적어도 궁극적인 목적으로 무엇인가 행해져야 한다는 것이 필수적이다." *Works*, 1:ix.

110 *ECHU* 2.21.51-53.

111 McCulloch, *PPE*, pp. 349, 401; J. S. Mill, *PPE* 1.13.1 (pp. 189-190).

112 J. S. Mill, *PPE*, p. 106 n. 1; 그리고 같은 취지의 글로는 스펜서의 "The American," in *Essays*, 3:471이하를 보라.

113 *Deontology*, 1:191과 25, 28-29, 59, 68쪽을 보라; *Morals and Legislation*, p. 3.

114 James Mill, *Essay on Government*, p. 4.

115 J. S. Mill, *Autobiography* (London: Oxford University Press, 1924), p. 40.

116 Bentham, *Works*, 5:266.

117 *Principles of Legislation*, ed. C. M. Atkinson, 2 vols. (London: Oxford University Press, 1914), 1:164.

118 *Essay on Population*, 2:12.

119 *Leviathan*, chap. 6 (오크쇼트 판본의 31쪽).

120 *Second Treatise* 93, 123.

121 *ECHU* 1.2.3, 2.7.3-5, 2.10.3, 5.

122 *A Dissertation on Liberty and Necessity, Pleasure and Pain*, Facsimile Text Society Edition (New York: Columbia University Press, 1930), pp. 16-20. 『의무론』(*Deontology*)에서 벤담은 행복을 "고통을 제외한 만큼의 쾌락을 소유한 상태(1:17)"로 정의했다. 그리고 Bastiat, *Oeuvres*, 6:622, 628-636을 참고하라.

123 Smith, *TMS*, pp. 208-209.

124 *Deontology*, 1:14-17; *Econ. Wr.*, 1:102, 3:103, 422.

125 *Econ. Wr.*, 3:435-437; *Morals and Legislation*, chaps. 4, 14; *Theory of Legislation*, ed. C. K. Ogden (London: Routledge, 1931), pp. 8 ff., 322 ff.

126 Senior, *PE*, pp. 95-101; Spencer, *Essays*, 3:449-450; Bastiat, *Oeuvres*, 6:62-64, 88, 266-267.

127 *TMS*, pp. 370-371; *Wealth* 2.3 (p. 325); Bentham, *Econ. Wr.*, 1:239, 3:348; *Morals and Legislation*, preface, p. xxv (fn.): "손실을 보는 것은 단순히 이익을 얻지 못한 것보다 더 나쁘다."

128 *Second Treatise* 149.

129 Bentham, *Econ. Wr.*, 3:427.

130 "미래에 일어나는 결과를 대상으로 삼는 생각을 기대라고 부른다. 그리고 이런 기대에 인간 행복의 결코 적지 않은 부분이 좌우된다."
"쾌락을 예상했는데 그것을 얻는 데 실패한다면, 실제적인 고통이 그 예상을 대신하여 자리 잡는다"(Bentham, *Deontology*, 2:107).

131 *Theory of Legislation*, p. 111.

132 *Deontology*, 1:236-237, 2:108.

133 Robbins, *The Theory of Economic Policy in English Classical Political Economy*, 63쪽에서 재인용.

134 로크는 친구에게 보낸 편지에서 사회적인 지위의 불안정성을 언급했는데, 그는 "당신의 세속 적인 일들을 잘못 관리하거나 무시하면" 그것은 "당신의 지위와 위상의 몰락"을 가져올 것이 라고 경고했다. *The Life of John Locke*, p. 396.

135 Smith, *TMS*, pp. 80-84.

136 Ibid., pp. 370-371.

137 Strauss, *Natural Right and History*, 206-207쪽에 있는 로크에 대한 논의를 참고하라.

138 King, *The Life of John Locke*, 1:181.

139 Smith, *TMS*, pp. 101-102; Bentham, *Deontology*, 1:189-190.

140 데이비스(C. S. Davies)라는 연설가의 말이며, *Social Theories of Jacksonian Democracy, Representative Writings of the Period, 1825-1850*, ed. J. L. Blau (New York: Hafner, 1947), 52쪽에서 재인용한 것이다.

141 Smith, *TMS*, pp. 369-380.

142 Smith, *Wealth* 4.6 (pp. 507-509); Senior, *PE*, p. 27.

143 Bentham, *Econ. Wr.*, 3:311-312, 327; *Theory of Legislation*, pp. 102.

144 *Wealth* 5.2 (p. 778).

145 Locke, *Works*, 6:11; *Second Treatise* 125, 128, 136; 그리고 "과도한 욕망"에 대한 "속박과 억제"로서의 도덕법에 대한 논의로는 *ECHU* 1.2.13을 보라.

146 *Essays on the Law of Nature*, p. 207.

147 이런 관념에 대한 증거로는 다음을 보라. Smith, *TMS*, pp. 270-271, 518-519, 567-569; Hume, *An Enquiry Concerning the Principles of Morals* (LaSalle, Ill.: Open Court, 1938), 1 (pp. 4-5); *Treatise of Human Nature*, Everyman edition, 2 vols., 3.1 (2:165 ff.); Bentham, *Handbook of Political Fallacies*, p. 213.

148 Smith, *TMS*, p. 267; Bentham, *Econ. Wr.*, 1:226, 3:427.

149 *TMS*, pp. 129, 146-147을 *Wealth* 4.2 (p. 423)와 비교하라.

150 Senior, *PE*, pp. 58-60, 69, 80, 89, 139-140, 152, 185; Bentham, *Deontology*, 1:130-142, 160; 2:14, 51-52; Smith, *TMS*, pp. 246-249, 252-254, 414-418, 464; J. S. Mill, *PPE* 2.15.1 (p. 405).

151 *Econ. Wr.*, 1:154.

152 Malthus, *Essay on Population*, 1:159.

153 *Essays on the Law of Nature*, p. 119; 또한 *The Reasonableness of Christianity, in Lock's*

Works, 6:112도 참고하라.

154 *Essays on the Law of Nature*, p. 189.

155 Ibid., pp. 111, 147-149, 161-165, 177, 199; 그리고 J. W. Yolton, *John Locke and the Way of Ideas* (London: Oxford University Press, 1956)의 탁월한 논의도 참고하라.

156 King, *The Life of John Locke*, 1:225; *ECHU*, introduction, 1:xxxi-xxxii; *ECHU* 3.11.16, 4.3.18.

157 *Second Treatise* 124-125, 136.

158 *Works*, 6:135-139; 그리고 제퍼슨이 러시(Benjamin Rush)에게 보내는 편지, 특히 그 마지막 요약 부분과 비교하라. Koch and Peden, *The Life and Selected Writings of Thomas Jefferson*, p. 570.

159 *Works*, 6:157-158.

160 *ECHU*, 1:65 각주 2에서 인용된 로크와 몰리뉴(Samuel Molyneux) 사이에 오고간 서신을 보라.

161 *Works*, 6:146.

162 *ECHU* 1.2.8.

163 *Second Treatise* 88; *Works*, 5:43.

164 *Essays on the Law of Nature*, p. 207.

165 *Second Treatise* 241-242.

166 *Econ. Wr.*, 3:421-423, 433; 그리고 Robbins, *The Theory of Economic Policy in English Classical Political Economy*, 13쪽을 보라.

167 Smith, *Wealth* 4.2 (pp. 421-423), 4.5 (p. 497).

168 *Utilitarianism*, chap. 4, in *Utilitarianism, Liberty and Representative Government* (London and New York: Dent, 1910), pp. 32-33; 그리고 J. Plamenatz, *The English Utilitarians* (Oxford: Blackwell, 1949), 135쪽 이하의 논의와 A. J. Ayer, "The Principle of Utility," in *Philosophical Essays* (London: Macmillan, 1954), 250-270쪽에 나오는 분석을 참고하라.

169 *Works*, 5:26, 28, 40-42, 44.

170 Ibid., p. 28.

171 Halévy, *Growth of Philosophic Radicalism*, 118쪽에서 재인용.

172 *Fabian Essays*, Jubilee edition (London: Allen and Unwin, 1948), p. 42.

173 *Works*, 5:22, 26. 이런 주장을 예견한 흥미로운 글로는 Woodhouse, *Puritanism and Liberty*,

267쪽 이하에 실린 윌리엄스(Roger Williams)의 발췌문을 보라.

또한 로크의 주장은 흥미롭게도 자본주의에 도움이 되는 행동 유형을 합리화하는 데 있어서 프로테스탄티즘의 역할에 관한 유명한 베버-토니 명제에 함축된 것과는 상반된 경향을 예증한다. 로크의 주장은 추론의 방향이 정반대였다. 즉, 경제적 실천이 종교정책을 정당화하기 위해 이용되었던 것이다. 우리는 스미스의 『국부론』에서도 경제와 종교 사이의 이런 혼란이 잘 드러나고 있음을 발견한다. 거기에서 스미스는 최선의 종교정책이 몇몇 작은 종파들을 관용하는 것인지 아니면 단일한 국가 종교의 수립을 장려하는 것인지 묻는 질문을 논의하기 위해 일견 경제적인 분석을 중단하는 것처럼 보인다. 그러나 경제적인 분석이 중단되지 않았다는 사실은 이내 명백해진다. 왜냐하면 경제적인 사유의 방식이 너무나 강력하게 스미스의 견해를 지배하게 되어 그가 종교정책의 문제를 경제적인 경쟁에 대한 고전적인 이론과는 다른 관점으로 바라볼 수 없다는 점이 명백히 드러나기 때문이다. 결국 그가 마지막으로 제시하는 선택은 종교 조직의 두 가지 유형 사이의 선택이 아니라 대안적인 경제적 모델들 사이의 선택이다. 그의 주장을 요약하기 위해 우리가 해야 할 것이라고는 종교 집단에 대한 그의 논의에 적절한 경제적 개념을 첨가하는 것뿐이다. 그리고 그 결과는 두 개의 완벽한 평행선이다.

스미스에 따르면, 가장 최선의 배치는 모든 인간이 "그가 타당하다고 생각하는 바에 따라 그 자신의 사제와 자신의 종교를 선택하는 데" 자유로운 것이었다(소비자가 경쟁적인 판매자들 사이에서 자유로운 선택을 내리도록 허용되는 것과 다분히 동일한 방식으로). 명백히 이런 형태의 자유는 종파의 수(즉, 판매자의 수)를 늘리는 효과를 발휘할 것이었다. 나아가 이것은 (경제적 독점과 마찬가지로) 하나의 종파만이 유일하게 인정되는 상황이나 (상인들이 공모하여 가격이나 임금을 담합하는 방식처럼) 두 개 혹은 세 개의 종파가 "합의하여 행동함으로써" 종교적 삶을 지배하는 상황보다 훨씬 더 적은 폐단이 발생하는 데 그치도록 이끌 수 있을 것이었다. 마지막으로 무수히 많은 수의 작은 종파들이 서로 경쟁하면서 번성하는 곳에서 그 지도자들의 종교적인 열정은 완화될 것이었다. 왜냐하면 "어떤 종파도 공적인 평온함을 어지럽힐 정도로 유력한 존재가 될 수 없을 것이기" 때문이었다(소규모 생산자들의 경쟁이 한 명의 자기 이익이 전횡하는 것을 막는 방향으로 작동하는 것과 마찬가지로). 그리고 기업가들 사이의 경쟁이 어느 누구도 의도하지 않았던 공공선을 발생시키는 것과 동일한 방식으로, 종교적인 경쟁은 의도치 않게 "온건하고 절제하는" 종교를 만들어냈다. *Wealth* 5.1 (pp. 744-746).

174 *ECHU* 4.11.1.

175 Bentham, *Deontology*, 1:125-126, 2:45-46, 136, 156.

176 벤담은 『의무론』, 1:107에서 기독교의 윤리적 제재의 중요성이 감소되고 있음을 명시적으로 논했다.

177 *Econ. Wr.*, 3:425; *Handbook of Political Fallacies*, p. 236.

178 *Handbook of Political Fallacies*, pp. 235-236.

179 *First Treatise* 92; *Second Treatise* 6, 27-41.

180 McCulloch, *PPE*, pp. 115, 319.

181 Senior, *PE*, p. 187.

182 Bentham, *Econ. Wr.*, 3:430. 유사한 관점이 바스티아의 언급에도 반영되어 있었는데, 그는 인류가 노동의 고통을 회피하기 위해 생각해낸 유일한 방법은 "타인의 노동을 향유하는 것"(*de jouir du travail d'autrui*)이라고 말했다. *Oeuvres*, 4:331.

183 *The Essence of Laughter and Other Essays, Journals, and Letters*, ed. P. Quennell (New York: Meridian, 1956), p. 48.

184 *ECHU* 2.28.7-12.

185 이 저작의 부제는 "인간이 먼저 자신의 동료와 다음으로 자기 자신의 행동과 덕성을 자연스럽게 판단하는 원칙을 분석한 논문"이다. 스미스의 도덕 이론에 대한 유용한 논의로는 다음을 참고하라. Glenn H. Morrow, *The Ethical and Economic Theories of Adam Smith* (New York: Longmans, 1923).

186 *TMS*, pp. 188-190.

187 Ibid., pp. 190-192.

188 Ibid., pp. 36, 127-128.

189 Ibid., pp. 142-144, 185, 203-205, 273-275.

190 *Deontology*, 1:32-33, 118-120; 2:160-166, 263, 269, 295; *Smith, TMS*, pp. 526-527.

191 로크의 계약은 개인적인 재판권을 대신하여 사회 또는 그 대리자의 재판권이라는 대체물을 명시적으로 제공했다. "…… 특정한 개별 구성원의 모든 사적인 재판권이 배제되고, 공동체가 일정한 지속적인 규칙에 의해서 심판관이 된다 ……." *Second Treatise* 87.

192 *Second Treatise* 54; *Smith, TMS*, pp. 382-383, 395-397; *Wealth* 5.1 (pp. 670, 673); *Bentham, Econ. Wr.*, 1:115-116, 3:318-319, 443.

193 *Second Treatise* 87.

194 *Spencer, Essays*, 3:450.

195 *Deontology*, 1:21-22.

196 Ibid., pp. 21-22, 27, 32-33, 97-98, 101, 166-168; 2:37-40.

197 *Autobiography*, p. 215; *Utilitarianism*, pp. 72-73.

198 J. S. Mill, *PPE* 2.1.3 (pp. 205-207, 210-211), 2.12.2-3 (pp. 364-365), 2.13.2 (pp. 377-378); *Utilitarianism*, pp. 299-301. 그러나 밀이 사회주의사회의 잠재적인 폭정에 일말의 불안감을 느끼고 있었다는 점을 유념해야 한다. *PPE* 2.1.3 (pp. 210-211).

199 *Bastiat, Oeuvres*, 1:466.

200 *Essays*, 2:131-132.

201 Smith, *TMS*, pp. 2-7.

제10장 | 조직화의 시대 그리고 정치의 승화

1 Max Weber, *The Theory of Social and Economic Organization*, trans. A. M. Henderson and T. Parsons (New York: Oxford University Press, 1947), p. 337. 그리고 다음의 논문도 참고하라. E. A. Shils, "Some Remarks on 'The Theory of Social and Economic Organization,'" *Economica*, n. s., 15 (1948): 36-50.

2 소련에서의 경영자와 노동자 간의 분쟁에 대해서는 다음을 보라. G. Bienstock, S. M. Schwarz, and A. Yugow, *Management in Russian Industry and Agriculture* (Ithaca: Cornell University Press, 1948), pp. 32-38; B. Moore, Jr., *Soviet Politics: The Dilemma of Power* (Cambridge: Harvard University Press, 1956), pp. 173-179, 317-331; M. Fainsod, *How Russia Is Ruled* (Cambridge: Harvard University Press, 1957), pp. 421-441.

3 Elton Mayo, *The Human Problems of an Industrial Civilization* (New York: Macmillan, 1933), p. 145 (이하 *The Human Problems*로 인용함).

4 J. M. Keynes, *Essays in Persuasion* (London: Macmillan, 1931), pp. 314-315. "집산적 자본주의"라는 용어는 민즈(Gardiner C. Means)가 "Collective Capitalism and Economic Theory" (a lecture at the Marshall Wythe Symposium, Williamsburg, Va., 1957)에서 처음으로 사용했다.

5 영국 노동당 전국집행위원회의 정책 성명서인 *Industry and the Nation* (London, 1957)을 보라. 다음의 인용문은 노동당의 몇몇 주요 이론가들 사이에서 형성된 일반적인 분위기를 드러낸다. "기본적인 사실은, 공적으로 소유되든 사적으로 소유되든 간에, 대규모 기업은 근본적으로 유사한 문제들에 직면할 경우 근본적으로 동일한 방식으로 행동한다는 것이다." C. A. R. Crosland, *The Future of Socialism* (London: Cape, 1957), pp. 479-480.

6 최근의 훌륭한 조사로는 Herbert Spiro, *The Politics of German Codetermination* (Cambridge: Harvard University Press, 1958)을 보라.

7 "경영자는 다른 모든 전문가들처럼 사회 전체에 대해 책임을 지고 있다는 의미에서 전문가가 되어가고 있다." Editors of *Fortune* with the collaboration of R. W. Davenport, *U. S. A.: The Permanent Revolution* (Englewood Cliffs, N. J.: Prentice-Hall, 1951), p. 79.

8 J. A. Schumpeter, *Capitalism, Socialism, and Democracy* (New York: Harper, 1950), pp. 141, 156, 163.

9 C. Bouglé, *La Sociologie de Proudhon* (Paris, 1911), 18쪽에서 재인용.

10 "집단생활을 통해 자기 이익과 그 외 다른 것들이 모두 충족된다는 것은, 비정한 사람이나 그런 경험이 없는 사람들이 가장 인식하기 어려운 관념이다." G. C. Homans, *The Human Group* (New York: Harcourt, Brace, 1950), p. 96. "만약 다수의 개인들이 공동의 목적을 달성하기 위해 함께 일한다면, 그들 사이에서 개개인의 자기 이익은 부차적이 되고 이익들 간의 조화가 발전할 것이다. 이것은 개인의 자기 이익이 인간의 유일한 동기라는 주장과 매우 다른 교의이

다." E. Mayo, *The Political Problem* (Cambridge: Harvard University Press, School of Business Administration, 1947), p. 21.

11 Montesquieu, *Esprit des lois*, preface.

12 De Maistre, *Oeuvres complètes*, 14 vols. (Lyon and Paris, 1884-1886), 2:266 (이하 *O. C.*로 인용함).

13 De Maistre, *O. C.*, 1:226, 266, 426. 그리고 다음의 논의도 참고하라. P. R. Rohden, *Joseph de Maistre als politischer Theoretiker* (Munich, 1929), p. 40; Francis Bayle, *Les idées politiques de Joseph de Maistre* (Paris, 1945), pp. 23-28; Bagge, *Les idées politiques en France sous la Restauration*, pp. 245 ff.

14 드 메스트르의 비평은 다음을 보라. *O. C.*, 1:494; Louis de Bonald, *Oeuvres complètes*, ed. L'Abbé Migne, 3 vols. (Paris, 1859), 1:958 (이하 *O. C.*로 인용함); Léon Brunschvicg, *Le progrès de la conscience dans la philosophie occidentale*, 2nd ed., 2 vols. (Paris: Presses Unversitaires, 1953), 2:485.

15 Durkheim, *The Division of Labor in Society*, trans. G. Simpson (Glencoe, Ⅲ.: Free Press, 1949), p. 35.

16 Durkheim, *Les règles de la méthode sociologique* (Paris: Presses Universitaires, 1947), pp. xxiii-xxiv.

17 De Bonald, *O. C.*, 1:127, 328, 408, 426, 467; de Maistre, *O. C.*, 2:253; 그리고 Bagge, *Les idées politiques en France sous la Restauration*, 245-247쪽, 250-251쪽을 보라. 또한 추상적인 모델에 기반을 둔 이론에 대한 드 보날드의 다음과 같은 언급에 주목하라. "추상 작용이란 지성이 사고할 수 있는 관념적인 존재를 형성하기 위하여 대상들의 속성 혹은 우유성(偶有性)을 분리시켜 내는 작용이다." *O. C.*, 1:131-132. 반동주의자들과 사회학의 발전 사이의 관계는 다음의 두 논문에서 논의되고 있다. R. A. Nisbet, "De Bonald and the Concept of Social Group," *Journal of the History of Ideas* 5 (1944): 315-331; "Conservatism and Sociology," *American Journal of Sociology* 58 (1952): 167-175.

18 Durkheim, *Les règles*, pp. 57-60.

19 *Oeuvres choisies de C.-H. de Saint-Simon*, 3 vols. (Brussels, 1859), 2:372-374, 375-377.

20 *Oeuvres complètes de P.-J. Proudhon* (Paris: Lacroix, Verboeckhoven edition, 1867), 1:30, 216 (이하 *O. C.*로 인용함).

21 Durkheim, *Le socialisme. La définition, ses débuts, la doctrine saint-simonienne*, ed. M. Mauss (Paris: Alcan, 1928), p. 213. 다음의 구절에서 나타나듯이 만하임의 견해는 이와 동일한 전통에 서있다. "물론 계획의 시대 뒤에 단순한 행정의 시대가 따르는 것은 가능하다. 또한 이 모든 시기가 지난 다음에 우리가 지금 역사라고 부르는 모든 것, 즉 통제되지 않는 사회적인

힘의 예측 불가능하고 숙명적인 지배가 끝나는 것도 가능하다." *Man and Society in an Age of Reconstruction* (London: Kegan Paul, 1940), p. 193.

22 Proudhon, *Philosophie du progrès* (Paris: Marpon et Flammarion, 1876), pp. 39-40.

23 뒤르켐이 언급하고 있는 신비스러운 몸(corpus mysticum)의 특징에 주목하라. "우리가 도덕적으로 우리 스스로를 소생시킬 수 있을 때 삶의 유일한 원천은 우리와 같은 존재들로 이루어진 사회에 의해 형성된 것이다. 우리가 우리 자신의 것을 유지하거나 증가시킬 수 있는 유일한 도덕적인 힘은 타인에게서 비롯된다. …… 신념은 다수가 참여할 때에만 유효하다." *The Elementary Forms of the Religious Life*, trans. J. W. Swain (London: Allen and Unwin, 1915), p. 425 (이하 *The Elementary Forms*.로 인용함).

24 Ibid, pp. 10, 419, 421-422. 마르크스나 우리 시대의 만하임도 이런 관점을 받아들였다.

25 Ibid, pp. 16-17, 437; *Sociology and Philosophy*, trans. D. F. Pocock (Glencoe, III.: Free Press, 1953), p. 52; *Les règles*, p. 4.

26 F. E. Manuel, *The New World of Henri Saint-Simon* (Cambridge: Harvard University Press, 1956), 305쪽에서 재인용.

27 Durkheim, *Division of Labor*, p. 387.

28 Marx, *Capital*, trans. S. Moore and E. Aveling, rev. E. Untermann (New York: Modern Library), pp. 370-384, 396-410.

29 *The German Ideology*, ed. R. Pascal (New York: International Publishers, 1947), pp. 23-24, 28, 70, 77.

30 Karl Mannheim, *Man and Society*, p. 155 n. 1.

31 프루동의 언급은 *O. C.*, 1:176에서 인용. 드 보날드의 언급은 Brunschvicg, *Le progrès de la conscience*, 2:489에서 재인용.

32 Proudhon, *O. C.* (1867), 1:176.

33 Henry Michel, *L'idée de l'état* (Paris, 1896).

34 Saint-Simon, *Oeuvres choisies*, 2:214.

35 Durkheim, *Suicide*, trans. J. A. Spaulding and G. Simpson (Glencoe, III.: Free Press, 1951), p. 257.

36 Peter Drucker, *The Future of Industrial Man* (New York: John Day Co., 1943), p. 13 (출판사의 허락을 받아서 인용함).

37 T. N. Whitehead, *Leadership in a Free Society* (Cambridge: Harvard University Press, 1947), pp. 169, 209.

38 Mannheim, *Man and Society*, pp. 6-14, 260. 그리고 Elton Mayo, *The Social Problems of an Industrial Civilization* (London: Routledge & Kegan Paul, 1949), 8쪽과 106쪽도 보라 (이하 *Social Problems*로 인용함).

39 Mannheim, *Man and Society*, pp. 75, 153-154, 192-193. 또한 "계획"의 단계와 "행정"의 단계를 구별하는 만하임의 주장이 『국가와 혁명』(*State and Revolution*)에서 레닌(Vladimir Il'ich Lenin)이 한 주장과 얼마나 유사한지에도 주목하라.

40 Mannheim, *Freedom, Power, and Democratic Planning*, ed. H. Gerth and E. K. Bramstedt (London: Routledge and Kegan Paul, 1951), pp. 108 ff.

41 생시몽의 이 말은 Durkheim, *Le socialisme*, 198-199쪽에서 재인용한 것이다.

42 Philip Selznick, *Leadership in Administration: A Sociological Interpretation* (Evanston, Ⅲ.: Row, Peterson, 1957), pp. 8-9 (이하 *Leadership*으로 인용함).

43 De Bonald, *O. C.*, 1:327, 962. Bagge, *Les idées politiques en France sous la Restauration*, p. 308. 드 메스트르에게도 이런 요소들이 엿보이기는 하지만, 그의 종교적인 개념들은 가톨릭주의와 신비주의를 매우 개성적으로 혼합시켜 놓은 것이었다. 바게(Dominique Bagge)와 브륀슈비크(Léon Brunschvicg)는 *Le progrès de la conscience*, 2:485 이하에서 드 메스트르와 드 보날드 모두를 호의적으로 논의했다.

44 Émile Durkheim, *The Division of Labor*, pp. 7 ff.; G. D. H. Cole, *Essays in Social Theory* (London: Macmillan, 1950), pp. 102-103과 *Guild Socialism Re-Stated* (London: Parsons, 1920), pp. 29, 45-51.

45 Mayo, *The Political Problem*, p. 23. "모든 사람들의 협력이라는 중세의 이상은 문명화된 절차의 유일하게 만족스러운 원천이다." *Social Problems*, p. 128.

46 Erich Fromm, *Escape from Freedom* (New York: Rinehart, 1941), pp. 41 ff. 여기에 더해 프롬이 반동주의자들이나 콩트와 마찬가지로 종교개혁에 대한 적의를 지녔다는 점을 지적할 수 있을 것이다. 이런 이전의 저술가들처럼, 프롬은 사람들을 중세의 체계 내에서 발전된 통합적 관계로부터 분리시켜 버렸다는 이유로 종교개혁을 비판했다. 프롬의 같은 책, 제3장과 드 보날드의 *O. C.*, 1:106-121, 드 메스트르의 *O. C.*, 2:523 이하 및 8:63 이하를 비교해 보라. 그리고 Rohden, *Joseph de Maistre als politischer Theoretiker*, 140-142쪽도 보라.

47 Mannheim, *Freedom, Power, and Democratic Planning*, p. 287.

48 A. A. Berle, *The Twentieth Century Capitalist Revolution* (New York: Harcourt, Brace, 1954), pp. 174-175, 182-183. 그리고 케이슨(Carl Kaysen)이 "The Social Significance of the Modern Corporation," *American Economics Association, Papers and Proceedings* (1956) 47 (1957), 311-319쪽에서 언급한 "영적인 기업"이라는 관념을 보라. 또한 같은 논문 324쪽 이하에서 논의되고 있는 '신학적인' 개념들이 경제학 이론을 오염시키고 있다는 린드블롬

(Charles E. Lindblom)의 비판적인 견해도 참고하라. 버얼(Adolf Augustus Berle)이나 『대기업: 새로운 시대』(*Big Business: A New Era*, New York, 1952)의 저자인 릴리엔탈(David E. Lilienthal) 같은 이전의 뉴딜주의자들(New Dealers)이 오늘날 분주하게 관리주의에 대해 변명한다는 사실은, 정부와 기업에서 발생하는 문제들이 공통된 종류일 뿐만 아니라 정치적인 것의 독자성이 명백하게 쇠퇴하여 "거대 정부"에서 "거대 기업"으로 충성심이 쉽사리 전이되는 상황이 벌어졌음을 입증한다. 기업 체계에 대한 사려 깊고 균형 잡힌 묘사로는 Walton Hamilton, *The Politics of Industry* (New York: Knopf, 1957), 137쪽 이하를 보라.

49 Rousseau, *Émile*, trans. B. Foxley (London and New York: Dutton, 1911), pp. 47, 64 n. 1.

50 *A Discourse on the Origin of Inequality*, in *The Social Contract*, ed. G. D. H. Cole (London and New York: Dutton, 1913), p. 237. 이하 이 글은 *Origin of Inequality*로 인용될 것이다. 그리고 별도의 언급이 없는 한 이 판본을 참조할 것이다.

51 *Émile*, pp. 173-174, 197, 205; Origin of Inequality, pp. 19n, 198-199, 212-213, 232-233. 그리고 데라테(Robert Derathé)의 탁월한 연구도 참고하라. Robert Derathé, *Jean-Jacques Rousseau et la science politique de son temps* (Paris: Presses Universitaires, 1950), pp. 139 fn. 4, 141 (이하 *Jean-Jacques Rousseau*로 인용함).

52 *Émile*, p. 10.

53 *Origin of Inequality*, pp. 220-223; *A Discourse on Political Economy*, in Cole, *The Social Contract*, pp. 280-281 (이하 *Political Economy*로 인용함). *Émile*, pp. 197-198.

54 C. E. Vaughan, ed., *The Political Writings of Jean-Jacques Rousseau*, 2 vols. (Cambridge: Cambridge University Press, 1915), 1:195 (이하 *Political Writings*로 인용함).

55 *Origin of Inequality*, pp. 205-206. "······ 인간은 본성적으로 선하다 ······ 사람들은 사회에 의해서 타락하고 왜곡된다." *Émile*, p. 198. 그리고 C. W. Hendel, ed., *Citizen of Geneva: Selections from the Letters of Jean-Jacques Rousseau* (New York: Oxford University Press, 1937), 208-210쪽도 참고하라.

56 *Émile*, pp. 44-45; *Origin of Inequality*, pp. 186, 194. 개설로는 Robert Derathé, *Le rationalisme de J. -J. Rousseau* (Paris: Presses Universitaires, 1948)의 논의를 보라. 데라테가 아마도 루소와 합리주의 전통의 밀접한 관계를 다소 과장하고 있기는 하지만, 그의 분석은 루소를 최고의 비합리주의자로 간주하는 통상적인 해석에 대해 유용한 교정을 제공한다.

57 *Origin of Inequality*, p. 218.

58 Ibid., pp. 214-215; *Émile*, pp. 407-409.

59 *Émile*, pp. 49, 175, 245; *Origin of Inequality*, pp. 218-219, 222; Derathé, *Jean-Jacques Rousseau*, pp. 110, 146-148, 175-176.

60 D. H. Lawrence, *Studies in Classic American Literature* (New York: Viking Press, 1953),

p. 17.

61 *Émile*, p. 261; *Origin of Inequality*, p. 161; *A Discourse on the Arts and Sciences* in Cole, *The Social Contract,* p. 132.

62 *Political Economy*, pp. 261, 268.

63 *Du contrat social*, 1.6.

64 뒤르켐과 루소 사이의 유사점들은 우연한 것이 아니다. 뒤르켐은 루소의 저작들에 대한 충실한 연구자였으며, 루소에 대한 가장 통찰력 있는 연구를 남겼다. 그의 *Montesquieu et Rousseau, Précurseurs de la Sociologie* (Paris: Rivière, 1953)를 보라.

65 Durkheim, *Division of Labor*, p. 26.

66 뒤르켐의 이런 분석은 프롬이 *Escape from Freedom*과 *The Sane Society* (New York: Rinehart, 1955), 216-220쪽에서 전개한 기본적인 주장을 예시(豫示)하는 것이었다.

67 "집합적 표상물들은 공간적으로 뿐만 아니라 시간적으로도 막대한 협력이 펼쳐진 결과이다. 그것들을 만들기 위해서는, 다수의 사람들이 그 생각과 감정을 연관시키고, 통합하며, 결합시켜야 한다. 또한 오랜 세대들이 그들의 경험과 지식을 축적해야 한다"(*The Elementary Forms*, p. 16). 이를 버크의 "계약"에 대한 유명한 논의 및 "편견"에 관한 그의 이론과 비교하라. Burke, *Reflections on the Revolution in France* (London and New York: Dutton, 1910), pp. 84, 93.

68 Durkheim, *The Elementary Forms*, pp. 424, 440-442; *Suicide,* pp. 309-310, *Sociology and Philosophy*, pp. 38, 73.

69 *Division of Labor*, p. 10; *The Elementary Forms*, pp. 443, 444; *Sociology and Philosophy*, p. 57; *Les règles*, p. 122 n. 1. 루소의 "일반의지"와 "전체의지"에 관한 구별과 뒤르켐의 "집합적인 양심"과 "평균적인 양심" 사이에는 그 이상의 유사성이 있다. 이것에 대해서는 뒤르켐의 *Suicide*, 318쪽을 보라. 몇몇 논평자들이 루소의 일반의지를 양심에 대한 이론으로 해석해 왔다는 점 또한 주목해야 할 것이다. 이것에 관해서는 다음을 참고하라. G. Gurvitch, "Kant und Fichte als Rousseau-Interpreten," *Kant-Studien* 27 (1922): 138-164, at p. 152; G. Beaulavon, ed., *Du contrat social,* 5th ed. (Paris, 1938), p. 36.

70 *Division of Labor*, p. 444; *Suicide*, p. 318.

71 *Suicide*, p. 319; *Sociology and Philosophy*, p. 51. 루소의 일반의지와 뒤르켐의 집합적인 양심 사이에 존재하는 추가적인 유사성은 그것들이 포괄적인 영역을 가지면서 동시에 그로 인해 특수한 대상들을 다루는 데 무력하다는 점에 있다. 집합적인 양심은 오직 "일반적인 관념들", "범주들", 그리고 "계급들"을 다룬다. 이것에 관해서는 뒤르켐의 *The Elementary Forms*, 435쪽을 보라. 또한 뒤르켐의 집합적 표상이라는 개념과 소렐의 "신화"에 대해서도 추가적인 비교가 이루어져야 한다. 이것에 대해서는 뒤르켐의 *Sociology and Philosophy*, 29쪽을 보라.

72 Derathé, *Jean-Jacques Rousseau*, 146쪽에서 재인용.

73 *Origin of Inequality*, pp. 189, 194, 203.

74 *Émile*, p. 149.

75 "전체의 공동의 힘으로 각 구성원의 신체와 재산을 방어하고 보호하고, 각 개인은 전체에 결합되어 있지만 오직 자기 자신에게만 복종하며, 이전과 같이 자유로울 수 있는 하나의 결합 형태를 발견하는 것." *Du contrat social* 1.6. 그리고 같은 책. 2.4와 1.7 ("자유란 우리 스스로 규정한 법률에 대한 복종이다")을 보라.

76 Ibid. 1.6.

77 *Political Writings*, 1:245. *Lettre à Mirabeau*에서, 루소는 "정치의 중대한 문제"란 "인간에게 법률을 부과할 정부 형태"를 발견하는 것이라고 선언했다. *Political Writings*, 1:160.

78 *Du contrat social*, 1.6-7; *Political Writings*, 1:201, 2:234-235.

79 *Du contrat social*, 2.13; *Émile*, p. 7. 타인으로부터 독립적이어야 하며 동시에 공동체에 의존해야 한다는 것은, 국가의 소유물은 가능한 한 많아야 하지만 시민들의 재산은 가능한 한 적어야 한다는 루소의 주장으로 이어진다. 부는 타인에게 권력을 행사하는 것을 허용한다는 이유로 요주의 대상이 되었다. 이런 관점에서 루소의 *Projet pour la Corse*, in *Political Writings*, 2:337, 346을 보라.

80 *Political Writings*, 1:460; *Du contrat social*, 2.4, 6.

81 *Du contrat social*, 1.7.

82 Manuel, *The New World of Henri Saint-Simon*, 87쪽에서 재인용.

83 Saint-Simon, *Oeuvres choisies*, 1:20-21.

84 *Henri Comte de Saint-Simon: Selected Writings*, trans. F. M. H. Markham (New York: Macmillan, 1952), p. 69 (이하 *Selected Writings*로 인용함).

85 Ibid., p. 70.

86 Ibid., pp. 78-80. Manuel, *The New World of Henri Saint-Simon*, pp. 250, 279. 생시몽의 산업주의에 관한 탁월한 개설로는 알레비(Élie Halévy)의 훌륭한 논문인 "La doctrine économique saint-simonienne," in *L'ère des tyrannies*, 2nd ed. (Paris: Gallimard, 1938), 30-94쪽을 보라. 마뉴엘(Frank E. Manuel)의 *The New World of Henri Saint-Simon*은 생시몽의 생애와 사상을 본격적으로 다루고 있는 최고의 그리고 가장 최근의 저작이다. 미셸(Henry Michel)의 저술은 비록 오래되긴 했지만 여전히 가치 있는 분석을 제공한다. Michel, *L'idée de l'état*, pp. 172-211. 또한 그레이(Alexander Gray)도 *The Socialist Tradition* (London: Longmans, 1946)에서 사회주의의 표준적인 역사를 다루는 가운데 생시몽에 대한 간략한 설명을 제시하는데, 이 저작은 그가 여러 사상가들의 특이한 측면보다는 중요한 부분을 중심으로 다루고 있다는 점을 염두에 두고 읽어야 할 것이다. 그리고 G. D. H. Cole, *A History of Socialist Thought*,

4 vols. (London: Macmillan, 1953-1958), vol. 1 역시 참고하라. 생시몽이 사회주의뿐만 아니라 전체주의에도 기여한 바가 크다는 최근의 극단적인 해석으로는 Albert Salomon, *The Tyranny of Progress: Reflections on the Origins of Sociology* (New York: Noonday Press, 1955)를 보라.

87 Saint-Simon, *Selected Writings*, pp. 68, 76-78. 생시몽은 *Le nouveau Christianisme*에서 대중들의 상태에 대한 상세한 논의를 제시한다.

88 Saint-Simon, *Oeuvres choisies*, 2:372-374, 375-377.

89 Manuel, *The New World of Henri Saint-Simon*, pp. 254, 311; *Selected Writings*, pp. 70, 78-79; Durkheim, *Le socialisme*, p. 186.

90 Manuel, *The New World of Henri Saint-Simon*, 306쪽에서 재인용. 그리고 뒤르켐의 *Le socialisme*, 191쪽도 보라.

91 *Capital*, pp. 357-358, 424 (4.13, 4.15 [2]). 인용된 이 구절은 루소의 다음과 같은 주장과 아이러니컬한 대조를 이룬다. "인간은 새로운 힘을 더 만들어 낼 수 없다. 다만 이미 존재하는 힘을 결합하고 그 방향을 바꿀 수 있을 뿐이다." Rousseau, *Du contrat social* 1.6. 그럼에도 불구하고 마르크스는 사회과학자, 루소는 형이상학자로 불린다는 사실은 얼마나 아이러니컬한가!

92 Proudhon, *Philosophie du progrès*, p. 36.

93 Charles Fourier, *Oeuvres complètes*, 3rd ed., 6 vols. (Paris, 1846), 3:18-19 (이하 *O. C.*로 인용함). "여타 과학, 심지어 수학과 같은 가장 훌륭한 과학조차 우리가 부, 단결, 행복을 낳는 사회적 메커니즘의 과학(*la science du mécanisme sociétaire*)을 무시하는 한 매우 보잘것없는 가치만을 가질 뿐이다."

94 Chester I. Barnard, *The Functions of the Executive* (Cambridge: Harvard University Press, 1947), p. 36.

95 Herbert A. Simon, *Models of Man, Social and Rational* (New York: Wiley, 1957), pp. 198, 200; Barnard, *Functions of the Executive*, p. 36.

96 Simon, *Models of Man*, p. 199; James G. March and Herbert A. Simon, *Organizations* (New York: Wiley, 1958), pp. 136 ff., 203 ff.; Luther Gulick, "Notes on the Theory of Organization," in *Papers on the Science of Administration*, ed. L. Gulick and L. Urwick (New York: Institute of Public Administration, 1937), p. 4.

97 Mannheim, *Man and Society*, pp. 149, 267.

98 Herbert A. Simon, *Administrative Behavior*, 2nd ed. (New York: Macmillan, 1957), p. 79.

99 Simon, *Models of Man*, p. 200. "······ 조직화는 개인이 객관적인 합리성에 합리적으로 접근하는 것을 허용한다." *Administrative Behavior*, p. 80.

100 Simon, *Models of Man*, p. 196.

101 Simon, *Administrative Behavior*, p. 78.

102 Ibid., pp. 101-102. 이것을 대기업에 봉사하는 경영 능률 전문가들(efficiency experts)의 '이데올로기'와 혼동하지 않도록 하기 위해 우리는 집산주의적 계획의 옹호자인 만하임의 다음과 같은 언급을 인용한다. "조직의 성장과 제도들의 일반적 상호 의존은 합리성과 중립성의 증가에 기여한다." Mannheim, *Man and Society*, p. 359. 이런 관념의 대부분은 '관료제적 합리성'이라는 베버의 개념에 함축되어 있었다. 여기에 대해서는 *From Max Weber: Essays in Sociology*, trans. and ed. H. H. Gerth and C. W. Mills (New York: Oxford University Press, 1946), 196쪽 이하를 보라.

103 Mannheim, *Man and Society*, p. 244.

104 L. Urwick, "Organization as a Technical Problem," in Gulick and Urwick, *Papers on the Science of Administration*, p. 85.

105 Simon, *Administrative Behavior*, pp. xxiv-xxv. 좀 더 섬세한 접근으로는 Chris Argyris, *Personality and Organization* (New York, 1957), 66쪽 이하를 보라. 거기에는 인간적인 필요와 조직의 요구 사이에 존재하는 '기본적인 모순'이 고찰되고 있다.

106 Barnard, *Functions of the Executive*, p. 186.

107 Saint-Simon, *Selected Writings*, p. 25. 콩트도 이 점을 지적했다. 또한 사회와 마찬가지로 학문이 아노미 상태에 처해 있는 것은 "조직되어 있지 않기 때문"이라는 뒤르켐의 경고도 주목하라. Durkheim, *Division of Labor*, pp. 367-368.

108 Durkheim, *Le socialisme*, 131쪽에서 재인용.

109 Proudhon, *O. C.*, 3:197.

110 Urwick, in Gulick and Urwick, *Papers on the Science of Administration*, p. 49; Mayo, *Human Problems*, p. 145; 그리고 Saint-Simon, *Selected Writings*, 39쪽도 보라.

111 Peter Drucker, *The Concept of the Corporation* (New York: John Day, 1946), p. 26. 드러커(Peter Drucker)는 *The Practice of Management* (London: Heinemann, 1956), 124-126쪽에서 이런 입장을 수정했다. 여기에서 드 보날드의 다음과 같은 언급은 적절하다. "정부는 …… 인간이 가지고 있는 일정한 정념을 전제로 하여 그들을 통제할 수 있는 법률을 제정한다. 그리고 이런 정념은 극소수의 인간이 가지고 있는 영웅적인 미덕과는 아무런 관계가 없다." *O. C.*, 1:375.

112 *Discourse on Method*, in *The Method, Meditations, and Philosophy of Descartes*, trans. J. Veitch (New York: Tudor Publishing Co., n. d.), p. 163. 로빈슨(Richard Robinson)은 이 문제에 대한 데카르트적 관점과 플라톤적 관점 사이에 존재하는 현저한 차이를 명료하게 제시했다. Robinson, *Plato's Earlier Dialectic*, pp. 72-73.

113 *The Philosophical Works of Francis Bacon*, ed. J. M. Robertson (London: Routledge, 1905), pp. 270, 297 (Aphorisms 61 and 112 from bk. 1 of *Novum Organum*).

114 Proudhon, *O. C.*, 1:14, 3:196-199.

115 Ibid., 3:196-197.

116 Max Weber, *The Methodology of the Social Sciences*, trans. and ed. E. A. Shils and H. A. Finch (Glencoe, Ill.: Free Press, 1949), pp. 2-6. 이것을 '인격의 존엄성에 대한 숭배'가 사회적으로 나쁜 결과를 낳는다는 뒤르켐의 비판과 비교해 보라. 여기에 대해서는 Durkheim, *Division of Labor*, 172, 401-403쪽을 참고하라.

117 Mannheim, *Man and Society*, p. 148. 이것을 다음과 같은 홉스의 언급과 비교해 보라. "전 국민을 통치하는 사람은 자신의 마음에서 어느 특정인의 마음을 읽을 것이 아니라 전 인류의 마음을 읽어야 한다." *Leviathan*, introduction. 토크빌은 이론적인 일반화의 추구에 수반되기 마련인 반(反)개인주의를 탁월하게 분석했다. 또한 그는 이런 지적인 경향이 개인을 짓누르는 여론의 획일성으로 향하는 역사적 성향을 가진 민주주의 사회와 깊은 관련이 있다는 점 역시 지적했다. *Democracy in America*, ed. Phillips Bradley, 2 vols. (New York: Knopf, 1945), vol. 2, chaps. 1-3.

118 Brunschvicg, *Le progrès de la conscience*, 2:518에서 재인용.

119 De Bonald, *O. C.*, 1:9, 29.

120 Proudhon, *Philosophie du progrès*, p. 36. 최근 집단 정치 이론(group theories of politics)에 관한 기본적인 이론을 제공해 준 벤틀리(A. E. Bentley)의 저작에 나타난 다음과 같은 구절들은 명백히 동일한 경향을 보여 준다. "그 모든 측면에서 사회적 삶은 …… 활동적인 인간으로 구성된 집단"이란 관점에서 서술될 수 있다. "유일하게 현실적인" 사상은 "집단을 성찰한 사상일 따름이다. 오직 그것이며 그 이상은 결코 아니다. 사상은 집단의 관점에서 진술될 수 있을 뿐이며, 역으로 집단이 사상의 관점에서 진술될 수는 없다." "그 스스로 진술될 수 있는 개인, 그 자신의 초사회적 통일성(an extra-social unity)을 지닌 개인이란 허구에 불과하다." "사회 그 자체는 단지 그것을 구성하는 집단들의 복합체일 뿐이다." *The process of Government* (Evanston, Ill.: Principia Press, 1949), pp. 204, 206, 215, 222. 공적 행위자들의 창조적인 역할을 제거하는 벤틀리의 경향에 대한 비판으로는 M. Fainsod, "Some Reflections on the Nature of the Regulatory Process," in *Public Policy*, ed. C. J. Friedrich and E. S. Mason (Cambridge: Harvard University Press, 1940), 297-323쪽을 보라.

121 *Les règles*, p. 103. 그리고 Brunschvicg, *Le progrès de la conscience*, 2:516이하에 나오는 콩트에 관한 논의를 참고하라.

122 Durkheim, *Les règles*, pp. 14, 15, 28.

123 De Bonald, *O. C.*, 3:44-45. 이런 관념은 다음과 같은 형태로 콩트에서 다시 나타났다. "인간

진보의 진정한 경로는 …… 우리의 지적·도덕적·실천적 힘의 작용을 위한 외적인 동기(motives)를 제공함으로써 우리의 계획(designs)이 지닌 동요(vacillation), 비일관성(inconsistency), 불일치(discordance)를 제거하는 데 있다. 이것들의 기원은 종래 순수하게 내적인 것이었다." Auguste Comte, *System of Positive Polity*, trans. J. H. Bridges et al., 4 vols. (London: Longmans, 1875-1877), 1:22.

124 Saint-Simon, *Selected Writings*, pp. 72-73. 이런 관념은 생산적 노동과 비생산적 노동에 대한 중농주의의 유명한 구분을 표상한다. 이 구분은 고전 경제학자들을 거쳐, 최종적으로 사회주의와 공산주의로 이어졌다. 또한 '기능'의 관념은 콜(G. D. H. Cole)의 길드사회주의(guild socialism)에서 중요한 역할을 수행했다. G. D. H. Cole, *Social Theory*, 2nd ed. (London: Methuen, 1921), pp. 48 ff.

125 Durkheim, *Division of Labor*, pp. 42-43, 401-403.

126 Ibid., pp. 240, 402; *Sociology and Philosophy*, pp. 40, 78; Suicide, pp. 278-280. 뒤르켐의 이런 언급은 소렐의 행동주의(activism)와 명백한 유사성을 보여 준다. 개인적 양심에 대한 뒤르켐의 공격은 브래들리(Francis Herbert Bradley)의 다음과 같은 언급과도 유사성이 있다. "세계보다 잘되고 싶다는 마음은 부도덕성에 접어들었다는 것을 보여 준다." "도덕적 주제에 관하여 세계와 다르게 생각한다는 것은 순전한 자만심일 뿐이다." F. H. Bradley, *Ethical Studies*, 2nd ed. (Oxford: Clarendon Press, 1927), pp. 199, 200. 레닌은 유사한 용어로 지식인에 대한 불신을 토로했다. 그 전에 그는 지식인들을 노동자들이 따라야 할 혁명적 모델이라는 이유로 높이 평가했다. 하지만 이후 그는 "자신의 삶 전체를 통해서 프롤레타리아트는 보잘것없는 많은 지식인들보다 훨씬 급진적이 되도록 조직을 위한 훈련을 받는다."고 기술했다. 레닌의 "What Is to Be Done?" in *Selected Works* (London: Lawrence and Wishart, 1944), 2:92-93을 같은 책에 수록된 "One Step Forward, Two Steps Back," 4-19, 442, 445-446쪽과 비교하라.

127 Mayo, *Social Problems*, p. 19.

128 Mannheim, *Man and Society*, pp. 102-105.

129 "Eternal Peace," in *The Philosophy of Kant*, ed. C. J. Friedrich (New York: Random House, 1949), pp. 452-453.

130 *The Federalist*, No. 51 (p. 354). "도대체 정부는 왜 수립되어야 했는가? 제약이 없다면, 인간의 정념은 이성과 정의의 명령을 듣지 않을 것이라는 점이 바로 그 이유다. 일단의 인간이 개인보다 좀 더 큰 올바름이나 좀 더 큰 무사공평함으로 행동한다는 것이 발견된 적이 있는가?" [No. 15 (p. 102)]. 이것은 다음의 판본을 참조한 것이다. E. G. Bourne (New York: Tudor Publishing Company, 1937).

131 David Hume, *Essays Moral, Political, and Literary*, ed. T. H. Green and T. H. Grose, 2 vols. (London: Longmans, 1882), 1:99 (이하 *Essays*로 인용함).

132 *The Federalist*, No. 51 (pp. 353-354). "하원과 헌법 사이에는 그런 관계가 맺어질 것이다. 의무, 감사, 이익, 야망 그 자체는 하원 의원들이 성실 및 인민 대중에 대한 공감으로 결속되는 [악기의 – 옮긴이] 줄이다. 이것들[의무, 감사 등 – 옮긴이]이 인간의 변덕과 사악함을 통제하는 데 불충분할 수도 있다. 하지만 이것들이야말로 모든 정부가 인정하는 바이고 인간의 신중함이 고안해 낼 수 있는 것 아닌가?" No. 57 (p. 392).

133 Ibid., No. 51 (pp. 356-358); No. 10 (p. 69); No. 60 (pp. 410-412).

134 Ibid., No. 57 (p. 391). 로크의 다음과 같은 언급과 비교하라. 신민들의 자산은 "입법권이 전체적으로 또는 부분적으로 그 구성원이 유동적인 집회에 속하며, 그 집회의 구성원들 역시 집회가 해산되면 다른 사람들과 마찬가지로 그 나라의 공통된 법의 신민이 되는" 체계에서는 자의적으로 취급되기 어렵다. *Two Treatises of Government* 2.138.

135 *The Federalist*, No. 9 (p. 57); No. 28 (p. 185): "권력은 거의 언제나 [다른 – 옮긴이] 권력의 경쟁자로 존재하므로 ……." 또한 No. 51 (p. 353)도 참고하라. 그리고 이것을 몽테스키외의 "권력은 권력에 대한 견제여야 한다"는 언급과 비교하라. Montesquieu, *Esprit des lois* 11.4.

136 연방주의자들은 공직자들에게 교육을 제공하기 위해 일차적으로 '경험'에 의존했다. 그들의 언급을 15세기의 저술가인 포티스큐 경(Sir John Fortescue)*이 『영국법 예찬』(*De Laudibus Legum Anglie*)에서 한 언급과 비교하라. 그 책에서 대법관은 새로운 왕에게 통치의 복잡한 내막이 대해 가르치고 있다.

　* [옮긴이] 포티스큐는 장미전쟁의 와중에 스코틀랜드로 망명한 망명정부의 대법관으로서 퇴위당한 헨리 6세의 아들인 에드워드 왕세자의 교육을 맡았다.

137 Harrington, *The Oceana and Other Works of James Harrington*, ed. J. Toland (London, 1737), p. 966.

138 Hume, *Essay*, 1:108; *The Federalist*, No. 68 (p. 38). 포퍼(Karl Popper) 역시 이와 동일한 견해를 수용했다. 그는 정치 이론이 "누가 통치해야 하는가?"에 대한 탐구를 그만두고 대신에 "나쁜 혹은 무능한 통치자들이 너무 심한 해악을 저지르는 것을 막을 수 있도록 어떻게 정치 제도를 조직할 수 있을 것인가?"를 탐구하는 데 몰두해야 한다고 주장한다. Karl Popper, *The Open Society and Its Enemies*, 1:106-107.

139 *James Harrington's Oceana*, ed. S. B. Liljegren (Heidelberg, 1924), pp. 34, 56, 185. "좋은 법률은 풍속과 관습이 인간애나 정의를 사람들의 기질 속에 자리 잡게 하지 못한 정부에서도 질서와 절제가 생기게 할 수 있다." Hume, *Essays*, 1:106.

140 Descartes, *Discourse on Method*, p. 149 (강조는 인용자의 것임).

141 Hume, *Essays*, 1:105.

142 Bagge, *Les idées politiques en France sous la Restauration*, 110쪽에서 재인용. 헌정주의 이론과 조직 이론 사이의 유사성은 스탈린주의자들의 '개인숭배'에 대한 흐루시초프(Nikita

Khrushchev)의 공격에서 인상적으로 드러난다. 이것에 관해서는 울프(B. D. Wolfe)가 번역한 흐루시초프의 1956년 2월 24-25일의 비밀 보고서를 보라. B. D. Wolfe, *Khrushchev and Stalin's Ghost* (New York: Praeger, 1957), pp. 88-89.

143 Harrington, *Works*, pp. 14-41, 252.

144 Hume, *Essays*, 1:99, 101.

145 Manuel, *The New World of Henri Saint-Simon*, p. 413 n. 3에서 재인용.

146 Ibid., pp. 203, 284; Saint-Simon, *Oeuvres choisies*, 1:29 n.1; Durkheim, *Le socialisme*, pp. 237-238.

147 Derathé, *Jean-Jacques Rousseau*, p. 167 n. 2에서 재인용.

148 Ibid., 149쪽에서 재인용. 루소는 "당신은 그들이 당신에게 하기를 바라는 것처럼 그들에게 행하라"는 격언이 "가능한 한 최소한의 악의를 가지고 타인에게 선하게 행하라"는 것보다 좀 더 실천 가능하지만 동시에 덜 완벽하다는 점을 지적했다. Rousseau, *Political Writings*, 1:163. 그리고 C.W. Hendel, *Jean-Jacques Rousseau Moralist*, 2 vols. (London and New York: Oxford University Press, 1934), 1:48-53의 논의도 보라.

149 "우리 자신보다 더 행복한 사람들의 입장에 우리 자신을 놓는 것은 인간의 본성이 아니다. 오히려 우리의 동정심을 자극하는 사람들의 입장에 놓는 것이 인간의 본성이다." *Émile*, p. 184.

150 Ibid., p. 183.

151 Manuel, *The New World of Henri Saint-Simon*, pp. 239, 305.

152 Gaston Isambert, *Les idées socialistes en France de 1815 à 1848* (Paris, 1905), 126, 133쪽을 보라.

153 Fourier, *O. C.*, 3:22, 6:3-4. Maxim Leroy, *Histoire des idées sociales en France de Babeuf à Tocqueville*, 4th ed. (Paris, 1950), 246쪽 이하의 논의를 보라. 부버(Martin Buber)는 *Paths in Utopia*, trans. R. F. C. Hull (London: Routledge and Kegan Paul, 1949)에서 공상적 사회주의자들에 호의적인 평가를 내리고 있다.

154 Fourier, *O. C.*, 1:7, 3:20.

155 Ibid., 1:11, 6:6.

156 Ibid., 3:21, 6:25.

157 Ibid., 1:9, 6:xiv. 생시몽의 철학이 일종의 "감각적인 영지주의"(sensual Gnosticism)라는 프루동의 조롱은 푸리에게도 동등하게 적용된다. 이것에 관해서는 프루동, *O. C.*, 17:33을 보라.

158 *la science sociale*에 대한 논의로는 푸리에, *O. C.*, 1:3, 79를 참고하라. 이 맥락에 관해서는 Leroy, *Histoire des idées sociales en France*, 251쪽 이하의 논평들과 M. Lansac, *Les*

conceptions méthodologique et sociales de Charles Fourier (Paris, 1926)이 적절하다. 이 장베르(Gaston Isambert)는 *Les idées socialistes en France*, 129-130쪽에서 푸리에가 진정한 도덕 이론을 가지지 못했으며 따라서 참으로 연대적인 공동체에 관한 개념을 갖지 못했다는 점을 정확히 논했다. 푸르니에르(E. Fournière)는 *Les théories socialistes au XIXe siécle de Babeuf à Proudhon* (Paris, 1904), 42-43쪽에서 이에 반하는 입장을 표명했다. 전통적인 도덕을 억압적인 것으로 보는 푸리에의 생각도 거칠게나마 어느 정도 프로이트를 암시하는 것일 수 있지만, 훨씬 더 시사적인 것은 프롬이 *The Sane Society*, 특히 283쪽 이하에서 보여준 소규모 결사체에 대한 옹호와 함께 드러나는 프롬과 공상적 사회주의자들 사이의 유사함이다. 공상주의자들과 현대의 도시 계획자들 간에는 추가적인 연속성이 있으며, 이것은 후자에 의해 명백하게 인정되었다. 이것에 관해서는 다음을 보라. Percival Goodman and Paul Goodman, *Communitas: Means of Livelihood and Ways of Life* (Chicago: University of Chicago Press, 1947), pp. 2, 8.

159 Fourier, *O. C.*, 3:44-45, 128.

160 Proudhon, *O. C.*, 10:77.

161 Fourier, *O. C.*, 6:7.

162 Robert Owen, *A New View of Society and Other Writings*, ed. G. D. H. Cole (London and New York: Dutton, 1927), pp. 8-9, 177, 231, 262, 284-288.

163 Brunschvicg, *Le progrès de la conscience*, 2:514, 525 n. 1에서 재인용. 그리고 *A System of Positive Polity*, 1:49-50, 69, 83에 나타난 콩트의 논의를 보라.

164 De Bonald, *O. C.*, 1:138, 145-155, 186, 376.

165 *Les soirées de Saint-Petersbourg*, 2 vols. (Paris and Lyon: Emmanuel Vitte, 1924), 1:32-34에 나타난 드 메스트르의 생생한 묘사를 보라.

166 Whitehead, *Leadership in a Free Society*, p. vii. 기술적 변화가 집단적 연대와 위계제를 해체하는 효과는 다음의 저작에서도 작업가설로 활용되고 있다. W. L. Wanner and J. O. Low, *The Social System of the Modern Factory* (New Heaven: Yale Univeraity Press, 1947), pp. 66-67.

167 De Maistre, *Les soirées*, 1:67.

168 Durkheim, *Suicide*, pp. 254-257; *Le socialisme*, pp. 286-287 ("만족할 줄 모르는 탐욕은 병적 상태의 징후다"); *Professional Ethics and Civic Morals*, trans. C. Brookfield (Glenceoe, Ill.: Free Press, 1958), pp. 11-12, 14-15, 24. 병적이거나 바람직하지 못한 조건들을 홉스적인 것으로 특징짓는 경향은 퇴니스(Ferdinand Tönnies)에게서 가장 명백하게 나타난다. 그의 이익사회(*Gesellschaft*)라는 개념은 명백하게 홉스가 제시한 시민사회의 두드러진 특징들 가운데 일부에 기초해 형성되었다. Ferdinand Tönnies, *Community and Association*, trans.

C. P. Loomis (London: Routledge and Kegan Paul, 1955), 146, 154쪽을 보라. 그리고 Raymond Aron, *German Sociology*, trans. Mary and Thomas Bottomore (London: Heinemann, 1957), 14-19쪽도 보라.

169 Durkeim, *Suicide*, p. 252.

170 Durkheim, *Division of Labor*, p. 67.

171 퇴니스의 *Community and Association*, p. xxv에 인용된 참고문헌을 보라.

172 De Bonald, *O. C.*, 1:47, 301.

173 Durkheim, *Les règles*, p. 121; *Professional Ethics*, p. 61. 드 보날드는 자유를 "존재의 본성에 기인하는 완전한 법칙 혹은 필수적인 관계들에 복종하는 것"에 있다고 규정했다. De Bonald, *O. C.*, 1:665.

174 Leonard Broom and Philip Selznick, *Sociology*, 2nd ed. (Evanston, Ill.: Row, Peterson, 1955), pp. 568, 569.

175 De Bonald, *O. C.*, 1:967.

176 Ibid., 2:217.

177 Proudhon, *Philosophie du progrés*, pp. 36, 38, 53.

178 Durkheim, *Suicide*, p. 209. 뒤르켐이 환영했던 사회주의의 한 측면은, 그것이 노동자가 사회로부터 소외되는 것을 종결시키기 위한 노력이라는 점이었다. 이것에 관해서는 뒤르켐의 *Le socialisme*, 33-34쪽을 보라.

179 Mayo, *Social Problems*, p. 67; *Human Problems*, p. 166. "그에게 사회적 지위를 부여하는 동료들이 없다면, 그리고 그들이 그에게 지위를 부여하지 않는다면, 그는 어느 정도는 인간 이하의 존재가 될 것이다." Richard La Pierre, *A Theory of Social Control* (New York: McGraw-Hill, 1954), p. 72.

180 Marx, *Capital*, p. 361 (4.13). 이 구절을 다음과 같은 대표적인 신관리주의자의 언급과 비교하라. "[집단에 속하지 않고 – 옮긴이] 혼자 있기 보다는 적절한 집단의 부를 공유하는 것이 우선적으로 필요하다." Whitehead, *Leadership in a Free Society*, p. 17.

181 Bradley, *Ethical Studies*, pp. 163-167.

182 Ibid., pp. 79, 138-139, 163.

183 "과거의 무한한 노력으로 성취된 것에는 어떤 객관적인 도덕성이 존재한다. 그것은 내 본성의 진리로 전승된 것으로서 나의 개인적인 변덕보다 우월한 것이다." Ibid., p. 190.

184 Ibid., pp. 79-80.

185 "Historic," in *Fabian Essay*, Jubilee ed. (London: Allen and Unwin, 1948), p. 53 [프랭클린

(Burt Franklin)의 허락을 얻어 인용함.

186 Bradley, *Ethical Studies*, pp. 180, 181.

187 Webb, *Fabian Essays*, p. 54.

188 Durkheim, *Division of Labor*, pp. 50, 55-56.

189 C. Kerr and L. H. Fisher, "Plant Sociology: The Elite and the Aborigines," in *Common Frontiers of the Social Science*, ed. Komarovsky (Glencoe, Ill.: Free Press, 1957), 281-309쪽, 특히 304쪽에서 재인용. 또한 E. W. Bakke, *People and Organizations* (New Haven: Yale University Press, 1951), 3쪽도 보라. 케어(C. Kerr)와 피셔(L. H. Fisher)의 논문은 '공장 사회학'의 전제들에 대한 탁월한 비판적 연구이다. 그리고 R. Bendix and L. H. Fisher, "The Perspectives of Elton Mayo." *Review of Economics and Statistics* 31 (1949): 312-321; R. Bendix, *Work and Authority in Industry* (New York and London: Wiley, 1956), 308쪽 이하도 보라.

190 De Bonald, *O. C.*, 1:355.

191 Hegel, *Philosophy of Right*, trans. T. M. Knox (Oxford: Clarendon Press, 1945), pars. 183, 185-187, 236.

192 Marx, *German Ideology*, pp. 22-23, 57, 59; Karl Marx, *Selected Writings in Sociology and Social Philosophy*, ed. T. B. Bottomore and M. Rubel (London: Watts 1956), pp. 77, 146, 170-171, 219-220 (이하 *Sociology and Social Philosophy*로 인용함). 이 주제들에 대한 논의로는 H. Marcuse, *Reason and Revolution* (New York: Oxford University Press, 1954), 273쪽 이하와 Maximilien Rubel, *Karl Marx, Essai de biographie intellectuelle* (Paris, 1957)을 보라. 엥겔스의 다음과 같은 언급은 경제적 범주들을 초월하기 위한 마르크스주의의 시도를 표현한다. "근대 경제학은 중상주의 체제조차 정확하게 판단할 수 없다. 근대 경제학은 그 자체가 편향된 것이고 이제껏 바로 그 체계의 전제들에 의해 가로막혀 있기 때문이다. 오직 두 체계의 대립을 넘어서는 관점, 두 체계에 공통된 전제들을 비판하고 순수한 인간이라는 보편적인 토대로부터 전개되는 관점만이 두 체계에 각각 적합한 지위를 배정해 줄 수 있다." Engels, *Outline of a Critique of Political Economy*, in Marx, *Economic and Philosophic Manuscripts of 1844*, trans. M. Milligan (Moscow: Foreign Language Publishing House, n. d.), p. 179. 또한 Marx, *A Contribution to the Critique of Political Economy*, trans. N. J. Stone (New York, 1904), 292쪽 이하도 보라.

193 Marx, *German Ideology*, pp. 66-67, 74-75. 또한 Engels, *Herr Eugen Dühring's Revolution in Science*, trans. E. Burns (New York: International Publishier, n. d.), pp. 314, 318, 328-329.

194 Durkheim, *Suicide*, pp. 363-364; *Professional Ethics*, p. 12. 드 보날드는 *O. C.*, 1:355에서 인용했다.

195 Durkheim, *Division of Labor*, pp. 13-15; *Suicide*, pp. 247-258; *Professional Ethics*, pp. 11-12. 부가적으로 뒤르켐의 아노미 개념은 전쟁 상태가 시민사회 내에서 시작되는 것이지 홉스가 설파했을 법한 것처럼 자연 상태에서 시작된 것이 아니라는 몽테스키외와 루소의 테마를 영속화한 것임을 지적할 수 있을 것이다. 뒤르켐의 *Division of Labor*, 15쪽을 보라.

196 Durkheim, *Suicide*, p. 257.

197 Ibid., pp. 209, 258. 어떤 의미에서 뒤르켐의 논의는 기이하다고 할 수 있다. 그는 고도로 개인주의적인 사회에서 자살률은 증가한다고 주장했지만, 또한 개인주의가 유익한 긴장을 불러일으킨다고도 믿었다. 따라서 개인주의자들은 희생양이 되는 집단의 역할을 수행하는 바, 그들의 자기 파괴적 성격은 사회적 효용성의 원천이 된다.

198 Durkheim, *Division of Labor*, pp. 203-204.

199 Ibid., pp. 5-26, 119-120, 203-204; *Les règles*, pp. 112-113. 또한 이익에 대한 뒤르켐의 비판과 상당 부분 동일한 의미를 담고 있는 이익사회(*Gesellschaft*) 개념이 제시된 Tönnies, *Community and Association*, 74-89쪽도 보라. *Revue philosophique de la France et de l'étranger* 27 (1889): 416-422에 수록된 퇴니스의 *Gemeinschaft und Gesellschaft*에 대한 뒤르켐의 서평은 이와 같은 연관을 적절히 보여 준다.

200 Durkheim, *Professional Ethics*, p. 16; *Le socialisme*, p. 297. 레빈(Kurt Lewin)의 다음과 같은 언급과 비교하라. "생산의 현실적 요구는 집단 동학의 본성에 따르는 방식으로 충족되어야 한다." Kurt Lewin, *Resolving Social Conflicts* (New York: Harper, 1948), pp. 137-138.

201 Karl Marx and Friedrich Engels, *Historisch-kritische Gesamtausgabe* (Frankfurt, 1927), Abt. 1, Bd. 3, pp. 252-253; *German Ideology*, pp. 14-15; Engels, Letters to Schmidt and Mehring, in *Karl Marx, Selected Works*, ed. V. Adoratsky, 2 vols. (New York: International Publishers, n. d.), 1:383-384, 386-387, 388-389. 다음의 논의들을 참고하라. Alfred Meyer, *Marxism: The Unity of Theory and Practice* (Cambridge: Harvard University Press, 1954), pp. 14-15, 69 ff.; Rubel, *Karl Marx*, pp. 190-197; H. B. Acton, *The Illusion of the Epoch* (Boston: Beacon, 1957), pp. 125-133, 138-139; J. Hyppolite, "La structure du 'Capital' et de quelques présuppositions philosophiques dans l'oeuvre de Marx," *Bulletin de la Société Française de Philosophie*, no. 6 (1948): 169-203. 그리고 Rubel, *Karl Marx, Pages choisies pour une éthique socialiste* (Paris, 1948), 특히 34쪽 이하에 정리된 흥미로운 문헌들의 모음도 보라.

202 Lenin, *Selected Works*, 2:61-62.

203 Whitehead, *Leadership in a Free Society*, p. 18. 이런 관점에 대한 고전적인 설명은 Chester Barnard, "Riot of the Unemployed at Trenton, N. J., 1935," in *Organization and Management: Selected Papers* (Cambridge: Harvard University Press, 1949), 51-80쪽에 나타난 훌륭한 사례연구에서 제시된다.

204 "영국식 노동조합주의를 그들 자신의 토양에 이식하고, 노동자들에게 순수한 노동조합의 투쟁은 그들 자신을 위한 그리고 그들의 자녀를 위한 투쟁이지, 어느 정도 먼 미래 세대를 위한 어떤 종류의 사회주의를 목적으로 하는 투쟁이 아니라고 설파하기 위해" 애쓰는 인물들에 대한 레닌의 비판을 주목하라. Lenin, *Selected Works*, 2:59.

205 Mayo, *Human Problems*, pp. 152-153. 또한 William F. Whyte et al., *Money and Motivation* (New York: Harpers, 1955), 2-7쪽도 보라.

206 Mayo, *Human Problems*, p. 182; L. J. Henderson, T. N. Whitehead, and E. Mayo, "The Effects of Social Environment," in Gulick and Urwick, *Papers on the Science of Administration*, p. 156.

207 F. J. Roethlisberger, *Management and Morale* (Cambridge: Harvard University Press, 1950), pp. 52, 62; Whitehead, *Leadership in a Free Society*, p. 82.

208 Roethlisberger, *Management and Morale*, p. 65; Bakke, *People and Organizations*, pp. 15 ff.

209 Selznick, *Leadership and Administration*, p. 19. "혹자는 조직이 그 이름을 실제로 만드는 하나의 성격, 하나의 개체성을 가진다고 말할지도 모른다. 과학자는 조직의 그런 물상화 또는 인격화를 추호도 인정하지 않을 것이다. 그러나 조직의 참여자들은 이런 과학적 의심에 지배되지 않는다. 그리고 수많은 세대에 걸쳐 인간은 그들이 속해 있던 조직 그 자체를 무언가 실재적인 것으로서 느끼고 생각해 왔다." E. W. Bakke, *Bonds of Organization* (New York: Harper, 1950), pp. 152-153.

210 Mayo, *Human Problems*, pp. 181-182.

211 Whitehead, Henderson, and Mayo, in Gulick and Urwick, *Papers on the Science of Administration*, p. 157; Whitehead, *Leadership in a Free Society*, pp. 91-92; Mayo, *Human Problem*, p. 165.

212 Whitehead et al., in Gulick and Urwick, *Papers on the Science of Administration*, p. 156.

213 Roethlisberger, *Management and Morale*, p. 66. "······내가 원시인을 연구하는 근본적인 목적은 근대인을 좀 더 잘 알기 위한 것이었다······." W. L. Warner and P. S. Lunt, *The Social Life of a Modern Community* (New Haven: Yale University Press, 1941), p. 3. 같은 책, 4-5, 39쪽에서 고도로 산업화된 공동체들이 "탈조직화되어 있으며 매우 탈기능적인 것처럼 보이기" 때문에 이에 대한 연구를 배제한다는 저자들의 고백을 주목하라.

214 "그런 사회에서 모든 도구 혹은 무기, 모든 의례나 마술 그리고 전체 친족 체계는 불가분적으로 공동체의 활동과 기능에 관련된다." Mayo, *Human Problems*, pp. 154, 155-156.

215 Simon, *Administrative Behavior*, p. 122.

216 Simon, *Models of Man*, p. 199.

217 Barnard, *Functions of the Executive*, p. 4.

218 Simon, *Administrative Behavior*, pp. 14, 38-39, 109, 118-119.

219 Ibid., pp. 11, 125, 126.

220 Ibid., p. 125.

221 Ibid., p. 101. 하나의 조직이 충성심을 서서히 주입시키고 일체화를 창출하는 다양한 방식에 대해서는 102-103쪽을 보라.

222 Chester I. Barnard, *Dilemmas of Leadership in the Democratic Process* (Princeton: Princeton University Press, 1939), p. 7.

223 Simon, *Administrative Behavior*, pp. xxv-xxvi.

224 Philip Selznick, "Foundations of the Theory of Organization," *American Sociological Review* 12 (1948): 23-35, pp. 25-26 (copyright 1948 by the University of Chicago); *Leadership in Administration*, pp. 8-9. 바키(E. W. Bakke)의 저술들은 셀즈닉과 동일한 전통을 따르고 있다. 그는 조직의 구성원들은 "사회 체계 및 언제나 그 부분들의 총합보다 훨씬 더 큰 실재를 갖는 사회를 창출한다"고 언급한다. E. W. Bakke, *Bonds of Organization*, pp. 200-201, 203. 또한 같은 책, 152쪽 이하에 기술된 "조직의 특권" 개념도 참고하라. 동일한 관점이지만 소규모 집단들에 관해서는 Kurt Lewin, *Field Theory in Social Science*, ed. D. Cartwright (New York: Harper, 1951), 146쪽을 보라. 경험적 실재와 선험적 패턴의 병치는 민주적 급진주의에 대한 탈몬(Jacob Talmon)의 비판에도 나타난다. Jacob Talmon, *The Rise of Totalitarian Democracy* (Boston: Beacon, 1952). 그리고 명백히 버크적인 탈몬의 정치 이론에 대해서는 1-6, 253-255쪽을 참고하라. 이와 동일한 일반적 입장이 좀 더 미묘하게 나타나 있지만, 관료제에 대한 찬양이 포함되지 않은 것으로는 오크쇼트의 두 편의 글인 "Political Education," in *Philosophy, Politics and Society*, ed. Peter Laslett (Oxford: Blackwell, 1956), 1-21쪽과 "Rationalism in Politics," *Cambridge Journal* 1 (1947): 81-108, 145-157을 보라.

225 Selznick, "Foundations of Theory of Organization," p. 29.

226 Selznick, *Leadership in Administration*, pp. 5, 21.

227 Ibid., pp. 12-13, 16-17 (강조는 원저자의 것임).

228 Ibid., pp. 8, 18.

229 Ibid., p. 100 (강조는 원저자의 것임).

230 Simon, *Administrative Behavior*, pp. 101, 109; Barnard, *Functions of the Executive*, pp. 187-188. 또한 이것을 유기체론자에 속하는 한 연구자의 다음과 같은 언급과 비교하라. "한 사회가 그 시민들에게 적절하고 자연스럽도록 만든 행동—그들이 좋다고 느끼는 행동—이 또한

그 통제기제들이 시민들에게 요구하는 행동이라면 그 사회는 자유롭다." Homans, *The Human Group*, p. 333.

231 Proudhon, *O. C.*, 17:167.

232 Marx, *Sociology and Social Philosophy*, p. 220.

233 Proudhon, *General Idea of Revolution in the Nineteenth Century*, trans, J. B. Robinson (London: Freedom Fress, 1923), pp. 45-46.

234 Proudhon, *General Idea of Revolution*, pp. 74-76; *De la capacité politique des classes ouvrières* (Paris, 1868), p. 58; *O. C.*, 17:171.

235 Marx, *Sociology and Social Philosophy*, p. 217 (강조는 원저자의 것임).

236 Proudhon, *O. C.*, 3:43. "민주주의를 향한 어떤 변화는 …… 예를 들어, 국가, 정치, 과학과 같은 초인간적 가치들에 대항하는 인간적 가치에 대한 강조의 중대를 포함할 것이다." Kurt Lewin, *Resolving Social Conflicts*, p. 36.

237 Drucker, *The Future of Industrial Man*, p. 109.

238 Mayo, *Democracy and Freedom* (Melbourne: Macmillan, 1919), pp. 43, 48-50, 51-52, 65.

239 Durkheim, *Suicide*, pp. 379-380; *Division of Labor*, pp. 28, 180-181, 361; *Professional Ethics*, pp. 45, 87, 90, 101-102. 또한 다음의 저작도 참고하라. Mayo, *Human Problems*, pp. 126-127, 147, 149-50, 167; *Democracy and Freedom*, p. 6; Lewin, *Resolving Social Conflicts*, pp. 54, 57-58, 72-73, 85, 102.

240 Marx, *Sociology and Social Philosophy*, pp. 233, 234-237. 또한 이것을 Tönnies, *Community and Association*, 29쪽과 비교해 보라.

241 Proudhon, *O. C.*, 3:43.

242 데이븐포트(Russell W. Davenport)의 언급 (Kerr and Fisher, "Plant Sociology," 305쪽에서 재인용).

243 Berle, *The Twentieth Century Capitalist Revolution*, p. 60.

244 Ibid., p. 17; Drucker, *Concept of the Corporation*, p. 12.

245 Drucker, *Future of Industrial Man*, pp. 52-53. 또한 공장 관리자는 "문화적 또는 감정적" 단위라기보다는 정치적 단위를 다루고 있다는 아렌스버그(C. M. Arensberg)와 투텔(G. Tootell)의 논변("Plant Sociology: Real Discoveries and New Problems," in *Common Frontiers of the Social Sciences*, 314-315쪽)도 참조하라.

246 Drucker, *The Practice of Management*, pp. 102-103, 139 ff.; *Concept of the Corporation*, p. 208; Berle, *The Twentieth Century Capitalist Revolution*, pp. 60, 83, 169.

247 Selznick, *Leadership in Administration*, pp. 1-10.

248 Ibid., pp. 37, 58-59, 62-63.

249 Ibid., p. 61.

250 Selznick, *The Organizational Weapon: A Study of Bolshevik Strategy and Tactics* (New York: McGraw-Hill, 1952), p. 278; *Leadership in Administration*, pp. 14, 121-122.

251 Selznick, *The Organizational Weapon*, p. 283.

252 V. Pareto, *The Mind and Society*, trans. A. Bongiorno and A. Livingstone, 4 vols. (New York: Harcourt, Brace, 1935), vol. 1, par. 246; vol. 3, pars. 2025-2057; vol. 4, pars. 2183-2184, 2244-2267; R. Michels, *Political Parties*, trans. Eden and Cedar Paul (Glencoe, III.: Free Press, 1958), pp. 49-59, 80-90; G. Mosca, *The Ruling Class*, ed. A. Livingstone (New York: McGraw-Hill, 1938), pp. 65-69, 168, 171-173, 394-395, 415-427; 그리고 최근의 연구로는 J. H. Meisel, *The Myth of the Ruling Class* (Ann Arbor: University of Michigan Press, 1958)을 보라.

253 Ibid., pp. 284, 291.

254 Marx, *Sociology and Social Philosophy*, pp. 182-183.

255 Lenin, *Opportunism and Social Chauvinism*, Little Lenin Library (London: Lawrence and Wishart, 1914), 22:19. "나는 볼셰비키가 그리스 신화의 영웅인 안타이오스(Antaeus)*를 상기시켜야 한다고 생각한다. 안타이오스처럼 그들은 그들을 낳았고 먹였으며, 교육시켰던 그들의 어머니인 대중들과 접촉을 유지하는 데 있어서 강고한 자세를 가져야 한다. 그들이 그들의 어머니인 인민과 접촉을 유지하는 한, 그들은 어떤 경우든 무적으로 남아 있다." Joseph Stalin, *On Organization*, Little Stalin Library (London: Lawrence and Wishart, 1942), p. 21.

　* [옮긴이] 안타이오스는 바다의 신 포세이돈과 땅의 여신 가이아 사이에서 태어난 아들이다. 땅에 몸이 붙어 있는 한 당할 자가 없고 땅에 쓰러지면 더 큰 힘을 얻었다고 한다. 헤라클레스는 땅에 내동댕이쳐서는 안타이오스를 죽일 수 없어서 결국 공중에 들어 올려 기운을 뺀 뒤에 목을 죄어 죽였다고 한다.

256 부패와 이익 간의 관계는 레닌과 동시대 인물이자 그의 찬미자인 소렐의 주요 주제들 가운데 하나였다. Georges Sorel, *Réflexions sur la violence*, 113-114, 115-122, 273, 315-317, 322-326쪽을 보라. 여기서 소렐은 부르주아지의 생명력 상실과 프롤레타리아트에 대한 영웅적인 도덕성("*la moralité de la violence*")의 필요성을 논하고 있다.

257 Lenin, *Selected Works*, 2:68 n. 1. 여기 그리고 이하 레닌에 대한 인용에서 강조는 모두 원저자의 것이다.

258 Ibid., p. 88.

259 Ibid., pp. 78, 80, 88-89, 95, 98, 101.

260 "그러나 사회민주주의자들의 과제들은 정치적 선동을 경제적 영역에서 제기함으로써 대부분 고갈되어 버린다. 그들의 과제는 조합주의적 정치를 사회민주주의적인 정치적 투쟁으로 전환 시키는 것, 사회민주주의적인 정치적 의식의 수준으로 고양시키기 위해서 전개되는 경제적 투쟁의 기간 동안 노동자들의 마음에 어슴푸레 번득이는 섬광 같은 정치적 의식을 이용하는 것이다. …… 우리는 스스로 보편적인 정치적 투쟁을 조직화해야 한다는 과제를 떠맡아야만 한다. 우리는 우리의 사회민주주의적인 실천적 노동자들이 정치적 지도자가 되도록 훈련시켜 야 한다." Ibid., pp. 92fn, 103.

261 Ibid., pp. 88-89.

262 관료제에 대한 베버의 논의는 이와 동일한 "보편 계급"에 대한 헤겔의 찬양과 흥미로운 비교를 형성한다. *From Max Weber*, 196쪽 이하와 헤겔의 *Philosophy of Right*, pars. 288쪽 이하를 비교하라. 또 Michael Foster, *The Political Philosophies of Plato and Hegel* (Oxford: Clarendon, 1935), 160쪽 이하의 논의도 참고하라.

263 *From Max Weber*, pp. 139, 148, 155.

264 Ibid., p. 95.

265 Ibid., pp. 139-140, 143, 145-147, 154; *Methodology of the Social Sciences*, pp. 15-19, 54-55, 76.

266 *From Max Weber*, p. 152.

267 "…… 잘 알려진 격언을 바꿔 말해 보자. 혁명의 조직을 우리에게 달라. 그러면 우리는 러시아 전체를 전복시킬 것이다." Lenin. *Selected Works*, 2:141.

268 Ibid., pp. 125, 134, 138. 그리고 Alfred G. Meyer, *Leninism* (Cambridge: Harvard University Press, 1957), 32쪽 이하와 제2장의 논의를 보라.

269 Lenin, *Selected Works*, 2:188.

270 Ibid., pp. 96, 116-117, 121, 134, 143-144; *Eve of October*, Little Lenin Library, 23:5; *Left-Wing Communism, An Infantile Disorder*, Little Lenin Library, 16:10-11, 75-76.

271 Lenin, *Selected Works*, 2:184.

272 Ibid., pp. 122, 123, 141, 145, 183-184.

273 Michels, *Political Parties*; Barnard, *Dilemmas of Leadership in the Democratic Process*, pp. 10-15, 16 n. 7; Mayo, *Democracy and Freedom*, pp. 13, 19-20, 20-28, 33-34, 38, 42-43; Selznick, *The Organization Weapon*, pp. 278-279.

274 Lenin, *Selected Works*, 2:447-448, 456 n. 1.

275 Ibid., pp. 138-139, 360-361, 373. "혁명을 위해서는, 무엇보다도, 노동자들의 대다수(혹은 최소한 계급 의식적으로 사고하며 정치적으로 활동적인 노동자들의 대다수)가 혁명의 필요성을 완전히 이해해야 하며 이를 위해 그들의 삶을 희생할 각오가 되어 있어야 한다는 것이 필수적이다……" *Left-Wing Communism*, p. 65.

276 Lenin, *Selected Works*, 2:155-156.

277 Lenin, *State and Revolution* (New York: International Publishers, 1932), p. 23. 또한 11, 17, 22쪽도 보라.

278 Ibid., pp. 42-43, 53.

279 Ibid., pp. 42, 43, 52-53; *Opportunism and Social-Chauvinism*, pp. 26, 29. 심지어 레닌은 낡은 체계의 하부 행정 관료들도 새로운 사회에서 유지되어야 한다고 주장하기도 했다. 관리적인 그리고 기술적인 기능은 어떤 정치적 또는 사회적 체계에서도 보편적으로 적용 가능한 것이라는 가정은 최근 문헌에서 공통적으로 수용되고 있다.

280 Lenin, *State and Revolution*, p. 65; *Opportunism and Social-Chauvinism*, p. 26.

281 Lenin, *State and Revolution*, pp. 42-43.

282 Ibid., pp. 82-84.

283 당 조직에 관한 공산주의 이론을 분석할 뿐만 아니라, 그로부터 조직 이론을 위한 지침을 추출해 내는 작업(*The Organizational Weapon*, p. 314 n. 18)에서 셀즈닉은 자신의 이론의 보수적인 정향을 공언한다. 셀즈닉과 그보다 좀 더 일찍이 메이요의 사유의 보수적 성격은 현대의 낭만적인 보수주의 논자들이 얼마나 가망이 없을 정도로 시대착오적인가를 시사한다. 커크(Russell Kirk)와 로시터(Clinton Rossiter)와 같은 논자들은, 버크에 호소하는 대신, 그들의 진정한 동맹자를 인식하기 위해 좀 더 좋은 조언을 받을 필요가 있을 법하다.

284 Selznick, *The Organizational Weapon*, pp. 286, 295, 313.

285 Selznick, *Leadership in Administration*, pp. 27, 149.

286 Ibid., pp. 27-28, 37, 60, 147-148.

287 Ibid., pp. 90, 150. 자신의 심리학적 연구를 민주적인 집단적 삶에 유리한 조건을 탐구하는 데 쏟는 레빈과 같은 공언된 "민주주의적" 저술가들조차 셀즈닉의 훨씬 더 관료제적인 이론과 그다지 다르지 않은 "용인"(acceptance)의 이론을 만들어 냈어야 했다는 점은 동의에 관한 근대적 관념의 특징을 잘 보여 준다. Kurt Lewin, *Resolving Social Conflicts*, pp. 116-117쪽을 보라.

288 "헌신"에 대한 관심은 셀즈닉이 명명하는 "스탈린주의자"(*Stalinist*)와 "스탈린 같은 자"(*Stalinoid*) 사이에 기묘한 대립을 이끌어 낸다. 후자는 소외되고, 이념에 대한 헌신을 결여하고 있으며, 편의주의를 용인하기 쉬운 '일종의 동조자'였다. 반면 "스탈린주의자"는 "일련의 새로운 가치로의 결정적인 도약"을 감행하며 정신적인 지지의 새로운 원천을 발견했다. Selznick, *The*

Organizational Weapon, pp. 298-307.

289 Selznick, *Leadership in Administration*, p. 18.

290 Ibid., pp. 18, 116; *The Organizational Weapon*, p. 288.

291 Selznick, *Leadership in Administration*, pp. 96-97, 151.

292 Ibid., pp. 14, 100.

293 Bentley, *Process of Government*, pp. 208-209.

294 예컨대 콜의 *Social Theory*, 제5장과 132-134쪽 및 *Guild Socialism Re-Stated*, 122-124쪽을 보라.

295 S. M. Lipset, "Democracy in Private Government: A Case Study of the International Typographical Union," *British Journal of Sociology* 3 (1952): 47-65.

296 던햄(W. B. Donham)이 Mayo, *Social Problems*(p. viii)에 부친 서문에서 언급한 내용이다.

297 Mayo, *Human Problems*, p. 149. 화이트헤드(T. N. Whitehead)는 관리자 계층이 공동체 내의 리더십을 떠맡지 않는다면, "항상 바람직하지는 않으며 통제하기에도 용이하지 않는 방법을 구사하는" 정치 조직이 개입할 것이라고 경고한다. *Leadership in a Free Society*, p. 119

298 Berle, *The Twentieth Century Capitalist Revolution*, p. 175

299 "시민됨의 지위에 부착된 새로운 형태의 작업에 대해 개인적 의무의 의미를 재생시키는 일은 쉽지 않은 문제다. …… 그것이 우리의 문제에 대한 해결책이 국지적(local) 공동체에 대한, 그리고 특히 작업 집단에 대한 좀 더 제한된 충성심을 발전시키는 것에 있다고 많은 사람들이 생각하는 이유다. 산업사회의 시민됨이라는 이런 후자의 형태는, 시민됨의 의무를 생산의 기초 단위로 이전함으로써 일반적인 시민됨이 결여한 것으로 보이는 모종의 활력을 제공할 법하다." T. H. Marshall, *Citizenship and Social Class* (Cambridge: Cambridge University Press, 1950), p. 80.

찾아보기